개정 · 증보판

존 듀이

민주주의와 교육

—교육철학 개론—

李烘雨 번역 · 주석

교육과학사

John Dewey (1859-1952)

Democracy and Education:

An Introduction to the Philosophy of Education

New York, Macmillan, 1916

개정 · 증보판

서 문

이 책의 제목에 붙인 '개정 증보'라는 단어가 원본이 아닌 번역본에 해당한다는 것은 누구나 알 수 있을 것이다. 원저자인 존 듀이는 벌써 오래 전에 우리와 幽明유명을 달리하였고, 그렇기 때문에 자신의 저작을 개정 증보할 형편에 있지 않다. 여기서 '개정'이라는 것은 정확하게 20년 전에 나온 초판 번역본에 대하여, (한글 전용으로 활자와 판형을 바꾼 것 이외에) 상당히 많이 눈에 띄는 어색한 표현들, 때로는 거의 誤譯오역에 가까울 정도로 불완전하게 번역된 부분을 할 수 있는 대로 바로잡은 것과 몇 군데 그야말로 부득이하고 불가피한 경우에 주석을 덧붙인 것을 가리킨다. 이 작업을 하는 동안 역자는 그 불완전한 번역본이 이때까지 수많은 독자로부터 꾸준히 분에 넘치는 애호를 받았다는 데에 대하여 고마움을 느끼기보다는 송구스러운 마음을 더 가질 수밖에 없었다. 아마 틀림없이 이 책에도 그런 불완전성이 여전히 많이 남아 있을 것이다. 그러나 확실히, 현재 역자의 형편으로 보아, 장차 누군가가 이 책에 대하여 지금 역자가 한 것과 동일한 작업을 해주지 않는 한, 그 불완전성은 영영 남을 수밖에 없을 것이다.

그리고 '증보'라는 것은 역자가 2006년 4월에 있었던 제1회 誠敬齋성경재 강연회에서 읽은 원고를 말미에 덧붙인 것을 가리킨다. 독자가 알 수 있는 바와 같이, 이 글은 성리학의 교육이론과 존 듀이의 교육이론을, 이론 정립의 발상면에서 비교하면서, 진정한 의미에서의 교육이론이 띠어야 할 성격을 제안하고 있다. 사실상, 이 책 '민주주의와 교육'에 천명된 듀이 교육이론에 대하여 역자가 어떤 태도를 가지고 있는가 하는 것은 첫머리의 '역자 해설'에 단적으로 나타나 있다. 거기서 역자는 '듀이의 교육관이 극복되지 않는 한, 교육학은 존재할 수 없다'고 말하였다. 또한, 이 책 번역판을 낸 이후에 역자가 쓴 '교육의 개념'이라는 제목으로 된 책(1991)의 마지막 절에서 듀이의 '교육의 개념'을 논평하면서, 역자는 '듀이는 교육을 하라고 말하는 것이 아니라 교육을 하지 말라고 말한다'고 말하고, 듀이의 '교육의 개념'은 교육의 개념을 부정한다고 말하였다. 말하자면, 듀이는 교육을 받기 이전에도 능히 할 수 있는 생각을 하도록 사람들을 '교육'해야 한다고 말할 뿐만 아니라 그 이상으로, 자신의 그 생각을 유일타당한 '교육의 개념'으로 내세우는 것이다.

증보 자료로 실린 강연원고는, 역자의 입장에서 보면, 듀이 교육이론에 대한 가장 최근의 반응을 표현하고 있다. 물론, 그 '최근의 반응'이 이 책을 번역할 당시부터 그 글을 쓰기까지 듀이의 교육이론에 관하여 역자가 한 생각을 모조리 표현하는 것은 아니다. 사실상, 이번의 개정 · 증보 작업을 하는 동안, 역자는 이 책을 처음 번역할 때 느꼈던 것보다 몇 배나 더한 '지적, 도덕적 분개'를 경험하였고, 비록 '극복의 대상'으로서이기는 하지만, 그런 책을 번역하고 또 '개정'해야 하는 역자의 처지에 대하여 일종의 연민조차 느꼈다는 것을 고백한다. 그리고 역자의 그 연민은, 이 책이 많은 사람들에게 교육학의 대표적인 저작으로 인정되고 있다는 점 때문에, 교육학의 '正常'정상 또는 '頂上'정상에 관한 그릇된 생각을 독자에게 심어줄지도 모른다는 우려로 곧장 연결된다. 증보 자료로 실린 강연 원고는, 만약 독자가 그 글을 읽는다면, 그것을 읽지 않았을 때에는 이해조차 할 수 없었던 역자의 분개와 연민과 우려를 나누어가지게 될지도 모른다는 희망을 나타내고 있다. 다만, 그 독자에게 역자는 한 마디 당부의 말을 올리고자 한다. 그 글의 제목에 나와 있는 두 사람이 각각 동양인과 서양인이라는 사실로 말미암아, 혹시 독자는 거기에 대비된 두 가지 이론이 각각 동양과 서양을 대표한다고 생각할지 모르지만, 이것은 역자의 의도가 아니다. 역자가 그 글에서 명백히 말한 바와 같이, 듀이의 이론은 결코 서양 사상을 대표하는 것이 아니요, 오히려 서양의 사상적 전통을 뿌리에서부터 부정한 '사상적 돌연변이'에 해당한다. 이것은 곧 서양 사상에도 성리학이 나타내는 교육이론과 일관된 흐름이 전통의 한 부분을 이루고 있다는 것을 뜻한다. 그렇지만, 적어도 교육이론에 관한 한, 성리학은 그 서양의 전통을 훨씬 극명하게 보여주며, 그 서양 전통은 성리학의 교육이론에 비추어서야 비로소 그 모습을 확연히 드러낸다고 말할 수 있다.

그 강연 원고에는 제목에서부터 '메타프락시스'라는 낯선 용어가 등장하고 있다. 본문에 시사되어 있는 바와 같이, 그 용어가 낯설다고 하여 그것이 나타내는 아이디어까지 낯설다고는 말할 수 없다. 듀이의 노선을 예외로 치면, 이때까지 대두된 모든 교육이론은 각각 다른 형태로, 또 대체로는 명백히 드러나지 않은 상태에서 그와 유사한 아이디어를 나타내고 있다는 것이 역자의 생각이다. 그 낯선 용어는, 말하자면, 이때까지의 교육이론이 분명히 의식하지 못한 채 나타내던 근본적 성격을 명시적으로 드러내주는 試藥시약과 같은 것이다. 메타프락시스라는 이름의 이 시약은 한 특정한 이론이 교육이론으로서의 성격을 얼마나 충실히 반영하는가를 지시해 준다. 그 글에 주장되어 있듯이, 존 듀이의 '교육이론'은, 그것이 反반메타프락시스적 경향을 나타내는 한, 이 테스트를 성공적으로 통과하기 어렵다. 사실상, 그의 교육이론이 논리적 분석이 아닌 경험적 일반화(즉, 상식)에 거의 전적으로 의존하고 있다는 것은 이 시약을 들이대지 않더라도 누구나 알 수 있다.

메타프락시스가 아이디어로서는 낯선 것이 아님을 인정하고서도, 메타프락시스는 과학에서의 '첨단 과학'과 유사한, '첨단 교육학'의 아이디어를 집약하는 핵심 개념으로 그 지위를 인정받아야 마땅하다. 첨단 과학이 이전의 과학을 무효화하는 것과는 달리, 첨단 교육학은 이전의 교육학을 훨씬 아름답게 되살려낸다. 그러나, 또한, '첨단'이라는 것이 언제나 그렇듯이, 메타프락시스적 성격에 충실한 교육이론은 아직은 정립되는 도중에 있다. 앞으로 젊고 유능한 교육학도들에 의하여 그 아이디어가 확장 정련되고 그것이 명실공히 교육이론의 기준으로 만방에 인정되는 것을 보는 것은, 아마 역자로서는 기대하기 어려운 요행일 것이다.

2007년 춘삼월

李烘雨

역자 해설

1 역자가 대학신입생이었을 당시, 서울대학교 사범대학 교육학과에는 졸업반 학생들이 신입생들을 몇 명씩 맡아서 과외지도를 하는 전통이 있었다. 그 과외지도의 내용과 방식은 거의 전적으로 지도자인 졸업반 학생의 제안에 달려 있었다. 역자가 속해 있던 집단의 지도자는 그 과외활동으로서 존 듀이의 「민주주의와 교육」을 읽고 토론하기를 제안하였고, 우리 4-5명 집단은 그 제안을 만장일치로 받아들였다. 그 당시에는 吳天錫오천석 · 林漢永임한영 양 교수의 번역판이 상하 두 권으로 나와 있었다. 역자는 우선 그 중의 첫째 권을 입수하여 읽어 보았다. 첫 페이지를 넘겼을 때 역자의 눈에 들어온 것은 바로 이 책에 나와 있는 대로, 돌과 생명체가 외부의 힘에 어떻게 반응하는가, 말하자면 돌은 그것보다 큰 힘과 대적할 때에는 산산조각이 나지만, 생명체는 어떤 방식으로든지 그것에 적응하며 나아가서는 그것을 이용한다는 식의 설명이다. 이 설명에서 시작하여, 교육은, 마치 번식이 생물학적인 삶을 계속 유지해 나가는 수단인 것과 마찬가지로, 사회적인 삶을 계속 유지해 나가는 수단이라는 내용이 첫째 장을 이루고 있다.

대학의 교육학과에 갓 발을 들여놓은 우리는 학문적으로 무지했던 것만큼 성급하기도 했다. 우리는 그 당시 교육학의 가장 중요한 문헌으로 알려진 그 책에서 교육에 관한 모종의 심오한 진리—교육학을 공부하지 않은 우리로서는 도저히 상상할 수 없을 정도의 엄청난 발언 같은 것—에 접하게 되리라는 성급한 기대를 가지고 있었다. 물론, 지금에 와서는 그 기대가 성급할 뿐만 아니라 무모했다는 것을 알지만, 그 당시의 우리로서 그런 기대를 가진다는 것은 오히려 자연스러운 것이었다고 볼 수도 있다. 어쨌든 그 기대는 첫머리부터 허물어지기 시작하였다. 돌을 세게 두드리면 깨어진다든가, 생명체는 외부의 힘에 대하여 이것과는 다른 방식으로 반응한다든가 하는 것을 모를 사람이 어디에 있는가? 그것은 그렇다 치더라도, 도대체 그런 명백한 사실들이 교육에 관하여 무슨 심오한 진리를 말해 주는가? 이러한 의구심은 비단 첫 장을 읽을 때만 아니라 그 이후 계속 꼬리를 물고 일어난다. 예컨대 3장 '지도로서의 교육'의 열두째 문단(3:12)에는 다음과 같은 말이 적혀 있다.

> 어머니가, 아이가 가지고 싶어하는 물건을 건네주면, 아이는 그것을 잡으려고 손을 뻗는다. 주는 것과 받는 것은 서로 대응한다. 물건을 받은 뒤에 아이가 그것을 다루는 방식, 다시 말하면 '그것을 사용하는 용도'는 아이가 어머니를 줄곧 관찰해 왔다는 사실에 의하여 분명히 영향을 받는다. 아이가 부모들이 어떤 물건을 찾는 것을 볼 때에는 자기도 그 물건을 찾으며, 그것을 찾았을 때에는 부모에게 넘겨준다. 이것은 또한 그 반대 경우에, 부모가 찾아서 넘겨주는 물건을 아이가 받는 것과 조금도 다름없이 자연스럽다. 매일 매일의 교섭에서 일어나는 이러한 사례들을 일일이 자세하게 그려보면, 거기에는 아이들의 활동을 일정한 방향으로 지도하는 가장 항구적이고 지속적인 방식이 작용하고 있다는 것을 알 수 있게 된다(3:12).

요컨대 그 당시 우리에게 이런 말은 거의 아무런 의미도 가질 수 없었다. 그리하여 그 당시 우리는 어리석게도, 그것이 우리 자신의 이해력이 부족한 탓이라고 생각하기보다는 '교육학의 가장 중요한 문헌'이라는, 이 책에 붙여진 칭호를 의심하였다.

돌이켜 보면, 역자가 이 책을 처음 대했던 그 당시는 지금부터 정확하게 석 달이 모자라는 30년 전이다. 이렇게 헤아려 보면서 역자는 그 세월의 짧지 않음에 스스로 놀라움을 금치 못한다. 그 긴 세월 동안 역자는 「민주주의와 교육」을 계속 읽으면서, 예컨대 돌을 세게 두드리면 산산조각이 난다든가, 생명체의 반응양식은 이것과는 다르다는 식의, 대학 신입생 당시에 특별한 의미를 찾을 수 없었던 그 말을 이해하려고 노력할 수도 있었을 것이다. 그러나 그 동안 역자는, 어느 편인가 하면, 이 책에서 인용된 한 두 마디 말 또는 이 책이 대표하고 있는 한 두 가지 아이디어를 간접적으로 읽는 것 이상으로 이 책을 천착해 본 일이 없다. 그동안 역자에게 「민주주의와 교육」은 '현대 교육학의 가장 중요한 문헌'이라는 막연한 상투적 칭호 이상의 의미를 가지지 않았다. 역자는 「민주주의와 교육」을 읽기를 그만두고, 그 대신 그것과는 다른 방향에서 학문적, 또는 대체로는 학문과 무관한, 방황을 해왔다. 만약 대학 신입생 때부터 이 책을 이해하기 위한 노력을 계속했더라면, 아마 역자는 현재 그것을 이해하고 있는 것보다는 더 깊이 이해하게 되었을 것이다. 그러나 또 한편, 학문과 무관한 방황은 젖혀두고 학문적 방황만을 염두에 두고 생각한다면, 그 동안의 방황이 「민주주의와 교육」을 이해하는 데에 아무런 도움이 되지 않았다고는 말할 수 없을 것이다. 오히려 그 반대라고 말하는 편이 더 옳을지 모른다. 그동안 역자의 학문적 편력은, 대체로 말하여, 이 책이 나타내는 것과는 거의 정면으로 반대되는 교육관을 가르쳐 주었다. 그리하여, 만약 하나의 아이디어는 그것에 반대되는 것에 비추어 볼 때 더 잘 이해된다는 말이 옳다고 하면, 그동안 역자의 학문적 방황은 「민주주의와 교육」의 이해를 위해서는 전화위복에 해당한다고 보아야 할 것이다.

이상과 같이 장황한 사담을 늘어놓는 것은 그것이 이 해설을 쓰는 역자의 의도 또는 심경을 보여 준다고 생각하기 때문이다. 지금 이 책을 손에 든 독자는 십중팔구, 30년 전의 역자보다는 이 책의 주장이나 중요성에 대하여 훨씬 더 잘 알고 있을 것이다. 그러나 독자 중에는 혹시, 30년 전의 역자와 마찬가지로, 첫 페이지의 돌 부서지는 이야기나 그와 비슷한 말에서 실망을 느끼고, 책에 대한 세평은 참으로 알 수 없다고 머리를 흔들면서 안심하고 이 책을 팽개쳐 버릴 사람이 있을지 모른다. 이 해설은 우선 그러한 불상사를 어떻게 해서든지 막아 보자는 데에 그 의도가 있다. 이 책에 대한 세평은 결코 헛된 것이 아니며, 이 책은 그야말로 '현대 교육학의 가장 중요한 문헌'임에 틀림없다. 만약 교육학을 얼마간 공부한 사람이 이 책을 세밀히 읽어 본다면, 현대 교육학에서 논의되고 있는 대부분의 주제들이 이 책에, 비록 태아적인 형태로나마, 취급되어 있다는 것을 알게 될 것이다. 그 정도로 이 책은 교육학의 '종합 교과서'요, 나아가서, '현대 철학은 플라톤의 주석'이라는 화이트헤드의 말을 빌어 표현하자면, '현대 교육학은 「민주주의와 교육」의 주석'이라고 말해도 별로 틀림이 없다. 역자의 능력으로 보아, 현대교육학의 중요한 주제들을 일일이 열거하면서 그것들이 이 책의 어떤 부분에 어떤 방식으로 취급되어 있는가를 자세하게 설명하지 못하는 것이 안타깝다. 또한, 듀이의 철학을 '종합적으로' 해설할 능력도 역자에게는 없다. 이 해설은 오직 이 책, 「민주주의와 교육」에 국한하여, 그것이 어떤 주장을 담고 있으며, 그 주장이 어떤 점에서 중요한가를 말하기 위한 것이다. 그러면서도 역자는 「민주주의와 교육」이 듀이 철학을 '가장 포괄적으로, 가장 충분하게 제시한' 책이라는 듀이 자신의 고백[1)]을 믿는다. 이 고백에 뒤이어 듀이는 「민주주의와 교육」이 교육에 직접 관심을 가진 사람들 이외의 일반 철학자들에

---

1) John Dewey, 'From Absolutism to Experimentalism', G.P. Adams and W. P. Montague(Eds.), *Contemporary American Philosophy*, Vol. Ⅱ (1930), reprinted in R. J. Bernstein(ed.), *On Experience, Nature, and Freedom: Representative Selections by John Dewey*, New York, Bobbs-Merrill, 1960, p.14.

게 널리 읽히지 않는다는 사실에 대하여 유감을 표하고, 그것은 그 일반 철학자들 자신이 바로 '교육에 직접 관심을 가진 사람들'임에 비추어 더욱 납득하기 어렵다는 점을 지적하고 있다.

이 해설에는 위에서 말한 것 이외에, 아마 그보다 더 중요하다고 해야 할 또 하나의 의도가 있다. 이 둘째 의도 때문에, 이 해설은 보통의 '해설'과 다르며, 보통의 '해설'의 범위를 벗어난다. 누군가가 책 한권을 번역하고 난 뒤에 그 책을 해설할 때, 보통의 경우라면 '중립적인' 입장에서, 또는 더 흔히는 그 책의 주장에 동조하는 입장에서, 그 책의 요점을 말하고 그 중요성을 강조할 것이다. 그러나 이 해설의 경우에는 그렇지 못하다. 앞의 사담에도 약간 시사되어 있는 바와 같이, 역자는 이 책의 주장을 '중립적인' 입장에서 해설할 수가 없다. 적어도 현재의 시점에서 역자가 교육에 관하여 가지고 있는 생각은 가장 근본적인 점에서 듀이의 그것과 맞지 않는다. 좀 더 대담하게 말하면, 역자는 듀이의 교육관이 극복되지 않는 한, 교육학은 존재할 수 없다고 믿고 있다. 이러한 사정을 안다면, 독자는 역자가 어째서 해설의 통상적인 관례를 어기고 군데군데 역자 자신의 관점을 삽입할 수밖에 없는가를 양해할 수 있을 것이다.

교육학의 이론적 추세에 예민한 사람들은, 이제 듀이의 이론은 '한물간' 이론이요, 지금 와서 듀이를 들추어내어 왈가왈부하는 것은 송장을 상대로 씨름하는 격이라고 생각할지 모른다. 그러나 역자는 그렇게 생각하지 않는다. 교육학을 전공하지 않는 대학생들에게 상당한 기간 교육학 개론을 가르쳐 본 역자의 경험에 비추어 보면, 듀이의 생각은 오늘날 교육에 관한 일반적인 통념—흔히 '상식'이라고 하는 것—이 되어 있다고 말할 수 있다. 학생들이 당연하다고 생각하고 무심코 하는 말들, 그것은 거의 그대로 「민주주의와 교육」에 들어 있는 것들이다. 학생들이 모두 그토록 열심히 이 책을 읽었으리라고는 믿을 수 없는 만큼 역자는 이 사태를 어떻게 설명해야 좋을지 늘 궁금하게 여기고 있다. 그것은 존 듀이의 이론 자체가 전부터 보통 사람들이 가지고 있던 통념('상식')을 말한 것이기 때문인가? 그렇지 않으면 존 듀이의 이론이 그동안 많은 사람들에게 널리 받아들여져서 오늘날에는 상식화되었기 때문인가? 이 두 가지 중의 어느 쪽 설명을 받아들이든지 간에, 듀이의 생각이 오늘날 많은 사람들의 교육관을 크게 사로잡고 있다는 것은 분명하다. 그리고 또한, 그 중의 어느 쪽 설명을 받아들이든지 간에 이 사정은 앞으로도 달라질 것 같지 않다. 그러므로 듀이의 이론을 정확하게 이해하고 그것에 대하여 찬반 어느 쪽으로든지 의견을 가지는 것은 곧 교육학이 교육에 관한 일반적인 통념을 받아들이는가 부정하는가에 관련될 정도로 중요하다.

2 우선, 듀이 사상의 핵심을 나타낸다고 생각되는 두 개의 명제를 제시해 보겠다.

(1) 이론은 실제에서 파생되며 실제에 적용되는 한에서 가치를 가진다.

'이론'과 '실제'에 해당하는 영어 단어는 각각 theory와 practice이다. 이 용어는 그 原義원의, 즉 어원적 의미에 가장 가깝게 해석되어야 한다. 이 점에서 그것은 위와 같은 명사형으로보다는 the theoretical(이론적인 것), the practical(실제적인 것)이라는 형용사형으로 이해하는 편이 옳을 것이다. 어원적 의미에 가깝게 해석할 때 '이론적인 것'은 '보는 것', 다시 말하면 이러이러하다는 것을 아는 것을 뜻하며, '실제적인 것'은 '하는 것', 즉 모종의 조치를 취하는 것, 또는 간단하게, '행하는 것'을 뜻한다. (theory의 희랍어 어원 theoria는 '보는 것'을 뜻하며, practice의 어원 praxis는 '하는 것'을 뜻한다.) '보는 것'이 어떤 것이며 '하는 것'이 어떤 것인가 하는 것은 위의 명제가 나타내고자 하는 양자 사이의 관련 문제와 전적으로 무관한 것이 아니다. 그러나 그 각각을 위와 같이 일반적인 수준에서 규정한다 하더라도, 양자 사이에 근본적인 차이가 있다는 것은 분명하다. 우리가 '모종의 조치를 취하는 일'(즉, 실제 또는 '하는 것')에 종사한다고 할 때, 우리의 관심은 사태에 무엇인가 변화를 일으키는 데에 있다. 물론, 그 변화는 우리가 바라는 변화이다. 만약 무엇인가 변화를 일으키는 데에 '관심'이 없다면 그 '모종의 조치'라는 것은 불필요한 일이 되고 말 것이다. '이론', '보는 것', 또는 '이러이러하다는 것을 아는 것'에는 실제의 경우에서와 같은, '우리가 바라는 변화를 일으키기 위하여 모종의 조치를 취하는 것'이 해당되지 않는다. 이때 우리는 무엇인가를 '하려고'하는 것이 아니라, 사태가 어떻게 되어 있는가를 '알려고'하는 것이다. (위의 명제가 이 책의 핵심에 해당하는 만큼 이론과 실제 및 양자의 관련 문제는 이 책의 全篇전편에 걸쳐 취급되어 있지만, 이 문제를 본격적으로 다루고 있는 것은 20장이다. 이 장의 제목, 'Intellectual and Practical Studies'는 이 번역판에서는 '이론적 교과와 실제적 교과'로 번역되어 있다. 사실상, 이 장의 제목은 원문으로 'Theoretical and Practical

Studies'로 될 수도 있었다. 그와 마찬가지로, 앞의 명제에서 '이론'이라는 말은 '지식' 또는 '지적 활동'이라는 말로 바꾸어도 무방할 것이다.)

이 정도로 이론과 실제의 구분을 말하면, 대부분의 사람들은 곧장 양자 사이에 필연적인 '관련'이 있다는 주장을 내세워 그 '구분'에 대하여 이의를 제기할 것이다. 말하자면, '아는 것'이 '하는 것'과 어떻게 무관할 수 있으며, '하는 것'에 도움이 되지 않는 '아는 것'이 무슨 소용이 있는가 하는 것이다. 이 이의를 제기하는 사람들은 다소간 앞의 명제에 요약된 듀이의 사상에 동조하는 것이다. 앞에서 잠깐 말한 바, 교육학 개론 과목에서의 학생들의 반응을 미루어 짐작하건대, 오늘날 그런 식의 이의를 제기할 사람들은 결코 적지 않을 것이다. 또한, 그런 사람들은 이 책에서 듀이가 하고 있는 다음과 같은 말에 대해서도 전폭적으로 지지할 것이다.

> 인간의 역사에 있어서 과학은 유용한 사회적 직업 활동을 하는 과정에서 점차적으로 생겨났다. 물리학의 한 중요한 분야인 역학을 '기계학'이라고 부르는 것은 그것이 원래 기계에 관한 학문이었다는 증거이다. 지렛대, 바퀴, 경사면 등은 인류의 최초의 위대한 발견이며, 이것들이 실제적 목적을 달성하는 수단을 추구하는 과정에서 생겨났다고 해서 지적으로 열등하다고 볼 이유가 없다. 지난 20여 년 동안 전기에 관한 과학이 크게 진보한 것은 교통, 통신, 도시와 가정의 조명, 그리고 상품의 경제적 생산의 수단으로서 전력을 적용한 것과, 원인으로 또는 결과로, 밀접하게 관련되어 있다... 이와 마찬가지로 화학은 염색과 표백, 금속 다루기 등에서 생겨났고, 근래에 와서는 산업에 무수하게 많은 새로운 방식으로 활용되고 있다... 오늘날 수학은 고도로 추상적인 학문이 되어 있다. 그러나 기하학은 원래 '地測學지측학'이라는 뜻을 가지고 있다. 사물을 파악하기 위하여 숫자를 세고 또 측정을 하는 데 있어서 수가 가지고 있는 실제적 용도는 원래 이 목적을 위하여 숫자가 발명되었을 때에 비하여 오늘날 더욱 중요하다... 어떤 학문의 역사를 따져 보더라도 이와 마찬가지 말을 할 수 있을 것이다(15:14-15).

물론, 이 말은 단순히 여러 학문의 역사적 기원을 제시하는 데에 그치는 것이 아니라 그 이상으로, 그런 학문이 그런 종류의 실제적 목적에 적용되어야 한다는 주장을 나타내고 있다.

위의 첫째 명제는 이론 또는 지식의 의미와 성격을 나타낸다는 뜻에서 '인식론적 명제'라고 부를 수 있을 것이다. 그것에 대한 보다 자세한 고찰을 하기에 앞서서, 그것과 밀접한 병렬을 이루는 또 하나의 명제를 제시해 보겠다.

(2) 이론과 실제의 괴리는 사회적 계층분열을 반영하며 그것을 영속시킨다.

앞의 첫째 명제가 지식의 의미와 성격을 규정하는 것이라면, 이 둘째 명제는 올바른 사회의 모습을 규정한다. 이 점에서 이 명제는, 앞의 '인식론적 명제'에 대하여, '사회철학적 명제'라고 부를 수 있을 것이다.

'이론'과 '실제'라는 말의 의미를 앞에서 정의한 대로 해석하여, 이 둘째 명제를 고쳐 쓰면, '지식과 실제적 활동, 또는 "아는 것"과 "하는 것"의 괴리는 각각을 고립된 관심사로 삼는 계층으로 사회가 분열되어 있는 상태를 반영하며 그러한 상태를 영속시킨다'는 뜻이 된다. 이 명제는 2중의 의미를 나타내고 있다. 하나는, 사회가 계층으로 분열된 상태는 올바른 또는 바람직한 상태가 아니라는 것이요, 또 하나는, 이와 같이 사회가 바람직한 상태에 있는가 아닌가 하는 것은 명제(1)에 제시된 '이론과 실제의 관련' 여하에 달려 있다는 것이다. 다시 말하면, 명제(2)는 명제(1)에 함의된 사회철학적 의미를 명백히 드러내어 말하고 있다. (또한, 명제(1)은 명제(2)에 의하여 그 타당성이 확인된다고 볼 수도 있다. 이론과 실제가 그와 같이 관련을 맺어야 하는 이유는 그것이 깨어진 상태가 사회적으로 바람직하지 않기 때문이다.)[2] 앞에서 말한 바와 같이, '실제'라는 것은 우리가 바라는 변화를 일으키기 위하여 모종의 조치를 취하는 것을 뜻하며, '우리가 바라는 변화'의 가장 두드러지는 예는 의식주의 필요를 충족시키는 것과 관련된 변화이다. 그리고 '이론'이라는 것은 사태가 어떻게 되어 있으며 왜 그렇게 되어 있는가를 '보는 것'을 뜻한다. 그리하여 이론과 실제가 괴리되어 있다는 것은 '사태를 보는 것'이 '조치를 취하는 것'과 관련을 맺지 못하고 각각 별개의 관심사로 추구된다는 뜻이다. 이론과 실제가 괴리될 때, 실제는 단순히 생활을 영위해 나가는 데에 필요한 물자를 얻는 '물질적 관심'을 나타내는 것으로 되며, 이론은 이와는 무관하게 세계와 우주를 관조하는 '관념적 관심'을 나타낸다(19:3).

---

2) 또한 듀이는 이것과는 별도로, 명제(1)에 대한 보다 '과학적인' 근거로서 1)생리학 및 이와 관련된 심리학의 발달(즉, 뇌의 기능과 '마음'의 작용), 2)생물학의 발달(즉, 진화론), 3)실험적 방법의 발달을 들고 있다(25:8-10). 이 마지막 실험적 방법에 관해서는 이하의 해설에 약간 언급되어 있다.

이 책에서 듀이는, 이러한 이론과 실제의 괴리는 필연적인 것이 아니라 우연적인 것임을 누누이 강조하고 있다. 다시 말하면, 이론과 실제가 별개의 관심사로 추구되는 것은 그것이 '원래' 그렇기 때문이 아니라, 사회적 조건이 그렇게 만들었기 때문이라는 것이다. (물론, 이론과 실제의 괴리가 사회적 조건의 우연적 산물이라는 것은 사회적 조건 여하에 따라 양자의 괴리가 보완 또는 극복될 수도 있다는 것을 시사한다.) 듀이는 이론과 실제의 괴리를 배태한 가장 원초적이고도 전형적인 보기를 희랍 사회(더 정확히 말하자면, 희랍의 교육사상과 사회사상에 반영된 희랍 사회)에서 찾고 있다(19-20장). 희랍 사회에서는, 적어도 플라톤과 아리스토텔레스의 저작에 기술되고 정당화된 바에 의하면, 이론적 활동과 실제적 활동에 종사하는 계층이 별도로 존재하였다. 전자에 종사하는 계층은 귀족, 지식층, 지배계급이며, 후자에 종사하는 계층은 평민이나 노예(직인), 생산자, 피지배계급이다. 희랍 사회는 전자의 계급이 생산 활동에 종사할 필요가 없는 사회였고, 또 이 상태를 마땅한 것, 바람직한 것으로 공공연히 표방한 사회였다. 실제적 활동에 종사하지 않고 이론적 지식을 탐구하는 계층이 있다는 것은 바로 다른 사람의 근육과 땀에 얹혀서 '놀고먹는' 사람이 있다는 뜻이다. 이것은 올바른 사회, 듀이의 용어로 '민주적인' 사회가 아니다. 듀이에 의하면 '민주적인' 사회는 이론과 실제를 추구하는 사람들이 별개의 계층으로 분열되어 있는 사회가 아니라, '사람들 사이를 갈라놓는 벽이 허물어진 사회' (22:20), 다시 말하면 누구나 '동일한 종류의' 일—그 일의 구체적인 내용은 다양하더라도—에 종사하는 사회이다. 아리스토텔레스를 논평한 듀이의 다음과 같은 말은 길게 인용할 가치가 있다고 본다.

> 아리스토텔레스가, 이해, 동정적 인식, 아이디어의 자유로운 구사에 비하여 단순한 일을 수행하는 기술, 외적 산물의 단순한 축적을 열등하고 종속적인 지위에 있는 것으로 본 것은 시대를 초월하여 타당하다. 거기에 잘못이 있었다면 그것은 양자가 필연적으로 분리되어 있다고 본 것이다. 다시 말하면, 일용품을 생산하고 남에게 봉사하는 일을 효율적으로 하는 것과 스스로 생각해 나가는 것 사이, 그리고 의의있는 지식과 실제적 성취 사이에 자연적인 괴리가 있다고 본 것이 잘못이라는 것이다. 만약 우리가 단순히 그의 그릇된 파악을 이론적인 면에서만 시정하고 그런 그릇된 파악을 만들어내고 북돋아준 사회적 조건은 그대로 묵인한다면, 우리는 조금도 사태를 개선한 것이 아니다. 노예 상태에서 자유로운 시민으로 변화하는 과정에서 우리가 가장

> 간절히 바라는 결과라는 것이 오직 생산을 위한 인간도구의 기계적 효율성을 높이는 것이라면, 우리는 얻는 것보다 잃는 것이 더 많다. 지력이라는 것은 행동을 통하여 자연을 통제하는 수단이라는 생각을 하게 되었으면서도, 자연을 사용하는 일에 직접 종사하는 사람들은 여전히 非知的비지적이고 不自由부자유한 상태에 있고, 지성의 통제력은 현장에서 먼 과학자나 산업의 우두머리의 독점물이 되어 있는 현실에 만족한다면, 우리는 확실히 얻는 것보다 잃는 것이 더 많다. 삶이 여러 기능으로 따로따로 갈라져 있고 사회가 여러 계층으로 따로따로 갈라져 있는 현실을 정직하게 비판할 수 있으려면, 우리는 단순히 기술을 사용하는 일에 많은 사람들을 훈련시키고 소수에게만 문화적 장식품으로서의 지식을 가르치는 교육 실제를 영속시켜 나가는 장본인이 되지 말아야 한다. 요컨대, 삶과 교육에 관한 희랍의 철학을 극복하는 능력은 자유라든가 이성이라든가 가치 등을 나타내는 이론적 용어들을 이리저리 바꾸어 본다고 해서 생기는 것이 아니다. 노동의 존엄성, 초연하게 남과 어울리지 않는 독립된 자세에 비하여 남에게 봉사하는 삶이 우월하다는 점에 대한 정서적인 변화만으로 그러한 능력이 생기는 것은 아니다. 이러한 이론적, 정서적 변화가 중요하지 않는 것은 아니지만, 그 중요성은 참으로 민주적인 사회, 모든 사람이 유용한 봉사에 참여하고 모든 사람이 가치있는 여가를 즐기는 그런 사회를 발전시키는 일을 실제로 추진하도록 한다는 데에 있다(19:11).

앞의 명제(2)에 요약되어 있는 의미를 이 이상으로 정확하게 표현할 수는 아마 없을 것이다. 확실히, 오늘날의 교육은, 듀이가 보기에는, 현상의 지적 이해를 위한 '이론적 교과'와 실용적인 결과를 얻기 위한 '실제적 교과'를 분리시키고 전자를 후자의 우위에 둔다는 점에서 희랍 교육의 전통을, 희랍보다는 덜 '순수한' 형태로(19:13), 이어받고 있다. 이것은 희랍의 교육관을, 그것이 이미 적용될 수 없는 엉뚱한 사회적 조건에 잘못 적용하려고 하는 것이다. 교육이 참으로 민주적 사회에 알맞은 것이 되기 위해서는 그 희랍의 교육관이 극복되지 않으면 안된다.[3] 이와 마찬가지로, 현상의 지적 이해를 위한 이론적 교과가 실제적 활동과는 무관하게 그 자체로서 (또는 '내재적으로') 가치가 있다고 주장하는 것은, 듀이의 견해로 보면, 명백히 민주적 교육의 적대행위이다. 그것은 민주주의의 으뜸가는 원리로 신봉되고 있는 평등의 원리에 어긋나는 것이다. 오늘날

3) 교육과 민주주의의 관계—더 구체적으로 말하면, 교육이 민주적 사회를 건설하는 '원인'이 될 수 있는가 하는 문제—에 대하여 듀이가 정확하게 어떤 견해를 나타내고 있는가 하는 것은 이 해설과는 별도로 자세하게 고찰해야 할 복잡한 문제이다. 23:21 주석 참조.

사람들이 평등을 거의 절대적인 가치로 신봉하고 있다는 점에 비추어 보면, 명제(2)에 나타난 의미 또한 명제(1)의 경우에 못지않게, 오늘날 대부분의 사람들에게 널리 호응을 받을 것으로 생각된다.

역자가 보기에, 듀이의 교육이론 또는 그의 사상 전체는 위에 제시된 두 명제—'인식론적 명제'와 '사회철학적 명제'—에 들어 있는 의미를 부연, 적용한 것이라고 볼 수 있다. 가령 그의 교육이론의 핵심개념이라고 생각되는 '경험'의 의미에 관하여 생각해 보자. 널리 알려져 있는 바와 같이, 듀이에 의하면 '경험'은 '해 보는 것'trying과 '당하는 것'undergoing, 또는 능동적 요소와 수동적 요소의 특수한 결합으로 구성되어 있다(11:1). 이 두 가지 요소 중에서 '해 보는 것' 또는 능동적 요소는, 앞에서 쓴 용어로는, 실제적 측면을 나타내며, '당하는 것' 또는 수동적 요소는 이론적 측면을 나타낸다. '해 본다'는 것은 '우리가 바라는 변화를 얻기 위하여 모종의 조치를 취하는 것'이며, '당한다'는 것은 그 조치와 결과 사이의 관련을 파악하는 것 또는 이해하는 것을 가리킨다. 조치를 취하는 것과 이해하는 것은 서로 분리될 수 없으며, 이 양자의 결합이 경험을 이룬다.

앞에서 시사한 바와 같이, 듀이의 '경험'의 개념은 희랍적 개념의 비판에 기초를 두고 있다(20장 1절). 희랍인 사이에서 경험*empeiria*은 이성*logos*과 대립되는 것으로서 경멸의 대상이 되었다. '경험'이라는 말은 요령, 주먹구구, 돌팔이 방식 등의 의미로서, 이성에 입각한 합리적 설명이 없이 다분히 요행에 의하여 모종의 결과를 얻는 경우를 가리키는 말이었다. 이성 또는 참된 지식은 항구불변의 진리 또는 '實在'실재를 대상으로 하는 데에 비하여 경험은 변화하는 '외양'—다시 말하면, 일들이 이루어지고 좌절되는 현상—을 다룬다. 희랍인에 있어서 경험은 '실제적 관심'과 관련되어 있었으며, 이것이 참된 지식과 대립되어 있었다는 것은, 듀이의 경험의 개념에 비추어 보면, '당하는 것'과 유리된 '하는 것', 또는 '이론 없는 실제'에 해당된다. 다시, 희랍인들이 그러한 경험관을 가졌던 것은 그들이 처해 있었던 사회적 조건 때문이었다. 이 희랍인의 경험관은 존 로크로 대표되는 현대적 경험관에 의하여 수정되었지만, 여기서의 경험은 희랍인의 실제적 의미가 배제된, 순전히 지적 이해를 나타내는 것으로 생각되었다(20장 2절). 희랍인의 '경험'이 '이론 없는 실제'에 해당한다면, 이 현대적 의미의 '경험'은 그 반대쪽 극단, 즉 '실제 없는 이론'에 해당한다.

듀이는, 자신이 의미하는 바로서의 '경험'experience은 '실험'experimentation

과 동일한 의미로 해석되어야 한다고 주장한다(2장 3절). 실험이라는 것은 단순히 '해 보는 것'도 아니요, 단순히 '당하는 것'도 아닌, 양자 사이의 결합을 나타낸다. 실험에는 반드시 무엇인가 얻고자 하는 결과가 있으며, 여기에 '관심'interest (또는 '흥미')이 작용한다. 실험에서 지식은 그 얻고자 하는 결과를 얻는 것(실제)과 무관한 것이 아니라, 그 수단으로 등장한다. 또한, 실험의 결과는 반드시 그것과 관련된 지적 침전물(이론)을 남겨 놓는다. '실험은 노동이 단순히 외적 결과를 내는 것이 아니라, 지적 결실을 낼 수 있는 그런 조건을 우리에게 예시해 주고 있다'(20:26). 그러므로 "하는 것"과 "아는 것" 사이의 전통적 분리, 그리고 순전히 "지적인" 교과의 위세에 대하여 가장 직접적인 타격을 가한 것은 실험교과의 발전이었다'(20:26).

교육은 과학의 한정된 토픽을 다루는 실험이 아닌, 사회적 규모에서 행해지는 '사회적' 실험이다. 마찬가지로, 경험 또한, 사회적 규모에서 행해지는 '사회적' 실험이다. 이 실험, 즉 경험(또는 교육)에는 모든 사람이 동등한 자격으로 참여한다. 교육의 문제는 바로 경험의 이러한 의미—실험법의 정신—를 충분히 살리는 데에 있다. 교육의 가치 문제와 관련하여, 듀이는 교육에 관한 자신의 문제의식을 다음과 같이 피력하고 있다.

> 교육적 가치의 이론에 있어서의 문제점은 경험의 단일성과 통합성에 있다. 어떻게 하면 경험이 충만하고 다양하면서도 그 단일한 정신을 잃지 않게 되는가? 어떻게 하면 경험이 하나이면서도 동시에 좁고 단조롭지 않게 되는가? 궁극적으로 말하여, 가치와 가치표준의 문제는 삶의 관심을 조직하는 문제이다. 교육의 입장에서 보면, 그 문제는 학교와 교육내용과 방법을 어떻게 조직하면 폭넓고 풍부한 경험을 이룩할 수 있는가 하는 것으로 된다. 어떻게 하면 폭넓은 조망을 가지면서도 일의 능률을 희생시키지 않게 되는가? 어떻게 하면 관심의 다양성을 살리면서 고립의 대가를 치루지 않게 되는가? 어떻게 하면 개인이 자신의 지력을 없애가면서가 아니라 지력을 발휘하면서 일을 하도록 할 수가 있는가? 어떻게 하면 예술, 과학, 정치가 각각 서로를 희생시키면서 목적을 추구하지 않고, 풍부하고 너그러운 마음으로 서로를 강화시켜 줄 수 있는가? 어떻게 하면 삶의 여러 관심과 그것을 시행하는 교과가 사람들을 서로 분열시키지 않고 인간의 공통된 경험을 풍부하게 할 수 있는가? (18:32)

3 만약 앞에서 말한 두 개의 명제가 듀이 사상의 핵심을 나타낸다는 역자의 생각이 옳다면, 듀이의 교육이론이 타당한가 아닌가 하는 것은 대체로 그 두 명제의 타당성 여부에 달려 있다고 보아야 할 것이다. 말하자면, 교육의 이론으로서의 듀이의 사상은 그 두 명제의 타당성 여부에 따라 서기도 하고 무너지기도 하는 것이다. '지식이나 이론은 특정한 사회적 조건의 산물이다'라는 최근 교육학에서 유행하는 주장—이 주장은 또한 듀이 자신의 견해와도 일치한다—을 받아들이는 사람들은, 듀이의 이론은 그 당시 미국 사회의 특수한 조건에 비추어 '이해'되어야 할 뿐이며, 그 타당성이 '평가'되어서는 안된다고 생각할지 모른다. 그러나 이 생각은, 역자가 보기에는 옳지 않다. 흔히, 이론은 그것이 나온 사회적 조건에 비추어 이해되어야 한다는 것과 그것이 모종의 객관적 절대적 기준에 의하여 평가될 수 없다는 것 사이에는 논리적인 관련이 있어서, 전자에서 후자가 논리적으로 따라온다고 생각하지만, 그렇지 않은 것이다. 앞의 '이해'에 관한 주장을 받아들이면서 이른바 '지식의 상대성'을 부정한다고 해서 논리적 모순이 생긴다고 볼 이유가 전혀 없다. 다시 말하면, '이해'와 '평가'는 논리적으로 별개의 것이다. 듀이의 이론을 '이해'만하고 '평가'는 하지 말아야 한다고 말하는 것은 듀이의 이론이 우리와 하등 관계가 없어도 좋다고 말하는 것과 마찬가지이다.

이제, 이상과 같은 관점에서 앞에 제시된 두 명제의 타당성을 약간 자세하게 검토해 보겠다. (1)'이론은 실제에서 파생되며 실제에 적용되는 한에서 가치를 가진다'는 명제를 조사하는 첫 단계로서 우선 '학문의 기원' 문제를 생각해 보자. 앞에서 시사한 바와 같이, 많은 사람들에게 명제(1)은 학문 또는 이론적 지식의 기원과 밀접하게 관련되어 있는 것으로 생각된다. 그들에게는 예컨대 물리학은 기계를 다루는 과정에서, 화학은 염색, 표백을 하는 과정에서, 그리고 기하학은 땅을 측량하는 과정에서 생겨났다고 하는 말이 어김없는 역사적 사실을 나타낸다고 생각되고, 나아가서 그것이 곧 학문의 목적 또는 성격을 보여준다고 생각된다. 그러나 이 생각은 오직 '과정에서 생겨났다'는 말의 애매성에 힘입어서만 타당한 것이 된다. 가령 '화학은 염색을 하는 과정에서 생겨났다'는 말을 '화학적 지식이 생겨났을 당시, 또는 그 이전에 사람들이 염색을 하고 있었다'는 뜻으로 해석하면, 이 말은 그야말로 어김없는 역사적 사실을 나타낸다. 왜냐하면, 만약 사람들이 염색(또는 그와 유사하게 화학적 지식으로 설명되는 활동)을 하고 있지 않았다면 그것을 화학이론으로 설명하려는 시도는 나올 수 없었을 것이기 때문이다. 그러나 '화학은 염색을 하는 과정에서 생겨났다'는 말은 또한 '화학은 염색을 하는 "수단"으로 만들어졌다'는 뜻으로 해석될 수도 있다. 이 경우에는 그 말의 역사적 사실로서의 진위를 확인할 도리가 없다. 그 말을 하는 사람 자신을 포함하여 아무도, 화학을 만들어 낸 사람이 과연 염색을 하는 수단으로서 화학적 지식을 정립했는지 물어볼 수 없는 것이다. 그 사람은 '역사적 사실'을 假裝가장하여 학문의 성격에 관한 자신의 '의견'을 말하는 것이다. 그리고 이 의견이 타당한 것처럼 들리는 것은 오직 앞의 첫째 해석('화학이라는 이론적 지식과 염색이라는 실제적 활동이 공존한다')이 타당하기 때문이다. 이것은 결코 사소한 지적이 아니다. 역자가 보기에, 이른바 '이론과 실제의 관련'에 관한 듀이의 견해는 이론적 지식과 실제적 활동의 '공존 관계'를 '수단-목적의 관계'로 부당하게 바꿔치기한 데서 나온 것이다. (게다가, 듀이는 그 '공존관계'를 인정하는 것은 사회적 분열을 받아들이는 것과 동일한 것이라고 주장한다. 이하 참조.)

교과의 성격에 관한 장에서 듀이는, '농부나 선원, 상인과 의사, 또는 실험실의 실험가들에 있어서는 그렇지 않은데도, 유독 교육에서만 지식은 일을 하는 것으로부터 초연하게 떨어져서 주로 정보의 축적을 의미하는 것으로 되어 있다'(14:9)고 말하고 있다. 이 말에서 '지식'은 '이론', 그리고 '일을 하는 것'은 '실제'를 나타낸다. 그리고 '정보의 축적'은—적어도 듀이에게는—'실제와 관련되지 않은 이론'을 의미한다. '실험실의 실험가'의 경우를 일단 보류하면, 듀이는 교육에서 다루는 지식이 '농부나 선원, 상인과 의사'에 있어서 지식이 가지는 의미와 다르게 취급되고 있다는 점에 대하여 탄식을 발하고 있다. 그러나 문제는, 그것이 과연 탄식의 대상이 되는가 하는 데에 있다. 농부나 선원, 상인과 의사는 실제적 결과를 얻기 위한 활동(즉, 실제적 활동)을 하는 사람들이다. 교육에서 다루는 지식이 과연 그런 실제적 활동에서 다루어지는 지식과 동일한 의미를 가져야 하는가?

사실상, 이 책에서 지식이나 교육의 문제를 논의하는 동안에 듀이가 사용하고 있는 예시는 대부분이 농부의 일(8:12), 타자치는 일(10:16), 전쟁 중의 사령관의 일(11:15), 의사의 일(13:16), 연이나 보트를 만들고 사냥하고 요리하는 일(15:9, 17, 18, 16:5), 목수나 판화가가 하는 일(25:8) 등, 실제적 활동에 관계되는 것들이다. (심지어, 도덕을 설명하는 데에도 듀이는 '도랑 건너뛰는 것'(26:3)을 예시로 사용하고 있다.) 물론, 듀이의 예시 중에는 교육사태에서 흔히 다루어지고 있는 '이론적 지식'—실제와의 관련이 불분명하여, 듀이의 입장에서 보면 능히 '정보의 축적'이라고 볼 수 있는 지식—도 들어 있다. 그러나 듀이의 생각에는 이런 이론적 지식과 실제적 지식(즉, 실제적 활동에 필요한 지식)의 구분이 용납되지 않는다. 듀이는 과학적 방법 또는 실험적 방법을 설명하는 과정에서 예컨대 '구두장이가 구두를 만드는 일'과 '돌멩이에 酸산을 붓는 것과 같은 과학 실험이 동일한 의미를 가지고 있다고 말한다. '가령 돌멩이에 산을 떨어뜨려서 어떤 일이 일어나는가를 보는 것과 같이, 물리적 사물을 가지고 또 그것에 대해서 행위를 한 결과로 지식이 나올 수 있다고 생각하는 것은 송곳에 밀랍 칠을 한 실을 꿰어 가죽 조각에 찔러 넣는 일에서 지식이 나온다고 하는 것만큼 터무니없다고 생각될지 모른다. 그러나 과학 실험의 방법이 생겨남으로써 밝혀진 바에 의하면, 적절하게 통제된 조건하에서는 고립된 논리적 추론보다 이 〔실험적〕방법이 지식을 얻는 더 올바른 방법이 된다는 것이다'(15:16). (이 예는 동일한 맥락에서 또 한 번(20:21) 사용되고 있다.)

그러나 이 두 가지 일은 동일한 성격을 가지고 있는가? 물론, 구두장이가 밀랍 칠을 한 실을 송곳으로 가죽에 찔러 넣을 때, 또는 화학자가 돌멩이에 산을 떨어뜨릴 때, 이들은 모종의 '관심'interest을 가지고 있다. 그러나 그 '관심'의 내용은 동일하지 않다. 구두장이의 경우에 관심은 한 켤레의 구두가 만들어지는 데에 있지만, 화학자의 경우에는 구두에 해당하는 그런 결과—실제적 결과—가 없다. 구두장이의 관심이 '실제적 관심'이라면, 화학자의 관심은 화학에 관한 지식을 발견하는 '이론적 관심'이다. 사실상, 이 두 가지 관심이 구분된다는 것은 바로 듀이 자신의 다음과 같은 말에서 인정되고 있다.

> 물에 관한 일상적인 개념은, 마신다든가 씻는다든가 농작물에 물을 댄다든가 하는 일상적인 용도에 있어서는 화학자의 개념보다 더 적절하다. 그러나 화학자가 물을 H_2O로 기술하는 것은 과학적 탐구에서 그것이 차지하는 위치나 용도로 보아 일상적 개념보다 훨씬 우월하다. 그것은 물의 성질을 다른 사물에 대한 지식에 연결시킴으로써 그것을 이해하는 사람에게 그 지식이 어떻게 도출되었으며 사물의 구조에 관한 다른 지식들과 어떻게 관련되는가를 보여 준다. 엄밀하게 말하여, 물이 H_2O로 되어 있다는 것과 물이 투명한 액체로서 맛도 냄새도 없고 갈증을 없애준다는 것을 비교해 볼 때, 전자가 후자보다 물의 객관적 관계를 더 잘 나타내어 준다고는 말할 수 없다. 물이 無色무색, 無味무미, 無臭무취의 액체라는 말은 물이 수소분자 두 개와 산소분

> 자 한 개로 이루어져 있다는 말과 마찬가지로 객관적 관계를 나타내고 있다고 보아야 한다. 그러나 사실을 밝히기 위한 과학적 연구를 한다는 '특별한 목적'을 가지고 있을 때에는, H_2O라는 관계가 근본적으로 중요하다(14:22).

다시 말하면, 물이 H_2O로 되어 있다는 과학적 지식은 농부가 농작물에 물을 대는 데에는 아무 도움도 되지 않는다. 양자는 전혀 별개의 관심을 나타내는 것이다. (여기에 대하여, H_2O 이외의 다른 과학적 지식은 농사짓는 데에 직접 도움이 된다는 식의 반론을 제기할 사람이 있을지 모른다. 그러나 그 사람이 단 한 가지 타당한 예라도 제시할 수 있을지는 의문이다. 예컨대 비료를 올바르게 사용하기 위하여 특정 비료의 분자구조를 알 필요가 있겠는가? 도대체, 화학이라는 것은 예컨대 비료의 올바른 사용법을 가르쳐 주는 학문이라고 주장하는 화학자가 있다면, 우리는 이 화학자를 어떻게 보아야 하는가?) 문제는, '물은 H_2O로 되어 있다'는 과학적 지식이 '특별한 목적'(원문 이탤릭)을 가지고 있다는 것을 인정하는가 않는가, 그리고 그 '특별한 목적'이라는 것은 구체적으로 어떤 것인가 하는 데에 있다.

이 문제는 결국 '교육의 가치'에 관한 듀이의 견해에 집약되어 있다. (이 문제를 다루고 있는 18장 '교육적 가치'는 그 내용은 고사하고 그 논리 전개의 방식에 있어서 이 책의 어느 장보다도 '문제가 많은' 부분이다. 용어와 논리의 비일관성, 비철저성이 하도 심하여, 이 부분을 세밀히 읽는 독자는 누구든지, 듀이가 고의로 문제를 호도하고 있다는 인상을 받을 것이다. 보다 예리한 분석력을 가진 다른 사람들이 이 장에 나타난 논리적 오류를 청천백일하에 드러내어 주기를 바란다.) 간단하게 말하여, 듀이는 가치문제에 있어서의 근본적인 구분인 '내재적 가치'intrinsic value와 '수단적 가치'instrumental value의 구분을 인정하지 않는다. 만약 '내재적 가치'라는 말의 의미를, 흔히 하듯이, '그 자체로서 가치를 가지는 것'이라고 풀이한다면,[4] 듀이에게 있어서는 '모종의 실제적 결과를 얻기 위한 수단으로서 가치를 가지는 것'과 관련되지 않은 '그 자체의 가치'라는 것은 있을 수 없다. 교육의 목적에 관하여 논의하는 대목에서 듀이는 '목적을 가지는 것'을 '총으로 토끼를 쏘는 것'에 비유하여 다음과 같이 말하고 있

---

4) 그러나 이 일반적인 해석은 '내재적 가치'의 규정으로서는 어이없이 부적절하다. R. S. Peters(李烘雨, 曺永泰 譯), 「윤리학과 교육」, 교육과학사, 1980, 2003, '번역판 이해를 위한 해설', xix-xxiii 참조.

다. '예컨대 한 마리의 토끼를 겨냥한다고 하자. 우리가 바라는 것은 똑바로 총을 쏘는 것이며, 이것이 우리가 하고자 하는 활동이다. 이와는 달리, 우리가 바라는 것이 그 토끼라고 말한다 하더라도, 그 토끼는 우리의 활동과 동떨어진 것이 아니라 우리의 활동 속의 한 요소이다. 우리는 토끼를 먹으려고 한다든지, 우리의 총 솜씨를 자랑하고 싶어한다든지, 하여간 무엇인가를 하기 위하여 토끼를 쏘려고 한다. 그것 자체, 다른 것들과 유리된 그것 자체가 아니라 그것으로 무엇인가를 하려고 하는 것—그것이 우리의 목적이다'(8:11). 또한, '농부건 의사건, 교사건 학생이건 간에, 다른 사람에게 가치있는 결과를 만들어내는 것은 그 자체로서 가치를 가진 경험과정의 부산물임을 깨닫지 못한다면, 그 사람은 자기의 직분을 잘못 파악한 것이다'(9:24). 여기에 비하여 실제적으로 유용한 결과를 얻는 것과 관련되지 않는, 그야말로 순전히 '그 자체로서 가치를 가지는' 교과 또는 지식이 있다는 생각은, 듀이에 의하면, 오직 교육에서나 통용되는 신화이다(14:26 참조). 그리하여 '수단적 가치는 목적에 대한 수단이 된다는 내재적 가치를 가진다'(18:21)는, 분명히 철학적 괴물이라고 할 수 있는 말이 듀이에게는 자명하게 옳은 것으로 된다.

그럼에도, 듀이는 교육이 그 자체로서 목적을 가진다는 것을 강조한 사람으로 알려져 있다. 심지어, 최근에 와서 교육 또는 교과의 '내재적 가치'를 주장한 R.S. Peters 조차도 그렇게 보고 있다.[5] 아마 이것은 '교육의 과정은 그 자체 이외에 다른 목적을 가지지 않으며 교육 그 자체가 목적이다'(4:18)라든가, '성장에는 더 성장한다는 것 이외의 다른 목적이 없으며, 따라서 교육에도 더 교육받는 것 이외의 다른 고려사항이 없다'(4:22)는 듀이 자신의 말 때문일 것이다. 그러나 이 말을, Peters와 같은 의미에서의 '교육의 내재적 가치'를 주장한 것으로 해석할 수 있는지는 매우 의심스럽다. 여기서 '교육 그 자체', '성장 그 자체'라고 하는 것은, 위에서 말한 바와 같이, 이미 이론과 실제, 수단과 목적의 관련을 그 의미의 한 부분으로 포함하는 것이기 때문이다.

(2) 그러나 실제적 활동과는 무관한 이론적 지식이 '내재적 가치'를 가지고 있다고 말하는 것은 '땀 흘려 일하는' 계층과 '놀고먹는' 계층으로 사회가 분열되어도 좋다는 것을 인정하는 것이 아닌가? 이것이 바로 명제(2)와 관련하여 제기

---

5) R. S. Peters, 'John Dewey's Philosophy of Education,' R. S. Peters (Ed.), *John Dewey Reconsidered*, RKP, 1977, p.107. Peters의 '내재적 가치'에 관해서는 주 4의 「윤리학과 교육」 5장 참조.

되는 질문이다. 가령, 듀이가 말한 바와 같이, 이론적 지식과 실제적 활동을 별개의 관심사로 추구하는 경향이 희랍의 사회적 조건의 산물임을 인정한다고 하자. 그렇다면 (바로 그 이유에서) 오늘날 그 두 가지를 별개의 관심사로 생각하는 것은 희랍에서와 같은 계층 분열을 인정하는 셈이 되는가?

약간만 생각해 보면, 명제(2)에 요약된 듀이의 견해는 길게 반박할 필요도 없는, 터무니없이 그릇된 견해라는 것을 알 수 있다. 그 견해의 밑바닥에는 '이론적 활동'에 대한 듀이의 편견이 깔려 있다. 듀이는 '이론적 활동'(더 정확하게는, '실제적 활동'과 분리된 이론적 활동)을 '여가를 즐기는 것'과 동일한 것으로 보고 있다(19장). 말하자면, 유용한 실제적 결과를 얻는 것과는 관계없이 '한가하게' 세상을 이해하는 일은 유한계층의 여가 활동이며, 이것은 누구에게나 '좋은 것'으로서 어느 특정한 계층만이 누릴 수 있는 '특권'이 아니라 모든 사람에게 공유되어야 한다는 것이다. 듀이는 희랍 사회가 이 원리를 어긴 원초적이고 전형적인 경우였다고 말한다. 말하자면 희랍에서는 소수의 특권층이 다수의 근육과 땀에 얹혀서 한가한 이론적 활동을 즐기고 있었다는 것이다. 우선, 이 점부터가 의심스럽다. 듀이의 말대로라면, 플라톤과 아리스토텔레스는 '여가'를 즐기며, 유한계층의 '특권'을 누린 사람들이라고 보아야 할 것이다. 우리는 플라톤이나 아리스토텔레스가 어떤 종류의 것이건 실제적 활동에 종사했다는 말을 듣지 못한다. 백보를 물러나서, 희랍 사회가 그러했다고 하자. 특히 학문적 논의에는 '人身인신을 겨냥한'*adhominem* 질문이 禁忌금기라는 것을 잘 알지만, 이 경우에만은 듀이에게 '인신을 겨냥한' 질문을 해야 한다는 충동을 떨쳐 버릴 수 없다. 듀이 자신은 어떠한가? 이 책과 그 밖의 그 수많은 책을 쓰는 동안, 듀이는 '여가'를 즐겼는가? 아니면, 그동안 듀이는 모종의 실제적 활동을 했고 '여가를 타서', 또 그 실제적 활동을 한 결과로, 그 책을 썼는가? 가령, 듀이가 구두 가게에 가서 구두를 맞추었을 때, 그 주인이 '당신은 아무런 실제적 활동도 하지 않으면서 유한계층의 특권을 누리고 있다'고 말했더라면, 듀이는 무엇이라고 대답했을 것인가? 모르기는 해도, '나도 당신에 못지않게, 또는 당신 이상으로, 죽을 고생을 하고 있다'고 말했을 것이다. 이론적 활동이 '여가 활동'이기는커녕, '죽을 고생'이라는 것이 어찌하여 듀이 자신에게만 해당된다고 생각할 수 있는가?

앞에서 한 차례 인용한 바와 같이, 듀이는, '참으로 민주적인 사회'는 '모든 사람이 유용한 봉사에 참여하고 모든 사람이 가치있는 여가를 즐기는 그런 사회'(19:11)라고 말한다. 듀이가 보기에, 교육은 주로 실제와 관련없는 이론적 지식을 가르침으로 해서, 유용한 봉사를 하는 사람들과 여가를 즐기는 사람들이 별개의 계층으로 분열된 사회적 조건을 반영하며 그것을 영속시킨다. 그러나 '유용한 봉사를 하지 않고 여가를 즐기는 사람들'이라고 말할 때, 듀이는 도대체 어떤 사람들을 염두에 두고 있는 것인가? 물론, 어느 사회에나 그런 사람들이 없는 것은 아니다. 다만, 분명한 것은 유용한 봉사를 하는가 아니면 여가를 즐기는가 하는 것이 실제적 활동에 종사하는가 아니면 이론적 활동에 종사하는가와는 아무 관계가 없다는 것이다. 이와 마찬가지로, '참으로 민주적인 사회'는 모든 사람이 '동일한 종류의 활동'에 종사하며 '동일한 종류의 경험'을 하는 사회가 아니라, 이론적 활동과 실제적 활동이 각각 그 의미를 잃지 않으면서 정당하게 존중되는 사회이다. 듀이가 민주적인 사회를 그와 같이, 이론적 활동과 실제적 활동에 종사하는 계층의 구분이 없어진 상태로 규정한 것은 오직 그가 이론적 활동의 의미를 잘못 파악했거나 아니면 고의로 그것을 왜곡했기 때문이다.

명제(1)에 관계되는 문제가 '교육의 가치'에 관한 듀이의 견해로 집약된다면, 명제(2)에 관계되는 문제는 '직업교육'에 관한 그의 견해로 집약된다. (이 문제를 다루고 있는 23장 '교육의 직업적 측면'은 18장 '교육적 가치' 다음으로 '문제가 많은' 장이다.) 이론과 실제의 괴리는, 구체적인 교육사태에서는 '직업교육'과 '교양교육'(또는 자유교육, 또는 인문교육)의 대립으로 나타난다. 이 문제에 대한 듀이의 견해는 요컨대, 일체의 교육은 직업교육이라는 것이다. 듀이는 다음과 같이 말한다.

> 특히 가장 높은 수준에서의 고등교육을 보면 그것은 대학교수와 전문 연구원을 위한 직업교육이다. 누가 보더라도 빈둥빈둥 노는 일, 문필업, 지도자의 자리를 위한 준비를 시켜주는 일을 주로 하는 교육이 비직업적 교육이요, 심지어 특이하게 교양적인 교육이라고 생각되어 왔다는 것은 생각할수록 묘한 미신이다. 책이건 신문 사설이건 잡지 기사건 간에 저작 활동에 간접적으로 적합한 문학 훈련은 특히 이 미신의 대상이 되고 있다. 수많은 교사와 저자가 전문화된 실제적 교육의 침범을 경계하고, 문화적, 인간적 교육을 옹호하는 글을 쓰고 주장을 펴고 하면서도 자신이 자유교육이라고 부르는, 자신이 받은 교육이 주로 현재 그가 종사하고 있는 그 직업을 위한 훈련이었다는 것을 인정하지 않는 것이다.(23:12).

이 말에 깔려 있는 미묘한 복선, 미묘한 감정적 뉘앙스를 완전히 파헤치는 것은 역자의 능력 범위를 벗어난다. 어쨌든, 여기에 나타난 '직업교육'이라는 말의 의미는 교육의 내용이나 성격을 지칭하는 통상적인 의미와는 다르다. 그리하여, '일체의 교육은 직업교육'이라는 듀이의 말은, 적어도 위의 말에 나타난 바에 의하면, 누구나 교육을 받고 난 뒤에는 (그 교육의 내용이 어떠한가에 관계없이), 직업에 종사하게 된다는 사실을 가리키는 것에 불과하다. 이 명백한 사실을 지적함으로써 듀이는, 교육의 내용에는, 특히 이론적 관심을 추구하는가 실제적 관심을 추구하는가 하는 관점에서, 성격상 하등의 차이가 있을 수 없다는 것을 말하고자 한다. 오히려, 듀이는 전통적으로 '직업교육'이 오직 실제적 관심과 결부된 것으로 경멸의 대상이 되어 온 것을 시정하기 위하여 '인문교육'에 대한 자신의 편견을 내세우고 있다.

만약 '일체의 교육은 직업교육'이라는 듀이의 말이, 과거에 있어서나 오늘날에 있어서나, 사실과 부합한다면, 또한 만약, 듀이의 말과 같이, 이 책에서 그가 취급한 이론과 실제, 여가와 노동 등의 대립이 궁극적으로 인문교육과 직업교육의 대립으로 귀착된다면, 듀이는 무엇을 그토록 걱정하는가? 오늘날 교육은 바로 듀이가 바라는대로, 인문교육도 직업을 위한 준비를 갖추어주는 직업교육과 동일한 것으로 되어 있지 않은가? 이렇게 보면, 이론과 실제의 대립, 그리고 그것과 관련된 여러 가지 대립을 해소하려는 듀이의 노력은 포인트를 잃고 만다.

그러나 이 모든 문제의 밑바닥에는 '삶'에 관한 기본가정이 깔려 있다. 확실히 우리의 삶은 '총체'totality이며, 따라서 유일한 '실재'reality이다. 삶이 총체라고 하는 것은 곧, 삶은 이론과 실제('보는 것'과 '하는 것')를 위시한 일체의 대립(즉, 모순)을 동시에 포함하고 있다는 뜻이다. 시각적으로 비유해서 말하자면, 우리의 삶은 이론과 실제가 씨줄과 날줄로 짜여 있는 천과 같다. 씨줄과 날줄의 어느 것을 보더라도, 올은 이 쪽 끝에서 저 쪽 끝까지 천의 전체를 덮고 있다. 말하자면, 우리의 삶에는 이론과 실제가 천의 씨줄과 날줄처럼 공존하고 있다. 그 중의 어느 것도 다른 어느 것에 종속되거나 부차적인 지위를 가진 것으로 간주되어서는 안된다. 문제는 '삶'이라는 총체를 이론이라는 씨줄로 파악하는가, 아니면 실제라는 날줄로 파악하는가 하는 것이다.

듀이는 어느 편인가? 듀이가 이론과 실제의 관련을 강조했다는 점에 비추어 그는 씨줄과 날줄을 한꺼번에 들어서, 그야말로 삶을 '총체'로서 파악했다고 할 수 있을지 모른다. 그러나 이상의 고찰은 이와는 다른 해석을 지지한다. 그가 관심을 가지고 있는 것은 '실제'이다. (이와 마찬가지로, 듀이가 보는 '실재' reality는 '실제'practice이다. 1:21 참조.) 그리고 그의 주장에 의하면 이론적 활동은 실제적 활동의 '시녀' 정도로만 취급된다. 그것은 실제적 활동이 이론적 활동의 '시녀'로 취급되는, 그 반대의 경우에 못지않게 삶을 편파적으로 파악하는 것이다. 듀이가 보는 삶이 이런 것이기 때문에, 그의 철학에서는 세상을 지적으로 이해하려는 '죽을 고생'이 삶과 교육에서 차지해야 할 응분의 지위를 차지하지 못한다. 이 점에 비추어 보면, 이 책 첫머리의 '돌이 부서지는', 일견 뻔한 말이 엄청난 의미를 가지게 된다. 생각해 보라. '돌과 사람의 차이는 세상을 지적으로 이해하는가 않는가에 있다'는 말은 '돌과 사람의 차이는 주위의 에너지를 이용하여 생명을 유지할 수 있는가 아닌가에 있다'는 말에 못지않게 옳다. 그러나 앞의 말을 「민주주의와 교육」의 첫머리에 내세운다는 것은 듀이의 철학으로서는 거의 상상조차 할 수 없었을 것이다. 그리하여 듀이가 '삶은 지적, 도덕적 성장'(23:8)이라는 식으로 말하는 것을 들을 때, 우리는 한편 놀라면서도 또 한편, 그 '지적, 도덕적 성장'이라는 것이 과연 무엇을 뜻하는가 하는 의문을 품게 된다.

4 마지막으로, '듀이는 어떤 사람인가'라는 질문을 생각해 보자. 이 질문에 대하여, 그는 몇 년에 태어나서 몇 년에 세상을 떠났다든지, 어디서 태어났고 어디서 교육을 받았다든지 하는 식의 대답은 우리가 바라는 대답이 아니다.[6)] 우리가 바라는 대답에 비추어 보면, 그 질문은 그가 어떤 '생각'을 한 사람인가 하는 것이다. 이런 각도에서 그 질문에 대답하자면, '듀이는 상식에 철학의 거창한 옷을 입힌 사람'이라는 대답이 어떨까 생각해 본다. 상식에는 상식에 알맞은 옷이 있고 철학에는 철학에 알맞은 옷이 있다. 상식이 옳다는 것을 보이기 위하여 철학의 힘을 빈다는 것은 듀이와 같은 사람에게서가 아니고는 기대하기 어렵다.

듀이의 경우에 상식에 입힌 철학의 盛服성복은 '이원론'dualism 대 '계속성' continuity이라는 옷이다. (이원론에 정면으로 대립되는 용어는 '일원론'monism

---

6) 듀이의 생애를 가장 자세하게 다룬 책은 아마, George Dykhuizen, *The Life and Mind of John Dewey*, Southern Illinois University Press, 1973일 것이다. 또한, 앞에서 인용한 'From Absolutism to Experimentalism'은 듀이 자신의 학문적 생애를 기술한 자서전적 논문으로서 이 방면의 중요한 참고자료이다.

이겠지만, 듀이는 이 용어를 쓰지 않는다. 그 대신에 그는 '이원론'을 '분리'separation, '대립'opposition, '고립'isolation 등과 섞바꾸어 쓰고 있다.) 듀이는 이론과 실제를 위시하여, 몸과 마음, 주관과 객관, 개인과 사회, 마음과 세계 등, 철학에서 다루어 온 일체의 이원론적 대립을 극복한 '종합의 철학자'로 알려져 있다. (듀이가 극복하려고 한 이원론적 대립 중에서 가장 근본적인 것은 '아는 것'과 '하는 것', 또는 이론과 실제의 대립이다. 25:8 참조) 그러한 듀이도 '이원론'과 '계속성'의 대립만은 끝까지 철두철미하게 견지하고 있다. 이것으로 보면, 이원론과 계속성의 대립은 듀이가 극복하려고 한 여러 대립들의 同列동렬에 들어 있는, 그 여러 대립들 중의 하나가 아니라, 그 대립들의 존폐가 달려 있는 '절대수준의' 대립, 즉 '형이상학적' 대립이다.

이 책에서 '이원론'이라는 용어는 그 반대되는 '계속성'과 마찬가지로 광범하게, 또 다양한 맥락에서 사용되고 있다. 듀이가 말하는 '이원론'(또는 일반적으로 '이원론'이라는 것)이 무엇을 가리키는가, 그리고 또한 이원론을 극복한다는 것이 무엇을 뜻하는가 하는 것은 별도로 고찰해야 할 어려운 문제이다. 다만, 여기서 말할 수 있는 것은, 하나의 이론적 활동으로서의 철학은 개념적 구분을 그 생명으로 하고 있다는 것이다. 여기에 비하여, 상식의 세계에는 개념적 구분 또는 이론적 구분이라는 것이 불필요하다. 상식의 세계는 희랍 철학에서의 '경험'의 세계와 마찬가지로, 사람들이 좁은 실제적 관심—우리가 바라는 실제적 결과를 얻는 일—만으로도 충분히 만족스럽게 살아갈 수 있는 세계이다. 이론과 실제를 관련지음으로써, 아마 듀이는 상식인들에게도 이론적 지식의 혜택—이론적 활동을 겉으로만 보는 사람에게는 다르게 보일지 모르나, 그것에 다소간 깊이 입문한 사람은 누구든지, 이 혜택은 '혜택'보다는 '형벌'에 더 가깝다는 것을 안다—을 맛보도록 할 수 있으리라고 생각하였을 것이다. 상식인들에게 이론적 지식의 '혜택'을 누리도록 하기 위해서는 이론적 지식을 그야말로 '이론적 지식으로서'가르쳐야 한다. 그렇게 하지 않고, 만약, 듀이처럼, 이론적 지식의 성격을 바꾸어 일종의 실제적 지식으로 만들어 버린다면, 여기서 생기는 결과는 듀이의 의도와는 정반대로, 상식인들의 좁은 관념을 더욱 부채질하는 셈이 된다. 결국, 상식인들은 '남에게 유용한 봉사를 하고 여가를 즐기는' 그들의 생활방식에 안심하고 주저앉을 수 있게 되는 것이다.

혹시 듀이는, 개념적 구분을 없애는 데에, 개념적 구분을 생명으로 삼는 철학을 동원하려고 한 것은 아닌가? 이때 철학은, 그것이 부정해야 할 상식을 정당화하는 데에 잘못 사용되는 것은 아닌가? 이렇게 생각하는 것이 전적으로 그릇되다고 볼 수 없는 것은, 그것이 학문 또는 이론적 활동에 관한 듀이의 견해와 일관된다고 보기 때문이다. 듀이의 견해에 의하면, 전통적으로 철학의 중요한 과제로 생각되어 온 이론적 구분은, 모종의 중요한 실제적 결과를 초래하지 않는 한, 무의미하다(24:14-15). 이것은 단순히 앞의 명제(1)을 철학의 경우에 맞게 고쳐 말한 것에 지나지 않는다.

5 참고로, 듀이의 주요 저작을 연대순으로 열거해 보겠다. (듀이 전집이 Southern Illinois University Press에서 계속 간행중이다.)

1897 My Pedagogic Creed
1899 The School and Society
1902 The Child and the Curriculum
1909 Moral Principles in Education
1910 How We Think (Rev. 1933)
1913 Interest and Effort in Education
1915 Schools of Tomorrow (with E. Dewey)
1916 Democracy and Education
1920 Reconstruction in Philosophy
1922 Human Nature and Conduct
1925 Experience and Nature
1927 The Public and Its Problems
1929 The Quest for Certainty
1929 Characters and Events
1929 The Sources of Science in Education
1931 Philosophy and Civilization
1931 Individualism Old and New
1932 Ethics (with James M. Tufts)
1934 Art as Experience
1934 A Common Faith
1938 Experience and Education

1938 Logic : The Theory of Inquiry

1939 Theory of Valuation

1939 Liberalism and Social Action

1940 Education Today (Ed. Joseph Ratner)

1946 Problems of Men

1949 Knowing and the Known (with A. P. Bentley)

1952 The Use of Resources in Education

원저자 서문

이 책은 민주사회에 작용하고 있는 이념을 추출하여 진술하고 그 이념을 교육의 실제 문제에 적용해 보려고 한 노력의 결과이다. 여기에는 위의 관점에서 볼 때 공공교육의 건설적 목적과 방법이 어떻게 규정되는가를 제시하는 것, 민주화되기 이전의 사회적 상황에서 체계화된 지식의 이론과 도덕적 발달의 이론을 비판적으로 검토하는 것 등이 논의의 내용에 포함되어 있다. 물론 이러한 이론은 오직 명목상으로만 민주적 사회일 뿐, 사실은 그렇지 않은 사회에 여전히 남아 있어서 민주적 이상을 올바르게 실현하는 데에 저해요소로 작용하고 있다. 이 책의 내용에서 저절로 드러나리라고 생각하지만, 이 책에 진술된 철학은 민주주의의 성장을 과학의 실험적 방법, 생물학의 진화이론, 그리고 산업의 재조직과 관련된 것으로 보고, 이러한 방면의 발달이 교육의 내용과 방법에 어떤 변화를 가져오는가를 지적하는 데에 관심을 둔다.

콜럼비아 대학의 굿젤 박사는 이 책의 내용에 대하여 비판적인 검토를 해 주었다. 역시 콜럼비아 대학의 킬파트리크 교수는 비판적 검토와 함께 이 책의 주제의 순서에 대하여 조언을 해 주었고 나는 때로 그의 조언을 따랐다. 엘지 리플리 클라프嬢양은 많은 비판과 제언을 해 주었다. 이분들에게 감사를 드린다. 처음 두 분은 인쇄 교정을 보아 주는 친절까지 베풀었다. 또한 여기에 도저히 열거할 수 없을 만큼 오랜 기간동안 내 강의를 들은 수많은 학생들에게도 큰 도움을 받았다는 것을 밝혀 둔다.

존 듀이

1915년 8월
뉴욕, 콜럼비아 대학

목 차

제 1 장

삶의 필연성으로서의 교육*

1 전수에 의한 삶의 갱신

¶ 1_ 생물과 무생물의 가장 두드러진 차이는 전자가 갱신에 의하여 스스로를 존속시켜 나간다는 데에 있다. 돌은 무엇으로든지 두드리면 저항한다. 만약 돌의 저항력이 그것을 두드리는 힘보다 크면, 돌은 겉으로 보아 전혀 변하지 않는다. 그 반대의 경우라면, 돌은 산산 조각이 난다. 그러나 돌의 경우에는, 두드리는 힘에 대항하여 스스로를 존속시키려고 하지도 않거니와, 그 힘을 역이용하여 스스로 행위를 계속해나갈 원동력으로 삼는 일은 더욱 하지 않는다. 생명체는 자기보다 큰 힘과 대항할 때는 쉽게 부서지지만, 그래도 자기에게 작용하는 에너지를 이로운 방향으로 돌려서 자기의 생명을 계속 유지해 나가는 수단으로 삼을 수 있다. 만약 이 일을 할 수 없으면, 생명체는 (적어도 고등 생명체는) 돌처럼 산산조각으로 부서지는 것이 아니라, 생명체로서의 존재양식** 을 잃어버리고 만다.

---

* 이 장의 제목에 나오는 necessity of life라는 말을 어떻게 해석해야 하는가는 꽤 까다로운 문제이다. 여기서처럼 '삶의 필연성'이라고 번역할 때는 교육은 삶이 있는 곳에는 반드시 있다는 뜻을 가지게 되지만, '삶의 필요성'이라고 번역할 때는 교육은 삶을 영위하기 위해서는 반드시 하지 않으면 안된다는 뜻을 가지게 된다. 양자 사이에 공통된 의미가 없는 것은 아니지만, 거기에는 또한 미묘하나마 중요한 차이가 있는 것도 사실이다. 물론, 이 necessity라는 단어를 위의 두 가지 중의 어느 쪽으로 번역해야 하는가는 Dewey의 이론 전체에 비추어 판단해야 하겠지만, 그렇게 판단해 보더라도 그 단어에 '필연성'과 '필요성'의 두 가지 의미가 동시에 들어 있다는 점에는 변함이 없다. 이하 본문에서는 경우에 따라 necessity를 필요, 또는 필요성으로 번역하기도 하였다.

** identity

¶ **2**_ 살아 있는 한, 생명체는 주위의 에너지를 자신에게 이로운 방향으로 활용하려고 노력한다. 빛, 공기, 습기, 토양 등이 그런 에너지이다. 생명체가 이런 것들을 활용한다는 것은 곧 그것을 자기보존의 수단으로 돌린다는 뜻이다. 생명체가 성장하는 한, 그것이 환경을 이용하는 데에 소비하는 에너지는 늘 생명체가 거기서 얻는 이득으로 상쇄되고도 남는다. 이것이 바로 '성장'인 것이다. '통제'라는 말을 이상과 같은 뜻으로* 이해한다면, 생명체는 그것을 집어 삼키려고 하는 에너지를 지배하고 통제하여 자신의 활동을 계속해 나간다고 말할 수 있다. 결국, 삶이라는 것은 환경에 작용함으로써 스스로를 갱신해 나가는 과정이다.

* 다시 말하면, 적은 에너지를 들여서 많은 이익을 얻도록 환경을 이용한다는 뜻으로.

¶ **3**_ 모든 고등 생명체에 있어서, 이 과정은 무한정 계속될 수가 없다. 얼마 안 있어서 그 과정은 끝이 나고, 그들은 죽는다. 피조물은 자기개신을 무한정 할 수 있도록 만들어져 있지 않은 것이다. 그러나 삶의 과정이 연속되어 나가는 것은 반드시 한 개체의 생존을 연장함으로써만 보장되는 것이 아니다. 다른 생명체를 다시 만들어내는 과정이 끊임없는 연결을 이루어 계속되고 있는 것이다. 그리하여, 지질학적 기록이 보여 주듯이, 비록 한 개체뿐만 아니라 온 종족이 한꺼번에 사멸하더라도 삶의 과정은 점점 더 복잡한 형태로 계속되고 있다. 어떤 종족이 사멸하면, 그에 뒤이어, 그들이 극복하지 못했던 장애를 디디고 서서 그것을 활용할 수 있는, 더 큰 적응력을 갖춘 새로운 생명체가 나타난다. 삶의 연속성은 생명체의 필요에 환경을 끊임없이 재적응시켜 나가는 것을 뜻한다.

¶ **4**_ 이상에서 우리는 삶을 가장 낮은 차원에서, 하나의 물체로 생각해 왔다. 그러나 '삶'이라는 말은, 개인적인 것이건 인간 전체의 것이건 간에, 넓은 범위의 경험 전체를 가리키기도 한다. 「링컨의 일생」*이라는 책을 읽을 때, 우리는 그 속에 생리학에 관한 논문이 들어 있으리라고는 생각하지 않는다. 우리는 거기서 그의 삶에 영향을 미친 사회적 조건들 — 말하자면 어린 시절의 환경, 가족의 생활 조건과 직업, 인격의 형성 과정에서 있었던 주요 사건들, 중대한 노력과 업적들, 개인의 희망, 취향, 기쁨, 고통 등에 관한 설명을 들으려고 한다. 원시 부족의 삶, 아테나이 사람들의 삶, 미국 국민의 삶이라는 말을 할 때도 우리

는 그와 꼭 같은 뜻으로 말한다. '삶'은 풍속, 제도, 신념, 승리와 패배, 오락과 일 등을 모두 포괄한다.

* *Life of Lincoln*; 자의적으로는「링컨의 삶」

¶ 5_ '경험'이라는 말을 우리는 그와 똑같이 풍부한 의미를 담고 있는 말로 사용한다. 앞에서 우리는 순전히 생리학적인 의미에서의 삶이 갱신에 의하여 연속성을 유지해 나간다는 말을 했거니와, 이와 마찬가지로, 경험에도 '갱신에 의한 연속성'이라는 원리가 적용된다. 인간의 경우에는, 생물학적인 존재의 갱신과 더불어 신념, 이상, 희망, 행복, 불행 그리고 활동*의 재창조가 이루어진다. 어떤 경험이든지 사회 집단의 갱신을 통하여 영속되어 나간다는 것은 의심할 여지가 없는 사실이다. 교육은, 가장 넓은 의미에서 말하면, 삶의 이러한 사회적 연속성을 유지하는 수단이다. 현대의 도시에서나 원시 부족에서나를 막론하고, 사회 집단을 구성하고 있는 요소로서의 개개인은 태어날 때 미숙하고 무력한 상태로 태어나며, 언어도, 신념도, 개념도, 또 사회적 기준도 갖추지 않은 채 태어난다. 개개인은 각각 자기 집단의 생활경험**을 짊어지고 가는 단위이다. 이러한 단위로서의 개개인은 시간이 지나가면 사라지지만, 집단의 삶은 계속 이어져 나간다.

* practice; 여기서는 문맥에 비추어 '활동'이라고 번역하였지만, 이 말은 원래 '일을 하는 것', '실제'를 뜻한다. 경우에 따라 이 단어는 '관례'로 번역될 수도 있다. 이 단어는 이 책의 가장 핵심적인 개념을 표한다고 말해도 별로 틀리지 않을 정도로 Dewey의 사상에서 중요한 위치를 차지한다.

** life-experiences

¶ 6_ 사회 집단을 구성하고 있는 각각의 성원이 태어나고 죽는다는 이 원초적이고 불가피한 사실이 교육의 필연성 또는 필요성을 규정한다. 한편으로, 새로 태어난 집단 구성원 — 이들이야 말로 장차 집단을 대표할 사람들이다 — 과 집단의 지식과 풍습을 습득해 있는 성인들 사이에 미성숙과 성숙의 차이가 있다. 또 한편으로, 이 미성숙한 구성원은 수적으로 적절한 수준에서 유지되어야 할 뿐만 아니라, 성숙한 구성원이 가지고 있는 관심* , 목적, 정보, 기술 및 활동으로 입문될 필요성이 있다. 이 필요성이 충족되지 않으면 집단은 그 본래의 삶을

잃어 버리게 될 것이다. 원시 부족에 있어서도 성인이 이룩한 업적은, 미성숙한 구성원이 자연 상태로 방치되었을 경우에도 습득할 수 있을 정도로, 미미한 것이 아니다. 문명의 성장과 더불어 미성숙한 구성원이 태어날 때부터 가지고 있는 능력과 성인들의 표준, 풍습 사이의 간극이 점점 더 크게 벌어진다. 단순한 신체적 성장, 생명을 이어나가는 데 필요한 최소한의 기술을 배우는 것만으로는 집단의 삶을 재생하는 데에 충분하지 않다. 의도적인 노력과 힘들여 짜낸 지혜가 필요한 것이다. 사회집단의 목적과 습관을 의식하지 못한 채 그것에 전혀 무관심한 상태로 태어난 존재들로 하여금 그것을 의식하게 하고 그것에 능동적으로 관심을 가지도록 하지 않으면 안된다. 교육은, 그리고 교육만이, 그 간극을 메울 수 있다.

---

* interest

¶ 7_ 사회는 생물학적인 삶을 통하여 존속하는 것에 못지 않게 전수의 과정을 통하여 존속한다. 이 전수의 과정은 어른들이 청소년들에게 행동과 사고와 감정의 습관을 전달해 줌으로써 이루어진다. 이와 같이, 집단 생활에서 사라져가는 사회성원들이 집단 생활에 막 들어오는 성원들에게 이상, 희망, 기대, 표준, 의견 등을 전달해 주는 과정이 없다면, 사회의 삶은 존속할 수 없을 것이다. 설사 사회를 이루고 있는 구성원들이 영원히 살 수 있다 하더라도 여전히 새로 태어나는 구성원들을 교육하는 일을 할지는 모르지만, 그때의 교육은 개인적 흥미* 로 이루어지는 일일지언정 사회적 필요** 에 따라 이루어지는 일은 아닐 것이다. 그런데 교육은 필요에 따라 이루어지는 일이다.

---

* interest
** necessity

¶ 8_ 만약 전염병이 사회의 구성원들을 한꺼번에 휩쓸어 버린다면, 집단이 영원히 사라져 버릴 것은 뻔한 사실이다. 아닌게 아니라 사회의 구성원 개개인이 죽는다는 것은 마치 그러한 전염병이 모두를 휩쓸어 버리는 것 만큼 명백한 사실이다. 그러나 연령이 여러 층이어서 더러는 죽고 더러는 새로 태어난다는 사실로 말미암아, 사회라는 직물이 아이디어와 활동의 전수를 통하여 늘 새롭게

짜여져 나갈 수 있다. 물론, 이 갱신은 자동적으로 보장되는 것이 아니다. 올바르고 철저한 전수가 일어나도록 힘든 노력을 기울이지 않는 한, 가장 문명된 집단도 점차로 미개와 야수의 상태로 떨어지고 말 것이다. 사실상, 갓 태어난 인간은 너무나 미성숙한 상태여서, 다른 사람이 지도하고 돌보아 주지 않은 채 혼자 내버려 두면 목숨을 보존해 나가는 데에 필요한 가장 초보적인 능력조차 습득할 수가 없다. 갓난 아이는 대부분의 하등동물의 새끼에 비하여 타고난 능력이 워낙 뒤떨어지기 때문에 신체적인 보존에 필요한 힘마저도 가르침을 받아야 획득할 수가 있다. 하물며 인간이 이룩한 기술적, 예술적, 과학적 및 도덕적 업적에 있어서야 더 말할 나위도 없다.

2 교육과 의사소통

¶ 9_ 가르치고 배우는 일이 사회의 존속에 필요하다는 것은 너무나 자명한 일이어서, 그것에 관하여 이러쿵 저러쿵 말한다는 것은 뻔한 일을 가지고 공연히 시간을 보내는 것처럼 생각될지 모른다. 그러나 그 뻔한 말을 하는 것도 교육을 지나치게 제도화된 것, 학교에서 책으로 배우는 것만으로 생각해서는 안된다는 것을 강조하기 위한 것이라고 생각하면 그런대로 납득이 될 것이다. 물론, 학교는 미성숙한 성원의 성향을 형성하는 전달의 한 가지 중요한 방법이다. 그러나 그것은 어디까지나 한 가지 방법에 지나지 않으며, 다른 교육기관과 비교할 때, 비교적 피상적인 방법에 지나지 않는다. 보다 근본적이고 지속적인 교육 방식의 필요성을 올바르게 인식할 때, 비로소 우리는 학교 공부를 그 올바른 맥락에서 파악할 수 있게 된다.

¶ 10_ 사회는 전수에 '의해서', 의사소통에 '의해서' 존속할 뿐만 아니라 보다 정확하게 말하자면 전수 '속에서', 의사소통 '속에서' 존속한다고 말할 수 있다. '공동', '사회', '의사소통'에 해당하는 단어들* 사이의 관련은 순전히 문자상의 유사성에 국한되는 것이 아니다. 사람들이 '사회'에서 살아가는 것은 그들이 무엇인가를 '공동'으로 가지고 있기 때문이며, '의사소통'은 그 '공동'의 것을 가지게 되는 과정을 나타낸다. 사람들이 사회를 이룩하기 위하여 공동으로 가지고 있어야 하는 것은 목적, 신념, 포부, 지식—공동의 이해—또는 사회학자들이

하는 말로 '비슷한 마음가짐'** 이라고 하는 것이다. 이러한 것들은 예컨대 벽돌을 전해 주듯이 이 사람에게서 저 사람으로 물건처럼 전해 줄 수 있는 것이 아니다. 그것은 또한 몇 사람이 파이를 나누어 먹듯이 조각을 내어서 나누어 가질 수 있는 것도 아니다. 의사소통, 그리고 그것으로 인한 공동 이해에의 참여 — 이것이야 말로 사람들로 하여금 유사한 정서적, 지적 성향을 가지게 해주며 기대와 요구조건에 대하여 유사한 방식으로 반응할 수 있도록 해준다.

* common, community, communication
** like-mindedness

¶ **11**_ 사람들이 신체적으로 서로 가까이 있다고 해서 사회가 되는 것도 아니요, 서로 몇 십리 떨어져 있다고 해서 사회적인 영향을 주고 받지 않는 것도 아니다. 책이나 편지를 통하여 사람들은 수천리 떨어져 있으면서도 같은 지붕 밑에 사는 사람들 사이보다 더 긴밀한 유대를 맺을 수 있다. 또한 개인들이 모두 공동의 목표를 위하여 일한다고 해서 사회집단을 이루는 것도 아니다. 기계의 부분들은 최고도로 긴밀하게 협동하여 공동의 결과를 내기 위하여 일하지만, 사회를 이루고 있지는 않다. 그러나 만약 그 부분들이 모두 공동의 목적을 인식하고 있고 모두 그 목적에 관심을 가지고 있어서 각각의 활동을 그 목적에 맞게 조정한다면, 그 부분들도 '사회'를 이룬다고 볼 수 있을 것이다. 그러나 기계의 부분들이 그런 식으로 일을 하려면 의사소통을 하지 않으면 안된다. 말하자면 각각의 부분은 다른 부분들이 무슨 일을 하는가를 알아야 하고 그 다른 부분들에게 자기자신의 목적과 진전상을 알리는 방법을 가지고 있어야 한다. 의견의 일치*는 의견의 교환**을 필요로 한다.

* consensus
** communication

¶ **12**_ 이렇게 생각해 볼 때, 우리는 본격적인 사회집단 안에도 엄격한 의미에서 사회적 관계라고 볼 수 없는 관계가 많이 있다고 말해야 한다. 어떤 사회 집단에 있어서도 상당히 많은 인간관계는 여전히 기계와 같은 수준에 머물러 있다. 개인들은 서로 상대방을 이용하여 각자가 바라는 결과를 얻고자 하며, 그

상대방의 정서적 및 지적 성향이나 동의에는 신경을 쓰지 않는다. 이와 같이 남을 이용하는 관계는 힘의 우월성이 아니면 지위, 기술, 수완, 기계적인 또는 금전적인 수단을 다루는 솜씨의 우월성으로 성립된다. 부모와 자녀, 교사와 학생, 고용주와 직원, 통치자와 피통치자의 관계가 이 수준에 머물러 있는 한, 그들의 활동이 서로 아무리 밀접하게 관련되어 있다 하더라도 결코 진정한 의미에서 사회집단을 이루고 있다고는 볼 수 없다. 명령을 주고 받는 것은 행위와 그 결과에 변동을 가져 오기는 하지만, 그것만으로 목적의 공유, 관심의 교환을 초래하지는 않는다.

¶ 13_ 사회생활이 바로 의사소통과 동일할 뿐만 아니라 모든 의사소통(따라서 모든 사회생활)은 교육적인 의미를 가지고 있다. 의사를 전달받는다는 것은 곧 경험이 확대되고 변화된다는 뜻이다. 이 과정에서 한 사람은 다른 사람의 생각과 느낌을 나누어 가지며, 따라서 정도의 차이는 있지만 그 자신의 태도에 수정이 가해진다. 의사를 전달하는 사람 또한 영향을 받지 않는 것이 아니다. 어떤 종류의 경험이든지, 특히 약간 복잡한 경험인 경우에, 그것을 다른 사람에게 충분히, 그리고 정확하게 전달하려고 해보면 그 경험에 대한 우리 자신의 태도가 달라지는 것을 느낄 수 있다. 만약 이런 효과가 없다면 우리가 한 일은 단순히 고함을 지르거나 감탄을 발한 것에 지나지 않는다. 경험을 전달하기 위해서는 그 경험 바깥으로 비켜서서 다른 사람의 눈으로 그것을 보고 그것이 다른 사람의 삶과 어떤 연관을 가질 수 있는가를 생각하면서 그 사람이 그 의미를 알 수 있도록 형식을 가다듬지 않으면 안된다. 상투적인 말이나 표어를 말하는 경우라면 몰라도, 우리 자신의 경험을 다른 사람이 알아들을 수 있도록 말하려면 그 사람의 경험의 한 부분을 우리 자신의 마음속에 동화하지 않으면 안된다. 모든 의사소통은 예술과 같다. 그러므로 정말로 살아 있는 사회조직, 다시 말하면 모든 사람들이 한 마음 한 뜻으로 공유하는 사회조직은 거기에 참여하는 사람들에게 교육적 영향을 행사한다고 말할 수 있다. 사회조직이 교육적 효능을 잃어버리는 것은 오직 그것이 틀에 부은 듯이 고정된 방식으로 운영될 때이다.

¶ 14_ 결국, 사회 생활이 스스로를 영속시키기 위하여 가르치고 배우는 일을 필요로 할 뿐만 아니라, 함께 살아가는 과정 자체가 교육한다고 말할 수 있다. 사회 생활은 경험을 확대시키고 조명하며, 상상을 자극하고 풍부하게 하며, 말

과 생각을 정확하고 발랄하게 할 책임감을 일깨워 준다. 진짜 혼자 사는 사람—신체적으로만 아니라 정신적으로 외톨이인 사람—은 자기의 과거 경험을 반추해보고 거기서 정확한 의미를 뽑아내는 경우가 거의 또는 전연 없을 것이다. 성숙한 자와 미성숙한 자의 업적의 불균등 때문에 어린 사람들을 가르칠 필요가 있게 된다는 것은 앞에서 말한 바이지만, 그 뿐만 아니라, 이 필요성은 또한 가장 쉽게 전달될 수 있고 가장 잘 사용될 수 있도록 경험이 형식과 순서를 가다듬도록 하는 강력한 촉진제가 된다.

3 학교교육의 위치

¶15_ 따라서, 모든 사람들이 다른 사람과 함께 살아가는 동안에—단순히 연명하는 것이 아니라 진정한 의미에서 생활하는 동안에—받는 교육과 의도적으로 어린 사람들을 가르치는 것 사이에는 뚜렷한 차이가 있다. 전자의 경우에, 교육은 부수적으로 일어난다. 그 교육은 자연적인 교육이고 중요한 교육이지만 이 경우에는 사람들이 명백히 교육을 목적으로 하여 단체 생활을 한다고는 말할 수 없다. 경제, 가족, 정치, 법, 종교 등 어떤 사회제도든지 그 가치의 척도가 경험의 확대와 개선에 얼마나 효과를 내는가에 있다고 하는 말은 결코 틀린 말이 아니지만, 그래도 이 효과가 그런 제도의 원래의 동기라고는 말할 수 없다. 그 동기는 보다 즉각적으로 실제적인 것에 국한되어 있다. 예컨대 종교 단체는 초월적인 힘의 은총을 얻고 악의 영향을 물리치려는 욕망에서 시작되었고, 가정 생활은 의식주의 필요를 충족시키고 가계를 영속시키려는 욕망에서 시작되었으며, 체계적인 노동은 주로 사람들을 부릴 필요에서 시작되었다. 제도의 부수적인 효과, 즉 의식 생활의 질을 높이고 범위를 넓히는 효과는 훨씬 시간이 지난 뒤에야 인식되었고, 이 효과를 제도 운영의 지침으로 생각하게 된 것은 더욱 나중의 일이었다. 오늘날 산업화된 시대의 삶에 있어서도, 근검 절약과 같은 몇 가지 가치를 제외하면, 인간 단체의 여러 형식이 지적, 정서적 영향을 나타내고 있고 그것이 나날의 일을 이끌어가는 근본이 되고 있다는 사실은 물질적인 생산에 비하면 거의 주의를 끌지 못한다.

¶ **16**_ 그러나 아이들을 다루는 데에 있어서는 단체를 이루고 산다는, 인간 사회의 필수적인 사실 그 자체가 중요성을 가진다. 물론, 아이들과 접촉할 때에도 우리의 행위가 그들의 성향에 미치는 영향을 무시하거나 그러한 교육적 영향보다는 외적이고 가시적인 결과를 더 중요시하기가 쉽지만, 그래도 어른들을 다룰 때와는 다르다. 아이들을 다룰 때에는 그들을 훈련할 필요가 너무나 절실한 것이다. 그들의 태도와 습관에 변화를 일으켜야 한다는 압력이 너무나도 긴박하여서, 이 면에서의 결과를 전적으로 도외시한다는 것은 불가능하다. 아이들에 대한 우리의 가장 중요한 일이 그들로 하여금 공동생활에 참여할 수 있도록 하는 것인만큼, 우리가 그들에게 이 능력을 길러주는가 아닌가를 고려하지 않을 수가 없는 것이다. 모든 제도의 궁극적인 가치가 그 특이하게 인간적인 효과— 인간의 의식 생활에 미치는 효과—에 달려있다는 인식이 인류에게 조금이라도 생겼다면, 이 인식은 주로 아이들을 다루는 동안에 생긴 것이라고 보아도 좋다.

¶ **17**_ 이제 우리는 이때까지 고찰해 온 넓은 교육적 과정 중에서 형식을 갖춘 교육—말하자면 직접수업 또는 학교교육—을 따로 떼내어 생각할 수 있다. 발전되지 않은 사회 집단에서는 그러한 형식을 갖춘 교육이나 훈련을 거의 찾아볼 수 없다. 야만 집단에서는 아이들에게 필요한 성향을 주입하는 방법이 어른들로 하여금 집단에 충성심을 가지도록 하는 방법과 별로 다르지 않다. 그런 집단에는 교육을 위한 특별한 방안, 자료, 기관이 없으며, 있다고 해야 청년들이 완전한 사회성원이 되는 데에 거쳐야 하는 成年式성년식 뿐이다. 대체로 말하여, 아이들은 어른들이 하는 활동에 참여하면서 거의 자력으로 어른의 풍습을 배우고 어른의 마음가짐과 생각을 습득한다. 더러는, 어른이 하는 직업에 徒弟도제로 종사하는 것과 같이, 그 참여가 직접적인 것이기도 하고, 또 더러는, 어른들의 동작을 소꿉장난이나 그밖의 놀이로 되풀이하면서 어른들이 하는 일을 배우는 것과 같이, 간접적인 것이기도 하다. 야만인들에게는 순전히 배우는 일밖에 아무것도 하지 않는 장소를 따로 만들어서 배운다는 것은 꿈에도 생각할 수 없는 일일 것이다.

¶ **18**_ 그러나 문명이 진보함에 따라 아이들의 능력과 어른들의 관심사 사이의 간극이 점점 넓어진다. 어른들이 하는 일에 직접 참여함으로써 배우는 일은

비교적 단순한 직업에서가 아니면 점점 더 어렵게 된다. 어른들이 하는 일은 대부분 공간적으로나 의미에 있어서나 아이들의 세계에서 멀리 떨어져 있어서 놀이에 의한 모방만으로는 그 정신을 되살려 내기가 점점 더 어렵게 된다. 그리하여 어른의 활동에 효과적으로 참여하는 능력은 오직 그것을 의식적인 목적으로 하여 실시되는 사전 훈련에 의존할 수밖에 없다. 의도적인 기관—즉, 학교—과 명문화된 자료—즉, 교재—가 고안되고, 가르치는 일이, 그 내용에 따라, 특별한 집단의 사람들에게 위임되는 것이다.

¶ 19_ 이러한 형식화된 교육이 없이는 복잡한 사회의 모든 자원과 업적을 전달하는 일이 불가능하다. 그러한 교육은 또한 아이들이 다른 사람들과의 비공식적인 교섭을 통하여 각각 자기나름으로 훈련을 받도록 내버려 두어서는 가질 수 없는 그런 경험을 하게 되는 길을 열어 준다. 책이나 문자로 적힌 지식은 따로 선생에게서 배워야 하는 것이기 때문이다.

¶ 20_ 그러나 간접적인 교육에서 형식화된 교육으로 넘어가는 데는 엄청난 위험이 따른다. 직접적으로든지 간접적인 놀이를 통해서든지, 실제 활동에 참여하는 것은 적어도 각개인에게 생생한 실감을 준다. 그런 활동에 참여할 기회가 제한되어 있다는 약점이 있기는 하지만, 이 약점은 개인에게 실감을 준다는 효과로 다소간은 보충된다고 볼 수 있다. 여기에 비하여 형식화된 수업은 현실과 멀리 떨어진 죽은 교육—흔히 사용되는 조롱적인 표현을 쓰면, 추상적이고 詞章的사장적인 교육—이 되기 쉽다. 낮은 단계의 사회에서는 거기에 축적되어 있는 지식이 적어도 실제적인 활동에 적용되며 사람들의 인격에 반영된다. 그 지식은 급박한 나날의 관심사와 관련을 맺음으로써 가지게 되는 그런 깊은 의미를 가지고 있다.

¶ 21_ 그러나 선진 문화에서는 배워야 할 내용이 내부분 상징으로 지장되어 있다. 그것은 일상의 낮익은 행위나 물체로 번역되기가 어렵다. 상징으로 표현된 자료는 비교적 전문적이고 피상적인 성격을 띤다. 보통 의미에서의 진실성을 척도로 삼는다면, 그것은 허구적*인 자료이다. 보통 의미에서의 진실성 여부는 그것이 실제적인 관심과 연결되어 있는가 아닌가에 있는 것이다.** 상징으로 표현된 자료는 일상 사고와 표현의 습관과 관련을 맺지 않은 채, 그 자체로 별

도의 세계에 존재한다. 정규 수업의 자료는 언제나 생활경험의 내용과 유리된, 이른바 '학교의 교과'로 그칠 위험이 있다. 항구적인 사회적 관심사는 관심 밖으로 제외될 가능성이 있다. 사회 생활의 구조 속으로 흘러들어가지 못하고 주로 상징으로 표현된 전문적인 정보로 남아 있는 것들이 학교 교과에는 두드러지게 많이 있다. 그리하여 오늘날 우리가 가지고 있는 교육관이 생겨나게 된 것이다. 말하자면 사회적 필요성을 도외시하고, 의식생활에 영향을 주는 모든 인간 단체와의 동일성을 부정하는 교육관, 멀리 떨어진 것에 관한 정보를 전달하고 언어적인 기호를 통한 학습내용을 전달하는 것 — 한마디로 문자의 습득 — 을 교육이라고 생각하는 교육관이 그것이다.

---

* artificial: 또는 인위적

** 여기서 '진실성'이라고 번역된 단어 reality는 보통 '실재'로 번역된다. '실재'가 무엇인가하는 것은 형이상학의 근본적인 문제이지만, 여기서 Dewey는 '實在'실재를 '實際'실제와 관련된 것으로 보고 있다. 이것이 Dewey 이론의 가장 중요한 특징이라는 점을 특히 유의할 필요가 있다.

¶ 22_ 여기서 교육철학이 해결해야 할 한 가지 가장 중대한 문제가 도출된다. 그것은 비형식적인 교육과 형식적인 교육, 우연적인 것과 의도적인 교육 사이에 적절한 균형을 유지하는 방법을 강구하는 것이다. 정보와 전문적인 지적 기능의 습득이 사회적 성향을 형성하는 데에 영향을 주지 못할 때 일상의 생생한 경험은 의미를 가질 수 없고, 그러는 동안에 학교는 오직 '공부꾼', 즉 이기적인 전문가들을 만들어 낼 뿐이다. 한편으로, 특별한 학습과정을 통하여 배웠기 때문에 의식적으로 아는 내용과, 또 한편으로, 다른 사람들과의 상호작용을 통한 인격형성 과정에서 흡수했기 때문에 무의식적으로 아는 내용 사이의 간극을 없애는 일이 전문화된 학교의 발전에 따라 점점 더 까다로운 과제로 되고 있다.

| 요약 | **¶ 23_** 존재를 계속 유지하려고 노력하는 것이 바로 삶의 본질이다. 이 유지는 부단한 갱신에 의해서만 보장되는 만큼, 삶은 자기갱신의 과정이다. 영양과 생식이 생물학적인 삶에 필요한 만큼, 교육은 사회적인 삶에 필요하다. 이 교육은 일차적으로 의사소통을 통한 전달로 이루어진다. 의사소통은 경험이 공동 소유가 될 때까지 경험에 참여하는 과정이다. 의사소통은 그것에 참여하는 쌍방의 성향에 수정을 가한다. 모든 종류의 인간 단체의 궁극적인 의의가 경

험의 질의 개선에 기여하는 데에 있다는 사실을 가장 쉽게 인식하게 되는 것은 미성숙한 사람들을 다루는 과정에서이다. 다시 말하면, 모든 사회조직이 교육적 효과를 가지고 있지만, 이 교육적 효과가 단체의 목적의 중요한 부분이 되는 것은 어른들이 아이들과 교섭할 때이다. 사회가 그 구조나 자원이 복잡해짐에 따라 형식적 또는 의도적 교육(가르침과 배움)의 필요가 증대한다. 형식화된 교육과 훈련의 범위가 커짐에 따라, 보다 직접적인 교섭을 통하여 얻는 경험과 학교에서 배우는 내용 사이에 달갑지 않은 간극이 생길 위험이 있다. 과거 수세기 동안 지식과 전문적인 기술의 급격한 성장을 볼 때, 그 위험이 오늘날처럼 컸던 적은 일찍이 없었다.

제 2 장

사회적 기능으로서의 교육

1 환경의 성격과 의미

¶ 1_ 이때까지 우리는 사회 또는 사회 집단이 계속적인 자기갱신을 통하여 스스로를 유지해 나간다는 것과 이 갱신은 집단의 미성숙한 구성원의 교육적 성장으로 인하여 일어난다는 것을 보았다. 무의도적인 또는 의도적인 여러 기관을 통하여 사회는 아직 그 성원으로 들어오지 않은, 어떤 면에서는 국외자라고 볼 수 있는 사람들을 변형시켜서, 그 자체의 자원과 이상을 맡길 수 있는 든든한 후임자로 만든다. 그런 점에서 교육은 양육하고 육성하고 개발하는 과정이다. 이러한 단어들은 모두 성장의 조건에 주의를 기울인다는 뜻을 나타내고 있다. 우리는 또한 기른다든가 키운다든가 자라게 한다는 말을 하거니와, 이러한 단어들은 교육이 어떤 보다 높은 수준에 도달해야 한다는 것을 나타낸다. 어원상으로 교육*이라는 단어는 단순히 이끈다든가 기른다는 뜻을 가지고 있다. 그러한 과정이 가져올 결과를 나타내고자 할 때, 우리는 교육을 조형, 형성, 주형활동이라고 말한다. 말하자면 교육은 사람을 사회활동의 표준적인 형식으로 만들어 넣는다는 뜻이다. 이 장에서 우리는 한 사회 집단이 그 미성숙한 구성원들을 그 자체의 사회적 형식에 맞도록 길러내는 '방법'을 중심으로 하여, 그것이 어떤 일반적인 특징을 가지고 있는가를 고찰하고자 한다.

---

* education : Latin, *educere*, *educare*

¶ 2_ 교육에서 하고자 하는 일이 경험의 질을 변형시켜서 당시 사회 집단의 관심과 목적과 관념에 합치되게 하는 것인만큼, 교육이 단순히 신체적인 형성의 문제가 아닌 것만은 분명하다. 물건은 이리저리 물리적인 위치를 바꾸어 놓을 수 있고 이 사람에서 저 사람으로 전달될 수 있다. 신념과 포부는 물리적으로 뽑아 내어 다른 사람에게 집어 넣을 수가 없다. 그렇다면 그것은 어떤 방법으로 전달되는가? 직접 감염이나 문자 그대로의 주입이 불가능한 이상, 우리의 문제는 나이 어린 사람들이 나이 많은 사람들의 관점을 자기 것으로 받아들이도록 하는 방법, 또는 나이 많은 사람들이 나이 어린 사람들을 그들과 같은 마음가짐으로 인도하는 방법을 찾는 데에 있다.

¶ 3_ 그 대답을 대체적으로 말하면, '환경의 작용으로 특정한 반응을 유발하는 것'이라고 말할 수 있다. 우리가 전달하고자 하는 신념은 망치로 두들겨 넣을 수도 없고, 필요한 태도를 붓으로 칠할 수도 없다. 그러나 개인을 둘러싸고 있는 바로 그 분위기가 그로 하여금 특정한 것을 보고 느끼게 하며, 다른 사람과 더불어 원만하게 일하기 위하여 특정한 계획을 세우게 하며, 다른 사람의 승인을 얻을 수 있도록 어떤 신념은 강하게 하고 또 어떤 신념은 약하게 한다. 그리하여 그 분위기는 점차로 개인의 마음속에 모종의 행동의 체계, 모종의 행위의 성향을 만들어 낸다. '환경'이라든가 '분위기'라는 말은 단순히 개인을 둘러싸고 있는 주위의 사물을 가리키는 것이 아니라 그 이상의 것을 나타낸다. 그것은 개인 자신의 능동적인 경향과 그를 둘러싸고 있는 주위 사물 사이의 특수적 '연속성'*을 뜻한다. 물론, 무생물도 그 주위와 연속성을 나타내고 있다고 볼 수 있지만, 비유적인 뜻에서라면 몰라도, 진정한 의미에서 그 주위가 환경을 구성한다고는 말할 수 없다. 왜냐하면 무생물은 그것에 작용하는 영향에 '관심'**이 없기 때문이다. 여기에 비하여, 생물의 경우, 특히 인간의 경우에는 공간적으로 또는 시간적으로 멀리 떨어져 있는 것이 오히려 가까이 있는 것보다 더 진정한 환경을 구성하는 경우가 있다. 사람을 달라지게 하는 원인이 되는 것, 그것이 그의 진정한 환경이다. 그리하여 천문학자의 활동은 그가 관찰하고 계산하는 등등의 대상인 별에 따라 달라진다. 바로 옆에 있는 것들 중에는 망원경이 가장 가까운 환경이다. 골동품 수집가의 환경은 그가 관심을 가지고 있는 먼 옛날이며, 그 옛날과 그를 연결지어 주는 유물, 묘비 등이 그의 환경이 된다.

* continuity; 또는 '계속성'; 이 단어는 이 책의 도처에, 다양한 맥락에서 사용되고 있다. 현재의 맥락에서 '연속성'이라는 것은, 개인과 주위의 사물이 따로따로 떨어져 있어서는 '환경'이 성립되지 않으며 양자가 특별한 관련을 맺을 때 비로소 그 주위는 개인에 대하여 '환경'이 된다는 것을 뜻한다.

** concern; 이 번역서에서 '관심'이라고 번역된 또 하나의 단어로 interest가 있다. 간혹 interest는 '흥미' 또는 '이해'로 번역된 경우도 있으나 주로는 '관심'으로 번역되었다. 동일하게 '관심'으로 번역된 concern과 interest의 차이를 규정하기는 쉽지 않으나, 구태여 말한다면 전자는 '결과에 대한 염려'를 나타내는 데에 비하면, 후자는 보다 적극적으로 활동의 추진력을 나타낸다고 말할 수 있을 것이다.

¶ **4**_ 요컨대, 환경은 생명체의 특징적인 활동을 조장하거나 저해하는, 또는 자극하거나 금지하는 조건을 뜻한다. 물이 고기의 환경인 것은 물이 고기의 활동, 즉 고기의 삶에 필요하기 때문이다. 북극은 탐험가가 실제로 거기에 도달하든지 못하든지 간에 그의 환경의 중요한 요소가 된다. 왜냐하면 북극은 그의 활동을 규정해 주며 그를 북극의 탐험가라는 특이한 존재로 만들어 주기 때문이다. 삶이란 단순한 수동적 생존(도대체 그런 것이 있다면)이 아니라, 능동적 활동의 방식을 뜻하며, 바로 그 사실 때문에, 환경이라든지 분위기라는 것은 그 활동을 지속시키거나 좌절시키는 조건으로서 그 활동 속에 들어오는 요소를 가리킨다.

2 사회적 환경

¶ **5**_ 남과 어울려서 활동하는 존재는 사회적 환경을 가지고 있다. 그가 무슨 일을 하는가, 무슨 일을 할 수 있는가는 다른 사람들의 기대, 요구, 승인, 비난에 달려 있다. 다른 사람들과 연결되어 있는 사람은 자기 자신의 활동을 하는 데에 있어서 다른 사람들의 활동을 고려하지 않을 수 없다. 왜냐하면 그 다른 사람들은 그의 행동 경향을 실현하는 데에 필요불가결한 조건이 되기 때문이다. 그가 움직이면 그것이 곧 다른 사람들을 움직이며, 다른 사람들의 움직임도 그에게 마찬가지 효과를 나타낸다. 한 개인의 활동을 과연 그 혼자만의 고립된 행동으로 규정할 수 있는가를 생각해 보기 위해서는 상인이 상거래, 즉 사고 파는 일을 혼자서 할 수 있는가를 생각해 보면 된다. 그 뿐만 아니라 제조업자가 자기 사무실에 혼자 앉아서 계획을 세울 때도 그가 원료를 사들이거나 제품을

팔 때와 조금도 다름없이 그의 활동은 사회에 의하여 통제되고 있다. 다른 사람들과 어울려서 일하는 동안에 우리가 하는 사고나 우리가 가지는 감정은 바깥으로 공공연히 드러나는 협조나 적대 행위에 조금도 못지 않게 사회적 행동양식에 속한다.

¶ 6_ 우리가 특히 주의를 기울여야 할 것은 그러한 사회적 매체가 미성숙한 성원들을 어떻게 양육하는가 하는 것이다. 사회적 환경이 외부적인 행동습관을 형성한다는 것은 이해하기 어렵지 않다. 개나 말도 사람과의 관계에서 그 행동이 수정된다. 개나 말의 습관이 다르게 되는 것은 인간이 그 짐승에게 영향을 주는 자연적인 자극을 통제함으로써, 다시 말하면, 특정한 환경을 조성함으로써이다. 음식, 재갈과 고삐, 고함, 수레 같은 것이 말의 자연적 또는 본능적 반응이 나타나는 방식을 통제하는 데에 사용된다. 특정한 행동이 유발될 때까지 끊임없이 조작함으로써 습관이 형성되고, 그 습관은 원래의 자극에 대해서와 동일하게 규칙적인 기능을 발휘한다. 만약 미로 안에 든 쥐가 어떤 골목을 어떤 순서로 몇 번 돌아야 음식이 있다는 것을 알게 되면 그 행동은 점차로 수정되어서, 배가 고플 때마다 다른 골목이 아닌 바로 그 골목을 거쳐 나아가는 습관을 가지게 될 것이다.

¶ 7_ 인간의 행동도 이와 마찬가지 방식으로 수정된다. 불에 덴 아이는 불을 무서워한다. 만약 아이가 어떤 장난감을 만질 때마다 손을 데도록 부모가 상황을 마련한다면 아이는 불을 피하는 것과 똑같이 자동적으로 장난감을 피하는 것을 학습하게 될 것이다. 그러나 이상에서 말한 것은 '교육'이라기 보다는 '훈련'이라고 보아야 할 것이다. 위의 변화는 행동*의 지적, 정서적 성향의 변화라기 보다는 외부적인 행동**의 변화이다. 그러나 이 구분은 엄밀한 것은 못된다. 그 아이는 시간이 경과함에 따라 아마 그 특정한 장난감에 대해서만 아니라 그와 비슷한 여러 장난감에 대해서 심한 혐오를 느끼게 될 것이다. 심지어, 그 아이는 원래 불에 덴 경험을 잊어 버리고 난 뒤에도 여전히 혐오감을 지니게 될지도 모르며, 나중에는 자기의 그 비합리적인 혐오감에 대하여 그럴 듯한 이유를 만들어 낼지도 모른다. 이와는 달리 환경을 바꾸어 행동에 대한 자극에 영향을 줌으로써 외부적인 행동습관을 바꾸면, 그 행동과 관련된 지적 성향도 따라서 바뀌는 경우가 있다. 그러나 이런 일이 언제나 일어나는 것은 아니다. 무서운

주먹을 피하도록 훈련을 받은 사람은 특별한 사고나 감정 없이 자동적으로 주먹을 피한다. 여기서 우리는 훈련과 교육을 구분짓는 기준이 무엇인가 하는 문제에 부딪친다.

---

* behavior
** action

¶ **8**_ 그 한 가지 단서는, 예컨대 사람이 말을 부릴 때, 말은 그 행동이 적용되는 사회적 용도에 진정으로 참여하는 것이 아니라는 사실에서 찾을 수 있다. 말을 부리는 주인은, 말이 하는 일이 말에게 이익이 되도록 상황을 조작함으로써(먹이를 주는 것 등), 그 주인에게 이익이 되는 결과를 얻는다. 그러나 말은, 아마 십중팔구, 거기서 하등 새로운 관심*을 가지게 되지 않을 것이다. 그는 공동활동의 동업자가 아닌 것이다. 만약에 말이 동업자가 된다면, 말은 그 공동의 활동에 종사함으로써 그 일에서 상대방이 가지는 것과 동일한 관심을 가지게 될 것이다. 그렇게 되면, 그는 이미 말이 아니라 사람의 생각과 감정을 나누어 가지게 될 것이다.

---

* interest

¶ **9**_ 그런데, 많은 경우에—너무나 많은 경우에—미성숙한 인간의 활동은 오직 유용한 습관*을 가지도록 하는 목적으로 조정된다. 그는 인간으로서 교육받는다기 보다는 짐승으로서 훈련된다. 그의 본능은 고통과 쾌락을 일으키는 원래의 대상에 언제나 결부되어 있지만, 일단 행복을 맛보거나 실패의 고통을 피하려고 하면, 그는 다른 사람의 기분에 맞도록 행동하지 않으면 안된다. 이와는 달리 미성숙한 인간이 공동의 활동에 진정으로 동참하는 경우도 있다. 이 경우에는 그의 원래의 행동이 수정된다. 그는 단순히 다른 사람의 행동과 일치되도록 행동만 하는 것이 아니라, 그렇게 행동하는 동안에 다른 사람을 움직이는 것과 동일한 생각이나 정서를 가지게 되는 것이다. 예를 들어서 어떤 호전적인 부족이 있다고 하자. 그 부족이 얻고자 하는 성과, 그 부족이 중요시하는 업적은 전쟁과 승리에 관한 것이다. 이러한 분위기가 촉진제가 되어서, 아이에게, 처음에는 놀이로, 나중에 커서는 진짜 전쟁을 통하여, 호전적인 성향을 일으킨다. 용

감하게 싸우면 승인과 승진을 얻지만, 싸움에서 물러서면 미움과 조롱을 받고, 좋은 평판을 얻지 못한다. 당연지사로서, 그의 원래 타고난 호전적인 경향과 정서는 강화되고 그 대신 다른 것이 약화되며, 그의 생각은 전쟁과 관련된 것들로 방향이 정해진다. 그렇게 해야만, 그는 집단의 완전한 성원으로서 인정을 받는 것이다. 그리하여 그의 정신적 태세는 점차 집단의 그것으로 동화되어 간다.

* 앞의 말(馬) 비유에 비추어 생각하자면, 이 '유용한 습관'이라는 것이 누구에게 유용한 것인가가 당연히 문제된다.

¶ 10_ 이 예시에 나타난 원리를 정리하자면 다음과 같이 말할 수 있을 것이다. 사회적 분위기는 특정한 욕망이나 생각을 직접 심어 주는 것도 아니요, '본능적으로' 눈을 깜박이거나 주먹을 피하는 것과 같이, 순전히 신체적인 행동습관을 형성하는 데에 그치는 것도 아니다. 가시적이고 구체적인 행동방식을 자극하는 조건을 만들어 주는 것이 첫째 단계이다. 개인을 단체활동의 참여자로 만들어서, 그로 하여금 단체의 성공을 자기 자신의 성공으로, 단체의 실패를 자기 자신의 실패로 느끼도록 하는 것이 완성 단계이다. 그가 집단의 정서적 태도에 감염되는 순간, 그는 그 집단이 노리는 특별한 목적과 그 목적을 달성하는 데에 사용되는 수단을 예민하게 느낄 것이다. 다시 말하면 그의 신념과 관념이 그 집단 내의 다른 사람들의 그것과 비슷한 형식을 취하게 될 것이다. 그는 또한 대체로 그들과 동일한 지식을 갖추게 될 것이다. 왜냐하면 그 지식은 그가 습관적으로 하는 일의 한 구성 요소이기 때문이다.*

* 책의 거의 첫머리에 지식의 성격에 관한 이러한 규정이 나와 있다는 것은 주목할만하다. 여기에 설명된 바와 같이 지식은 습관적으로 하는 일의 한 구성요소라는 점, 집단 속에서 공동활동에 참여하는 사람들은 대체로 동일한 지식을 가지게 된다는 이 말은 이하 이 책에서 계속 부연되고 있다.

¶ 11_ 지식을 얻는 데에 언어가 중요한 구실을 한다는 사실은, 아마 틀림없이, 흔히 사람들로 하여금 지식이 한 사람에서 다른 사람으로 직접 전달될 수 있다는 생각을 하도록 하는 가장 중요한 원인이 된다고 볼 수 있을 것이다. 이 생각에 의하면, 다른 사람에게 생각을 전달하는 일은 마치 귀에다가 소리를 전달하기만 하면 그만인 것처럼 되어 있다. 그리하여 지식을 전달하는 일이 순전

히 물리적인 과정과 동일한 것으로 생각되는 것이다. 그러나 언어를 통하여 지식을 배우는 과정을 잘 분석해 보면, 그것은 바로 앞에서 말한 원리와 완전히 부합된다는 것을 알 수 있다. 아마 당장 알 수 있으리라고 생각하지만, 예컨대 아이가 모자의 개념을 가지게 되는 것은 다른 사람들이 하듯이 머리에 얹어 본다든지, 다른 사람에게 주어서 쓰도록 해본다든지, 바깥에 나갈 때에 다른 사람이 씌어 준다든지 등등과 같이, 실제로 그것을 사용해 봄으로써이다. 그러나 여기에 대하여, 이러한 공동 활동의 원리가 어떻게 하여, 예컨대, 희랍의 鐵帽철모와 같이, 직접 사용해 볼 기회가 전연 없이 말이나 글을 통하여 개념을 가지게 되는 경우에 적용이 되는가 하는 의문이 있을 수 있다. 미국 대륙의 발견에 관한 책을 읽어서 학습하는 경우에 그것을 학습하는 사람이 무슨 활동을 공유한단 말인가?

¶ 12_ 언어가 여러 내용의 학습에 중요한 수단이 되는 만큼, 언어의 기능에 관하여 잠깐 생각해 볼 필요가 있다. 갓난 아이는, 물론, 아무 의미 없이, 다시 말하면 아무런 생각을 표현함이 없이, 순전히 소리나 어조만으로 말을 배우기 시작한다. 어떤 소리는 달래는 효과를 나타내고 또 어떤 소리는 깜짝 놀라게 하는 것과 같이, 소리는 단순히 반응을 일으키는 한가지 자극에 불과하다. 'ㅁㅗㅈㅏ'라는 소리는, 여러 사람들이 함께 참여하는 활동과 관련을 맺지 않는 한, 그 뜻을 전혀 분간할 수 없는 무의미한 소리에 지나지 않는다. 어머니가 아이를 데리고 나갈 때에, 아이의 머리에 무엇인가를 얹어 주면서 '모자'라고 말한다. 어머니를 따라 바깥에 나가는 것은 아이에게 흥미*가 있다. 어머니와 아이는 단순히 신체적으로 함께 나가는 것이 아니라, 나가는 일에 관심**이 있다. 그들은 둘다 나가는 일에서 같이 재미를 느낀다. 그 활동에 들어 있는 다른 요소들과 결부되어서, '모자'라는 소리는 아이에게 어머니에 대해서 가지는 것과 동일한 의미를 가지게 된다. 그 소리는 모자를 매개로 하여 이루어지는 활동을 나타내는 기호가 되는 것이다. 언어가 '서로 알아들을 수 있는' 소리로 구성되어 있다는 사실 하나만으로도, 우리는 언어의 의미가 공동의 경험과의 관련에서 생긴다는 것을 알 수 있다.

---

* interest

** concern

¶13_ 요컨대, 'ㅁㅗㅈㅏ'라는 소리가 의미를 가지게 되는 것은, '모자'라는 물건이 의미를 가지게 되는 것과 꼭 마찬가지로, 그것이 특정한 방식으로 사용됨으로써이다. 그 소리나 물건이 어른에게 가지는 것과 똑같은 의미를 아이에게 가지게 되는 것은 그것이 양자의 공동의 경험 속에 동일한 방식으로 사용되기 때문이다. 동일한 방식으로 사용된다는 보장은 처음에 그 소리와 물건이 아이와 어른의 '협동적인' 활동 속에, 다시 말하면, 그 양자 사이의 능동적인 관련*을 확립하는 수단으로 사용되었다는 사실에 있다. 비슷한 개념 또는 의미가 생겨나는 것은 두 사람이 하나의 활동 속에 동업자로서 종사하고 있어서, 한 사람의 하는 일이 다른 사람의 하는 일에 의존하고 또 그것에 영향을 미치기 때문이다. 두 원시인이 협동하여 짐승을 사냥할 때, 만약 말하는 사람에게는 '오른 쪽으로 가라'는 신호가 듣는 사람에게는 '왼쪽으로 가라'는 뜻을 가진다면 함께 사냥하는 일이 제대로 안될 것은 불문가지이다. 우리가 서로 이해한다는 것은 공동의 과제를 수행하는 데에 있어서 물체나 소리가 쌍방에게 동일한 의미를 가진다는 뜻이다.

* '능동적인 관련'의 '능동적인'(active)이라는 말은 '활동'(activity)과 의미상 관련되어 있다. 그래서 능동적인 관련이라는 말은 '활동하는 동안에 맺는 관련', 또는 '활동을 목적으로 하여 맺는 관련'이라는 뜻으로 이해해도 좋을 것이다.

¶14_ 이와 같이 협동적인 과업에 사용되는 다른 물건들과 관련을 맺음으로써 소리가 의미를 가지게 된다. 그리고 그 소리는 그 밖의 비슷한 소리들과 관련해서 사용됨으로써 새로운 의미를 가지게 된다. 이것은 그 소리들이 나타내는 물건들이 서로 관련을 맺는 것과 꼭 마찬가지이다. 예컨대, 아이가 희랍 철모에 관하여 배울 때 쓰인 여러 단어들은 원래 어떤 하나의 공통 관심과 목적을 가진 활동에 사용됨으로써 의미를 가지게 되었지만(다시 말하여, 이해되었지만), 이제 그 단어들은 그것을 듣거나 읽는 사람으로 하여금 머리속으로 그 철모가 실제로 사용되는 활동을 재연하도록 함으로써 새로운 의미를 일으킨다. 이 경우에 '희랍 철모'라는 단어를 이해하는 사람은 그 철모를 실제로 사용했던 사람과 정신적인 동업자가 된다고 말할 수 있다. 그는 상상을 통하여 공동의 활동에 참여하는 것이다. 말의 의미를 '완전히' 이해한다는 것은 쉬운 일이 아니다. 아마 대부분의 사람들은, '철모'라는 것은 희랍인이라고 부르는 사람들이 한 때 썼던 이상한 모양의 머리덮개라는 정도로 만족해 버릴 것이다. 따라서 우

리는 다음과 같은 결론을 얻는다. 즉, 언어가 아이디어를 전달하고 획득하는 데에 사용될 수 있다는 것은 곧 공동의 경험이나 협동적인 활동에 사용됨으로써 의미를 가지게 된다는 원리의 연장이요, 적용에 불과하다는 것이다.* 언어의 사용이 이 원리에 위배된다고 보는 것은 완전히 잘못된 생각이다. 단어가 직접적으로나 상상적으로 공동의 상황에 들어오지 않는 한, 그 단어는 의미라든가 지적인 가치가 전혀 없는, 순전히 물리적인 자극으로 작용할 뿐이다. 그것은 어떤 고정된 통로로 활동을 계속 밀고 나가도록 하기는 해도, 목적이나 의미에 관한 의식은 전혀 수반하지 않는다. 그리하여, 예컨대 더하기(+) 부호는 두 개의 숫자를 차례로 써서 그것을 더하는 행동을 하는 자극은 될지 모르나, 만약 그 일을 하는 사람이 그 일의 의미를 알지 못한다면, 그 사람은 자동인형과 다름없이 기계적인 동작을 할 뿐이다.

---

* 앞의 ¶11 마지막에, 희랍의 철모를 사용해 볼 기회가 없는 사람에게도, '단어(또는 언어)는 사용에 의하여 의미를 가진다'는 원리가 적용되는가, 그리고 책에 쓰인 것을 읽고, 콜럼버스가 미국 대륙을 발견했다는 것을 이해하는 경우에도 이 원리가 적용되는가 하는 질문이 나와 있다. 이 문단이 그 대답이다.

3 사회환경의 교육적 영향

¶ 15_ 이때까지 말한 내용을 요약하면, 사회적 환경은 개인들의 마음속에 행동의 지적, 정서적 성향을 형성한다는 것과, 사회적 환경이 그런 일을 하는 것은 개인들이 가지고 있는 특정한 충동을 일으키고 강화하는 활동, 어떤 목적을 가지고 있고 어떤 결과를 초래하는 활동 속에 개인들을 참여시킴으로써 가능하다는 것으로 된다. 음악가의 가정에 태어난 아이는 틀림없이 그가 가지고 있는 음악적인 소질이 자극될 것이며, 비교적으로 말하면, 다른 환경에서 자랐다면 다른 충동이 자극되었을 텐데도 그보다는 음악적인 소질이 더 자극될 것이다. 그 아이가 음악에 관심을 가지고 있고 또 다소간의 실력을 쌓지 않으면 그는 '국외자'로서, 그가 속하고 있는 집단의 삶에 참여할 수 없을 것이다. 개인이 관련을 맺고 있는 다른 사람들의 삶에 어떤 방식으로든지 참여하지 않는다는 것은 불가능하다. 그들과의 관련에서 사회적 환경은 무의식적으로, 또 특별한 목적을 떠나서 교육적 또는 형성적 영향력을 행사한다.

¶ 16_ 미개 사회에 있어서는 그런 직접적인 참여(이것이 앞에서 말한 간접적, 우연적인 교육을 이루는 것이다)가 집단의 관례나 신념으로 아이들을 동화시키는 거의 유일한 영향력을 행사한다. 오늘날의 사회에 있어서도 그것은, 가장 열심히 학교에 다니는 아이에게도, 기본적인 생육의 배경을 이루고 있다. 그 아이가 속하고 있는 집단이 어떤 것인가에 따라 그 집단의 관심과 일에 맞는 사물은 높이 존중되고 그렇지 않은 사물은 금기의 대상이 된다. 사회조직이 애정과 혐오의 충동을 '만들어 내는' 것은 아니지만, 그런 충동이 발생하는 계기를 제공해 주는 것은 분명하다. 우리의 집단이나 계층이 사물을 처리하는 방식은 우리가 무엇에 주의를 기울여야 하는가를 결정하며 그렇게 함으로써 관찰과 기억의 방향과 한계를 규정한다. 우리에게 기이하거나 낯선 사물(즉, 집단의 활동 바깥에 있는 것)은 도덕적인 금지와 지적인 의심의 대상이 된다. 예컨대, 오늘날 우리가 잘 알고 있는 것들을 옛날 사람들은 전혀 생각도 못했다는 것에 대하여, 우리는 도대체 믿을 수 없다고 생각한다. 우리는 그 사실을 우리 조상들이 선천적으로 바보였기 때문이라든지 우리가 뛰어난 지능을 타고 났기 때문이라는 식으로 설명하고 싶겠지만, 진짜 이유는 그들의 생활 방식이 그러한 사실에 주의를 기울이도록 하지 않았으며 그들의 마음을 다른 것으로 돌리도록 했다는 것이다. 감각이 작용하기 위해서는 그것을 자극할 대상이 있어야 하는 것과 마찬가지 이치로, 우리의 관찰력, 기억력, 상상력은 저 혼자서 기능를 발휘하는 것이 아니라 목하 진행되는 사회적 활동이 요구하는 바에 따라 작용하는 것이다. 성향의 대체적인 결은, 학교교육과는 관계 없이, 그러한 사회적 영향에 의하여 형성된다. 의식적, 의도적인 교육이 할 수 있는 일은 기껏해야 그렇게 형성된 능력을 자유롭게 신장시켜 더 충분히 발휘될 수 있도록 하는 것과, 몇 군데 조잡한 부분을 잘 가다듬는 것, 그리고 그 능력을 행사함으로써 더 큰 의미가 창출될 수 있도록 적절한 대상을 제공하는 것 뿐이다.

¶ 17_ 이 '환경의 무의식적 영향'은 너무나 미묘하게, 또 모든 부분에 걸쳐서 광범하게 작용하여 인격과 마음의 실오라기 하나하나에 영향을 미치는 것이 사실이지만, 이제 그 영향이 가장 두드러지게 나타나는 몇 가지 방향을 좀 더 구체적으로 살펴 볼 필요가 있다. 첫째는 언어습관이다. 기본적인 어법, 대부분의 어휘는 별도의 수업을 위한 수단으로서가 아니라, 사회적 필요에 의하여 이루어지는 일상생활의 대화에서 형성된다. 갓난 아이는 우리가 흔히 말하듯이 '어

머니나라'의 말(모국어)을 배운다. 물론, 이렇게 형성된 언어 습관이 나중의 의식적인 교육에 의하여 수정되고 다른 것으로 바뀌기는 하지만, 흥분할 때는 의도적으로 학습된 어법은 사라지고 진짜 원래 배운 말이 그냥 튀어나오는 경우가 많다. 둘째는 몸가짐 또는 예절이다. 흔히 말하는 대로 示範시범은 教示교시보다 강하다. '좋은 몸가짐은 좋은 양육에서 온다'*는 말이 있다. 이러한 몸가짐은 정보를 전달해 줌으로써 습득되는 것이 아니라 습관적인 자극에 따른 습관적인 행동에 의하여 습득된다. 아무리 이래라 저래라 하고 교정해 주고 가르쳐 봐야, 결국 몸가짐을 형성하는 데에 가장 중요한 요소는 주위의 분위기와 정신이다. 그리고 몸가짐은 도덕의 초보이다. 뿐만 아니라, 본격적인 도덕에 있어서도 의식적인 교육은, 그 내용이 아이의 사회적 환경을 이루고 있는 사람들의 일상 행동과 일치할 때에 한해서 효과가 있다. 셋째는 고상한 취향과 심미적 감상력이다. 만약에 우리의 눈이 언제나 우아한 형태와 색채로 된 조화로운 물체를 본다면, 자연히 높은 수준의 취향이 생기게 된다. 번지르르하고 지리멸렬하고 지나치게 치장된 환경은 취향의 퇴폐를 가져오며, 그와 마찬가지로 삭막하고 무미건조한 환경은 미에 대한 욕망을 고갈시킨다. 이러한 환경의 영향에 대하여 의식적인 교육은 다른 사람들이 생각하는 내용을 한손 걸러 간접적으로 전해 주는 것 이외에 아무것도 할 수 없다. 의식적인 교육에 의하여 길러진 취향은 결코 자발적이거나 개인의 성품에 뿌리박힌 것이 될 수 없으며, 그 개인이 우러러 보도록 교육받은, 위대한 사람들이 생각할만한 내용을 애써 생각해 내도록 하는 억지 표준을 안겨 줄 뿐이다. 가치판단의 심층표준은 한 개인이 습관적으로 젖어 있는 사태에 의하여 형성된다. 이것은 위의 세 가지에 추가되는 넷째 포인트라기 보다는 이때까지 말한 내용을 종합적으로 말하는 것에 지나지 않는다. 무엇이 가치있고 무엇이 가치없는가에 관한 우리의 의식적인 판단은 상당한 정도로 우리가 전혀 의식하지 못하는 표준에 따라 내려지고 있다는 것을 우리는 거의 인식하지 못하고 있다. 그러나 일반적으로 말하여, 우리가 깊이 생각하거나 세밀히 조사를 하지 않고 즉각적으로 받아들이는 것들이 바로 우리의 의식적인 사고를 결정하고 우리의 결론을 확정지어 준다고 말할 수 있다. 그리고 의식적인 사고의 수준 아래에 깔려 있는 이 습관적인 생각은 바로 다른 사람과의 관계에서 끊임없이 생각을 주고 받으면서 형성된 것들이다.

---

* 'Good manners come from good breeding.'

4 학교라는 특별한 환경

¶18_ 일상생활에서 무의도적으로 이루어지는 교육적 과정에 관하여 이때까지 말한 내용은 주로 다음과 같은 점을 말하기 위한 것이었다. 즉, 성인이 미성숙한 사람들의 교육을 통제하는 유일한 방법은 그들의 행동과 사고와 감정이 일어나는 장으로서의 환경을 통제하는 데에 있다는 것이다. 우리는 결코 직접적으로 교육하는 것이 아니라, 환경을 통하여 간접적으로 교육한다. 그러므로 교육을 우연적 환경에 맡겨 버리는 것과 그렇지 않고 목적에 맞는 환경을 의도적으로 꾸미는 것 사이에는 대단히 중요한 차이가 있다. 환경의 교육적 영향이라는 관점에서 볼 때, 그 교육적 효과에 비추어 의도적으로 조정되지 않은 환경은 어떤 것이든지 우연적 환경이다. 지적인 가정이 비지적인 가정과 다른 점은 주로 그 가정에서 벌어지는 생활과 상호교섭의 습관이 아이의 발달에 주는 영향을 고려하여 선택되거나 적어도 그런 분위기를 풍긴다는 점에 있다. 그러나 어떻든지 간에, 학교는 사회 구성원의 지적, 도덕적, 성향에 영향을 주려는 명백한 목적을 가지고 구성된 환경의 전형적인 보기이다.

¶19_ 대체로 말하면, 학교가 생기게 된 것은 사회적 전통이 너무 복잡해져서 그 사회가 가지고 있는 지식의 상당한 부분이 글을 통하여 보존되고 문자를 통하여 전달될 때이다. 문자기호는 언어기호보다 더 인위적이고 관례적인 성격을 띤다. 또한 문자는 다른 사람과의 우연적인 상호교섭에서 배울 가능성이 없다. 뿐만 아니라 문자화된 내용은 일상생활과 비교적 거리가 먼 내용을 선정, 기록하는 경향이 있다. 몇 세대를 두고 축적되어온 업적이, 비록 그 중의 어떤 것은 당분간 활용되지 않는다 하더라도, 문자기록 속에 보관되어 있는 것이다. 따라서 사회가 그 시대와 공간 바깥의 것에 어느 정도 의존하게 되는 순간, 사회는 그 모든 자원을 적절하게 전달하기 위하여 학교라는 특별한 기관에 의존하지 않으면 안된다. 한 가지 명백한 예를 들어서 설명하자면, 고대 희랍과 로마의 생활은 오늘날 우리의 삶에 심각한 영향을 미치지 않는다. 그와 마찬가지로, 오늘날에 살고 있으면서 공간적으로 멀리 떨어진 영국인, 독일인, 이태리인들은 우리의 사회 현실과 직접 관계가 있지만, 주의를 기울이지 않으면 우리에게 이해되지 않는다. 이와 꼭 마찬가지로, 젊은이들로 하여금 눈앞의 생활과는 멀리 떨어진 물리적 에너지나 눈에 보이지 않는 구조가 우리의 활동에서 어떤 역할

을 하고 있는지를 이해하도록 하는 일을 순전히 일상의 단체생활에 맡겨둘 수는 없다. 여기서, 그러한 일을 담당할 특별한 사회적 교섭 방식으로서 학교가 생기게 된 것이다.

¶ 20_ 이 학교라는 교섭 방식은, 삶의 일상적인 교섭과 비교하여, 두드러지게 다른 세 가지 기능을 가지고 있다. 첫째로, 복잡한 문명은 무더기로 한꺼번에 전달하기에는 너무 복잡하다. 그것은 말하자면, 토막으로 만들어서 조금씩 순서대로 전달할 수 밖에 없다. 현재 우리의 사회생활에서 이루어지고 있는 관계는 그 수가 너무나 많고 또 서로 얽혀 있어서, 가장 유리한 위치에 있는 아이라 할지라도 그 가장 중요한 관계의 대다수에 쉽게 참여할 수 없다. 그리고 그 관계에 참여하지 않으면, 그 의미가 그에게 전달될 수 없고 그의 정신적 성향의 일부를 이룰 수 없다. 말하자면 숲 때문에 나무를 볼 수 없는 결과가 되는 것이다. 사업, 정치, 예술, 과학, 종교, 이 모든 것들이 한꺼번에 주의를 요구하며 달려들 것이고, 결과는 혼란밖에 없을 것이다. 우리가 학교라고 부르는 사회적 기관*의 첫째 과업은 '단순화된' 환경을 제공하는 것이다. 학교는 꽤 근본적인, 그러면서도 아이들의 반응을 일으킬 수 있는 환경을 선정한다. 그 다음에 학교는 점진적인 순서를 세워서, 먼저 학습된 요소를 수단으로 하여 점점 복잡한 것에 대한 통찰을 얻도록 한다.

---

* organ; '器官'기관이라는 것은 원래 생물학에 어울리는 용어로서, 소화기관, 순환기관 등 신체의 기관을 나타낸다. 학교를 '사회적 기관'(social organ)이라고 한 것은 사회를 하나의 유기체로 본다는 뜻을 은연중에 풍기고 있다.

¶ 21_ 둘째로, 학교 환경의 또 하나의 과업은 기존 환경의 무가치한 특성들을 될 수 있는대로 제거하여 그것이 정신적 습관에 영향을 주지 못하도록 하는 것이다. 한 마디로 학교는 정화된 행동환경*을 확립한다. 선정은 단순화하는 데에만 목적이 있는 것이 아니라, 바람직하지 못한 것을 솎아내는 데에도 목적이 있다. 어느 사회에든지, 그것에 방해가 되는 시시한 것들, 과거의 낡아 빠진 유물, 적극적으로 해로운 것들이 있다. 학교는 환경으로부터 그런 것들을 제거하고, 그렇게 함으로써 일상 사회 환경에서 그런 것들이 주는 영향을 될 수 있는대로 소멸시키는 임무를 가지고 있다. 최선의 것을 선정하여 학교만의 전용물로 삼

음으로써 학교는 그 최선의 것의 힘을 강화하려고 노력한다. 사회가 보다 개화됨에 따라, 학교는 기존의 업적 전체를 보존하고 전달하는 데에 책임이 있는 것이 아니라, 그 중에서 장차 더 좋은 사회를 만들 수 있도록 하는 것들을 보존 전달할 책임이 있다는 생각을 하게 된다. 학교는 이 목적을 달성하는 가장 중요한 기관이다.

---

* medium of action; 원래의 의미는 '행동의 매체', 즉 행동이 일어나는 곳, 또는 행동을 일으키는 곳.

¶ 22_ 셋째로, 학교의 과업은 사회 환경의 여러 요소들 사이의 균형을 유지하고 각 개인으로 하여금 각자가 태어난 사회 집단의 제약에서 벗어나 보다 넓은 환경과 산 접촉을 가질 수 있도록 하는 데에 있다. '사회'라든가 '지역사회'라는 단어는 마치 각각에 해당하는 한 가지 실체가 있는 듯한 인상을 줄지 모르지만, 이것은 그릇된 생각이다. 사실은 어떤가 하면, 현대 사회는 많은 사회들이 다소간 엉성하게 연결되어 이루어져 있다. 하나하나의 가정은 바로 이웃의 친구들과 어울려서 하나의 사회를 이루고 있다. 마을, 또는 길거리 친구들의 집단은 하나의 지역사회요, 사업체, 클럽 등도 마찬가지이다. 이와 같이 보다 긴밀한 집단을 넘어서서, 미국과 같은 나라에서는 여러 인종, 종교 단체, 경제 집단이 있다. 현대 도시는 명목상으로 정치적인 단일성을 나타내고 있지만, 그 안에는 아마 옛날에 전대륙에 있었던 것보다 더 많은 수의 지역사회가 있고, 더 다양한 풍속과 전통, 포부, 정치와 통치의 형태 등이 있다.

¶ 23_ 이러한 집단은 각각 그 성원의 생활성향을 형성하는 데에 영향을 미친다. 동호회, 클럽, 깽, 도둑의 무리,* 감옥의 죄수들, 이 모든 집단은 교회, 노동조합, 기업체, 정당과 마찬가지로, 그들의 집단생활 또는 공동활동에 들어오는 사람들에게 교육적 환경을 제공한다. 위 집단은 하나하나가 가정이나 부락이나 국가와 다름없이 단체생활 또는 공동생활의 양식을 나타낸다. 또한, 사회 중에는 예술가의 조합이나 문필가의 협회, 지구상의 여기저기에 흩어져 있는 전문학회의 회원들과 같이, 성원 상호간의 직접적인 접촉이 거의 또는 전연 없는 것도 있다. 이들이 사회를 이루고 있다고 하는 것은 그들이 공동의 목적을 추구하고 있고, 각 성원의 활동이 다른 성원의 활동에 대한 지식으로 말미암아 직접

수정되기 때문이다.

---

* 원문에는 Charles Dickens의 「올리버 트위스트」에 나오는 Fagin이 언급되어 있다. 이 인물은 똘마니들을 한 집에 모아 놓고 소매치기 훈련을 시키는데, 이것은 이따금, 그런 것도 '교육'이라고 볼 수 있는가 하는 논의에 손쉬운 사례로 등장한다.

¶ 24_ 옛날에는 집단의 다양성은 주로 지리상의 위치가 다르다는 사실에 기인하였다. 사회가 많이 있었지만, 그 각각은 그 영토 안에서는 비교적 동질성을 지니고 있었다. 그러나 상업과 교통과 통신의 발달, 그리고 이민으로 말미암아, 미국과 같은 나라는 각각 전통적 풍습을 달리하는 다양한 집단의 복합체로 이루어져 있다. 이 상황이 바로, 아마 여러 가지 원인 중의 어떤 것보다도 더, 젊은이들에게 동질적이고 균형있는 환경을 제공할 교육기관을 설립하도록 요구했다고 볼 수 있다. 이러한 교육기관을 통하여 비로소 동일한 정치적 단위 속에 이질적인 집단이 병립되어 있다는 사실에서 생기는 사회적 원심력이 완화될 수 있다. 학교에서, 인종과 종교와 풍습이 다른 아이들이 서로 뒤섞여 있다는 것은 모든 사람에게 새롭고 보다 넓은 환경을 만들어 준다. 공통된 교과를 배움으로써 모든 아이들은 한 작은 집단의 성원으로 고립되어 있을 때보다도 더 넓은 세계에 대한 통일된 전망에 익숙하게 된다. 미국 공립학교의 동화력은 균형잡힌 공동의 관심이 효과를 낼 수 있다는 웅변적인 증거가 된다.

¶ 25_ 학교는 또한 각각의 개인이 속하고 있는 다양한 사회적 환경의 다양한 영향들을 개인의 성향 속에서 조정하는 기능을 가지고 있다. 가정에서 통용되는 규범과 거리에서 통용되는 규범이 다르며, 이것은 또한 공장이나 가게, 종교단체에서 통용되는 규범과 다르다. 한 환경에서 다른 환경으로 넘어갈 때 사람은 상반되는 영향을 받으며, 따라서 상이한 상황이 요구하는 상이한 판단기준과 정서를 가지는 존재로 분열될 위험이 있다. 이 위험을 방지하려면 학교가 그런 것들을 통합, 조정하는 임무를 수행하지 않으면 안된다.

| 요약 | **¶ 26_** 사회의 연속적, 진보적인 삶에 필요한 태도와 성향이 아이들의 마음속에 생기도록 하는 일은 신념, 정서, 지식을 직접 전달함으로써 이루어질 수 있는 것이 아니다. 그것은 환경을 매개로 하여 이루어진다. 생명체의 특징은

활동에 있으며, 환경은 이 활동을 수행하는 데에 필요한 조건의 총화이다. 사회적 환경은 한 개인의 주위에 있는 모든 사람들의 활동 전체를 뜻하며, 이 사람들의 활동은 그 개인이 활동하는 것과 불가분의 관계로 연결되어 있다. 환경의 교육적 효과는 한 개인이 공동의 활동에 어느 정도로 참여하는가에 달려 있다. 단체의 활동에서 자신의 몫을 함으로써 개인은 그 활동을 추진시키는 목적을 자기 것으로 받아들이고 그 방법과 내용에 익숙해지며, 필요한 기술을 익히고 그 정서적인 기질에 젖어들게 된다.

¶ 27_ 성향을 형성하는 보다 깊고 친밀한 교육 작용은, 의식적인 의도가 없이, 아이들이 각각 속하고 있는 여러 집단의 활동에 점진적으로 참여하는 동안에 일어난다. 그러나 사회가 보다 복잡해짐에 따라, 미성숙한 자의 능력을 길러주는 일을 전담할 특별한 사회적 환경을 만들 필요가 생겼다. 이 특별한 환경의 보다 중요한 기능 몇 가지를 들면, 기르고자 하는 성향에 작용하는 요소들을 단순화하고 순서짓는 것, 기존의 사회 풍습을 정화하여 이상적인 것으로 만드는 것, 아이들이 일상의 사태에서 영향을 받도록 방치할 때보다는 더 넓고 균형잡힌 환경에 접할 수 있도록 하는 것 등이다.

제 3 장

지도로서의 교육

1 환경의 지도적 영향

¶1_ 이제 우리는 교육이라는 일반적 기능이 취할 수 있는 한 가지 특별한 형식에 관하여 고찰할 때가 되었다. 여기서 고찰하고자 하는 그 특별한 형식이라는 것은 지도, 통제, 안내* 등 여러 가지 용어로 불리고 있다. 이 세 용어 중에서 마지막 '안내'라는 말이, 교육받는 개인의 타고난 능력을, 협동을 통해서 조장해 준다는 뜻을 가장 잘 나타내어 준다. '통제'는 어느 편인가 하면, 영향력이 외부로부터 주어져서 교육받는 사람의 저항을 불러일으킨다는 뜻을 나타낸다. '지도'는 보다 중립적인 용어로서, 교육받는 사람의 능동적인 경향이 아무 목적없이 산만해지는 것이 아니라 연속적인 진로를 따라 이끌어진다는 뜻을 나타낸다. 지도는 기본적인 기능이며, 그것이 어떻게 발휘되는가에 따라, 한쪽 극단에서는 안내와 조력으로 나타나고 또 한쪽 극단에서는 규제와 지배로 나타난다. 그러나 어쨌든, 우리는 흔히 '통제'라는 말과 연관되어 있는 한 가지 위험한 생각을 경계하지 않으면 안된다. 이따금, 개인의 타고난 경향은 순전히 개인적 또는 이기적인 것이며, 따라서 반사회적인 것이라는 가정을 공공연하게 표방하거나 무의식적으로 깔고 있는 경우를 보게 되는데, 이때 통제는 개인의 이 타고난 충동을 공적인 또는 공동의 목적에 복종시키는 과정으로 필요하다고 생각하게 된다. 개인의 천성은 원래 이 통제라는 과정에 부합하지 않는 것으로, 그것에 협조하는 것이 아니라 반대하는 것으로 이미 가정되어 있기 때문에, 이러한 사고방식에서는, 통제는 강압이나 강제의 색채를 띨 수밖에 없다. 수많은 정부 체제와 정치 이론이 이러한 생각에 기초를 두어왔고, 그런만큼 이 생각이 교육의

이론과 실제에 심각한 영향을 미친 것은 당연하다. 그러나 이 생각에는 근거가 없다. 개인이 때로 제멋대로 하고 싶어하는 것도 사실이고, 또 그것이 다른 사람들에게 방해가 되는 경우가 있다는 것도 사실이다. 그러나 개인은 또한 사람들이 하는 활동에 들어와서 협동적인 공동 활동에 참여하는 데에도 관심**을 가지고 있으며, 대체로는 여기에 주로 관심을 가지고 있다고 보아도 좋다. 그것이 그렇지 않다면, 사회***라는 것이 성립할 수 없을 것이다. 경찰을 두는 문제를 두고 생각해 보더라도, 누군가가 그렇게 함으로써 개인이 이득을 본다고 생각하지 않는다면, 최소한의 사회적 조화를 유지하기 위하여 경찰을 두려고 할 사람은 아무도 없을 것이다. 사실상, 통제라는 것은 권력에 의한 지도라는, 지도의 한 가지 강조된 형식에 지나지 않으며, 다른 사람이 주도권을 행사하는 경우만 아니라 개인이 자기 자신의 노력에 의하여 행사하는 규제까지도 통제에 포함시킬 수 있다.

---

* direction, control, guidance

** interest

*** community

¶ 2_ 일반적으로 말하여, 모든 자극은 활동을 지도한다. 자극은 단순히 활동을 일으키고 부채질하는 데에 그치는 것이 아니라, 활동을 일정한 대상 쪽으로 이끌어 나간다. 이 사태를 반대편에서 말하면, 반응은 단순히 건드리는 데 대한 항거로서의 '작용'이 아니라, 글자의 뜻 그대로, '응답'*하는 것이다. 반응은 자극을 맞이하여 그것에 '상응'한다. 자극과 반응 사이에는 서로 상대방에 대하여 적응하는 작용이 있다. 빛은 눈이 사물을 보도록 하는 자극이 되며, 눈이 하는 일은 보는 데에 있다. 눈이 떠 있고 빛이 있으면 시각이 생긴다. 자극은 기관에 대한 외부로부터의 방해가 아니라, 기관이 제 기능을 발휘하는 조건이 된다. 그러므로 적어도 어느 정도로는, 모든 지도와 통제는 활동을 활동 그 자체의 목적으로 안내하는 일을 한다. 지도와 통제는 어떤 기관이 이미 하게 되어 있는 일을 좀더 완전히 하도록 도와준다.

---

* answer; '반응'에 해당하는 영어 단어 response는 answer의 뜻을 가지고 있다.

¶ **3**_ 그렇지만 위의 일반적인 사실에는 두 가지 단서가 붙어야 한다. 첫째로, 몇 가지 본능적인 행동은 예외이지만, 미성숙한 인간이 받는 자극은 처음부터 이러이러한 자극에는 꼭 이러이러한 반응이 나온다는 식으로 명확하게 지정된 반응을 일으키지 않는다. 미성숙한 인간의 경우에는 자극이 언제나 필요 이상으로 많은 에너지를 유발한다. 이 에너지는 목적에서 옆길로 흘러 낭비되어 버릴 수도 있고, 행위를 성공적으로 수행하는 데에 오히려 방해가 될 수도 있다. 자전거를 처음 타는 사람의 행동과 잘 타는 사람의 행동을 비교해 보자. 처음 타는 사람의 경우에는 방출하는 에너지에 '초점'이나 '지도축'이라고 할 만한 것이 없이, 그저 산만하게 흩어진다. 지도라는 것은 행위를 그 초점에다가 고정시킴으로써 그 행위가 진정한 의미에서의 '반응'이 되도록 하는 것이며, 그렇게 하기 위해서는 불필요하고 산만한 동작을 제거할 필요가 있다. 둘째로, 어떤 활동이든지 거기에는 반드시 어느 정도로는 사람의 의지가 개입되어 있다고 보아야 하지만, 사람이 하는 반응 중에는 행위의 계열과 연속성*에 잘 맞아 들어가지 않는 것이 있을 수 있다. 예컨대 권투를 하는 사람이 처음에 들어오는 주먹은 용하게 피했지만, 그 동작으로 말미암아 다음 순간에 더 센 주먹을 맞는 경우가 있다. 적절한 통제는 하나하나의 행위가 연속적인 순서에 따라 질서있게 진행되도록 하는 것을 뜻한다. 각각의 행위는 그 즉각적인 자극에 대처할 뿐만 아니라, 그 다음의 행위를 하는 데에도 도움이 되도록 하여야 한다.

* sequence and continuity

¶ **4**_ 요컨대, 지도는 한 특정한 시점에서 생각할 수도 있으며, 연속적인 계열에서 생각할 수도 있다. 한 특정한 시점을 두고 생각해 볼 때, 지도라는 것은 자극에 의하여 유발되는 모든 반응 경향 중에서 목하 문제의 초점에 에너지를 집중시킬 수 있는 것만을 선택하는 데에 필요하다. 그리고 연속적인 계열에서 생각해보면, 지도라는 것은 하나의 행위가 그 전후의 행위와 균형을 이루어서 활동이 순서를 갖추게 되는 데에 필요하다. 그리하여 '초점'과 '순서'*는 공간과 시간이라는 지도의 두 가지 측면을 다룬다. 앞의 것은 표적을 맞추도록 하며, 뒤의 것은 장차의 행위에 필요한 균형을 유지하도록 한다. 물론, 이 두 가지는 생각으로서만 구분될 수 있을 뿐이며, 실제**에 있어서 분리될 수 있는 것은 아니다. 실제 활동을 하는 경우를 생각해 보면, 활동은 어떤 주어진 시점에서 일

어나지만, 그 활동을 할 때 이미 다음의 활동을 준비한다는 것을 염두에 두고 하는 것이다. 그리하여 즉각적인 반응이라는 것은 장차 일어날 일을 예상해야 한다는 것과 얽혀서 복잡한 문제를 나타낸다.

---

* focusing and ordering; 원문에는 이 문장 전체가 이탤릭으로 인쇄되어 있다.

** practice; 이 경우의 '실제'는 '활동'과 거의 동일한 의미로 해석된다. 초점과 순서가 실제에 있어서 구분되지 않는다는 것은 활동을 하는 장면에서 초점을 맞추는 일이 따로 있고 순서를 짓는 일이 따로 있는 것이 아니라, 두 가지가 활동 속에 녹아 있어서 그것이 전체로서의 활동을 이룬다는 뜻이다.

¶ 5_ 이러한 일반적 고찰에서 두 가지 결론이 따라 나온다. 첫째로, 순전히 외적인 지도는 있을 수 없다는 것이다. 환경은 기껏해야 반응을 유발하는 자극을 주는 역할밖에 할 수가 없다. 반응은 개인이 이미 가지고 있는 경향성에서 나온다. 협박이 무서워서 무슨 일인가를 하는 경우에도, 협박이 통하는 것은 개인에게 공포의 본능이 있기 때문이다. 만약 그에게 공포의 본능이 없다면, 또는 만약 있다 하더라도 그가 그것을 억제할 수 있다면, 협박은 그에게 아무런 영향을 미치지 못한다. 이것은 마치 눈이 없는 사람에게는 빛이 시각을 일으키지 못하는 것과 같다. 어른들의 풍속과 규칙이 아이들의 활동을 유발하고 지도하는 것은 사실이지만, 이것은 따지고 보면 아이들이 그 행동의 방향*에 자진해서 참여하기 때문이다. 엄밀한 의미에서 보면, 아이들 위에 또는 아이들 속에 강제적인 영향을 발휘하는 것은 아무것도 없다. 이 사실을 간과하는 것은 곧 인간의 본성을 왜곡하고 전도하는 것이다. 지도를 받는 사람들이 이미 가지고 있는 본능이나 습관이 지도에 일익을 담당한다는 것을 고려할 때 우리는 지도를 경제적으로 또 현명하게 해 낼 수 있다. 정확하게 말하자면, 모든 지도는 '再指導'재지도**에 지나지 않는다. 즉, 지도라는 것은 이미 진행되고 있는 활동을 다른 쪽으로 방향을 바꾸는 것을 의미한다. 이미 어떤 활동 에너지가 작용하고 있다는 것을 염두에 두지 않을 때, 지도를 위한 노력이 정곡을 벗어나리라는 것은 거의 확실하다.

---

* direction; '방향'에 해당하는 영어 단어는 '지도'와 동일하다.

** re-direction

¶ 6_ 둘째로, 외부적인 풍속과 규정에 의한 통제는 대체로 근시안적인 조치라는 것이다. 그것이 즉각적인 효과는 낼 수 있을지 몰라도, 그것 때문에 그 개인의 이후 행동이 균형을 이룰 수 없게 만드는 결과를 가져온다. 예를 들면, 협박을 받은 사람은 자기 행동이 가지고 올 불쾌한 결과가 두려워서 원래 자기가 하고 싶었던 행동을 하지 않게 된다. 그러나 이 경우에 그 사람은 장차 그보다 더 나쁜 일을 하도록 하는 다른 유혹에 빠지게 될지도 모른다. 또한, 교활하게 벌을 피하는 본능이 자극되어서, 협박을 받지 않았을 때보다도 더, 이제부터는 무슨 일이든지 교묘한 수단으로 살살 빠져나가는 쪽으로만 생각하게 될지도 모른다. 다른 사람의 행동을 지도하는 위치에 있는 사람은 자신의 지도를 받는 사람들이 그후 어떻게 되어 가는가를 간과하는 위험을 언제나 안고 있는 것이다.

2 사회적 지도의 방식

¶ 7_ 어른들은 당장 그럴 필요가 있으면 언제든지 다른 사람의 행위를 지도할 생각을 하게 마련이다. 일반적으로 말하여, 어른은 아이들이 반항을 한다고 느낄 때, 다시 말하면 그가 보기에 못마땅한 행동을 아이들이 할 때에는 의식적으로 지도를 하려고 한다. 그러나 보다 항구적인 영향을 주는 통제방식은 그와 같이 의도적으로 하는 통제가 아니라, 순간순간 계속적으로, 눈에 띄지 않게 하는 통제이다.

¶ 8_ (1) 아이들이, 우리가 보기에 못마땅한 행동을 하거나 우리가 시키는 일을 하지 않을 때, 우리는 그들을 통제할 필요를 강하게 느끼고, 또 어떻게 그들을 통제할까를 생각하게 된다. 이런 경우에 우리의 통제는 가장 직접적인 것이 되고, 이때 우리는 바로 앞에서 말한, 지도하는 사람이 흔히 저지르는 잘못을 저지르기 쉽다. 심지어 우리는 말을 물까지 몰고 갈 수는 있어도 물을 마시게 할 수는 없다든가, 사람을 회개소(감옥)에 가둘 수는 있어도 회개를 시킬 수는 없다는 사실을 잊어버리고 완력에 의한 통제를 하려고 든다. 이와 같이 다른 사람들에게 즉각적인 영향력을 행사하려고 할 경우에 우리는 '물리적 결과'와 '도덕적 결과'*를 구분할 필요가 있다. 경우에 따라서는 사람에게 억지로 음식을 먹이거나 강제로 가두어 두는 것이 그 장본인을 위해서 이익이 되는 경우도

있을 것이다. 또한, 아이가 불에 데려고 할 때에는 확 잡아 나꿔채서라도 불에서 멀리 떼어 놓아야 할 것이다. 그러나 그렇다고 해서 성향의 개선이라든가 교육적 결과 같은 것이 생기는 것은 아니다. 거친 으름장 놓는 목소리로 말해서 아이를 불에서 떼어 놓을 수 있을 것이고 이 경우에도 아이를 나꿔채는 것과 마찬가지의 물리적 결과를 낼 수 있을 것이다. 그러나 이 두 경우 중의 어디에서도 도덕적 의미에서의 복종이 나오는 것은 아니다. 사람을 가두어서 도둑질하는 성향을 바꾸어 놓을 수는 없다. 물리적 결과와 교육적 결과를 혼동하면, 우리는 언제나 교육적 잠재력을 활용할 기회를 놓쳐 버린다. 즉, 우리가 바라는 결과를 얻는 데에 개인의 참여적 성향을 활용한다든가, 그렇게 함으로써 그의 내부에 내재적, 지속적인 지도 능력을 올바르게 개발할 기회를 놓쳐 버리는 것이다.**

---

* physical results and moral results; 이 두 개념의 차이는 본문에 설명되어 있다. 간단하게 되풀이하자면, 정신에 모종의 변화가 생기는 경우는 후자이며, 그렇지 않고 단순히 외적인 변화만 생기는 경우는 전자이다. '도덕적 결과'는 이 문단의 나중 부분에 나오는 '교육적 결과'와 동일한 의미를 가진다.

** 이 마지막 문장은 다소 난삽하지만, 교육에 관한 듀이의 정의(즉, 교육은 집단 활동에 능동적으로 참여함으로써, 그 집단 활동에 일관된 지적, 정서적, 도덕적 성향을 획득하는 과정이다)를 그대로 되풀이하고 있다. 이 문장에서 '내재적'(intrinsic)이라는 말은 단순히 '개인 내부의'(internal)라는 뜻을 가지는 것 같다. 〈역자 해설〉 참조.

¶ 9_ 일반적으로 말하여, 의도적, 의식적 통제는 본능이나 충동에서 나오는 행동, 그리하여 행동을 하는 사람이 그 결과를 예견할 도리가 없는 경우에 국한되어 행사되어야 한다. 자기가 하는 행동이 가지고 올 결과를 예견할 수 없을 때, 그리하여 보다 경험이 많은 사람이 그 행동의 결과를 말해주어도 알아듣지 못할 때에는, 자신의 행동을 지적으로 이끌어 가는 일은 불가능하다. 이런 상태에서는 모든 행동이 똑같은 행동으로 보이는 것이다. 이런 상태에서 행동하는 사람은 자기보다 세력이 있는 사람이라면 누구에게도 이끌리며, 그 이상 그 행동에 대하여 왈가왈부하는 것은 헛일이다. 경우에 따라서는 자기 멋대로 행동하도록 내버려 두고 그 결과를 스스로 당하도록 함으로써 장차 비슷한 상황에서는 좀더 지적으로 행동하도록 하는 것이 좋을 때도 있을 것이다. 그러나 때로 행동의 결과가 다른 사람에게 너무 심한 피해를 가져오는 경우에는 이 방법을 쓸 수가 없다. 이런 경우에는 그래서는 안된다는 것을 직접적으로 표현하는 수

밖에 없다. 무안을 주거나 야단치거나 벌을 주는 것 등이 그 방법이다. 아니면, 아이의 내부에 있는 경향 중에서, 현재 문제되는 행동과 상반되는 경향을 불러 일으켜서 문제 행동을 다른 방향으로 돌리도록 하는 것도 한 가지 방법이다. 칭찬에 대한 아이의 예민한 감수성, 얌전한 행동을 함으로써 귀여움을 받고자 하는 아이의 희망 등을 이용하여 다른 방향의 행동을 일으킬 수 있는 것이다.

¶ 10_ (2) 이들 통제의 방법은 너무나 명백한 것이어서(그 이유는 의도적으로 사용된다는 데에 있다), 말할 가치조차 없다고 생각할지 모르지만, 그것과는 대조적인 또 한 가지, 보다 중요하고 항구적인 통제방식과 대비시켜 보는 데에 그 의의가 있다. 이 또 한 가지 방법이라는 것은 미성숙한 인간이 그들과 관계를 맺고 있는 사람들(즉, 어른들)이 '사물을 사용하는' 방식—즉, 목적을 달성하기 위하여 수단을 활용하는 방식*—을 보고 거기서 배우는 것을 말한다. 개인의 사회적 매체** 속에서 삶을 영위하고 활동을 한다는 사실 자체가 그의 활동을 효과적으로 지도하는 충실한 안내원의 역할을 한다.

---

* instrumentalities: 듀이가 보기에 인간의 활동은 일체가 목적을 위하여 수단 또는 '도구'를 활용하는 것이며, 지식은 이 활동의 '도구'가 된다. 그래서 듀이의 철학(그 중에서도 인식론의 측면)을 '도구주의'(instrumentalism)라고도 부른다. '사물을 사용한다'는 표현은 목적을 달성하기 위하여 수단을 활용한다는 것과 동일한 뜻을 나타낸다.

** social medium: 이것은 사회에서 일반적으로 통용되고 있는 지식, 신념, 정서, 태도, 가치관 등을 일컫는다.

¶ 11_ 바로 이런 이유에서 우리는 '사회적 환경'이라는 것이 무슨 뜻인가를 좀 더 자세하게 살펴 볼 필요가 있다. 우리는 흔히 우리가 살고 있는 '물리적 환경'과 '사회적 환경'을 분리하는 경향이 있다. 이 양자를 분리하는 것은, 한편으로 앞에서 말한 직접적, 개인적 통제가 도덕적으로 중요하다는 것을 과장하여 말하는 결과를 가져오며, 또 한편으로, 최근의 심리학과 철학에서와 같이, 순전히 물리적인 환경과의 접촉이 '지적'인 결과를 가져올 가능성이 있다는 것을 과장하는 쪽으로 우리의 생각을 이끌어간다.* 그러나 사실에 있어서는, 물리적 환경을 매개로 하지 않고 한 인간이 다른 인간에게 직접 영향을 준다는 것은 있을 수 없다. 미소를 짓는다든가 얼굴을 찡그리는 것, 꾸지람을 한다든가 경고나 격려의 말을 하는 것, 이 모든 것이 물리적 변화인 것이다.** 이런 물리적 변

화가 없으면 한 사람의 태도가 다른 사람에게 전달되어 그의 태도를 바꿀 수 없을 것이다. 구태여 비교를 하자면, 이런 방식으로 영향을 주고 받는 것을 가리켜 개인적 영향이라고 부를 수 있을 것이다. 이 경우에는 물리적인 매개가 개인적 접촉의 수단 이상의 중요성을 가지지 않는 것이다. 이러한 직접적, 개인적 영향과는 대조되는 것으로서 어떤 결과를 얻기 위한 수단 또는 조치로서 사물을 사용하는 공동의 활동에 참여하는 것을 들 수 있다. 어머니가 딸에게 도와달라고 말한 일도 없고 또 도와주지 않는다고 야단을 친 일도 없다 하더라도, 딸은 단순히 부모와 함께 가정생활을 한다는 바로 그 사실을 말미암아 그 활동 안에서 스스로 지도를 받게 된다. 모방, 분발, 함께 일하고 싶은 욕구 등이 통제를 행사하는 것이다.

---

* 여기서 말하는 '최근의 심리학과 철학'이라는 것은 경험론을 가리키는 것이 분명하다. 경험론에서는 사물('사회적 환경'과는 구분된 '순전히 물리적 환경')과의 접촉이 우리에게 지식을 가져다 준다고 주장하며, 이 점에서 그것은 사회적 환경과 물리적 환경의 분리를 반영하고 있다고 볼 수 있다. 이와는 반대로, '물리적 환경'과 분리된 '사회적 환경'이 있다고 생각하는 사람들은 개인 사이의 직접적인 접촉이 중요한 도덕적 의미를 가지고 있다고 생각하겠지만, 이하에서 Dewey는 이것을 부정한다.

** 이것을 '물리적 변화'라고 하는 것은 오직 (Dewey식의) 특별한 의미에서이다.

¶12_ 어머니가, 아이가 가지고 싶어 하는 물건을 건네주면, 아이는 그것을 잡으려고 손을 뻗는다. 주는 것과 받는 것은 서로 대응한다. 물건을 받은 뒤에 아이가 그것을 다루는 방식, 다시 말하면 '그것을 사용하는 용도'는 아이가 어머니를 줄곧 관찰해 왔다는 사실에 의하여 분명히 영향을 받는다. 아이가 부모들이 어떤 물건을 찾는 것을 볼 때에는 자기도 그 물건을 찾으며, 그것을 찾았을 때는 부모에게 넘겨 준다. 이것은 또한 그 반대 경우에, 부모가 찾아서 넘겨주는 물건을 아이가 받는 것과 조금도 다름없이 자연스럽다. 매일 매일의 교섭에서 일어나는 이러한 사례들을 일일이 자세하게 그려 보면, 거기에는 아이들의 활동을 일정한 방향으로 지도하는 가장 항구적이고 지속적인 방식이 작용하고 있다는 것을 알 수 있게 된다.

¶13_ 이렇게 말하는 것은, 결국, 집단 활동에 참여하는 것이 성향을 형성하는 으뜸가는 방법이 된다는, 앞에서 이미 말한 내용을 되풀이하는 것에 지나지 않는다. 다만, 여기서는 집단 활동에 있어서 '사물의 사용'이 중요한 역할을 한

다는 점을 추가했을 뿐이다. 이때까지 학습의 철학은 그릇된 심리학으로 말미암아 부당한 침해를 받아 왔다. 이때까지의 주장에 의하면 학습이라는 것은 감각의 통로를 통하여 마음에 각인된 사물의 성질을 받아들이는 것으로 되어 있다. 이것저것 감각적 인상의 무더기를 받아들인 다음에 '관념 연합'*이라든지, 아니면 모종의 정신적 종합력이 작용하여 그 감각적 인상을 '관념'**으로—다시 말하면 사물의 '의미'로—조직한다는 것이다. 이 설명에 의하면 하나의 물체, 예컨대 돌, 오렌지, 나무, 의자 등은 색깔, 모양, 크기, 단단한 정도, 냄새, 맛 등등 상이한 인상을 전달하며, 이 인상들이 모여서 각각 그 물건의 독특한 의미를 이루는 것으로 되어 있다. 그러나 사실은 그런 것이 아니라, 각각의 물건은 그것이 가지고 있는 특정한 성질로 말미암아 특정한 용도에 사용되고 있으며, 이와 같이 그 물건이 주로 어떤 용도에 사용되는가가 바로 그 물건의 '의미'를 규정한다. 의자와 책상은 그 용도 또는 사용되는 목적이 다르다. 오렌지는 값이 얼마얼마이며, 따뜻한 기후에서 나며, 우리가 먹을 수 있으며, 먹으면 기분 좋은 냄새를 풍기며... 등등, 이것이 오렌지의 '의미'이다.

---

* association

** ideas; 이 용어는, 앞의 association과 마찬가지로 주로 John Locke가 지식의 성격을 규정할 때 사용한 것으로서, 그것은 Locke 이론의 핵심 개념임과 동시에, 그것이 현재와 같은 의미를 가지게 된 것도 Locke 때문이라고 말할 수 있다. 그리하여, 이 문단에서 Dewey가 비판하고 있는 '의미이론'은 주로 Locke의 것이라고 보아야 한다.

※ 이 문단에서 Dewey는 자신의 의미이론을 제시하고 있다. 아마 그 이론은 '사물의 의미는 그 사용(용도)에 있다'는 명제로 나타낼 수 있을 것이다. Wittgenstein의 경우에 '사용'이라는 것은 '언어의 사용'을 말하는 것임에 비하여 Dewey의 경우에 그것은 '사물을 사용하는 것'이다. Dewey 이론의 핵심은 Wittgenstein의 경우와는 다른 뜻에서의 '실제'(practice)에 있다.

¶14_ 물리적 자극에 대하여 적응하는 것과 지적으로 행위하는 것* 사이의 차이는, 전자와는 달리 후자는 사물의 의미에 대하여 반응한다는 것이다. 폭음은 내 마음의 작용 없이도 나를 펄쩍 뛰게 만든다. 그러나 내가 폭음을 듣고 달려가서 물을 퍼다가 불을 끄면, 나는 지적으로 반응하는 것이다. 폭음은 불을 '의미하였고', 불은 꺼야 한다는 것을 '의미하였다'. 돌부리에 부딪쳤을 때, 나는 순전히 물리적으로 그것을 한 쪽으로 걷어찰 수도 있지만, 지적으로 행동하여, 다른 사람이 걸려 넘어지지 않도록 한 쪽으로 치워 놓을 수도 있다. 이때 나는 그 물건이 가진 의미에 반응하는 것이다. 천둥이 치면 나는 그것을 의식하는가

않는가와는 관계 없이 놀란다—아마 의식하지 않을수록 더 놀란다고 말할 수 있을 것이다. 그러나 만약 내가, 혼잣말로나 큰 소리로, '저것이 천둥이다'라고 말한다면, 나는 그 굉음이 가지고 있는 의미에 대하여 반응하는 것이다. 이때 나의 행동은 지적 성질을 띤다. 사물이 우리에게 의미를 가질 때, 우리는 우리의 행동을 '의미'한다**(즉, 의도한다, 또는 의식적으로 하려고 한다). 그렇지 않을 때 우리는 맹목적으로, 무의식적으로, 비지적으로, 행동한다.

* mental acts; 여기서는 mental을 '지적으로'라고 번역하였으나, 이 단어는 mind와의 관련에서 이해되어야 한다(mental의 라틴어 어원 *mens*는 mind이다). 그래서 정확히 번역하자면 mental acts는 '마음을 가지고 또는 마음을 써서 행위하는 것'이라고 번역을 해야 할 것이다. 이 장에서 알 수 있는 바와 같이, 듀이는 '마음', '의미', '관념' 등을 상호 관련짓고 있다.

** '우리의 행동을 의미한다'는 표현은 우리 말로서는 분명히 어색하게 들리지만, 영어의 We mean what we do는 그렇지 않다. 이 때의 동사 mean은 무엇무엇을 뜻한다고 하는 보통의 의미와는 같지 않겠지만, '의미를 알고' 행동한다든가, '마음을 먹고' 행동한다는 뜻에서 의미상 유사성이 있다.

¶ **15**_ 위의 두 가지 적응반응 중의 어느 경우에도 우리의 활동은 지도된다든지 통제된다고 말할 수 있다. 그러나 순전히 맹목적인 반응에서는 지도 또한 맹목적인 것이 된다. 이 경우에는 '훈련'은 있으나 '교육'은 없다.* 반복적인 자극에 대하여 동일한 반응을 되풀이하는 것은 행위의 습관을 일정한 방향으로 고정시켜 놓는다. 우리가 가지고 있는 많은 습관에 대하여, 우리는 그 의미를 전연 알지 못하는 것이 있는데, 그것은 우리가 스스로 무엇 때문에 그런 행동을 하는지를 모르는 사이에 형성된 습관이기 때문이다. 다시 말하면, 우리가 그 습관을 소유하고 있다기 보다는 그 습관이 우리를 소유하고 있는 것이다. 그 습관이 우리를 움직이고 우리를 통제한다. 그 습관이 무엇을 이룩하고자 하는지를 우리가 의식하지 못하는 한, 그 결과의 가치에 대한 판단을 우리가 하지 않는 한, 우리는 그 습관을 통제한다고 말할 수 없다. 어떤 특정한 사람을 만날 때마다 아이의 목 근육에 압박을 가하여 절을 하도록 하면, 마침내 절하는 것이 자동적인 일로 되게 할 수 있을 것이다. 그러나 그것은 아이가 그 사람을 인정하거나 존경하는 데서 나온 행위가 아니다. 그것이 이런 행위가 되는 것은 오직 그 행위를 모종의 목적의식을 가지고—다시 말하면 모종의 의미를 가지고—할 때이다. 아이가 스스로 그 일이 어떤 일인가를 알고 그 의미를 실현하기 위하여 행위를 할 때, 비로소 우리는 그 아이가 이러이렇게 '자랐다'든

지 이러이렇게 '교육받았다'는 말을 할 수 있다. 그러므로 어떤 사물에 대하여 '관념'**을 가지고 있다는 것은 단순히 그 사물에서 어떤 감각적 인상을 가지게 되었다는 뜻이 아니다. '관념'을 가지고 있다는 것은 어떤 사물이 행위의 전체 테두리 속에서 어떤 위치를 차지하고 있는가를 보아 그것에 반응하는 것을 뜻한다. 다시 말하면, 그것은 그 사물이 우리에게 미치는 영향, 그리고 우리가 그 사물에 대하여 하는 행위가 어떻게 진전되며 그 결과가 어떠하리라는 것을 예견하는 것이다.

---

* training vs. education; '훈련'과 '교육'의 구분은 Dewey 이후 교육철학의 한 가지 중요한 관심사가 되어 왔다. 이 문단에서 Dewey는 '훈련과 교육'을 비교적 반복적이고 맹목적인 반응을 일으키기 위한 것인가 아닌가에 의하여 구분하고 있다. Dewey 이후의 분석에서는 한정된 좁은 목적을 달성하기 위한 것인가, 아니면 지적 안목을 넓히기 위한 것인가로 구분하고 있다. 물론, 이 문제에 관해서는 보다 상세한 분석이 필요하다.

** idea

※ 이 문단의 마지막 두 문장은 ¶.3에 시작된 '의미'에 관한 고찰을 요약하고 있다.

¶ 16_ 그러므로 사물에 대하여 다른 사람들이 가지는 것과 동일한 관념을 가진다는 것, 다른 사람들과 '같은 마음'이 된다는 것, 그리하여 사회집단의 진정한 성원이 된다는 것은 곧 사물이나 행위에 대하여 다른 사람이 부여하는 것과 동일한 의미를 부여한다는 뜻이다. 이런 것이 없다면, 공동의 이해라든가 공동생활이라는 것이 불가능하다. 이런 것이 있기 때문에, 공동의 활동에서 각각의 개인은 다른 사람들이 하는 일에 비추어 자신의 일을 보며, 또 자신이 하는 일에 비추어 다른 사람들의 일을 본다. 말하자면, 모든 개인의 활동은 동일한 전체 테두리 속에 놓여 있는 것이다. 다른 사람이 당기고 있는 줄을 같이 당길 때, 이 활동이 '공동'의 활동이 되려고 하면, 줄을 당기는 그 행위는 다른 사람들이 줄을 당기고 있다는 사실을 고려한 행위여야 하며, 다른 사람들이 줄을 당기는 것에 도움이 되거나 방해가 된다는 바로 그 사실 때문에 하는 행위여야 한다. 핀을 만드는 공장을 보면, 핀이 만들어지기까지 여러 사람의 손을 거친다. 그러나 그 각각의 개인은 다른 사람들이 하는 일을 알지도 못하고 또 자신의 행동을 그것에 비추어 보지도 않고 오직 자기의 맡은 일만을 할 수가 있다. 다시 말하면, 각각의 개인은 단순히 따로따로 떨어진 결과(예컨대 각 개인이 받는 보수)만을 위해서 일할 수가 있는 것이다. 이 경우에는 그 여러 가지 행위가 수렴되

는 공동의 결과라는 것이 없으며, 따라서 진정한 의미에서 교섭이라든가 집단 의식이 없다. 이 경우에는 오직 몇가지 활동의 병치가 있을 뿐이며, 각각의 일이 그 자체만의 고립된 결과를 초래할 뿐이다. 그러나 만약 개개인이 자기자신의 행위가 다른 사람들의 일에 영향을 미친다는 것을 알고 또 다른 사람들의 행위가 자기 자신에게 미치는 영향을 고려하면서 일한다면, 이때에는 공동의 마음, 공동의 의도 같은 것이 작용한다. 그 일에 참여하는 사람들 사이에 이해가 생기고, 이 공동의 이해가 각각의 행위를 통제하는 것이다.

¶ 17_ 가령 한 사람이 자동적으로 공을 받아서 다른 사람에게 던지고, 또 사람은 다시 자동적으로 공을 되던지는 장면이 벌어진다고 하자. 그리고 이때 그 두 사람은 공이 어디서 와서 어디로 가는지 전혀 알지 못하고 행동한다고 하자. 분명히, 이 행동에는 아무런 의미나 포인트가 없다. 이 행동은 물리적으로 통제되었다고 할 수 있을지언정, 사회적으로 지도되었다고 할 수는 없다. 그러나 가령 각각이 상대방의 하는 일이 무엇인가를 알고 상대방이 하는 일에 관심을 가지며,* 또 그렇게 함으로써 상대방의 하는 일과 관련된 것으로서의 자기 일에 관심을 가진다고 하자. 이 경우에 두 사람의 행동은 지적인 성격을 가지게 된다. 즉, 그 행동은 사회적 지성에 의하여 지도된 것이다. 약간 더 현실성 있는 보기로서, 어린아이가 배가 고파서, 눈 앞에 있는 음식을 보고 운다고 하자. 만약 이 아이가 자신의 내적 상태를 다른 사람이 하는 일과 관련짓는 일이라든지, 다른 사람이 하는 일과 자신의 만족을 관련짓는 일 등을 하지 않는다면, 이때 그 아이는 순전히 자신의 불만족에 대하여 반응하는 것이며, 결과적으로 짜증과 불만족의 상승효과를 나타낼 뿐이다. 그 아이는 자신의 내적 상태에 의하여 물리적 통제를 받고 있는 것이다. 그러나 그 아이가 주위의 어른과 상호작용을 할 때는 태도가 완전히 달라진다. 그 아이는, 우리가 흔히 말하는 대로, '알아차린다'.** 다시 말하면, 그 아이는 다른 사람이 하는 일을 눈여겨 본다. 아이는 이제 자신의 배고픔에 대해서만 반응하는 것이 아니고, 상차 자신이 맛볼 만족을 위하여 다른 사람들이 하는 일과 자신의 행동을 연결지을 수 있다. 이와 마찬가지로, 그 아이는 또한 자신의 배고픔을 깨닫지 못하고 그냥 지나가는 것이 아니라, 자신의 내적 상태를 인식하고 그것이 배고픈 상태라는 것을 분명히 안다. 이때 그의 내적 상태는 그에게 있어서 관심 또는 인식의 '대상'이 된다. 그 대상에 대한 그의 태도는 적어도 어느 정도로는 지적인 성격을 띤다. 그리고 이

와 같이 다른 사람들의 행동과 자신의 내적 상태의 의미를 확인할 때, 그 아이의 행동은 사회적으로 지도된다.

---

* be interested in ; 또는 '흥미를 가지며'로 번역될 수도 있다.

** take interest

※ 이 문단에서 Dewey는 '물리적 통제'와 '사회적 지도'라는 식으로, 통제는 물리적인 것으로, 지도는 사회적인 것으로 구분한다.

¶ 18_ 이때까지 설명한 요지에는 양면이 있다는 것을 주의하기 바란다. 그 한 면은 방금 말한 것이다. 즉, 물리적인 사물이 마음에 영향을 주는 것은 (또는, 관념이나 신념을 형성하는 것은) 오직 장차 어떤 결과를 얻기 위한 행위와 관련됨으로써 가능하다는 것이다. 또 한 면은, 사람들이 서로서로 상대방의 '성향'을 바꾸는 것은 오직 물리적인 조건을 특별한 방법으로 사용함으로써 가능하다는 것이다. 우선, 얼굴을 붉히는 것, 미소를 짓는 것, 얼굴을 찡그리는 것, 주먹을 불끈 쥐는 것, 또는 그 밖의 모든 자연적 제스추어와 같은, 소위 '표현적 동작'이 사람들에게 민감하게 전달되는 경우를 생각해보자. 이런 것들은, 그 자체로서는, 표현적 기능이 없다. 그것들은 사람의 태도에 상응하는 신체적 동작이다. 우리는 다른 사람에게 수줍음이나 부끄러움을 보이기 위하여 얼굴을 붉히는 것이 아니라 , 특정한 자극에 대한 반응으로서 모세혈관의 혈액 순환에 변화가 와서 저절로 얼굴이 붉어지는 것이다. 그러나 그와 관계를 맺고 있는 다른 사람들은 그러한 얼굴색의 변화나 그밖에 눈에 떨락말락한 근육의 수축을 활용하여, 그 사람이 지금 어떤 상태에 있으며 장차 어떻게 하려고 하는지를 알아낸다. 얼굴을 찡그리는 것은 당장 야단을 칠 테니까 준비를 하라는 뜻이거나, 아니면 무엇인가 불확실하여 망설여지는 점이 있으니까 무슨 말이나 행동을 해서 안심시켜 달라는 뜻이다.

¶ 19_ 한 사람이 저 멀리서 손을 흔들어대고 있다. 멀찌감치 떨어져서 무관심한 태도를 가지고 보면, 그 사람의 동작은 사방에서 우리 눈에 띄는 물리적 변화와 조금도 다를 것이 없다. 우리에게 관심과 흥미*가 없을 때, 그 손 흔드는 동작은 풍차바퀴 돌아가는 것이 그런 것과 마찬가지로 아무 의미가 없다. 그러나 관심**이 생기면, 그때부터 우리는 '참여'하기 시작한다. 우리는 그 사람의 행위를 우리 자신이 하고 있는, 또는 우리가 해야 할 일과 관련지어 생각한다.

우리는 그의 행위의 의미에 비추어 우리가 어떻게 해야 할지를 결정하지 않으면 안된다. 도와 달라는 손짓인가? 지금 곧 무엇인가가 폭발할 테니까 조심해야 한다는 뜻인가? 전자의 경우라면, 그의 행위는 우리에게 그쪽으로 달려오라는 뜻이요, 후자의 경우라면 달아나라는 뜻이다. 어느 경우에 있어서나, 그의 행위는 물리적 환경에 변화를 일으켜서 우리에게 어떻게 처신해야 한다는 것을 알려주는 신호 또는 표지이다. 이때 우리는 우리가 어떻게 해야 하는가를 그의 행위가 일어나고 있는 사태에 비추어 판단하려고 하고 있으며, 이 점에서 우리의 행위는 사회적으로 통제*** 된다고 말할 수 있다.

---

* concern or interest; 여기서 보면 Dewey는 interest의 의미를 '흥미' 보다는 '관심'으로 보고 있는듯 하다.

** interest

*** 앞의 ¶17과 일관되게 하자면 '사회적으로 지도된다'고 말해야 할 것이다.

¶20_ 앞에서 이미 말한 바와 같이 (2장 ¶¶12-14), 언어는 우리 자신의 행위와 다른 사람들의 행위를 공동의 사태와 관련하여 동시에 지칭하는 활동을 가리킨다. 그러므로 언어가 사회적 지도의 수단으로서 다른 어떤 것보다도 중요하다는 것은 당연하다. 그러나 언어가 그러한 수단으로서 효과를 가지는 것은 그것이 보다 덜 정련된 것이지만 더 구체적인 물리적 배경—다시 말하면, 바라는 결과를 얻기 위하여 물리적 수단을 사용하는 활동—을 기초로 하고 있기 때문이다. 아이는 어른들이 의자, 모자, 책상, 삽, 톱, 장기, 말, 돈 등의 여러 가지 물건을 사용하는 것을 본다. 만약 아이가 어른이 하는 일에 한 몫 낀다면, 그것으로 말미암아 그 아이는 그런 물건을 마찬가지 방법으로 사용할 수 있게 되며, 다른 물건들도 그것에 합당한 방법으로 사용할 수 있게 된다. 의자를 책상 가까이 당겨다 놓으면, 아이는 그것이 앉으라는 표지라는 것을 안다. 어떤 사람이 오른손을 내밀면 아이는 자기도 손을 내밀어 그것을 잡아야 한다는 것을 안다, 등등. 이와 같이 세세한 예는 수없이 들 수 있다. 현재 사람들이 인공적 사물과 자연적 재료를 사용하는 공통된 습관은 가장 근본적이고도 가장 포괄적인 사회적 통제의 방식이 되고 있다. 아이들은 학교에 다니기 시작할 때부터 이미 '마음'을 가지고 있다. 아이들은 이미 지식과 판단 경험을 가지고 있으며, 만약 필요한 경우가 생기면 언어의 사용을 통하여 그런 것들을 활용할 수가 있다. 그러나 여기서 '마음'이라고 하는 것은 이때까지 다른 사람들이 하는 방식대로 사

물을 사용한 결과로 획득된* 지적 반응의 습관이 조직을 이루고 있는 상태를 가리킨다. 통제는 성향의 획득에 불가피하다. 통제는 성향의 전체에 구석구석 퍼져 있는 것이다.

---

* 이 단어는 원문에 require로 되어 있으나 문맥으로 보아 acquire의 誤字오자임에 틀림없다.

※ 이 문단에서 듀이는 '사물의 사용'과 '마음'과 '사회적 통제'의 관련을 말하고 있다. 먼저, 언어의 '의미'는 '구체적인 물리적 배경', 즉 '사물의 사용'이라는 맥락에 의존한다. 언어가 의미를 가지는 것은 그 언어가 '사물의 사용 방식'과 관련하여 그것을 지칭하기 때문이다. 본문에서 물리적 배경을 '덜 정련된 것'이라고 표현한 것은 언어가 그것을 정련하여 표현한다는 뜻을 나타낸다. 그 다음, '마음'은 '지적 반응의 습관의 조직체'이며, 이것은 다른 사람들이 하는대로 사물을 사용한 결과로 획득된다. 공통된 방식으로 사물을 사용하면 공통된 '지적 반응'이 형성되며, 이로써 공통된 마음을 가지게 된다. 이리하여 사회적 통제가 가능하게 된다.

¶ 21_ 이상에서 말한 것에서 따라나오는 한 가지 명백한 결론은, 통제의 근본적인 수단은 직접적인 대인관계가 아니라 지적 이해라는 점이다. '정서적'*이라는 말을 다른 사람들로부터의 인간적인 영향을 받아서 마음이 움직인다는 뜻으로 쓰면, 통제는 '정서적인' 것과 관계가 없다. (물론, 이 정서적 방법이 중요한 위기에서는 효과를 가질 수도 있다.) 통제는 '이해'의 습관을 통해서 이루어지며, 이 이해의 습관은 협동과 원조의 관계에서건, 대립과 경쟁의 관계에서건 간에, 다른 사람들과 더불어 사물을 사용하는 동안에 생겨난다. '마음'이라는 것을 구체적으로 해석하면, 그것은 다름 아니라 사물이 어떤 용도로 사용되는가를 이해하는 힘이다. '사회화된 마음'**은 공동의 집단적 상황에서 사물이 어떤 용도로 사용되는가를 이해하는 힘이다. 그리고 마음을 이런 뜻으로 해석하면, 마음은 곧 사회통제의 방법이다.***

---

* 'moral'; Dewey는 이 말에 인용 부호를 쓰고 있다. 이 특별한 의미의 moral은 어느 편인가 하면, 'moral support'(심리적 지원)에서 볼 수 있는 것과 같은 뜻이며, 따라서 '정서적'이라고 번역하는 것이 더 적절하다고 생각된다.

** socialized mind; Dewey에 의하면 일체의 mind는 '사회화'되어 있는 것이다. 그러므로 socialized mind는, 예컨대 individualized mind와 대비되는 말이 아니라, mind는 원래 socialized 되어 있다는 뜻을 나타내는 것으로 이해해야 할 것이다.

*** 원문에는 이 문장 전체가 이탤릭체로 인쇄되어 있다.

3 모방과 사회심리

¶ 22_ 앞에서 우리는 한 가지 그릇된 학습심리학의 주장에 관하여 살펴본 바 있다(3장 ¶13). 그 그릇된 학습심리학이라는 것은 개인의 마음을 '공백'으로 보고* 그 텅 빈 마음이 물체와 직접 대면한다고 주장하며, 지식이라든가 관념이라든가 신념 같은 것은 그 양자의 상호작용에서 생긴다고 본다. 주위의 다른 사람들과의 관계가 지적, 도덕적 성향의 형성에 지배적인 영향을 미친다는 사실이 인식된 것은 비교적 최근의 일이다. 현재에도 다른 사람과의 관계는 소위 사물과의 직접적인 대면을 통한 학습 방법의 보조 수단으로서, 말하자면 세상에 관한 지식을 사람에 관한 지식으로 보조한다는 정도로 취급되고 있는 형편이다. 이때까지의 논의가 밝히려고 한 것은 그러한 견해가 사람들과 사물들 사이의 관계를 부당하게 또 불합리하게 단절시키고 있다는 점이다. 사물과의 상호작용은 외적 적응의 습관을 형성할 수는 있을지 모른다. 그러나 그러한 상호작용이 의미라든가 의식적인 의도를 가진 활동으로 간주되는 것은 오직 사물이 모종의 결과를 얻으려는 목적으로 사용될 때이다. 그리고 한 사람이 다른 사람의 마음을 변화시키는 유일한 방법은 자연적인 것이든 인공적인 것이든 간에 물리적 조건을 활용하여 상대방으로 하여금 모종의 대응적인 활동을 하도록 이끄는 데에 있다. 이것이 우리가 얻은 두 가지 주요 결론이다. 그런데, 개인과 물체 사이의 직접적인 관계를 강조하는 심리학은 그 부수적인 주장으로 개인과 개인 사이의 직접적인 관계를 강조한다. 이제, 위의 두 가지 결론을 이러한 심리학 이론과 정면으로 대조시키면서 그 뜻을 보충하고 강화할 필요가 있다고 생각된다. 내용상으로 보면, 위에서 말한 소위 '사회심리'는 모방의 개념을 주축으로 하고 있다. 그러므로 이하에서는 지적 성향을 형성하는 데에 있어서의 모방의 역할과 그 성격에 관하여 고찰하겠다.

* 'naked' individual mind

¶ 23_ 위에서 말한 사회심리 이론에 의하면, 개인에 대한 사회적 통제는 모방, 즉 다른 사람들의 행동을 본뜨려는 개인의 본능적 경향에 기초를 두는 것으로 되어 있다. 여기서 다른 사람의 행동은 본보기, 또는 모범이 된다. 모방 본능은 실로 강력한 것이어서, 어린 아이들은 다른 사람들이 제시하는 본에 부합하

도록 하는 데에, 또 그 본을 자신의 행동방안으로 재연하는 데에 전력을 기울인다. 그런데, 이 이론에서 '모방'이라고 하는 것은, 우리가 이때까지 말한 내용으로 바꾸어 표현하면, '공동의 관심사를 성취할 수 있도록 사물을 활용하는 일에 다른 사람과 협동하는 것'을 가리키는 것이며, 이것을 일컬어 '모방'이라고 하는 것은 그 의미를 그릇되게 전달한다.

¶ 24_ 현재의 모방이론이 저지르는 기본적인 오류는 그것이 마차를 말 앞에 매어다는 격이라는 데에 있다. 다시 말하면, 그것은 결과를 원인으로 착각한다는 것이다. 사회 집단을 이루고 있는 개인들이 동일한 마음을 가지고 있고 또 서로를 이해한다는 점에 대해서는 의심의 여지가 없다. 그들은 비슷한 상황에서는 동일한 관념, 신념, 의도 등의 통제하에 행동하는 것이다. 이것을 바깥에서 보면, 서로서로를 '모방'하고 있다는 식으로 기술할 수 있을지 모른다. 비슷한 종류의 일을 비슷한 방식으로 한다는 점에서는 이 기술이 충분한 타당성을 가진다고 볼 수 있다. 그러나 '모방'이라는 말은 사람들이 '어째서' 그런 방식으로 행동하는지에 관해서는 알려 주는 바가 없다. '모방'이라는 말은 사실에 대한 설명을 하는 것 같지만, 실상은 그 사실을 되풀이해서 말하는 것에 지나지 않는다. 그것은 마치, 아편이 사람을 잠자게 하는 것은 아편에 잠자게 하는 힘이 있기 때문이라는, 그릇된 설명의 유명한 보기와 같이,* 사실에 대한 설명이 사실 그 자체와 동일한 수준에 머물고 있는, 그릇된 설명방식에 해당한다.

* '아편이 사람을 잠자게 하는 것은 아편에 수면제가 들어있기 때문이다'라는 말은, 얼른 듣기에는 설명(어째서 아편이 사람을 잠자게 하는가에 대한 대답)처럼 들리지만, 사실은 설명이 아니다. 위의 아편의 예는 이러한 그릇된 설명의 전형적인 보기로 자주 사용된다.

¶ 25_ 객관적으로 보아서 동일한 행위를 한다는 사실, 그리고 다른 사람들과의 동화에서 정신적 만족을 얻는다는 사실을 일컬어서 사람들은 '모방'이라는 이름으로 부르는 것이다. 그 다음에는 이 사회적 사실을 가리켜, 그것이 동일한 행위를 일으킨 심리학적 원인이라고 생각한다. 그러므로 '모방'이라는 이름으로 일컬어지는 행동의 상당한 부분은, 사실에 있어서는, 구조가 비슷한 사람들이 동일한 자극에 대하여 동일한 반응을 한다는 식으로 설명될 수 있는 것들이다. 모욕을 당하면 화를 내고 모욕을 한 사람에게 대드는 것은 모방과는 아무런

관계가 없다. 이 말에 대하여 어떤 사람은 모욕에 대한 반응도 풍속의 차이에 따라 다르게 나타난다는 어김없는 사실을 들어서 반박하려고 할지 모른다. 말하자면, 어떤 사회에서는 모욕을 주먹다짐으로 맞서고, 어떤 사회에서는 결투 신청으로, 또 어떤 사회에서는 경멸적인 무관심의 표현으로 맞선다는 것이다. 그러나 이것을 꼭 모방으로 설명해야 할 이유는 없다. 사회마다 풍속이 다르다는 것은 오직 행동을 일으키는 자극이 사회마다 다르다는 것 뿐이다. 이것은 다소간은 의식적인 교육*의 결과이겠지만, 그보다도 더 중요한 것은 사람들이 관례적으로 하는 권장과 비난의 영향이다. 또한, 이것보다 더욱 더 큰 영향을 미치는 것은, 개인이 현재 집단에서 일반적으로 통용되는 행동을 하지 않으면 문자 그대로 집단에서 추방당한 상태에 있게 된다는 사실이다. 개인이 다른 사람들과 긴밀하게, 또 동등한 자격으로 상호 교류하기 위해서는 다른 사람들이 행동하는 방식대로 행동하지 않으면 안된다. 이러이러한 방식으로 행동하면 집단 활동의 일원이 되고, 그것과는 다른 이러이러한 방식으로 행동하면 거기서 쫓겨난다는 사실에서 오는 압력은 잠시도 쉴 사이가 없이 계속된다. 흔히 '모방의 효과'라고 부르는 행동은 사실은 의식적인 교육의 결과요, 그 사람과 교섭하는 다른 사람들의 무의식적 승인과 확인이 선별적으로 미치는 영향력의 결과이다.

* conscious instruction : 이것을 학교의 교과교육으로 해석해서는 안될 것이다. 오히려 어른이 아이에게 하는 훈계를 뜻하는 것으로 보아야 한다.

¶ 26_ 가령 어떤 사람이 아이에게 공을 굴리는 경우를 생각해 보자. 아이는 그 공을 받아서 도로 굴리고, 이런 식으로 공 굴리기가 계속된다. 이 경우에, 아이의 편에서 볼 때 자극은 단순히 공이라든가 그 공을 굴리는 사람이 아니라, 그 '상황'—즉, 공굴리기 놀이를 하는 것 바로 그것이다. 또한 반응은 단순히 공을 다시 굴리는 것이 아니라, 그 공을 굴려서 다른 사람이 다시 굴리도록 하는 것—즉, 공굴리기를 계속하는 것 바로 그것이다. 아이가 따라야 할 '본' 또는 모범은 다른 사람의 행동 그 자체가 아니다. 아이의 경우거나 어른의 경우거나를 막론하고, 전체적 상황이 그 각각으로 하여금 상대방이 이미 한 일, 또 장차 할 일에 비추어 자신의 행위를 맞추어 나가게 하는 것이다. 여기에 모방이 작용할지도 모르지만, 그 역할은 부차적인 것에 지나지 않는다. 아이는 자기 자신의 관심과 흥미, 즉 공굴리기를 계속하고 싶다는 생각을 가지고 있다. 그러다가 그

아이는 상대방이 어떻게 공을 잡아서 어떻게 손에 쥐는가를 주의해 보면서 자신의 행위를 개선하려고 노력할 수도 있다. 이때 그 아이는 행위의 수단을 모방하는 것이지, 행위의 목적을 모방하는 것이 아니다.* 그 아이가 수단을 모방하는 이유는 자기 자신이 원하는 바에 따라, 그 놀이에 자발적으로 또 효과적으로 참여하고 싶은 생각이 있기 때문이다. 아주 어릴 때부터, 자기가 목적하는 바를 성공적으로 달성하기 위해서는 자기의 행위를 전적으로 다른 사람의 행위에 맞출 수밖에 없다는 점을 생각해 보면, 다른 사람이 행동하는대로 행동하는 것, 그리고 그렇게 행동하기 위해서 다른 사람의 행동을 이해하는 것이 얼마나 중요한 일인가를 알 수 있다. 동일한 마음을 가지고 행위해야 한다는 압력은 바로 이 사실에서 나온다. 그리고 이 압력은 대단히 강한 것이어서, 그것을 모방으로 설명하는 것은 당치도 않다는 느낌이 든다.

---

* 목적을 모방하는 것과 수단을 모방하는 것의 차이는 다음 문단 ¶27에 다시 설명되어 있다.

¶ 27_ 사실상, 목적의 모방은—목적을 달성하는 데에 필요한 수단을 모방하는 경우와 구별해서 말한다면—피상적이고 잠정적인 과정으로, 성향에 거의 아무런 영향을 미치지 않는다. 목적의 모방은 특히 바보에게서 자주 볼 수 있다. 이 모방은 외부적인 행동에는 영향을 미치지만, 행동의 의미에는 영향을 미치지 않는다. 아이들이 이런 종류의 흉내내기를 할 때, 우리는 잘 한다고 격려를 하는 것이 아니라 원숭이나 앵무새 짓을 한다고 꾸중을 하게 될 것이다. (만약 아이들의 그러한 행동이 사회통제의 중요한 수단이 된다면 우리는 마땅히 격려를 해야 할 것이다.) 여기에 비하여, 목적을 달성하는 데에 필요한 수단을 모방하는 것은 지적인 행동이다. 거기에는 면밀한 관찰이 필요하며, 현재 하려고 하는 일을 더 잘 할 수 있는 방안을 세밀히 선택하는 능력이 필요하다. 어떤 주어진 목적을 달성하기 위하여 모방 본능을 사용한다면—다른 본능을 이런 방식으로 사용할 때도 마찬가지지만—그 본능은 행위를 효율화하는 요인이 될 수 있을 것이다.

¶ 28_ 그리하여, 이때까지의 고찰은, 진정한 사회통제는 모종의 정신적 성향의 형성을 통하여 이루어진다는 결론을 더욱 확실하게 해 준다. 다시 말하면, 개인이 집단 활동에 효과적으로 참여하기 위해서는 그것과 관련된 사물, 사건,

행위 등을 '이해'할 필요가 있다는 것이다. 집단 활동이라는 것은 언제나 다른 사람의 저항이나 그들과의 마찰을 빚어낸다고 보는 경우에만, 사회통제는 필연적으로 인간의 타고난 경향을 억압함으로써 이루어진다고 보게 될 것이다. 사회적 사태에서 사람들은 호혜적인 관심*을 가지고 있다는 것(또는, 서로 상대방의 행동에 맞추는 일에 흥미**를 가지고 있다는 것)을 적절히 고려하지 못할 때에만, 모방을 사회통제의 으뜸가는 수단으로 간주하게 될 것이다.

---

* concern
** interest

4 교육에의 적용

¶ 29_ 어째서 야만 집단은 야만 상태를 영속시키며 문명 집단은 문명 상태를 영속시키는가? 말할 필요도 없이, 맨 먼저 머리에 떠오르는 대답은 야만인은 야만인이기 때문이라는 대답일 것이다. 말하자면 그들은 지적 수준도 낮고 도덕적으로도 결함이 있는 존재라는 것이다. 그러나 세밀한 조사를 한 결과를 보면, 과연 그들의 타고난 능력이 문명인의 경우보다 현저하게 열등한가가 의심스러워진다. 그런 조사가 결정적으로 보여준 것은 천성의 차이가 문화의 차이를 충분히 설명하지 못한다는 것이다. 보기에 따라서는, 야만인의 정신 상태는 그들의 제도가 미개된 상태에 있다는 사실의 원인이라기보다는 그 결과라고 볼 수도 있다. 그들의 사회 활동의 성격으로 말미암아, 그들이 주의와 관심을 기울이는 사물은 어느 한 쪽으로 국한되어 있고, 따라서 그들이 받는 정신 발달의 자극도 극히 제한될 수밖에 없다. 우리에게 주의의 대상이 되는 사물의 대부분이 그들에게는 주의의 범위 밖에 있다. 그들에게 주의의 범위 안에 있는 사물을 두고 말하더라도, 야만 사회의 풍속은, 정신적 자양이 될 수 없는 분야에 관찰과 상상을 가두어 두는 방향으로 작용한다. 그들이 자연의 힘을 잘 통제할 수 없다는 사실은 곧 자연물의 극히 일부분만이 집단 활동의 대상이 된다는 뜻이다. 자연 자원의 극히 일부분만이 활용되며, 그 활용되는 것도 그 진가가 십분 발휘되는 것이 아니다. 문명이 진보했다는 것은 자연물이나 자연력의 많은 부분이 행위의 수단*, 즉 목적을 달성하기 위한 수단으로 변형되었다는 뜻이다. 문명인은 우수한 능력을 가지고 출발한 것이 아니라, 그들의 능력을 끌어내고

방향짓는 데에 있어서 우수한 자극을 가지고 있었던 것이다. 야만인은 대체로 조잡한 자극을 다루는 데에 비하여, 문명인은 정련된 자극**을 가지고 있다.

---

* instrumentalities of action

** weighted stimuli; 여기서 weighted라는 말은 어떤 자극이 정신적 자양이 되며 어떤 자극이 그렇지 못한지, 그리고 어느 정도로 정신적 자양이 되는지 등이 세밀하게 구분되어서, 자양이 많이 되는 자극을 더 중요시한다는 뜻을 나타낸다.

¶ 30_ 우리 이전의 인간이 기울였던 노력은 자연조건을 변화시켜 왔다. 원래 있었던 상태로서의 자연은 인간의 일에 하등 도움이 되지 않았다. 동식물의 사육과 재배, 도구와 연장, 제품, 장식, 예술작품 등, 일체의 인간적 노력은 원래 인간의 활동에 전혀 무관하거나 방해가 되었던 자연 조건을 이로운 조건으로 변형시킨 결과요 그 수단이다. 오늘날 아이들의 활동은 이들 풍부하고 선택된 자극에 의하여 통제되고 있으며, 그렇기 때문에 오늘날의 아이들은 인류가 오랜 세월을 두고 힘들어 이룩해 놓은 것을 짧은 기간 내에 터득할 수 있다. 말하자면, 오늘날 아이들은 그 이전의 인류의 업적을 딛고 서있는 셈이다.

¶ 31_ 현재 우리가 가지고 있는 도로망과 교통 수단, 우리가 쉽게 사용하고 있는 광열기와 전기, 그밖에 온갖 종류의 손쉬운 기계 장치 등, 경제적이고 효과적인 반응을 일으키는 자극들은 그 자체만으로, 또는 그것들을 모두 합친다 하더라도, 문명을 이루는 것이 아니다. 그런 것들을 '사용하는 것'이 문명이다. 우리가 흔히 그러한 물건을 문명이라고 생각하는 것은 그런 것들이 없으면 사용 또한 있을 수 없기 때문이며, 이 점으로 보아, 그 생각은 납득할 만하다. 척박한 환경에서 생계의 수단을 뽑아내는 데에, 또한 환경의 위협으로부터 스스로를 보호할 방안을 힘들여 강구하는 데에 걸리는 오랜 시간이, 문명이 있음으로써 절약되는 것이다. 이를 위하여 지식이 전달되며, 이 지식의 정당성은 그것을 구현하는 물리적 장비가 자연계의 법칙에 들어맞는 그런 결과를 가져온다는 사실에 의하여 보장된다.* 그리하여, 그러한 인공적인 장비는 과거 인간의 지력을 너무나 심하게 낭비하도록 한 미신, 엉뚱한 신화, 자연에 대한 헛된 상상 등의 재발을 방지하는 예방책—아마도 가장 중요한 예방책—이 된다. 그러한 장비는 그냥 사용되는 것이 아니라 진정한 공동생활에 이익이 되는 방향으로 사용된다는,** 이 한 가지 조건을 추가한다면, 그러한 장비는 예방책이 되는 것 이

상으로, '적극적인 의미에서' 문명의 원천이 된다고 말할 수 있다. 고대 희랍이 현재 우리가 가진 물적 자원의 극히 일부밖에 가지지 않았음에도 불구하고 찬란하고 고귀한 학문적 예술적 문화를 이룩한 것은 희랍인들이 그들의 자원을 사회적 목적에 활용했기 때문이다.***

* Dewey가 보는 지식의 정당성 또는 의미가 여기에 나타나 있다.

** 원문에는 진정한... 이하 부분이 이탤릭체로 되어 있다.

*** 그러나 희랍의 교육제도에 대하여 Dewey는 시종 비판을 아끼지 않는다. 특히, 7, 19, 20장 참조.

¶ **32**_ 그러나 사회의 상황이 야만 상태거나 문명 상태거나를 막론하고, 또는 물리적 힘에 불가항력적으로 지배되는 상태거나 공동 경험에 충분히 활용되지 않는 기계 장치에 반쯤 노예가 되어 있는 상태거나를 막론하고, 사물이 행위에 사용되는 방식이 일상생활의 교육을 위한 조건이 되며 지적 도덕적 성향이 형성되는 방향을 결정한다는 점만은 분명하다.

¶ **33**_ 의도적 교육은, 앞에서 말한 바와 같이, 특별히 선택된 환경을 제공한다. 이 선택은 우리가 바라는 방향으로 성장을 조장하는 데에 알맞은 내용과 방법이 어떤 것인가를 고려하여 이루어진다. 언어는 물리적 조건이 사회생활의 이익에 도움이 되도록 최대한으로 변형된 상태를 나타내기 때문에—물리적인 사물은 사회생활의 도구가 됨으로써 그 원래의 성질을 잃어 버린다*—그 밖의 상비에 비하여 언어가 중요한 위치를 차지하는 것은 당연하다. 언어에 의하여 우리는 과거의 인간 경험을 공유할 수 있으며, 현재의 경험을 폭넓고 풍부하게 할 수 있다. 언어에 의하여 우리는 상징적으로 또 상상적으로 사태를 예견할 수 있다. 언어는 백방으로 의미를 압축하여 사회 활동의 결과를 기록하고 사회 활동의 장래를 예고한다. 삶에서 가치 있는 것들 중에 언어가 차지하고 있는 비중이 중대하다는 것은 '글을 모른다는 것'과 '교육을 받지 않았다는 것'이 거의 동의어로 쓰이고 있다는 것을 보아도 알 수 있다.

* 이 대목에서 Dewey가 말하는 언어의 의미는 다음과 같다. 사물은 사용되기 전에는 '사물'로서의 성질을 가지고 있다. 예컨대, '의자'는 나무로 만들어진 물체이다. 그런데 그것을 '의자'라는 언어로 명명할 때에 쓰는 물체로서, 나무로 만들어졌다는 원래의 성질은 부차적인 것으로 된다. 이런 뜻에서 언어는 사물이 사회 활동의 목적에 쓰이는 방식을 지칭한다고 말할 수 있다.

¶ 34_ 그러나 학교교육에서 이 언어라는 도구를 사용하는 데에는 위험이 따른다. 이론상으로는 이 위험을 피해야 한다는 것을 알면서도, 교육의 실제에서는 흔히 그 위험에 휘말린다. 주입식으로 가르친다든가 맹목적으로 흡수하는 학습이 어디서나 교육의 맹점으로 지적되고 있는데도, 어째서 교육의 실제는 아직까지 그 결함에 그토록 깊이 빠져 있는가? 교육은 일러주고 일러받는 일이 아니요, 능동적이고 건설적인 과정이라는 것은 이론상으로 널리 인정되는 것만큼이나, 실제에서 널리 어겨지는 원칙이다. 이 개탄할 만한 사태는 바로 그 원칙 자체가 입으로만 전달되고 있다는 사실 때문에 생긴 것이 아닌가? 그 원칙은 설교, 강의, 저술 등에서나 강조되고 있다. 그것이 교육 실제에서 실제로 시행되기 위해서는 학교 환경에 도구와 물적 자료가 갖추어져서, 오늘날 현실에서는 보기 어려울 정도로, 학교가 '행하는 장소'로 되어야 한다. 그 원칙이 실천되기 위해서는 수업 방법과 학교 행정이 바뀌어서, 학생들이 직접, 또 끊임없이, 실물과 씨름하도록 하지 않으면 안된다. 그렇다고 해서, 교육의 자원으로서의 언어가 덜 사용되어야 한다는 뜻은 아니다. 다만, 언어가 의미를 가지게 되는 조건, 다시 말하여, 공동의 활동과 관련을 맺어야 한다는 조건에 맞게 사용됨으로써, 더욱 생생하게, 또 효과적으로 사용되어야 한다는 뜻이다. '이것도 행하고 저것도 버리지 아니하여야 할지니라'.* 여기서, 학교가 행해야 할 '이것'이라는 것은 공동의 협동적 활동에 필요한 수단을 제공하는 일이며, 이것을 행한다고 해서 언어를 가르치는 일(저것)을 버려서는 안될 것이다.

---

* 누가복음 11장 42절

※ 이 문단에서 Dewey는 언어가 어떻게 의미를 가지는가 하는 문제에 관한 앞의 논의(3장-¶33, 2장-¶¶11ff)를 요약해서 재천명하고 있다. 즉, 언어는 '공동의 활동과 관련해서' 의미를 가진다는 것이다.

¶ 35_ 학교 교육이 학교외 환경의 교육 조건*에서 이탈하면 진정한 사회적 의의는 사라지고, 그 대신 책에 의존하는, 가짜 지식교육이 들어 앉을 수밖에 없다. 아이들은, 물론, 공부하러 학교에 가지만, 공부라는 것이 과연 별도의 의식적인 일로 해야 하는 것인가 하는 점에는 의문의 여지가 있다. 공부를 이와 같이 별도의 일로 취급할 때에는 공동의 관심과 공동의 가치를 가지고 있는 활동에 참여하는 데서 생기는 사회적 의의가 유실된다는 것이 사실이라면, 고립된 지식교육을 꾀한다는 것은 지식 교육 그 자체의 목적에 위배된다. 단순한 손재

주나 감각적 흥분은 사람을 고립된 상태에 가두어 두고서도 가르칠 수 있을지 모르지만, 그 사람이 현재 살고 있는 삶에서 사물이 어떤 의미를 가지고 있는가를 이해하도록 하는 것은 그렇게 고립된 상태에서는 불가능하다. 그와 마찬가지로 학교가 사회에서 단절되어 있을 때, 학생들에게 대수나 라틴어나 식물학에 관하여 전문화된 기술적 능력은 얻도록 할 수 있을지 모르지만, 유용한 목적을 위하여 자기의 능력을 활용하는 지력은 가르쳐 줄 수 없다. 학생들을 공동의 활동에 참여시킬 때, 다시 말하면, 다른 사람들이 능력과 도구를 사용하는 방식에 의식적으로 맞추어서 자료와 도구를 사용하는 그런 상황에 학생들이 처하게 될 때, 비로소 성향의 사회적 지도가 가능하다.

---

* 여기서 '학교외 환경의 교육 조건'이라는 것은 앞 문단에서 말한 바, 언어가 의미를 가지는 정상적인 조건이 갖추어진 상태를 뜻한다. 학교외 상황에서는 언어가 구체적인 행동—어떤 목적을 달성하기 위한 문제해결 행동—과 관련하여 의미를 가지는 것이다.

| 요약 | **¶ 36_** 아이들의 천부적 충동은 그들이 태어나는 사회의 '삶의 모습'* 과는 일치하지 않는다. 그러므로 아이들은 안내와 지도를 받아야 한다. 이러한 통제는 물리적 강제 수단과는 다르다. 그것은 어떤 특정한 시점에서 작용하는 충동을 특정한 구체적 목적에 집중시키는 것이며, 일련의 계속적인 행위에 순서와 계속성을 부여하는 것이다. 이러한 의미에서의 통제를 할 때에는 행위를 일으키는 자극을 결정해 줌으로써 사람들의 행위에 영향을 주게 된다.** 그러나 명령이나 금지, 승인과 비난 등의 통제방식에서는 통제를 하는 사람이 행위에 직접 영향을 주려는 목적으로 자극을 발한다. 행위를 통제하려는 의도가 가장 직접적으로 드러나는 경우가 바로 이 경우이기 때문에, 우리는 이런 종류의 통제가 가지고 있는 중요성을 과대평가하고, 그것에 비하여 더 지속적이고 효과적인 통제 방식을 오히려 소홀히 취급하는 경향이 있다. 통제의 가장 기본적인 형태는 아이들이 참여하는 사태의 성격에서 나오는 통제이다. 사회 사태에서 아이들은 자신의 행동 방식을 다른 사람들이 하는 일에 비추어 보면서 그것에 맞추지 않으면 안된다. 이것이 그들의 행위를 공동의 목적에 연결시켜 주며, 공동활동의 참여자에게 공통된 이해를 가져다 준다. 비록 모든 사람들이 각각 다른 행위를 하더라도 그들이 '의미하는' 바는 동일한 것이다. 행위의 목적과 수단에 관한 이 공통된 이해가 사회통제의 요체이다. 그것은 개인에 대한 직접적

인 통제가 아니라 간접적인 통제이며, 지적 정서적 통제라고 보아도 좋다. 뿐만 아니라, 그것은 외적인 강압에 의한 통제가 아니라, 사람들의 성향에 내재하는 통제이다. 관심(또는 흥미)과 이해의 동일성을 통하여 이러한 내적 통제를 이룩하는 것이 교육의 할 일이다. 책이나 말이 교육에서 중요한 역할을 하지 않는 것은 아니지만, 보통의 교육은 이것에 너무 지나치게 의존하고 있다. 학교 교육이 소기의 기능을 십분 발휘하기 위해서는 교육을 받는 사람들이 공동의 활동에 참여할 수 있도록 기회를 더 많이 주고, 그렇게 함으로써 학생 자신의 힘이나 그들이 쓰는 자료와 도구에 '사회적 의의'가 충만하도록 하여야 한다.

---

* life-customs

** 3장 ¶5에서 '환경은 반응을 일으키는 자극을 제공한다'고 한 것에 비추어, 이 문장은 환경에 의한 간접적인 통제를 말하고 있는 것으로 보인다. (원문의 by deciding은 by our deci-ding으로 읽어야 한다.)

제 4 장

성장으로서의 교육

1 성장의 조건

¶ 1_ 아이들의 활동을 지도할 때, 사회는 아이들의 장래를 결정함으로써 사회 전체의 장래를 결정한다. 한 시기의 아이들이 나중에 가서 그 당시의 사회를 구성할 것이기 때문에, 그 사회의 양상은 주로 그 이전의 아이들의 활동이 어떤 방향으로 지도되었는가에 따라 다를 것이다. 이와 같이 행위가 그 다음의 결과로 축적되어 나가는 과정을 성장이라고 한다.

¶ 2_ 성장의 으뜸가는 조건은 미성숙이다. 이것은 발달이 이루어지기 위해서는 발달되지 않은 면이 있어야 한다는 말로서, 하등 신기할 것도 없는 말처럼 들릴지 모른다. 그러나 '미성숙'이라는 말에서 '미'(未)자는 단순히 없다든가 결핍되어 있다는 뜻이 아니라, 훨씬 적극적인 의미를 가지고 있다. '능력'이라든가 '잠재력'이라는 말은, 소극적 의미와 적극적 의미라는 2중의 의미를 가지고 있다는 점을 중요시해야 한다. 능력이라는 단어가 가지고 있는 '용량'이라는 뜻은,* 예컨대 한 되 들이라고 할 경우에서와 같이, 빈 그릇을 나타내는 것으로 사용될 수 있으며, 잠재력이라는 말도 단순히 잠자는 듯이 가만히 있는 상태, 즉 바깥의 영향을 받아서 무엇인가 다른 것으로 될 수 있는 힘을 나타내는 데에 사용될 수 있다. 그러나 능력이라는 것은 또한 '할 수 있는 힘'을 뜻하며, 잠재력도 유능한 상태, 힘있는 상태를 뜻한다. 그런데, 미성숙이라는 것은 성장의 가능성을 뜻한다고 말할 때, 미성숙이라는 말은 나중에 나타날 힘이 현재 없다

는 것을 가리키는 것이 아니라, 적극적으로, 현재 어떤 힘이 있다는 것—즉, '발달할 능력'이 있다는 것을 가리킨다.

* '능력'이라는 뜻의 capacity에는 '용량'이라는 뜻도 있다.

¶ 3_ 우리가 흔히 미성숙을 단순히 '모자라는 것'으로 생각하고 또 성장을 성숙과 미성숙 사이의 틈을 메우는 것으로 생각하는 것은 아동기를 '비교적으로' 생각할 뿐, 그 자체의 의미를 가진 내재적인 것으로 생각하지 않는 데서 나타나는 현상이다. 우리가 아동기를 결핍된 상태로 생각하는 것은 성인기를 고정된 표준으로 정해 놓고 그것에 비추어 아동기를 측정하기 때문이다. 이렇게 할 때에는 자연히 아이가 현재 가지고 있지 않은 것, 장차 어른이 되어야 비로소 가질 수 있는 것에 주의가 기울여지게 마련이다. 이러한 비교적 관점은, 물론, 어떤 목적에는 타당한 것이 될 수도 있겠지만, 그것을 절대시하면 혹시 우리가 부당하게 오만한 가정을 하는 셈이 되지 않을까 하는 의심이 생긴다. 만약 아이들이 자신의 생각을 정확하고 솔직하게 표현할 수 있다면, 어른들이 흔히 가지고 있는 아이들에 관한 생각과는 전혀 다르게 말할지도 모르는 것이고, 어른들 중에도, 도덕적인 면에서나 지적인 면에서 오히려 어른들이 아이처럼 되어야 한다고 진심으로 믿고 있는 사람들이 있다.*

* 여기서 Dewey는 'Adults must become little children'이라는 표현을 쓰고 있다. 이것은 'Children are little adults'라는 보통의 생각과의 대비를 나타낸다.

¶ 4_ 미성숙이 가지고 있는 가능성을 소극적인 관점에서 파악하는 사고방식이 심각한 결과를 가져온다는 것은, 그러한 사고방식이 고정된 목적*을 이상 또는 표준으로 삼게 된다는 점을 생각해 보면 쉽게 알 수 있다. 이 사고방식에서는 성장을 이룩하는 것은 성장의 '완성', 즉 그 이상 성장을 하지 않는 비성장의 상태를 의미하는 것으로 생각된다. 어른들의 경우, 누구나 자기에게 그 이상 성장 가능성이 없다는 말을 들으면 섭섭하게 생각할 것이다. 이것을 보면 위의 사고방식이 그릇되다는 것을 당장 알 수 있다. 어른의 경우에는 성장 가능성이 막혀 있다는 것을 알게 되면, 이때까지 이룩한 것이 자신의 힘을 유감없이 발휘한 것이라고 생각하고 그 상태에 편안히 안주하는 것이 아니라, 그 사실을 패배의

증거로 생각하고 한탄할 것이다. 그런데도 어째서 아이들의 경우에는 어른과 다른 척도를 갖다대어야 하는지 도무지 알 수가 없다.

---

* ends

¶ 5_ 비교적인 관점이 아니라 절대적인 관점에서 파악하면, 미성숙은 하나의 적극적인 능력—즉, '성장하는 힘'을 뜻하는 것으로 볼 수 있다. 몇몇 교육이론에서 주장하는 것과는 달리, 우리는 아이에게서 적극적인 활동을 억지로 뽑아내려고 애쓸 필요가 없다. 삶이 있는 곳에는 이미 열렬하고 헌신적인 활동이 있는 법이다. 성장이라는 것은 아이에게 무엇인가를 해 주는 것이 아니라 아이들이 '하는' 것이다.* 미성숙이 나타내는 가능성을 적극적으로, 건설적으로 해석할 때, 우리는 미성숙의 두 가지 중요한 특징을 이해할 수 있다. 그것은 '의존성'과 '가소성'이다. (1) 의존 상태를 적극적인 의미로 해석한다든가, 심지어 그것을 '힘'으로 해석한다고 하면 괴상하게 들릴 것이다. 그러나 의존 상태라는 것이 순전히 '의지가 없는 상태'를 의미한다면, 발달이라는 것은 전혀 일어날 수 없을 것이다. 스스로 아무 힘도 없는 존재는 영원히 다른 존재에 끌려다닐 수밖에 없다. 의존 상태라는 것이 점점 더 기생적인 상태로 전락하는 것이 아니라 능력의 성장을 가지고 온다는 사실은 의존 상태에 이미 무엇인가 건설적인 것이 들어있다는 것을 뜻한다. 단순히 다른 사람에게 감싸여 있는 상태는 성장을 촉진하지 못한다. (2) 그렇게 하면, 결국 무능한 상태에 벽을 쌓는 결과를 가져올 것이기 때문이다. 물리적인 세계에 대하여, 아이는 의지가지없는 상태에 있다. 막 태어났을 때는 말할 것도 없고, 그 후 상당한 기간동안, 아이에게는 물리적으로 살아갈 방법, 다시 말하면 생활을 꾸려나갈 방법이 없다. 만약 아이가 순전히 혼자 힘으로 살아가야 한다면, 태어나자마자 한 시간도 목숨을 부지하기 어려울 것이다. 이 면에 관한 한, 아이는 완전히 절망적인 상태에 있다. 여기에 비하면, 짐승의 새끼는 월등하게 유리한 상태에 있다고 볼 수 있다. 인간의 아이는 신체적으로 허약할 뿐 아니라, 자기가 가지고 있는 힘을 물리적 환경에 대처하는 데에 활용할 수 없다.

---

* 〔원문 문법 문제〕 them, they는 앞의 문장에 일관되려면 him, he로 읽어야 한다.

¶ 6_ (1) 그러나 아이가 이와 같이 철저하게 무기력한 상태에 있다는 사실은 그 반대편에서 보면, 힘이 된다고 볼 수도 있다. 짐승의 새끼가 어릴 적부터 물리적 조건에 비교적 잘 적응할 수 있다는 사실은, 그만큼 그들의 삶이 주위의 어미들의 삶과 그다지 밀접하게 관련되어 있지 않다는 것을 뜻한다. 말하자면, 그들은 '사회적 재능'이 없음으로 말미암아 '신체적 재능'*을 가질 수밖에 없게끔 되어 있는 것이다. 여기에 비하여 인간의 아이는 사회적 능력이 있음으로 말미암아 신체적 무능력을 가지고도 살아갈 수가 있다. 우리는 때로, 아이들은 어쩌다가 보니까 사회 환경에 '물리적으로' 처하게 된 것인 양, 다시 말하면, 사회적 세력은 오직 아이들을 돌보는 어른들에게만 있을 뿐이요, 아이들은 그 사회적 세력을 순전히 수동적으로 받아들이는 존재에 불과한 양 말하고 또 그렇다고 생각한다. 아이들 자신에게 어른의 협동적인 주의를 불러일으키는 놀라운 힘이 천부적으로 주어져 있다고 하는 말은 곧 어른들에게 아이의 필요에 주의를 기울이는 놀라운 경향이 있다는 말을 반대편에서 하는 것에 지나지 않는다. 아닌게 아니라, 자세히 관찰해 보면 아이들은 사회적 상호작용을 하는 완벽한 능력을 천부적으로 가지고 있다는 느낌이 든다. 어른들 중에, 주위 사람들의 태도에 공명하는 그 굉장한 유연성과 감수력을 아이들만큼 가지고 있는 사람은 매우 드물다. 아이들은 비록 물리적 사물에는 주의력이 약하지만 (그와 함께, 물리적 사물을 통제하는 힘도 없지만), 그것에 반비례하여, 주위의 어른들이 하는 일에 대해서는 강한 관심과 주의력을 가지고 있다. 아이의 타고난 정신 작용과 충동은 모두 그의 사회적 민감성을 북돋아 준다. 청년기 이전의 아이들이 이기적인 자기중심적 경향을 가지고 있다는 말은, 그것이 설사 사실이라고 하더라도, 결코 아이들의 사회적 민감성을 부정할 수는 없다고 본다. 그 말은 기껏해야 아이의 사회적 민감성이 그 자신의 이익에 사용된다는 것을 보여줄 뿐이며, 그에게 사회적 민감성이 없다는 뜻은 아니다. 그러나 보다 중요한 점은 그 말이 사실과 맞지 않는다는 것이다. 소위 아동의 순전한 이기심에 대한 증거로서 인용되는 사실들이라는 것은, 사실에 있어서는, 아이들이 그들의 표적을 향하여 나아가는 성숙과 방향성을 보여 주는 것에 불과하다. 만약에 아이들이 표적으로 삼는 목적이, 어른이 보기에 좁고 이기적인 것으로 보인다면, 그것은 오직 어른들이 (그들이 아이였을 때, 오늘날의 아이들만큼 열심히) 그 목적을 달성한 나머지, 이제는 그 일에 관심이 없어졌기 때문이다. 이것으로 설명되는 것 이외의 나머지 부분에 해당하는, 아이들의 이른바 천성적 이기심이라는 것은

주로 어른의 이기심에 배치된다고 하여 그것을 '이기심'이라고 몰아붙이는 것들이다. 다 자란 어른으로서 어른 자신의 일에 너무나 몰두하여 아이의 일에는 관심을 가질 수 없는 사람의 눈으로 보면, 아이들이 그들 자신의 관심이 끌리는 일에 빠져 있는 것이 부당하다고 생각되는 것은 당연한 일이다.

---

* physical gifts : 또는 물리적 재능. 이것은 social gifts(사회적 재능)에 대비되어 있다.

¶ 7_ 사회적인 관점에서 보면, 의존 상태는 약점을 의미하는 것이 아니라 강점을 의미한다. 다시 말하면, 의존 상태는 곧 상호의존 상태인 것이다. 개인이 점점 더 독립된 상태로 되어간다는 것은 그만큼 사회적 능력의 감소를 초래할 위험을 언제나 안고 있다. 개인을 스스로의 힘에 의존하도록 만들면 그 개인은 그만큼 남의 도움이 필요하지 않은 상태로 되고 나아가서는 다른 사람들과 동떨어져서 무관심을 나타내게 된다. 이런 상태에서 개인은 흔히 다른 사람들과의 관계에 냉담하게 되고, 마침내 문자 그대로 혼자 서서 혼자 행동할 수 있다는 착각에 빠진다. 이것은 의학적인 병명을 붙일 수는 없지만 그래도 일종의 정신병이며, 이 병이 없다면 오늘날 세상 살이의 고통이 대부분 사라질 수 있을 것이다.

¶ 8_ (2) 미성숙한 생물이 성장에 대하여 나타내는 특수한 적응능력이 곧 可塑性가소성이다. 이 가소성은 반죽이나 밀초의 가소성과는 그 성격이 다르다. 생물이 가지고 있는 가소성은 외부적인 압력에 맞추어 그 형태를 바꾸는 능력을 뜻하지 않는다. 그 가소성은, 어느 편인가 하면, 몇몇 동물*에서 볼 수 있는 바와 같이, 자신의 기질은 그대로 유지하면서 주위의 색깔에 맞게 색깔을 바꾸는 적응적 탄력성에 더 가깝다. 그러나 그 가소성은 이보다 더 깊은 의미를 가지고 있다. 그것은 본질상 경험을 통하여 학습하는 능력, 하나의 경험에서 배운 것을 나중의 문제 사태를 해결하는 데에 활용하는 능력이다. 이것은 곧 이전 경험의 결과에 비추어 행위를 수정하는 능력, 또는 한 마디로, '성향을 발달시키는 능력'이다. 그 능력이 없이는 습관의 획득이 불가능하다.

---

* 여기서 '동물'로 번역된 원래 단어는 persons이다. 그러나 의미상, 이것은 동물의 '보호색'을 가리키는 것으로서, animals를 잘못 쓴 것임에 틀림없다.

¶ 9_ 잘 알려진 사실로서, 고등 동물의 새끼, 그리고 특히 인간의 아이에게 있어서는 그 본능적인 반응을 활용하는 데에 '학습'이 필요하다. 인간의 아이는 다른 동물에 비하여 더 많은 수의 본능적 경향을 가지고 태어난다. 그러나 하등 동물에 있어서는 태어난지 얼마 안 되어서 그 본능이 적절한 행위를 하는 데에 전혀 부족함이 없는 형태로 완성되는 데 비하여, 인간의 유아에 있어서는 태어난 상태로서의 본능 그대로는 그 일을 하는 데에 거의 아무런 도움이 되지 않는다. 원래 완성되어 있는 적응력은 즉각적인 효과를 나타내지만, 그것은 마치 기차표와도 같이 한쪽 노선에밖에 쓰이지 않는다. 눈과 귀, 손과 다리를 제대로 사용하려면 각각이 가지고 있는 반응을 여러 가지로 조합하는 실험을 거쳐야 하는 생물의 경우에, 그러한 실험을 한 결과로 얻어지는 적응*은 그만큼 융통성과 다양성을 가지게 된다. 예컨대, 병아리는 부화된지 불과 몇 시간이면 먹이를 정확하게 쪼을 수 있다. 이것은 곧 눈으로 보는 활동과 몸과 머리로 쪼는 활동의 협응이 불과 몇 번의 시행으로 완성된다는 뜻이다. 인간의 유아는 손으로 뻗는 동작을 시각 활동에 비교적 정확하게 맞추는 데에 대략 6개월이 걸린다. 말하자면, 눈으로 보는 물체를 손으로 잡을 수 있는지 없는지를 알고 그것을 손으로 잡을 수 있게 되기까지 그 만큼 시간이 걸린다는 것이다. 이 두 경우에 나타나는 결과를 보면, 병아리는 그것이 원래 타고나는 능력이 비교적 완벽하다는 사실로 말미암아 '제약'을 받는 데 비하여, 유아의 경우에는 그야말로 무수히 많은 잠정적 본능 경향을 가지고 있어서, 비록 처음 얼마동안은 그 본능 경향들이 서로 엇갈리기 때문에 잠시 불리한 입장에 있게 된다 하더라도, 궁극적으로는 그 수많은 본능 경향과 그것에 수반되는 경험에서 이익을 얻게 된다. 행동을 이미 완성된 상태로 가지게 되는 것이 아니라, 행동을 '학습'하게 됨으로써 유아는 상황의 변화에 따라 그 행동의 요소들을 이리저리 바꾸면서 여러 가지로 조합을 달리하는 방법을 필연적으로 학습하게 된다. 하나의 행동을 배우는 동안에 다른 상황에서도 유용하게 쓰일 수 있는 '방법'을 발전시킨다는 사실로 말미암아 계속적인 진보의 가능성이 열리는 것이다. 이보다 더 중요한 사실은, 인간은 '학습의 습관'을 획득하게 된다는 것이다. 그는 학습하는 방법을 학습하는 것이다.**

---

* control; 이하 몇 문단에서 가소성을 설명하는 데에 사용된 control이라는 단어는 '적응'으로 번역하였다.

** He learns to learn.

¶ 10_ 의존성과 적응의 융통성이라는 두 개의 사실이 인간의 삶에 어떤 중요성을 가지고 있는가 하는 것은 소위 '연장된 유아기'의 의의에 관한 주장에 단적으로 나타나 있다.[1] 이 연장된 유아기는 집단의 성원으로서의 아이들에게만 중요한 것이 아니라 어른에게도 중요하다. 어른에게 의존하여 학습하는 아이들이 있다는 것은 그들을 양육하고 보호해야 한다는 자극이 된다. 부단하고 계속적인 보호의 필요성은 아마 일시적인 군거생활에서 영원한 가족제도로 변천하게 된 가장 중요한 계기가 되었을 것이다. 적어도 그것이 애정과 동정에 입각한 보호의 습관을 형성하는 데에 주된 원인이 되었다는 것은 분명하다. 집단생활의 본질인, 다른 사람들의 복지에 대한 건설적 관심은 여기서 싹튼 것이다. 지적인 면에서 볼 때, 이러한 정신의 발달은 여러 가지 새로운 면에 주의를 기울이도록 해주었다. 말하자면, 미래에 대한 전망과 설계를 불가피하게 만든 것이다. 그리하여 의존성과 가소성 사이에는 서로 주고받는 관계가 성립한다. 사회생활이 점점 복잡해짐에 따라 어른으로서 생활하는 힘을 획득하는 데에 긴 유아기가 필요하게 되고, 이와 같이 의존 상태가 연장된다는 것은, 또한 가소성의 신장, 다시 말하여 다양하고 새로운 적응 방식을 획득하는 능력의 신장을 의미한다. 여기서 사회 진보의 계속적인 추진력이 생긴다.

---

1) '연장된 유아기'의 의의를 말한 사람들은 여럿 있지만, John Fiske의 「진화론자의 산책」(*Excursions of an Evolutionist*)은 그 최초의 체계적인 설명으로 인정되고 있다. 〔원주〕

2 성장의 표현으로서의 습관

¶ 11_ 앞에서 이미 말한 바와 같이, 가소성이라는 것은 이전의 경험 요소를 잘 명심하였다가 나중의 활동에 도움이 되도록 하는 능력을 의미한다.* 따라서 가소성은 습관을 형성하는 능력, 또는 확고한 성향을 발전시키는 능력이라고 말할 수 있다. 이제 습관의 중요한 특징을 고찰해 보자. 첫째로, 습관은 일종의 행동기술, 즉 행동을 효율적으로 하는 방법이다. 습관은 자연 조건을, 목적을 위한 수단으로서 사용하는 능력이다. 습관은 행동의 기관을 통제함으로써 환경을 능동적으로 통제하는 것을 의미한다. 대체로 말하여, 우리는 행동의 기관으로서 신체를 자유자재로 구사하는 면을 강조해서 보는 나머지, 습관이 환경을 통제한다는 점을 간과하는 경향이 있다. 우리는 걷는다든지 말하는 것, 피아노

를 치는 것, 조각가나 외과 의사나 교량 공학자의 전문적인 기술 등을 생각하면서, 마치 그러한 것들이 단순히 신체의 어느 부분이 쉽게, 재치 있게, 정확하게 작용하는 것에 지나지 않는다고 생각한다. 물론, 그런 면이 없는 것은 아니다. 그러나 그러한 행동의 진정한 가치는, 그 각각이 다루는 환경을 경제적으로 또 효율적으로 통제한다는 점에 있다. 걸을 수 있다는 것은 자연의 특성을 우리 마음대로 할 수 있다는 뜻이며, 그 밖의 모든 습관도 이와 마찬가지이다.

---

* 앞의 몇 문단에서 설명한 바를 요약하면 이 가소성은 '환경의 요구조건에 맞게 여러 가지 방법으로 융통성 있게 대처하는 능력'을 뜻한다고 말할 수 있다. 이러한 규정이 이 문장에서 말하는 '이전의 경험을 나중의 문제 해결에 활용하는 능력'이라는 것과 어긋나지 않는다는 것은 앞의 설명으로 충분히 알 수 있다. 즉, 다양하고 융통성 있는 적응은 경험의 축적에 의하여 가능하다는 것이다. 이 점이 가소성과 습관 (그리고 경험) 사이의 관련을 시사한다.

¶ 12_ 교육은 때로 환경에 대한 개인의 적응을 가능하게 하는 습관을 획득하는 일로 정의된다.* 이 정의는 성장의 한 가지 본질적인 면을 나타내고 있다. 그러나 여기서 적응이라는 것은 목적을 달성하기 위한 수단을 '통제'한다는 적극적인 의미로 이해되어야 한다. 만약, 우리가 습관이라는 것을 단순히 신체상의 변화를 꾀하는 것으로만 생각하고, 이 변화가 사실은 그 후 환경의 변화를 초래할 능력의 변화라는 사실을 도외시한다면, 우리는 또한 적응이라는 것도 마치 밀랍을 판에 찍을 때 그 밀랍이 판에 동화하듯이, 환경에 동화하는 것을 뜻하는 것으로 생각하게 된다. 이러한 사고방식에 의하면, 환경은 고정된 것으로서, 유기체의 변화가 따라야 할 고정된 목적 또는 표준을 나타내는 것이요, 적응이라는 것은 이 고정된 외적 조건에 우리 자신을 맞추어 넣는 것으로 생각된다.[1)] 이 경우에 습관은 '타성'**이 된다. 이러한 타성으로서의 습관은 '상대적'으로*** 수동적인 의미를 가지고 있다고 말할 수 있다. 이 경우에 습관이라는 것은 옷이나 신발, 장갑 등과 같은 주위의 사물에, 대체로 일정한 주위의 분위기에, 그리고 늘 접촉하는 사람들에 익숙해 있는 것을 뜻한다. 환경에 단순히 동화하는 것, 환경에 변화를 일으키는 것과는 아무 관계가 없이 우리 신체에 변화를 꾀하는 것, 이런 것들이 타성의 두드러진 특징이다. 우선, 그러한 종류의 적응방식—이것을, 능동적 적응과 구분하여, '안주'§라고 부를 수 있을 것이다—에서 습득한 특성이 환경을 능동적으로 활용하는 습관에 전이되지 않는다는 것이 문제이지만, 그러한 문제를 떠나서, 타성이 가지고 있는 두 가지 특성을 중요시할 필요가 있다.

1) 이 생각은, 물론, 전장에서 고찰한, 자극과 반응의 외부적 관계를 중요시하는 생각, 그리고 이 장에서 말한, 미성숙과 가소성을 소극적으로 해석하는 생각에서 논리적으로 따라 나온다. 〔원주〕

* 〔원문 문법 문제〕 adjustment of an individual and his environment에서 and는 to로 읽는 것이 자연스럽다.

** habituation; 영어의 habituation은 habit와 형태적 유사성을 가지고 있지만, Dewey는 양자를 현격하게 다른 것으로 구분하고 있다.

*** relatively; 또는 '비교적'으로; 원문에 이 단어가 이탤릭체로 인쇄되어 있는 것은 무엇을 강조하기 위해서인지 알 수 없다. 오직 한 가지 생각할 수 있는 것은 habituation이라고 해서 결코 전적으로 수동적인 것은 아니라는 점을 강조하기 위해서라는 것이다.

§ accommodation; 여기서 Dewey는 adjustment와 accommodation을 구분하고 있다.

¶ 13_ 첫째로 말할 수 있는 것은, 우리는 먼저 사물을 사용하며 그것을 통하여 사물에 익숙하게 된다는 것이다.* 낯선 도시에 익숙하게 되는 경우를 생각해 보자. 처음에는 자극이 지나치게 많고, 그에 따라 지나치게 많은 또 대체로는 엉뚱한 반응이 나온다. 그러다가 점차로 목적에 직접 관련되는 자극만 선택되고 그 밖의 자극은 사라져 간다. 이 경우에 우리는 이미 자극에 대하여 반응하지 않는다고 말해도 좋고, 아니면 시종 한결같은 반응을 한다고 말해도 좋다. 즉, 적응이 평형**을 이룬다는 것이다. 이것을 다른 말로 표현하면, 둘째로, 이 시종 한결같은 적응 상태는 일종의 배경을 이루고 있고 그 배경에 비추어서 필요에 따라 세부적인 적응을 하게 된다고 말할 수 있다. 우리가 환경 전체를 한꺼번에 바꾸려고 하는 경우는 절대로 없다. 우리는 환경의 대부분을 있는 그대로, 당연한 것으로 받아들인다. 이것을 배경으로 하여 우리는 특정한 측면에 주의를 기울이며, 그것에 필요한 변화를 일으키기 위하여 활동을 한다. 여기에 비하여, 타성에 의한 적응은 그 당시로서는 환경에 변화를 일으킬 필요를 느끼지 않는 그러한 적응방식이요, 그와 동시에 그것은 능동적인 습관을 형성하는 기초 또는 거점을 제공해 준다.

* 원문에서 앞 문단의 마지막에 나와 있는 이 문장은 이 문단의 처음에 나와야 한다.

** equilibrium

¶ 14_ 결론적으로 말하여, 적응은 환경을 우리 자신의 활동에 적응시키는 것임과 동시에 우리의 활동을 환경에 적응시키는 것이다.* 예를 들어서, 야만 부족이 사막에서 생활을 해 나가는 경우를 생각해 보자. 이 부족은 적응을 한다. 그러나 이 경우의 적응은 수동적인 인내, 즉 있는 그대로의 환경을 받아들이고 견디어 나가는 것을 최대로 하고 능동적인 통제, 즉 사물을 적극적으로 활용하는 것을 최소로 하여 이루어진다. 이제 문명인이 이 사막에 들어온다고 하자. 문명인도 적응을 한다. 문명인은 사막에 물을 대며 그러한 조건 밑에서 자랄 수 있는 동식물을 온 세계에서 찾아내며, 거기에 이미 자라고 있는 동식물을 세밀히 선택하여 개량하는 등의 일을 한다. 그 결과로 황무지가 장미꽃같이 핀다. 야만 부족은 단순히 타성에 따라 움직이지만, 문명인은 환경을 변화시키기 위한 습관을 형성한 상태에 있다.

* 적응의 이 두 측면은 adaptation of the environment to our activities와 adaptation of our activities to the environment로 표현되어 있다. 이 두 가지는 (우연히도) Piaget가 그의 지적 발달이론에서 '적응'(adaptation)을 설명하는 데에 사용한 두 개념으로서의 assimilation과 accommodation에 각각 해당한다. (여기서의 accommodation은 앞에서 '안주'라고 번역한 accommodation과는 동일하지 않다.) 위의 방식으로 표현하면, 전자는 assimilation of the environment to oneself, 그리고 후자는 accommodation of oneself to the environment로 표현할 수 있다. Piaget는 적응을 이 두 작용의 균형상태(equilibrium)로 설명한다.

¶ 15_ 그러나 습관의 중요성은 행동하는 것, 일을 처리하는 것만으로 충분히 설명되는 것이 아니다. 습관은 행동을 용이하게, 경제적으로, 효율적으로 하도록 해 주는 것과 동시에, 지적 정서적 성향을 형성해 주기도 한다. 습관은 어떤 종류의 것이든지 반드시 행동 경향성—즉, 그 습관을 행사하는 데에 알맞은 조건을 적극적으로 선택하고 추구하는 것—을 나타낸다. 습관은 '위대한 유산'을 받을 미코버처럼,* 자극이 나타날 때까지 기다렸다가 그후에야 행동을 개시하는 것이 아니라, 완전 가동할 기회를 적극적으로 추구한다. 습관이 발휘될 기회가 부당하게 저지되면, 행동 경향성은 불안과 강렬한 욕구의 형태로 표현된다. 습관은 또한 지적 성향을 나타내기도 한다. 습관이 있는 곳에는 행동의 자료와 장비에 관한 지식이 있으며, 그 습관이 작용할 상황에 관한 확고한 이해가 있다. 사고의 방식, 관찰과 숙고의 방식 등은 습관을 구성하는 기술이나 욕망의 요소이며, 이런 종류의 요소를 갖춘 사람이 기술자, 건축가, 의사, 상인으로 활

약한다. 비숙련 노동에서는 이런 지적인 요소들이 최소한으로 되어 있는데, 그 이유는 바로 그런 노동에 쓰이는 습관이 질적으로 그다지 높지 않다는 데에 있다. 그림을 그린다든가 과학 실험을 하는 데에는 도구를 다루는 습관에 못지 않게 판단과 추리의 습관이 필요하다.

---

* Charles Dickens의 「위대한 유산」에 나오는 주인공의 이름.

¶ 16_ 그러나 위와 같이 말하는 것만으로는 습관의 지적 측면을 충분히 강조한 것이 아니다. 눈과 손의 습관은 그 속에 들어 있는 마음의 습관으로 말미암아 그 의의를 가지게 된다. 무엇보다도 중요한 것은, 습관에 들어있는 지적 요소는 습관을 다양하고 탄력성 있는 용도에 연결시켜 줌으로써 계속적인 성장을 가능하게 한다는 점이다. 우리는 '고정된' 습관이라는 말을 한다. 이 말은, 첫째로, 습관의 힘이 완전히 정착되어서, 그것을 가지고 있는 사람이 필요에 따라 언제나 그 힘을 동원할 수 있다는 뜻으로 사용될 수 있다. 그러나 이 말은, 또한, 판에 박은 듯이 상투적인 방법으로 행동하는 것, 그리하여 신선미라든가 개방성, 독창성 등이 없는 습관을 뜻하기도 한다. 고정된 습관*이라는 것은, 이와 같이 우리가 습관을 자유자재로 구사하는 것이 아니라, 습관이 우리를 사로잡고 있는 상태를 나타내기도 하는 것이다. 이 사실은 습관에 관하여 사람들이 흔히 가지고 있는 두 가지 생각을 나타내어 준다. 즉, 첫째로, 습관에 지적 도덕적 태도의 측면이 있다는 점을 도외시하고 그것을 주로 기계적이고 외부적인 행동과 관련지어 생각한다는 것과, 둘째로, 습관에 나쁜 의미를 붙여서, '나쁜 습관'과 같은 뜻으로 파악한다는 것이다. 숙련직이나 전문직에 종사하는 사람에게 그 기술의 숙달을 가리켜서 '습관'이라고 말한다면 언짢게 생각할 것이다. 그것은 마치 그 사람의 기술을 담배나 술을 먹는 것, 또는 추잡한 말을 쓰는 것을 습관이라고 하는 것과 같은 뜻으로 취급하는 것처럼 들리기 때문이다. 보통사람이 생각하기에, 습관은 우리를 사로잡고 있는 성향이어서, 의식적인 판단으로는 나쁜 일인 줄 알면서도 쉽사리 떨쳐버릴 수 없는 경우를 가리키는 것으로 생각된다.

---

* 고정된 습관(*fixed* habits)과 앞에서 말한 타성(habituation)은 다른가, 그렇다면 어떻게 다른가 하는 것은 충분히 있을 수 있는 의문이지만, Dewey는 이 문제를 취급하지 않는다.

¶ **17**_ 습관이 판에 박힌 듯이 고정적인 행동방식, 또는 우리를 노예처럼 사로잡고 있는 행동방식으로 전락하는 것은 습관이 지성과 분리되어 있는 경우이다. 고정적인 습관은 사고가 없는 습관이며, '나쁜' 습관은 이성과 단절되어서 우리의 의식적인 사고와 그 사고를 거친 결론에 반대되는 행동을 하는 경우를 가리킨다. 앞에서 말한 바와 같이, 습관을 가지게 되는 것은 원래 우리의 천성* 에 들어있는 가소성, 즉 가장 적절하고 효율적인 행동방식이 나올 때까지 반응을 여러 가지로 바꾸는 능력 때문에 가능한 것이다. 고정적인 습관, 또는 '우리가' 가지고 있는 습관이 아니라 '우리를' 가지고 있는 습관은 가소성에 종지부를 찍는다. 그런 습관은 다양한 반응을 하는 능력이 고갈된 상태를 나타낸다. 생리학적으로 볼 때, 유기체의 가소성이 나이가 들수록 감소하는 경향이 있다는 것은 의심의 여지가 없다. 아이들이 본능적으로 가지고 있는 발랄한 행동, 부단히 색다른 일을 시도해 보는 행동, 새로운 자극과 발전을 추구하는 경향 등은 머잖아 '정착기'에 들어간다. 이것은 다른 말이 아니라, 변화를 싫어하고 지난 날의 성취에 안주해 버린다는 뜻이다. 습관을 형성하는 데에 지력의 사용을 최대한으로 보장하는 환경만이 이러한 경향을 극복하도록 할 수 있다. 물론, 나이가 들면 몸이 굳어지고 이것이 생리구조에 나타나서 사고에 영향을 미치는 것도 사실이다. 그러나 이것은 곧 지력의 기능이 최대한으로 되도록 끊임없이 주의를 기울여야 한다는 것을 말해 주는 것이다. 습관의 외적 효율성을 도모하기 위한 기계적인 반복 행동, 즉 사고를 수반하지 않는 신체적 기술에 의존하는 근시안적인 방법은 성장에 도움이 되는 주위의 환경을 고의로 차단하는 것 이외에 아무것도 아니다.

---

* nature

3 발달이론의 교육적 의의

¶ **18**_ 이때까지 이 장에서는 교육에 관하여 거의 언급한 것이 없이, 오직 성장의 조건과 의미에 관해서만 생각해 보았다. 그러나 만약 이 장에서의 우리의 결론이 타당한 것이라면, 그 결론은 반드시 교육에 대하여 확실한 시사를 줄 수 있을 것이다. '교육은 발달이다'라는 말에서, '발달'이라는 것을 어떻게 파악하는가 하는 것이 문제인 것이다. 이때까지 우리의 결론은, 삶은 발달이요, 발달

또는 성장은 삶이라는 것이다. 이것을 교육에 비추어서 말하면, 1) 교육의 과정은 그 자체 이외의 다른 목적을 가지지 않으며 교육 자체가 목적이라는 것과, 2) 교육의 과정은 끊임없는 재조직, 재구성, 변형의 과정이라는 것이다.

¶ 19_ (1) 발달을 '비교적인' 것으로 해석할 때, 다시 말하여 아이와 어른의 삶이 나타내고 있는 대조적 특징에 비추어 파악할 때, 그것은 힘을 일정한 방향으로 이끌어가는 것을 의미한다. 이 관점에서 보면, 발달은 행동이 숙달되는 것, 관심과 흥미, 그리고 관찰과 사고의 대상이 특정한 것에 고정되는 것 등의 습관이 형성되는 것을 의미한다. 그러나 이러한 비교적인 관점이 유일 절대의 것은 아니다. 아이도 그 자신의 고유한 힘을 가지고 있는 것이다. 이 사실을 도외시하면 성장의 기반이 되는 器官기관을 망그러뜨리고 비뚤어지게 만드는 결과과 온다. 어른은 그의 힘으로 환경을 변화시키며, 그렇게 함으로써 새로운 자극을 만들어 다시 힘의 방향을 재조정하고 힘을 더 발전시켜 나간다. 이 사실을 도외시하면 발달의 정지와 수동적인 '안주'가 초래된다. 다시 말하면, 정상적인 아이나 정상적인 어른은 모두 성장해 나가는 것이다. 아이와 어른의 차이는 성장과 비성장의 차이가 아니라, 각각의 조건에 맞게 성장의 방식을 달리한다는 점에 있다. 과학적 또는 경제적 문제를 해결해 나가는 힘을 두고 말하면, 아마 아이는 어른으로 성장해야 한다고 말할 수 있을 것이다. 그러나 또 한편, 동정적 호기심, 편견 없는 감수성, 마음의 개방성 등을 두고 말하면, 어른이 아이와 같은 상태로 성장해야 한다고 말할 수 있다. 이중의 어느 쪽도 틀린 말이 아니다.

¶ 20_ 이때까지 이 장에서 비판한 세 가지 생각, 즉 미성숙을 결핍의 상태로 보는 것, 적응을 고정된 환경에 순응하는 것으로 보는 것, 습관을 고정된 것으로 보는 것 등은 모두 성장과 발달에 관한 그릇된 관념에서 파생된 것이다. 즉, 성장을 '목적으로'보는 것이 아니라 '목적을 가진 것으로'본다는 것이다. 앞의 세 가지 그릇된 생각을 교육과 관련지어서 다시 표현하면, 첫째는 아이의 본능적 또는 천성적 힘을 고려하지 않는 것이요, 둘째는 새로운 상황에 대처할 자발성을 발달시키지 않는 것이요, 셋째는 자동적인 기술을 도모하기 위하여 맹목적 훈련이나 그 밖의 방법을 지나치게 강조하고 그 대신 개인의 생생한 지각을 무시하는 것이다. 어느 경우에나 잘못은 어른의 환경을 아이의 표준으로 삼는다는 데에 있다. 즉, 아이는 그 어른의 표준에 맞도록 자라야 한다는 것이다.*

* 위의 몇 문단에 나타난 아동 또는 아동기에 관한 관점은 Rousseau의 「에밀」을 통하여 이미 우리에게 익숙해 있다.

¶ 21_ 위의 사고방식에 의하면, 타고난 본능은 도외시되든가 그렇지 않으면 골칫거리로—다시 말하여 억압해야 할 좋지 않은 특성으로, 또는 어떻게 하든지 외부적으로 강요된 표준에 동화시켜야 할 대상으로—취급된다. 동화가 목적이기 때문에 아이가 가지고 있는 특이하게 개인적인 요소는 일고의 가치도 없는 것으로 배척되거나 비행 또는 무법의 원천으로 간주된다. 여기서 동화라는 것은 곧 획일성을 뜻하는 것으로 생각되고, 따라서 이 경우에는 새로운 것에 대한 무관심, 진보에 대한 혐오, 불확실성과 미지의 것에 대한 공포를 의도적으로 조장하는 결과가 초래된다. 성장의 목적이 성장 과정의 바깥에, 또 그 저편에 있는 것으로 생각되는 만큼,* 성장을 그쪽으로 이끌어가는 데에 외부적인 세력이 작용하지 않으면 안된다. 교육의 방법이 '권위적인'것으로 비난의 대상이 되는 경우 그 방법에는 반드시 외적 목적에 도달하기 위한 방법으로서 외적 압력이 작용하고 있다고 보아야 한다.

* '성장의 목적(end)이 성장의 바깥에, 또 그 저편에 있다'는 표현은 '성장이 목적을 가진 것으로 본다'는 표현(¶20)과 동일한 것으로서, 그것은 '성장을 목적으로 본다'든가(¶20) '교육의 과정은 그 자체 이외의 다른 목적을 가지지 않으며, 교육 그 자체가 목적이다'라는 표현(¶18)과 대조를 이룬다. 이 두 대조적인 생각은, 성장(또는 교육)의 목적이 그 과정의 '안'에 있는가 아니면 '밖'에 있는가 하는 식으로 나타낼 수 있을 것이다. 위의 문단에서 Dewey는, 성장의 목적을 바깥에 두는 생각은 성장을 이끄는 방법으로서 외부적인 세력에 의존하는 것과 논리적으로 연결되어 있음을 말하고 있다. 성장의 목적을 바깥에 둔다든가 성장을 외부적인 세력에 의존한다든가 하는 것이 무엇을 뜻하는가 하는 것은, 그것에 대조되는 생각, 즉 성장의 목적을 성장의 과정 안에 둔다든가 성장을 내부적 세력에 의존한다든가 하는 것과 마찬가지로, Dewey의 이론을 이해하는 데에 대단히 중요하다. 그것은 또한 올바르게, 명백하게 해석하기가 어려운 문제이기도 하다. 이하 8장 참조.

¶ 22_ (2) 사실에 있어서는, 성장에는 더 성장하는 것 이외의 다른 목적이 없으며, 따라서 교육에도 더 교육받는 것 이외의 다른 고려사항이 없다.* 교육이 졸업과 동시에 끝나서는 안된다고 하는 말은 누구나 하고 있다. 이 말의 의미는, 학교 교육의 목적은 성장하는 힘을 조직적으로 길러 줌으로써 교육을 계속

해 나갈 수 있도록 하는 데에 있다는 것이다. 삶 그 자체에서 학습하려는 성향, 모든 사람으로 하여금 삶의 과정에서 학습할 수 있도록 삶의 조건을 만들어 나가는 성향은 학교 교육이 가져올 수 있는 최상의 결과이다.

---

* Since in reality there is nothing to which growth is relative save more growth, there is nothing to which education is subordinate save more education. 이 말은 Dewey의 교육관을 나타내는 말로서 널리 인용되고 있다.

¶ 23_ 미성숙을 어른의 성취라는 고정된 표준에 비추어 비교적으로 정의하려는 생각을 버리면, 우리는 또한 미성숙을 '바람직한 특성이 결핍된 상태'로 생각하는 경향을 버릴 수밖에 없다. 이 생각을 버릴 때, 또한 우리는 교육*을 마치 지적으로 도덕적으로 빈 구멍에다가 지식을 부어 넣듯이 미성숙의 구멍을 메우는 방법인 양 생각하는 습관을 버릴 수밖에 없다. 삶은 곧 성장이므로, 살아 있는 인간은 아이 시절이나 어른 시절이나 할 것 없이 똑같이 참되게, 똑같이 적극적으로 살며, 똑같은 정도의 내재적 충만과 절대적 요구를 가지고 산다. 그리하여 교육**은, 연령층에 관계없이, 성장 또는 '잘 사는 것'***을 보장하는 조건을 마련해 주는 일이다. 보통의 생각은 그렇지 않다. 보통 생각으로 보면, 우리는 미성숙을 초조한 눈으로 보면서 그것은 될 수 있는 대로 빠른 시일 내에 극복해야 한다고 생각한다. 그러다가 이러한 관점에서 이루어지는 교육을 받아 어른이 되고 나서는, 아이시절과 청년 시절을 다시 초조한 눈으로 돌이켜 보면서 기회를 놓쳐 버렸다든지, 힘을 헛되이 낭비했다고 후회한다. 이 기이한 상황에서 벗어나려면, 삶은 그 자체의 내재적 의미§를 가지고 있다는 것, 그리고 교육의 하는 일은 그 의미를 실현하는 데에 있다는 것을 인정하지 않으면 안된다.

---

* instruction
** education
*** adequacy of life
§ intrinsic quality

¶ 24_ 삶이 곧 성장이라는 것을 알면 소위 '아동기의 예찬'*이라는 폐단에 빠지지 않는다. 아동기의 예찬이란 결국 안일한 溺愛익애에 불과한 것이다. 삶은 겉으로 나타나는 피상적인 행위나 흥미로 파악할 것이 아니다. 물론, 겉으로 보

기에는 순전히 빈둥대는 것처럼 보이는 것이 사실은 막 싹트기 시작하는 미숙한 힘의 표시인 경우도 있겠지만, 겉으로 드러나는 표시가 곧 결과** 그 자체는 아님을 명심하여야 한다. 겉으로 나타나는 표시는 어디까지나 성장의 가능성에 불과하다. 그것은 그 자체로서 귀히 여기고 배양할 것이 아니라, 발달의 수단으로서, 힘을 더욱 증진시키는 수단으로 활용되어야 한다. 피상적인 현상에 대하여, 격려의 형태로든지 심지어 비난의 형태로라도, 지나치게 관심을 가지는 것은 그것을 영원히 고정시키고 따라서 발달의 정체를 가져올 수 있다. 부모나 교사들에게 중요한 것은 과거에 어떤 충동이 있었는가가 아니라, 어떤 충동이 성장으로 나아가는가 하는 것이다. 미성숙에 대한 존중의 원리를 다음과 같은 에머슨의 말보다 더 잘 나타낸 말은 없을 것이다. "아이를 존중하라. 부모 노릇을 너무 하려고 하지 말라. 아이가 혼자 있는 상태에 침입하지 말라. 그러나 이렇게 말하는 순간에 빗발치듯 반론이 일어나는 것을 느낀다—당신은 참으로 공적, 사적 훈육의 고삐를 던져 버리려 하는가? 당신은 어린 아이들을 그들이 가지고 있는 열정과 변덕 속에 제멋대로 방치하고, 이 무법의 상태를 '아이의 천성에 대한 존중'이라고 부르는가? 여기에 대하여 나는 이렇게 대답한다—아이를 존중하라. 아이를 끝까지 존중하라. 그러나 또한 그대 자신도 존중하라. 아이를 훈련하는 데에 명심하여야 할 두 가지는, 천성으로 타고 난 것을 지키고 그 밖의 모든 것은 버리도록 하라는 것이다. 천성은 지키되, 어르렁대는 것, 빈둥대는 것, 멋대로 날뛰는 것은 못하도록 하라. 천성을 보존하여, 그 천성이 향하는 바로 그 방향으로 지식을 갖추도록 하라." 이렇게 말한 뒤에 에머슨은 계속해서, 아동 · 청년기에 대한 이러한 존중은 교사에게 안이하고 안일한 방법을 제시하기는 커녕, "교사의 시간과 사고와 삶에 굉장한 부담을 요구한다. 거기에는 시간과 숙달과 통찰과 사건, 모든 위대한 교훈과 신의 조력이 필요하다. 그렇게 할 생각을 하는 것만으로도 교사는 훌륭한 인격과 심오한 세계관을 가지고 있다고 말할 수 있다"고 말한다.

---

* '아동기의 예찬'이라는 것은 아동을 맹목적으로 떠받드는 것을 뜻한다.

** ends; 또는 '목적'.

| 요약 | ¶ 25_ 성장하는 힘은 다른 사람의 도움과 가소성에 달려 있다. 이 두 가지 조건은 아동기와 청년기에 가장 완벽하게 갖추어져 있다. 가소성, 즉 경험

으로부터 학습하는 능력은 습관의 형성으로 나타난다. 습관은 환경을 통제하여 그것을 인간의 목적에 맞게 활용하는 힘을 준다. 습관은 '타성'—즉, 유기체의 활동이 주위 환경과 일반적으로, 또 지속적으로 균형을 이루는 상태—의 형태를 취하기도 하고, 또한 새로운 조건에 맞추어 활동을 재조정하는 능동적 능력의 형태를 취하기도 한다. 전자는 성장의 배경을 이루며 후자는 성장을 가능하게 한다. 능동적 습관에는 능력을 새로운 목적에 적용하는 사고, 창의성, 자발성 등이 수반된다. 능동적 습관은 고정된 반복 행동과 반대되며, 이 후자는 성장의 정체를 의미한다. 성장은 삶의 특징이므로 교육은 성장과 완전히 동일하다. 교육은 그 자체 이외의 다른 목적을 가지지 않는다. 학교 교육의 가치를 판단하는 기준은 그것이 계속적인 성장에의 열의를 얼마나 일으키는가, 그리고 그 열의를 실천에 옮기는 수단을 얼마나 제공하는가에 있다.

제 5 장

준비설, 발현설 및 형식도야 이론

1 장래의 준비로서의 교육

¶ 1_ 앞에서 우리는 교육의 의미를 규정하면서, 교육의 과정은 계속적인 성장의 과정이며, 그 목적*은 각각의 단계에서 성장의 능력을 더해 주는 데에 있다고 말하였다. 이 교육관은 이때까지 교육을 이끌어 온 그 밖의 교육관들과 정면으로 대비된다. 여기서는 그 대비를 분명히 드러내면서, 이때까지 말한 교육관의 의미를 더욱 명백하게 부각시키고자 한다. 우리가 먼저 고찰하고자 하는 교육관은 교육을 장래의 준비로 보는 교육관이다. 여기서 준비라는 것은, 말할 것도 없이, 성인생활의 책임과 특권에 대한 준비를 말하는 것이다. 아이들은 아직 본격적인 의미에서의 사회 구성원이 아니며, 성인의 후보생으로서, 자기의 차례를 기다리는 단계에 있다고 보는 것이다. 이 생각을 약간 뒤로 더 연장하면, 어른의 삶도 그 자체의 의미를 가지는 것이 아니라 '저 세상'을 위한 준비로서 대기상태에 있다는 말이 된다. 이렇게 볼 때, 이 생각은 성장을 소극적으로, 또는 '결핍'의 측면에서 파악하는 것과 동일하다. 그것에 관해서는 이미 앞에서 비판한 바 있기 때문에, 여기서는 그 비판을 되풀이하지 않고, 다만 교육을 장래의 준비로 보는 데서 생기는 폐단에 관하여 말해 보겠다.

---

* aim

¶ 2_ 첫째로, 이 교육관에 입각한다면, 교육은 그 추진력을 잃어 버린다. 즉, 동기가 충분히 활용되지 않는 것이다. 아이들은, 흔히 말하듯이, 현재에 산다.

이것은 피할 수 없는 사실이 아니라, 그 이상으로, 쌍수를 들고 환영해야 할 사실이다. 순전히 미래로서의 미래라는 것에는 긴박성과 구체성이 없다. 무엇을 준비해야 할지, 왜 준비해야 하는지 모르는 상태에서 무엇인가에 대하여 준비를 한다는 것은 준비의 사닥다리를 팽개쳐 버리는 것이요, 막연하고 불확실한 것에서 동기를 찾는 것이 된다. 이러한 경우에는, 둘째로, 이리저리 망설이며 무작정 뒤로 미루는 것밖에, 달리 방도가 없다. 준비를 갖추어야 할 미래는 멀리 떨어져 있고, 그것이 현재로 되기까지에는 많은 세월이 가로놓여 있다. 그 준비를 갖추는 데에 서둘러야 할 이유가 어디에 있는가? 게다가 현재는 현재대로 신나는 일을 할 기회를 얼마든지 제공하고 있고 모험을 하도록 강하게 마음을 유혹하기 때문에, 미래의 준비를 뒤로 미루려는 욕망은 더욱 커진다. 주의와 정력은 자연히 현재의 기회와 유혹에 쏠리기 마련이다. 교육은 이와 같이 현재에 몰입한 결과로 자연히 나타나게 될지도 모르지만, 이 경우의 교육은 현재의 조건을 교육의 목적에 맞도록 최대한의 노력을 기울이는 경우에 비하면, 효과가 절반도 되지 않을 것이다. 장래의 준비로서의 교육관이 가지고 올, 셋째의 바람직하지 못한 결과는 교육을 받고 있는 개인의 특수한 능력이 당연히 겨냥해야 할 표준을 보통 평균적으로 기대되고 요구되는 표준으로 대치하게 된다는 것이다. 개인의 강점과 약점을 엄밀하고 정확하게 판단하여 교육을 하는 것이 아니라, 일반적으로 아이들이, 멀건 가깝건 간에, 장차 평균적으로 무엇을 하게 되어 있는가에 대한 막연하고 불확실한 의견에 따라 교육을 하는 결과가 된다. 말하자면, 일년 후에 학년이 올라갈 때, 대학에 갈 때쯤, 또는 그러한 예비 단계가 아니라 본격적인 '어른의 삶'을 시작할 때, 아이들이 무엇을 해야 하는가를 생각하여 교육을 한다는 것이다. 아이들을 교육함에 있어서 전략적으로 유리한 점에 주의를 기울이지 않고 비교적 소득없는 점에 눈을 돌리는 데서 생기는 손실은 이루 말할 수가 없다. 이 교육관의 문제점은 바로 그것이 성공한다고 생각하는 그 점—즉, 장래를 위하여 준비시킨다는 점—에서 가장 실패한다는 데에 있다.

¶3_ 마지막으로, 미래의 준비라는 교육 원리는 쾌락과 고통이라는 외적 동기에 대대적으로 의존할 수밖에 없도록 한다. 현재의 가능성과 단절된 미래는 교육을 자극할 수도, 지도할 수도 없으며, 따라서 이 경우에 교육이 일어나도록 하려면 바깥에서 무엇인가 걸어 매는 것이 있어야 한다. 여기에 동원되는 방법

이, 잘하면 상을 준다는 약속, 잘못하면 벌을 준다는 위협이다. 건전한 일, 현재가 요구하는 바에 따라 또 삶의 한 요소로서 하는 일은 대체로 그런 외적 동기에 의존함이 없이 이루어진다. 이런 일의 자극은 우리가 실제로 당면하는 사태 안에 있다. 그러나 이 당면한 사태를 무시할 때에 우리는 학생들에게, 정해진 길을 따르지 않으면 벌을 받게 된다든가, 그대로 따라 하면 언젠가는 현재의 희생에 상응하는 대가를 받게 된다는 말을 일부러 해주어야 한다. 미래에 대한 준비를 시켜준다는 명목으로, 현재의 가능성을 소홀히 하는 교육 체제가 얼마나 벌에 의존하는가 하는 것은 모르는 사람이 없다. 그러나 또한, 이 방법이 몰인정하고 비효율적이라는 데에 진절머리가 나면, 이번에는 흔들이의 추가 반대 극단으로 나가서, 훗날 언젠가 필요하게 될 정보에 사탕발림을 하여, 학생들이 현재 원하지 않는 것들을 속아서 받아들이도록 할 가능성이 있다.

¶ 4_ 진짜 문제는, 물론, 교육이 장래를 준비해 주어야 하는가 아닌가에 있는 것이 아니다. 만약 교육이 성장이라면, 교육은 당연히 현재의 가능성을 점차적으로 실현하도록 해주어야 하며, 따라서 개인으로 하여금 나중의 문제를 해결하는 데에 더 적합한 사람이 되도록 하여야 한다. 성장이라는 것은 예기치 않던 순간에 갑자기 완성되어 버리는 것이 아니라, 끊임없이 미래로 이끌어가는 일이다. 만약 학교 안이건 밖이건 간에, 환경이 현재 미성숙한 인간의 역량을 적절하게 활용하는 조건을 제공한다면, 현재의 연장인 미래는 저절로 해결되는 셈이다. 잘못은 장차의 필요를 위한 준비를 중요시하는 데에 있는 것이 아니라, 그것을 현재의 노력의 주된 원천으로 삼는 데에 있다. 끊임없이 발달하는 삶을 위하여 준비를 갖출 필요가 크면 클수록, 현재의 경험을 될 수 있는대로 풍부하고 의의있게 하도록 노력을 경주하는 일이 절대적으로 필요하다. 이렇게 하면, 현재가 어느 틈엔가 미래로 연결되며 그에 따라 미래 문제는 저절로 해결된다.

2 발현* 으로서의 교육

¶ 5_ 우리가 생각해 보려고 하는 둘째 교육관은 발달**의 개념에 기초를 둔 것으로 알려져 있다. 이 교육관을 주장하는 사람들은 그것이 '발달'의 개념에 기초를 두고 있다고 말하지만, 사실상 이 교육관은 한쪽 손으로 하고자 하는 일을

다른쪽 손으로 못하게 한다고 볼 수 있다. 왜냐 하면, 이 교육관에서 발달이라고 하는 것은 계속적인 성장을 뜻하는 것이 아니라, 내재해 있는 힘이 고정된 목표를 향하여 전개되어 나가는 과정을 뜻하는 것이기 때문이다. 목표는 완결 또는 완벽을 나타낸다. 이 목표에 도달하기까지의 삶은 어느 단계에 있어서든지 그 목표로 향하여 나아가는 과정에 지나지 않는다. 논리상으로 보면, 이 교육관은 앞에서 말한 준비설의 한 가지 변형된 형태에 불과하다. 실제에 있어서 두 이론의 차이는, 준비설을 주장하는 사람들은 실제적, 직업적 임무에 준비시키는 것을 강조하는 반면에, 발달설을 주장하는 사람들은 관념적 정신적 면에서의 원리의 발현을 중요시한다는 데에 있다.

---

* unfolding; 이것은 '내부로부터의 발달'을 가리키며, 그런 뜻에서 '발달'이라고 번역해도 무방할 것이다. 사실상, 본문에서도 unfolding을 development와 밀접하게 관련된 것으로 보고, 두 단어를 서로 바꾸어 쓰고 있다.

** development

¶ 6_ 성장이나 진보라는 것이 최종의 고정된 목표를 향하여 조금씩 나아가는 과정이라는 식의 생각은 삶을 정적인 것으로 이해하는 것에서 동적인 것으로 이해하는 것으로 넘어가는 과도기에서 가장 마지막으로 나타나는 그릇된 생각이다. 그러한 생각은 삶을 동적인 것으로 이해하는 사고방식을 흉내낸다. 성장을 그런 식으로 생각하는 사람들은 늘 발달이라든가 과정이라든가 진보라든가 하는 말을 입에 올린다. 그러나 그들에게 있어서 이런 것들은 오직 잠깐 동안 거쳐 지나가는 단계를 나타내는 것에 지나지 않으며, 그것들이 그 자체로서 의미를 가진 것이라고는 생각되지 않는다. 그런 것들은 현재 진행되고 있는 것과는 멀리 떨어진 그 무엇을 '향하여' 나아가는 것으로서만 의미를 가진다. 그들에게 있어서 성장이라는 것은 완성된 상태를 향하여 나아가는 과정에 불과하며, 따라서 최종적인 이상은 고정 불변의 것으로 생각된다. 추상적이고 불확실한 미래가 현재의 힘과 기회를 통제하며, 이 과정에서 현재는 별로 중요하지 않은 것으로 간주되고 만다.

¶ 7_ 발달의 표준, 즉 '완벽'이라는 목표는 멀리 떨어져 있어서 우리의 손이 닿지 않는 곳에 있기 때문에, 그 목표는 엄밀히 말하여 달성 가능한 것이 아니

다. 따라서, 그것이 현재 우리의 활동을 이끌기 위해서는 무엇인가 구체적인 대용물이 있어야 한다. 그렇지 않으면, 우리는 아이들이 하는 일은 무엇이든지 '내부로부터의 발달'을 나타내는 것으로, 또 따라서 신성불가침한 것으로 볼 수밖에 없을 것이다. 그 이상적인 목적을 대표하는 모종의 구체적인 기준을 설정하여 현재의 태도나 행동이 그 이상으로 가까이 가는지 아니면 멀어지는지를 판단하지 않으면, 우리가 할 수 있는 일은 오직 아이의 정상적인 발달을 방해하지 않도록 모든 환경의 영향력을 제거하는 것 뿐이다. 그렇게는 할 수 없기 때문에, 구체적인 대용물을 설정한다. 대부분의 경우에 이 대용물이라는 것은, 말할 필요도 없이, 어른이 아이에게 습득시키고자 하는 지식이나 태도이다. 그러므로 교사는 '암시적 질문'이나 그밖의 교육적 방안을 써서, 교사가 바라는 것을 학생으로부터 '이끌어 내려고'한다. 그리고 바라는 것이 얻어지면, 교사는 아이가 '올바르게 발달'하고 있다고 생각한다. 그러나 일반적으로 말하여, 학생은 교사가 바라는 방향으로 나아가는 데에 하등의 자율적인 추진력을 가지고 있지 않으며, 그렇기 때문에, 거기서 얻어진 결과는 무작정 교사가 바라는 대로 한 나머지 어쩌다가 얻어진 것이다. 여기서 학생은 교사가 제시하는 단서에 의존하는 습관을 형성하게 된다. 이런 방법이 교육의 참된 원리를 흉내낸다는 바로 그 이유에서, 또 그러면서도 참된 원리를 따른다고 공언한다는 바로 그 이유에서, 그것은 공공연하게 '일러주는'식의 교육보다 더 해를 끼친다. '일러주는' 교육에서는 적어도 학생 스스로가 어떻게 하는가에 따라 다소간은 교육의 성과가 나타나는 것이다.

¶ 8_ 철학사조에서 보면, 절대 불변의 목표의 구체적인 대용물을 제시하려는 시도로서 두 가지 대표적인 이론을 들 수 있다. 이 두 가지는 모두 인간의 삶에 '내재해 있는'* '총체' 또는 '절대자'의 개념에서 출발한다. 완전무결한 이상이라는 것은 그냥 이상이 아니라, 현재 여기에 작용하고 있다. 그러나 이 두 이론에서 보는 이상은 오직 암시적으로, 또는 '잠재적으로', 또는 숨겨진 상태로 현재에 들어 있다. 이 두 이론에서 보는 발달은 이와 같이 숨겨져 있는 것이 점차 명시적으로, 바깥으로 드러나는 과정을 뜻한다. 이 두 이론의 주창자는 프뢰벨과 헤겔인데, 이 두 사람은 완전한 이상이 점차적으로 실현 또는 外顯외현되는 과정에 대하여 서로 다른 생각을 가지고 있다. 헤겔에 의하면, 그 과정은 '절대자'의 상이한 측면을 구현하는 역사적 제도를 통하여 이루어진다. 프뢰벨에 의하면, 그 과정은 '절대자'의 본질적 특성에 상응하는 상징, 특히 수학적 상징을

제시함으로써 이루어진다. 이 상징을 아이들에게 제시하면, 아이의 마음속에 잠자고 있던 '총체' 또는 '완벽상태'가 깨어난다는 것이다. 유치원에 가본 사람은 누구든지 아이들이 둥그렇게 앉아 있다는 것을 알 것이다.** 이와 같이 둥그렇게 둘러 앉는 것은 그것이 아이들을 앉히는 방법으로서 편리하다는 것만으로는 충분히 설명되지 않는다. 프뢰벨에 의하면, '원이라는 것은 인간의 집단생활을 나타내는 상징이기 때문에' 그렇게 앉아야 한다는 것이다.

---

* immanent

** Froebel은 유치원(kindergarten) 교육의 창시자로 알려져 있다.

¶ 9_ 프뢰벨은 아이의 타고난 능력이 중요하다는 것을 인정하였고, 아이들을 사랑으로 돌보았으며, 아이들에 대하여 연구하도록 사람들을 종용하였다. 이러한 것은 현대 교육이론에서 성장의 개념에 관한 일반적인 인식을 가져오는 데에 아마 둘도 없이 중요한 영향을 끼쳤다고 볼 수 있을 것이다. 그러나 발달에 관한 그의 설명 방식, 그리고 발달을 촉진하는 교육 방법에 관한 그의 생각은 그가 발달을 '기성의 잠재적 원리의 자연적 발현'으로 생각했다는 사실로 말미암아 그릇된 방향으로 나아갔다. 프뢰벨은, 성장은 성장이요 발달은 발달이라는 점을 올바르게 인식하지 못했고, 따라서 완성된 산물로서의 최종 목표에 강조점을 두었다. 그리하여 프뢰벨이 설정한 목표는 성장의 정지를 뜻하는 것이 되고, 이 기준은 아이의 타고난 힘을 즉각적으로 지도하는 데는 소용없게 된다. 프뢰벨이 그 이론을 추상적이고 상징적인 공식으로밖에 설명할 수 없었던 것은 이 점으로 보아 매우 당연한 일이다.

¶ 10_ 내부에 잠재해 있는 요소의 완전한 발현이라는, 현재와 멀리 떨어진 목표는, 철학의 전문 용어를 써서 표현하자면, '선험적인'* 목표이다. 말하자면, 직접적인 경험과 지각을 초월한다는 것이다. 경험과 관련해서 말하면, 그러한 목표는 공허하다. 그것은 지력으로 파악되고 진술될 수 있는 구체적인 내용을 나타내는 것이 아니라 막연한 정서적 포부를 나타낸다. 이 막연한 부분을 채워주는 데에는 모종의 선험적 공식**이 사용될 수밖에 없다. 프뢰벨의 경우에, 경험의 구체적인 사실과 발달의 선험적 이상을 관련짓는 방법은 전자가 후자의 상징이 된다고 보는 것이었다. 이미 알려져 있는 사실을 상징으로 보는 것, 그

것도 순전히 임의적인 선험적 공식에 의하여 그렇게 보는 것은—어떤 선험적인 주장이든지 결국은 임의적일 수밖에 없다—낭만적인 환상이며, 이 환상에 비추어 그럴 듯하게 보이는 비유는 무엇이든지 법칙인양 취급된다. 그러한 상징주의적인 설명이 일단 정착되고 나면, 다음 과제는 모종의 구체적인 수업기술을 고안하여, 교사가 제시하는 상징의 내적 의미가 아이들에게 전달될 수 있도록 하는 것이다. 이 경우에는 상징을 만들어낸 어른이 당연히 그 수업 기술을 고안하고 주도할 수밖에 없다. 그리하여, 프뢰벨은 비록 아동의 심리에 관하여 동정적인 이해를 가지고 있었지만, 그 이해는 그의 추상적인 상징주의의 폐단에 묻혀버렸고, 올바른 의미에서의 '발달' 대신에, 교육사상 일찍이 볼 수 없었던 임의적이고 외부적인 강요에 의한 통제식 교육이 자리잡게 되었다.

* transcendental; 철학적 용어로서의 이 단어는 앞의 ¶8에 사용된 immanent에 대비된다.
** *a priori* formula

¶ 11_ 헤겔에 있어서, 손닿지 않는 '절대자'의 현실적 구체적인 대용물은 상징이 아니라 제도의 형태를 취하였다. 프뢰벨의 경우와 마찬가지로, 헤겔의 철학도 어떤 면에서 보면 삶의 과정을 올바르게 파악하는 데에 무시할 수 없는 중요한 공헌을 한 것이 사실이다. 추상적인 개인주의적 철학의 약점을 그는 잘 알고 있었다. 그는 역사적 제도를 한꺼번에 쓸어 없앨 수 없다는 것을 알았고, 제도라는 것을 술책에서 생겨나서 사기로 양육된 폭군인양 취급해서는 안된다는 것도 알았다. 역사와 사회에 관한 헤겔의 철학은 레싱, 헤르더, 칸트, 쉴러, 괴테* 등, 일련의 독일 사상가들의 계속적인 노력을 집대성한 것으로서, 인간의 집단 생활의 위대한 산물로서의 제도가 심각한 교육적 영향력을 가지고 있다는 것을 올바르게 인식하는 데에 그 초점이 있었다. 이 독일 사상 운동의 의미를 파악한 사람의 눈으로 보면, 이제 제도나 문화를 가공적인 것으로 파악하기는 불가능게 되었다. 그 운동은 마음을 '벌거숭이의 개인'**이 태어날 때부터 가지고 있는 이성의 능력이라고 보는 심리학을, 비록 사실상으로는 아니라 하더라도 관념상으로는, 완전히 파괴하였고, 그 대신에 언어, 정치 제도, 예술, 종교 등, 이른바 '객관적 마음'***이 개인의 마음을 형성하는 데에 근본적으로 중요하다는 것을 주장하였다. 그러나 헤겔은 절대적 목적이라는 것에 마음이 사로잡혀 있었으며, 따라서 현재 구체적으로 존재하는 그대로의 제도를, 그 절대적 목적에 접근해 있

는 정도에 따라 단계별로 배열할 수밖에 없었다. 각각의 단계는 '절대정신'이 그 스스로를 실현해 나가는[§] 과정에 있으며, 따라서 각 단계의 제도는 그 시대, 그 장소에서 절대적으로 필요하다. 그 자체로서 보면 각각의 단계는 '총체', 즉 '절대 이성'[§§]의 필수불가결한 요소로서, 각 단계가 존재한다는 것 그 자체는 그것이 완전한 합리성을 구현한다는 증거가 된다. 있는 그대로의 제도에 대해서 개인은 하등의 정신적 권리가 없다. 개인의 발달이라든가 양육이라는 것은 현존하는 제도의 정신을 고분고분 받아들이는 것을 의미한다. 변형[§§§]이 아닌 동화가 교육의 본질인 것이다. 역사가 보여주는 바와 같이, 제도가 변하는 것은 사실이지만, 이 제도의 변화는, 국가의 흥망과 마찬가지로, '세계정신'의 작용이다. 개인은, 세계정신의 선택된 수족인 몇몇 위대한 '영웅들'을 제외하고는, 세계정신의 작용에 하등의 역할도 수행하지 않는다. 이것이 헤겔의 생각이다. 십구세기 후반에 와서 이러한 식의 관념론은 생물학의 진화이론과 융합을 이루게 되었다. '진화'라는 것은 그 자체의 목적을 향하여 그 자체의 추진력으로 나아가는 힘이라고 생각되었다. 그것에 대하여, 또는 그것에 비하여, 개인의 의식적인 생각이나 선택은 완전히 무기력한 것이었다. 아니면, 차라리 개인의 생각은 오직 진화의 자기전개를 돕는 수단에 불과하였다. 사회 진보는 실험에 의한 선택에 의하여 이루어지는 것이 아니라 '유기적 성장'을 나타내는 것이라고 생각되었다. 이성의 힘은 인정되었지만, 오직 '절대이성'만이 그 힘을 가진 것으로 생각되었다.

---

* Lessing, Herder, Schiller, Goethe.

** 여기서 '벌거숭이의 개인'이라는 표현은 아래에서 말하는 '제도의 영향을 받지 않은 개인'을 나타낸다.

*** 'objective mind'; 철학의 관례를 따른다면 이것은 '객관적 정신'이라고 번역하는 편이 옳을지 모르지만, 여기서는 개인의 (주관적) '마음'과 대비시키는 의도가 있다고 생각되므로 '객관적 마음'이라고 번역하였다. '객관적 마음'은 이 문단에 사용된 '절대정신', '절대이성', '세계정신'과 의미상 관련을 맺고 있는 것으로서, 그것은 '개인의 마음'과는 구별되는 '제도의 마음', 즉 제도에 구현된 정신적 요소를 가리킨다. ('절대정신', '세계정신' 등에서 '정신'에 해당하는 영어 단어는 Spirit이다.)

§ '스스로를 실현한다'는 것에 해당하는 표현은, 흔히 '자아실현'으로 번역되는 self-realization이다. 그러나 '절대정신'에 적용되는 self-realization은 흔히 교육의 의미를 규정하는 것으로 사용되는 self-realization과 현격한 차이가 있다. 후자는 '개인'에 해당하는 것으로 생각되는 반면에, 전자는 '절대정신'이 역사적 제도를 통하여 스스로를 점점 더 완전히 드러내는 과정을 가리킨다.

§§ Reason (R 대문자)

§§§ 듀이가 보는 교육이 '동화'가 아닌 '변형'과 관계를 맺고 있다는 점에 관해서는 4장 2절 (¶¶14 ff) 참조.

¶12_ 헤겔이, 위대한 역사적 제도가 지적인 면에서의 마음을 양육하는 데에 적극적인 작용을 한다는 것을 인정한 것은 (이러한 생각은 희랍인들에게는 잘 알려져 있었다는 점에서, 차라리 '재발견'했다고 말하는 것이 옳을 것이다) 교육 철학에 큰 공헌을 한 것이다. 그것은 루소보다는 확실히 진일보한 생각이다. 루소는, 교육은 천성을 개발하는 과정이요 개인의 외부로부터 무엇인가를 강제로 접목시키는 식이어서는 안된다는 올바른 주장을 했지만, 사회 상태는 '자연'*이 아니라는 주장 때문에 그릇된 방향으로 빗나가 버렸다. 그러나 헤겔의 이론은 그 반대편으로 치달아서, 발달**이라는 것을 완전한 총체적 목표를 지향하는 것으로 해석한 나머지, 추상적인 '개인'***은 한없이 확대해 놓은 대신에 구체적인 사람으로서의 '개인'은 이론 속에 파묻어 버리고 말았다. 헤겔의 후계자들 중의 몇몇은 두 개의 대립되는 요소로서의 '총체'와 '개인'을 조화시키는 방법으로서, 사회를 유기적 전체 또는 유기체로 파악하려고 하였다. 개인이 그 능력을 적절하게 발휘하는 데에 사회 조직이 그 전제가 된다는 것은 의심할 여지가 없다. 그러나 사회적 유기체라는 것은, 만약 몸의 기관이 서로서로, 또는 몸 전체와 관련을 맺고 있는 것과 같은 뜻으로 해석하면, 각 개인은 전체 속에서 오직 제한된 위치와 기능밖에 가지고 있지 않다는 뜻을 나타내며, 이것은 다른 기관(즉, 다른 개인)들의 위치와 기능에 의하여 보충되어야 한다는 뜻을 나타낸다. 신체 조직의 부분들이 각각 분화하여, 한 부분은 손이요 오직 손의 일만 할 뿐이며, 다른 부분은 눈이요 오직 눈의 일만 할 뿐이라는 식으로, 그것들이 모두 합쳐져야 유기체를 이루는 것과 마찬가지로, 사회내의 개인들도 분화하여, 한 사람은 사회를 기계적으로 조작하는 일을 하며 또 한 사람은 정치가의 일, 또 한 사람은 학자의 일 등등을 한다는 것이다. 그리하여 '사회유기체설'은 사회 조직에서의 계층 구분을 철학적으로 정당화하는 데에 사용되며, 이 생각은 교육에 있어서는, 성장이 아닌 외부적 통제를 교육이라고 보는 견해를 지지하게 된다.

---

* 여기서 '자연'이라는 단어는 이 문장에 나오는 '천성의 개발'이라는 표현에서의 '천성'에 해당하는 단어와 동일하게 nature, natural이다.

** '발달'은, 다시, '천성의 개발'에서의 '개발'과 마찬가지로 development이다.

*** The Individual

3 部所能力부소능력*의 훈련으로서의 교육

¶13_ 교육을 성장과 관련지어 규정하는 생각보다 앞서서 나타나서 현재까지 굉장한 세력을 가지고 있었던 교육이론은 '형식도야 이론'**이라고 불린다. 이 이론이 추구하는 이상은 올바른 것이었다. 즉, 교육이 나타내어야 할 성과가 있다면, 그것은 몇 가지 구체적인 능력의 창조여야 한다는 것이다. 훈련***을 받은 사람은 훈련을 받지 않은 사람에 비하여, 자기에게 중요한 일을 더 잘 할 수 있는 사람이라는 것이다. 여기서 잘 한다는 것은 더 쉽게, 더 효율적으로, 더 경제적으로, 더 빨리 한다는 뜻이다. 이것이 교육의 '성과'라는 점에 있어서는 앞에서 말한 바, 습관이 교육 또는 발달의 산물이라는 점과 다를 바 없다. 그러나 여기서 문제삼는 형식도야 이론은 말하자면 지름길을 질러가는 식으로서, 다음에 곧 열거하는 것과 같은 몇 가지 능력을 단순히 성장의 '결과'로 보는 것이 아니라 직접적 의식적인 수업의 '목적'으로 본다.§ 이 이론에서는 마치 골프 선수가 몇 가지 지정된 타법을 마스터해야 하는 것과 같이, 몇 가지 명확하게 한정된 능력을 훈련해야 한다고 주장한다. 따라서, 이 이론에 의하면, 교육이 해야 할 일은 직접 그러한 능력들을 훈련시키는 것으로 된다. 그러나 이렇게 생각하는 데에는 그러한 능력들이 이미 사람의 마음속에 '훈련되지 않은' 형태로 존재한다는 것을 가정하지 않으면 안된다. 이것을 가정하지 않으면 그 능력을 창조하는 일은 그 밖의 다른 활동이나 작용의 부수적인 산물로 간주될 수밖에 없을 것이다. 그 능력이 비록 조잡한 형태로나마 있기 때문에, 남은 일이라고는 그것을 끊임없이 점점 세련된 형태로 반복적으로 연습하도록 함으로써 마침내 세련되고 완성되도록 하는 것뿐이다. 이러한 교육관에 붙여진 '형식도야'라는 이름에서 '도야'라는 말은 훈련의 '결과', 즉 능력이 생기는 것과 훈련의 '방법', 즉 반복적인 연습을 동시에 가리킨다.

---

* faculties: 이것은 '능력심리학'(faculty psychology)에서 말하는 '능력'을 뜻한다. 능력심리학에서는 우리 머리 속에, 이하 본문(¶14)에 열거되어 있는 바와 같이, 지각, 기억, 추리 등, 특정한 능력들을 담당하는 부위가 있다고 가정한다. 여기서 말하는 faculty라는 것은 각각의 능력을 맡은 부위 또는 그 부위에서 담당하는 능력을 가리킨다. 이런 뜻에서 그것을 '부소능력'이라고 번역하는 것이 좋을 것이다. 본문에서 드러나는 바와 같이, 교육이론으로서의 '형식도야 이론'은 심리학 이론으로서의 '능력심리학'과 밀접한 관련을 맺고 있다. 형식도야 이론에 의하면 교육은 능력심리학에서 말하는 '부소능력'들을 훈련하기 위한 것이며, 능력심리학은 형식도야 이론의 심리학적 기초를 제공해 준다.

** theory of formal discipline
*** training; '형식도야 이론'의 '도야'(discipline)라는 단어는 '훈련', '훈육'의 의미도 가지고 있으며, 때로는 '학문', '학문분야'를 뜻하기도 한다.
§ 여기서 Dewey는 성장의 '결과'(results)와 수업의 '목적'(aims)을 정면으로 대비시키고 있다.

¶14_ 형식도야 이론에서 말하는 능력의 형식들은 지각, 파지, 재생, 연상, 주의집중, 의지력, 감정, 상상, 사고 등이며, 이런 것들이 학습 자료에 대한 연습을 통하여 틀이 잡히게 된다. 이 이론은, 고전적인 형태로서는, 로크*에 의하여 주장되었다. 이 이론에 의하면, 한편으로는 외부 세계가 있어서, 이것이 수동적인 감각기관을 통하여 지식의 자료 또는 내용을 불어넣어 준다. 또 한편으로는 주의집중, 관찰, 파지, 비교, 추상, 종합 등 이성의 능력들을 갖춘 마음이 있다. 그리하여 마음이 자연계에서 집합, 이산하는 사물을 분간하고 관련지으면 지식이 생긴다. 그러나 교육의 입장에서 볼 때 중요한 것은 마음에 갖추어진 능력들을 연습하여서 그 능력들이 철저하게 확립된 습관으로 조직되도록 하여야 한다는 것이다. 이 과정은 당구를 치는 사람이나 운동선수들이 특정한 근육을 한 가지 방식으로 계속해서 사용하면 마침내 기술이 자동화된다는 사실에 늘 비유되어 왔다. 심지어 '사고'라는 부소능력도 단순한 구분을 하고 또 그 결과를 이리저리 결합시켜 보는 반복적인 연습을 통하여, 훈련된 습관으로 굳어지도록 할 수 있다는 것이며, 로크가 생각하기에, 수학은 이 훈련을 위한 둘도 없는 기회가 된다는 것이다.

* John Locke; Locke의 이론에 관해서는 앞의 3장 ¶13에서 이미 논평된 바 있다.

¶15_ 로크의 이러한 생각은 그 당시의 이원론적 사고와 잘 부합되었다. 그 생각은 마음과 물질, 개인과 세계의 양쪽을 모두 고려하는 것으로 보였던 것이다. 이 양자 중에서 한쪽*은 지식의 '내용', 다시 말하면 마음의 작용이 관계해야 할 대상을 제공하며, 다른 한쪽은 불과 몇 가지 안 되는 것으로 확정된 마음의 '능력'을 제공하는 것으로서, 이 마음의 능력은 특정한 연습에 의하여 훈련될 수 있는 것으로 생각되었다. 이 방안은 지식의 내용에도 응분의 강조를 두면서, 그와 동시에 교육의 목적은 단순히 정보를 받아들이고 저장하는 데에 있는 것이 아니라 주의집중, 기억, 관찰, 추상, 일반화 등, 개인의 능력을 형성하는

데에 있다는 점을 강조하였다. 지식의 재료는 어떤 것이든지 밖에서 온다는 것을 강조한 점으로 보면, 그것은 실재론의 입장을 취한다고 볼 수 있고, 지적 능력의 형성에 최종적인 강조점을 둔다는 점으로 보면 그것은 관념론의 입장을 취한다고 볼 수 있다. 개인은 혼자서는 하등의 참된 관념을 가질 수도, 만들어 낼 수도 없다는 것을 주장한 점으로 보면 그것은 객관적이고 비주관적인 입장을 나타내며, 교육의 목적을 개인이 처음부터 소유하고 있는 몇몇 능력의 완성에 둔다는 점에서 보면 그것은 개인주의적인 입장을 나타낸다. 이와 같이 가치를 양쪽에 골고루 분배하는 사고방식은 로크에서 이어지는 세대의 지적 분위기를 잘 대변해 주고 있다. 형식도야 이론은 명백히 로크의 사상과 관련지어지지 않은 채, 그후 교육이론과 심리학 이론의 상식처럼 되어 왔다. 교육의 실제면에서 보면, 형식도야 이론은 교육자의 과제를 종래의 막연한 것에서 확실한 것으로 만드는 데에 공헌하였다. 그 이론에 의하면 자세한 수업기술을 고안해 내는 일은 비교적 간단하였다. 즉, 각각의 능력을 충분히 연습할 수 있도록 기회를 주기만 하면 되었던 것이다. 이 방법은 곧 주의집중, 관찰, 기억 등등의 행위를 '반복하도록' 하는 것이다. 이들 행위를 난이도에 따라 배열하고, 그것을 반복할 때 먼저 것보다 나중 것을 약간 더 어렵게 하면 수업의 완전한 방안이 나서게 되는 것이다.

* 여기서 '한쪽'은, '마음과 물질, 개인과 세계'의 대비에서, '물질과 세계'쪽을 가리키며, 아래의 '다른 한쪽'은 '마음과 개인'을 가리킨다.

¶16_ 형식도야 이론의 이론적 기초와 교육방법상의 적용을 비판하는 데는 여러 가지 관점이 있을 수 있고, 이 관점들은 동일한 정도의 타당성을 가지고 있다. (1) 아마 가장 직접적인 비판은, 관찰, 기억, 의지력, 사고 등등, 소위 원래의 능력들이라는 것이 순전한 허구라는 점을 지적하는 것이다. 그런 기성의 능력들이 있다든가, 그것을 연습에 의하여 훈련할 수 있다든다 하는 것은 있을 수 없다. 진짜로 있는 것은 다수의 생득적 경향, 본능적인 행동양식이며, 이것은 중추신경계의 원초적인 신경조직에 기초를 두고 있다. 말하자면, 눈은 빛을 따라서 시선을 고정하는 충동적 경향을 가지고 있으며, 목 근육은 빛이나 소리 있는 쪽으로 고개를 돌리는 경향, 손은 뻗어서 잡고 돌리고 비틀고 치고 하는 경향, 성대는 소리를 내는 경향, 입은 역겨운 물체를 배앝는 경향과 입술을 다

물고 오므리는 경향 등등, 이루 헤아릴 수 없는 충동적 경향들이 있는 것이다. 그러나 이런 경향은 ㈎ 소수의 서로서로 명확히 구분되는 것들이 아니라, 한없이 다양한 것들이 온갖 미묘한 방법으로 서로 얽혀 있는 것이다. 또한, 그것들은 ㈏ 연습을 통하여 완성될 수 있는 잠재적인 있는 지적 능력이 아니라, 환경의 변화에 특정한 방식으로 반응하여 다른 변화들을 일으키는 경향들이다. 목구멍에 이물이 들어가면 기침을 한다. 이것은 그 이물을 뱉아내어서 이후의 자극을 수정하려는 경향을 나타낸다. 손이 뜨거운 물건을 만지면 충동적으로, 완전히 부지불식간에 손을 뗀다. 이때 이 손을 떼는 행동은 손에 오는 자극을 변화시켜서 유기체의 필요에 더 적합한 자극이 되도록 한다. 이와 같이, 환경의 특정한 변화에 대한 반응으로서 유기체의 활동이 특정한 방향으로 변화하는 것, 그것이 바로 앞에서(3장 ¶¶2ff.) 말한 환경의 통제가 일어나는 과정이다. 아주 어릴 때에는 보는 것, 듣는 것, 만지는 것, 냄새 맡는 것, 맛보는 것이 모두 이런 종류에 속한다. 그렇지만 그런 행동에는 엄밀한 의미에서의 지적 요소라는 것이 들어 있지 않으며, 그것을 아무리 반복해서 연습한다 하더라도 관찰, 판단, 의지 등, 지적 요소가 부가될 수 없는 것이다.

※ 이 문단에서 Dewey는 형식도야 이론에서 보는 '마음'과 자신이 보는 '마음'을 대비시키고 있다. 형식도야 이론에서 마음은 생득적으로 완성된 '부소능력'임에 비하여, Dewey는 마음을 '자극에 대한 다양한 반응 경향'이라고 본다. 그런데, 마지막 부분의 설명에는 주석자로서 납득하기 어려운 점이 있다. 즉, 어릴 때의 감각 활동은 환경을 통제하는 활동(즉, 적응)이라고 말하면서, 동시에 그것은 지적 요소를 포함하지 않고 따라서 아무리 반복 연습하더라도 지적 요소가 생기지 않는다는 설명이다. 이것은 환경 통제 활동(즉, 적응)에 지적 요소가 필수적으로 개입한다는 앞의 설명(3장)과 어긋난다는 느낌을 준다. 그렇지만 형식도야 이론에 대한 Dewey의 비판이 전반적으로 타당한가 아닌가 하는 문제는 이것과는 별개의 문제이다.

¶17_ (2) 그와 마찬가지로, 우리가 원래 가지고 있는 충동적 활동을 '훈련'하는 것도, 마치 연습으로 근육을 단단하게 하는 것과 같은 식의, '연습'*에 의하여 세련시키고 완성시키는 과정이 아니다. 그 과정은 차라리 ㈎ 어떤 특정한 시점에서 일어나는 산만한 반응 중에서 자극을 '활용하는' 데에 특별히 부합되는 것을 '선택하는' 과정이다. 다시 말하면, 빛이 눈을 자극할 때 본능적으로 일어나는 몸 전체의 반응,[1] 특수하게는 손의 반응 중에서, 손을 뻗어서 눈에 보이는 물건을 잡고 조작하는 동작에 특히 부합되는 것을 제외한 모든 반응이 점차로 소멸된다. 그렇지 않으면 훈련은 일어날 수 없다. 앞에서 말한 바와 같이, 유아

들에서 볼 수 있는 최초의 반응은, 몇 가지 예외를 젖혀두고 말하면, 너무 산만하고 막연하다. 유아가 아무것도 제대로 할 수 없는 것은 이 점에서 매우 당연하다. 이런 점으로 보아 훈련은 곧 '반응의 선택'이라고 말할수 있다(3장 ¶4 참조). (내) 이것에 못지않게 중요한 것은 일어난 반응에 들어 있는 여러 가지 요소 사이의 세부적 '조정'이다. 다시, 손으로 물건을 잡는 경우를 보기로 들어 말하자면, 손의 반응 중에서 물체를 잡는 동작에 관련되는 것이 선택된다는 것은 앞에서 이미 말한 바 있다. 그러나 선택은 반응에 대해서만 아니라 자극에 대해서도 일어나서, 여러 가지 시각적 자극 중에서 그러한 반응을 일으키는 특정한 자극이 선택된다. 그리하여 그 특정한 자극과 특정한 반응 사이에 관련이 확립된다. 그러나 조정은 여기에 그치는 것이 아니다. 물체를 잡을 때, 그 온도로 말미암아 나타나는 반응이 있으며 이 반응 또한 조정의 대상이 된다. 나중에 가서는 이 온도 반응이, 손으로 잡는 반응을 개입시킴이 없이, '직접' 시각 자극과 연결되는 경우도 있다. 벌겋게 타는 불길을 만지지 않고 보기만 해도 멀리하는 것이 그 보기이다. 또는, 아이가 물체를 손으로 잡고 그것을 두드리거나 구기거나 찌그러뜨리면 소리가 난다. 이때 귀의 반응이 반응 체계 속에 들어오게 된다. 다른 사람들이 소리(무엇인가에 붙여진 이름)를 내면서 그와 동시에 활동을 하면, 청각 자극과 연결된 귀의 반응과 성대 반응 또한 복잡한 반응 체계의 한 요소로서 그 체계 속에서 조정된다.[2)]

---

1) 사실에 있어서, 신체의 여러 부분 사이의 상호관련은 대단히 밀접하고 신체 각 부분의 반응이 서로 연결되는 방식은 대단히 다양하기 때문에, 어떤 자극이든지 신체의 모든 반응 기관에 어떤 종류의 것이든 변화를 일으킨다. 그러나 우리는, 대체로, 신체의 모든 부분의 활동에 나타나는 대부분의 변화는 무시하고, 그 순간 가장 긴박한 자극에 정확하게 들어 맞는 변화에만 관심을 둔다. 〔원주〕

2) 여기서 말하는 내용은 앞에서(3장 ¶4) 반응의 순서를 정하는 문제에 관하여 말한 내용과 관계가 있다. 여기서 말하는 것은 반응의 순서에 관하여 말한 것을 더 구체적으로 말한 것에 불과하다. 〔원주〕

* exercise : 이 단어는 '운동'이라는 뜻도 동시에 가지고 있다. 이 단어를 썼을 때 Dewey는 '근육의 운동'이라고 할 때의 '운동'이라는 뜻도 포함시켰을 것이다.

¶18_ (3) 자극과 반응의 상호조절—여기서 '상호조절'이라고 말하는 것은, 활동이 계열을 따라 연속적으로 진행된다는 점을 고려하면, 반응이 자극에 적응되는 것과 마찬가지로 자극도 반응에 적응된다고 말할 수 있기 때문이다—이 더 세부적인* 것일수록 훈련의 결과는 더 경직되고 활용의 범위는 더 좁다. 이

것을 다른 말로 표현하면, 훈련에 지적 또는 교육적 요소가 덜 가미되어 있다고 말할 수 있다. 반응이 세부적인 것일수록 그것을 연습하고 완성시키는 동안에 습득된 기술이 다른 행동에 전이될 가능성이 적다는 흔히 하는 말은 바로 위의 사실을 지적하는 것이다. 그런데, 정통적인 형식도야 이론에 의하면, 철자법 공부를 하는 학생은 그 특정한 단어의 글자를 제대로 쓰는 능력을 배울 뿐만 아니라, 그 외에도 관찰력, 주의집중, 기억력 등을 배우며, 이러한 능력은 필요할 때에는 언제나 다시 써먹을 수 있다는 것이다. 그러나 사실은 어떤가 하면, 그 특정한 단어의 형태에 주의를 기울이고 그것을 머리 속에 고정시키는 일에만 전념하고 그것이 다른 것들과 어떤 관련을 가지고 있는가—예컨대, 단어의 의미, 그것이 일상적으로 쓰이는 맥락, 단어 형태의 변화 등등—에 관심을 가지지 않는다면, 거기서 획득된 능력은 거의 아무 짝에도 쓸모없는 것이 되고 만다. 오직 쓸모가 있다면 단어의 시각적 형태를 알아보는 것인데, 이것은 관찰능력 일반**은 고사하고, 기하도형을 정확하게 구분해 내는 능력을 증대시키는 데에도 도움이 되지 않는다. 학생은 단순히 글자의 모양이 주는 자극과 입으로 또는 글씨로 그것을 재생해 내는 운동 반응을 '선택'한다. 앞에서 쓴 용어를 써서 말하자면, '조정'의 범위가 지극히 제한되어 있는 것이다. 학생이 순전히 글자와 단어의 형태에만 전념하면 그 이외의 다른 것을 관찰하거나 기억(또는 재생)하는 데 쓰이는 관련들은 의도적으로 제외되고, 이와 같이 제외되기 때문에 그 관련은 필요할 때 다시 활용될 수 없다. 단어의 형태를 관찰하고 회상하는 동안에 학습된 능력은 다른 것들을 관찰하고 회상하는 데에는 쓰일 수 없다. 흔히 쓰는 전문용어로, 그것은 '전이'될 수 없는 것이다. 여기에 비하여, 능력이 학습된 맥락이 넓으면 넓을수록—다시 말하면, 조정되는 자극과 반응이 다양할수록—그 학습된 능력은 다른 행동을 효과적으로 수행하는 데에 활용될 수 있다. 엄밀하게 말하여, 이것은 '전이'라는 현상이 일어나기 때문이 아니라, 어떤 특정한 행동을 하는 데에 사용된 요소들이 넓은 범위에 걸칠수록 그만큼 활동의 범위가 넓다는 뜻이며, 그만큼 조정이 좁은 범위의 경직된 것이 아니라 융통성이 있다는 뜻이다.

---

* 원문의 단어는 specialized(전문화된)이다. 자극과 반응의 관련('상호조절')이 '전문화되어' 있다는 것은 그 양자가 비교적 일대일의 관계로 연결되어 있다는 뜻으로, 그 만큼 널리 활용될 가능성이 제한된다는 뜻이다. 이것은 '일반교육'(general education)에 비하여 '전문교육'(specialized education)의 용도가 제한되어 있다는 것과 동일한 이치이다. 다음 문단 ¶19

마지막 부분 참조.

** 형식도야 이론에서 가정하는 능력들, 관찰, 기억 등등은 '일반적인' 것들이다. 다시 말하면, 그것은 그 능력들이 적용될 대상에 관계없이 어느 경우에나 활용된다는 것이다. '형식도야 이론'에서 '형식'이라는 말은 '내용'에 상관없이 '일반적'임을 나타낸다. 이 문단과 다음 문단에서 Dewey는 형식도야 이론의 이러한 주장을 비판한다. 능력의 일반성은 능력의 전이를 설명하는 기초로 간주되어 온 만큼, Dewey는 이른바 '일반적 전이'라는 것을 부정한다. 이 문단의 맨 마지막 문장을 보면, Dewey는 보통 '전이'라는 개념으로 규정되는 현상을 '조정의 다양성과 융통성'으로 설명하려고 한다. 이 부분의 설명은 4장의 '가소성'에 관한 설명과 관련이 있다.

¶ 19_ (4) 문제의 핵심으로 들어가서, 형식도야 이론의 가장 근본적인 오류는 그 이원론적 설명, 다시 말하면 활동과 능력을 그 적용 대상에서 분리한다는 점에 있다. 보는 능력 일반, 듣는 능력 일반, 또는 기억하는 능력 일반이라는 것은 없다. 오직 '무엇인가를' 보고, 듣고, 기억하는 능력이 있을 뿐이다. 정신적인 능력이건 신체적인 능력이건 간에 능력 일반을, 그 능력이 행사되는 주제 또는 내용과의 관련 없이, 거론한다는 것은 넌센스이다. 운동(또는 연습)은 혈액 순환, 호흡, 영양에 작용하여 힘과 정력을 길러 주지만, 이 저장된 힘이 특수한 목적에 활용되려면 반드시 그 목적을 달성하는 수단과 연결되어 사용되어야 한다. 정력은 테니스나 골프, 돛단배 타기 등을 더 잘 할 수 있도록 한다. 그러나 오직 공과 라케트, 공과 골프채, 돛과 키를 일정한 방식으로 사용할 수 있어야만 그 세 가지 중의 어느 하나에 전문가가 된다. 그리고 그 중의 어느 하나에 전문가가 다른 것에도 전문가가 되는 것은 그 한 가지를 잘 하는 것이 근육의 조정에 적성을 갖고 있음을 나타내는 경우거나, 아니면 그 세 가지에 모두 동일한 종류의 조정이 필요한 경우이다. 더 나아가서 좁은 맥락에서 단어의 시각적 형태를 익히는 철자법 훈련과 의미를 파악하는 데에 필요한 활동이나 문맥 속에서 철자를 익히는 철자법 훈련 사이의 차이는, 비유컨대 체육관에서 특정한 근육을 '발달'시키기 위해서 들어올리기 운동을 하는 것과 스포츠 경기를 하는 것 사이의 차이와 같다. 전자는 획일적이고 기계적이며 고정적으로 전문화되어 있다. 후자는 순간순간 달라져서 어떤 동작도 서로 같은 것이 없을 정도이다. 새로운 상황에 계속해서 적응해야 하는 만큼, 거기서 형성되는 조정은 언제나 유연하고 탄력성이 있어야 하는 것이다. 그러므로 이 경우의 훈련은 훨씬 더 '일반적인' 성격을 띤다. 다시 말하면 그것은 넓은 범위를 망라하며 더 많은 요인들을 포함한다. 마음을 교육하는 경우에, 일반교육과 전문교육*에 대해서도 이

와 똑같은 말을 할 수 있다.

---

* special and general education; 보통의 어법으로 보면, 전자는 specialized education 이어야 한다.

¶ 20_ 단조롭고 획일적인 연습을 자꾸 되풀이하면 한 가지 특수한 행동의 기술은 크게 향상되지만, 이 기술은 그 특수한 행동에만 국한된다. 그것이 부기이건, 대수의 계산이건, 탄수화물의 실험이건 마찬가지이다. 어떤 사람이 어떤 특수한 분야에는 권위자이면서도 그것과 별로 가깝지 않은 분야에서는 졸렬한 수준의 판단을 하는 경우를 흔히 보게 되거니와, 이것은 그 특수한 분야의 훈련이 다른 분야의 문제를 다루는 데에 별로 관련이 되지 않기 때문이다.

¶ 21_ (5) 결국, 관찰, 회상, 판단, 심미안 등등의 능력은 원래 타고난 행동 경향을 어떤 주제나 문제에 대하여 사용한 결과가 조직된 형태로 나타나는 것이라고 보아야 한다. 면밀히 또는 철저히 관찰하려고 할 때, 우리는 관찰을 담당한 부소능력에 스위치를 켜서 관찰의 '의지'를 발동시키는 것이 아니다. 눈과 손을 광범하게 또 집중적으로 사용해야만 성공적으로 수행할 수 있는 어떤 일에 당면할 때, 우리는 저절로 관찰하게 된다. 관찰이라는 것은 감각기관과 대상 또는 주제와의 상호작용의 결과 또는 성과이다. 따라서 관찰은 그 대상이나 주제가 무엇인가에 따라 달라질 수밖에 없다.

¶ 22_ 관찰, 기억 등, 능력의 발달을, 비록 궁극적인 단계에서나마, 교육의 목적으로 삼는 것은, 먼저 학생들이 어떤 주제를 관찰, 기억해야 하며 무슨 목적으로 그 일을 해야 하는가를 결정해 두지 않는 한, 부질없는 일이다. 이것을 결정하는 기준이 '사회'에 있다고 말하는 것은 앞에서 이미 말한 것을 다른 형태로 되풀이하는 것에 지나지 않는다. 우리가 바라기에, 학생들이 주시하고 기억하고 판단하고 해야 할 일이 있다면, 그것은 학생들로 하여금 그들이 속하고 있는 집단의 유능하고 효과적인 구성원이 될 수 있도록 하는 그런 종류의 일이다. 만약 그렇지 않다면, 우리는 학생들에게 벽의 갈라진 틈을 세밀히 관찰하도록 하거나 어느 나라의 말도 아닌 무의미 단어들을 기억하도록 해도 좋을 것이다. 아닌게 아니라, 만약 우리가 형식도야 이론에서 주장하는대로 한다면, 바로 이

런 식의 교육을 해야 할 판이다. 식물학자나 화학자나 공학자의 관찰 습관이 이런 식의 교육에서 형성된 관찰 습관보다 더 좋다고 말하는 것은 그들이 다루는 주제가 삶에 더 큰 의의를 가지고 있기 때문이다.

¶23_ 이상의 논의를 끝맺음에 있어서, 한 가지 지적하고자 하는 것은, 전문교육*과 일반교육의 차이는 기능이나 능력의 전이와는 아무 상관이 없다는 것이다. 말뜻 그대로의 '전이'—능력을 한 곳에서 다른 곳으로 옮김—라는 것은 어떤 것이든지 불가사의요 불가능하다. 다만, 어떤 활동은 다른 활동보다 넓은 범위에 걸치고 또 많은 요인들의 조정을 필요로한다는 것 그것뿐이다. 그 활동의 발전은 끊임없는 변경과 재조정을 필요로 한다. 상황이 달라짐에 따라, 그 중의 어떤 요인은 중요성이 감소되고, 이때까지 별로 중요하지 않던 요인들이 부각된다. 고정된 무게를 획일적인 동작에 의하여 들어올리는 운동을 반복하는 것과 스포츠 경기의 차이를 말하는 부분에서 시사된 바와 같이, 활동을 할 때에는 행위의 초점이 끊임없이 옮겨진다. 그리하여 즉각 새로운 방식으로 요인들을 결합하는 연습이 이루어지고, 주제의 변화에 적응하여 활동의 초점이 옮겨진다. 활동의 범위가 넓고 (다시 말하여, 활동이 아주 다양한 세부 활동들의 조정을 필요로 하고) 또 활동이 점진적으로 발전해 나가는 동안에, 끊임없이 예기치 않았던 방향 전환이 불가피할 때에는 반드시 일반교육이 일어나게 되어 있다. '일반'이라는 말은 바로 이와 같이, 넓고 융통성있다는 뜻을 나타내는 것이다. 실제 문제와 관련지어 보면, 교육이 사회관계를 고려할수록 그만큼 그 교육은 앞에서 말한 조건에 부합되며 따라서 일반교육의 성격을 띤다. 전문적인 철학, 언어학, 수학, 공학, 재정학의 전문가라 하더라도 그 전공 이외의 문제에 있어서는 행위와 판단이 둔하고 정확하지 않을 수가 있다. 그러나 만약 그러한 전문적인 주제에 관한 그의 관심이 사회적으로 넓은 범위에 걸치는 인간 활동과 관련을 맺고 있다면, 그에게 나타나는 행동 반응의 범위는 훨씬 넓고 융통성있게 통합되어 있을 것이다. 교과가 사회적 맥락에서 유리되어 있다는 것은 오늘날 실시되고 있는 일반교육(즉, 마음의 일반적 훈련)의 으뜸가는 장애이다. 문학, 예술, 종교가 이와 같이 사회적 맥락에서 유리되어 있다면 그것은 일반교육의 전문적인 지지자들이 열렬하게 반대하는 기술교육에 못지 않게 좁은 것이 된다.**

* special education : 앞의 ¶19 주 참조. 일반교육과 전문교육에 관한 Dewey의 견해는 19장과 20장에 상세히 나타나 있다.

** 여기서 '일반교육의 전문적인 지지자들'은, 문맥으로 보아, 일반교육을 교육내용, 즉 교과의 종류로 규정하는 사람들을 가리키는 것 같다. 그들은 문학, 예술, 종교 등을 가르치면 그것이 바로 일반교육이요, 여기에 반하여 기술을 가르치면 그것은 전문교육이 되는 것으로 생각 하지만, Dewey는 그렇게 생각하지 않는다는 것이다. 물론, 여기에는 논의의 여지가 있다. '역자 해설' 참조.

| 요약 | ¶ 24_ '교육적 과정의 결과는 그 이상 더 교육을 받을 능력을 가지게 되는 데에 있다'는 견해는 교육의 실제에 심각한 영향을 미쳐 온 몇 가지 교육관과 대조된다. 그 견해와 대조되는 첫째 교육관으로서, 장차의 임무나 특권을 위한 준비를 갖추는 것이 교육이라고 보는 견해를 고찰하였다. 이 교육관의 몇 가지 구체적인 악영향이 지적되었는데, 그 악영향들은 그러한 교육 목적이 교사와 학생의 주의를 엉뚱한 데로 돌리고, 그 대신에 당연히 주의를 기울여야 할 오직 한 가지 점—즉, 즉각적인 현재의 필요와 가능성을 최대한으로 살리는 것—은 소홀히하도록 한다는 사실에서 파생되는 것들이다. 결과적으로, 그 교육관은 그것이 목적으로 한다고 주장하는 바로 그것을 실현하지 못한다. 교육을 내부로부터의 개발이라고 보는 견해는 이 책에서 제시하고자 한 성장의 교육관과 유사성을 나타내고 있다. 그러나 프뢰벨과 헤겔의 이론에 나타난 바와 같이, 그 교육관은 현재의 유기체의 경향과 현재의 환경 사이의 상호작용을 무시한다는 점에서 준비의 교육관과 다름이 없다. 이 경우에는 모종의 숨겨진 총체가 기성의 상태로 주어져 있는 것으로 생각되고, 성장은 단순히 과도기적인 것으로서, 그 의의가 국한된다. 즉, 성장은 그 자체가 목적이 아니라, 이미 숨겨져 있는 어떤 것을 바깥으로 드러내는 수단에 불과한 것으로 생각되는 것이다. 명백히 드러나 있지 않은 것은 어떤 구체적인 목적에 실제로 사용될 수 없기 때문에, 그 대용물을 찾아낼 수밖에 없다. 프뢰벨에 의하면 물체나 행동(주로 수학적인 것)이 갖는 신비한 상징적 가치가 그 대용물이 된다. 헤겔에 의하면, 기존의 제도가 그 대용물로서 효과를 가진다. 상징과 제도를 강조하는 것은 경험의 직접적인 성장이 가지고 있는 풍부한 의미로부터 눈을 돌리게 만든다. 또 하나의 영향력 있는 이론은, 마음은 태어날 때부터 지각, 기억, 의지, 판단, 일반화, 주의집중 등 정신적 능력을 가지고 있으며, 교육은 반복적인 연습에 의하여 이들 능력을 훈련하는 일이라는 교육관으로서, 이 교육관도 마찬가지로 결함을

가지고 있다. 이 이론은 교과를 비교적 외적인 것으로, 또 삶과 무관한 것으로 취급하며, 교과의 가치는 단순히 그 일반적 능력을 연습할 기회를 제공하는 데에 있다고 본다. 이 이론에 대한 비판의 핵심은, 거기서 가정하는 능력들이 상호간에, 또 그 적용대상인 자료와 유리되어 있다는 점에 있다. 실제면에서 볼 때 이 이론에서 나타나는 결과는 좁은 전문화된 기술을 훈련하는 데에 지나친 강조를 두고, 그 대신 자발성, 독창성, 융통성, 특수한 활동들 간의 폭넓고 계속적인 상호작용에서 생길 수 있는 특성들은 도외시하게 된다는 것이다.

제 6 장

보수적 교육과 진보적 교육

1 형성으로서의 교육

¶ 1_ 이제 우리가 고찰하고자 하는 교육 이론은 부소능력이 있다는 것을 부정하고 그 대신에 지적, 도덕적 성향을 발달시키는 데에 있어서 교과가 매우 중요한 역할을 한다는 것을 강조하는 이론이다. 이 이론에 의하면, 교육은 내부로부터의 개발도 아니요, 마음에 이미 들어 있는 능력을 훈련하는 것도 아니다. 교육은, 어느 편인가 하면, 외부로부터 제시된 교과를 수단으로 하여, 내용의 연합 또는 관련을 확립함으로써 마음을 형성해 주는 일이다. 교육은 철저하게 글자 그대로의 '수업'*, 즉 외부로부터 마음속에 불어 넣어 준다는 뜻으로서의 수업의 과정에 의하여 이루어진다. 교육이 마음을 형성해 준다는 점에 대해서는 의문의 여지가 없다. 사실상, 그것은 이미 이 책에서 주장한 바이다. 그러나 지금 고찰하고자 하는 이론에서 말하는 형성이라는 것은 특별한 의미로서, '외부로부터' 무엇인가가 작용한다는 뜻을 나타내고 있다.

* instruction: 이 말에는 '어른이 (바깥에서) 가르쳐 준다'는 의미가 강하게 내포되어 있고, 따라서 설교조의 훈화나 주입을 연상시킨다. 이런 뜻에서의 instruction은 최근에 와서 indoctrination과 구분되는 것으로 규정되는 instruction과는 의미에 있어서 정반대가 된다고 할 만큼 다르다.

¶ 2_ 교육사에서 이 이론의 대표자는 헤르바르트이다. 그는 형식도야 이론에서 가정하는 것과 같은 타고난 능력의 존재를 절대적으로 부정한다. 그에 의하면 마음은 오직 그것에 작용하는 다양한 실재에 대한 반응으로서, 다양한 특성

을 만들어내는 능력을 가지고 있을 뿐이다. 이들 질적으로 다양한 반응을 헤르바르트는 '표상'*이라고 부른다. 각각의 표상은 한번 나타나면 그대로 존속한다. 물론, 영혼이 새로운 자료와 접할 때 거기서 생긴 새롭고 강한 표상에 밀려서 기존의 표상이 '의식역'** 이하로 내려가 버리는 수도 있지만, 그렇다 하더라도 한번 생긴 표상은 의식의 표면 밑에서 그 자체의 세력에 의하여 활동을 계속한다. 주의집중, 기억, 사고, 지각, 심지어 정서에 이르기까지 소위 '부소능력'이라고 하는 것들은 그러한 의식에 잠겨있는 표상 상호간, 또는 그 표상과 새로운 표상 사이의 상호작용으로 형성되는 배열, 연합, 복합을 가리키는 것이다. 예컨대 지각은 의식 밑바닥에 들어있던 낡은 표상이 표면에 떠올라 새로운 표상을 맞아 결합하는 과정에서 생긴 표상의 연합을 말하며, 기억은 낡은 표상이 또 하나의 표상과 결합되어 의식역 위로 이끌어 올려지는 과정을 말한다는 것이다. 그리고 쾌락은 표상들의 독립적 활동이 서로서로를 강화하는 데서 나타나는 결과이며, 고통은 그 활동들이 각기 다른 방향으로 끌어당길 때 나타나는 결과이다, 등등.

---

* presentation(*Vorstellung*); 이것은 흔히 representation으로 번역되기도 한다.

** threshold of consciousness; '의식의 문지방'을 가리키는 것으로서, 의식과 무의식의 경계선을 가리킨다. 이 문지방을 넘어서면 의식의 상태가 되고, 그 이하에서는 의식을 하지 못하는 상태가 된다. '閾'역이라는 말은 '자극역', '죄악감역' 등으로 쓰일 수 있다.

¶3_ 그러므로 마음의 구체적인 성격은 전적으로 각각 상이한 특성을 가지고 있는 여러 가지 표상들의 배열 방식에 의하여 결정된다. 마음을 '채우고 있는 것'*—그것이 바로 마음이다. 마음은 전적으로 '내용'에 관한 문제이다. 이 이론이 교육에 시사하는 바는 세 가지로 생각해 볼 수 있다. (1) 사물을 사용할 때 어떤 종류의 마음이 형성되는가 하는 것은 거기서 어떤 반응이 나오는가, 그리고 그 반응들이 어떤 방식으로 배열되는가에 달려 있다. 마음을 형성하는 것은 전적으로 올바른 교육 자료를 제시하는가 않는가에 달려 있다. (2) 현재까지의 표상들은 '통각기관'**으로서 장차 어떤 표상들을 동화할 것인가를 좌우하는 만큼, 이전의 표상들이 어떤 성격을 가지고 있는가는 대단히 중요한 문제이다. 새롭게 동화되는 표상들은 이미 형성된 표상들의 조직을 더욱 강화하는 효과를 나타낸다. 교육을 하는 사람의 과제는 첫째로, 적절한 교육 자료를 선택하여 원래의 반응의 성격을 고정시키는 것과, 둘째로, 그 이전의 반응으로부터 형성된

관념 조직을 기초로 하여 그 이후에 형성될 표상들의 순서를 정하는 것이다. 내부로부터의 발달을 강조하는 교육관의 경우에는 통제가 궁극적인 목적에 비추어 이루어지는 데 비하여, 여기서는 통제가 '뒤에서', '과거'로부터 이루어진다. (3) 어떤 수업 방법에도 적용되는 형식적 절차를 정하는 일이 가능하다. 새로 배울 교과를 제시하는 일이 가장 중요하다는 것은 틀림이 없지만, 지식을 획득하는 과정은 이 새로운 교과가 이미 의식역 밑으로 잠긴 내용과 어떤 방식으로 상호작용하는가에 달려 있기 때문에, 맨 처음 단계는 '준비'—즉, 특별한 활동을 일으켜서, 새로운 표상에 동화될 낡은 표상을 의식역 위로 끌어올리는 단계이다. 그 다음, 새로운 표상의 '제시' 이후에, 새 표상과 낡은 표상이 상호작용하는 과정이 있고, 그 다음에 새로 형성된 내용을 당면 과제에 '적용'하는 단계가 온다.*** 모든 수업은 이러한 코스를 따라 진행되어야 하며, 마찬가지로 생각해서, 모든 교과에서 모든 연령의 모든 학생을 위한 수업에 적용되는 완전히 획일적인 방법이 있다는 주장이 성립한다.

---

* furniture; 채우는(furnish) 내용. (예컨대 '가구'는 방을 채우기 때문에 furniture라고 한다.)

** apperceiving organs; '통각'(apperception)은 Herbart 심리학의 핵심개념이다. '통각'이라는 것은, 간단하게 정의하자면, '관념들(ideas) 또는 표상들 사이의 관계'라고 정의할 수 있다. 본문에 언급되어 있는 바와 같이, 표상들은 서로 밀기도 하고 당기기도 하며 관련을 맺고 있다. 이러한 작용이 '통각'이며, 이 작용에 의하여 표상이나 관념이 조직된 상태를 가리켜서 apperceptive mass(통각의 덩어리, 또는 '통각괴')라고한다. 이 문장에서 Dewey가 말하는 'apperceiving organs'가 'apperceptive mass'와 동일한 것인지는 (Herbart가 쓴 독일어의 번역 문제가 있기 때문에) 확실하지 않다.

*** 여기에 개략적으로 제시된 헤르바르트의 수업 단계를 비교적 자세하게 설명하면 다음과 같다. 원래 헤르바르트는 수업의 과정을 1) 외부로부터의 감각적 인상을 흡수하는 단계(명료), 2) 이 감각적 인상을 전체적으로 조직하는 단계(조직), 3) 이 조직을 한층 더 체계화하는 단계(체계), 4) 이 체계에 비추어 특정한 사례를 해석하는 단계(방법)의 4단계로 체계화하였다. 그 후 헤르바르트의 후계자들은 그것을 5단계로 구분하였다. 보통 '헤르바르트의 교수 5단계'로 알려진 것은 이 후계자들의 체계화이다. 그것은 1) 준비—학생들로 하여금 수업에서 제시될 학습자료에 대한 준비를 갖추도록 하는 단계, 2) 제시—구체적인 사실이나 원리를 제시하는 단계, 3) 비교—여러 가지 인상과 관념(표상)을 비교하는 단계, 4) 일반화—앞의 2)와 3)의 단계를 통하여 일반적인 결론을 끌어내는 단계, 5) 적용—앞에서 끌어낸 일반적인 결론에 비추어 구체적인 사례를 해석하는 단계이다.

¶ 4_ 헤르바르트의 위대한 공헌은 가르치는 일을 전례답습이나 우연의 영역에서 건져내었다는 데에 있다. 거기서 건져내어서, 헤르바르트는 가르치는 일

을 '의식적 방법'의 영역으로 이끌어올렸다. 그의 덕택으로 이제 가르치는 일은 순간순간 일어나는 교사의 영감과 전통에 대한 맹종으로 뒤범벅된 상태에서 이루어지는 것이 아니라, 명확하게 결정된 목적과 절차에 따라 진행되는 의식적 노력으로 되었다. 그뿐만 아니라, 교육과 훈육에서, 우리는 궁극적인 이상이라든가 사변적인 정신적 상징 등의 막연하고 다분히 신비적인 일반론에 만족할 필요가 없이, 모든 것을 상세화할 수 있게 되었다. 헤르바르트는 형식도야 이론에서 말하는 것과 같이, 어떤 종류의 자료를 가지고라도 연습을 할 수 있는 기성의 능력이 있다는 생각을 폐기하고, 구체적인 교과, 즉 '내용'이 가장 중요하다는 점에 주의를 환기시켰다. 헤르바르트가 공부의 내용에 관한 질문을 표면으로 부각시키는 데에 있어서 다른 어떤 교육철학자보다도 큰 영향을 끼쳤다는 점은 의심할 여지가 없다. 그는 '방법'의 문제를 교과 내용과의 관련에서 파악하였다. 즉, 방법은 새로운 교과 내용을 제시하는 데에 있어서 그 내용이 그전에 배운 내용과 적절하게 상호작용을 할 수 있도록 하려면 어떤 방식으로 또 어떤 순서로 제시해야 하는가를 다룬다는 것이다.

¶5_ 이러한 견해의 근본적인 이론적 결함은, 생명체에는 능동적이고 구체적인 기능이 있다는 것, 그리고 이 기능은 생명체가 환경을 다루는 동안에 방향이 조정되고 상호결합하여 발전되어 나간다는 것을 도외시한다는 데에 있다. 이 이론은 옛날 서당 훈장의 전형적인 모습을 연상시킨다. 이 점은 이 이론의 강점과 약점을 동시에 나타낸다. 마음은 그것에 어떤 교육내용이 채워졌는가에 의하여 결정된다는 생각, 그리고 그 교육내용의 중요성은 장차 다른 내용을 배우는 데에 도움이 되는 데에 있다는 생각은 바로 옛날 훈장의 생각이었다. 이 교육철학은 교사가 학생들을 가르칠 의무를 가지고 있다는 점은 열렬히 주장하면서도, 학생이 배울 권리가 있다는 점에 대해서는 거의 아무런 언급이 없다. 이 이론은 지적 환경이 마음에 미치는 영향은 대단히 강조하지만, 그러면서도 환경이라는 것이 공동의 경험에 대한 개인적인 참여를 의미한다는 점은 그냥 지나쳐 버린다. 이 이론은 의식적으로 공식화된 방법을 만들어 사용할 가능성이 있다는 것은 지나칠 정도로 강조하면서도, 생생한 무의식적 태도의 역할이 중요하다는 것은 과소평가한다. 이 이론은 낡은 것, 지나간 것의 중요성은 역설하면서, 진짜 새롭고 예기치 못했던 것이 작용한다는 것은 간과한다. 한 마디로 이 이론은 '교육적'인 것은 무엇이든지 고려하지만 그 精粹정수라고 할 만한

것—즉, 발휘될 기회를 찾는 생생한 에너지—은 빼놓는다. 모든 교육은 지적인 면에서건 도덕적인 면에서건 인격을 형성하지만, 이 형성이라는 것은 사회적 환경이라는 '교과'를 잘 활용하는 방향으로, 타고난 활동들을 선택하고 조정함으로써 이루어진다. 나아가서, 이 형성은 타고난 활동을 '대상으로'할 뿐만 아니라 그 활동을 '매개로'하여 이루어진다. 요컨대 그것은 재구성, 재조직의 과정인 것이다.

2 반복설 및 과거지향 교육

¶ 6_ 내부로부터의 발달과 외부로부터의 형성이 묘하게 결합되어 나타난 교육이론이 생물학적 또는 문화적인 면에서의 반복설*이다. 이 이론에 의하면, 개인은 발달하지만, 그 발달이 올바르게 이루어지려면 과거의 생물의 진화와 인간 역사를 단계별로 정확하게 되풀이해야 한다. 생물의 진화 과정에 있어서의 반복은 해부학적으로 일어나지만, 인간 역사에 있어서의 반복은 교육을 통하여 일어나도록 만들어야 한다. 생물학적인 면에서, 태아로부터 성인으로의 개인의 성장과정이 가장 단순한 형태에서 가장 복잡한 형태로 동물이 진화해 온 역사를 되풀이한다는 주장 (또는, 전문적인 용어를 써서 말하면, 개체발생은 종족발생과 병행한다는 주장)이 옳은가 그른가 하는 문제는, 그것이 문화적 반복설에 대한 과학적 증거가 된다는 뜻에서라면 모르되 그렇지 않은 이상, 우리의 관심사가 아니다. 우리의 관심사는 문화적 반복설에 있다. 이 이론에 의하면, 첫째로 어떤 특정한 연령층에 있는 아동은 지적인 면에 있어서나 도덕적인 면에 있어서 야만인들과 동일한 상태에 있다. 그 아동의 본능은, 그 조상들이 한때 영위했던 생활 방식대로, 유목민이나 수렵인의 본능이다. 그래서 결론은 이 단계의 아동에게 적합한 교육내용은 그것에 상응하는 단계의 인간들이 만들어낸 자료—특히, 신화, 민담, 노래 등—이어야 한다는 것이다. 그 다음에 아동은 예컨대 목축생활 단계에 상응하는 단계로 나아가고, 그 다음에 다시 다른 단계 등등으로 나아가서, 마침내 현대의 생활에 참여할 단계에 이르러 현재의 문화 생활 상태에 다다른다는 식이다.

* recapitulation theory

¶ 7_ 이상에서 말한 엄밀한 의미에서의 반복설은, 독일의 어느 조그만 학교(대부분 헤르바르트의 추종자들에 의해서 운영된 학교) 이외에서는 별로 빛을 보지 못하였다. 그러나 이 이론의 밑바닥에는, 교육은 본질상 과거지향적인 성격을 띤다는 생각이 깔려 있다. 즉, 교육은 주로 과거를 돌아보며 특히 과거의 문헌에 의존해야 한다는 것과 마음은 과거의 정신적 유산에 따라 형성될 때 올바르게 형성된다는 것이다. 이 생각은 특히 고등 교육의 수준에서 대단히 강력한 영향을 주었기 때문에, 그 이론을 다소 극단적으로 해석하여 그것이 어떤 의미를 가지고 있는가를 조사해 볼 필요가 있다.

※ 이 부분의 논의를 잘못 이해하면(아마, Dewey가 그것을 의도했는지는 모르지만) 교육으로서는 매우 불행한 결론이 따라 나온다. 여기서 Dewey는, 1) 반복설에 의하면 교육에서는 과거의 문헌을 중요시해야 한다, 2) 반복설은 (그 극단적인 형태에 있어서는) 그릇되다. 3) 그러므로 과거의 문헌을 중시하는 것은 그릇되다는 식으로 추리하고 있다. 그러나 우리가 주의해야 할 것은 과거의 문헌을 중시하는 것과 반복설 사이의 논리적 관계가 어느 정도로 밀접한가, 다시 말하면, 과거의 문헌을 중시한다면 '반드시' 반복설을 받아들여야 하는가 하는 것이다. 만약 과거의 문헌이 반복설 이외의 다른 근거에서도 중요시될 수 있다면, 반복설이 그릇되다고 하여 과거의 문헌을 중시하는 것 또한 그릇되다는 결론을 내릴 수는 없다.

¶ 8_ 우선, 반복설의 기초라고 생각되는 생물학적 사실이 반복설의 주장과 맞지 않는다는 점을 지적할 수 있다. 인간 태아의 성장이 하등 생물의 특징을 부분적으로 가지고 있는 것은 사실이다. 그러나 그 성장 과정이 결코 엄밀한 의미에서 과거의 진화 단계를 그대로 밟는 것은 아니다. 만약 여기서 말하는 반복이라는 것이 엄밀한 의미에서의 '법칙'을 나타낸다고 하면, 진화라는 것은 일어날 수 없었을 것이다. 그 경우라면, 각각의 새로운 세대는 바로 그 전 세대의 존재 양식을 그대로 답습했을 것이다. 진화 또는 발달이 일어난 것은 뒤 세대가 그 앞 세대의 성장과정을 지름길로 질러가고 그것에 변경을 가했기 때문이다. 이 말은 곧, 교육의 목적은 그런 지름길의 성장을 촉진하는 데에 있다는 뜻이 된다. 교육적으로 말하여, 인간의 유아가 미성숙한 상태에 있다는 사실에서 생기는 큰 이점은 유아와 아동이 낡아빠진 과거에 안주하지 않아도 좋게 된다는 점이다. 교육이 하는 일은 아이들로 하여금 과거를 반복하도록 이끄는 것이 아니라, 오히려 과거를 부활시키고 과거가 지나온 길을 그대로 다시 밟는 일에서 아이들을 해방시키는 것이다. 아이들의 사회적 환경은 문명된 인간의 생각하고 느끼는 습관이 작용하고 있는 그러한 환경이다. 이 현재의 환경이 아이들에게

미치는 지도적 영향을 도외시하는 것은 곧 교육의 기능을 포기하는 셈이 된다. 어떤 생물학자는 다음과 같이 말하였다. '동물의 종들이 발달해 온 역사를 더듬어 보면... 조상의 방법을 보다 직접적인 것으로 바꿈으로써 반복의 필요성에서 벗어나기 위하여 여러 가지로 재주를 부리면서, 또 때로는 실패도 해 가면서 꾸준히 노력해 온 흔적을 찾아볼 수 있다.' 만약 교육이, 그 실패를 성공으로 바꾸기 위하여, 의식적인 경험을 통하여 마찬가지의 의도적 노력을 하지 않는다면, 이것이야말로 우스꽝스러운 일일 것이다.

¶ 9_ 그러나 반복설에는 두 가지 옳은 점이 있다. 비록 반복설의 전체적인 주장에 파묻혀서 그것 때문에 손상이 되기는 해도, 그 두 가지 포인트를 분리해 내기는 별로 어렵지 않다. 첫째로, 생물학적으로 볼 때 한 가지 어김없는 사실은, 유아가 하는 충동적 활동은 맹목적이고 그 사이에는 서로 갈등이 있으며, 되는대로 산발적으로 이루어지는 것이어서 주위 환경에 잘 적응되지 않는다는 것, 그리고 유아의 삶은 전체적으로 이런 충동적 활동의 집합체로 시작된다는 것이다. 둘째로, 과거 역사의 산물이 미래에 도움이 되는 한, 그것을 활용하는 것은 지혜있는 사람이라면 당연히 해야 할 일이다. 과거 역사의 산물이라는 것은 이전의 경험에서 얻어진 결과이기 때문에 그것이 장차 경험에 대해서 큰 가치를 가지리라는 것은 말할 필요도 없다. 과거의 산물로서의 문헌은, 현재 사람들이 그것을 소유하고 활용하는 한, '현재의 환경'이라고 말할 수 있다. 그렇지만 그것을 '현재의' 자원으로 활용하는 것과 그것을 복고적인 표준과 모범으로 삼는 것 사이에는 굉장한 차이가 있다.*

* 과연 굉장한 차이가 있는가? 과거의 문헌을 '복고적인 표준과 모범으로 삼는다'고 할 때, 그것은 반드시 '현재의' 표준과 모범으로 삼는다는 뜻이며, 따라서 그것은 '현재의' 자원으로 활용하는 것과 다름이 없다고 말할 수도 있다. 그런데도 Dewey는 이 양자 사이에 굉장한 차이가 있다고 말하고 있다. Dewey는 그 차이가 구체적으로 어디에 있다고 생각하는가? 이 의문은, 내용만 달리하면, '고정된 교육목적'에 대한 Dewey의 비판에도 그대로 적용된다.

¶ 10_ (1) 앞에서 말한 첫째 포인트가 반복설에서 왜곡된 형태로 나타나는 것은 이른바 '유전'이라는 말을 잘못 사용하기 때문이다. 보통 생각하기로, 유전이라는 것은 과거 인간의 삶이 어떤 방식으로든지 개인의 주요 특성을 결정한다는 것, 그리고 그 특성은 매우 고정적인 것이어서 그것에는 하등 중요한 변화

가 생길 가능성이 없다는 것을 나타낸다. 이런 식으로 하여 유전은 환경과 반대되는 것으로 생각되고 환경의 영향이 과소평가된다. 그러나 교육의 입장에서 볼 때, 유전이라는 것은 개인이 원래 타고난 자질 그것 이외의 아무 것도 아니다. 교육은 인간을 있는 그대로 받아들여야 한다. 한 개인이 이러이러한 활동 경향을 가지고 태어난다는 것은 교육이 받아들여야 한 기본 사실이다. 그 활동 경향이 이러이러한 과정을 통하여 생겼다든가, 아니면 조상에게서 물려받았다든가 하는 것은, 혹시 생물학자에게는 중요할지 몰라도, 교육자의 입장에서 보면, 그러한 활동 경향이 있다는 사실에 비하여 특히 중요시할 바가 아니다.* 가령 어떤 사람이 조상에게서 물려받은 유산을 어떻게 쓰는가 하는 문제에 대하여 지도 조언을 해야 하는 경우를 생각해 보자. 그것이 '물려받은 것'이라는 사실이 장차의 용도를 결정한다는 식의 생각은 명백히 그릇되다. 지도 조언을 하는 사람은 '물려받아서 주어진 것'을 가장 잘 사용하는 것—다시 말하면, 가장 유리한 상황에서 그것을 활용하는 것—에 신경을 써야 한다. 물론, '주어지지 않은 것'을 활용할 수는 없다. 교육자도 이와 마찬가지이다. 이 점에서 유전은 교육의 한계가 된다. 이 사실을 안다면, 오늘날 널리 퍼져 있는 고정 관념—즉, 개인을 가르쳐서 그 천성에 적합하지 않은 일을 할 수 있도록 하려는 생각—에서 생기는 정력의 낭비와 위화감은 능히 방지될 수 있을 것이다. 형편이 이러한데도, 반복설은 아이에게 이미 있는 능력을 어떻게 활용해야 하는가에 대해서는 말해 주지 않는다. 사실상, 天痴천치의 경우를 제외하고는, 그 원래의 능력은, 비록 머리가 모자라는 아이에 있어서도, 현재 우리가 제대로 활용할 줄 아는 것보다는 훨씬 다양하고 강력하다. 그러므로 개인의 타고난 적성과 결함을 세밀하게 조사하는 일은 교육의 예비 단계로서 반드시 필요하지만, 그 다음의 중요한 단계는 이미 있는 활동이 잘 발휘될 수 있도록 환경을 만들어 주는 일이다.

---

* 이 부분에는 Dewey의 '실제성 편향'이라고 할 만한 것이 잘 드러나 있다. 앞의 '교육의 입장'이라는 것은 '교육을 하는 입장'을 뜻하는 것이며, 이 입장에서는 아이의 활동 경향이 어디서 생겼는가 하는 '이론적 질문'은 '생물학자에게나' 중요하다는 것이다. 본문의 '교육자의 입장'이라는 말에서 교육자는 educator이다. 만약 이 단어를 '교육학자'라는 뜻으로도 이해할 수 있다면 위의 Dewey의 주장이 어떻게 될지 의문이다.

¶11_ 유전과 환경의 관계는 언어에서 잘 나타난다. 만약 어떤 존재가 명백히 구분되는 소리를 낼 성대를 가지고 있지 않다면, 만약 청각이나 그 밖의 감각기

관도, 또 성대와 청각 사이의 관련 장치도 가지고 있지 않다면, 그에게 말을 가르치려고 하는 것은 순전한 시간의 낭비이다. 그 존재는 이 점에서 천부적인 결함을 가지고 있으며, 교육은 그 제약을 받아들여야 한다. 그러나 반대로, 그가 그런 천부적인 장치를 가지고 있다는 사실 그 자체가 말을 하리라든지 무슨 언어를 말하리라는 보장이 될 수는 없다. 그가 활동하는 환경, 그의 활동을 가능하게 하는 환경이 어떤 것인가가 이 문제를 결정한다. 만약 그 환경이 무언의 비사회적 환경이어서, 사람들이 서로 말을 주고받지 않고 절대적으로 필요한 경우에 한하여 최소한의 몸짓만으로 살아가는 그런 환경이라면, 그는, 마치 성대가 없는 경우와 다름없이, 말을 배울 수 없을 것이다. 그가 내는 소리가 중국어를 말하는 사람들 사이에서 나온다면, 중국어의 소리를 내는 활동이 선택되고 조정될 것이다. 이 예시는 개인이 받는 교육의 모든 범위에 그대로 해당한다. 그것은 곧 과거의 유산을 현재의 요구나 기회와의 올바른 관련 속에서 파악해야 한다는 것이다.

¶ 12_ (2) 교육의 정당한 내용은 과거 시대의 문화유산*이라는 이론—여기에는 문화유산 전체가 교육내용 전체라는 이론뿐만 아니라, 특정한 시대의 문화에서 나온 문헌이 아동의 특정한 발달단계에 맞는 교육내용이라는 이론도 포함된다—은 앞에서 비판한 '성장의 과정과 결과의 단절'의 또 한가지 보기가 된다. 과정을 늘 생생하게 살아있도록 하는 것, 또 그렇게 함으로써 장차에도 과정을 살아있도록 하는 데에 도움이 되도록 하는 것, 이것이 교육내용의 기능이다. 그러나 개인이 사는 것은 오직 현재에서일 뿐이다. 현재는 단순히 과거의 다음에 오는 그 무엇이 아니요, 더구나 과거에 의하여 만들어진 것은 더욱 아니다. 현재는 바로 삶이요, 삶을 살아가는 동안에 지나간 자리가 과거이다. 과거의 '산물'**을 공부하는 것이 현재를 이해하는 데에 도움이 되지 않는 것은, 현재가 그 산물로 말미암아 존재하는 것이 아니요, 그 산물을 만들어 낸 삶으로 말미암아 존재하기 때문이다. 과거와 그 유산에 관한 지식은 그것이 현재에 들어올 때에만 큰 의의를 가지며, 그렇지 않은 한, 그것은 의의가 없다. 그리하여, 과거의 기록과 유물을 교육의 주된 자료로 삼는 것이 그릇된 것은 그것이 과거와 현재 사이의 중요한 관련을 단절시켜서 과거를 현재에 대비되는 것으로, 또 현재를 과거의 부질없는 모사품으로 만든다는 데에 있다. 이러한 형편에서는 문화라는 것이 장식이나 노리개요 피난처나 요양소가 될 뿐이다. 사람들은 현

재의 울퉁불퉁한 세계를 벗어나서 상상 속의 매끈한 세계에서 살려고 할 뿐, 과거의 자원을 써서 현재의 울퉁불퉁한 부분을 바로 잡으려고 하지는 않는 것이다.

* culture-products: 여기서 product라는 단어를 쓴 것은 다음에 나오는 과정(process)과 결과(product)의 대비 때문이다.

** products

¶13_ 요컨대, 현재의 생활은 과거에서 해결의 실마리를 찾아야 할 문제를 일으키며, 과거는 우리가 찾은 실마리에 의미를 부여해 준다. 과거가 과거인 이유는 다른 데에 있는 것이 아니라, 현재를 특징짓는 것이 그 안에 들어 있지 않다는 데에 있다. 움직이는 현재에 과거가 들어 있다고 볼 수 있는 것은 오직 과거가 현재의 움직임을 이끄는 데 활용되는 경우이다. 과거는 상상의 큰 자원이요, 삶에 새로운 차원을 열어 주지만, 이 모든 것은 과거가 현재와 단절된 또 하나의 세계가 아니라 '현재의' 과거로 생각될 때에 한해서이다. 현재에 일어나고 있는 삶의 행위와 성장의 작용, 그것은 언제 어디서나 현재에 나타나는 일이며, 이것을 도외시하는 원리는 어떤 것이든지 과거로 눈을 돌릴 수밖에 없다. 미래의 목적은 너무 멀고 공허하기 때문이다. 그러나 현재에서 등을 돌린 이상, 과거의 전리품을 싣고 다시 현재로 돌아올 길은 막혀 있다. 현재 벌어지고 있는 현실의 필요와 계기에 관하여 적절한 감수성을 가지고 있는 사람이라면, 현재의 배경으로서의 과거에 가장 생생한 관심을 가질 것이며, 그런 사람에게 있어서 과거는 현재와 단절된 일이 없기 때문에 결코 먼 옛날을 뒤져서 알아낼 필요가 없다.

3 재구성*으로서의 교육

¶14_ 이상에서, 내부적 잠재력의 발현을 교육이라고 보는 관점과, 물리적 자연에 의해서건 과거의 문화유산에 의해서건, 외부로부터의 형성을 교육이라고 보는 관점을 고찰하였거니와, 이런 것들과는 달리, 이상적인 성장을 가져오는 교육관은 교육을 경험의 끊임없는 재조직 또는 재구성이라고 보는 관점이다. 교육은 언제나 즉각적인 목적을 가지고 있으며, 활동이 교육적인 성격을 띠는

한, 그것은 반드시 그 목적—즉, 경험의 질의 직접적 변형**—에 도달한다. 유아기, 청년기, 성인 생활, 이 모든 단계는 교육적으로 보아 동일한 수준에 있다. 즉, 각각의 경험단계에서 참으로 '학습된' 내용이 바로 그 경험의 가치를 이루는 것이요, 모든 단계에서 삶의 으뜸가는 목적은 그 단계에서의 삶의 의미를 풍부하게 하는 데에 있는 것이다.

---

* reconstruction; 때로 '개조'라고 번역되기도 한다.

** '경험의 질의 변형'이 교육의 목적이라는 것은 이 절에서 말하는 '경험의 끊임없는 재구성'과 마찬가지로, 이 책 전체에서 설명하고자 하는 개념이지만, 그것이 의미하는 바는 앞의 3–4장에서 대체로 짐작할 수 있다. 즉, 인간은 환경에 능동적으로 적응하는 동안에 그 경험이 질적으로 변화된다는 것이다.

¶ 15_ 이리하여 우리는 교육의 체계적인 정의에 도달한다. 즉, 교육은 경험의 재구성 또는 재조직으로서, 그것은 1) 경험의 의미를 더해 주고, 2) 다음 경험의 방향을 결정할 능력을 증대시킨다는 것이다.* (1) 경험의 의미가 더해진다는 것은 우리가 하는 활동들의 관련과 연속성을 더 잘 지각한다는 것과 같은 뜻이다. 활동은 처음에는 충동적인 형태로, 즉 '맹목적으로' 이루어진다. 우리는 처음에는 그 활동이 무엇을 위한 것인지, 다시 말하여 그것이 다른 활동과 어떻게 관련되는지 모르는 채 활동을 한다. 활동에 교육적 의미가 수반될 때, 우리는 그 전에는 볼 수 없었던 관련성을 알아차리게 된다. 앞에서 든 간단한 보기를 다시 생각해 보자. 밝은 빛에 손을 댄 아이는 불에 덴다. 이로써 그 아이는 이러이러한 시각작용과 이러이러한 촉수작용이 관련되면 뜨거운 느낌과 아픔이 온다든가 빛은 열을 의미한다는 것을 '안다'. 과학자가 실험실에서 불꽃에 대하여 더 많은 것을 배우는 행위도 원칙상 이와 조금도 다름이 없다. 즉, 이러이러한 일을 함으로써, 그 전에는 드러나지 않았던, 열과 그 밖의 일들 사이의 관련을 드러내는 것이다.** 그리하여 이러한 일들과 관련하여 그의 행위는 더 많은 의미를 가지게 된다. 장차 그런 것들을 다룰 때, 그는 스스로 무슨 일을 하는지를 더 잘 알 수 있게 된다. 그는 일들이 그냥 일어나도록 내버려 두는 것이 아니라, 어떤 특정한 결과를 의도적으로 일으키려고 한다. 이 모든 것들은 동일한 내용을 여러 가지 방식으로 바꾸어 말한 것에 지나지 않는다. 바로 이런 식으로 하여 불꽃이 의미를 가지게 된다. 연소, 산화, 빛과 온도에 관하여 알려진 모든 내용이 그의*** 지적 내용의 본질적§ 부분이 되는 것이다.

* 물론 이 말만으로 Dewey가 제시하는 교육의 의미를 이해할 수 있다고 생각하는 것은 당치도 않다.

** 이 문장에서 '이러이러한 일을 함으로써'라는 표현은 듀이의 생각 전체에 비추어 대단히 중요하다. 나중에 11장 '경험과 사고'에서 자세히 밝혀지겠지만, Dewey는 '의미는 활동(즉, 실제)에서 생긴다'고 주장한다. (물론, 모든 활동이 의미를 생기게 하는 것은 아니다.) 이때까지 '의미'의 이러한 면을 설명한 대목은 2장 ¶¶11-14, 3장 ¶¶13-16 등이다.

*** '그의'라는 번역에 해당하는 원어는 its이다. 문맥으로 보아 이 its는 his로 되어야 한다. 만약 his로 되면 그것은 '과학자'를 가리킬 수도 있다. 그러나 때로 '아이'의 경우를 it로 표현하는 경우가 있으므로, 이 its는 '불에 덴 아이'를 가리키는 것인지도 모른다. 어느 쪽으로 해석해도 의미에는 별 차이가 없을 것이다.

§ intrinsic

¶16_ (2) 교육적 경험의 나머지 한 가지 측면은 이후 활동을 이끌거나 통제할 능력이 증대한다는 것이다. 무슨 일을 하는지 안다든가 특정한 결과를 의도적으로 일으킨다든가 하는 것은, 말할 필요도 없이, 장차 일어날 일을 더 잘 예견할 수 있다는 뜻이며, 따라서 좋은 결과를 얻고 나쁜 결과를 피하도록 사전에 준비할 수 있다는 뜻이다. 그리하여, 진정한 교육적 경험, 즉 내용이 전달되고 능력이 증대되는 교육적 경험은, 한편으로, 아무 생각 없이 하는 반복적인 행동과, 또 한편으로, 아무렇게나 제멋대로 하는 활동과 구별된다. ㈎ 후자의 경우는, '어떻게 되든지 상관하지 않는' 경우이다. 이때 우리는 되는대로 행동해 버리며, 우리의 행위와 그 결과(행위의 결과는 곧 그 행위가 다른 사물에 어떻게 관련되는가를 드러내는 증거이다)를 관련지으려고 하지 않는다. 일반적으로 그러한 무목적적, 무계획적 활동은 고의적인 장난, 부주의, 무분별한 행동으로 취급되어, 모든 사람들에게 비난의 대상이 된다. 그렇지만* 일부에서는 그러한 무목적적 활동의 원인을 일체의 다른 것들과 관련되지 않은 젊은이의 성향 그 자체에서 찾으려는 경향이 있다. 그러나* 사실에 있어서, 그런 활동은 주위 환경에 대한 부적응으로 말미암아 폭발적으로 일어나는 활동이다. 개개인 자신의 목적의식이 없이, 또는 자신의 행위와 다른 행위의 관련을 볼 수 없는 상태에서, 외부적 명령에 의해서, 또는 남의 말을 듣고 행동해야 하는 장면에서는 누구나 제멋대로 행동해 버린다. 이와 같이, 자신이 이해하지 못하는 일을 할 때에도 우리는 무엇인가를 배울 수 있을지 모른다. 심지어 가장 지적인 행동을 할 때에도, 우리가 하는 일의 상당한 부분은 그 의미를 모르고 하는 경우이다. 왜 그런가 하면, 우리가 의식적인 의도를 가지고 하는 행동은 수많은 관련성을 가

지고 있으며, 그 관련성 중의 상당한 부분은 우리에게 지각되거나 예상되지 않기 때문이다. 그렇기는 해도,* 우리가 학습하게 되는 것은 오직 행동을 하고 난 뒤에 그전에는 전혀 주목의 대상이 되지 않던 결과에 주목하게 될 때이다. 그런데도,* 학교 공부의 상당한 부분은 학생이 행동을 하고 난 뒤에도 그 결과(예컨대 정답)와 그것에 도달하기까지의 방법 사이의 관련을 볼 수 없는 그런 행동을 하도록 규칙을 정해 놓고 있다. 학생들의 입장에서 보면, 공부라는 것은 도대체 속임수요 오리무중이다. 이런 행동은 본질상 '아무렇게나 제멋대로 하는' 습관일 뿐이다. ㈏ 아무 생각 없이 하는 반복적인 행동, '자동적인' 행동은 '특수한' 한 가지 일을 하는 기술을 향상시키는 데는 도움이 되며, 그 점에서는 교육적 효과를 가지고 있다고 보아야 할지 모른다. 그러나 그런 행동은 그전에는 볼 수 없었던 새로운 관련을 지각하는 데는 도움이 되지 않으며 의미 지평을 넓히기보다는 그것을 제한한다. 또한, 환경은 변화하며 우리의 행동방식도 사물과의 조화로운 관련을 잘 맺는 방향으로 바뀌어야 하기 때문에, 획일적인 반복 행동은 중요한 순간에 가서 파국에 직면한다. '기술'이 있다고 큰 소리치던 사람이 형편없는 꼴이 되고 마는 것이다.

* 이 문단에서 Dewey는 두 군데에서 but를 앞뒤 문장에 연달아 쓰고 있다. '그렇지만', '그렇기는 해도', '그런데도'라는 식으로 표현을 바꾸었지만, '그래도' 듀이의 '엉성한 논리'는 별로 카버가 되지 못한다. Dewey의 'impossible style'은 여기서처럼 편집자나 역자의 '윤문'에도 가려지지 못하고 살아남는 경우가 있는 듯하다.

¶ 17_ 이 장과 앞 장에서 비판한 다른 교육관과 대조하여, 계속적인 재구성으로서의 교육이라는 관점이 나타내고 있는 가장 중요한 특징은, 그것이 목적(결과)*과 과정을 동일한 것으로 보는 데 비하여 다른 교육관은 어느 한 쪽만을 강조한다는 것이다. 목적과 과정이 동일하다는 것은 언어상으로 볼 때 모순이지만, 오직 언어상으로만 모순이다. 목적과 과정의 동일성이라는 것은 곧 하나의 활동과정으로서의 경험이 일정한 시간동안 진행되고 그 뒷부분이 앞부분을 완결한다는 뜻이다. 이 뒷부분은 이때까지 보이지 않던 새로운 관련을 드러낸다. 그리하여 그 뒷부분의 결과는 앞부분의 의미를 밝혀주며 여기에 비하여 경험 전체는 이 의미를 가진 사물 쪽으로 나아가려는 경향성을 확립시킨다. 이러한 계속적인 경험 또는 활동은 어떤 것이든지 교육적 성격을 가지고 있으며, 교육은 어떤 것이든지 그러한 경험을 가지도록 하는 것이다.

* the end(the result)

¶ **18**_ 이제 마지막으로 지적하려고 하는 것은 (나중에 다시 자세하게 말하겠지만), 경험의 재구성은 개인적인 것과 동시에 사회적인 것이기도 하다는 점이다. 이때까지 여러 장에서 교육이라는 것은 미성숙한 사람에게 그들이 속하고 있는 사회 집단의 정신을 채워넣어 주는 일이라는 것을 말하면서, 그것을 마치 아이들이 어른 집단의 적성과 능력을 따라잡는 과정인 양 설명했거니와, 이것은 교육을 단순화해서 설명하기 위한 것이었다. 정적인 사회, 다시 말하여, 이미 확립된 풍속을 유지하는 것을 가치의 척도로 삼는 사회에 있어서는 그 설명이 대체로 들어맞는다. 그러나 진보적인 사회에서는 그렇지 않다. 진보적인 사회에서는 젊은이들의 경험을 형성해서 현재의 습관이 단순히 반복되도록 하는 것이 아니라 더 좋은 습관이 형성되도록 하며, 그렇게 함으로써 장차 어른의 사회가 현재 어른의 사회보다 더 좋은 사회가 되도록 노력한다. 오랜 동안 인간은 교육을 의식적으로 이용하여 명백히 사회의 폐단이라고 생각되는 것을 제거할 수 있다는 것, 젊은이들로 하여금 그 폐단을 되풀이하지 않아도 좋은 그런 상태에서 시작하도록 할 수가 있다는 것, 그리고 교육을 인간의 보다 나은 희망을 실현하는 도구로 삼을 수 있다는 것에 대하여 약간의 직관을 가져 왔다. 그러나 분명히 말하여, 아직 우리는 사회를 개선하는 건설적인 수단으로서의 교육의 잠재력을 충분히 실현하지 못하고 있으며, 교육은 아동, 청소년의 개인적 발달을 도모하는 일일 뿐만 아니라 그들이 장차 구성원이 될 미래 사회의 발달을 도모하는 일이기도 하다는 것을 충분히 인식하지 못하고 있다.

| 요약 | ¶ **19**_ 교육은 과거지향적으로 생각될 수도 있고 미래지향적으로 생각될 수도 있다. 다시 말하면, 교육은 미래를 과거에 종속시키는 과정으로 생각될 수도 있고, 과거를 미래 발달의 자원으로 활용하는 과정으로 생각될 수도 있다. 전자는 표준과 표본을 이미 지나간 것에서 찾는다. 그리고 '마음'이라는 것은 사물을 접하는 데서 생기는 한 무더기의 내용으로 구성되어 있다고 본다. 이 경우에는 그 전에 접했던 사물들에서 생기는 표상이 나중의 사물을 동화시키는 내용으로 되는 것이다. 미성숙한 사람에 있어서 이전 경험의 가치를 강조하는

것은, 특히 그 가치를 사소한 것으로 생각하는 경향이 있기 때문에, 대단히 중요하다. 그러나 이 이전 경험은 외부에서 제시된 자료로 구성되어 있는 것이 아니라, 원래 타고난 활동과 환경이 상호작용을 하여 활동과 환경이 다 같이 점진적으로 변화되어가는 과정을 뜻한다. '표상에 의한 형성'이라는 헤르바르트 이론의 결함은 이 끊임없는 상호작용과 변화를 중요시하지 않는다는 점에 있다.

¶ 20_ 공부의 일차적인 내용을 인류 역사의 문화적 산물—특히 문헌—에서 찾는 이론에 대해서도 마찬가지 원리에 입각한 비판이 적용된다. 개인이 활동하고 있는 현재의 환경과의 관련이 단절될 때, 과거의 문화유산은 그 현재의 환경과 대립되는 달갑지 않은 환경이 된다. 과거 문화유산의 가치는 현재의 시점에서 우리가 하는 일들의 의미를 증대시키는 목적에 사용된다는 점에 있다. 이때까지 몇 장에 걸쳐서 제시된 교육관의 요점을 정리하자면, 교육은 경험의 계속적인 재구성이라고 말할 수 있다. 이 교육관은 먼 장래를 위한 준비, 내부로부터의 발현, 외부로부터의 형성, 과거의 반복 등의 교육관과 뚜렷이 대비된다.

제 7 장

민주주의 교육의 개념

¶ 1_ 대체로 말하여, 이때까지 우리는 특정한 사회집단에서의 교육을 논한 것이 아니라 사회집단에 관계없이 일반적인 교육을 논해 왔다. 간혹 특정 사회의 교육을 논했다 하더라도 그것은 예시를 위한 것에 불과하였다. 이제 우리는 상이한 유형의 사회생활에서 작용하는 교육이 그 이념, 내용, 방법에 있어서 차이가 있다는 것을 본격적으로 고찰하고자 한다. 교육은 사회적 기능이요, 미성숙자로 하여금 그들이 속하고 있는 사회집단의 생활에 참여하도록 함으로써 그 지도와 발달을 도모하는 일이라고 하는 말은, 결국, 교육이 그 집단의 일반적인 삶의 질에 따라 차이가 난다는 뜻이다. 구체적으로 말하여, 변화하는 사회, 또 변화할 뿐만 아니라 개선을 가져올 변화를 이상으로 삼는 사회는, 현재의 풍속을 영속시켜 나가는 데에 목적을 두는 사회에 비하여, 교육의 표준과 방법에 있어서 차이를 나타낼 것이다. 그러므로 이때까지 설명한 교육의 일반적 아이디어를 우리의 교육 실제에 적용할 수 있으려면, 현재 우리의 사회생활의 성격에 관하여 더 자세하게 알아볼 필요가 있다.

1 인간의 단체생활에 내포된 의미

¶ 2_ '사회'는 말로서는 하나이지만 실제로는 여러 가지이다. 사람이 공동생활을 하는 방식에는 여러 가지가 있으며 그 목적 또한 여러 가지이다. 한 사람이 하나의 집단에 속하는 것이 아니라 다수의 다양한 집단에 속하고 있으며, 그와 관계를 맺는 사람들도 아주 다양하다. 때로, 이들 집단 사이의 공통점이라고

는 그것들이 공동생활의 방식을 나타내고 있다는 것에 지나지 않는다는 느낌이 들 정도이다. 비교적 규모가 큰 사회조직에는 어디에나 다수의 작은 집단들이 들어 있다. 거기에는 정치적인 집단뿐만 아니라, 산업, 과학, 종교 단체들이 있다. 서로 다른 목적을 가진 정당들, 사회단체, 파벌, 붕당, 조합, 동업체, 혈연에 의하여 결속된 집단 등등, 수없이 다양한 집단들이 있다. 대다수의 현대국가는 물론이요, 몇몇 고대국가에 있어서도, 사회는 언어, 종교, 도덕률, 전통 등등을 달리하는 대단히 다양한 종류의 사람들로 구성된다. 이런 관점에서 보면 소규모의 정치적 단위(예컨대, 오늘날의 대도시)는 대부분이 동일한 사고와 행동으로 면밀히 조직된 공동체라기보다는 허술하게 조직된 여러 개의 사회가 엉성하게 모여 있는 덩어리라고 볼 수 있다.[1)]

1) 2장¶21 참조 〔원주〕

¶ 3_ '사회'라든가 '공동체'라는 말은 뜻이 애매하다. 그것은 찬양적 또는 규범적 의미와 기술적 의미를 동시에 가지고 있으며, 원칙상의 의미로 사용될 수도 있고 사실상의 의미로 사용될 수도 있다. 사회철학에서는 앞의 의미*가 거의 언제나 중요한 것으로 취급된다. 이런 의미로 사용될 때, 사회는 본질상 단일한 것으로 생각된다. 이 경우에는 이 단일성에 수반되는 특징들, 목적과 복지의 공동성, 공공 목적에 대한 헌신, 동정의 상호성 등이 숭상되고 강조된다. 그러나 일단 본질적인 '내포적 의미'에서 눈을 돌려서, '사회'라는 말이 '지시하는 대상', 즉 실제 있는 그대로의 사회를 보면, 우리는 단일한 사회가 아니라, 좋은 사회, 나쁜 사회 등, 복수의 사회를 보게 된다. 사람들이 떼거리를 지어 범죄 음모를 꾸미고, 기업체들이 결탁하여 그 봉사 대상인 대중을 갉아 먹고, 정치적 기구들이 야합하여 약탈을 일삼는 등, 이것들이 모두 사회에 포함되어 있다. 이런 조직들은 사회의 개념에 따르는 이상적인 요건에 맞지 않기 때문에 사회가 아니라고 말할지 모르지만, 여기에 대해서는 두 가지 부분적인 대답이 가능하다. 하나는, 그렇게 생각하는 것은 사회의 개념을 지나치게 '이상화'하는 것이며, 그러한 사회의 개념은 사실상으로 지시하는 대상이 없이 아무 쓸모가 없게 된다는 것이요, 또 하나는, 비록 그런 조직이 그 밖의 다른 집단의 이익에는 위배된다 하더라도 각각 그 나름으로는 규범적인 의미에서의 '사회'로서 어떤 종류의 것이든 찬양받을 만한 특징을 가지고 그 나름으로 결속되어 있다는 것이다.

도둑 사이에도 명예가 있으며, 강도단에도 그 구성원 사이에 공동의 관심사가 있다. 붕당의 특징은 우애이며, 좁은 파벌은 그 기율에 대한 강한 충성심이 특징이다. 가족생활에는 가족 이외의 사람들에 대한 배타심, 猜疑시의, 질투심이 작용하며, 그래도 가족 안의 생활은 우애와 상호원조의 모범이 된다. 어느 집단에서든지 거기서 이루어지는 교육은 그 구성원들을 사회화**하지만, 그 사회화의 질과 가치는 그 집단의 습관과 목적에 따라 다르다.

---

* 이것은 '규범적 의미'와 '원칙상의 의미'를 가리킨다. 물론, 이것은 '기술적 의미'와 '사실상의 의미'에 대비된다. 전자는 '좋은 사회', '올바른 의미에서의 사회'를 가리키며, 후자는 '있는 그대로의 사회', '사람들이 "사회"라고 부르는 것'을 가리킨다.

** socialization; 일반적으로 말하여, '사회화'라는 것은 한 사회가 그 성원들로 하여금 공통된 지식, 신념, 가치관, 행동양식 등을 받아들이도록 하는 과정을 가리킨다.

¶ 4_ 여기서 우리는 다시 한 번, 한 특정한 사회생활의 방식의 가치를 사정할 기준이 필요하다는 것을 알게 된다. 이 기준을 찾는 데에 있어서 우리는 두 가지 극단적인 생각을 피해야 한다. 첫째로, 우리는 우리가 이상으로 생각하는 사회를 머리 속에서 미리 설정해서는 안된다는 것이다. 우리의 이상이 조금이라도 실현가능한 것이 되려고 하면, 우리의 생각이 현재 실제로 존재하는 사회에 근거를 둔 것이어야 한다. 그러나 둘째로, 바로 앞에서 이미 말한 바와 같이, 이상이라는 것은 현재 실제로 나타나 있는 특징을 되풀이하는 것을 뜻하는 것이 아니다. 문제는 현재 실제로 존재하는 사회생활의 여러 형태에서 바람직한 특성을 뽑아내어 그것에 비추어 바람직하지 못한 측면을 비판하고 개선을 도모하는 것이다. 그런데, 어떤 사회 집단에서든지, 심지어 도둑의 무리에서도, 우리는 모종의 관심*이 공유되고 있음을 알 수 있으며, 다른 집단과의 상호작용과 협동적 교섭이 어느 정도로는 이루어지고 있음을 알 수 있다. 이 두 가지 특성에서 우리는 우리가 찾는 기준을 뽑아낼 수 있다. 즉, 의식적으로 공유되는 관심이 수에 있어서 얼마나 많으며 종류에 있어서 얼마나 다양한가? 그리고, 다른 공동생활과의 교섭이 얼마나 충만하고 자유로운가?—라는 것이 그것이다. 이 두 가지 고려사항을, 예컨대 범죄조직에 적용해 보면, 첫째로, 그 성원들을 의식적으로 결속하는 유대는 그 수가 적어서 약탈을 공동 관심사로 삼는 정도에 지나지 않으며, 둘째로, 그 집단은 성격상 사회의 다른 집단으로부터 유리되어 있어서 삶의 가치를 주고 받는 기회가 전연 없다. 그리하여, 이 집단에서 이

루어지는 교육은 편파적으로 왜곡되어 있다. 이와는 달리, 교육적 여건이 좋은 가정생활을 보기로 들어 보면, 첫째로, 그러한 가정에는 모든 가족이 물질적, 지적, 심미적 관심에 참여하고 있고 가족 한 사람의 진보는 다른 가족에게도 가치 있는 경험을 주며(즉, 그것은 쉽게 다른 가족에게 전달될 수 있으며), 둘째로, 가정은 고립되어 있는 전체가 아니라, 기업체, 학교, 모든 문화 기관이나 그 밖의 유사한 집단들과 긴밀한 관련을 맺고 있고, 정치적 조직에서 응분의 역할을 하면서 그것으로부터 지원을 받는다. 요컨대, 이 경우에는 많은 수의 관심이 의식적으로 공유되고 전달되며, 다른 공동생활과 다양하고 자유로운 상호교섭을 벌이고 있는 것이다.

* interest

¶ 5_ (1) 앞에서 말한 기준의 첫째 요소를 전제국가에 적용해 보자. 전제국가에는 통치자와 피통치자 사이에 하등의 공통 관심사가 없다고 말하는 것은 옳지 않다. 이 경우에도 통치권을 행사하는 당국은 어떤 방식으로든지 신민의 타고난 활동을 자극한다고 보아야 하며 신민의 힘을 작용시킨다고 보아야 한다. 탈레이랑*은, 治者치자는 단검을 가지고 그 칼날 위에 올라 앉는 것 말고는 무슨 일이든지 할 수 있다고 말하였다. 이 말이 풍자하는 이면의 뜻을 생각해 보면, 그것은 곧 국가를 결속하는 힘이 순전히 강권은 아니라는 것이다. 여기에 대해서, 전제국가에서 유발되는 활동은 그 성격 자체가 무가치하고 저급한 것이라든지, 어떤 국가든지 한 통치자가 실제로 불러일으키는 것은 '공포를 느끼는 능력'이라고 말할지 모른다. 어떤 점에서 보면 이것은 사실이다. 그러나 그렇게 말하는 것은 공포가 반드시 경험의 해로운 요소가 아니라는 사실을 간과하는 것이다. 조심한다든지, 세밀히 살핀다든지, 신중하게 행동한다든지, 해로운 결과를 피하기 위하여 장차 일어날 일을 예견하고 싶어한다든지 하는, 여러 가지 바람직한 특성들은, 비겁한 행동이나 치사한 복종과 조금도 다름없이, 공포의 충동을 자극한 결과이다. 진짜 문제는 공포의 자극이 다른 활동과 '유리되어' 있다는 것이다.** 다시 말하여, 공포와 함께 구체적인 물질적 보상—예컨대 안락하게 사는 것—에 대한 기대를 불러 일으킴으로써, 그 밖의 많은 능력들이 발휘되지 않는다는 데에 문제가 있는 것이다. 아니면, 발휘되기는 해도, 왜곡된 방향으로 발휘된다고 말하는 편이 더 정확하다. 그런 능력들은 그 자체의 가치

가 실현되도록 발휘되는 것이 아니라, 순전히 쾌락을 얻고 고통을 피하는 수단으로서의 지위로 전락해버린다.

---

* Talleyrand(1754-1838) 불란서의 정치가.

** 이 '유리되어 있다'는 단어의 강조는 듀이 자신의 것이다. 원문에는 … the appeal to fear is *isolated*.(공포를 불러일으키는 것이 고립되어 있다)라고만 되어 있고, '무엇으로부터' 고립되어 있는지는 나타나 있지 않다. 그런데 바로 앞의 문단(4)에서 알 수 있는 바와 같이, 이 '고립'은 둘째 기준(또는 기준의 둘째 요소)을 설명하는 데에 사용되어 있다. 그래서 여기서 '진짜 문제'라는 것이 둘째 기준의 문제인지, 다시 말하면 전제 국가의 문제는 첫째 기준(즉, 상호작용의 양과 종류)이 아니라 둘째 기준(즉, 상호작용의 범위)에 있다는 뜻인지, 아니면 첫째 기준도 isolation이라는 개념으로 규정할 수 있다는 것인지, 그것도 아니면 첫째 기준과 둘째 기준이 서로 관련되어 있고 명확히 구분되지 않는다는 뜻인지 불분명하다. 다음 문단의 내용은 이 셋째 가능성을 시사하는 듯하다.

¶ 6_ 이렇게 말하는 것은 곧 공통 관심의 수가 별로 많지 않다는 뜻이며, 사회집단의 구성원들 사이에 자유로운 상호작용이 없다는 뜻이다. 다시 말하여, 자극과 반응이 극히 일반적인 것에 지나지 않는다는 것이다. 한 집단의 성원이 다수의 가치를 공유하려고 하면, 모든 성원이 서로 주고받는 기회를 균등하게 가지고 있어야 한다. 그 성원들이 아주 다양한 활동과 경험에 공동으로 참여해야 하는 것이다. 그렇지 않으면, 어떤 사람들을 주인으로 만드는 교육이 또 어떤 다른 사람들은 노예로 만드는 결과가 된다. 다양한 생활경험의 자유로운 교환이 정지될 때에는 각 개인의 경험 또한 그 의미를 상실한다. 특권층과 신민 사이의 계층의 분리는 사회적 삼투작용을 방해한다. 이것으로 말미암아 상류계층들이 받는 피해는 하류계층이 받는 것보다는 덜 구체적이고 덜 두드러지지만, 그렇다고 해서 덜 심각한 것은 아니다. 그들의 문화는 공허하고 그들 사이에서만 통용되는 것으로 되어버린다. 그들의 예술은 번지르한 겉치레와 꾸밈에 흐른다. 그들의 부는 사치요, 그들의 지식은 지나치게 전문화되어 있으며, 그들의 예법은 인간적인 것이라기보다는 까다로운 형식에 그치는 것이다.

※ 교육과의 관련에서 민주주의의 의미를 규정하는 이 부분에서 특히 이 문단은 대단히 중요한 의미를 담고 있다. 앞의 4에서 말한 이상적 사회(즉, 민주사회)의 두 가지 기준, 즉 '1) 사회 성원 사이에 공유되는 관심의 수와 다양성, 2) 사회의 여러 집단 사이의 충만하고 자유로운 상호작용'이라는 기준은 결국 이 문단에 와서 사회계층의 구분이 없이 누구나 공동의 활동에 참여하며 공동의 경험을 가진다는 것으로 압축된다. 이와 반대로, '나쁜' 사회, 비민주적 사회는 사회의 계층이 그 관심이나 경험에 의하여 구분되는 사회, 다시 말하여 상류계층은 상류계층

의 관심과 경험을 가지고 있고, 하류계층은 하류계층의 관심과 경험을 가지고 있는 그러한 사회이다. 여기에 Dewey가 가지고 있는 민주주의의 개념이 나타나 있다. 이 문단의 마지막 부분에 열거되어 있는, 비민주적 사회에서의 상류계층이 나타내는 결함들—'그들의 문화는 공허하고 그들의 예술은 가식이며, 그들의 부는 사치요, 그들의 지식과 예법은 그들 사이에서만 통용되는 형식이다'—은 상류계층이 하류계층으로부터 분리된 결과로 나타나는 현상이다. 이 책의 뒷부분, 특히 19장과 20장에서 다시 상세하게 강조되어 있는 바와 같이, 이때까지의 교육은 어느 편인가 하면, 이 분리를 불가피하고 당연한 것으로 받아들여 왔다. 교육이 민주주의를 실현하기 위해서는, 아니면 적어도 민주주의에 역행하지 않기 위해서는, 교육에서의 그 구분 또는 분리가 폐지되어야 한다. 이것이 이 책에서 Dewey가 내세우는, 아마도 가장 중요한 주장이라고 생각된다.

¶ 7_ 다양한 관심을 공유하는 데서 우러나오는 자유롭고 균등한 상호교섭이 결여되어 있으면, 지적 자극이 불건전하게 된다. 자극의 다양성은 신기를 뜻하며, 신기는 사고를 일깨운다. 활동이 몇 개의 확실히 결정된 노선으로 제한되어 있을수록—엄격한 계층 구분이 있어서 경험의 적절한 교환을 방해할 때에는 바로 이런 일이 일어난다—불리한 위치에 있는 계층에서는 아무 생각없는 반복적인 활동이 되풀이될 가능성이 크고, 물질적으로 유리한 위치에 있는 계층에서는 활동이 변덕스럽고 무목적적이고 폭발적인 것이 될 가능성이 크다. 플라톤은 노예를 정의하기를, 노예는 그 행동을 통제하는 목적을 다른 사람으로부터 받아들이는 사람이라고 말하였다. 이 정의에 나타나 있는 상태는 법적으로 노예제도가 없는 경우에도 충분히 있을 수 있다. 사람이 사회적으로 유용한 일을 하면서도 그 유용성을 이해하지 못하고 그것에 하등 관심을 가지지 않을 때에는 언제나 그런 상태에 놓이게 되는 것이다. 오늘날 '작업의 과학적 경영'에 관해서 여러 가지 말들을 하고 있다. 그러나 그것은 작업의 효율성을 순전히 근육운동의 문제로 해석하는 편벽된 의미의 '과학'이다. 과학이 정작 해야 할 일은 인간과 작업의 관계, 그리고 그 일에 참여하는 다른 사람들과의 관계를 발견하여 인간으로 하여금 자기가 하는 일에 지적 관심을 가지도록 하는 것이다. 생산의 효율을 위해서는 분업이 필요한 것이 사실이다. 그러나 이 분업이라는 것도, 직공들이 각각 자기가 하는 일의 기술적, 지적, 사회적 관련성을 파악하고 그 파악에서 생기는 동기 때문에 일할 때 비로소 진정한 의의를 가질 수 있다. 만약 그렇지 않다면, 그들의 작업은 기계적인 반복 행동에 그치고 만다. 활동의 효율성이라든가 과학적 경영 등을 순전히 기술적 외부사항으로 격하시키는 것은 산업을 통제하는 사람들, 산업의 목적을 제시하는 사람들의 사고가 어느 한

편으로 치우쳐 있다는 증거이다. 그들에게 원만하고 균형잡힌 사회적 관심이 결여되어 있기 때문에, 산업에 있어서의 인간요인이나 인간관계에 충분한 주의가 기울여지지 못하고, 능력이라는 것이 순전히 기술적인 생산과 상품의 판매 등에 관련된 문제로 좁게 해석되는 것이다. 물론, 이 좁은 분야에서도 대단히 날카롭고 강렬한 지력이 발달할 수 있다. 그러나 그렇다 하더라도 중요한 사회적 요인에 대한 고려가 빠져있다는 것은 곧 '마음'이 빠져있는 것이요 그것에 상응하는 정서생활이 왜곡되어 있다는 것을 의미한다.

¶ 8_ (2) 위의 예시에 나타난 내용은 관심의 상호교류가 없는 공동생활에는 어디에나 들어맞는 것으로서, 그것은 우리의 둘째 포인트에 연결된다. 불량배나 도당의 고립성과 배타성은 이들 집단의 반사회적 경향을 잘 나타내어 준다. 그러나 이 경향은 비단 불량배나 도당에만 나타나는 것이 아니라, 어떤 한 집단이 다른 여러 집단과 풍부한 상호작용을 하지 않고 '그 자체의' 관심만을 추구하는 경우에는 어디서나 나타난다. 이런 경우에 그 집단의 주된 목적은 다른 집단들과 폭넓은 관계를 맺음으로써 재조직과 진보를 가져오는 데에 있는 것이 아니라, 이미 기득권으로 가지고 있는 것을 고수해 나가는 데에 있다. 국가가 서로서로 고립되어 있을 때, 가정이 마치 보다 큰 사회와는 아무 관련이 없는 듯이 가정 내부의 문제에만 집착해 있을 때, 학교가 가정이나 지역사회의 관심과 유리되어 있을 때, 부자와 빈자, 유식자와 무식자가 구분되어 있을 때, 이 모든 경우에 바로 앞에서 말한 특징이 나타난다. 중요한 점은, 고립은 삶의 硬化경화와 형식적 제도화를 가져오며 집단 내부의 고정적, 이기적인 이상만을 추구하도록 만든다는 것이다. 야만 부족이 '외부인'과 '적'을 동의어로 쓴다는 것은 우연한 일이 아니다. 그들이 보기에, 그들의 경험이라는 것은 곧 과거의 풍속에 맹목적인 충성을 바치는 것을 의미한다. 이런 식으로 생각할 때, 외부인과의 교섭은 풍속을 파괴할 가능성이 있으며, 이 점에서 그들이 다른 사람들과의 교섭을 두려워하는 것은 지극히 당연하다. 그러나 다른 사람들과의 교섭은 분명히 재구성의 계기를 마련할 것이다. 정신생활이 기민해지고 확대되는 것이 물리적 환경과의 접촉 범위가 확대되는 것에 달려있다는 것은 너무나 잘 알려진 사실이다. 그러나 이 원리는 우리가 도외시하기 쉬운 분야—즉, 사회적 접촉의 경우—에 더 의미있게 적용된다.

¶ 9_ 인류 역사상 번성기는, 예외 없이, 국민과 국민, 계층과 계층을 서로 갈라놓고 있었던 거리를 제거하는 방향으로 여러 가지 요인들이 작용했던 시기와 일치한다. 흔히 '전쟁의 이득'이라고 말하는 것에 일면의 진리가 있다면, 그것은 양국 사이의 갈등이 적어도 두 나라 국민들로 하여금 서로 교섭을 맺지 않을 수 없게 하며, 그리하여 어쩌다가 두 국민이 서로 상대방으로부터 배워서 시야가 확대된다는 데에 있다. 여행, 경제와 상업의 추세 등은 이미 상당한 정도로 외적 장벽을 허물어뜨리고 민족과 계층을 서로서로 보다 면밀하게, 보다 두드러지게 연결해 주는 방향으로 나아가고 있다. 이와 같은 물리적 공간의 제거가 가져올 수 있는 지적, 정서적 면에서의 의의를 살려내는 것이 앞으로 남은 과제라고 말할 수 있다.

2 민주주의의 이상

¶ 10_ 앞에서 말한 기준의 두 가지 요소는 모두 민주주의의 의미를 지시한다. 첫째 요소는 사회성원이 공유하는 공동 관심사의 수가 많고 종류가 다양하다는 것뿐만 아니라, 상호 관심사의 인정을 사회통제의 방법으로서 더 중요시한다는 것을 의미한다. 둘째 요소는 여러 사회 집단—이들 사회 집단은 상호간의 단절을 의도적으로 도모하기 위하여 조직된 것이라고 볼 수 있다—사이의 보다 자유로운 상호작용이 있다는 것뿐만 아니라, 사회적 습관*이 변화한다는 것, 다시 말하여, 다양한 상호작용으로 빚어지는 새로운 사태에 맞추어 끊임없이 적응한다는 것을 의미한다. 이 두 가지 특성은 바로 민주적인 방식으로 조직 운영되는 사회의 특징이다.

* social habit: 이것은 개인에 있어서의 habit에 해당하는 것이 사회 전체에도 있다는 것을 암시한다. 이런 의미에서의 '사회적 습관'은 '풍속'(custom)이라고 해도 좋겠지만, Dewey가 custom이라는 표현을 쓰지 않고 social habit라고 한 것은, 짐작컨대, 4장 2절에서 말한 바와 같이, habit에는 지적인 요소가 포함되어 있다는 것을 강조하기 위한 것이라고 생각된다.

¶ 11_ 교육의 입장에서 생각해 볼 때, 우리는 먼저, 민주적인 사회는 그 안의 여러 관심들이 서로 긴밀하게 관련되어 있고, 또 진보 또는 재적응이 중요한 고려사항으로 되어 있는 사회이므로, 이러한 사회를 실현하려고 하면 민주적인

사회는 다른 형태의 사회보다도 의도적이고 체계적인 교육에 더 관심을 둘 수밖에 없다는 것을 알게 된다. 민주주의가 교육에 열성을 가진다는 것은 잘 알려진 사실이다. 여기에 대한 피상적인 설명은, 민주주의 정치는 국민의 투표에 의존하는 만큼, 대의원들을 선출하고 그들에게 복종할 사람들이 교육을 받지 않으면 정치가 잘될 수 없다는 것이다. 민주적인 사회는 외적 권위에 복종해야 한다는 것을 인정하지 않기 때문에, 자발적인 성향과 관심은 오직 교육에 의해서만 길러질 수 있다. 그러나 이 피상적인 설명 이외에, 더 본질적인 설명이 있다. 즉, 민주주의는 단순히 정치의 형태만이 아니라, 보다 근본적으로는, 공동생활의 형식이요 경험을 전달하고 공유하는 방식이라는 것이다. 동일한 관심사에 참여하는 개인들의 수가 점점 넓은 지역으로 확대되어서, 각 개인이 자신의 행동을 다른 사람들의 행동에 관련짓고 다른 사람들의 행동을 고려하여 자신의 행동의 목적이나 방향을 결정한다는 것은 곧, 계급, 인종, 국적 등, 우리로 하여금 우리 자신의 행동의 완전한 의미를 파악하지 못하도록 가로막는 장애가 철폐된다는 뜻이다. 사람들 사이의 접촉이 많고 그 종류가 다양하다는 것은 개인이 반응해야 할 자극이 다양하다는 뜻이며, 결과적으로 그것은 개인의 행동의 다양화를 촉진한다. 그렇게 되면 이때까지 행동으로 발휘되지 못하고 있던 힘이 그것을 억압하던 사슬에서 풀려 나와서 십분 발휘된다. 여기에 비하여, 집단의 폐쇄성으로 말미암아 많은 수의 관심들이 표현되지 못하는 상태에서는 그 힘이 억압당할 수밖에 없다.

¶ 12_ 공동 관심의 범위가 확장되는 것, 그리고 개인이 가지고 있는 다양한 능력들이 충분히 발휘되는 것이 민주주의의 특징을 이루고 있거니와, 이것은, 물론, 열심히 생각하거나 의식적으로 노력해서 이룩될 성질의 것이 아니다. 오히려 그것은 생산양식의 발달, 그리고 과학의 힘으로 자연 에너지를 정복한 결과로 나타난 상업, 교통, 이주, 통신의 발달로 말미암아 초래된 것이다. 그러나 한편으로 개인 의식의 각성이 증대하고 또 한편으로 관심의 교류가 넓어지고 난 뒤에, 그런 것들을 지속시키고 확장하는 데는 의도적이고 의식적인 노력이 중요한 역할을 한다. 각각의 계층으로 분리되어서는 안되는 사회가 있다면, 이 사회는, 물론, 모든 성원이 지적인 기회를 균등하게 또 쉽게 가질 수 있도록 최대한의 배려를 해야 할 것이다. 계층으로 구분되어 있는 사회에서는 지배자 계층을 교육하는 데에만 특별히 신경을 써도 무방하다. 움직이는 사회, 다시 말하

여 어디서나 변화가 일어나고 있고 이 변화를 사회의 구석구석으로 연결지어 주는 사회에서는 그 성원들 모두가 개인의 독창성과 적응 능력을 가질 수 있도록 교육하지 않으면 안된다. 그렇게 하지 않으면 사람들은 자기에게 닥치는 변화에 압도되어 그 의의라든가 관련성을 파악할 수 없게 될 것이다. 그 결과로 따라오는 것은 혼란이며, 이런 상태에서는 소수의 사람들이 많은 사람들의 맹목적인, 외적으로 통제된 활동의 결과에서 이익을 취하게 될 것이다.

※ 이 문단에서 우리의 관심을 끄는 것은 이때까지 말한 그런 의미에서의 민주주의를 실현하는 데에 지력이나 사고가 어느 정도로 도움이 되는가 하는 점이다. 이 문단에서 Dewey는, 민주주의의 특징은 '열심히 생각하거나 의식적으로 노력함으로써' 실현되는 것이 아니라고 말하고, 그렇지만 민주주의의 특징을 지속, 확장하는 데는 지력과 사고가 중요하다고 말하고 있다. '생각과 노력'으로 민주주의가 실현되지 않는다는 것은 바로 앞 문단(¶11)에서, 민주주의는 '공동생활의 양식'이라고 말한 것과 일관된다. 말하자면, 민주주의는 사람들이 어울려 살아가는 방식에 드러나는 원리일지언정, 입으로 구호를 외친다고 해서 실현될 것이 아니라는 뜻이다. 일반적으로 말하여, 이것은 실제와 이론의 관계에 관한 Dewey의 견해, 보다 구체적으로 말하면, 실제가 이론에 앞서고 이론은 실제에서 따라 나온다는 Dewey의 견해와 관련되어 있다. 민주적인 방식의 '원인'(cause)이 상공업, 교통, 통신의 발달에 있다고 하는 말은 이 점을 약간 극단적으로 표현한 것이라고 볼 수 있다.

3 플라톤의 교육철학

¶ 13_ 이하 여러 장에서 우리는 앞에서 말한 민주주의 이념이 교육에서 어떤 의미를 가지는가를 좀 더 자세히 살펴보게 될 것이다. 지금부터 이 장에서는 역사상 교육의 사회적 관련이 두드러지게 문제되었던 세 시기에 나타난 교육이론을 살펴보겠다.* 맨먼저 고찰할 이론은 플라톤의 교육이론이다. 교육의 사회적 관련을 플라톤 이상으로 잘 표현한 사람은 없다. 즉, 사회는 개인이 각각 천성으로 타고난 적성에 따라 다른 사람에게 유용한 일을 할 때—다시 말하여, 그 개인이 속하고 있는 전체에 공헌할 때—안정된 조직을 이룰 수 있다는 것과, 교육은 그런 적성을 발견하여 그것을 사회에 유용하도록 점차 훈련하는 데에 그 과제가 있다는 것이다. 방금 말한 이 주장은 대체로 플라톤이 의식적으로 말한 내용을 요약한 것이다. 그러나 플라톤이 처한 상황은 그 자신의 생각으로 좌지우지할 수 있는 상황이 아니었으며, 이 상황적 조건으로 말미암아 플라톤은 자신의 생각을 교육에 적용하는 데에 제약을 받을 수밖에 없었다. 플라톤은 개인이나 사회집단이 끝없이 다양한 활동들을 특징적으로 나타낸다는 것을 전연 고

려할 수 없었고, 따라서 능력이나 사회적 배열로 보아 소수의 '부류'**에다가 그의 견해를 국한시킬 수밖에 없었다.

---

* 여기서 '세 시기'라는 것은 희랍(플라톤), 18세기(루소), 19세기(헤겔)를 가리킨다.

** '부류'로 번역된 단어는 class(원문 이탤릭체)이며, 이것은 '계급'으로도 번역될 수 있고, 아마 이렇게 번역하는 것이 더 옳을지도 모른다. 어쨌든 여기서 Dewey가 말하고자 하는 것은, 플라톤은 사회가 다양한 활동들로 이루어져 있다는 것을 간과하고 교육이나 정치를 몇 가지 '부류' 또는 '계급'으로 단순화해서 파악했다는 것이다.

¶ 14_ 플라톤의 출발점은, 사회의 조직은 궁극적으로 존재의 목적*에 관한 지식에 달려 있다는 것이다. 우리가 그 목적을 알지 못하면, 우리는 우연과 변덕에 사로잡힐 수밖에 없다는 것이다. 그 목적—플라톤에 의하면, '善'선**—을 알지 못하면, 우리는 우리가 할 수 있는 것 중에서 어느 것을 증진해야 하며 사회를 어떻게 꾸며야 할까를 결정할 합리적인 기준을 가질 수 없다. 우리는 활동의 적절한 한계와 배분—이것은 개인과 사회조직에 모두 해당하는 특징으로서 플라톤은 이것을 '正義'정의***라고 불렀다—에 관하여 전혀 생각을 가질 수 없을 것이다. 이것이 플라톤의 주장이다. 그러나 그 최종적이고 영원한 선에 관한 지식은 어떻게 얻을 수 있는가? 이 질문에 대해서 생각해 보는 순간, 우리는 표면상 극복할 수 없는 난관에 부딪치게 된다. 즉, 그러한 지식은 정의롭고 조화로운 사회 질서 속에서가 아니면 얻을 수 없다는 것이다. 그러한 사회가 아닌 다른 사회에서는 어디서나, 마음은 그릇된 가치관이나 그릇된 사고방식으로 혼란된 상태로 되고 엉뚱한 방향을 취하게 된다. 무질서한 사회, 파벌로 쪼개어져 있는 사회는 여러 가지 상이한 모범과 표준을 제시한다. 이러한 상태에서는 개인이 일사불란한 마음을 가질 수가 없다. 완전히 내적 일관성을 가지는 것은 오직 완전한 전체에서나 가능하다. 합리적인 근거가 있는가 없는가와 상관없이, 또는 비중으로 보아 그럴 필요가 있는가 없는가와 상관없이, 어떤 요인을 다른 요인보다 더 우위에 두는 사회는 사람들의 생각을 혼란시킬 수밖에 없다. 그런 사회는 어떤 일을 편파적으로 중요시하고 다른 일은 무시하며, 이런 상태에서 생기는 마음은 겉으로 보면 통일성을 가진 것 같지만 그 통일성은 사실은 강압에 의한 것이요 왜곡된 것이다. 교육은 궁극적으로 말하여, 제도, 관습, 법 등이 부여하는 틀에 맞추어 이루어진다. 오직 정의로운 국가에서만 그 틀이 올바른 교육을 이끄는 그런 것이 될 수 있으며, 오직 올바르게 훈련된 마음을 가진 사

람들만이 앞에서 말한 존재의 목적, 즉 세상을 지배하는 원리를 인식할 수 있다. 이리하여 우리는 도저히 벗어날 수 없는 순환론에 빠지고 만다. 그렇지만 플라톤은 하나의 탈출구를 제시하고 있다. 즉, 소수의 愛知者애지자들[§]—지혜 또는 진리를 사랑하는 사람들—이 열심히 공부하여 眞實在진실재[§§]의 틀을 적어도 개략적으로는 알게 된다는 것이다. 만약 강력한 통치자가 이 틀에 따라 국가를 형성하면, 그때는 국가의 질서가 바로잡히게 된다. 그러므로 교육은 마치 개인을 체로 걸러내듯이, 각 개인이 어떤 일에 적합한지 알아내어서, 각 개인을 그 천성에 적합한 일에 배치하는 방법을 강구해야 한다. 각 개인이 자기의 역할을 하고 거기서 이탈하지만 않는다면 전체의 질서와 통일성이 유지될 수 있다는 것이다.

---

* end of existence; 여기서 '존재'라는 것은 두 가지 관점에서 이해되어야 한다. 첫째로, 그것은 인간만을 가리키는 것이 아니라 삼라만상을 모두 포함한다. 둘째로 '존재'는 진짜 있는 것, '실재', 즉 reality와 대비되는 '외양', 즉 appearance를 가리키는 것으로 이해된다. 그리하여 양자는 다양성과 단일성, 가변과 영원 등의 특징에 의하여 구분된다.

** the good; 이것은 희랍어로 *to agathon*이며, 보통 '선'이라고 번역되지만, '좋은 것'이라고 번역하는 것이 원의에 더 가깝다.

*** 영어의 justice로 번역되는 희랍어는 *dikaiosyne*이며, 이것은 앞의 '선'의 경우와 마찬가지로 '마땅한 것'이라고 번역하는 편이 옳다.

§ philosophers; *philos*(愛), *sophia*(知)

§§ true existence; i.e., reality

¶ 15_ 한 철학사상의 체계에서, 한편으로, 사회 조직이 교육적 의의를 가지고 있다는 것과, 또 한편으로, 젊은이들을 교육하는 데에 사용되는 수단이 그 사회 조직 여하를 결정한다는 것을 플라톤의 철학만큼 적절하게 인정한 경우는 찾아보기 어렵다. 또한, 사람의 능력을 발견하고 발달시키는 교육의 기능, 그 능력을 훈련하여 다른 사람들의 활동과 관련을 맺도록 하는 교육의 기능을 플라톤만큼 깊이있게 통찰한 사람도 찾아보기 어렵다. 그렇지만 플라톤의 이론이 기초를 둔 그 사회자체가 비민주적인 사회였다는 사실로 말미암아, 플라톤은 그 이론에 내포된 문제점을 분명히 의식하였으면서도 그 해결책을 찾아내는 일은 엄두도 내지 못하였다.

¶ 16_ 플라톤은 사회에 있어서의 개인의 위치가 출신이나 부나 그 밖의 관례적인 지위에 의하여 결정될 것이 아니라 교육을 받는 동안에 드러나는 천성 그 자체에 의하여 결정되어야 한다는 것을 극구 역설하였지만, 개인들이 각각 독자성을 가지고 있다는 점에는 생각이 미치지 못하였다. 플라톤이 보기에, 사람들은 천성에 의하여 계급으로, 또 그것도 아주 몇 개 안되는 소수의 계급으로 구분될 수 있다. 따라서 교육이 개인들을 시험하여 걸러내는 일을 한다는 것은 바로 플라톤이 본 세 가지 계급* 중에서 개인들이 각각 어디에 속하는가를 결정한다는 뜻이다. 각각의 개인이 저마다 따로따로 '계급'을 이루고 있다는 생각이 없는 곳에서는 각각의 개인들이 끝없이 다양한 능동적 경향성, 그리고 그보다 더 다양한 경향성의 조합을 나타낼 수 있다는 것이 인정되지 않는다. 개인의 마음속에는 오직 세 가지 종류의 능력이 있는 것으로 생각될 뿐이다. 다양성만이 변화와 진보를 가져올 수 있다고 보면, 플라톤처럼 교육을 생각할 때는 교육은 각각의 계급에서 쉽사리 고정된 한계에 도달하고 만다.

---

* 이 '세 계급'은 다음 문단에 제시되어 있다. 각각은 영혼을 구성하고 있는 세 요소, 즉 욕망, 용기, 이성 중의 어느 것이 지배적으로 작용하는가에 의하여 구분된다. 통상적으로 우리에게 알려져 있기로는, 그 세 계급은 생산자, 수호자, 통치자 계급으로 불린다.

¶ 17_ 어떤 개인에게는 천성적으로 '욕망'이 지배적으로 작용한다. 이런 사람들은 인간의 필요를 반영하여 그것을 돌보는 노동계급과 교역계급에 배치된다. 또 어떤 개인은, 교육을 받은 결과로, 욕망의 수준을 넘어서 도량이 넓고 진취적이며 '용기'로써 자신을 드러내려는 성향을 가지게 된다. 이런 사람들은 국가의 시민으로서, 전시에는 방어자가 되며 평화시에는 국내의 수호자가 된다. 그러나 그들은 '이성'—즉, 보편적인 것*을 파악하는 능력—이 결핍되어 있다는 사실로 말미암아 한계를 가지고 있다. 이 이성을 가지고 있는 사람들은 최고 수준의 교육을 받을 능력이 있는 사람들이며, 일정한 기간이 지나면 국가의 입법가가 된다. 왜냐하면 법이라는 것은 특수적 경험을 통치하는 보편자이기 때문이다. 그러므로 그 의도를 두고 말하면, 플라톤이 개인을 사회 전체에 종속시켰다고 말하는 것은 옳지 않다. 그러나 플라톤은 하나하나의 개인이 특이하여 다른 사람들과 대치될 수 없다는 사실을 제대로 파악하지 못했고, 따라서 사회가 변화 속에서 안정을 이룰 수 있다는 사실을 인정하지 않았기 때문에, 인간의 능

력과 계급이 제한되어 있다는 그의 주장은 결국 개인을 사회에 종속시킨 셈이 된다.

* 플라톤의 용어로, the universal은, '이데아' 또는 '형식'이며, 이것은 앞(¶14)에서 말한 '존재의 목적'과 동일한 것으로 이해된다.

¶ 18_ 각각의 개인이 그 천성에 적합한 활동에 종사할 때 개인도 행복하고 사회도 원활하다는 플라톤의 확신, 그리고 개인이 갖추고 있는 능력을 발견하여 잘 발휘될 수 있도록 훈련하는 것이 교육의 일차적인 기능이라는 플라톤의 확신에는 하등의 잘못이 없다. 그러나 지식이 진보함에 따라, 우리는 이제, 플라톤이 한 것과 같이, 개인과 그 천부적 능력을 몇 가지 뚜렷이 구분되는 계급으로 몰아붙이는 것이 그릇되다는 것, 그리고 천부적 능력이라는 것은 끝없이 다양하다는 것을 알게 되었다. 이것을 그 반대편에서 말하면, 사회가 민주화될수록 사회조직은 개인의 특수하고 다양한 자질을 활용하는 방향으로 이루어질지언정, 계급으로 구분되는 것이 아니라고 말할 수 있다. 플라톤의 교육철학은 혁명적인 것이었기는 하지만, 그러면서도 고정된 이상에 묶여 있었다. 플라톤의 생각에는, 변화나 변경은 무질서한 혼란의 증거요, 진정한 실재는 불변하는 것이었다. 그리하여 플라톤은 현존하는 사회를 근본적으로 변화시키려고 하면서도 일단 변화되고 난 뒤에는 변화라는 것이 있을 수 없는 그런 국가를 건설하는 데에 목적을 두었다. 그에게 있어서 삶의 궁극적 목적은 고정되어 있었다. 이러한 목적에 따라 조직된 국가에서는 아무리 사소한 세부사항이라 하더라도, 변경되어서는 안된다. 그런 세부사항의 변경은 그 자체로서는 별로 중요하지 않을지 모르나, 그런 변경을 허용하면 사람들의 마음에 변화의 아이디어를 심어주고, 따라서 결국 사회가 와해되고 무법의 상태로 된다는 것이다. 플라톤 철학의 파탄은, 그가 교육의 점진적 개선으로 좀 더 나은 사회를 건설할 수 있고 또 그 사회가 다시 교육을 개선해 나가고 하는 식으로, 교육과 사회가 끝없이 개선되어 나간다는 것을 믿지 않았다는 데에 역력히 드러난다. 플라톤에 의하면, 올바른 교육은 이상적인 국가가 존재하기 전에는 나타날 수 없으며, 그것이 실현된 뒤에는 교육은 단순히 그 상태를 유지하는 데에 전념하게 되어 있다. 이 상태가 어떻게 실현되는가 하는 문제에 대하여, 플라톤은 철학적 지혜가 국가의 통치권력과 우연히 공존하는 일종의 요행에 의존할 수밖에 없었다.

4 18세기의 '개인주의' 이상

¶ **19**_ 18세기 철학에 오면, 우리는 매우 다른 지적 분위기에 접하게 된다. 이 분위기는 루소에 의하여 대표된다. '자연'은 현재의 사회조직과 대립된다는 희랍의 생각이 이때까지 그대로 이어져 왔다. 이 점에서 플라톤은 루소에 큰 영향을 미쳤다.* 그렇지만 18세기에 일어난 자연의 부르짖음은 개인능력의 다양성과 개인이 가지고 있는 모든 다양한 자질들을 자유롭게 개발할 필요를 역설하였다. '자연을 따르는 교육'이 지적, 도덕적 면에서의 교육의 목적과 방법을 나타내는 것으로 생각되었다. 그뿐만 아니라, 천성이라든가 천부적으로 타고난 자질이라는 것은, 극단적인 경우에는, 비사회적, 또는 심지어 반사회적인 것이라고 생각되었다. 사회제도는 기껏해야 이러한 비사회적인 개인들이 그 자신을 위하여 더 많은 행복을 얻기 위한 외적 수단에 불과한 것으로 생각되었다.**

---

* 여기에 '자연'이라고 번역된 단어는 nature이며, 여기에 대하여 사회조직은 '관례'(convention)를 나타낸다. 그리하여 자연과 사회조직의 대립은 희랍 철학에서의 *physis*(nature)와 *nomos*(convention)의 대립에 상응한다. *physis*와 *nomos*의 대립문제는 플라톤 철학에 취급되어 있기는 하나, 플라톤 자신은 그 대립을 인정하지 않았고, 어느 편인가 하면(적어도 인간이나 사회 문제에 관한 한) *nomos* 이외의 *physis*는 없다는 주장을 했다고 말하는 편이 옳을 것이다. 따라서 '플라톤은 루소에 큰 영향을 미쳤다'는 Dewey의 말이, 플라톤도 루소와 마찬가지로 자연과 사회조직을 대립된 것으로 보았다는 뜻이라면, 이 말은 플라톤에 대한 오해를 나타낸다.

** 이것은 사회제도를 '좋게' 말한 것이고, 오히려 루소에 의하면, 적어도 현존하는 사회제도는 개인의 자유와 행복을 억압하는 요소가 된다. 이하 ¶21 참조.

¶ **20**_ 그렇지만 이렇게 말하는 것은 그 사조의 진정한 의의를 부적절하게 전달할 뿐이다. 사실상, 그 사조의 으뜸가는 관심은 진보에 있었으며, 사회적 진보에 있었다. 겉으로 보기에는 반사회적 철학으로 보이지만, 그것은 사실상 보다 넓고 보다 자유로운 사회(즉, 범세계주의)로 향한 몸부림에다 투명한 가면을 씌운 것이다. 그 적극적인 이상은 인간성*에 있었다. 말하자면, 국가의 시민이 아닌, 인간성에 참여하는 구성원이 될 때, 인간의 능력은 해방될 수 있다는 것이다. 현존하는 정치조직 안에서 개인은 국가 통치자가 내거는 요구 조건과 이기적인 관심에 맞추느라고 그 능력이 유린되고 왜곡된다는 것이다. 18세기에 나타난 극단적인 개인주의는 인간의 무한한 완성가능성, 그리고 인간성 그 자

체의 범위만큼 확대된 사회조직이라는 이상의 양면 또는 대응을 나타내는 것이다. 해방된 개인은 포괄적이고 진보적인 사회를 이끌어나가는 기관 또는 수행자로서의 역할을 담당하게 되어 있었다.

* humanity

¶ 21_ 이 복음을 전파한 사자들은 그 당시 그들이 몸담고 있던 사회의 악폐를 날카롭게 의식하고 있었다. 그들은 이 악폐를 사회가 개인의 자유로운 능력에 가하는 제약이라고 보았다. 과거의 봉건체제에 의하여 권력을 부여받았던 계급에만 이익으로 작용하는 외적인 제약으로부터 삶을 해방시켜야 한다는 이상에 대하여 그들은 전적으로 헌신했으며, 이 열렬한 헌신이 이제 '자연'을 맹목적으로 떠받드는 사상체계로 나타났다. '자연'의 이상을 완벽하게 실현하는 것은 곧 인위적이고 부패하고 불공평한 사회 질서 대신에 인간성에 기반을 둔, 새롭고 보다 나은 사회 질서를 건설하는 것이었다. 하나의 모형으로서, 또 그것을 실현하는 추진력으로서 '자연'에 대한 무제한의 신념은 그 당시의 자연과학의 발달에 의해서 더욱 조장되었다. 교회와 국가의 편견과 인위적인 제약에서 벗어난 자유로운 탐구는 세계가 법칙에 따라 움직이고 있다는 것을 보여주었다. 뉴톤의 태양계는 그러한 자연법칙의 통치를 표현하는 것으로서, 그것은 모든 힘이 서로 평형을 이루고 있는 놀라운 조화의 세계를 보여주었다. 만약 인간이 인위적으로 부과한 강제적인 제약을 제거할 수만 있다면, 자연법칙은 인간관계에서도 그와 동일한 결과를 나타낼 것으로 생각되었다.

¶ 22_ 자연을 따르는 교육은 그러한 '보다 사회적인' 사회를 보장하는 첫걸음으로 생각되었다. 경제적인 또는 정치적인 면에서의 결함은 궁극적으로 사고와 감정의 결함에 달려있다는 것이 눈에 보이듯이 역력하였다. 외적인 속박으로부터 인간을 해방시키는 첫걸음은 그릇된 신념과 이상이라는 내적 속박으로부터 인간을 해방시키는 데에 있었다. 이른바 사회생활, 즉 기존제도는 이 일을 감당하기에는 너무나 거짓과 부패로 가득차 있었다. 그 일을 하자면 그 기존제도 자체가 파괴될 것인즉, 어떻게 그 기존제도가 그 일을 하리라고 기대할 수 있단 말인가? 그렇다면 그 일을 맡길 수 있는 것은 자연일 수밖에 없다. 심지어, 그 당시에 유행했던 극단적인 감각주의 인식론도 이러한 생각에 그 바탕을 두고

있었다.* 마음은 원래 수동적인 빈 상자라는 주장은 교육의 가능성을 드높이는 한 가지 방법이었다. 만약 마음이라는 것이 사물의 글씨가 그 위에 쓰일 밀랍판이라면, 자연환경에 의한 교육의 가능성은 참으로 무한할 것이었다. 그리고 자연계의 사물은 조화로운 '진리'를 나타내는 만큼, 자연을 따르는 교육은 어김없이 진리로 충만된 마음을 만들어낼 수 있을 것이었다.

* 감각주의 인식론에 관한 보다 상세한 고찰은 25장 참조.

5 국가적 교육과 사회적 교육

¶ 23_ 자유에 대한 최초의 열광이 식어지자마자, 사회건설의 이념으로서의 개인주의 철학은 그것이 가지고 있었던 약점을 명백히 드러내었다. 단순히 모든 것을 자연에 맡기는 것은, 따지고 보면, 교육 그 자체를 부정하는 것이다. 그것은 우발적인 환경에 맡기는 셈이 되는 것이다. 교육에는 어떤 종류의 것이든지 방법이 요구될 뿐만 아니라, 교육의 과정을 수행하는 모종의 기관, 모종의 행정기구가 필요하다. 소위 '모든 능력의 완전하고 조화로운 발달', 그리고 그 사회적 의의로서의 인간성의 계몽과 진보는 그것을 실현하는 명확한 조직을 필요로 하였다. 여기저기 흩어진 개개인들은 복음을 외칠 수는 있을지 모르나, 실제로 그 일을 수행할 수는 없었다. 페스탈로찌 같은 사람이 실험을 하거나 돈과 권력이 있는 자선가들에게 자기의 본보기를 따르도록 권유하는 것은 가능하였다. 그러나 페스탈로찌라 하더라도 새로운 교육이상을 효과적으로 추구하는 데는 국가의 지원이 필요하다는 것만은 어찌할 수 없었다. 새로운 사회를 만들어낼 새로운 교육의 실현은 결국 현존하는 국가에 의존하지 않으면 안되었다. 민주주의 이상을 지향하는 운동이 결국 공적으로 수행되고 관리되는 학교를 지향하는 운동으로 되는 것은 불가피하였다.

¶ 24_ 그 당시 유럽의 역사적 상황을 보면, 교육에 대한 국가의 지원은 정치적인 면에서의 국가주의* 운동과 동일한 것으로 규정하게 되어 있었다. 그런데, 이 사실은 이후의 진전에 굉장히 중요한 의미를 가지게 된다. 특히 독일 사상의 영향으로 말미암아 교육은 공공기능이 되었고, 공공기능은 곧 민족국가**의 이상을 실현하는 것과 동일시되었다. '국가'가 '인간성'을 대치하게 되고, 범세계

주의는 국가주의에 자리를 양보하였다. '인간'을 만드는 것이 아니라 '시민'을 만드는 것이 교육의 목적으로 되었다.[1] 위에서 말한 '역사적 상황'이라는 것은 특히 독일에서의 나폴레옹 정복이 몰고 온 파급효과를 가리킨다. 독일제국은 교육에 대한 체계적인 관심이야말로 정치적인 역량과 능력을 회복 유지하는 최선의 수단이라는 것을 깨달았다. (그 후 사태의 진전은 이 신념이 옳았다는 것을 입증하였다.) 대외적으로 독일 제국은 취약하였고 분열되어 있었다. 프로이센 정치가들의 주도하에 독일제국은 이 조건을 자극으로 삼아 광범하고 확고한 공교육체제를 수립하였다.

---

1) 루소의 사상에 이런 방향의 주장(즉, '인간'이 아니라 '시민'을 기르는 것이 교육의 목적이라는 주장)이 있다는 것은 이때까지 아주 무시되어 왔다. 루소가 기존의 교육에 반대한 것은 그것이 시민을 길러내지도 못하고 인간을 길러내지도 못한다는 이유에서였다. 그 당시의 상황으로 보아, 루소가 시민을 길러내는 편보다는 인간을 길러내는 편이 더 중요하다고 생각한 것은 사실이다. 그러나 루소의 말에는 시민을 기르는 것이 이상적으로 더 높은 수준의 교육이라는 것, 그리고 「에밀」에 나타나 있는 그의 교육적 시도는 그 당시의 부패상으로 보아 그가 그려낼 수 있는 가장 좋은 미봉책이라는 것을 시사하는 대목이 많이 있다. 〔원주〕

* nationalism; 때로 '민족주의'로 번역되기도 한다.

** national state

¶ 25_ 이러한 실제의 변화는 필연적으로 이론의 변화를 가져왔다. 개인주의적 이론이 뒷전으로 밀려난 것이다. 국가는 공교육의 수단을 제공하였을 뿐만 아니라 그 목적을 제시하기도 하였다. 초등학교에서 대학에 이르기까지, 학교체제가 애국적인 시민과 군인과 장차 국가의 관료와 행정가를 길러내며 국방, 산업, 정치적 방어와 확장의 수단을 제공하는 식으로 교육의 실제가 이루어질 때, 교육의 이론이 사회적 효율성의 목적을 강조하지 않는다는 것은 불가능하였다. 그리고 다른 나라들과 경쟁관계 또는 다분히 적대관계에 놓인 채 민족주의 국가를 지켜 나가야 한다는 것이 무엇보다도 중요한 과제로 되어있는 상태에서는, 사회적 효율성을 막연한 범세계주의로 해석한다는 것도 마찬가지로 불가능하였다. 특정한 국가주권을 유지하는 데는 국방이나 국제무역의 패권 다툼에 있어서의 국가의 이익에 개인을 종속시킬 필요가 있기 때문에, 사회적 효율성은 이와 같은 국가에 대한 개인의 종속을 의미하는 것으로 해석된다. 교육의 과정은 개인의 발달이라기보다는 강압적인 훈련의 과정으로 해석된다. 그러나 개인적인 자질의 완전한 발달을 이상으로 삼는 가치관이 아직도 남아 있었기 때문에, 교육철학은 그 두 가지 이상을 조화시키려고 하였다. 이 조화를 위한

노력은 국가가 '유기체적' 성격을 가지고 있다는 생각*으로 나타났다. 즉, 고립된 존재로서의 개인은 아무것도 아니며, 오직 조직된 제도 속에서, 또 그 목적과 의미를 받아들임으로써 개인은 개인으로서의 진정한 실체를 가지게 된다는 것이다. 겉으로 보기에는 개인이 정치적 권위에 복종하는 것처럼, 또는 개인의 희생을 요구하는 상관의 명령에 복종하는 것처럼 보이지만, 사실에 있어서는 국가에 구현되어 있는 객관적 이성**을 자기 자신의 것으로 내면화하는 것이며, 이것이야말로 개인이 진정으로 합리적인 존재가 되는 유일한 길이다. 예컨대 헤겔 철학에서 보는 것과 같은 제도적 관념론***에서 말하는 '발달'이라는 것은 한편으로 개인 자질의 완전한 실현과, 또 한편으로 현존하는 제도에 대한 철저한 '훈육적' 복종을 결합시키기 위한 의식적 노력을 나타내는 것이다.

---

* 이 생각은 흔히 '국가유기체설'(organic theory of the state)이라고 불리며, 헤겔에 의하여 대표된다. 이 문단 및 이하의 설명과 5장 2절(¶¶11-12)에 나타난 설명과의 유사성은 명백하다.

** objective reason

*** institutional idealism

¶26_ 독일이 나폴레옹에 대항하여 국가 독립을 위한 투쟁을 벌인 한 세대 동안, 교육철학이 어느 정도로 변모했는가 하는 것은 칸트의 교육철학을 보면 알 수 있다. 칸트만 하더라도 그전의 개인주의적 범세계주의적 이상을 잘 표현하고 있다. 18세기의 마지막 몇 년 동안의 강의를 모아 놓은 그의 교육론에서, 칸트는 교육을 인간이 되는 과정으로 정의하고 있다.* 교육에 대한 칸트의 견해는 다음과 같다. 인간은 그 일생을 시작할 때 이상을 가진 피조물로 시작하는 것이 아니라 자연에 파묻혀서, 자연에 의하여 본능과 욕망만을 부여받은 상태에서 시작한다. 자연은 단지 교육의 酵素효소만을 제공해주며, 그것을 발달, 완성시키는 것은 교육의 일이다. 진정한 인간의 삶은 각자 자기 자신의 자발적인 노력에 의하여 스스로를 창조해 나가야 한다는 데에 그 특이성이 있다. 인간은 진정한 의미에서의 도덕적이고 합리적이며 자유로운 존재로 스스로를 만들어나가지 않으면 안된다. 이 창조적인 노력은 세대간에 걸친 장기간의 느린 교육활동에 의하여 이루어진다. 그 속도는 인간이 그 후세대를 기존의 사회현실에 적응하도록 하는 것이 아니라, 장차 인간성이 더 풍부한 사회를 건설하도록 교육하는 일에 의식적인 노력을 기울일 때 더 빨라진다. 그러나 여기에 큰 어려움이 있

다. 즉, 젊은이들을 교육함에 있어서 각각의 세대는 대체로 현재의 세계에 적응해 나가도록 할 뿐, 교육의 진정한 목적, 즉 인간성의 최대한의 실현을 증진하는 데에 마음을 쓰지 않는다는 것이다. 자녀를 교육하는 부모는 자녀가 출세하기를 바라고, 신민을 교육하는 군주는 교육을 자기 목적의 수단으로 삼는다.

* Kant 「교육론」의 첫 문장 : "인간은 교육을 필요로 하는 유일한 존재이다."

¶ 27_ 그렇다면 인간성을 증진하는 교육은 누가 할 것인가? 이 질문에 대한 칸트의 대답은, 안목을 가진 개인 식자들의 노력에 의존할 수밖에 없다는 것이다. "모든 교화는 개인 자격으로서의 사람들에서 시작하며, 그들로부터 퍼져 나간다. 장차의 보다 나은 상태의 이상을 파악할 능력을 가진, 확장된 성향의 소유자들의 노력을 통해서만, 인간성이 그 목적을 향하여 나아가는 일이 가능하다... 통치자들은 단지 신민을 자기의 의도에 보다 적합한 도구로 만드는 그런 종류의 훈련에만 관심이 있다." 나아가서 칸트는 개인들이 운영하는 학교에 통치자가 보조금을 대어주는 것까지도 아주 조심스럽게 살펴야 한다고 말하였다. 통치자의 관심은 인간성의 최대한의 실현에 있는 것이 아니라 그 국민의 복지에 있으며, 따라서 통치자가 학교에 돈을 대어줄 때에는 그 관심이 학교의 운영에 영향을 미친다는 것이다. 이러한 칸트의 견해에서 우리는 18세기의 개인주의적 범세계주의의 특징적인 주장이 선명하게 나타나 있는 것을 볼 수 있다. 개인의 자질을 완전하게 발달시키는 것은 곧 인간성 전체의 목적, 그리고 진보의 개념과 동일한 것으로 취급되어 있다. 여기에 덧붙여서, 우리는 또한 이러한 이상을 실현하는 데에 국가 주도, 국가 통제의 교육이 악영향을 행사한다는 데에 대한 공포가 역력히 나타나 있는 것을 엿볼 수 있다. 그러나 그 이후 20년이 채 못되어, 칸트의 철학적 후계자인 피히테와 헤겔은 국가의 으뜸가는 기능은 교육에 있다는 주장을 펴내었다. 말하자면, 구체적으로 독일의 재건은 국가의 이익에 맞도록 수행된 교육에 의하여 달성되어야 한다는 것, 그리고 사적 존재로서의 개인은, 국가의 제도와 법의 교육적 훈육에 자발적으로 종속되지 않는 한, 필연적으로 이기적이고 비합리적인 존재로서 그 자신의 욕망과 상황적 요구에 노예가 될 수밖에 없다는 것이다. 이러한 정신에서, 독일은 초등학교에서 대학에 이르기까지, 공적, 보편적, 의무교육 체제를 수립하고, 모든 사립교육기관을 엄격한 국가통제와 관리하에 둔 최초의 나라가 되었다.

¶ 28_ 이 간략한 역사적 개관에서 두 가지 결론이 드러난다. 첫째는, 교육의 개념을 개인의 입장에서 보는가 아니면 사회의 입장에서 보는가 하는 것은 크게 보면, 또는 구체적인 맥락에서 떨어져 나와서는, 아주 무의미하다는 것이다. 플라톤이 내세운 교육의 이상에서는 개인의 자아실현과 사회의 통합과 안정이 동일한 것으로 취급되어 있다고 볼 수 있다. 그가 처해 있었던 상황 때문에 플라톤은 그의 이상을 계급으로 구분된 사회 조직에 맞추어 넣고 개인을 그 계급 속에 파묻어 버릴 수밖에 없었던 것뿐이다. 18세기의 교육철학은 형식상으로는 고도로 개인주의적인 특징을 나타내지만, 이 개인주의의 형식은 고상하고 도량이 넓은 사회적 이상에서 착안된 것이다. 그 사회적 이상이라는 것은 곧 사회는 인간성의 발휘를 전제로 하여 조직되어야 하며 인간의 무한한 완성가능성이 실현되도록 조치를 취해주어야 한다는 것이다. 19세기 초, 독일의 관념주의 철학은 또 다시 개인 교양의 자유롭고 완전한 발달과 사회적 훈육, 정치적 복종을 동일한 것으로 취급하려고 했다. 그 철학에서는 국가를, 한편으로 사적 개인의 자아실현과 또 한편으로 인간집단 전체의 인간성 실현을 연결하는 매개체로 보았다. 따라서 그 철학의 교육원리를 종래의 고전적 교육관에서처럼 '개인 능력의 조화로운 발달'이라고 표현하거나, 아니면 보다 새로운 용어로 '사회적 효율성'이라고 표현하거나, 이 두 가지의 중의 어느 쪽으로 표현하더라도 무방할 것이다. 이상의 고찰은 모두 이 장의 첫머리에 제시되어 있는 다음과 같은 주장을 뒷받침해 준다. 즉, 사회적 과정, 사회적 기능으로서의 교육은 우리가 마음에 두고 있는 사회를 규정하기 전에는 확실한 의미를 가질 수 없다는 것이다.

¶ 29_ 이러한 생각은 우리의 둘째 결론을 위한 길을 열어 준다. 즉, 민주주의 사회에서, 또 민주주의 사회를 건설하는 데에 교육이 가지고 있는 한 가지 근본적인 문제는 국가의 목적과 보다 넓은 사회적 목적 사이의 갈등*에서 빚어진다는 것이다. 그 이전의 범세계적인, '인간주의적인' 교육관에서는 교육을 실제로 집행하고 관리하는 기관이 무엇인가에 관한 규정이 모호하였고 또 실제로 그런 기관이 없었다는 점에 그 결함이 있었다. 유럽에서, 특히 그 중에서도 대륙의 여러 국가에서, 인간의 복지와 진보를 위하여 교육이 중요하다는 점에 대한 새로운 각성은 국가의 이익과 결부되어 일어났고 따라서 교육이 수행해야 할 사회적 목적은 결정적으로 좁고 폐쇄적인 것이 되고 말았다. 교육의 사회적 목적

이 교육의 국가적 목적과 동일시되고, 그 결과는 사회적 목적의 의미를 완전히 불분명한 것으로 만들었다.

---

* '국가의 목적과 넓은 사회적 목적 사이의 갈등'이라는 표현은 대부분의 독자에게 이상하게 들릴지 모른다. 그러나 여기서 '국가의 목적'이라는 것은 국가가 국민을 정치적인 면에서 통치하는 데에 주안점을 둔 교육을 뜻하며, 여기에 비하여 '사회적 목적'은 사회를 구성하고 있는 개인들의 성장을 통하여 사회 전반의 발전을 목적으로 하는 교육을 가리킨다.

¶ 30_ 교육의 사회적 목적과 국가적 목적이 빚어내는 이 혼란은 현재의 인간 교섭의 상황을 그대로 반영한다. 한편으로, 과학, 무역, 예술 등의 활동은 국가의 경계를 초월한다. 이런 활동은 그 질이나 수행방법에 있어서 대체로 국제적인 성격을 띤다. 그것은 여러 국가에 사는 사람들의 상호의존과 협동을 통하여 이루어진다. 그러나 그와 동시에, 정치에서 국가가 가장 우선적 고려사항이 된다는 생각이 현재만큼 두드러지게 나타난 적이 없다. 각국은 그 이웃나라와의 관계에서 서로 은밀한 적대감을 가지고 있으며 일촉즉발 전쟁의 위기에 있다. 각국은 무엇이 그 나라에게 이익*이 되는가를 판단할 최고의 궁극적인 판단자요, 각국은 다른 나라의 이익을 희생시켜서만 취할 수 있는 그 자체만의 이익이 있다는 생각이 당연한 것으로 받아들여지고 있다. 이것을 의심하는 것은 곧 정치와 정치학의 기본으로 생각되는 국가의 주권 그 자체를 의심하는 것이다. 보다 넓은 범위에 걸친 협동과 상호부조 정신에 입각한 사회생활과, 좁은 범위의, 상호 배타적이며 따라서 적대관계에 입각한 목적과 이익추구 사이의 모순—이것이야말로 모순이 아니고 무엇인가—은 교육의 기능과 평가기준으로서의 '사회적'이라는 것이 무엇을 뜻하는가 하는 문제에 대하여, 이때까지 교육이론이 밝힌 것보다 훨씬 명확한 개념을 가지도록 요구하고 있다.

---

* interest

¶ 31_ 교육체제가 국가에 의하여 운영되면서도 동시에 교육적 과정이 목적으로 삼는 풍부한 사회적 의미가 제한되거나 억압되거나 타락하지 않도록 할 수 있을 것인가? 대내적으로 보면, 이 질문은 현재의 경제적 조건 때문에 사회가 계층으로 구분되어서, 어떤 계층이 다른 계층의 고급문화를 위한 단순한 도구로 되어가는 경향을 문제 삼는다. 대외적으로 보면, 이 질문은 한편으로, 국가

에 대한 충성심, 애국심과 또 한편으로, 국가의 정치적 판도와는 관계없이 사람들을 함께 묶는 보다 높은 차원의 공동목표에 대한 헌신을 어떻게 조화시키는가 하는 문제와 관련된다. 이 두 문제의 어느 것도 단순히 소극적인 수단에 의존하여 해결하려고 해서는 안된다. 교육이 한 계층에 의한 다른 계층의 착취를 용이하게 하는 도구가 되려고 적극적으로 나서는 일만 없으면 된다는 식의 생각만으로는 부족하다. 학교시설은 문호가 충분히 넓게 개방되어 있고 또 효율성있게 운영되어서, 단순히 명목상으로만이 아니라 실질적으로, 경제적 불평등에서 오는 효과를 감소시켜야 하며, 국민 전체가 장차의 삶을 위한 동등한 준비를 갖출 수 있도록 보장하여야 한다. 이 목적을 달성하는 데에는 비단 학교 시설에 대한 적절한 행정적 지원과 젊은이들로 하여금 그 기회를 활용할 수 있게 해주는 가정의 뒷받침이 필요할 뿐만 아니라, 모든 젊은이들이 자신의 경제적, 사회적 삶을 사는 데에 충분한 준비를 갖추기까지 교육적 영향하에 남아있도록, 전통적인 가치관, 전통적인 교과, 전통적인 교수법과 훈육의 방법 등을 수정하는 일이 필요하다. 이 이상은 실현하기 요원한 감이 없잖아 있지만, 한 가지 분명한 것은, 그 이상이 우리의 공교육체제를 점점 더 지배하지 않는 한, 교육의 민주적 이상은 우스꽝스러우면서도 비극적인 환상에 불과하다는 것이다.

¶ 32_ 국가와 국가간의 관계에 관한 문제에도 마찬가지의 원리가 적용된다. 전쟁의 공포를 가르친다든가 국제적 반목과 적대감을 자극할 만한 것은 모조리 피하는 것만으로는 불충분하다. 지리적인 제약을 떠나서 공동의 인간적 추구와 그 결과로 사람들을 결속시키는 모든 것에 강조를 두어야 한다. 국가의 주권은 모든 인간 상호간의 보다 충만한, 보다 자유로운, 보다 알찬 공동생활과 상호작용에 대하여 부차적 잠정적인 성격을 가진다는 정신이 인간의 성향으로서 언제나 작용하도록 마음속 깊이 그 정신을 심어주어야 한다. 이러한 견해가 교육철학의 고려와는 너무나 거리가 멀다는 느낌이 든다면, 그것은 이때까지 이 책에 제시된 교육이론의 의미를 충분히 파악하지 못했다는 증거이다. 여기서 말한 둘째 결론은 사회적 목적을 향하여 점진적으로 성장해 나가는 개인의 능력을 자유롭게 하는 일이 교육이라는 생각과 불가분의 관계를 맺고 있다. 만약 교육의 의미를 이렇게 파악하지 않는다면, 그것은 곧 교육에 있어서의 민주주의 원리가 그 적용의 일관성을 상실하는 것이다.

| 요약 | **¶ 33_** 교육은 사회적 과정이요, 또 사회는 종류가 다양하기 때문에, 교육을 비판하거나 건설하는 기준에는 그 '특정한' 사회의 이상이 무엇인가가 반드시 문제된다. 한 사회생활의 형태가 어느 정도의 가치를 지니고 있는가를 측정하는 두 가지 기준은, 첫째로, 한 집단의 관심 또는 이해가 그 구성원들에게 어느 정도로 공유되는가 하는 것과, 둘째로, 그 집단이 다른 집단들과 어느 정도로 풍부하고 자유롭게 상호작용을 하는가 하는 것이다. 다시 말하면, 한 사회가 대내적으로나 대외적으로 자유로운 상호작용과 경험의 자유로운 교류를 차단하고 있다면, 그것은 바람직하지 않은 사회이다. 한 사회가 그 모든 구성원으로 하여금 동등한 자격으로 그 이익에 참여하도록 하고 그 사회 안의 여러 가지 공동생활의 형식 사이의 상호작용을 통하여 그 제도를 융통성있게 재조정해 나가면, 그것은 그만큼 민주적인 사회이다. 그런 사회에서 교육은 개인으로 하여금 사회적 관계와 사회 통제에 직접 관심을 가지도록 하는 것과 아울러, 무질서를 초래함이 없이 사회변화를 도모하는 지적 습관을 가지도록 하여야 한다.

¶ 34_ 이러한 관점에서, 이 장에서는 역사상 전형적인 세 가지 교육철학을 고찰하였다. 플라톤의 교육철학은 형식상으로는 위에서 말한 것과 아주 비슷한 이상을 제시한 것처럼 보이지만, 그 구체적인 계획에 있어서는 개인이 아닌 계급을 사회의 단위로 삼았다는 점에서 타협안에 그치고 말았다. 18세기 계몽사상에 나타난, 소위 개인주의 교육철학은 사회의 개념을 인간성과 동일하게 넓은 범위로 해석하여, 그 진보를 추진해 나가는 데에 개인이 그 수행자가 된다고 보았다. 그러나 그 이상의 실현을 '자연'에 맡겨버렸다는 데에서 알 수 있는 바와 같이, 그 교육철학은 그 이상을 발전시킬 구체적인 추진기관을 가지지 못하였다. 19세기의 제도적 관념주의 철학은 민족국가를 그 추진기관으로 삼음으로써 개인주의 철학의 결함을 보충하려고 하였지만, 그렇게 하는 과정에서 교육의 사회적 목적의 적용범위를 동일한 정치적 단위에 속한 사람들로 좁혔고, 개인이 제도에 종속된다는 생각을 다시 도입하게 되었다.

제 8 장

교육의 목적

1 목적의 성격

¶ 1_ 앞의 여러 장에서 설명한 교육은 민주주의 사회에서의 교육의 목적이 무엇이어야 하는가에 관한 결과를 미리 제시한 것이나 다름없다. 앞에서 말한 바와 같이, 교육의 목적은 개인들로 하여금 자기 자신의 교육을 계속할 수 있도록 하는 데에 있으며, 학습의 목적과 보람은 성장의 능력이 계속 증대하는 데에 있는 것이다. 그런데 이러한 생각이 사회의 '모든' 구성원에게 적용되려면 인간과 인간과의 교섭이 상호적인 것이어야 하며, 관심의 공평한 분배와 그로 말미암은 광범위한 참여에 의하여 사회적 습관과 제도를 재구성하는 적절한 조치가 취해져야 한다. 이것은 곧 그 사회가 민주적인 사회여야 한다는 뜻이다. 그러므로 교육의 목적을 찾는 데 있어서 우리의 관심은 교육보다 높은 자리에서 교육을 지배하는, 교육 바깥의 목적을 찾는 데에 있는 것이 아니다. 이러한 사고방식은 이때까지 이 책에서 말한 교육관과 맞지 않는 것이다. 오히려 우리의 관심은 목적이 그 달성을 위한 과정 안에 있을 때와 목적이 바깥에서 주어졌을 때 나타나는 상태를 대조시키는 데에 있다. 이 후자의 사태, 즉 목적이 바깥에서 주어지는 사태는 사회적 관계가 균등하게 평형을 이루지 않을 때 반드시 생기게 마련이다. 왜냐하면 사회적 관계가 균등하지 않을 때에는 사회 집단 전체 중에서 일부는 필연적으로 그 목적이 외적 규제에 의하여 결정되는 운명을 겪게 되기 때문이다. 그들의 목적은 그들 자신의 경험이 자유롭게 성장하는 과정에서 생겨나는 것이 아니요, 그들의 목적*이라는 것은 오직 명목상으로만 목적이며, 실제로는 그들 자신의 목적이라기보다는 다른 사람들의 보다 궁극적인 목적*을 위한 수단에 불과하다.

* 아마 여기서 '목적'이라는 말에 해당하는 aim(s)와 end(s)에 관하여 한 마디 해 두는 것이 좋을 것이다. 이 장의 제목인 '교육의 목적'은 aims in education이다. 이 문단에서 *표한 두 단어 중, 앞의 것은 aims이며 뒤의 것은 ends이다. 이 장에서 Dewey가 aims와 ends를 엄밀히 구분하여 쓰고 있는가는 확실하지 않다. '수단'(means)과 관계되는 '목적'은 반드시 ends라야 한다(즉, means to ends). 이 점을 제외하고는 aims와 ends는 서로 바꾸어서 쓸 수 있다. 다음 문단에서 Dewey는 ends와 results를 구분하고 있거니와, 이것을 보면 ends에는, aims와는 달리, '결과'라는 의미가 포함되어 있음을 알 수 있다. 그러나 aims와 ends 사이에는 ends와 results 사이에 있는 것과 같은 그런 엄격한 차이는 없다고 보는 것이 옳을 것이다.

¶ **2**_ 우리가 첫째로 취급해야 할 문제는 목적이 바깥에서 주어지는 것이 아니라 활동 내부에서 나올 때 그 목적이 어떤 성격을 띠는가 하는 것이다. 그 성격을 규정하는 첫 단계로서, 단순한 '결과'와 '목적'을 구분할 필요가 있다. 에너지가 작용하면 거기에는 반드시 결과가 따른다. 사막에 바람이 불면 모래 알맹이의 위치가 바뀐다. 이것은 결과요, 효과일지언정, 목적*은 아니다. 이때 나타난 결과에는 그 이전에 일어난 일을 완성한다든가 이룩한다든가 하는 뜻이 포함되어 있지 않은 것이다. 거기에는 단순히 공간적인 재배열이 있을 뿐이다. 모래알의 위치가 변화된 상태와 변화되지 않은 상태 사이에는 아무런 차이가 없으며, 따라서 처음의 상태를 시작이라고 한다든지 나중의 상태를 끝**이라고 한다든지 할 하등의 이유가 없고, 또 그 사이에 일어난 일을 변형의 과정이라든지 실현의 과정이라고 할 이유도 없다.

* end
** end

¶ **3**_ 예컨대 꿀벌의 활동을, 모래에 바람이 불어서 생긴 변화와 대조시켜서 생각해 보자. 꿀벌의 일에서 생긴 결과가 목적이 된다고 보는 것은 그것이 계획되었다든가 의식적으로 의도되었기 때문이 아니라, 그것이 그 앞에 일어난 일의 진정한 종결 또는 완성이기 때문이다. 꿀벌이 꽃가루를 모은다든지, 밀초를 만든다든지 벌집을 짓는다든지 할 때, 각각의 단계는 그 다음 단계를 위한 준비가 된다. 벌집이 지어지면, 여왕봉은 그 속에 알을 낳는다. 여왕봉이 알을 낳으면 그곳이 봉해지고, 벌이 그 알을 안아서 부화하는 데에 적당한 온도가 유지되도록 한다. 알이 까지면 벌이 그 새끼를 먹여서 어른벌이 될 때까지 기른다. 이

모든 사실은 우리에게 아주 잘 알려져 있는 것이어서, 우리는 삶이나 본능은 하여간 불가사의한 것이라고 하면서 그것을 아무렇지도 않게 지나쳐 버리기 쉽다. 이리하여 우리는 사건의 본질적인 특징, 말하자면 사건의 각 요소가 차지하는 시간상의 위치와 순서의 의의, 즉 앞의 사건이 뒤의 사건으로 연결되고 뒤의 사건은 앞의 결과를 이어받아서 다음 단계에 활용되어 마침내 전 과정을 요약하고 종결짓는 마지막 단계에 도달한다는 사실을 간과하게 된다.

¶ 4_ 목적*은 언제나 결과**와 관련을 맺고 있는 만큼, 목적의 문제를 논할 때 우리가 맨 먼저 살펴야 할 것은 그것을 추구하는 일이 내재적*** 계속성을 가지고 있는가, 아니면 여러 행위들이 그냥 차례대로 모여 있어서, 먼저 이 일을 하고 그 다음에 저 일을 하는 식으로 이루어지는가 하는 것이다. 교육의 경우에, 학생의 행동 하나하나가 거의 전적으로 교사의 지시에 의한 것일 때, 그리고 학생의 행동이 일어나는 순서가 오직 교과내용의 배열이나 교사의 지시에 의하여 결정될 때, 교육목적을 논한다는 것은 언어도단이다. 또한, 변덕스럽게 불연속적으로 벌어지는 행위를 자발적인 '자기실현'이라는 미명으로 용납하는 것도 목적과는 거리가 멀다. 목적이라는 것은 활동이 질서정연하게 순서에 따라서 이루어질 때, 다시 말하면, 그 순서가 하나의 과정을 점진적으로 완성하는 식으로 되어 있을 때에만 성립한다. 하나의 활동이 일정한 시간대에 걸쳐서 일어나고 또 그 시간대 내에서 누적적인 성장이 이루어질 경우에, 목적이라는 것은 결과 또는 가능한 종결상태에 대한 사전의 예견을 뜻한다.§ 만약 꿀벌이 그 활동의 결과§§를 예견한다면, 만약 꿀벌이 머리 속으로 그 결과§§를 그려본다면, 꿀벌은 목적의 초보적인 형태를 가지고 있는 셈이다. 그러므로 교육에 있어서—또는 그 밖의 어떤 활동에 있어서든지—결과를 예견할 수 없게끔 상황적 조건이 되어 있을 때, 즉 자기가 하는 활동의 결과가 어떠하리라는 것을 내다볼 수 없게끔 상황적 조건이 되어 있을 때, 교육의 목적을 논한다는 것은 당치도 않다.

---

* aims

** results

*** intrinsic: 듀이는 때로 internal이라고 해야 할 경우에 intrinsic이라고 하는 듯하다. 이 경우가 바로 그것이다.

§ 이 부분의 원문은 다음과 같다... and aim means foresight in advance of the end or possible termination. 여기서 and aim은 an aim의 오식이다. 그리고 여기서 보는 바와 같이, end가 aim과 대조될 때 그것은 결과를 뜻하는 것으로 이해해야 하며, 이것에 비하여 aim은 '결과

의 예견' (foresight of the end)을 뜻한다. 때로 aim 대신에 end in view라는 표현이 쓰이고 있으나, '결과의 예견'을 나타낸다는 점에서 그 의미는 동일하다. 단순히 결과를 뜻하는 것으로는 result 이외에 consequence, outcome 등 여러 단어가 쓰이고 있다.

§§ 앞의 '결과'는 consequences, 뒤의 '결과'는 'end'이다.

¶ 5_ 다음으로, 예견된 결과로서의 목적은 활동의 방향을 지시한다. 목적은 그 활동을 그냥 구경하는 사람의 안일한 관점을 나타내는 것이 아니라, 결과에 도달하기까지 취해야 할 단계 하나하나에 영향을 미친다. 그러한 예견은 세 가지 기능을 한다. 첫째로, 그것은 현재 주어진 조건을 세밀하게 관찰하여, 결과에 도달하는 데에 어떤 수단을 쓸 수 있는지, 그 과정에 어떤 장애가 있는지를 살피도록 한다. 둘째로, 그것은 수단을 활용하는 데에 있어서 적절한 순서 또는 계열이 어떤 것인가를 시사하며, 가장 경제적인 선택과 배열을 할 수 있도록 한다. 셋째로, 그것은 여러 가지 대안 중에서 가장 적절한 것을 선택할 수 있게 한다. 만약 우리가 이렇게 하거나 저렇게 할 때 어떤 결과가 올 것인가를 예측할 수 있으면, 두 가지 행동 방향의 가치를 서로 비교할 수 있고 그 중에서 어느 쪽이 더 바람직한가를 판단할 수 있을 것이다. 만약 우리가 썩은 물에서는 모기가 생긴다는 것과 모기는 병을 옮길 가능성이 있다는 것을 알면, 우리는 그 예견되는 결과를 좋아하지 않기 때문에, 그것을 피하기 위한 조치를 취할 수 있다. 예견되는 결과를 대할 때, 우리는 단순히 지적 호기심을 가진 관람자의 자세를 가지고 대하는 것이 아니라 그 결과에 관심*을 가지고 대하기 때문에, 우리는 결과를 가져오는 과정에 능동적으로 참여하게 된다. 우리는 우리가 바라는 결과를 초래하기 위하여 사태에 개입하게 되는 것이다.

* concern; 그러나 목적에 관한 이 부분의 설명에서 우리는 듀이가 aim과 interest 사이의 긴밀한 관계를 말하고 있음을 알 수 있다. 즉, 활동의 결과가 어떠한가가 우리의 '이해'(interest)에 관계되기 때문에 우리는 그 활동에 대하여 단순한 관람자의 자세를 취할 수 없고 이해관계의 당사자로서 적극적으로 '관심'(interest)을 가질 수밖에 없다는 것이다.

¶ 6_ 물론, 위의 세 가지 기능은 서로 밀접히 관련되어 있다. 우리가 결과를 확연히 예견할 수 있게 되는 것은 오직 현재의 조건을 면밀히 검토할 때 가능하며, 결과가 우리에게 중요한 것일수록 현재의 조건을 관찰할 필요가 커진다. 우리의 관찰이 정확한 것일수록 현재의 조건과 장애가 자세하고 다양하게 밝혀지

며, 취할 수 있는 행동의 가능성도 그만큼 더 많이 생기게 된다. 그리고 그 사태에서 취할 수 있는 행동의 가능성이 더 여러 가지일수록, 그중에서 선택된 행동은 더 많은 의미를 가지게 되고, 또 그 행동은 융통성있게 통제될 수 있다. 여기에 비하여, 오직 한 가지 결과만을 염두에 둘 때에는 그 밖의 다른 것은 전혀 안중에 없고 따라서 그것을 달성하기 위한 행동은 그 의미가 제한되어 있다. 이때에는 표적을 향하여 맹목적으로 돌진하게 된다. 때로는 이러한 단선적인 행동이 효과를 낼 수도 있다. 그러나 만약 이때 예측하지 못했던 난관이 생기면, 사태의 여러 가능성을 넓게 조사한 뒤에 그 행동 방향을 선택했을 경우에나 가능한, 여러 가지 대응책을 강구할 수 없게 된다. 다시 말하면, 사태의 요구조건에 맞추어 행동을 조절해 나갈 수 없게 되는 것이다.

※ 이 문단의 의미는 이해하기 어렵지 않다. 여기서 Dewey는 소위 '목적지향적 활동'에 있어서의 사고의 중요성을 말하고 있다. 목적지향적 활동은 본질상 '적응 활동'이며, 적응은, 앞에서 말한 바와 같이, 예견되는 결과(ends in view)에 맞게 현재의 조건을 통제하는 것이다.

¶ 7_ 결국, '목적을 가지고 행동한다'는 것은 '지적으로' 행동하는 것과 동일하다. 행동의 종국을 예견하는 것은 현재의 사태와 우리의 능력을 관찰하고 선택하고 질서있게 배열할 기초를 마련해 준다. 이런 것들을 할 수 있다는 것은 곧 '마음'을 가지고 있다는 뜻이다. 왜냐하면, '마음'이라는 것은 다른 것이 아니라, 주어진 사실과 그 상호관련성의 지각을 기초로 하여 행동을 의도적인 목적에 맞게 통제해 나가는 것을 말하기 때문이다. '마음을 가지고' 일한다는 것은 장차의 가능성을 예견한다는 뜻이다. 그것은 그 가능성을 실현할 계획을 가진다는 뜻이요, 그 계획을 실행에 옮길 수단과 그 과정에 봉착하게 될 장애를 주시한다는 뜻이다. 그것이 막연한 포부가 아니요 진정한 의미에서의 '마음'이라고 하면, 마음을 가지고 일한다는 것은 자원과 난점을 모두 고려하는 행동 계획을 가지고 일한다는 뜻이다. 마음은 현재의 조건을 미래의 결과에, 그리고 미래의 결과를 현재의 조건에 비추어 보는 능력이다. 바로 이것을 할 수 있다는 것이 곧 '목적'*을 가지고 있다는 말의 의미이다. 사람이 바보같다든가, 맹목적이라든가, 지적으로 모자란다든가 하는 것은—한 마디로, '마음'이 없다고 하는 것은—어떤 활동을 하면서도 무슨 일을 하는지, 다시 말하여 그의 행동이 어떤 결과를 가지고 올지 모른다는 뜻이다. 사람이 지적으로 부족하다고 하는 것은

장차의 결과에 대하여 필요한 만큼 정확한 예견을 하는 것이 아니라, 막연한 추측으로 요행에 맡겨 버리거나, 현재의 조건과 자신의 능력을 세밀하게 조사하지 않은 채 계획을 세우는 경우를 가리킨다. 이와 같이 '마음이 없는' 상태는 '느낌'**을 기준으로 하여 장차 일어날 일을 판단하는 상태이다. 지적으로 행동하려면, 우리는 행동의 계획을 수립할 때 '정신차려서 보고 듣고 하지' 않으면 안된다.

---

* an aim or a purpose

** feelings

※ 이 문단에 나와 있는 '마음'의 정의를 3장 ¶¶20-21과 비교해 보라.

¶8_ '유목적적으로 행동하는 것'과 '지적으로 활동하는 것'이 동일한 것으로 취급될 수 있다는 것은 곧 '유목적적 행동'이 얼마나 중요한가, 즉 그것이 경험에서 어떤 기능을 수행하는가를 보여 준다. 우리는 '의식'이라는 추상명사가 모종의 구체적인 실체를 가리킨다는 사고방식에 너무나 젖어 있어서 그것이 '의식적인'이라는 형용사에서 왔다는 것을 망각한다. '의식적이다' 또는 '의식을 한다'는 것은 우리가 하고 있는 일이 무슨 일인지 안다는 뜻이다. 의식이라는 것은 활동을 의도적으로, 살피면서, 그리고 계획하에서 한다는 뜻을 나타낸다. 의식이라는 것은 우리 주위의 광경을 안일하게 관조할 때 우리가 가지고 있는 그 무엇이 아니요, 사물이 도장 찍듯이 인상을 남겨서 생기는 것도 아니다.* 그것은 활동의 유목적적인 성격, 다시 말하여 활동이 목적에 의하여 방향지어진다는 사실을 가리켜서 부르는 이름이다. 이것을 뒤집어서 말하면, 목적을 가진다는 것은 자동기계처럼 행동하는 것이 아니라 의미를 가지고 행동한다는 뜻이다. 그것은 '생각을 가지고'** 행동하는 것이며, 그 생각에 비추어 사물의 의미를 파악하는 것이다.

---

* 이 문장에서 Dewey는 '마음'에 관한 합리론과 경험론의 견해, 또는 더 구체적으로 플라톤과 로크의 견해를 모두 부정하는 듯하다.

** to mean to do something

2 '좋은 목적'의 기준

¶ 9_ 이상에서 논의한 결과를 기초로 하여, 목적을 수립하는 올바른 방식이 어떤 기준을 갖추어야 하는가를 생각해 보겠다. (1) 목적은 현재 조건의 자연적인 산물로 나와야 한다. 목적은 이미 진행 중인 것에 기초를 두어야 하며, 현재 사태의 자원과 난점에 기초를 두어야 한다. 우리의 활동이 당연히 추구해야 할 목적에 관한 이론들—교육이론과 도덕이론—은 흔히 이 원리를 무시하는 잘못을 저지른다. 그런 이론들은 우리 활동의 '바깥에 있는' 목적, 사태의 구체적인 현실과 동떨어진 목적, 모종의 외적 원천에서 나온 목적이 있다는 것을 가정한다. 그리고 나서, 그 다음 문제는 우리의 활동이 그 외적 원천에서 나온 목적을 실현하는 쪽으로 나아가는 것으로 된다. 말하자면, 그것이 우리가 '해야 할' 일이라는 것이다. 분명히 말하여, 그러한 '목적'은 우리의 지력을 제약한다. 목적을 그런 식으로 생각하는 것은 여러 가지 가능성을 예견하고 현재의 조건을 관찰하며 그 가능성 중에서 보다 나은 것을 선택하는 데에 마음을 쓴다는 생각과 맞지 않는다. 그러한 목적이 우리의 지력을 제약하는 것은, 그것이 이미 확립된 것으로 우리의 지력 이외의 권위에 의하여 강요되기 때문이며, 지력은 오직 기계적으로 수단을 선택하는 일만 하게 될 것이기 때문이다.

※ '외적으로 부과된 목적'이 '나쁜 목적'이라는 것은 우리 귀에 아주 낯익은 말이다. 그러나 구체적으로, 하나의 목적을 예로 들어서 그것이 '현재 조건의 자연적인 산물로 나온' '현재 사태의 자원과 난점에 기초를 둔' 목적인지, 아니면 '외적으로 부과된' 목적인지를 가려내어 보려고 하면, 이 문단의 내용이 결코 자명한 것으로 받아들여지지 않는다는 것을 알게 된다. 그만큼 이 문단의 뜻은 불분명하다.

¶ 10_ (2) 위에서 우리는 마치 목적이 그것을 실현하기 위한 노력을 하기 전에 완벽하게 설정될 수 있는 것처럼 말하였다. 만약 이때까지 말한 것이 그런 인상을 주었다면, 이제 그것을 수정할 필요가 있다. 처음 나타날 단계에서 목적은 잠정적인 윤곽에 지나지 않는다. 목적의 진가는 그것을 실현하려고 노력하는 행위를 통하여 평가된다. 만약 그런 정도의 잠정적인 목적으로 활동을 성공적으로 이끌어가는 데에 부족함이 없다면, 그것 이상 다른 것이 필요하지 않을 것이다. 이 경우의 목적은 오직 그 달성 여부의 기준을 사전에 분명히 해두자는 것이며, 여기에는 때로 개략적인 지표만 있으면 충분한 것이다. 그러나 대부분

의 경우에, 적어도 복잡한 사태에서는, 그런 목적을 실현하려고 노력하는 동안에 이때까지 간과되었던 새로운 조건이 부각되게 마련이다. 그렇게 되면 원래의 잠정적인 목적에 수정을 가하여 더 보태거나 빼거나 하지 않으면 안된다. 목적에 '융통성'이 있어야 하는 것은 이 때문이다. 목적은 상황의 요구에 따라 변경가능한 것이어야 한다. 행위의 과정과 떨어져서 외부에서 설정된 목적은 언제나 경직되어 있다. 외부로부터 삽입 또는 부과된 것이므로, 그 목적은 사태의 구체적인 조건과 생생한 관련을 맺을 수 없다. 행위를 하는 동안에 발생하는 여러 사건은 그것을 확인하지도 부인하지도 못하며, 그것을 변경하는 데에도 아무 도움이 되지 않는다. 그러한 목적은 오직 계속적으로 강요될 뿐이다. 그러다가 목적이 현실에 적응되지 못함으로써 실패하는 경우가 생기면, 그것은 단순히 상황의 악조건 탓이라고 하여 지나쳐 버리지만, 사실 그 원인은 목적이 그 경우에 맞지 않는다는 데에 있다. 이와는 달리, 정당한 목적의 가치는 우리가 사태의 조건을 바꾸는 데에 그것을 사용한다는 점에 있다. 목적은 사태의 조건에 바람직한 변경을 가져올 수 있도록 사태를 다루는 방법이 된다.* 주어진 여건을 수동적으로 받아들이는 농부는 토양이나 기후 등등으로 보아 무슨 농사를 지을 수 있는가 하는 것은 전연 도외시하고 농사 계획을 세우는 것과 마찬가지의 큰 실수를 저지르는 것이다. 추상적인, 현실과 동떨어진, 외적 교육목적이 가지고 있는 폐단은, 그것이 실제에 적용불가능하다는 바로 그 점 때문에 즉각적인 조건에 닥치는대로 덤벼들게 만든다는 데에 있다. 좋은 교육목적은 학생이 현재 가지고 있는 경험을 조사하여 그들을 다룰 잠정적인 계획을 세운 뒤에, 그 계획을 끊임없이 염두에 두되, 새로운 조건이 발생함에 따라 수정되어 나가는 그러한 목적이다. 요컨대, 그러한 목적은 '실험적인'** 목적이며, 따라서 그것은 행위에 의하여 검증되면서 성장하는 목적이다.

---

* 〔An aim〕 is a method for～

** experimental: '실험'의 의의, 그리고 그것이 '경험'(experience)에서 차지하는 위치에 관해서는 20장 3절 참조.

¶ **11**_ (3) 목적은 언제나 활동을 구속하지 않고 자유롭게 하는 것이어야 한다. 이 점에서 '예견되는 결과'*라는 말은 시사하는 바가 크다. 왜냐하면 이 말은 모종의 활동 과정이 종결된 상태 또는 결론지어진 상태가 마음에 떠오르게 된다

는 것을 나타내기 때문이다. 우리가 한 활동을 규정하는 유일한 방법은 우리 마음속에 그 종결 당시에 나타날 대상—총을 쏠 때 겨냥하는** 과녁과 같은 것—을 마음속에 그려보는 것이다. 그러나 우리가 잊어버리지 말아야 할 것은, 여기서 말하는 '대상'이라는 것은 표적 또는 표지에 불과하다는 것, 그리고 그 표적 또는 표지는 우리가 수행하려고 하는 '활동'을 구체화하는 기준에 불과하다는 것이다. 엄밀하게 말하면, '표적'이 아니라, '표적을 맞추는 것'이 바로 예견되는 결과이다. 비유해서 말하자면 우리가 총을 쏠 때 과녁을 겨냥하지만, 그와 동시에 조준간으로 총을 겨냥하는 것과 같다. 우리가 예견하는 여러 대상은 활동을 '지도하는'*** 수단이다. 예컨대 한 마리의 토끼를 겨냥한다고 하자. 우리가 바라는 것은 똑바로 총을 쏘는 것이며 이것이 우리가 하고자 하는 활동이다. 이와는 달리, 우리가 바라는 것이 그 토끼라고 말한다 하더라도, 그 토끼는 우리의 활동과 동떨어진 것이 아니라 우리의 활동 속의 한 요소이다. 우리는 토끼를 먹으려고 한다든지, 우리의 총 솜씨를 자랑하고 싶어한다든지, 하여간 무엇인가를 하기 위하여 토끼를 쏘려고 한다. 그것 자체, 다른 것들과 유리된 그것 자체가 아니라 그것으로 무엇인가를 하려고 한다는 것, 그것이 우리의 목적§이다. 우리가 얻고자 하는 대상§§은 능동적인 목적§§§—활동을 성공적으로 계속해 나가는 것—의 한 국면에 지나지 않는다. 이것이 앞에서 말한 '활동을 자유롭게 한다'는 말의 의미이다.

---

* 'end in view'
** aim
*** directing ; 또는 '방향짓는'
§ end
§§ object
§§§ active end

¶ 12_ 활동이 계속되어 나가도록 과정을 완결하는 것과 대조적으로, 활동의 외부에서 부과된, 다분히 정태적 성격을 띤 목적이 있다. 이 목적은 언제나 고정되어 있는 것으로서, 도달하거나 소유할 '구체적 대상'을 가리키는 것으로 파악된다. 목적을 이런 것으로 생각할 때, 활동은 그 자체로서 의의나 중요성을 가진 것이 아니라 그와는 다른 어떤 것을 위한 불가피한 수단에 불과한 것이 된다.* 목적과 비교해 보면, 그것은 오직 필요악일 뿐이다. 활동은 목적에 도달하

기 위해서 거쳐야 할 그 무엇에 지나지 않으며, 여기서 가치있는 것이라고는 오직 목적 그것뿐이다. 이것을 다른 말로 표현하자면, 외적 목적은 목적과 수단의 괴리를 가져온다. 여기에 비하여 활동의 내부에서 그 활동을 이끌기 위한 계획으로서 생겨난 목적은 목적인 것과 동시에 수단이며, 여기서 목적과 수단은 편의상의 구분에 지나지 않는다. 일체의 수단은 우리가 아직 달성하지 않은 잠정적인 목적이요. 일체의 목적은 그것이 달성되는 순간, 그 이후의 다른 활동을 수행하는 수단이 된다. 우리가 하고 있는 활동의 장차의 방향을 나타내려고 할 때 우리는 그것을 목적이라고 부르며, 현재 활동의 방향을 나타내려고 할 때는 수단이라고 부른다. 수단으로부터 유리된 목적은 어떤 것이든지, 그만큼 활동의 의의를 감소시키며, 따라서 우리의 활동은 할 수만 있다면 기피해야 할 성가신 것으로 되고 만다. 농부는 농사짓는 활동을 할 때 여러 가지 동식물을 사용하지 않으면 안된다. 농부가 그 동식물에 진정한 애착을 가지고 있는가, 아니면 농부가 오직 그것이 가져올 결과에만 관심을 가지고 있고 그 결과를 얻기 위한 수단으로서 그 동식물을 사용하려고 하는가 하는 것은 그의 삶에 심각한 차이를 가져올 것이다. 전자의 경우에는 그의 활동 전체가 의의를 가지며 활동의 국면 하나하나가 그 자체로서 가치를 가진다. 그는 매단계에서 그의 목적을 실현하는 경험을 가진다. 그에게 있어서 장기적 목적, 또는 예견되는 결과라는 것은 저만큼 앞을 내다보는 눈으로서 그의 활동을 언제나 충만하고 자유롭게 버티어 준다. 만약 그가 앞을 내다보지 않으면 그의 시야는 가리어지고 말 것이다. 목적은 활동의 다른 부분이 그렇듯이 결정적으로 행위의 '수단'이다.**

---

* 앞 문단의 '우리가 총으로 토끼를 쏠 때, 우리는 하여간 무엇인가를 하기 위하여 토끼를 쏜다'는 말과 이 문장을 비교해 보라. 앞의 문단에서는 목적이 활동을 지도하는 수단이 된다는 것을 설명하고 있으며, 이 문단에서는 '외부에서 부과된 고정된 목적'을 설명하고 있다.

** 이 문장은 '목적은 행위의 수단이다'라는 명제로 압축될 수 있다. 이것은 보통의 사고방식으로서는 이해하기 어려운 전형적인 Dewey식 논법이라고 생각된다.

※ 이 문단은 이른바 '목적과 수단의 연속성'이라고 부를 수 있는 것을 주장하고 있다. 이 주장은 이 책의 어느 다른 곳에서도 여기에 설명된 것 이상으로 설명되어 있지 않고, 다만 다른 주장을 하는 데에 여기저기 '활용'되고 있을 뿐이다. 그러므로 '목적과 수단의 연속성'그 자체를 이해하기 위해서는 이 문단이 거의 유일한 단서가 된다. 그럼에도 불구하고 이 문단에 비추어 '목적과 수단의 연속성'이 정확하게 무엇을 뜻하는가를 이해하려면 깊은 분석이 필요하다. 18장의 '가치'에 관한 논의에서 알 수 있는 바와 같이, 듀이는 일체의 가치를 수단-목적의 관계에 비추어 파악하고 있는 듯하다. 그러나 18장의 내용과 함께 이 장의 내용을 이해하기 위해서는 수단-목적의 관계가 정확하게 어떤 종류의 관계인가를 확실히 하는 것이 무엇보다 중요하다.

3 교육에의 적용

¶ 13_ 교육목적이라고 하여 다른 목적과 다를 것이 없다. 교육목적도 그 밖의 목적지향적 활동에 있어서의 목적과 완전히 동일하다. 교육자도, 농부와 마찬가지로, 모종의 일을 해야 하며, 그 일을 하는 데에 모종의 자원을 가지고 있고 모종의 장애를 극복하지 않으면 안된다. 농부가 다루는 조건은, 장애든 자원이든 간에, 그가 가지고 있는 목적*과는 관계없이 그 자체의 구조와 작용을 가지고 있다. 씨는 싹이 트고, 비는 오며, 햇빛은 비치고, 곤충은 먹으며, 잎마름병은 닥치고 계절은 바뀐다. 그의 목적**은 단순히 이 여러 조건들을 활용하는 것이며, 그의 활동과 그 조건의 작용이 서로 상반되게 하는 것이 아니라 조화되어 일하도록 하는 것이다. 만약 농부가 농사의 목적을 세우면서 토양, 풍토, 식물 성장의 특징 등, 여러 조건을 고려하지 않는다면 이것이야말로 불합리하다. 그의 목적은 단순히 그의 주위의 사물의 에너지와 관련하여 그 자신의 에너지가 가져올 결과를 예견하는 것이며, 이 예견을 토대로 매일매일 그의 활동을 이끌어 가는 것이다. 가능한 결과를 예견하는 것은 그가 다루어야 할 사물의 성질과 작용을 세밀하고 광범하게 조사할 수 있도록 해주고 계획을 세우는 일—말하자면, 수행해야 할 행위에 순서를 마련하는 일—을 가능하게 한다.

---

* purpose

** aim

※ 이 문단의 첫 문장, '교육목적이라고 하여 다른 [실제적 활동의] 목적과 다를 것이 없다'는 말의 진위를 적절하게 가리기 위해서는 별도의 독립된 논문이, 그것도 여러 편, 필요할 것이다. 간단하게 말하여, 이 문단의 내용이 위의 말에 대한 설명으로서 의문의 여지없이 받아들여질 수 있는 것은 오직, Dewey와 같이, 교육은 실제적 활동 또는 '유목적적 활동'을 원활하게 하도록 하는 '수단'으로서 필요하며 교육과 실제적 활동은 그 성격에 있어서 하등 차이가 없다는 것을 자명한 것으로 받아들일 때이다. 그러나 그것과는 다른 교육관—사실상, 이 '다른' 교육관은 대다수 사람들이 가지고 있는 '통상적인' 교육관이다—에서 보면, 교육이라는 활동과 그밖의 실제적 활동 사이에는, 목적이 사전에 명확하게 규정되는가의 여부에 따라 명백한 차이가 있다. 농사의 경우와는 달리, 교육의 경우에 '목적'은 활동(즉, 교육)을 함으로써 비로소 밝혀진다고 말할 수 있다.

¶ 14_ 부모건 교사건 간에, 교육을 하는 사람도 이와 마찬가지이다. 교육자가 자기 '자신의' 목적을 아이들의 성장의 올바른 목표*로 삼는 것은 농부가 농사의 조건과는 무관하게 농사의 이상을 잡는 것에 못지않게 불합리하다. 목적을

세운다는 것은 농사건 교육이건 간에 어떤 기능을 수행하는 데에 필요한 관찰, 예견, 배열의 책임을 받아들인다는 뜻이다. 목적은 매순간, 매시간 활동을 함에 있어서 관찰하고 선택하고 계획하는 일을 도와주는 데에, 또 그것을 도와주는 정도만큼, 가치를 가진다. 만약 목적이 개인 자신의 상식을 활용하는 데에 방해가 된다면—목적이 외부에서 부과되었거나 권위에 의하여 강요되었을 경우에는 확실히 그렇게 된다—목적은 우리에게 해를 끼친다.

* objects

¶15_ 여기서 한 가지 명심해야 할 것은, 교육 그 자체가 목적을 가지는 것은 아니라는 점이다. 부모나 교사 등, 사람들이 목적을 가지는 것이지, 교육이라는 추상적인 관념이 목적을 가지는 것은 아니다. 따라서 그 사람들이 가지고 있는 목적*은 끝없이 다양하며, 가르치는 아이들에 따라 다르고 아이들이 자람에 따라, 또 가르치는 사람의 경험이 성장함에 따라 달라진다. 말로 표현될 수 있는 가장 타당한 목적도 말 그 자체로서는 이익보다는 해를 끼치는 경우가 더 많다. 그러한 목적이 유익한 것이 되려고 하면, 그것이 이른바 '목적'이 아니라, 어느 편인가 하면 교육자를 둘러싸고 있는 구체적 사태의 에너지를 발휘시키고 방향짓는 데 있어서 어떻게 관찰하고 어떻게 예견하며 어떻게 선택하는가를 제의하는 기준으로 받아들여질 때이다. 최근에 어떤 글에서 읽은 말이 생각난다. "이 소년이 시시한 슬류쓰의 이야기 대신에 스코트의 소설을 읽도록 이끄는 것, 이 소녀에게 재봉을 가르치는 것, 다른 아이들을 못살게 구는 버릇을 이 아이의 성품에서 뿌리 뽑는 것, 이 반 학생들에게 의학 공부의 준비를 갖추도록 하는 것—이런 것들은 구체적인 교육 장면에서 우리가 실제로 직면하는 수많은 목적의 보기들이다."

* purposes

¶16_ 이상의 몇 가지 단서를 염두에 두면서, 이제 모든 좋은 교육목적에서 찾아볼 수 있는 몇 가지 특징들을 지적해 보겠다. (1) 교육목적은 교육을 받을 특정한 개인의 내재적* 활동과 필요—여기에는 생득적인 본능과 후천적인 습관이 모두 포함된다—에 기초를 두어야 한다. 예컨대 장래 생활을 위한 준비를 시

켜준다는 목적은, 앞에서 살펴본 바와 같이, 현재 학생들이 가지고 있는 능력을 도외시하고 장차 먼 뒤에 이룩할 성취 또는 담당할 책임에서 목적을 찾는다. 일반적으로 말하여, 우리는 어른들의 마음에 소중하다고 생각되는 것들만을 고려하여, 교육받는 사람의 능력과는 상관없이 그것을 교육목적으로 설정하는 경향이 있다. 또한, 학습이라는 것은 반드시 특정한 개인에게, 특정한 시간과 장소에서 일어난다는 사실을 망각하고, 개인의 특수한 능력과 필요를 고려하지 않은 획일적 목적을 주창하는 것도 흔히 보는 경향이다. 물론, 어른의 지각이 넓은 범위에 걸친다는 것은 젊은이의 능력과 약점을 관찰하고 그러한 능력과 약점으로 그들이 결국 어디에 도달할 수 있는가를 결정하는 데에 큰 가치를 지닐 수 있다. 예컨대 어른의 예술적 능력은 현재 아이가 가지고 있는 반응 경향이 장차 어떻게 발전할 수 있는가를 나타내어 준다. 어른의 성취가 없다면 우리는 아이의 그리기, 만들기, 색칠하기 등의 활동이 가지고 있는 의의를 확실히 보장할 수 없을 것이다. 그와 마찬가지로, 어른의 언어가 없다면 우리는 젖먹이 아이의 웅얼대는 본능이 어떤 중요성을 가지고 있는지 알 수 없을 것이다. 그러나 어른의 성취를 청소년들이 하는 일의 위치와 의미를 파악하는 맥락으로 활용하는 것과, 교육받는 사람의 구체적인 활동을 도외시한 채 그것을 고정된 목적으로 설정하는 것은 전혀 별개의 일이다.**

* intrinsic

** 과연 별개의 일인가? 어떤 점에서, 또 어느 정도로 별개의 일인가? 이 양자의 차이(어른의 성취를 '목적'으로 삼는 두 가지 방식의 차이)를 말함으로써 Dewey는 '고정된 목적'의 폐단을 드러내고자 한다. '고정된 목적'은 '수단과 유리된 목적'과 관계가 있으며, 따라서 양자의 폐단은 서로 관련지어 이해해야 할 것이다. 앞의 ¶12 참조.

¶ 17_ (2) 교육목적은 수업을 받는 학생들의 활동에 맞추어 그것을 도와주는 방법을 직접 시사할 수 있는 것이어야 한다. 교육목적은 '그들의' 능력을 이끌어내고 조직하는 데에 필요한 환경이 어떤 것인가를 시사하는 것이어야 한다. 교육목적이 구체적인 교육의 절차를 마련하는 데에 도움이 되지 않는다면, 또 이 절차가 교육목표를 검증하고 수정하고 확장하는 데에 도움이 되지 않는다면 교육목적은 전혀 쓸모가 없다. 이 경우에 교육목적은 구체적인 교육활동에 도움이 되지 않으며, 사태를 관찰하고 파악하는 대부분의 교사들이 통상적으로 하고 있는 판단을 저해한다. 그러한 목적은 고정된 결과를 얻는 데에 직접 도움

이 되는 것을 제외한 어떤 것도 고려에서 제외시키는 역할을 한다. 일체의 경직된 목적은, 그것이 경직되게 주어졌다는 바로 그 이유로 말미암아, 구체적인 조건에 세밀한 주의를 기울이는 일이 불필요하다는 생각을 불러일으킨다. 그 목적이 어떻게든 '반드시' 적용되어야 할 바에야, 무엇 때문에 자세한 세부사항을 살피는 쓸데없는 일을 해야 한단 말인가?

¶18_ 외부에서 부과된 목적의 폐단은 그 뿌리가 깊다. 교사들은 상부 당국으로부터 그 목적을 받아들이고 상부 당국은 현재 사회에 통용되는 것에서 그 목적을 받아들인다. 교사들은 그 목적을 아이들에게 강제로 부과한다. 이 사태에서 빚어지는 최초의 가장 중요한 결과는 교사의 지력이 자유롭게 발휘되지 않는다는 것이다. 교사의 지력은 상부에서 내려진 목적을 받아들이는 데에 국한되어 있다. 개개인의 교사가 권위적인 장학관의 지시나 교육방법에 관한 교과서의 지침, 또는 규정된 교육과정령 등등을 완전히 벗어나서 자신의 마음을 학생의 마음과 교과에 직접 맞닿도록 할 자유를 가지고 있는 경우는 참으로 드물다. 이것은 곧 교사의 경험에 대한 불신이며, 이 불신은 다음 단계로 학생의 반응에 대한 불신에 반영된다. 학생들은 이중, 삼중의 외적 강요에 의하여 그들의 목적을 부여받고, 그 결과로, 그들 자신의 당시의 경험에 비추어 자연스러운 목적과 그들이 따르도록 가르침을 받은 목적 사이의 갈등으로 말미암아 끊임없이 혼란을 겪는다. 하나하나의 경험의 성장이 내재적 의의를 갖는다는 민주적 기준이 명백히 인정되기 전에는, 우리는 외적 목표에 맞추어야 한다는 요구에서 오는 지적 혼란을 겪을 수밖에 없을 것이다.

¶19_ (3) 교육자는 이른바 '일반적이고 궁극적인 목적'이라고 하는 것에 대하여 경계를 하여야 한다. 물론, 일체의 활동은, 아무리 특수적인 것이라 하더라도 여러가지 다른 사물들로 끝없이 뻗어나가며, 따라서 그런 여러 갈래의 연관 속에서 일반적인 성격을 띤다. 일반적인 개념은 우리로 하여금 그런 관련을 더 민감하게 파악할 수 있도록 하며, 그런 만큼 개념은 일반적인 것일수록 더 좋다. 그러나 '일반적인 것'은 또한 '추상적인 것' 또는 특수적 맥락에서 유리된 것을 뜻하기도 한다.* 그리고 이러한 추상성은 원격성을 뜻하며, 따라서, 다시 한번, 배우고 가르치는 일을 수단과는 분리된 목적을 위하여 준비시키는 방편에 불과한 것으로 만든다. '교육은 문자 그대로, 또 언제나 그 자체의 보상이

다'라는 말은, 공부라든가 도야라는 것은 그것을 하는 것 바로 그 자체가 가치있는 것일 때 비로소 교육적인 의미를 가진다는 뜻이다. 진정으로 일반적인 목적은 우리의 안목을 넓혀주고, 더 넓은 범위의 결과(또는 관련)를 고려할 수 있게 해준다. 이것은 곧 수단에 대한 관찰이 넓은 범위에 걸치고 융통성을 띠게 된다는 뜻이다. 예를 들어서, 농부가 더 많은 요소들의 상호작용을 고려할수록 그가 활용할 수 있는 자원은 더 다양해진다. 그는 더 많은 수의 가능한 출발점, 그리고 더 많은 수의 가능한 목표 달성 방법을 가지게 된다. 장차의 가능한 성취에 대하여 더 풍부한 생각을 가지고 있을수록, 현재의 활동은 그만큼 좁은 범위의 선택가능성에 얽매이지 않는다. 우리가 충분한 지식을 가지고 있으면, 우리는 그야말로 아무데서나 시작해도 좋으며, 그러면서도 우리의 활동을 계속적으로 또 성과있게 유지해 나갈 수 있다.

---

* Dewey는 general과 abstract 사이에 의미상 차이가 있다는 점에 전혀 생각이 미치지 않는 듯하다. 다음 문단 참조.

¶ 20_ 그러므로 일반적 또는 포괄적 목적이라는 말을, 현재 활동의 상황을 널리 조사한다는 뜻으로 이해한다면, 우리는 오늘날 교육이론에서 흔히 찾아볼 수 있는 보다 거창한 목적들을 택하여, 그런 목적들이 과연 교육자의 진정한 관심사인, 즉각적이고 구체적인 다양한 목적들을 이해하는 데에 어떤 도움을 주는가를 따져 볼 수 있을 것이다. 물론, 우리는 그러한 거창한 목적들을 서로 대립되는 것으로 보거나 그중에서 하나를 선택할 필요가 없다는 것을 전제한다. (사실상, 이 전제는 바로 앞의 말에서 직접 따라나오는 결론이다.) 구체적인 장면에서 행동을 할 때 우리는 특정한 시기에 특정한 행동을 선택해야 하지만, 그 사태에는 포괄적인 목적이 몇 개든지 상호모순없이 공존할 수가 있다. 왜냐하면 그러한 포괄적인 목적은 동일한 사태를 보는 상이한 관점에 지나지 않기 때문이다. 비유해서 말하자면, 우리는 몇 개의 산을 동시에 오를 수는 없지만, 여러 개의 산에 올랐을 때 우리가 가지는 조망은 상호보완적으로 가질 수 있다. 거기서 우리 눈에 들어오는 것은 서로 모순되는, 양립불가능한 세계가 아닌 것이다. 약간 다른 각도에서 말하면, 하나의 목적은 이러이러한 질문과 관찰을 일으키며, 다른 목적은 그와는 다른 질문과 관찰을 요구한다. 그렇기 때문에, 목적은 일반적인 것일수록 더 좋다. 하나의 목적은 다른 목적에서 간과하는 것을

강조할지도 모르기 때문이다. 과학 연구를 하는 사람들에게 많은 수의 가설이 도움이 되는 것과 마찬가지로, 많은 수의 목적은 교육을 하는 사람에게 도움이 될 것이다.

| 요약 | **¶ 21_** 목적이라는 것은 자연적 과정*의 결과가 우리의 의식에 들어와서 현재의 조건을 관찰하고 장차의 행동방식을 선택하는 데에 중요한 요소로 활용된다는 것을 가리키는 용어이다. 목적은 활동을 지력에 의하여 통제되도록 하는 데에 그 의의가 있다. 보다 구체적으로 말하면, 목적은 어떤 주어진 사태에서 여러가지 다른 방식으로 행동했을 때 나타날 여러가지 가능한 결과를 예견하고 그 예견된 바를 활용하여 관찰과 실험을 이끌어나가는 것을 뜻한다. 그러므로 진정한 목적은 외부에서 행동의 과정에 부과된 목적과 모든 점에서 반대된다. 후자의 목적은 고정되고 경직되어 있으며, 주어진 사태에서 지력을 발휘하는 자극이 되는 것이 아니라 이러이러한 일을 하라는, 외적으로 내려진 명령이다. 그러한 목적은 현재의 활동과 직접 관련을 맺지 않고, 현재의 활동에서 멀리 떨어져 있으며 그 목적을 달성하는 데에 필요한 수단과 유리되어 있다. 보다 자유롭고 균형있는 활동을 유발하는 대신에, 그것은 활동에 제약을 가한다. 교육의 경우에 이런 외적으로 부과된 목적이 널리 퍼져 있는 것은 교육이 먼 장래를 위한 준비라는 생각과 관련이 있으며, 교사와 학생의 일이 기계적이고 노예적인 것으로 되는 것도 그러한 목적 때문이다.

---

* natural process; 여기서 natural은 '의식에 들어오기 전' 상태, 다시 말하면 '의식적으로 파악되고 통제되기 전' 상태를 가리킨다고 보아야 할 것이다.

제 9 장

교육목적으로서의 자연적 발달과 사회적 효율성

1 교육목적의 원천으로서의 자연

¶ 1_ 앞 장에서 우리는 '단 하나의' 교육목적—모든 다른 목적들의 꼭대기에서 그것을 포섭하는 하나의 궁극적 목적—을 세우려고 하는 것이 부질없다는 점을 지적하였다. 거기서 우리가 말하고자 한 것은, 일반적 목적이라는 것은 현재의 조건을 조사하고 장차의 가능성을 탐색하는 관점에 불과한 것이며, 따라서 우리는 다수의 일반적 목적을, 그 사이에 아무런 모순 없이, 가질 수 있다는 것이었다. 사실을 두고 말하더라도, 이때까지 다수의 일반적 목적이 역사상 여러 시기에 주창되었으며 그것들은 각각 그 시대에 큰 가치를 지니고 있었다. 우리가 목적을 명문화하여 진술하는 것은, 당시의 형편으로 보아 그것을 특히 강조해야 한다는 뜻이다. 우리는 강조가 필요하지 않은 것—말하자면, 그냥 놓아두더라도 저절로 잘 되어나가는 것—은 강조하지 않는다.* 우리는 어느 편인가 하면, 현 사태의 결함이나 필요가 무엇인가를 보아서 목적을 형성하고 명문화한다. 비록 정당하거나, 아니면 정당한 것으로 통용될 수 있는 것이라 하더라도 그것을 드러내어 언명하는 것이 특별히 소용이 되지 않을 때에는 우리는 언명하지 않고 당연한 것으로 받아들인다. 여기에 비하여, 우리가 목적을 명백히 언명할 때에는 모종의 변경을 일으키려고 하는 것이다. 그리하여 한 시대나 세대가 의식적인 계획에서 가장 크게 강조하는 것은 실제 현실에서는 가장 결핍되어 있는 것이라는 역설 아닌 역설이 나오는 것이다. 권위가 지배하는 시대에는 개인의 자유가 크게 요구된다는 반응이 나오며, 개인의 활동이 산만하게 벌어지는 시대에는 사회통제의 필요가 교육목적으로 강조된다.

* 서양 속담에, '삐걱거리는 바퀴에 기름친다'는 말이 있다. 적용범위가 아주 넓은 속담이라고 생각된다.

¶ 2_ 실제로 일어나고 있는 교육실제에 내면적으로 작용하고 있는 원리와 의식적으로 명문화된 교육목적은 서로 상쇄하고 있다.* 완전한 삶, 더 효과적인 고전적 학습, 언어가 아닌 실물에 의한 교육, 사회적 효율성, 개인의 교양, 사회봉사, 퍼스낼리티의 완전한 발달, 백과사전적 지식, 훈육, 심미적 관조, 유용성 등등, 여러 가지 목적이 역사상 상이한 시대에 받아들여져 왔다. 이하의 논의에서는 근래에 영향력을 가지고 있는 세 가지 목적을 고찰하겠다. 그밖의 어떤 것들은 앞의 몇 장에서 산발적으로 취급한 바 있고, 또 그밖의 몇 가지는 나중에 지식의 문제, 교과의 가치 문제를 논의할 때 취급하기로 한다. 우리는 먼저 루소의 목적을 고찰하겠다. 루소는 자연을 사회에 대하여 대립적인 위치에 놓고 (7장 4절), 교육은 자연에 따른 발달의 과정이라고 보았다. 그 다음에 우리는 그것에 반대되는 것으로서, 사회적 효율성을 교육목적으로 삼는 견해를 고찰하겠다. 여기서는 대체로 사회를 자연에 대하여 대립적인 위치에 놓는다.**

* 여기서 '상쇄한다'는 것은 교육실제에서 강조되는 것과 교육목적으로 언명되는 것은 서로 '반대'가 되면서 서로를 보완한다는 것을 뜻한다.

** 교육의 목적으로서 '자연'을 강조하는 입장은 '자연을 사회에 대립시키는' 데 비하여, '사회적 효율성'을 강조하는 입장은 '사회를 자연에 대립시킨다'는 식으로 표현이 반대로 되어 있으나, 양자가 모두 '자연과 사회의 대립'을 가정한다는 점에서는 동일하다. 적어도 이것이 두 입장을 규정하는 Dewey의 관점이다.

¶ 3_ (1) 서당식 방법*의 판에 박은 듯한 인위성과 형식성에 진절머리가 난 교육개혁가들은 자연을 교육의 표준으로 삼으려고 할 것이다. 여기서 자연은 발달의 법칙과 결과를 제시하며, 우리가 할 일은 그 자연의 법칙을 따르고 순종하는 것이다. 이 견해는, 교육받는 사람의 천부적 자질**을 도외시하는 목적은 어떤 것이든지 그릇되다는 것을 설득력있게 환기시켜 준다는 점에서 가치를 가진다. 이 견해가 가지고 있는 약점은, '자연적'이라는 말에는 '정상적'이라는 뜻이 있는데도 그런 의미에서의 '자연적'이라는 것을 '물리적'이라는 것과 혼동하는 경향이 있다는 것이다.*** 그렇게 되면 예견한다든가 계획한다든가 하는 일에

지력을 건설적으로 사용한다는 뜻이 상당히 감소되고, 우리는 자연의 작용에 거치적거리지 않게 비켜서서 자연으로 하여금 그 일을 하도록 내버려 두어야 한다는 생각이 나오게 된다. 이 주장을 옳게든 그르게든 가장 잘 표명한 사람이 루소인 만큼, 여기서는 루소의 주장을 살펴보고자 한다.

---

* scholastic methods

** natural endowments

*** '자연적'이라는 말에 '정상적(normal; 즉, '규범에 맞는')이라는 뜻이 들어 있다는 것은 '옷차림이 자연스럽다'고 하는 경우를 생각해보면 알 수 있다. 이 경우의 '자연'은 '있는 그대로의', 또는 '인공이 가미되지 않은', 또는 '물리적'(physical)이라는 뜻에서의 자연과 다르다. 이와 같이, '자연'이라는 말은 가장 '자연스러운' 것과 가장 '자연스럽지 않은'것을 동시에 지칭할 수 있다.

¶ 4_ 루소는 말한다. "우리가 받는 교육은 세 가지 원천에서 나온다. 자연과 인간과 사물이 그것이다. 우리의 기관과 능력이 자발적으로 발달하는 것은 자연의 교육이다. 이렇게 발달한 기관과 능력을 어디에 쓰는가 하는 것은 인간의 교육이다. 주위의 사물에서 개인이 각자 경험을 얻는 것은 사물의 교육이다. 이 세 가지 교육이 서로 협응하여 동일한 목적*을 향할 때 비로소 인간은 그의 진정한 목적**을 추구할 수 있다... 이 목적***이 무엇인가 하고 물으면 그 대답은 자연이다. 왜냐하면 교육이 완전한 것이 되려고 하면 그 세 가지가 협응해야 하는 만큼, 우리 인간의 통제에서 완전히 벗어나 있는 교육이 나머지 두 교육을 이끌 수 밖에 없기 때문이다."§ 그리고 나서 루소는 '자연'을 타고난 능력과 성향을 뜻하는 것으로 정의한다. 그의 말을 빌어 말하면, 자연은 "천성을 제약하는 습관이나 타인의 의견에 의하여 수정되기 이전 상태의" 능력과 성향을 가리킨다.

---

* end ** goal *** end

§ 이 말은 '에밀'의 첫 부분에 나온다.

¶ 5_ 루소가 그의 사상을 표현한 방식에 관해서는 세밀한 연구가 필요하다. 루소의 말에는 교육에 관하여 사람들이 말한 것 중에서도 근본적인 진리라고 할 만한 내용이 묘하게 꼬여서 표현되어 있다. 앞의 몇 문장에 적힌 내용을 그

보다 더 잘 표현하기는 어려울 것이다. 교육으로서의 발달에 들어있는 세 가지 요소는 (1) 우리 신체 기관의 생득적 구조와 그 활동 기능, (2) 다른 사람들의 영향하에서 이 신체 기관의 활동이 사용되는 용도, (3) 환경과의 직접적 상호작용이다. 루소가 제시한 그밖의 두 명제도 마찬가지로 타당하다. 즉, (1) 교육의 세 요소가 서로 조화를 이루어 협동할 때만 개인의 올바른 발달이 이룩된다는 것, 그리고 (2) 기관의 생득적 활동은 천부적인 것인 만큼, 그것은 조화로운 상태가 어떤 상태인가를 파악하는 데에 기본이 된다는 것이다.*

* '기관의 생득적 활동이 조화로운 상태를 파악하는 데에 기본이 된다'(basic in conceiving consonance)는 말은 그 '파악'을 하는 사람이 누구인가—생득적 활동을 하는 사람인가, 아니면 그 활동을 옆에서 지켜보는 사람(예컨대 루소)인가—에 따라 그 뜻이 달라진다. 만약 전자라면, 생득적 활동을 하는 동안에 그 활동을 하는 사람의 마음속에 조화가 싹튼다는 뜻이 되고, 후자라면 생득적 활동은 어떤 상태가 조화로운 상태인가를 판단하는 기준을 제시해 준다는 뜻이 된다.

¶ 6_ 그러나 루소가 말한 그밖의 내용을 참고하여 앞의 말의 이면에 숨어있는 의미를 읽어 보면, 루소는 그 세 가지 요소 중의 어느 하나가 교육적으로 효과를 나타내기 위해서는 그 세 가지가 반드시 협동해야 한다고 보는 것이 아니라, 그 세 가지를 각각 떨어진 독립적 작용으로 본다는 것을 알 수 있다. 특히 루소는 생득적인 기관과 능력이 독립적으로, 또는 루소 자신의 말로, '자발적으로'* 발달한다고 믿는다. 그는 이 발달이, 기관이나 능력이 어디에 쓰이는가와는 관계없이 일어날 수 있다고 생각한다. 그리하여 루소는 사회적 접촉에서 오는 교육은 바로 이 따로 떨어진 발달에 종속되어야 한다고 보는 것이다. 그런데, 생득적 활동을 억지로 강요하거나 왜곡해서는 안되며 그 활동 자체에 합치되는 방향으로 사용해야 한다고 말하는 것과, 생득적 활동은 사용과는 무관하게 정상적인 발달을 이룩할 수 있으며 그 자연적인 발달이 모든 학습—모든 학습은 '사용'에 의하여 이루어진다—의 표준과 규범을 제시한다고 말하는 것 사이에는 굉장한 차이가 있다.** 앞에서 사용한 예시로 되돌아가서 말하자면, 언어획득은 올바른 교육적 성장의 대표적인 보기이다. 언어를 배우는 첫 출발은 성대라든가 청각기관 등, 생득적인 활동이다. 그러나 이런 활동이 그 자체로서 독립적인 성장을 한다든가 그대로 놓아두더라도 완전한 언어를 구사할 수 있게 되리라고 생각하는 것은 넌센스이다. 루소의 말을 문자 그대로 받아들이면, 루소

는 결국, 어른들은 아이들의 웅얼대는 소리를 단순히 정확한 언어로 발달하는 첫 단계로서가 아니라(그것은 분명히 말을 배우는 첫 단계이다), 언어 그 자체, 다시 말하면 일체의 언어교육이 따라야 할 '표준'으로서의 언어 그 자체로 받아들여야 한다고 주장하는 것으로 되고, 따라서 언어나 언어교육은 그 웅얼거리는 소리를 되풀이하는 것에 지나지 않는다고 주장하는 셈이 된다.

* 영어로 번역된 루소의 단어는 'spontaneous'이다.
** 물론, Dewey는 앞의 말은 옳지만, 뒤의 말은 그릇되다고 생각한다.

¶ 7_ 이상의 논의를 요약하자면 다음과 같이 말할 수 있다. 즉, 루소는 교육에 절실히 요청되는 개혁 방안으로서, 신체 기관의 구조와 활동은 그 기관을 사용하도록 가르치는 일체의 교육에 '조건'을 부여한다고 주장한 점에서는 옳았다. 그러나 그러한 구조와 활동이 발달의 조건을 제시할 뿐만 아니라 '목적'까지도 제시한다고 시사한 점에 있어서는 루소는 근본적으로 그릇되었다. 사실은 어떤가 하면, 생득적 활동은 아무렇게나 되는대로 벌어지는 것이 아니라 '발달'하며, 이 발달은 그 활동이 어디엔가에 사용됨으로써 이루어진다. 사회적 환경이 하는 일은, 앞에서 말한 바와 같이, 아이가 가지고 있는 힘을 최선으로 사용하도록 함으로써 성장을 이끄는 것이다. 본능적인 활동은 아마 비유적인 뜻으로 '자발적'인 것이라고 말할 수 있을 것이다. 여기서 '자발적'이라고 하는 것은 어떤 활동을 하는 데에 있어서는 생리적 기관이 강한 기초가 되어서 그것을 거역할 수 없으며, 만약 거역하려고 하면 활동의 왜곡, 정지, 타락이 불가피하다는 뜻을 나타낸다. 그러나 그러한 활동이 자발적으로 정상적인 발전을 이룩한다는 생각은 순전한 신화이다. 자연적인 또는 생득적인 힘은 모든 교육에서 활동을 출발시키고 제약하는 작용을 하지만, 교육의 결과나 목적*을 제시하지는 않는다. 학습되지 않은 힘이 자발적으로 넘쳐 흐르는 것이 학습은 아니다. 루소가 교육 또는 학습에 관하여 그와 같이 그릇된 견해를 표방한 것은 틀림없이 그가 자연을 신과 동일한 것으로 보았다는 데에 기인한 것이다. 루소가 보기에 인간이 원래 가지고 있는 힘은 전적으로 선한 것으로서 지혜롭고 선량한 조물주로부터 직접 주어진 것이다. '신은 시골을 만들었고 인간은 도시를 만들었다'**는 격언을 약간 바꾸어 말하자면, 신은 인간의 생득적인 기관과 능력을 만들었고 인간은 그것을 사용하는 용도를 만든다고 말할 수 있다. 따라서 전자의 발달은

후자가 따라야 할 표준을 제시한다는 결론이 나온다. 인간이 그 생득적인 활동을 사용할 용도를 결정하려고 한다면 그것은 신의 섭리를 방해하는 것이다. 이와 같이 사회제도에 의하여 신의 섭리인 자연을 방해하는 것은 개인의 타락을 가져오는 으뜸가는 원천이다. 루소가 일체의 자연적 경향의 내재적 선을 그토록 열렬히 부르짖은 것은 인간의 타고난 본성이 전적으로 사악하다는, 그 당시 널리 퍼져 있던 견해에 대한 반작용으로서, 이것은 아동의 흥미***에 대한 사람들의 태도를 바꾸는 데에 강력한 영향을 끼쳤다. 그러나 말할 필요도 없이, 인간의 타고난 충동은 그 자체로서는 선도 악도 아니요, 그것을 어떤 목적에 쓰는가에 따라 선이 되기도 하고 악이 되기도 한다. 본능을 등한히하고 억압하며, 때이르게 어떤 본능을 강제로 조장하고 그 대신 다른 본능을 밀어내는 것 등이 불필요한 폐단을 초래한다는 점에 대해서는 의심의 여지가 없다. 그러나 여기서 우리가 배워야 할 것은 본능이 소위 '자발적으로 발달'하도록 내버려 두어야 한다는 것이 아니라, 본능을 적절하게 조직해 줄 환경을 마련해야 한다는 것이다.

* ends or aims
** 또는, '신은 들(country)을 만들었고 인간은 마을(town)을 만들었다.
*** interest

¶ 8_ 루소의 말에 담겨 있는 일면의 진리 문제로 다시 돌아가서 그 말을 따져보면, 루소의 그 말은, 교육의 목적으로서의 자연적 발달*은 그 당시 교육의 여러 가지 폐단을 시정하는 방향을 제시해 주고 그와 동시에 몇 가지 바람직한 구체적 목적을 지시한다는 것을 알 수 있다. (1) 교육의 목적으로서의 자연적 발달은 신체 기관, 그리고 건강과 힘의 중요성에 우리의 주의를 환기시킨다. 자연적 발달이라는 목적이 부모나 교사에게 말해 주는 것은 '건강을 목적으로 삼으라. 체력을 중요시하지 않고는 정상적인 발달이 이루어질 수 없다'고 하는 것이다. 이것은 대단히 명백한 사실이지만, 그것을 실제에서 올바르게 인식한다면 그것은 우리 교육활동의 상당한 부분을 거의 자동적으로 개혁하는 결과를 가져올 것이다. '자연'이라는 것은 그야말로 막연하고 비유적인 용어지만, '자연'이라는 말이 나타내는 의미 중의 하나는 교육이 효율성을 가지려면 특정한 조건이 필요하다는 것, 그리고 그 조건이 무엇인가를 알고 우리의 교육을 그것에 합치

시키지 않는 한, 아무리 고귀하고 이상적인 목적도 실패할 수밖에 없다는 것, 그리고 그 경우의 목적은 언어적, 정서적 수준에 그칠 뿐, 목적으로서의 구실을 하지 못한다는 것이다.

* natural development; 또는 '천성의 발달'. 이하 '자연적'이라는 말도 '천성'과 관계되는 것으로 이해하기 바란다. 또한, '자연'이라든가 '천성'이라는 말에는 앞의 ¶3 주에 지적된 애매성이 있다는 것도 염두에 둘 필요가 있다.

¶ 9_ (2) 자연적 발달이라는 목적은 몸을 움직이는 것의 존중이라는 목적에 즉각적으로 연결된다. 루소의 말에 의하면, "아이들은 언제나 움직이고 있다. 가만히 앉아 있는 것은 해롭다." 이와는 달리, "자연의 의도는 마음을 행사하기에 앞서 몸을 단련하는 데에 있다"는 루소의 말은 사실을 올바르게 말한 것이라고 보기 어렵다. 그러나 만약 루소가 이 말을, 자연의 '의도'—자연이 의도를 가졌다는 것은 다분히 시적인 표현이지만—는 특히 신체 근육을 단련함으로써 '그것을 통하여' 마음을 발달시키는 데에 있다는 식으로 했더라면, 이것은 대단히 중요한 사실을 지적한 것이라고 볼 수 있다. 즉, 자연을 따른다는 목적은, 구체적으로 말하자면, 사물을 탐색하는 데에, 자료를 취급하는 데에, 또 놀이와 게임을 하는 데에 신체 기관을 사용하는 것이 실제로 어떤 위치를 차지하는가를 올바르게 존중해 주어야 한다는 뜻으로 해석될 수 있는 것이다.*

* 이 문단에서 Dewey가 말하고자 하는 것은, 신체적 운동이나 단련은 정신 또는 마음의 발달과 유리되어서는 교육적으로 충분한 의미를 가질 수 없다는 것이다. 그런데도, Rousseau는 '마음을 행사하기에 앞서서', 또는 '마음을 행사하는 것과는 별도로' 몸을 단련하는 것이 중요하다고 말한다는 것이다.

¶ 10_ (3) 자연적 발달이라는 일반적 목적은 아동의 개인차 존중이라는 목적을 시사한다. 아동의 타고난 힘을 고려한다는 원리를 채택하는 사람이라면 누구나 그 힘이 개인마다 다르다는 사실을 중요시할 수밖에 없다. 그러한 차이는 비단 힘의 강도에만 나타나는 것이 아니라 힘의 질이나 배열에도 나타난다. 루소는 다음과 같이 말하고 있다. "개인은 '특이한' 기질을 가지고 태어난다... 우리는 기질이 다른 아이들을 한 가지 일에 무차별적으로 종사하도록 한다. 그 아이들이 받는 교육은 각각의 특이한 기질을 파괴하고 범범한 획일성을 남겨 놓

는다. 그리하여 우리는 자연이 준 진정한 재질을 억압하느라고 헛된 수고를 한 뒤에, 우리가 그 자리에 채워 넣은 순간적이고도 허망한 재주가 차차 사라지는 것을 보게 된다. 그러나 우리가 망쳐버린 자연적 능력은 결코 되살아나지 않는다."

¶ 11_ (4)* 마지막으로, 자연을 따른다는 목적은 아동의 기호와 흥미가 어디서 생기며 어떻게 성장, 소멸하는가에 주의를 기울여야 한다는 것을 뜻한다. 능력이 싹트고 꽃피는 시기는 불규칙하다. 모든 능력이 똑같이 골고루 발달한다는 것은 있을 수 없다. 일에는 각각 알맞은 시기가 있는 것이다. 특히 귀중한 것은 힘이 생기기 시작할 때이다. 아주 어린 시기의 아동의 경향성을 어떻게 취급하는가 하는 것은 그 아동이 자라서 나타내게 될 근본적인 성향을 결정하고 그 힘이 발휘될 방향을 결정하는 데에 우리가 상상할 수 있는 것 이상의 영향력을 가지고 있다. 어린 시절의 삶에 대한 교육적 관심—유용한 기술을 가르치는 것과는 구분되는 '교육적' 관심—은 루소의 뒤를 이어 페스탈로찌와 프뢰벨이 성장의 자연적 원리를 강조한 것에서 시작되었다고 말해도 과언이 아니다. 성장의 불규칙성, 그리고 그것이 가지는 의의는 신경계통의 성장을 연구한 한 학자의 다음과 같은 말에 잘 나타나 있다. "성장이 계속되는 동안, 신체적인 성장과 정신적인 성장은 어느 한 쪽으로 치우쳐지면서 이루어진다. 성장은 전반적으로 일어나는 것이 아니고, 이때에는 이 지점에, 또 저 때에는 저 지점에 강조를 두고 일어난다. 천부적 자질에 굉장한 차이가 있는 가운데, 성장의 자연적 불평등의 역동적인 가치를 인정하고, 성장의 들쑥날쑥한 측면을 가지런히 하기보다 그 들쑥날쑥한 측면을 그대로 두면서, 그 자연적 불평등을 활용하여 성장을 도와주는 방법이 있다면, 그것은 신체 안에서 일어나는 성장을 가장 가깝게 따르는 방법이며 이것이 또한 가장 효과를 나타내는 방법이다."[1)]

---

1) Donaldson, 'Growth of Brain', p. 356. 〔원주〕

* 이 번호 (4)는 역자가 삽입한 것이다.

¶ 12_ 아동이 제지를 당하는 상황에서는 자연적 경향성을 관찰하기 어렵다. 그런 경향성은 아동의 자발적인 말과 행동, 즉 정해진 일을 하도록 명령받지 않은 상태에서, 또 관찰되고 있다는 것을 의식하지 않는 상태에서 하는 말과 행동

에 가장 잘 나타난다. 이것은 그러한 경향성이 자연스러운 것이기 때문에 무조건 바람직하다는 뜻이 아니라, 그런 경향성이 작용하고 있고 또 그렇기 때문에 고려에 넣어야 한다는 뜻이다. 우리는 바람직한 경향성이 작동할 수 있도록 환경을 마련해 주어야 하며, 그러한 경향성의 작동이 다른 경향성의 작동 방향을 통제하도록, 또 그렇게 함으로써 아무 결과도 얻지 못하는 경향성은 소멸되도록 하지 않으면 안된다. 아동의 경향성 중에서 부모의 걱정을 자아내는 것들은 대체로 일시적인 것에 지나지 않으며, 그렇기 때문에 그것에 너무 주의를 기울이면 도리어 아동의 주의를 그것에 고정시키는 수가 있다. 어쨌든, 어른들은 자신의 습관과 희망을 표준으로 삼아 그것에 어긋나는 아이들의 충동은 모두 사악한 것이요 제거해야 할 것이라고 생각하기 쉽다. 자연을 따라야 한다는 교육원리가 주로 항거하고 배제하려는 인위적 造作조작은 아이들을 어른의 표준의 틀에 억지로 끼워맞추려고 하기 때문에 생기는 결과이다.

¶ **13**_ 결론적으로 말하여, 자연을 따라야 한다는 교육원리가 나타나게 된 역사적 배경을 보면, 거기에는 서로 내적인 관련이 없는 두 가지 상이한 요소가 결합되어 있다는 것을 알 수 있다. 루소 이전 시대의 교육개혁가들은 교육의 힘이 거의 무한에 가깝다는 식으로 교육의 중요성을 역설하는 경향이 있었다.* 민족 사이에, 또 같은 민족 안의 계층 사이에, 또 개인 사이에 나타나는 차이는 모두 훈련과 연습의 차이에서 기인된다고 그들은 생각하였다. 원래, 마음이라든가 이성, 이해 등은, 대체로 말하여, 모든 사람에게 동일하다는 것이다. 원래 타고난 마음이 본질상 동일하다는 것은 모든 사람이 본질상 평등하다는 뜻이며, 또한 모든 사람을 동일한 수준으로 이끌어 올릴 수 있다는 뜻이다. 이 견해에 대한 저항으로서, 자연에의 합치를 주장한 교육이론은 마음과 그 힘에 관하여 훨씬 덜 형식적이고 덜 추상적인 견해를 나타낸다. 그전의 견해에서는 마음을 분별, 기억, 일반화 등의 추상적 능력**으로 파악했던 것에 비하여, 이 교육이론에서는 그러한 추상적 능력을 구체적인 본능과 충동, 생리적 능력으로 대치하였고 이러한 본능, 충동, 능력은 개인마다 다르다고 보았다. (루소의 말에 의하면, 심지어 한 배에서 난 강아지도 서로 다르다.) 이 면에서 보면, '자연에 합치하는 교육'이라는 원리는 확실히 현대 생물학, 생리학, 심리학의 발달에 의하여 더욱 확고해진 것이 분명하다. 결과적으로 '자연에 합치하는 교육'이 주장한 것은, 직접적인 교육적 노력을 통하여 인간을 수정, 변형시키는 일, 즉 '양육'***의

힘이 크지 않은 것은 아니지만, 선천적으로 타고나는 능력, 즉 '자연'이 그러한 양육의 기초와 근본적인 자원을 제공해 준다는 것이다.

---

* 여기서 말하는 '교육혁명가들'은 특히 계몽주의 사상가들을 가리키는 것이 분명하다.

** faculties : 5장 ¶14의 주 참조.

*** nurture : 이것은 nature에 대비되는 말로서, 흔히 '유전과 환경의 문제'를 nature-nurture controversy라고 표현한다. 여기서 nature는 선천적으로 타고난 것을 가리키며 nurture는 후천적으로 학습되는 것을 가리킨다.

¶14_ 다른 한편으로, 자연을 따라야 한다는 교육원리는 정치적 이념으로서의 의미도 가지고 있었다. 즉, 그것은 기존의 사회제도, 풍습, 이상에 대한 반항이었다(7장 ¶22 참조). '조물주의 손에서 나올 때는 모든 것이 선이었다'는 루소의 말은 동일한 문장의 결론 부분, 즉 '사람의 손에서는 모든 것이 타락한다'는 말과 대비될 때만 올바른 의미를 가지게 된다. 다시, 루소는 다음과 같이 말한다. "자연인은 절대적 가치를 가지고 있다. 그는 하나의 단위수요 온전한 정수로서, 자신과 그 동료 인간 이외에는 어느 것과도 관계를 맺지 않는다. 문명인은 상대적 단위요, 분수의 분자와 같이 분모, 즉 사회라는 통합체와의 관계에 의존해서만 가치를 가진다. 정치제도는 사람을 자연스럽지 않게 만들 때 훌륭한 것이 된다."* 이와 같이, 현존하는 사회, 즉 제도화된 사회생활이 인위적이고 유해하다는 생각이야말로, 자연이 성장을 일으키는 으뜸가는 동인일 뿐만 아니라 그 성장의 계획과 종착점이 된다는 생각을 하도록 한 계기가 되었다. 사악한 제도와 풍속은 거의 자동적으로 교육을 그릇치며, 아무리 조심스럽게 학교 교육을 하더라도 그 폐단을 상쇄할 수 없다는 것은 인정해야 한다. 그러나 여기서 우리가 내려야 할 결론은 환경을 떠나서 교육해야 한다는 것이 아니라, 타고난 힘이 더 잘 사용될 수 있는 환경을 마련해야 한다는 것이다.

---

1) 루소가 마음속에 그리고 있었던 사회는 현존하는 사회와 근본적으로 다른 것이었다는 점을 명심해야 한다. 그것은 사회의 목적이 그 구성원 전부의 이익과 일치하는 동포애적 사회로서, 이것은 현존하는 사회 보다는 훨씬 좋은 것이지만 그래도 자연상태보다는 나쁜 사회라고 루소는 생각하였다. 〔원주〕

* 이 인용문에는 '자연인'(natural man)과 '문명인'(civilized man)이 대비되어 있지만, 보다 일반적인 대비는 '자연인'과 '사회인'(civic man)이다. 자연인은 자연상태(natural state)에서의 인간을 가리키며 문명인 또는 사회인은 사회상태(social state)에서의 인간을 가리킨다.

이 점으로 보아 루소가 말한 자연상태는 '사회이전 상태'(presocial state)를 가리킨다고 일단 생각할 수 있다.

이 인용문의 마지막 문장은 루소의 글에서 흔히 발견되는 반어의 한 보기이다. 이 문장의 의미는 '자연스럽지 않은 인간을 만드는 정치제도가 훌륭한 정치제도이다'라는 식으로 파악해서는 안되며, '정치제도라는 것은 본질상 자연스럽지 않은 인간을 만들어내는, "나쁜" 것이며, 이 "나쁜" 일을 잘 할수록 정치 제도로서는 성공을 거두는 셈이다'라는 식으로 파악해야 한다. 이런 종류의 반어를 문자 그대로 해석하면 근본적인 오해가 생긴다.

2 교육목적으로서의 사회적 효율성

¶ 15_ 자연은 진정한 교육의 목적을 제시하고 사회는 사악한 교육의 목적을 제시한다는 생각은 당연히 저항을 불러일으킬 만했다. 이 생각에 대하여 반대쪽을 강조하는 교육관은, 교육의 일은 바로 자연이 보장할 수 없는 것을 제공해 주는 데에 있다는 주장으로 나타났다. 즉, 교육은 개인을 사회통제에 적응시키는 일, 자연적 힘을 사회적 규칙에 종속시키는 일을 담당해야 한다는 것이다. 교육이 사회적 효율성을 도모해야 한다는 생각이 자연적 발달로서의 교육관의 결함에 대한 저항으로서 주로 가치를 가진다는 것은 놀라운 일이 아니다. 그와 마찬가지로, 사회적 효율성을 위한 교육이 자연적 발달로서의 교육에 담겨 있는 참뜻을 간과할 경우에 잘못 사용될 가능성이 있다는 것도 쉽게 짐작할 수 있다. 힘의 발달—즉, 효율성—이 무엇을 뜻하는가를 알아내려고 할 때, 우리가 공동생활의 활동과 그것을 이룬 업적을 자세히 들여다 보아야 한다는 것은 두말할 필요도 없는 사실이다. 이 생각에서 잘못은 효율성을 확보하기 위한 방안을 '활용'에서 찾는 것이 아니라 '복종'에서 찾으려고 한다는 데에 있다. 다시 말하면, 사회적 효율성은 소극적인 억제에 의해서 얻어지는 것이 아니라 사회적으로 의미있는 일에 개인의 타고난 능력을 적극적으로 활용하는 데서 얻어진다고 생각하는 한, 사회적 효율성을 위한 교육은 건전한 것이 된다.

¶ 16_ (1) 구체적 목적으로 바꾸어서 표현하면, 사회적 효율성은 산업적 능력의 중요성을 강조한다. 사람은 의식주의 수단 없이는 살 수 없으며, 이 수단을 어떻게 사용하고 물자를 어떻게 소비하는가 하는 것은 사람이 서로 관계를 맺는 방식에 근본적인 영향을 미친다. 만약 한 사람이 생계를 유지하고 자녀를 부양할 능력이 없으면, 그 사람은 다른 사람의 활동에 장애가 되거나 다른 사람에

게 기생할 수밖에 없다. 그 사람은 가장 교육적인 삶의 경험을 스스로 놓친 상태에 있다. 만약 그가 산업에서 나온 산물을 올바르게 사용하는 방법을 훈련받지 못하면, 그는 부를 소유하게 될 때 스스로를 타락시키며 다른 사람에게 해를 끼친다. 어떠한 교육도 이런 기본적인 고려 사항을 소홀히 취급해서는 안된다. 그럼에도 불구하고 흔히 보다 고상하고 정신적인 이상을 추구한다는 명분 아래, 높은 수준의 교육*은 그러한 기본적 고려 사항을 도외시할 뿐 아니라 교육적 관심의 대상이 될 수 없는 것으로 경멸해 왔다.** 귀족사회에서 민주사회로 변화함에 따라, 교육이 그 결과로서 생활의 경제적 문제를 해결하는 능력, 그리고 단순한 과시나 사치를 위해서가 아닌 유용한 방식으로 경제적 자원을 관리하는 능력에 강조를 두어야 한다는 것은 당연하다.

---

* higher education; 이것은 '대학교육'이라는 뜻도 가지고 있다.

** 이 부분에서 Dewey는 교육의 관심으로서 '육체적 삶'(생존)과 '정신적 삶'을 비교하면서, 후자에 비하여 전자를 등한시하는 경향을 비판하고, 나아가서는 그러한 경향을 귀족사회의 특징과 결부시키고 있다. 이 점은 이 책 전체의 주장에 비추어 대단히 중요하다. 아마 대부분의 사람들은 의식주의 문제가 교육의 관심사로서 결코 경멸의 대상이 될 수 없다는 Dewey의 이 생각에 동조할 것이다. 또한, 어쩌면 그들은 그것이 민주사회의 특징과 관련이 있다고 생각할 것이다. 민주사회에서는 '놀고먹는'계층이 있어서는 안될 것이기 때문이다. 그러나 이 Dewey의 생각에는, 그것이 모든 사람들에게 쉽게 납득된다는 바로 그 점에서, 함정이 있다. 예컨대, Dewey는 이 문단에서 '부를 가지고 스스로를 타락시키며 다른 사람에게 해를 끼치지 않는' 사람이 되기 위해서는 교육을 받아야 한다고 말하지만, 그 교육은 어떤 종류의 교육인가? 이런 교육은 결코 간단히 이루어지는 것이 아니다. 모르기는 해도, 거기에는 '보다 고상하고 정신적인 이상'을 추구한다는 바로 그 교육이 필요할 것이다. (사실은 이것이 Dewey 자신의 생각일 가능성은 없는가—이것은 판단하기가 대단히 어려운 문제이다.)

¶ 17_ 그러나 한편, 이 목적을 강조함에 있어서 현존하는 경제적 상황과 표준을 궁극적인 것으로 받아들일 위험이 있다. 민주주의의 원칙은 선택의 능력을 길러주고 나머지는 그 개인의 판단에 맡긴다는 것이다. 그렇지 않고, 개인을 미리 일정한 직업에 억지로 끼워맞추려 하면서, 그것도 그 개인의 원래의 능력이나 훈련의 결과*에 입각해서가 아니라 부모의 부나 사회적 지위에 입각해서 결정한다면, 이것은 민주주의 원리에 위배되는 것이다. 사실상, 오늘날 산업은 새로운 발명에 의하여 급속도로 또 급격하게 변하고 있다. 새로운 업종이 생겨나고, 낡은 업종은 다른 것으로 바뀌고 있다. 따라서 너무 특수하고 전문화된 분야의 효율성을 훈련하려고 하는 것은 이율배반이다. 직업을 수행하는 방법이

바뀌면 그런 사람들은 덜 전문적인 훈련을 받은 사람에 비하여 적응능력이 없이 뒤처지게 된다. 그러나 무엇보다도, 현사회의 산업구조는 과거 어느 사회에서와 마찬가지로, 모든 면에서 불평등을 나타내고 있다. 진보적인 교육의 목적은 불공평한 특권이나 불공평한 손해를 영속시키는 데에 있는 것이 아니라, 그것을 바로잡는 일에 참여하는 데에 있다. 사회통제라는 것이 개인활동을 계층권위에 종속시키는 것이라고 생각하는 한, 산업을 위한 교육은 현상 유지 또는 현상 수락의 목적에 봉사하게 된다. 이 경우에 개인의 장차의 직업은 경제적 기회의 차이**에 의해서 결정된다. 이렇게 되면 우리는 플라톤의 교육이론(7장 3절 참조)이 가지고 있었던 결함을 부지불식간에 다시 불러들이는 셈이 된다. 그러면서도 우리는 플라톤이 제안한 계층선발 방법은 거들떠 보지도 않고, 그보다는 훨씬 비합리적인 방법을 따르고 있는 것이다.

* 원문은 trained original capacities이며, 이것을 옮기자면 '훈련된 원래의 능력', 또는 '훈련된 타고난 능력'이 된다. 이 말을 썼을 때 Dewey는 아마, 개인은 원래 타고난 능력(original capacities)이 있는데 그것을 훈련받는다는 식으로 생각한 것으로 보이지만, 원래의 능력이 훈련을 받았으면, 그것은 '훈련된 능력'일지언정 '원래의 능력'은 아니다.

** 간단하게 말하여, 빈부의 차이.

¶ **18**_ (2) 사회적 효율성의 목적은 또한 공민적 효율성 또는 시민으로서의 자질이라는 요소도 포함하고 있다. 산업에 종사하는 능력과 시민으로서의 자질을 분리해서 생각하는 데는, 물론, 무리가 있다. 그러나 시민적 자질에는 직업수행 능력보다는 막연하고 포괄적인 여러가지 의미가 포함된다고 볼 수 있다. 시민적 자질에는 '친구로서 사귀고 싶은 사람'이라는 자질에서 시작하여 정치적인 의미에서의 공민성에 이르는 모든 특성이 포함된다. 구체적으로 말하면, 그것은 사람과 물건의 가치를 현명하게 판단하는 능력과 법률을 만들고 준수하는 데에 결정적인 역할을 하는 능력 등을 의미한다. 공민적 효율성이라는 목적은 적어도 지적 능력 일반을 훈련한다는 식의 막연한 생각보다는 한 걸음 나아갔다는 점에서 가치를 가진다. 그 목적은, 힘은 무엇인가를 하는 데에 관계가 있어야 한다는 사실, 그리고 우리가 해야 할 일로서 가장 필요한 것은 다른 사람과의 관계를 맺는 일이라는 사실에 우리의 주의를 환기시킨다.

¶ **19**_ 여기서 다시, 우리는 공민적 효율성이라는 목적을 너무 좁게 이해하지

않도록 조심해야 한다. 과거 어떤 시대에는 이 목적을 너무 한정된 것으로 해석한 나머지, 과학적 발견*의 결과를 이 목적에 반영시키지 못하는 폐단에 빠졌던 적이 있다. 따지고 보면, 안정된 사회 진보는 결국 과학에 의존한다. 그럼에도 불구하고, 과학적 사고를 하는 사람은 사회적 효율성이 결핍된 단순한 이론적 몽상가로 생각될 수가 있는 것이다. 궁극적으로 말하여, 사회적 효율성은 경험을 주고받는 일에 참여하는 능력 이외의 아무 것도 아니라는 것을 명심해야 한다. 사회적 효율성은 자신의 경험을 다른 사람에게 가치있는 것으로 하는 모든 것, 그리고 다른 사람의 가치있는 경험에 보다 풍부하게 참여할 수 있도록 하는 모든 것을 가리킨다. 예술 작품을 제작하고 감상하는 능력, 오락을 즐기는 능력, 여가를 의미있게 활용하는 능력 등은 통상적으로 인정되는 것 이상으로, 공민적 자질에 중요한 요소가 된다.

* 여기서 '과학'이라는 것이 구체적으로 무엇을 가리키는지 확실하지 않지만, 아래의 내용에 비추어 보면, 과학에 의한 문명의 이기를 가리킨다기보다는 하나의 '사고방법'으로서의 과학, 다르게 말하여, '경험을 주고받는 일에 참여하는' 한 가지 방식으로서의 과학을 가리킨다고 보는 편이 옳을 것이다.

¶ 20_ 가장 넓은 의미에서 보면, 사회적 효율성은 다름 아니라, 경험을 나누어가질 수 있도록 사람들의 '마음'을 적극적으로 사회화*하는 것, 그리고 사람들로 하여금 다른 사람들의 이익과 관심**에 둔감하게 하는 사회계층의 장벽을 허물어뜨리는 것 바로 그것이다. 사회적 효율성을 좁게 외부적인 행동에 의하여 다른 사람에게 봉사한다는 그런 뜻으로 해석한다면, 그 가장 중요한 요소(그것을 보장하는 유일한 방도라는 뜻에서), 즉 지적 공감과 선의가 고려에서 제외된다. 인간의 바람직한 특성으로서의 공감은 단순한 '감정'에 그치는 것이 아니라, 인간이 공통으로 가지고 있는 것에 대한 세련된 상상력, 그리고 인간을 서로 불필요하게 갈라놓는 모든 것에 대한 항거를 의미한다. 다른 사람의 이익에 대하여 선의를 가진다는 것이 때로 다른 사람들에게 무엇이 이익이 되는가를 자기 멋대로 결정하겠다는 은밀한 욕심을 호도하는 것에 그칠 뿐, 다른 사람들로 하여금 스스로 찾도록 하고 스스로 이익이 되는 것을 선택하도록 하는 진정한 노력이 되지 못하는 경우가 있다. 사회적 효율성, 또는 심지어 사회 봉사라고 하는 것은, 만약 삶은 각각 다른 개인에게 각각 다른 관심과 이익을 준다는 사실에 대한 적극적 인정이 따르지 않는다면, 또한 각 개인으로 하여금 각자의

선택을 지성적인 것이 되도록 하는 것이 사회 전체를 위하여 유용하다는 확신을 기초로 하지 않는다면, 경직된 금속과 같은 것이 되고 만다.

---

* socialization of *mind*

** interests

3 교육목적으로서의 교양

¶ 21_ 사회적 효율성이라는 목적이 교양*의 개념과 일치하는가 않는가는 앞에서 말한 여러 가지 고려 사항에 비추어 판단해야 한다. 교양이 적어도 무엇인가 세련된** 것, 원숙한 것을 의미하며, 조잡하고 덜된 것에 반대가 된다는 것은 분명하다. '자연'이 조잡한 것과 동일하다면, 교양은 이른바 '자연적 발달'이라는 것에 반대된다. 교양은 또한 '개인적인'***것이다. 그것은 학문과 예술, 넓은 인간적 관심에 대한 세련된 태도를 나타내는 것이다. 만약 '사회적 효율성'이 '활동'의 의미나 정신과는 무관하게, 좁은 범위의 '행위'와 동일하다면§, 교양은 또한 '사회적 효율성'에 반대된다. 그러나 교양이라고 부르건 퍼스낼리티의 완전한 발달이라고 부르건 간에 각 개인의 특이성에 배려가 주어진다면, 그것은 진정한 의미에서의 사회적 효율성과 동일한 결과를 가져온다. (개인으로서 결코 다른 사람과 동일하게 취급되기를 거부하는 특이성이 없다면, 그는 개인이라고 할 수 없다.) 이런 뜻에서 교양은 평범, 평균과 반대된다. 특출한 자질이 발달될 때에는 반드시 특이한 퍼스낼리티가 나타나게 마련이며, 그와 함께 대량의 물질적 재화를 공급하는 것 이상의 사회 봉사가 부수적으로 따라올 가능성이 있다. 도대체, 의미있는 개인적 자질을 가진 개인들로 구성된 사회가 아니라면 그런 사회에 진정으로 봉사할 가치가 있다고 어떻게 말할 수 있는가?

---

* culture; 이 단어는 문화와 교양, 그리고 교육까지도 포함하는 복합적 의미를 나타낸다. 그것은 함양된(cultivated) 것을 뜻한다.

** cultivated; culture와의 관련성에 주의하라.

*** personal; 직접 당사자에게 속하는

§ 행위'로 번역된 단어는 acts이며, 이것이 여기서는 activity(활동)와 대조적으로 쓰이고 있다.

¶ 22_ 사실상, 개인의 인격 또는 퍼스낼리티의 발달이라는 고귀한 목적이 사회적 효율성에 반대된다고 생각하는 것은 상류 하류의 계층이 엄격히 구분되어 있는 봉건사회의 유물이다. 이러한 사회 조직에서 상류 계층은 그들 자신을 인간으로서 발달시킬 여유와 기회를 가진 반면에, 하류 계층은 외적인 물자를 공급하는 고된 일만 하게 되어 있었다. 명목상으로만 민주주의를 신봉하는 사회에서 외적인 산물에 의하여 사회적 효율성을 규정하고 그것을 교육의 이상으로 강요할 때에는 귀족사회에서 보는 것과 같은, 대중에 대한 평가절하가 민주사회에서도 공공연히 받아들여진다. 그러나 민주주의에 도덕적 이상이 있다면, 그것은 모든 사람이 사회에 대하여 응분의 공헌을 하여야 한다는 것이요, 또 모든 사람에게 각각의 특이한 능력을 발달시킬 기회가 주어져야 한다는 것이다. 교육에서 이 두 가지 목적이 분리된다는 것은 민주주의로서는 치명적인 결함이며, 좁은 의미에서의 사회적 효율성을 교육의 목적으로 채택하는 것은 민주주의의 근본 의도를 무효화하는 것이다.

¶ 23_ 사회적 효율성이라는 목적은 (다른 어떤 교육목적도 마찬가지지만) 경험의 과정 안에 포함되어야 한다.* 효율성이라는 것이 구체적인 외적 산물에 의하여 규정될 뿐, 특이하게 가치로운 경험을 이룩하는 데에 연결되지 않을 때, 그것은 물질위주**가 된다. 재화로 나타나는 결과는 효율적인 퍼스낼리티의 자연적 산물로서, 그것은 엄밀한 의미에서는 교육의 부산물이다. 그것은 불가피하게 나타나는 것이요 또 중요하기도 하지만, 어디까지나 부산물에 지나지 않는다. 외적 목적***을 내세우는 것은 그 부작용으로서 교양을 순전히 '내적인' 것으로 보는 그릇된 교육관을 촉진하고 강화한다. 그리고 '내적인' 퍼스낼리티를 완성시킨다는 생각은 사회적 분열의 확실한 징조이다. '내적'이라고 하는 것은 단순히 다른 사람들과 연결되지 않은 것, 자유롭고 충만한 의사소통이 불가능한 것을 가리킨다. 소위 '영적 교양'§이라는 것이 통상 부질없는 것, 무엇인가 불건전한 것으로 생각되는 이유는 그것이 '마음속으로'가지고 있는 것, 따라서 다른 사람과는 관계없이 혼자서 가지고 있는 것으로 생각되기 때문이다. 한 사람이 어떤 존재인가 하는 것은 그가 자유로운 상호작용 속에서 다른 사람과 어떤 협동적 관계를 맺고 있는가에 달려 있다. 이것은 다른 사람에게 물자를 공급한다는 뜻에서의 효율성과 혼자만의 정신적 세련으로서의 교양을 모두 초월한다.

* 여기서 '경험의 과정 안에 포함되어야 한다'(be included within the process of experience)는 표현이 의미하는 바는, 이하의 내용에 비추어 보면, 단순히 '외적 산물'을 만들어내는 것에 그치는 것이 아니라 개인의 '내면세계'에 변화를 가져와야 한다는 뜻으로 해석된다. 그러나 다시, 이하에서 Dewey가 말하는 바와 같이, 개인의 '내면세계'라는 것을 순전히 사적인(private) 것으로 해석해서는 안된다. 이 점에서 이 문단 마지막의 What one is as a person is what one is as associated with others, in a free give and take of intercourse.라는 문장은 Dewey의 사상 전체와 관련하여 대단히 중요한 의미를 내포하고 있다.

** materialistic; 유물론적.

*** external aim; 이 맥락에서 '외적 목적'은 앞의 8장에서의 외적 목적(외부적으로 부과된 목적, 활동의 바깥에 있는 목적)과는 다른 뜻으로 사용된 듯하다. 여기서의 목적은 '외적 산물을 만들어내는 목적'을 뜻하는 것으로 해석된다.

§ spiritual culture; 이 말을 '정신문화'라고 해석하면 뜻이 통하지 않는다.

¶ 24_ 농부건 의사건, 교사건 학생이건 간에, 다른 사람에게 가치있는 결과를 만들어내는 것이 그 자체로서 가치를 가진 경험과정의 부산물임을 깨닫지 못한다면, 그 사람은 자기의 직분을 잘못 파악한 것이다. 그러므로 다른 사람에게 유용한 일을 하는 데에 자기 자신을 희생할 것인가, 아니면 자기 혼자만의 목적—그것이 자신의 영혼을 구하는 것이든지 내면적 정신생활과 퍼스낼리티를 구축하는 것이든지—을 추구하기 위하여 다른 사람들을 희생시킬 것인가의 양자 중에서 어느 한쪽만을 택해야 한다고 생각하는 것은 옳지 않다. 실제 사태에 있어서는 그중 어느 하나만을 지속적으로 추구할 수 없기 때문에, 타협을 하고 때로는 이쪽, 때로는 저쪽을 선택하게 된다. 소위 영적 가치를 추구한다고 하는 세계의 종교사상이 대부분 자기 희생과 자기 영혼의 완성이라는 두 가지 이상을 강조하면서 이 삶의 이원론적 이상을 깨뜨리려고 하지 않았다는 것은 참으로 커다란 비극이다. 이 이원론은 깊이 뿌리박혀 있어서 쉽사리 무너지지 않는다. 그렇기 때문에 오늘날 교육은 사회적 효율성과 개인적 교양이 반대가 아니라 동의어라는 것을 고려한 그런 목적을 힘써 추구해야 한다는 특수한 과제를 안고 있다.

| 요약 | **¶ 25**_ 일반적 목적 또는 종합적 목적은 교육의 특수한 문제들을 개관하는 관점이 된다. 따라서 교육의 목적이 비교적 거창한 용어로 진술될 때 그 진술된 방식이 잘된 것인지 아닌지를 따지려고 하면, 다른 목적과 비교해서 그것이 교육의 절차나 방법으로 쉽게 또 일관성있게 풀이될 수 있는가를 보아야

한다. 이 장에서 우리는 세 가지 일반적 목적—즉, 자연에 의한 발달, 사회적 효율성, 교양 또는 개인정신의 심화—에 관하여 그것을 따져 보았다. 각각의 목적이 부분적인 방식으로 진술되면 그것은 다른 목적과 서로 갈등을 일으킨다. 자연적 발달이라는 목적을 한정된 뜻으로 해석하면, 그것은 원초적인 힘이 이른바 자연발생적으로 발달하는 것을 유일지상의 목적으로 받아들이게 된다. 이 관점에서 보면, 다른 사람에게 유용하도록 그 원초적 힘을 훈련하는 것은 비정상적인 억압이며, 의도적인 교양을 통하여 그것에 근본적인 수정을 가하는 것은 원초적 힘을 타락시키는 것이라고 생각된다. 그러나 만약 우리가 '생득적' 활동이라는 것은 오직 그것의 사용을 통하여 양육되며, '자연적' 활동은 이 생득적 활동이 사용에 의하여 발달되는 것을 가리킨다고 생각하면, 양자 사이의 갈등은 사라진다. 이와 마찬가지로, 사회적 효율성을 다른 사람에게 외적인 봉사를 하는 것으로 규정하면, 그것은 경험의 의미를 심화한다는 목적과 필연적으로 상치되며, 마음의 내면적 세련으로 해석된 교양은 사회화된 성향과 대립을 이룬다. 그러나 사회적 효율성이 진정한 교육목적이 되려고 하면 그것은 공동의 활동에 자유롭게 또 충만하게 참여하는 능력을 연마하는 것을 뜻하는 것으로 해석되어야 한다. 이것은 교양의 도움이 없이는 불가능하다. 그러나 또 한편, 이러한 공동 활동에의 참여는 교양에 도움이 되기도 한다. 왜냐하면 다른 사람과의 교섭에 참여하면서 학습을 하지 않는다는 것은—다시 말하여, 관점이 확장되어 그 전에는 할 수 없었던 새로운 지각을 하게 되지 않는다는 것은—불가능하기 때문이다. 교양의 정의로서 가장 적합한 것이 있다면, 그것은 '의미지각의 범위와 정확성을 부단히 확장, 향상시켜 나가는 능력'이라는 정의일 것이다.

제 10 장

흥미와 도야

1 용어의 의미

¶ 1_ 우리는 앞에서 관람자의 태도와 수행자 또는 참여자의 태도의 차이에 관하여 잠깐 말한 바 있다. 관람자의 입장에서는 지금 일어나고 있는 일에 관심이 없다. 어떤 결과가 생기든지 그것은 결국 '구경거리'에 지나지 않기 때문에, 이런 결과가 나와도 그만이요, 저런 결과가 나와도 그만이다. 참여자는 지금 일어나고 있는 일에 개입되어 있으며, 그 결과는 그에게 중요한 의미를 가진다. 그의 앞날이 어떻게 될 것인가가 사건의 진전에 달려 있는 것이다. 그러므로 그는 자기가 할 수 있는 범위 내에서 현재의 사건이 나아갈 방향에 영향을 주려고 한다. 관람자는 비유컨대 감방의 유리창 너머로 쏟아지는 빗줄기를 보는 것과 같다. 비가 오든 안오든 그에게는 상관이 없다. 참여자는 비유컨대 내일 소풍 갈 계획을 세워 놓은 상태에서, 비가 저렇게 계속 오면 소풍을 갈 수 없게 된다는 생각을 하면서 비를 보고 있는 것과 같다. 물론, 현재 어떻게 하느냐에 따라 내일 날씨를 바꿀 수는 없겠지만, 최소한 소풍 계획을 연기하는 정도로라도 장차의 일에 영향을 줄 조치를 취할 수 있을 것이다. 자기를 치이려고 달려오는 차를 볼 때, 그 차의 움직임을 멈출 수는 없다 하더라도, 장차 일어날 결과를 예견한다면 최소한 비킬 수는 있은 것이다. 상당히 많은 경우에, 우리는 더 직접적인 방법으로 사태에 개입할 수 있다. 그리하여, 사태의 진전에 있어서의 참여자의 태도는 두 가지 요소의 복합으로 되어 있다. 하나는 장차의 결과에 대한 염려, 불안이요, 또 하나는 더 좋은 결과를 보장하고 나쁜 결과를 회피하는 방향으로 행동하는 경향이다.

¶ 2_ 위와 같은 태도를 지칭하는 용어가 있다. 즉, 관심, 흥미*가 그것이다. 이런 용어는 어떤 사람이 목하의 사물이나 사태에 들어있는 가능성에 매여 있다는 것, 그리하여 그 사물이나 사태가 자기에게 어떤 영향을 끼치게 될 것인가에 대하여 조심하고 있다는 것, 그리고 그의 기대나 예견을 기초로 하여 사태의 방향을 자기의 의도하는 바에 따라 바꾸려고 한다는 것을 암시한다. 흥미, 관심, 목적**은 서로 논리적인 관련을 맺고 있다. 목적, 의도*** 등은 바라는 '결과'를 강조해서 표현하며, 이 경우에는 그것을 바라는 사람의 태도—간절한 마음, 그것이 이루어질 가능성이 있는가 없는가 하는 걱정—가 이미 전제되어 있다. 흥미, 애착, 관심, 동기§ 등은 예견된 결과가 개인의 장차 운명에 대하여 가지는 의미, 그리고 그 예견된 결과를 얻기 위하여 행동할 열의를 강조해서 표현하며, 여기에는 의도하는 바의 변화가 이미 전제되어 있다. 그러나 양자 사이의 차이는 강조의 차이에 지나지 않는다. 한쪽에 나타나 있는 의미는 다른 쪽에도 나타나 있는 것이다. 예견된 '결과' 그 자체는, 예컨대 내일의 날씨나 차에 치일 가능성과 같이, 객관적이요, 당사자와 무관한 것이다. 그러나 능동적 존재, 다시 말하면 사태의 결과로부터 초연하게 떨어져 있는 것이 아니라 사태에 동조하는 존재로서는 당사자로서도 무엇인가 반응할 여지가 있다. 머리 속으로 예견된 차이는 바로 '현재의' 차이이며, 이것이 염려나 노력으로 나타난다. 애착, 관심, 동기 등의 용어는 개인적 기호의 태도를 나타내지만, 그것은 반드시 어떤 '대상'—즉, 예견된 결과—에 대한 태도이다. 이 사태에서 객관적인 결과를 예견하는 측면을 '지적' 측면이라고 부르고 개인적인 관심을 가지는 측면을 '정서적' '의지적' 측면이라고 부를 수 있겠지만, 실제 사태에 있어서는 그 두 측면이 구분되지 않는다.

---

* 이 부분에서의 Dewey의 표현은 'concern, interest'이다. 이 두 단어가 and나 or와 같은 보통의 접속사가 아닌 '쉼표'에 의해서 연결되어 있다는 사실로 미루어, Dewey 자신도 이 두 단어의 의미를 문법상으로 적절히 관련짓기 어려웠음이 분명하다. 이하(¶3의 마지막 문장)에서도 이와 마찬가지 방식으로 표현되어 있음을 볼 수 있다.

** interest and aims, concern and purpose

*** aim, intent, end

§ interest, affection, concern, motivation

※ 이 문단에 나와 있는 aim, purpose, end, intent, concern, interest, affection, motivation 등 여러 단어를 그 의미로 보아 어떻게 분류할 수 있을 것인가 하는 의문이 생길지 모른다. Dewey도, 비록 본격적으로는 아니지만, 이 문단에서 그것을 시도하고 있다. Dewey가 시사하는 바에 의하면, 위의 단어들은 비교적 '객관적 결과' 또는 '지적' 의미를 표현하는 것과

'심리적 태세' 또는 '정서적, 의지적' 의미를 표현하는 것의 두 가지로 구분될 수 있다는 것이다. 이 기준에 의하면 aim, end, purpose는 전자에 해당하는 것으로 볼 수 있다.

¶ 3_ 이 두 측면의 구분은 개인적인 태도가 그것만으로 동떨어져서 마음대로 작용하는 경우에만 가능하다. 그러나 개인적인 태도라는 것은 반드시 어떤 사태에서 진행되고 있는 일의 한 부분으로서, 그것에 대한 반응으로 존재하며, 그것이 잘 표현되는가 안되는가는 그것과 다른 변화와의 상호작용 여하에 달려 있다. 삶의 활동은 환경의 변화와의 관련에서만 성공을 거두기도 하고 실패하기도 한다. 삶의 활동은 문자 그대로 그 변화에 매여 있다. 우리의 욕망, 정서, 애착 등은 우리의 하는 일이 우리 주위의 사물이나 다른 사람들의 하는 일과 관련을 맺는 여러 방식을 나타내는 것에 불과하다. 그러한 태도는 개관적인, 당사자 무관의 영역과는 분리된, 순전히 주관적, 당사자적인 영역이 존재한다는 것을 나타내는 것이 아니라, 차라리 객관적 영역과 따로 떨어진 주관적 영역이 존재하지 않는다는 것을 나타낸다. 사물에 대하여 개인이 모종의 태도를 가진다는 것은 곧 사물의 변화가 자아의 활동과 무관하지 않다는 것, 자아의 장차 활동과 복지는 다른 사람과 사물의 활동과 불가분의 관계를 맺고 있다는 것에 대한 확실한 증가가 된다. 그리하여 흥미, 관심은 사태의 진전 속에서 자아와 세계가 서로 맞물려 있다는 것을 나타낸다.

¶ 4_ '흥미'라는 단어는, 일상적인 의미로서는, ㈎ 능동적 발달의 전반적 상태, ㈏ 달성하고자 예견하는 객관적 결과, 그리고 ㈐ 개인적 정서적 경향을 표현한다.* ㈎ 사람이 종사하는 일, 직업, 전문적 활동 등을 '흥미'라고 말하는 경우가 있다. 그리하여 우리는 그 사람의 흥미가 정치라든지, 언론이라든지, 자선사업이라든지, 고고학이라든지, 일본 판화 수집이라든지, 은행업에 있다고 말한다. ㈏ '흥미'라는 말을 할 때 우리는 또한 어떤 대상과 사람이 접촉하는 연결점, 다시 말하면 어떤 대상이 그 사람에게 영향을 주는 지점을 나타내기도 한다. 소송사건 같은 것이 났을 때, 어떤 사람이 법정에 서서 증언을 하려면, 그 사람이 '흥미'('이해관계')가 있다는 것을 입증해야 한다. 다시 말하면 그 사람은 장차 취해지려고 하는 조치가 그의 소관사임을 보여야 한다. 기업체의 말없는 동업자는 기업에 직접 참여하지는 않는다 하더라도, 기업체의 성쇠가 자신의 이윤과 채무에 직결되기 때문에 그것에 흥미(이해관계)가 있다. ㈐ 어떤 사

람이 이런저런 것에 흥미가 있다고 말할 때 우리는 그의 개인적 태도에 직접 강조를 둔다. 어떤 것에 흥미를 가지고 있다는 것은 그 대상에 몰두한다든가 푹 빠져있다는 뜻이다. '흥미를 가진 사람'이라는 말을 할 때, 우리는 그 사람이 특정한 일에 자기 자신을 잃어버렸다는 것과 그 일에서 자기 자신을 찾았다는 것을 동시에 나타낸다. 이 두 가지 표현은 모두 그 대상 속에 자아가 몰입되어 있는 상태를 나타낸다.

---

* 이 문단에서 Dewey는 interest가 일상의 어법에서 어떤 뜻으로 쓰이고 있는가를 말하고 있다. 본문 번역에서 알 수 있는 바와 같이, interest를 '흥미'로만 번역해서는 어색한 경우가 있다. 그 대표적인 경우가 아래의 (나)이다. 이것은 interest라는 단어에 (1) 흥미, 관심이라는 뜻 뿐만 아니라 (2) 이익, 이자, (3) 이해관계라는 뜻도 들어 있기 때문이다. 이 문단에서 구분하고 있는 세 가지 의미 중에서 (나)를 제외한 두 가지—(가)와 (다)—는 앞의 ¶2와 ¶3에서 언급된 '객관적 대상'과 '주관적 태도'를 각각 지칭하는 것에 불과하다고 해석된다. Dewey 자신이 말하고 있듯이, interest는 객관적 대상에 대한 주관적 태도, 또는 객관적 대상과 주관적 태도와의 '관계'로 규정되므로, '흥미거리'(객관적 대상)와 '흥미를 갖는 사람의 태도'(주관적 태도)를 지칭하는 데에 다같이 사용될 수 있을 것이다. 어쨌든, 이 문단의 분석에서는 예컨대 Peters가 분석한 바와 같은 '규범적 의미'(be in one's interest)와 '심리학적 의미'(be interested in)의 구분 같은 것은 지적되어 있지 않다. R. S. Peters, *Ethics and Education*, 1964(이홍우, 조영태 역, 「윤리학과 교육」, 교육과학사, 1980, 2003), 6장 참조.

¶5_ 교육에서의 흥미의 위치를 얕잡는 투로 말하는 경우를 보면, 위의 둘째 의미로 쓰면서 처음에는 그 뜻을 과장하다가 그 다음 순간에는 그것만 따로 떼내어 말한다는 것을 알게 된다. 이 경우에 '흥미'(즉, '이해관계')는 단순히 사물이 개인적 이익이나 손해, 성공이나 실패에 어떤 영향을 끼치는가 하는 관점에서 파악된다. 사태의 객관적 진전과는 유리된 채, 그것은 순전히 개인의 쾌락이나 고통에 관한 문제로 격하된다. 구체적으로 교육적 사태와 관련지어 말하면, 흥미를 중요시한다는 것은 아이들에게 관심이 없는 학습자료에 유혹적인 면을 가미하는 것, 또는 다른 말로, 쾌락의 뇌물로 주의를 끌고 노력을 짜내려는 것을 뜻하게 된다. 이러한 수법은 소위 '얼르는' 교육, 또는 '허기채우는' 교육이론이라는 낙인을 받아 마땅하다.

¶6_ 그러나 이 수법에 대한 진정한 반론은 학생이 습득해야 할 기술이나 학습해야 할 자료가 그 자체로서는 흥미거리가 되지 못한다는 사실(또는 되지 못

한다는 생각)이 옳은 것인가 하는 데에 있다. 다시 말하면, 학습내용이 처음부터 학생의 정상적인 활동과 무관하다고 생각하는 데에 문제가 있는 것이다. 이것에 대한 대책은 흥미를 존중해야 한다는 원리 자체를 부정하는 것도 아니요, 학생에게 무관한 학습자료에 매어달 그럴듯한 미끼를 찾는 것도 아니다. 그 대책은 학생의 현재의 능력과 관련된 사물이나 활동 양식을 찾는 것이어야 한다. 그 학습 자료가 학생의 활동을 일으키고 그것을 일관성있게 또 지속적으로 수행하도록 하는 기능이 있다면 그 기능이 바로 흥미인 것이다. 학습 자료가 그런 작용을 한다면 그것을 흥미있게* 할 방안을 뒤질 필요도 없을 것이며, 임의적 반강제적인 노력을 요구할 필요도 없을 것이다.

---

* interesting; 또는 '재미있게'

※ 이 문단의 내용에 비추어 Dewey식으로 '흥미'를 정의하자면 아마 다음과 같을 것이다. 즉, 흥미는 '학생과 학습 자료와의 관계에서, 학생의 활동을 일으키고 지속시키는 학습 자료의 기능'을 일컫는다는 것이다. 이 문단의 마지막 문장에서 Dewey.는, 학습 자료가 그런 기능을 '이미' 가지고 있다면 별도로 그것을 '흥미있게' 할 필요가 없다고 말하지만, 여기서 생기는 자연스러운 의문은, 학습 자료가 그런 기능을 가지고 있지 않다면 어떻게 해야 하는가 하는 것이다. 그 학습 자료는 학습 자료로서 부적합하다고 말해야 하는가? 만약 이 질문에 부정적으로 대답한다면, 결국 학생에게 '이미' 흥미가 있는 학습 자료만을 가르쳐야 한다는 결론이 불가피한 듯하다. 아니면, 이 결론을 피할 수 있는 방법이 있는가? Dewey의 설명을 좀 더 읽어볼 수밖에 없다.

¶ 7_ '흥미'라는 단어는 어원적으로 볼 때, '사이에 있는 것'*, 즉 거리가 있는 두 사물을 관련짓는 것을 뜻한다. 교육의 경우에, 두 사물 사이의 메워야 할 거리는 시간적인 것으로 생각할 수 있다. 어떤 과정이 성숙하는 데에 시간이 걸린다는 것은 너무나 자명한 것이어서, 그것을 명백히 드러내어 말하는 경우는 거의 없다. 우리가 흔히 간과하는 사실로서, 성장에는 과정이 시작하는 단계가 있고 완성 단계가 있으며 그 사이에 밟아야 할 과정, 즉 중간 과정이 있는 것이다. 학습의 경우에, 학생이 현재 가지고 있는 힘은 시작 단계이며 교사의 목적은 그 반대쪽 끝이다. 이 두 가지 사이에 있는 것이 '수단', 즉 '중간 조건'으로서**, 활동을 하고 난관을 극복하고 장비를 쓰고 하는 것들이 여기에 해당한다. 이 수단을 '통해서만'—여기서 '통한다'는 것은 문자 그대로 시간적 의미를 지닌다—맨 처음의 활동이 만족스러운 최종 결과에 도달하게 된다.

---

* inter-esse (what is *between*)

** means ; 이 단어는 '수단'이라는 뜻과 함께 '평균', '중간'이라는 뜻도 가지고 있다.

¶8_ 이 중간 조건에 흥미를 가지는 이유는 바로 현재 진행중인 활동이 장차 예견되는 소망의 결과에 도달하는가의 여부가 그것에 달렸다는 데에 있다. 현재의 경향을 완성시키기 의한 '수단'이 된다는 것, 활동을 하는 사람과 그의 목적 '사이에' 있다는 것, '흥미'가 있다는 것, 이것은 모두 동일한 것을 다른 이름으로 부르는 것이다. 학습 자료를 흥미있게 만들어야 한다고 말하는 것은 그 자료가, 현재 제시된대로는, 학생의 현재의 힘과 도달해야 할 목적 사이의 연결을 성립시킬 수 없다는 뜻이요, 그렇지 않으면, 연결이 성립한다 하더라도 학생이 그것을 보지 못하고 있다는 뜻이다. 학생으로 하여금 이미 존재하는 연결을 깨닫도록 함으로써 흥미가 있도록 하는 것은 전적으로 타당하다. 그러나 외적, 인위적인 유인에 의하여 흥미가 생기게 하는 것은 이때까지 교육에서의 흥미의 원리가 받아온 모든 비난과 조롱을 받아 마땅하다.

※ 흥미에 관한 설명이 일단 끝나는 이 문단에서 Dewey는 앞의 ¶6에서 우리가 제기한 의문에 대하여 대답을 하고 있는 듯하다. 즉, 현재의 활동에서 학생이 흥미를 가지지 않는 것은 그 활동이 어떤 (중요한) 목적에 연결되는가를 알지 못하기 때문이며, 따라서 그로 하여금 흥미를 가지도록 하기 위해서는 그 연결을 깨닫도록 해야 한다는 것이다. 그러나 이 대답이 궁극적인 것은 될 수 없다고 생각된다. 왜냐하면, 이 대답은 현재의 활동이 연결될 '목적'이 학생에게 중요한 것으로 납득될 수 있을 경우에만 타당한 것이 되기 때문이다.

¶9_ '흥미'의 의미에 관해서는 이 정도로 설명을 마치고, '陶冶'도야의 의미에 관해서 생각해 보자.* 활동에 시간이 걸리는 경우, 활동의 시작에서 완성에 이르는 사이에 많은 수단이 동원되고 장애가 가로놓여 있을 경우에는 숙고와 지구력이 필요하다. 일상생활에서 쓰는 '의지'라는 말의 의미의 대부분은 바로 곤란과 불안을 참으면서도 계획된 행동 방향을 밀고 나가는 숙고 또는 의식적 성향에 있다고 보아야 할 것이다. 보통 하는 말로 의지가 강한 사람은 자신이 정한 목적을 달성하는 데에 이리저리 마음이 변하거나 우유부단하지 않는 사람이다. 그의 능력은 집행에 있다. 다시 말하면 그는 목적을 집행 또는 수행하는 데에 꾸준히 정력적으로 노력한다. 의지가 약한 사람은 흐르는 물처럼 불안정하다.

* 이 장의 제목을 이루고 있는 '흥미'와 '도야'는 보통의 경우에는 반대되는 개념으로 생각될

가능성이 있다. '흥미'는 '재미있는 것'을 연상시키는 반면에 '도야'는 '의식적인 노력'을 연상시키는 것이다. 그러나 이하 ¶13에서 명시적으로 지적된 바와 같이, 이 장에서의 Dewey의 목적은 양자의 대립을 부정하는 데에 있다.

¶10_ 분명히, 의지에는 두 가지 요소가 있다. 하나는 결과의 예견이요, 또 하나는 예견된 결과가 얼마나 그 사람을 강하게 사로잡고 있는가 하는 것이다. ㈎ 고집 센 것은 지구력의 일종이지만, 그것이 의지력은 아니다. 고집은 단순한 동물적 타성이며 무감각의 표현일 수 있다. 사람의 경우에도, 분명히 생각해낸 목적이 있어서가 아니라 이왕 시작했기 때문에 일을 계속 밀고 나가는 수가 있다. 사실상, 고집 센 사람은, 일반적으로 말하여, 자기가 달성하고자 하는 목적이 무엇인가를 스스로 분명히 의식하려고 하지 않는다. (아마 그는 자신이 그렇게 한다는 것을 깨닫지 못할 것이다.) 만약 그 목적을 분명히 또 충분히 인식하려고 한다면 혹시 그 목적이 가치없는 것으로 드러날지 모른다는 그릇된 생각을 하는 것이다. 고집이 더 분명히 드러나는 것은 목적을 달성하기 위한 수단을 끈질기게 또 줄기차게 사용하는 데서가 아니라, 목적이 밝혀졌을 때 그것을 비판적으로 검토하지 않으려는 데서이다. 참으로 집행력이 있는 사람은 목적에 대하여 다각적으로 검토해 보고 그의 행동이 가져올 결과에 대하여 가능한 한 분명하고 충분한 생각을 하는 사람이다. 의지가 약하다든지 게으르다든지 하는 사람은 언제나 행동의 결과에 대하여 스스로를 기만하는 사람이다. 그런 사람은 자기 마음에 맞는 것만 골라잡고 그것에 부수되는 모든 상황적 조건은 도외시한다. 그러다가 행동을 시작하고 나면 이때까지 도외시했던 나쁜 결과들이 나타나기 시작한다. 그러면 그 사람은 의기소침하거나, 목적은 좋았는데 재수가 나빠서 일이 안된다고 불평을 하면서 다른 방향으로 행동을 바꾼다. 의지력이 강한 사람과 약한 사람의 차이가 지력의 차이—즉, 나타날 결과를 계속 확고하고 충분하게 생각하는 정도의 차이—에 있다는 것은 아무리 강조해도 부족하다.

¶11_ ㈏ 물론, 사상누각을 짓듯이, 결과를 머리 속으로만 그려보는 경우도 있다. 이 경우에도 결과의 예견이라는 것이 있다고 보아야 하지만, 그것이 사람의 마음을 강하게 사로잡지는 못한다. 이 경우의 결과는 구경거리요 심심풀이로 장난할 대상은 될지언정, 성취할 대상은 되지 못한다. 지력이 지나친다는 것은 있을 수 없지만, 지력이 한쪽에 치우친다는 것은 분명히 있을 수 있다. 말하

자면, 자기가 하고자 하는 행동의 결과를 고려하는 데에 있어서 '되는대로' '적당히' 해버리는 것이다. 어디에선가 나사가 풀려서, 머릿속에 그리는 목적이 그를 꽉 잡아서 행동으로 밀고 가도록 하지 못하는 것이다. 물론, 대부분의 사람들에 있어서, 기상천외의 장애 때문에, 또는 더 직접 마음에 드는 반대행동의 유혹이 나타나서, 행동 추진에 방해를 받는다는 것은 자연스러운 일이다.

¶ 12_ 이때까지 말한 바에 의하면, 자기의 행동에 대하여 생각하고 행동을 신중하게 하는 사람은 일단 '도야된'* 사람이라고 말할 수 있다. 이 능력에 추가하여, 지적으로 선택한 행동을 추진하는 동안에 방해, 혼란, 곤란을 당했을 때 그것을 견디는 힘이 있을 때 도야의 정수가 드러난다. 도야는 힘을 구사하는 것—작정한 행동을 수행하는 데에 동원될 수 있는 자원을 자유자재로 통제하는 것을 의미한다. 할 일이 무엇인가를 알고 즉각적으로, 또 필요한 수단을 써서 행동을 개시할 수 있는 것—군대에 있어서든지 마음을 쓰는 일에 있어서든지, 이것이 도야되었다는 말의 뜻이다. 도야는 적극적인 것이다. 기를 꺾는 것, 취향을 억누르는 것, 복종을 강요하는 것, 육체적인 욕망을 억압하는 것, 아랫 사람에게 싫은 일을 시키는 것—이런 것들은 그 사람으로 하여금 자기가 하려고 하는 것이 무엇인지를 알도록, 또 끈질기게 그 일을 이룩하도록 그 능력을 신장시키는 쪽으로 작용하는가 않는가에 따라 도야의 정신에 부합하기도 하고 그것에 어긋나기도 한다.

* 사람이 '도야'되었다는 것은 정확하게 기술하기가 어렵다. 구태여 기술하자면 '훈련을 받은 결과로 틀이 잡힌 상태'를 가리킨다고 말할 수 있을지 모르겠다. 한 가지 분명한 것은 '제멋대로 자란 나머지 제멋대로 행동하는 상태'를 도야된 상태라고 보기는 어렵다는 것이다.

¶ 13_ 흥미와 도야가 반대되는 것이 아니라 서로 관련되어 있다는 것은 특별히 애써 설명할 필요가 없을 것이다. ㈎ 훈련된 힘(즉, 도야)의 순전히 지적인 측면—즉, 자기가 하는 일이 어떤 결과로 나타나는지를 아는 것—조차도 흥미가 없이는 불가능하다. 흥미가 없는 곳에서는 숙고도 순간적, 피상적인 것을 면치 못한다. 부모나 교사들은 흔히 아이들이 '들으려고 하지도, 이해하려고 하지도 않는다'고 불평을 하거니와, 이 불평에는 근거가 있다. 의미인즉, 아이들의 마음이 교과에 있지 않다는 것인데, 그 이유는 바로 교과가 아이들에게 와닿지

않는다는 것, 교과가 아이들의 관심*에 들어가지 않는다는 것이다. 이것은 시정되어야 할 사태이지만, 그것을 시정한다고 하면서 무관심과 혐오를 더욱 조장하는 방법을 써서는 안된다. 극단적인 경우, 아이가 주의를 기울이지 않는다고 벌을 주는 것도 그 공부가 완전히 무관심의 대상은 아님을 깨닫게 하는 한 가지 방법이 될 수 있다. 즉, 그것도 '흥미'를 일으키고 그것이 자신과 관련된다는 것을 느끼도록 하는 한 가지 방법이 된다는 것이다. 장기적으로 볼 때, 이 방법이 가치가 있는가 없는가는 그것이 단순히 신체적 자극을 통하여 어른이 바라는 방식으로 행동하도록 하는가, 아니면 아이들로 하여금 '생각하도록', 다시 말하여 자기 행동에 대하여 숙고하도록, 또 행동을 목적에 전적으로 일치시키도록 하는가에 달려 있다. (나) 흥미가 끈질기게 일을 추진하는 데에 필수적인 조건이 된다는 것은 더욱 명백하다. 고용주가 직공 모집 광고를 낼 때 그 일에 흥미를 가지지 않은 사람을 모집하려고는 하지 않는다. 변호사나 의사에게 어떤 일을 의뢰하였지만, 그 일이 그 변호사나 의사에게 전혀 맞지 않아서 순전히 의무감 때문에 그 일을 맡을 경우에, 그가 그 일을 열심히 끝까지 보아 주리라고 생각할 사람은 아무도 없을 것이다. 흥미는 예견된 결과의 실현을 위하여 나아갈 때에 그것이 얼마나 그 사람을 강하게 사로잡는가의 정도를 재는 기준이요, 오히려 그 정도 자체라고 말해도 좋다.

---

* concern

2 교육에 있어서의 흥미의 중요성

¶14_ 흥미는 유목적적 경험 안에서 사물이 우리의 마음을 움직이는 힘—그것이 실제로 지각되는 것이건, 상상으로 나타나는 것이건 간에—이다. 구체적으로 말하자면, 교육적 발달 과정에서 흥미가 차지하는 역동적 위치를 올바르게 인식하는 것은 개개인 아동의 특수한 능력, 필요, 기호 등을 고려할 수 있게 한다는 점에서 가치를 가진다. 흥미의 중요성을 인식하는 사람은 아동들이 모두 동일한 교사 밑에서 동일한 교과서로 공부한다고 해서 모든 아동의 마음이 동일한 방식으로 작용한다고 생각하지 않는다. 문제에 접근하고 반응하는 태도와 방법은 학습 내용이 가지고 있는 특수한 심리적 호소력에 따라 다르지만, 이

호소력은 또한 학생의 천부적 적성, 과거 경험, 삶의 계획 등등의 차이에 따라 다르게 나타난다. 이러한 교육방법상의 고려뿐만 아니라, 흥미에 관한 사실은 또한 교육철학에서도 중요한 고려사항이 된다. 흥미의 개념을 올바르게 이해함으로써 우리는 과거에 철학사상에서 크게 성행했던, 그리고 현재에도 수업과 훈육에 심각한 장애로서 영향을 미치고 있는 그릇된 마음의 이론, 교과의 이론을 비판할 수 있게 된다. 그 그릇된 이론은 '마음'을 앎의 대상인 사물 또는 사실의 세계와 대립되는 것으로 두고, 그 자체로서 독립적으로 존재하는 작용이라고 본다. 이에 따라서, '지식'은 마음이라는 독립된 실체를 앎의 대상인 외적 사물에 기계적으로 적용하는 것으로 간주되거나, 이 외부의 교과가 마음에 판박힌 인상의 결과로 간주되거나, 아니면 양자의 결합으로 간주된다. 또한, '교과'는 그 자체로서 완결된 것, 마음을 자발적으로 적용하여 배우거나, 아니면 마음이 수동적으로 받는 인상을 통하여 배우거나, 둘 중의 어느 한 가지 방법으로 배우고 알아야 할 내용으로 간주된다.

※ 이 문단에서 간단하게 제시된 '마음', '지식', '교과'에 관한 종래의 이론은, 25장(지식의 이론)에서 알 수 있듯이, 인식론적인 면에서 Dewey가 반대하는 이론들이다. 이러한 이론이 그릇되다는 것을 보이는 데에 '흥미'의 개념이 중요한 역할을 한다는 것인데, 이것은 곧 그만큼 흥미의 개념이 Dewey의 사상에서 중요한 위치를 차지한다는 것을 말해 준다.

¶15_ 흥미에 관하여 우리가 알고 있는 사실은 위와 같은 이론이 신화임을 보여 준다. 경험 안에서 마음은 장차 일어날 가능성이 있는 결과에 대한 예견을 기초로 하여, 일어나기를 바라는 결과를 얻으려는 목적으로, 현재의 자극에 대하여 반응하는 능력으로 등장한다. 앎의 대상인 사물, 즉 교과는 예견된 사태의 진전에 도움이 되는 방식으로든지 방해가 되는 방식으로든지, 여하간 사태의 진전과 관련이 있는 것으로 인식되는 것 바로 그것이다. 이러한 설명은 지나치게 형식적인 것이어서 구체적인 의미를 파악하기 어려울 것이다. 이제 예시를 해 보면 그 의미가 밝혀질 것이다.

¶16_ 어떤 사람이 어떤 일(예컨대 타자기로 글을 쓰는 일)을 하고 있다. 만약 타자의 전문가라면 이때까지 형성된 습관으로 말미암아 신체적인 동작이 자유롭게 되어 오로지 글의 주제에 전념할 수 있다. 그러나 전문가가 아닌 경우, 또는 전문가라 하더라도 기계가 말을 잘 안 듣는 경우에 그 사람은 지력을 사용

해야 한다. 물론 타자기의 글자를 아무렇게나 두들겨서 무엇이 찍혀 나오거나 상관없다고 해서는 안되며, 단어가 순서대로 찍혀서 의미있는 글이 되어야 한다. 그 사람은 글자판, 찍혀 나온 글, 손의 동작, 리본이나 기타 기계의 움직임 등에 주의를 해야 한다. 그 사람의 주의는 그 상황의 모든 세부사항에 아무렇게나 되는대로 분산되는 것이 아니라, 그 일을 효과적으로 수행하는 데에 관련이 되는 것에 집중된다. 그 사람은 앞을 내다보면서 현재의 사실을 예의주시한다. 그것은 그 현재의 사실이 그가 의도하는 결과를 얻는 데에 필수요건이 되기 때문이며, 그런 요건이 되는 것에 한한다. 그 사람은 그에게 주어진 자원이 무엇이며, 어떤 조건을 마음대로 통제할 수 있으며, 어떤 난점과 장애가 있는가를 알아내야 한다. 이와 같이 결과를 예견하고 그 예견된 바에 비추어 현실 조건을 조사하는 일을 하는 것이 바로 마음이다. 그와 같은 결과의 예견, 그리고 그와 같은 수단과 장애에 대한 조사가 없이 일어나는 행동은 습관적인 행동이 아니면 맹목적인 행동이다. 이 중의 어느 경우이건 간에 그것은 지적인 행동이 아니다.* 의도하는 결과가 무엇인가에 대하여 막연하고 불확실한 것, 그것을 실현할 조건을 살피는 데에 세밀하지 않은 것—행동이 이러한 특징을 나타낼수록 그것은 그만큼 바보같은 행동이요, 오직 부분적으로만 지적인 행동이다.

---

* 4장 2절의 '습관'에 관한 설명과 비교해 보라.

※ 이 문단에 제시된 '타자기로 글을 쓰는 일'은 앞의 ¶15에서 한, '경험 안에서의 마음의 위치'에 관한 형식적 설명의 예시임을 명심해야 한다. 그 설명의 일반적 포인트는 다음과 같다. (1) 이룩하고자 하는 결과에 대하여 명확한 인식이 있어야 한다.(목적, 결과의 예견). (2) 그 결과를 이룩하는 데에 관련되는 현실적 조건이 무엇인가를 알아야 한다(수단, 현실적 조건). (3) 이 현실적 조건을 결과의 달성에 유효하게 활용해야 한다(수단과 목적의 연결). '마음'은 이 일의 전과정에 관여하며 그 일을 하는 동안에 드러난다. '타자'의 예시는 이 일반적 포인트에 잘 들어 맞는다. 그러나 이것이 '마음'에 관한 일반적 설명이 되려면, 우리가 '마음을 쓴다'고 말하는 모든 경우에(또는, 모든 '핵심적인' 경우에) 앞의 포인트가 맞아야 한다. 과연 그런가? Dewey는 '의도하는 결과에 대하여 막연하고 불확실한' 생각을 가지고 있으면 그만큼 멍청한 것이라고 말하지만, 가령 마음이 적용될 대상 또는 내용의 성격상, 결과에 도달하기 전에는 그것에 관하여 확실한 생각을 할 수 없는 경우가 있다고 생각해 보자. 예컨대 3각함수의 문제를 푸는 경우가 그것이다. 3각함수는, 타자에 못지 않게, '마음을 쓴다'고 말할 수 있는 핵심적인 경우에 해당한다. 이 경우에 '의도하는 결과'는 무엇인가? 문제의 정답을 얻는 것인가? 문제 푸는 방법을 아는 것인가? 문제를 푸는 동안에 하게 되는 수학적 사고인가? 이 중의 어느 것이든지 간에, 그 '결과'가 무슨 의미를 갖는가에 관하여 '확실한 생각'을 하는 것은 결과에 도달하기 전에는 불가능하다. 이와 같이 결과가 불확실하다면 현실의 조건(자원, 난점 등) 중에서 어떤 것이 그 결과에 관련되는지를 아는 것 또한 마찬가지로 불가능하다. 이 점에서 3각함수는 타자와 그 성격이 다르다고 보아야 한다. 타자에 쓰이는

마음은 어느 편인가 하면 '실제적 마음'(practical mind)이라고 할 수 있다. 물론, Dewey는 실제적 마음과 분리된 이론적 마음이 있을 수 있다고 보지 않는다. 그의 이론은 이 양자의 구분을 부정하는 데에 그 특색이 있다. 8장 ¶13의 주와 20장, 23장 참조.

¶17_ 타자기의 기계적인 조작에 마음을 쓰는 것이 아니라, 타자의 내용에 마음을 쓰는 경우를 생각해 보더라도 마찬가지이다.* 이 경우에도 무슨 활동인가가 진행중이다. 즉, 글을 어떻게 전개해 나가는가에 마음을 쓰고 있는 것이다. 녹음기에 녹음되어 있는 내용을 틀 듯이 글을 쓴다면 몰라도 그렇지 않은 이상, 여기에도 지력이 작용한다. 말하자면, 현재의 자료나 고려 사항이 이끌 수 있는 여러 가지 결론에 관하여 세심히 살핀다든지, 그와 함께, 장차 내리고자 하는 결론에 관련되는 내용을 확실히 파악하기 위하여 끊임없이 새로운 관찰을 하고 돌이켜 보고 해야 하는 것이다. 이때 그 사람이 가지고 있는 전반적인 태도는 장차 일어날 일에 대한, 그리고 목적으로 향하여 나아가는 데에 관련이 되는, 이때까지 일어난 일에 대한 관심**이라는 말로 표현할 수 있다. 장차 일어날 수 있는 결과에 대한 예견, 그것에 따라 행동을 방향지어 나가는 것을 빼어 버리면, 현재의 행동에 지력이라고 할 만한 것은 아무 것도 없다.*** 장차 일어날 일을 예상으로만 그려 보면서 그것의 달성 여부에 관계되는 현재의 조건에 전혀 주의를 기울이지 않는다면, 이것은 자기기만이요 나태한 몽상, 한 마디로 헛된 지력이다.

* 타자기의 기계를 조작하는 일에 마음을 쓰는 것과 글쓰는 일에 마음을 쓰는 것은 Dewey가 여기에 예시하는 점에 비추어 보면 동일할지 모르나, 모든 점에서 동일하지는 않을 것이다.

** concern

*** intelligence; 이 문장에 나타난 '결과의 예견에 따른 행동의 통제'가 곧 intelligence(지력)의 정의라고 보아도 좋다. 이하 11, 12장 참조.

¶18_ 이 예시를 전형적인 것으로 볼 수 있다면, '마음'이라는 것은 그 자체로서 온전한 실체를 가진 어떤 것을 가리키는 이름이 아니라, 지력으로 방향지어진 행동의 진행을 가리키는 이름이라고 보아야 한다. 다시 말하면, 그 행동에 목적 또는 목표가 있고 그 목적의 달성을 도와주는 수단이 선택될 때 마음이 작용하고 있다고 보는 것이다. 지력이라는 것은 사람이 가지고 있는 특이한 소유물이 아니다. 어떤 사람이 종사하고 있는 활동이 위에서 말한 특징을 가지고 있

을 때 그 사람을 일컬어 '지력을 가지고 있다'*고 말하는 것이다. 또한, 어떤 사람이, 지력으로든 아니든 간에, 종사하고 있는 활동 그것도 그 사람 자신에 속한 것이라고 할 수 없다. 활동은 그 사람이 '종사하고 참여하는' 그 무엇이다. 그밖의 다른 것들, 말하자면 그것과는 관계없이 일어나는 다른 사물이나 사람의 변화가 그 활동에 도움이 되기도 하고 방해가 되기도 한다. 개인의 행동은 사태의 진전에 계기를 마련할 수는 있을지 모르나, 그 결과는 그의 반응과 그 이외의 다른 作用因작용인**에서 나온 에너지 사이의 상호작용 여하에 달려 있다. 결과를 얻는 데에 관여하는 여러 요소들 중의 하나로서가 아닌, 다른 어떤 방식으로 마음을 규정한다면, 마음이라는 것은 전혀 의미를 가지지 못한다.

* intelligent
** agencies

¶ 19_ 이런 식으로 생각해 보면, 수업의 문제는 학생에게 중요하고 그에게 흥미가 있는 목적을 달성하기 위한 구체적인 활동에 종사할 수 있도록 알맞은 자료를 고안해 내는 것이며, 그 활동에 관련되는 사물들을 체조의 기구*로 취급하는 것이 아니라 목적 달성의 조건으로 취급하는 것이다. 앞에서 말한 형식도야 이론의 폐단을 시정하는 방법은 그것을 '특수도야 이론'*으로 바꾸는 것이 아니라, 마음과 그 훈련에 관한 우리의 생각을 바꾸는 것이다. 활동의 전형적 양식을 알아내는 것, 그것이 바로 시정책이다. 다시 말하면, 개인이 관여하는 활동이라는 것은, 그것이 놀이든지 유용한 일이든지 간에, 그 결과가 개인에게 중요한 것으로 인식되는 것들이며, 관찰하고 돌이켜 보는 내용을 선택하는 데에 사고와 판단을 쓰지 않고는 제대로 수행될 수 없는 것들이다.*** 요컨대, 마음을 훈련하는 문제에 있어서 오랫동안 우리의 사고를 지배해 온 오류는 개인이 중요시하는 장차의 결과에 사물의 작용이 중요한 관련을 가진다는 점, 그리고 관찰, 상상, 기억 등등은 그 결과를 얻는 과정에 동원된다는 점을 제대로 고려하지 못했다는 데에 그 뿌리가 있다. 즉, 마음을 그 자체로서 온전한 실체를 가진 것으로 파악하고, 어떤 자료가 주어졌을 때 마치 마음이라는 '물건'이 그것에 직접 적용되는 것처럼 생각했다는 것이다.

* 여기서 '체조의 기구'(gymnastic appliances)라는 말은 두 가지 뜻으로 해석될 수 있다. 하나는, 활동에 관련되는 사물들이 단순히 신체적 동작의 수단 이상의 의미를 가지지 못한다는

것이요, 또 하나는 사물들이 '지적 체조'(mental gymnastics), 다시 말하면, 형식도야이론에서 말하는 기성의 능력을 훈련시키는 수단으로 사용된다는 것이다. 곧 이어 형식도야 이론이 언급되는 것으로 보아, 여기서는 이 둘째 의미에 초점이 있는 듯하다.

** specialized discipline: 이것은 형식도야 이론이 '일반적 능력'—즉, 어떤 종류의 문제에나 적용될 수 있는 능력—을 기른다고 생각했던 것에 대비되는 말이다. (심리학에서는 general transfer(일반적 전이)에 대비되는 것으로 specific transfer(특수적 전이)라는 용어를 쓴다.) Dewey는 일반적인 것이든 특수적인 것이든 간에, 능력(또는 마음)이라는 것이 '별도로'(as complete in itself)있다는 생각을 부정한다.

*** 이 문장은 앞에서 말한 '활동의 전형적인 양식'의 개략적인 설명이다. 그 자세한 설명은 이 책의 도처에 나와 있다. 어쨌든, 여기에 표현된 '활동의 전형적인 양식'은 주목할 필요가 있다. 이것은 Dewey가 본 활동의 '정의'라고 보아도 좋을 것이다. 다음 문장에 나타나 있는 대로, 관찰, 상상, 기억 등 우리가 '마음의 작용'이라고 부르는 것들은 이 활동과 관련하여, 활동의 한 '작용인'으로서, 활동을 목표와 연결시키는 수단으로서 의미를 가진다.

¶ 20_ 역사적으로 보면, 이 오류는 교육의 실제에서 두 가지 방향으로 나타났다. 한편으로, 그것은 전통적 교과와 교수법에 보호막 노릇을 하여서, 그것에 지적 비판을 가하거나 필요한 수정을 가하지 못하게 만들었다. 전통적 교과와 방법이 '도야 효과를 가지고 있다'는 한 마디로 그것에 대한 일체의 탐구나 비판이 차단되는 것이다. 전통적인 교과나 방법이 삶에 아무 소용이 없다든지 자아를 계발하는 데에 하등 공헌하는 것이 없다는 것을 입증해 보아야 헛 일이다. 그것이 '도야 효과를 가지고 있다'는 한 마디가 모든 질문을 막고 모든 의심을 갈아 앉히며, 문제를 합리적 논의의 바깥으로 피난시킨다. 전통적 교과가 도야 효과를 가진다는 주장은, 성격상, 확인하거나 부인할 도리가 없다. 도야가 사실상 일어나지 않고, 학생이 배운 것을 잘 적용할 수 없거나 지적인 자기통제를 상실하게 되는 경우에도, 교과나 교수 방법에 결함이 있는 것이 아니라 학생 자신에게 결함이 있다고 주장할 수 있는 것이다. 학생이 그렇게 된 것은 오직 도야가 부족했기 때문이며, 따라서 이것은 더욱 전통적인 교육방법을 계속 지켜나가야 할 이유가 되는 것이다. 잘못된 교육의 책임이 교육하는 사람에서부터 교육받는 사람으로 이관된다. 그것은 학습 내용이 처음부터 특수한 목적을 달성하기 위한 것이 아니었기 때문이며, 이 경우에는 학습 내용이 특정한 필요를 충족시킨다든가 특수한 목적을 달성하는 데에 도움이 된다든가 하는 것이 애당초 거론될 필요가 없다. 학습 내용은 일반적 도야를 위한 것이며, 여기에 성공하지 못하면 그것은 학생이 도야되려고 하지 않았기 때문이라는 것이다.

¶ 21_ 위의 오류가 교육 실제에 나타난 다른 하나의 방향은, 도야를 건설적인 성취능력의 성장과 동일한 의미를 가지는 것으로 파악하는 것이 아니라, 소극적인 의미로 파악하려고 했다는 것이다. 앞에서 이미 살펴본 바와 같이, 의지라는 것은 미래에 대한 태도, 가능한 결과를 초래하는 것에 대한 태도이며, 이것은 여러 가지 행동 방식에 따른 가능한 결과들을 명확하고 광범위하게 예견하려는 노력으로서, 예견된 결과에 대한 능동적인 욕구를 나타낸다. 의지라든가 노력을 순전히 긴장과 동일한 것으로 생각하는 것은, 마음이라는 것이 있어서, 그것은 오직 이미 주어져 있는 자료를 다루는 데에만 힘을 발휘한다고 생각하는 데서 나온다. 도대체 사람은 목하 주어진 과제에 힘을 기울이든가 기울이지 않든가 둘 중의 하나이다. 그 과제가 자신과 무관한 것일수록, 또 그 개인의 습관과 경향에 비추어 관계가 적을수록, 그것에 마음을 쏟는 데에 노력을 들일 필요가 커지고, 따라서 그만큼 의지가 더 도야된다는 것이다. 그 개인에게 관심이 있는 일을 하기 위해서 자료에 마음을 쏟는 것은 이 관점에서 보면 도야의 효과가 없다. 설사 그 결과로 건설적인 힘이 증대한다 하더라도 그것은 도야가 아니다. 오직 마음을 쓰는 것 자체를 위하여 마음을 쓰는 것, 훈련의 목적을 위하여 마음을 쓰는 것만이 도야의 효과를 가진다는 것이다. 이러한 의미에서의 도야의 효과는 제시된 내용이 관심에서 멀 때, 나타날 가능성이 더 크다. 이때에는 오직 의무감이나 도야의 가치 이외에 다른 동기가 있을 수 없기 때문이라는 것이다. 그 논리적 귀결은 미국의 어떤 풍자가가 말한 바, '아이가 좋아하지 않는 내용이면 무엇을 가르치든지 상관없다'는 말이 문자 그대로의 의미를 가지게 되는 것이다.

¶ 22_ 목적을 달성하기 위하여 사물을 다루는 활동(즉, 유목적적 활동)으로부터 마음이 분리되어 있는 상태에 상응하는 것으로서, 학습해야 할 교과로부터 마음이 분리되어 있는 상태를 들 수 있다. 전통적 교육에서, 교과라는 것은 전적으로 공부해야 할 내용을 의미하는 것으로 생각되었다. 여러 교과들은 각각 독립된 분야로서, 그 자체로서 온전한 배열 원리를 가지고 있는 것으로 생각되었다. 역사, 대수, 지리는 각각 그것에 속한 사실들을 모아놓은 것이며, 이런 것들이 모여서 교육과정을 이룬다는 것이다. 교과들이 그 자체로서 독립된 기성의 실체를 가지고 있는 만큼, 그것과 마음의 관계는 마음이 습득할 내용을 교과가 제공해 준다는 것에 그친다. 이 생각은 관례적인 학교교육 프로그램에 그대

로 반영되어 있다. 여기서는 날마다, 달마다, 또 해마다, '공부'가 서로 아무런 관련 없이, 적어도 교육적인 목적에 있어서는 각각 그 자체로 완결된 상태에서 진행되어 나간다.

¶ 23_ 나중에 이 책의 한 장에서 우리는 교과의 의미를 따로 고찰할 기회가 있을 것이다. 여기서는 다만, 전통적 교육이론에서 말하는 것과는 구분되는 점, 즉 사물은 우리의 능동적 관심을 추구하는 데에 한 몫을 담당하고 있으며, 우리의 지력이 공부해야 할 내용은 바로 이런 의미에서의 사물이라는 점만을 말하겠다. 우리가 타자기로 글을 쓸 때, 글을 쓴다는 결과를 얻기 위하여 타자기를 사용하며, 그 일의 한 부분으로서의 타자기를 '공부'한다는 아이디어는 사실이나 진리를 공부하는 데에도 똑같이 적용된다.* 사실이나 진리가 공부—즉, 탐구와 사고—의 내용이 되는 것은 우리가 관여하고 있는 사건, 그리고 그 결과가 우리에게 영향을 미치는 사건의 진행을 종결짓는 데에 그 사실이나 진리가 고려해야 할 요인으로 등장할 때이다.** 수가 공부거리인 것은 그것이 이미 수학이라는 학문 분야를 이루고 있기 때문이 아니라, 그것이 우리의 행위가 이루어지는 세상의 성질과 관계를 나타내기 때문이며, 우리의 목적 달성 여부를 결정하는 요인이 되기 때문이다. 이렇게 일반적인 용어로 말하면 위의 말은 추상적으로 들리겠지만, 이것을 자세한 용어로 고쳐 말하자면, 학습이나 공부는 단순히 학생들이 공부해야 할 과목으로 제시되는 한, 인위적이고 비효과적인 것이 된다고 말할 수 있다. 그와 마찬가지로, 공부가 효과적인 것으로 되려면 학생이 다루는 수학적 지식이 자기에게 관심이 있는 활동의 결실을 얻는 데에 중요한 역할을 한다는 것을 알아야 한다. 한편으로 사물이나 주제, 그리고 또 한편으로 유목적적인 활동의 성공적 수행 사이의 이러한 관련이야말로 교육에서의 흥미에 관한 진정한 이론의 알파요 오메가이다.

---

* 앞의 ¶16의 주(※) 후반부 참조.

** 여기에 표현된 생각을 일반적으로 표현하면, '지식 또는 진리는 활동의 "도구"로서 의의를 가진다'고 말할 수 있을 것이다.

3 흥미의 사회적 측면

¶ 24_ 이상에서 고찰한 이론적 오류가 학교 교육의 실제에 반영되어 있는 것

은 사실이지만, 그 오류는 또한 사회생활의 조건에서 생긴 결과이다. 교육하는 사람들의 이론적 신념을 바꾸는 것만으로는 교육의 문제점을 해결할 수 없다. (물론, 그러한 신념의 변화가 사회적 조건을 바꾸는 노력을 하도록 촉진할 수는 있을 것이다.) 세계에 대한 인간의 기본 태도는 인간이 종사하는 활동의 범위와 성질에 의하여 결정된다. 흥미의 이상적인 보기는 예술적 태도에서 찾아볼 수 있다. 예술은 순전히 내적인 것도 아니요 외적인 것도 아니며, 순전히 정신에 관한 것도 아니요 물체에 관한 것도 아니다.* 일체의 행위양식이 그렇듯이, 예술적 활동은 세계에 변화를 일으킨다. 어떤 행위(대비해서 말하자면, '기계적 행위'라고 부를 수 있는 것)에 의하여 일어난 변화는 외적인 것으로서, 이것은 물건을 이러저리 옮겨 놓는 것에 불과하다. 이러한 변화에서는 어떠한 개념상의 보상도 따라 오지 않으며, 지적, 정서적 의미가 풍부해지지도 않는다. 또 어떤 행위는 생명을 유지하거나 삶의 외형적 면을 꾸미고 과시하는 데에 도움이 된다. 산업, 정치 방면에서 현재 우리가 하고 있는 대부분의 사회 활동이 이 두 부류에 속한다.** 거기에 종사하는 사람들이나 그것에 직접 영향을 받는 사람들이나 할 것 없이, 자신이 하는 일에 충만하고 자유로운 흥미를 가질 수 있는 사람은 아무도 없다. 일을 하는 사람이 그 일에 모종의 명확한 목적의식을 가지고 있지 않기 때문에, 또는 그 일이 겨냥하는 목적이 한정된 성격의 것이기 때문에, 거기에는 지력이 충분히 동원되지 않는다. 바로 이런 상황에서 대부분의 사람들은 그들 자신의 내면세계로 움츠러든다. 그들은 자기 마음속의 사적인 感傷감상이나 환상 속에서 피난처를 찾는다. 그들은 '심미적인' 상태에서 있을지언정 '예술적인' 상태에 있지는 않다.*** 이렇게 말하는 것은 그들의 감정이나 관념이 외부적 조건을 변화시키는 행위에 방법을 제공하는 것이 아니라, 오직 그들 자신에게로 기울어져 있기 때문이다. 그들의 정신생활은 감상에 흐르고 내적 풍경을 즐기는 것에 국한되어 있다. 심지어 과학적 탐구조차, 엄연한 삶의 상황으로부터 도피하는 피난처가 되어, 장차 세계를 보다 효율적으로 다루는 수단으로 잠시 물러나서 태세를 정비하고 준비를 갖추는 기회로는 생각되지 않는다. '예술'이라는 용어 자체도 인간의 마음에 더 유의하게 되도록 사물을 변형시키는 것으로 이해되는 것이 아니라, 기괴한 환상을 자극하고 정서적인 방종에 빠지도록 하는 것과 결부된다. '실제적인' 사람과 이론인 또는 문화인이 서로 갈려져서 서로 상대방을 헐뜯는 형편이라든지, 순수예술과 응용예술이 분리되는 형편은 바로 그러한 현상을 나타내고 있다. 그리하여 흥미라든가 마음이라든가 하는 것들이 편협되든가 아니면 도착된다. 앞의 9장에서 효율성과 문화라는 말이 각각 일방적인 의미로만 해석되어 왔다고 말한 부분을 참조하기 바란다.

---

* 이 말은 미에 관한 '주관적 이론'과 '객관적 이론'의 입장을 표현한 것으로 해석된다. 전자에 의하면 미라는 것은 보는 사람의 느낌(내적, 정신적)을 지칭하는 것이며, 후자에 의하면 그것은 대상의 속성(외적, 물체적)을 지칭하는 것이다. Dewey는 이 양자의 구분을 부정한다.

** 여기서 두 부류는 1) 기계적 행위, 2) 생명 유지와 삶의 장식을 위한 행위를 가리키는 듯하다.

*** '심미적인'(aesthetic) 것과 '예술적인'(artistic) 것을 이와 같이 구분하는 것은 일반적인 것이라기 보다는 Dewey 자신의 논의상의 방편이라고 보아야 한다. 이하 '과학'에 관한 언급에서도 드러나는 바와 같이, Dewey는 예술 활동이 순전히 내면적 관조에 그쳐서는 안된다고 주장한다. 위의 두 가지를 이와 같이 구분하는 데에는 소위 '순수학문'—미학(aesthetics)을 포함하여—에 대한 Dewey의 편견이 작용하였을 것이다. 그러나 예술의 개념에 관한 철학적 분석은 거의 예외없이 이른바 '응용예술'은 개념상의 모순임을 보여주고 있다.

¶ 25_ 이와 같은 상태는 사회조직이 노동계급과 유한계급의 구분을 기초로 하는 한, 반드시 나타나게 되어 있다. 일을 하는 사람들은 끊임없이 사물과 씨름하다가 보면 그 지력이 경직되고, 한가한 사람들은 일에서 생기는 도야를 받지 못하여 사치와 柔弱유약에 빠진다. 뿐만 아니라, 대다수의 인간은 여전히 경제적인 면에서의 자유를 누리지 못하고 있다. 그들의 노력은 우연과 그때그때의 상황적 필요에 지배되고 있으며, 환경의 필요나 자원과 상호작용하는 그들의 힘의 정상적 발로도 아니다. 오늘날의 경제적 조건은 여전히 많은 사람들을 노예의 상태로 몰아 넣고 있다. 따라서 실제적 사태를 통제하는 사람들의 지력이 '자유로운'* 것이 되지 못한다는 결과가 나온다. 그들의 지력은 인간적인 목적을 위하여 세계를 굴복시키는 일에 자유롭게 활용되는 것이 아니라, 그들 자신에게만 도움이 되는 비인간적인 목적을 위하여 다른 사람들을 조종하는 데에 쓰인다.

---

* liberal: 이 문장에서 '실제적 사태를 통제하는 사람들'이라고 하는 것은 정치, 경제 등, 실제적 분야의 지도자들을 가리킨다. 'liberal'이라는 단어에는, 'liberal education'에서 보듯이, 사고의 폭이 넓다는 뜻이 들어 있다.

¶ **26**_ 이때까지의 교육 전통 중의 상당 부분은 위에 기술된 것에 비추어 이해될 수 있다. 학교제도의 수준에 따라 교육의 목적이 서로 충돌을 일으켰다는 것—대부분의 초등교육은 좁게 실용적인 성격을 띤 반면에, 대부분의 고등교육은 좁게 도야적 또는 문화적 성격을 띠었다는 것—은 바로 위의 사실로 설명된다. 또한, 지적인 면에서의 교육이 다른 것들로부터 유리되어, 지식이 은둔적인 학자나 전문가의 전유물인 것처럼 생각되는 경향, 그리고 자유교육*은 직업에 종사하는 데에 필요한 교육과는 반대된다는, 널리 퍼져 있는 확신도 위의 사실로 설명된다.

* liberal education

¶ **27**_ 그러나, 그와 마찬가지로, 위의 사실은 또한 오늘날 교육의 특이한 문제를 규정하는 데에도 도움이 된다. 물론, 학교가 그 이전의 사회적 조건이 확립해 온 이념을 하루 아침에 벗어 버릴 수는 없다. 그러나 학교는 거기서 형성되는 지적, 정서적 성향을 통하여, 그 조건을 좋은 방향으로 바꾸는 데에 도움을 줄 수 있다. 바로 여기에서 흥미와 도야의 개념을 올바르게 규정하는 일이 절대적인 중요성을 가지게 된다. 유목적적인 능동적 활동(그것이 일이건 놀이이건 간에)에서 사물과 사실을 다룸으로써 그 흥미가 넓어지고 지력이 훈련된 사람은, 한편으로 초연한 학문적 지식과 또 한편으로 경직되고 편협된 순전히 '실제적인' 실제* 사이의 갈등으로 쓸데없이 시달리지 않아도 좋을 것이다. 타고난 능동적 경향성이 무엇인가 일을 하는 데에 충분히 동원되도록 하면서도, 그 일을 하는 데에 관찰, 정보의 획득, 건설적 상상의 활용 등이 요구되도록 교육을 조직하는 것**—이것이 사회적 조건을 좋은 방향으로 바꾸는 데에 있어서 가장 절실히 필요하다. 한편으로, 지력을 사용함이 없이 반복적 연습에 의하여 겉으로 드러나는 일에 효율을 높이려고 애쓰는 것과, 또 한편으로 마치 그 자체가 궁극적 목적인 것처럼 지식을 축적하는 것, 이 양극단 사이를 오락가락하는 것은 곧 교육이 현재의 사회적 조건을 최종적인 것으로 받아들이는 것이며, 또 그렇게 함으로써 그것을 영구히 지속시키는 책임을 스스로 떠맡는 셈이 된다. 유목적적인 활동을 지적으로 수행해 나가는 것과 관련하여 학습이 일어나도록 교육을 재조직하는 것은 단기간에 이루어지는 일이 아니다. 그것은 오직 한번에 한 단계씩, 점차적으로 이루어질 수밖에 없다. 그러나 그렇다고 해서 명목상

으로는 그럴듯한 교육철학을 내세우면서 실제에서는 그것과는 다른 방식을 따라야 할 이유는 없다. 그 재조직의 과업을 과감하게 시작하여 집요하게 추진해 나가는 것이 우리의 할 일이다.

---

* 'practical' practice 〔원문 인용부호〕: 이 표현은 약간 어색하지만, 앞의 '실제'(practical)는 보통 사람들이 의미하는 바로서의 실제(즉, 외부적인 결과를 내는 일)이며, 뒤의 '실제'(practice)는 Dewey가 의미하는 실제(즉, 지력이 결부된 활동, intelligent doing)라고 보면 될 것이다.

** 이 표현은 듀이가 본 교육의 문제점과 해결방안을 집약적으로 나타내고 있다.

| 요약 | **¶ 28_** 흥미와 도야는 유목적적 활동의 상호관련된 두 측면이다. 흥미라는 것은 활동의 핵심이 되는 대상, 그리고 그 활동을 실현하는 데에 수단과 장애를 제공하는 대상에 마음이 사로잡혀 있다는 것을 뜻한다. 목적을 가진 활동에는 반드시 초기의 미완결된 상태와 나중의 완성된 상태가 구분되어 있으며, 그 사이의 중간 단계가 있다. 흥미를 가진다는 것은 사물들을 사태에서 떨어진 것으로 파악하는 것이 아니라, 그와 같이 끊임없이 발전되어 나가는 사태의 한 부분으로서 그것과 연결된 것으로 파악한다는 뜻이다. 처음에 주어진 미완결 상태와 장차 이룩하고자 하는 완성 사이의 시간적 차이는 그 양자를 일치시키려는 노력을 자아내며, 계속적인 주의와 인내를 요구한다. 보통 의지라고 말하는 것은 이러한 태도를 가리킨다. 도야, 즉 계속적인 주의력의 발달은 여기서 생기는 결과이다.

¶ 29_ 흥미와 도야에 관한 이러한 견해가 교육이론에서 차지하는 의의는 두 가지이다. 한편으로, 그것은 마음이나 정신상태라는 것이 그 자체로서 온전한 것이요, 그것이 기성의 사물이나 주제에 적용되어 지식이 생긴다고 하는 식의 그릇된 생각을 바로잡아 준다. 위의 견해에 의하면, 마음이라는 것은 사물을 그 한 부분으로 포함하는 활동에 지적으로 또는 유목적적으로 종사하는 것과 동일하다. 따라서 마음을 개발하고 훈련하는 일은 곧 그러한 활동을 유발하는 환경을 조성하는 일이 된다. 또 한편으로, 그것은 교과라는 것 역시 따로 떨어져서 존재한다는 그릇된 생각을 바로잡아 준다. 이 장에 제시된 견해에 의하면, 배워야 할 교과는 활동을 계속적으로 의도적으로 추구하는 과정에 자원 또는 장애로서 끼어들어오는 사물, 관념, 원리와 동일한 것이다. 목적과 조건이 명백히

파악되어 있는 활동의 전개과정은 한편으로, 따로 떨어진 마음과, 또 한편으로, 따로 떨어진 사물과 사실의 세계라는, 흔히 분리된 것으로 생각하는 두 가지를 하나의 통일체로 묶어 준다.

제 11 장

경험과 사고

1 경험의 성격

¶ 1_ 경험이라는 것은 능동적 요소와 수동적 요소의 특수한 결합으로 이루어져 있다는 점에 착안하면 경험의 성격을 쉽게 이해할 수 있다. 능동적 측면에서 볼 때, 경험은 '해 보는 것'*을 뜻한다. 이것은 경험이라는 말과 연결된 '실험'이라는 말의 의미**에서 당장 드러난다. 수동적 측면에서 볼 때, 경험은 '당하는 것'***을 뜻한다. 우리가 어떤 것을 경험할 때, 우리는 그것에 작용을 가하고 그것에 무엇인가 일을 하며, 그 다음에 그 결과를 입든가 당하든가 한다. 우리는 그것에 무슨 일인가를 하며 그것이 다시 우리에게 무슨 일인가를 한다. 이것이 앞에서 말한 두 가지 요소의 특수한 결합이다. 경험의 성과 또는 가치는 경험의 이 두 측면이 어떤 방식으로 연결되어 있는가에 따라 달라진다. 단순한 활동§은 경험이 아니다. 그것은 산만하고 초점이 없이 무산된다. '해 보는 것'으로서의 경험은 변화를 가져오지만, 그 변화는 만약 거기서 흘러나오는 결과라는 되돌이 물결과 의식적으로 관련되지 않으면 무의미한 옮김에 불과하다. 활동을 하는 것이 그 결과를 당하는 것으로 계속되어 들어갈 때, 또 행위에 의하여 생긴 변화가 우리 내부에 일어난 변화에 반영되어 되돌아갈 때, 그때 비로소 막연한 사태의 흐름이 의의를 지니게 된다. 그때 비로소 학습이라는 것이 일어난다. 아이가 손가락을 불에 집어넣는 것 자체는 경험이 아니다. 그 동작이 그 결과로서 아이가 당하는 고통과 연결될 때 경험이 된다. 이렇게 될 때 손가락을 불에 집어넣는 것은 곧 화상을 '의미한다'. 손가락을 데는 것은 만약 그것이 어떤 다른 행위의 결과로서 지각되지 않으면, 나

무토막이 타는 것과 조금도 다름없이 단순한 물리적 변화에 지나지 않는다.

* trying
** 경험(experience)과 실험(experiment) 사이의 관련에 관한 보다 자세한 고찰은 20장 3절 참조.
*** undergoing
§ 이 때까지의 설명으로 미루어 보아 이 '단순한 활동'(mere activity)은 '활동'이 아닌 '신체적 동작'(movement)을 가리킨다고 보아야 한다.

¶ 2_ 맹목적이고 변덕스러운 충동은 우리를 아무 생각없이 이리저리 바쁘게 끌고 다닌다. 이런 상태에서는 모든 것이 사상누각이다. 이 경우에는 본격적인 의미에서 경험을 이루는 누적적 성장이 없다. 또 한편, 우리에게는 여러가지 일들이 그냥 생겨서, 그 이전에 우리 자신이 한 활동과 관련이 없이, 그냥 쾌락이나 고통을 가져다주는 경우가 많이 있다. 우리의 입장에서 보면 그런 일은 우연적인 사건에 지나지 않는다. 그런 경험에는 실행 조건이나 후속 결과도 없고, 회고나 전망도 없으며, 따라서 아무 의미도 없다. 그런 경험에서 우리는 그 다음에 무슨 일이 일어날까를 예견하는 데에 연결되는 아무 것도 얻지 못하며, 장차 닥쳐올 사태에 적응할 능력이 증대되는 것도 아니다. 요컨대 통제능력의 증대가 없는 것이다. 그런 경험을 '경험'이라고 부르는 것은 오직 예우상의 지칭일 뿐이다. '경험으로부터 배운다'*는 것은 우리가 사물에 대하여 하는 일과 그 결과로 사물에서 받는 즐거움이나 고통 사이를 앞뒤로 연결한다는 뜻이다. 이러한 상태에서는 '하는 것'은 '해 보는 것', 즉 세상이 어떻게 되어 있는가를 알아내기 위한 실험을 하는 것이요, '당하는 것'은 '배우는 것', 즉 사물 사이의 관련을 알게 되는 것이다.

* to learn from experience

¶ 3_ 여기서 교육에 두 가지 중요한 결론이 따라 나온다. (1) 경험은 일차적으로 능동-수동 관계이다. 경험을 일차적으로 지적인 것이라고 생각하는 것은 잘못이다. 그러나 (2) 경험의 '가치를 재는 척도'는 경험에 들어있는 관계성 또는 경험에 연결되는 계속성의 지각 여부에 있다. 경험에 지적인 요소가 포함되는 것은 경험이 누적적인 것일 때, 경험이 무엇인가에 다다를 때, 또는 경험이 의

미를 가질 때이며, 또 그 정도에 비례한다. 학교 사태를 두고 생각해볼 때, 교사의 가르침을 받는 동안 학생들은 이론적 관조자로서 지식을 획득하는 사람이며, 지력의 에너지를 통하여 직접 지식을 받아들이는 마음을 가진 것으로 취급되는 경우가 너무나 허다하다. 학생이라는 말은 거의 즉각적으로, '유의한 경험을 하는 일'을 하고 있는 사람이 아니라, '지식을 직접 흡수하는 일'을 하고 있는 사람을 지칭하는 것으로 생각된다. 마음이라든가 의식이라는 이름으로 불리는 그 무엇인가가 활동을 하는 신체적 기관과 단절되어 존재하는 것으로 생각되는 것이다. 그리하여 전자는 순전히 지적인 것을 나타내고, 후자는 그것과 무관한 불필요한 신체적 요소가 되는 것으로 생각된다. 활동과 그 결과를 당하는 것 사이의 긴밀한 결합이 파괴되고, 거기서 생기는 의미의 파악 또한 불가능하다. 그 결합 대신에 우리는 서로 분리된 두 개의 조각을 가지게 된다. 즉, 한편으로 순전한 신체적 동작과, 또 한편으로 '영적인' 활동에 의한 의미의 직접적인 파악이 그것이다.

¶ 4_ 이러한 心身二元論심신이원론의 사고방식에서 빚어진 나쁜 결과를 일일이 정확하게 기술하기는 어렵고, 또 그것은 아무리 과장해서 기술하더라도 결코 지나치는 일이 없을 만큼 지독한 것들이다. 그렇지만 그 중에서 두드러지게 놀라운 것을 몇 가지 열거하자면 다음과 같다. ㈎ 신체적 활동은, 어느 편인가 하면, 불필요한 침입자로 간주된다. 즉, 그 이원론적 사고에 의하면, 신체적 활동은 정신적 활동과 아무 관계가 없기 때문에, 그것은 방해요 처단해야 할 악폐라고 생각되는 것이다. 학생은 몸을 가지고 있으며, 학교에 올 때 마음과 함께 몸을 가지고 온다. 또한, 몸은 필연적으로 에너지의 원천이며 무슨 일인가를 하게 되어 있다. 그러나 그 몸의 활동은 유의한 결과를 얻기 위하여 사물을 다루는 일에 활용되지 않는 귀찮은 것으로 취급된다. 학생의 공부는 '마음'으로 해야 하는 것인데, 몸의 활동은 학생을 이 공부로부터 멀어지게 하며, 못된 장난을 하게 하는 장본인이다. 학교에서의 '훈육문제'는 주로 학생의 신체적 활동이 학생의 마음을 공부로부터 멀리 떼어놓는 데서 생기는 것이며, 교사는 그 신체적 활동을 억압하는 데에 대부분의 시간을 보내야 하는 것이다. 몸을 움직이지 않고 가만히 있는 것, 침묵, 자세와 동작의 경직된 획일성, 기계와도 같이 이해와 관심의 태도를 가장하는 것—이런 것들이 강조되고 조장된다. 교사가 하는 일은 학생들을 이 요구조건에 맞추는 데에 있으며, 그것에 맞지 않는 학생들—

이런 학생들이 반드시 생기게 마련이다—을 벌하는 데에 있다.

¶ 5_ 교사와 학생에게 다같이 일어나는 정신적 긴장과 피로는 신체적 활동이 의미의 지각과 유리되어 있는 비정상적 사태에서 필연적으로 따라오는 결과이다. 철저한 무관심과 폭발적인 반응이 섞바뀌어 나타난다. 몸은 관심 밖으로 밀려나서 유용한 활동으로 표현될 방도가 없기 때문에, 왜 그렇게 되는지, 어떻게 그렇게 되는지도 모르는 채, 의미없는 소란으로 터져 나오거나 아니면 똑같이 의미없는 멍청이 놀음으로 주저앉고 만다. 두 가지는 모두 아이들의 정상적인 놀이와는 거리가 있다. 그러한 비정상적 사태에서, 신체적 활동이 왕성한 아이들은 우왕좌왕 걷잡을 수 없이 행동하고, 얌전하고 소위 모범적인 아이들은 그들이 가지고 있는 에너지를 본능과 능동적 경향성을 억압하는 소극적인 과업에 소모할 뿐, 건설적으로 계획하고 집행하는 적극적인 과업에 활용하지 못한다. 그리하여 아이들은 신체적인 힘을 의미있고 우아하게 활용하는 책임을 떠맡도록 교육받는 것이 아니라, 그 힘을 자유롭게 발휘하지 못하도록 억지로 부과된 의무를 받아들이게 된다. 희랍교육이 그토록 놀라운 성과를 거둔 으뜸가는 원인은 희랍인들이 마음과 몸을 분리하려는 그릇된 생각에 빠지지 않았다는 데에 있다고 말해도 결코 틀린 말이 아니다.

¶ 6_ (나) 그렇지만, 교과 공부라는 것은 '마음'을 적용해서 하는 것이라고 생각하는 사람들도 거기에 모종의 신체적 활동이 쓰인다는 것은 인정할 것이다.* 책, 지도, 칠판에 적힌 것이나 교사가 하는 말을 받아들이는 데에 감각기관—특히 눈과 귀—이 동원되는 것이다. 이와 같이 받아들여진 내용을 말이나 글로 재생해 내는 데에도 입술과 성대, 손이 쓰이지 않으면 안된다. 이런 식으로 생각할 때, 감각기관은 정보가 외부세계에서 마음으로 흘러 들어가는 일종의 신비스러운 통로로 생각된다. 아닌 게 아니라, 감각은 지식의 문이라든지 인식의 통로라든지 하는 식으로 말을 하고 있다. 이런 사고방식에 의하면, 책에다 눈길을 모은다든지 교사의 말에 귀를 기울이는 것은 지적 은총의 신비스러운 원천이라고 생각된다. 뿐만 아니라, 읽기, 쓰기, 그리기 등, 학교 공부에서 하는 중요한 작업은 근육 또는 운동의 훈련을 거치지 않으면 할 수 없는 것들이다. 그리하여 눈과 손, 발성기관의 근육은 마음에 들어 있는 지식을 다시 외부적 행동으로 쏟아 놓는 파이프 역할을 할 수 있도록 훈련되지 않으면 안된다. 동일한 방식으로

근육을 반복적으로 사용하면 자동적으로 그 운동을 되풀이하는 경향이 굳어진다는 것이다.

---

* 이하의 설명이 의미 있게 전달되려면, 이 문장 다음에, '그러나 그들의 인정이라는 것은 어이없이 사소하고 또 방향이 빗나가 있다'는 문장이 삽입되어야 한다.

¶ 7_ 신체적 활동은, 일반적으로 말하여 정신작용에 방해가 되는 면이 없지 않아 있지만, 어차피 하지 않을 수 없는 그런 것이다. 그런데 앞에서와 같이 생각하면 신체적 활동을 순전히 기계적으로 사용하는 결과가 된다. 다시 말하면 감각과 근육이 교육적 경험의 유기적인 한 부분으로 사용되는 것이 아니라, 단순히 마음과 외부 세계를 연결해 주는 외부적 출입구로 사용되는 것이다. 학교에 들어가기 전부터 아이가 손이나 눈, 귀를 사용하며 그것을 통하여 무엇인가를 배운다면, 그것은 아이가 그런 기관을 써서 무슨 일인가를 하며 거기서 모종의 의미를 발견하기 때문이다. 연 날리기를 할 때 아이는 연에다 시선을 모으고 손으로 연줄의 압력을 세밀히 느끼지 않으면 안된다. 이때 이 아이의 감각이 지식의 통로가 된다고 하는 것은 외적인 사실이 어떻게 해서든지 두뇌에 '운송'된다는 뜻에서가 아니라, 그 감각이 무엇인가 목적있는 일을 하는 데에 '사용'된다는 뜻에서이다. 눈에 보이고 손에 잡히는 사물들이 가지고 있는 여러 성질은 그 일을 하는 데에 관련을 가지며, 그때문에 예민하게 지각된다. 즉, 그 성질은 의미를 가지게 된다. 그러나 학생이 눈으로 단어의 모양을 눈여겨보면서 그 의미와는 관계없이 오직 나중에 글씨를 쓰거나 읽을 때 그대로 재생하려고만 한다면, 그 결과로 생기는 것은 단순히 감각기관과 근육의 훈련에 불과하다. 그러한 훈련이 기계적인 것은 이처럼 행위가 목적으로부터 유리되어 있기 때문이다. 학생들이 읽기를 할 때 교사가 늘 감정을 섞어서 읽으라고 권장하는 것은 글의 의미가 살아나도록 하라는 뜻이다. 그러나 처음부터 의미에 주의를 기울이도록 하지 않는 교사 밑에서, 읽기를 감각운동의 기술로 배운 학생—다시 말하면, 단어의 모양을 식별하고 그 소리를 낼 수 있게 된 학생—은 기계적인 습관을 몸에 붙이게 된 학생이며, 이런 학생은 이후 지적인 독서를 하기가 어렵다. 발성기관이 혼자서 자동적으로 작용하도록 훈련되어서, 의미가 그 목소리에 자유자재로 따라 붙을 수는 없는 것이다. 그림 그리기, 노래하기, 글짓기도 이와 동일하게 기계적인 방식으로 가르칠 수 있다. 다시 되풀이해서 말하지만,

신체적 활동의 의미를 아주 좁게 해석하여, 신체라는 것을 '마음'(즉, '의미의 이해')과 무관한 것으로 생각할 때, 학습은 언제나 기계적인 것으로 된다. 수학의 경우, 아주 높은 단계의 수학에 있어서도, 계산 기법에 지나친 강조를 둘 때, 또 과학의 경우, 실험이 실험 그 자체를 위하여 행해질 때, 마찬가지의 폐단이 생긴다.

¶ 8_ ㈐ 지적인 측면에서 보면, 직접 사물을 다루는 것에서 '마음'을 분리시키는 것은 '사물' 그 자체를 강조하면서 '관계' 또는 '관련'*을 등한시하는 결과를 가져온다. 지각이나 심지어 관념을 판단과 분리시키는 것은 너무나 흔히 볼 수 있는 일이다. 판단은 지각이나 관념이 있고 난 뒤에, 지각 또는 관념을 서로 비교하는 작용이라는 것이다. 이것은 결국 마음이 사물을 지각할 때 '관계'와 무관하게 지각한다든지, 관념을 형성할 때 '관련'을 떠나서 형성한다고 주장하는 것이다. (여기서 '관계'라든가 '관련'이라는 것은, 물론, 그 앞에 있었던 것과 그 뒤에 올 것과의 관계를 말한다.) 그리고 난 뒤에 판단이나 사고가 나타나서, 각각 떨어진 '지식'**의 항목들을 결합하여 그것들 사이의 유사성이나 인과관계를 파악한다는 것이다. 그러나 사실에 있어서는, 지각이나 관념은 어떤 것이든지 사물의 의미, 용도, 원인 등등을 감지하는 것을 뜻한다. 우리가 어떤 의자에 관한 지식이나 관념을 가질 때, 그 의자가 가지고 있는 여러 가지 성질들을 하나하나 따로 열거해서는 안 되며, 그 성질들을 다른 어떤 것—즉, 테이블의 목적과는 다른 의자의 목적, 우리가 늘 익숙해 있던 그런 의자와의 차이, 또는 그 의자가 나타내는 역사적 '시대' 등등—과 관련을 맺어야 한다. 포장마차는 그것을 이루고 있는 부분 하나하나를 합친다고 해서 지각되는 것이 아니다. 그 부분들이 포장마차의 형태로 연결되어 있기 때문에 포장마차인 것이다. 그리고 이 연결은 단순히 그 부분들을 물리적으로 겹쳐놓은 것을 말하는 것이 아니라, 그것을 끄는 동물과의 관련, 그것에 실려 있는 물건들과의 관련 등등을 말하는 것이다. 판단은 지각과 동떨어진 것이 아니라 지각하는 바로 그것에 사용된다. 그렇지 않으면 지각이라는 것은 단순한 감각적 자극에 불과하거나, 아니면 익숙한 물건을 지각하는 경우에서 보듯이, 이전의 판단의 결과를 재인식하는 것에 불과하다.

---

* 이하 본문에서 '관계' 또는 '관련'의 의미를 '앞에 있었던 것과 뒤에 올 것과의 관계'를 가리킨다고 말하고 있으나, 그것을 '사물과 마음의 관계'로 파악해도 별 무리는 없다.

** 'knowledge'〔원문 따옴표〕 여기서 '지식'이라고 하는 것은, 물론, Dewey가 생각하는 올바른 의미에서의 지식이 아니다. Dewey가 보기에 올바른 지식은 판단 '이전에' 이루어지는 것이 아니라, 판단을 하는 데에 '사용되는' 것이다.

¶ 9_ 단어는 관념의 지표인데도, 이것을 마치 관념 그 자체인 양 생각하기가 쉽다. 정신적 활동이 세계에 대한 능동적* 관심으로부터, 다시 말하여 무엇인가 일을 하는 것, 그리고 일을 그 결과와 연결짓는 것으로부터 유리된다고 생각하는 것은, 단어나 상징이 관념을 대치한다고 생각하는 것과 완전히 동일한 발상이다. 단어가 관념을 대치한다는 식의 생각은 그래도 의미라는 것이 '어느 정도로는' 인정되고 있는 만큼, 그것이 그릇되다는 것을 들추어내기가 어렵다. 그러나 우리는 최소한의 보잘것없는 의미를 파악하고는 그것에 만족하도록 훈련되어 왔으며, 그 결과로, 의의있는 관련을 파악하는 우리의 지적 능력이 얼마나 미개발된 상태에 있는지 알아차릴 수 없게 되었다. 우리는 일종의 가짜 관념, 부분적 지각에 철두철미 익숙해 있어서, 우리의 정신작용이 거의 반죽음 상태에 있다는 것을 깨닫지 못한다. 또한 우리는, 만약 우리로 하여금 판단을 사용하도록 하는, 다시 말하여 우리가 다루는 사물의 관련을 적극적으로 찾아내도록 하는 그런 생생한 경험 속에서 관찰과 관념을 형성하게 된다면, 그 관찰과 관념이 훨씬 날카롭고 광범한 것이 된다는 것을 알지 못한다.

---

* active; 세계에 대한 능동적 관심이라는 것은 세계에 대하여 '활동'(activity)을 가하고 그 결과에 관심을 가진다는 뜻이다.

¶ 10_ 理論이론*의 성격이나 중요성에 관해서는 의견의 차이가 없다. 모든 권위자들은 관계의 파악이 진정한 지적 문제요, 따라서 교육적 문제라는 점에 합의하고 있다. 그들이 잘못 생각한 것은 관계 파악이 '경험'—앞에서 말한 바와 같이 '해보는 것'과 '당하는 것'의 결합—이 없이도 가능하다고 생각했다는 것이다. 가령, '마음'은 주의를 집중하기만 하면 그 관계를 파악할 수 있다든가, 이 주의력은 구체적 사태와 무관하게 생길 수 있다든가 하는 생각이 그것이다. 얼치기 관찰, 말뿐인 관념이 홍수를 이루고, 소화되지 않은 지식이 세상을 판치는 것은 이 때문이다. '한 온스의 경험이 한 톤의 이론보다 더 낫다'는 말은, 이론은 오직 경험 속에서 그 생생한 의의를 가지며 또 그 의의가 검증될 수 있다

는 것을 나타낸다. 경험은 아주 하찮은 것이라 하더라도 거의 무진장한 이론(즉, 지적 내용)을 생성하고 포함할 수 있지만, 경험을 떠난 이론은 심지어 이론으로 확실히 포착될 수조차 없다.** 그러한 이론은 순전히 언어적 공식이나 구호에 그치는 것으로서, 사고라든가 진정한 이론을 불필요하고 불가능하게 만든다. 교육에서 우리는 언어를 사용할 수밖에 없다. 그러나 이때 우리는 언어가 바로 관념이라고 생각하면서 언어를 탐구의 수단으로 사용하기보다는 질문을 해소하는 데에 사용한다. 그리고 여기서 '해소'라는 것은 사실상 지각을 모호하게 하여 그 이상 문제점을 보지 못하도록 해버리는 것을 가리키는 것이다.

---

* 다음 문장에서 보듯이 Dewey는 '이론'을 '관계 파악'을 위한 것이라고 생각한다.

** Dewey는 이론의 중요성을 과소평가하는가? 이 문장과 바로 앞의 문장을 보면 Dewey는 경험에 비하여 이론을 덜 중요시했다는 해석을 할 수 있을지 모른다. 그러나 여기서 Dewey가 말하고자 하는 것은 이론과 경험의 '상대적 중요성'이 아니라 양자 사이의 '관련'이다. 이 문장에 담긴 생각을 표현하자면, Dewey는 '경험은 이론에서 유리될 수 없지만 이론은 경험에서 유리될 수 있다'고 생각하는 듯하다. 다음 문장에 나타나 있는 바와 같이 '경험에서 유리된 이론'은 특히 교육에서 문제가 된다. 그러나 물론, 모든 이론이 필연적으로 경험에서 유리되는 것은 아니다. Dewey는 이론이 경험에서 유리되어서는 안 된다는 것을 주장하면서, 'An ounce of experience is better than a ton of theory.'라는 격언을 그런 뜻으로 해석하고 있다. 그러나 이것은 그 격언을 '가장 좋은 뜻으로' 해석하는 것이며, 이 격언은 또한 '이론'에 대한 부당하고도 맹목적인 불신을 지지하는 데에도 효과적으로 쓰일 수 있다.

2 경험에서의 사고의 위치

¶ 11_ 思考사고*에 관해서는 아직 명백히 드러내어 말하지는 않았지만, 이미 말한 것이나 다름이 없다. 즉, 사고라는 것은 우리가 하고자 하는 것과 그 결과로 일어나는 것 사이의 관련을 파악하는 것이다.** 경험이 의미있는 것으로 되려면 거기에는 비록 불완전한 것이나마 사고가 반드시 개입되어야 한다. 그러나 경험 속에 사고가 얼마나 큰 비중을 차지하고 있는가에 따라 경험을 두 가지 유형으로 나누어 볼 수 있다. 우리의 모든 경험에는 '마구잡이'로 해 보는 측면—심리학자들이 '시행착오법'***이라고 말하는 것—이 들어 있다. 즉, 우리는 그냥 무슨 일인가를 해 보고, 잘 안되면 다른 일을 해 보면서, 마침내 우리가 바라는대로 될 때까지 계속 시행해 본 뒤에, 나중에 똑같은 일을 할 때에는 그 성공한 방법을 임시변통으로 채택하는 것이다. 우리의 경험 중에서 어떤 것은 거

의 전적으로 이와 같이 무조건 해 보고 그 결과를 보는, 주먹구구식으로 이루어져 있다. 이 경우에 우리는 이러이러한 행동방식이 이러이러한 결과와 연결되어 있다는 것은 알지만, 그것이 '어떻게' 연결되어 있는가는 알지 못한다. 우리는 그 연결의 자세한 내용을 알지 못하며, 양자를 연결해 주는 고리가 우리에게는 없는 셈이다. 우리의 파악은 대단히 부정확한 것이다. 이와는 달리, 어떤 경우에는 우리의 관찰이 더 세밀해져서, 원인과 결과, 활동과 결과 사이에 정확하게 무엇이 있어서 양자를 연결해 주는가를 분석한다. 이와 같이 우리의 통찰이 깊어질 때에는 예견이 정확하고 포괄적인 것이 된다. 단순히 시행착오법에 기초를 둔 행위는 전적으로 요행에 의존한다. 상황이 달라지면 행동이 우리가 바라는 결과와는 다른 방식으로 작용하는 것이다. 그러나 만약 우리가 특정한 결과를 가져오는 요인이 무엇인가를 자세하게 안다면, 그 요인이 갖추어져 있는지 아닌지를 살필 수 있다. 이때 우리는 진정한 '방법'을 가지게 되며, 이 '방법'은 우리의 활동을 더 잘 통제할 수 있게 해 준다. 만약 우리가 어떤 결과의 선행조건이 무엇인가를 안다면, 그 조건 중의 어떤 것이 빠져 있을 때 그것을 채워 넣을 수 있을 것이다. 또한, 만약 그 조건에서 바람직하지 못한 결과가 부수적으로 생긴다면, 그 중에서 일부 불필요한 조건을 제거하여 노력을 절약할 수도 있을 것이다.

---

* thought or reflection : reflection은 'reflective thinking'이라는 식으로 thinking과 결합되어 사용되기도 하지만, Dewey는 그것을 '사고'와 동의어로 쓰고 있다. 사고 앞에 reflective라는 형용사가 붙은 것은 동의어 반복이라고 생각되기도 하지만, Dewey가 그렇게 한 것은 환상이나 백일몽 등과는 구별되는, 엄밀한 의미에서의 사고, 본격적인 사고를 나타내기 위한 것이다. 이 점에서, reflective thinking은 일반적으로 '반성적 사고'라고 번역되고 있지만, 오히려 '과학적 사고'라고 번역하는 편이 더 원래의 의미에 가깝다고 생각된다.

** 이 문장은 사고와 경험의 의미상의 관련을 직접 지시한다. '우리가 하고자 하는 것'은 trying이며 '그 결과로 일어나는 것'은 undergoing에 해당한다.

*** method of trial and error : 이것과 경험의 두 요소, 즉 trying and undergoing을 비교해 보면, trial과 trying, error와 undergoing 사이에 유사성이 있다는 것은 당장에 드러난다. 그러나 Dewey에 의하면, '경험'은 주로 '사고'를 포함하고 있다는 점에서 '시행착오'와 구분된다. 이하 ¶20 참조.

¶12_ 우리의 활동과 그 결과 사이의 세밀한 관련을 알 때, '시행착오식 경험'에 내재되어 있던 사고가 명백히 표면화되어 드러난다. 그 표면화되는 사고가 양적으로 증가하면 그 가치도 그만큼 달라진다. 그리하여 경험의 질이 바뀌

는 것이다. 이 변화는 대단히 중요한 것이며, 따라서 우리는 이런 종류의 경험을 '사고'*—가장 본격적인 의미에서의 '사고'—라고 부를 수 있을 것이다. 사고의 이러한 면을 의식적으로 북돋아줄 때, 사고는 경험 중에서 가장 고귀한 것이 된다. 사고를 좀 더 본격적으로 정의하자면, 사고는 우리가 하는 일과 그것에서 나오는 결과 사이의 관련을 '구체적으로' 파악함으로써 양자가 연속적인 것이 되도록 하려는 의도적 노력을 가리킨다고 말할 수 있다.** 이러한 노력으로 말미암아 활동과 결과의 괴리, 따라서 양자가 아무 관련 없이 아무렇게나 같이 붙어 있는 현상이 지양되고, 사태가 하나의 통일된 전체로서 진전되어 나간다. 이렇게 될 때, 사태의 진전은 이해되고 설명된다. 일이 그렇게 되어 나간다는 것이 '이치에 맞는' 것으로 우리에게 납득되는 것이다.

---

* reflective; 원문대로 하자면, '…이런 종류의 경험을 "사고적 경험"이라고 불러도 좋을 것이다'로 해야 하겠지만, 여기서 Dewey가 말하고자 하는 것은, '사고라는 것은 경험이 이러이러한 조건을 갖추게 될 때 그 경험을 가리켜서 부르는 이름'이라는 것이다.

** 이것을 사고의 '정의'라고 볼 수 있을 것이다. 이하 문장을 참고하여 이 정의를 다시 진술하자면, 사고는 '우리의 활동과 그 결과의 세밀한 관련을 알아냄으로써 활동(및 그 결과)에 의미를 부여하는 지적 활동'을 가리킨다고 말할 수 있다.

¶ 13_ 이렇게 생각해 보면, 사고는 바로 우리 경험 속에 들어 있는 지적 요소를 명백히 드러내는 것과 동일한 의미를 가진다. 사고는 우리로 하여금 목적을 머리 속에 그리면서* 행동할 수 있게 해 준다. 사고는 우리가 목적을 가지고 행동하는 데** 반드시 갖추어져야 할 조건이다. 어린 아이가 '기대'라든가 '예견'을 할 수 있게 되었다는 것은 곧 현재 일어나고 있는 일을 장차 일어날 일의 징조로 사용하는 일을 할 수 있게 되었다는 뜻이다. 다시 말하면, 그 아이는 이제, 아무리 유치한 수준에서라 하더라도, 모종의 판단을 하는 것이다. 그 아이는 어떤 하나를 그것과는 다른 어떤 것의 '증거'로 삼고 양자 사이의 관계를 인식한다. 그 아이가 장차 하게 될 여러 가지 복잡한 사고는 바로 이 단순한 추리행위를 확장하고 세련시킨 것에 불과하다. 가장 뛰어난 지혜를 가진 사람이라 하더라도, 그 사람이 하는 일은 현재 일어나고 있는 일을 보다 광범위하게, 보다 세밀하게 관찰한다는 것, 그리고 관찰된 것 중에서 장차 일어날 일에 직접 관련되는 요인만을 보다 세밀히 선택한다는 것, 그것뿐이다.*** '사고에 따른 행동'에 반대되는 것은, 다시 한번 말하지만, 기계적인 행동과 방종한 행동이다. '기계

적인 행동'은 이때까지의 관습을 그것이 전부인 양 받아들이고, 그전에 했던 특정한 일들 사이의 관련을 고려하지 않는다. '방종한 행동'은 순간적인 행동을 가치의 척도로 삼고, 자신의 행동과 환경의 에너지 사이의 관련을 도외시한다. 방종한 행동은 '이 순간에 일어나는 일이 기분 좋은 것이면 그것으로 그만이다'라고 하는 식이며, 기계적 행동은 '과거에 그러했던 그대로 되어 나가라지'라고 하는 식이다. 양자는 모두 현재의 행동에서 흘러나오는 장차의 결과에 대하여 책임을 지지 않는다. 사고라는 것은 바로 그 책임을 받아들이는 것을 말한다.

---

* with an end in view

** having aims

*** '너무하지 않은가'—상당수의 독자는 생각할 것이다. 아이(가장 영리한 아이라고 하자)가 하는 사고와 '가장 뛰어난 지혜를 가진 사람'이 하는 사고의 연속성을 주장하기 위하여, 그 사이의 차이가 '광범위하고 세밀한 관찰, 그리고 직접 관련되는 것의 선택'에 있다고 보는 것은 '인간의 지혜, 또는 지식'을 지나치게 편벽된 것으로 보는 것이라는 생각이 응당 있을 수 있다. '광범위하고 세밀하다'는 말을 아무리 확대 해석하더라도 이 느낌은 지워지지 않는다. 이 느낌의 근거는, 아마 틀림없이, 인간은 문제해결(실제적인 의미에서)을 하는 동물 이상이라는 데에 있을 것이다.

¶14_ 사고의 과정은 어떤 것이든지 반드시 현재 진행중인 어떤 것, 현재 상태로서는 아직 완결되거나 이루어지지 않은 어떤 것을 출발점으로 한다. 사고의 의미 또는 중요성은, 문자 그대로, 장차 무슨 일이 일어날 것인가, 장차 결과가 어떻게 될 것인가에 달려 있다. 이 글을 쓰고 있는 지금, 온 세계는 서로 총칼을 겨누고 있는 군대의 충돌로 시끄럽다. 전쟁에 직접 가담하는 사람의 입장에서 볼 때, 중요한 것은 이런저런 일의 결말, 또는 장차 결과가 어떻게 될 것인가 하는 것이다. 그 사람은 적어도 당분간은 전쟁의 결말에 관심을 가지고 있다. 바로 자기 자신의 운명이 장차의 귀추에 달려 있는 것이다. 그러나 심지어 중립국의 방관자에게 있어서도 하나하나의 전략, 여기저기의 전진과 후퇴의 중요성은 그것이 무슨 조짐인가 하는 것에 있다. 우리에게 들려오는 뉴스에 관하여 '생각'을 한다는 것은, 뉴스에 담겨있는 내용이 결과로서 있을 수 있는가 또는 있을 법한가를 알아내려고 한다는 뜻이다. 이런저런 사항들을 이미 완결된 것, 끝난 것으로, 마치 스크랩북을 만들 듯이 우리 머리에 채워 넣는 것은 사고가 아니다. 그것은 마치 우리 자신을 일종의 등록기로 만드는 것과 같다. 어떤 사건을 아직 일어나지는 않았지만 장차 일어날 어떤 것과 관련지어서 앞의 것

이 뒤의 것에 어떤 '의미' 또는 '관련'을 가지고 있는가를 알아내려고 하는 것, 이것이 사고이다. 공간적으로 떨어진 사건이 아니라 시간적으로 떨어진 사건을 두고 말하더라도, 이상과 같은 사고의 본질에 있어서는 차이가 없다. 이제 전쟁이 끝나서 장차 역사가가 그 전쟁을 기술하는 경우를 생각해보자. 사건은 이미 과거지사가 되었다. 역사사가 '생각'을 가지고 전쟁을 기술하려면, 전쟁의 시간계열을 그대로 살려내지 않으면 안된다. 다시 말하면, 역사가가 하나하나의 사건을 다룰 때, 그 의미는 그 사건의 '미래'(역사가의 입장에서 보면 미래가 아니겠지만)에 있다. 그 사건을 그 자체로서 완결된 것으로 받아들이는 것은 '사고'의 대상으로 받아들이는 것이 아니다.

¶15_ 사고한다는 것에는 또한 결말에 대하여 관심을 가진다는 뜻이 있다. 즉, 비록 연극을 보는 심정에서나마 우리 자신의 운명을 사건의 결과와 마음속 깊이 동일시하는 것이다. 전쟁을 하는 장군, 병사, 또는 전쟁 당사국의 시민으로서는, 전황에 관한 사고를 할 필요성이 직접 피부에 절실하게 와 닿는다. 중립적인 위치에 있는 사람들에게는, 그 필요성은 간접적으로 또 상상에 의해서만 느껴진다. 그러나 어느 한쪽에 열렬히 편드는 것이 인간의 본성이라는 사실로 미루어 볼 때, 우리가 여러가지 가능한 사태 중에서 어느 하나를 우리 자신의 것으로 택하고 다른 것을 배척하는 경향이 얼마나 강한가를 짐작할 수 있다. 우리가 공공연한 행동을 함으로써 우리의 작은 힘을 마지막 결판에 영향을 주는 방향으로 가할 수 없을 때, 우리는 정서적으로 또는 머릿속으로나마 편을 든다. 우리는 여러 가지 결과 중의 어느 한 가지가 일어나기를 열렬히 바란다. 결과가 어떻게 되는가에 전적으로 무관심한 사람은 목하 사태의 귀추를 주목하거나 그것에 관하여 사고를 하는 법이 없다. 이와 같이, 사고의 행위가 현재 일어나고 있는 일의 결과에 대한 참여의식에 의존한다는 사실에서 사고에 관한 한 가지 근본적인 파라독스*가 생겨난다. 즉, 사고는 원래 '편드는 것'(편파성)에서 나오는 것이지만, 그 목적을 달성하기 위해서는 그 사태에서 떨어져 나와서 어느 쪽에도 '편들지 않는 것'(비편파성)을 이룩하지 않으면 안된다는 것이다. 장군이 현재의 전황을 관찰하고 해석할 때, 자기 자신의 희망이나 욕망을 거기에 개입시킨다면, 십중팔구 계산에 착오를 일으킬 것이다. 중립국의 방관자가 전쟁의 진행 과정에 대하여 '사고'를 하는 경우에 있어서도, 희망이나 공포가 그 사고의 으뜸가는 동기가 되기도 하지만, 그의 관찰과 추리가 그의 개인적인 호

오에 좌우된다면 그만큼 그의 사고는 올바른 것이 될 수 없다. 그렇지만 한편으로, 사고는 현재 일어나고 있는 일에 대한 개인적 참여의식에서 생긴다는 사실과, 또 한편으로, 사고의 가치는 그 사태에 관한 자료에서 우리 자신이 정서적으로 멀리 떨어지는 데서 생긴다는 사실 사이에는 아무런 모순이 없다. 이 '사태로부터 떨어져 나오는 일'이 거의 불가능할 정도로 어렵다는 사실은 곧 다음과 같은 점을 보여준다. 즉, 사고는, 사고의 진전 과정이 문자 그대로 사건의 진전 과정의 한 부분을 이루고 있고 또 그 사건의 결과에 영향을 줄 수 있는 그런 사태**에 그 기원을 두고 있다는 것이다. 사고의 폭이 넓어져서 우리의 '직접적인' 관심사*** 이외의 것을 포함하게 되는 것은 오직 사회적 공감의 성장과 더불어 시야의 범위가 넓어짐에 따라 점진적으로 이루어진다. 이것은 교육의 입장에서 대단히 중요한 의미를 가진다.

---

* 파라독스는 '표면상으로 모순되는 것처럼 보이는 두 가지 사실이 동시에 성립하는 경우'를 가리킨다. 여기서 말하는 '사고의 파라독스'의 의미는 본문의 설명에 잘 드러나 있다. 즉, 1) 사고는 여러 결과들 중에서 어느 하나를 자신에게 '유리한' 것으로 생각하고 그것을 실현하는 데에 적극적으로 관심을 가지는 데서 시작된다. 2) 사고의 목적(즉, 우리가 바라는 결과)을 실현하기 위해서는 우리의 희망이나 관심에 집착해서는 안 되며, 거기에서 멀리 떨어져 있어야 한다. 그러므로 사고는, 한편으로는 편파적이어야 하며, 또 한편으로는 편파적이지 말아야 한다. 편파적이면서 동시에 편파적이지 말아야 하니, 이 두 가지는 '양립불가능'하다. 그런데도 사고에서는 이 두 가지가 동시에 성립한다. 이것이 '사고의 파라독스'(Dewey에 의하면, 사고의 여러 가지 파라독스 중의 한 가지)이다.

** 이러한 사태를 Dewey의 용어로 '문제사태'라고 부를 수 있을 것이다. Dewey에 의하면 사고는 이러한 문제사태에 기원을 두고 있다. 그것이 바로 '진정한' 사고이다. 따라서 Dewey에 의하면, '사건의 진전 과정의 한 부분으로서 그 결과에 영향을 미치는 것'을 목적으로 하지 않는 사고는 그만큼 무의미한 사고, 공허한 사고이다. Dewey의 이러한 관점에 대하여 우리는 의문을 가질 수 있다. 즉, 이른바 '이론적 사고'—다시 말하면, 사건의 진전에 실제적인 영향을 미치는 것을 목적으로 하는 것이 아니라, 단순히 사태를 '파악'하는 것을 목적으로 삼는 사고—는 Dewey의 이론에서 어떻게 해석되는가 하는 것이다. 이 의문은 24장과 25장에서 다루어진다.

*** interests

¶16_ 사고가 현재 진행 중인 미완결된 사태와 관련하여 일어난다고 하는 말은 곧 사고가 무엇인가 불확실한, 의심스러운, 또는 문제되는 것이 있을 때 일어난다는 뜻이다. 완결된 것, 완성된 것만이 전적인 확실성을 준다. 사고가 있는 곳에 불안이 있다.* 사고의 목적은 결론에 도달하도록, 이미 주어진 것을 기

초로 하여 결말을 지시하도록 해주는 데에 있다. 사고의 이러한 특징에서 몇 가지 부수적인 사실이 따라 나온다. 사고는 무엇인가 의심스러운 점이 있는 사태에서 일어나기 때문에, 사고는 탐구의 과정, 조사의 과정, 연구의 과정이다. '획득'은 언제나 '탐구' 행위에 대하여 부차적인 위치에 있으며, 그것에 수단이 된다.** 사고는 현재 밝혀지지 않은 것에 대한 모색이요 추구이다. 우리는 때로 '독창적 연구'라는 것이 마치 과학자나 아니면 적어도 높은 수준의 공부를 하는 학생들의 전유물인 양 말한다. 그러나 일체의 사고는 연구이며, 모든 연구는, 비록 이 세상의 모든 사람들이 다 확실히 알고 있는 것이라 하더라도, 어떤 사람이 아직 그것을 찾으려고 하고 있다면 그 사람에게는 독창적인 것이다.

---

* Where there is reflection, there is suspense. 분명히 Where there is a will, there is a way.를 흉내 낸 말이다. 여기서 '불안'이라고 한 것은 물론, 막연한 공포감이 아니라, 불확실성, 의심, 혼란과 장차 해결에 대한 기대가 뒤섞인 '긴장감' 같은 것이다.

** 획득과 탐구는 영어로 각각 acquiring과 inquiring이다.

¶ 17_ 또한, 일체의 사고에는 모험이 따른다는 것도 마찬가지로 분명하다. 확실성은 사전에 보장될 수 있는 것이 아니다. 미지의 세계로 들어가는 것은 성격상 모험을 내포하고 있으며, 미리 그 결과를 확실히 알 수 없다. 이와 마찬가지로, 사고가 내리는 결론은, 실제 사태에 의하여 최종적으로 확인되기 전에는 다소간 잠정적인 가설에 불과하다. 실제 사태가 일어나기 전에, 사실에 의하여 확인되기 전에, 결론을 마치 최종적인 양 선언하는 것은 부당하다. 희랍 사람들은 '배운다는 것이 어떻게 가능한가'라는 단도직입적인 질문을 하였다.* 우리가 배우려고 하는 것이 무엇인지 이미 알든가 모르든가 둘 중의 하나인데, 어느 경우라 하더라도 배우는 것이 가능하지 않다는 것이다. 전자의 경우에는 우리가 이미 알고 있기 때문이며, 후자의 경우에는 우리가 무엇을 찾아야 할지 모르고, 또 우연히 그것을 찾게 된다 하더라도 그것이 바로 우리가 찾으려고 했던 것인지 모르기 때문이다. 이 딜레마는 알게 '된다'는 것, 즉 배운다는 것이 차지할 자리를 남겨두지 않는다. 거기서는 오직 완전히 아는 것과 완전히 모르는 것만 있다고 생각한다. 그러나 양자 사이에는 탐구라는 어슴프레한 영역, 사고라는 영역이 있다. '가설적' 결론, '잠정적' 결과가 있을 수 있다는 것—앞의 희랍인의 딜레마는 이 사실을 간과하였다. 사태의 불확실성, 그것이 거기서 빠져나갈 길을 암시한다. 우리는 그 길을 이리저리 모색해 본다. 우리가 찾으려고 하는

것이 무엇인지를 알아내었다고 생각할 때 우리는 뚫고 나가려고 하며, 우리가 여전히 아무것도 모른다고 생각할 때 사태는 더욱 암담하고 오리무중이 된다. 잠정적이라고 하는 것은 시행해 본다는 뜻이요, 우선 이리저리 길을 더듬어 본다는 뜻이다. 그 자체만 가지고 생각해 보면, 앞의 희랍인들의 논변은 아주 그럴 듯한 형식논리를 나타내고 있다. 그러나 또한, 만약 인간이 지식과 무지를 그와 같이 날카롭게 양분했더라면 과학적 진보라는 것은 우연적으로, 또 더디게 이루어질 수밖에 없었으리라는 것도 마찬가지로 사실이다. 발명과 발견의 체계적인 진보는 인간이 의혹을 탐구의 목적에 활용할 수 있다는 것을 알았을 때 비로소 이루어졌다. 즉, 인간은 가설을 형성하여 그 안내에 따라 잠정적인 탐색활동을 하면서 그 활동의 전개에 의하여 이전의 가설을 확인, 폐기, 또는 수정하였다. 희랍인들은 지식을 학습보다 우위에 두었지만, 현대 과학은 보존된 지식을 오직 학습의 수단, 발견의 수단으로서 중요시한다.**

---

* Platon 대화편 Menon(80d-e)에서 Menon이 제시하는 논변으로서, 이것은 그 당시 널리 알려져 있었던 것 같다. Menon에서 이 논변은, 여기서 Dewey가 암시하는 것과는 달리, '학습이 가능한가 아닌가'하는 문제 그 자체를 논의할 목적으로 대두된 것은 아니다. Menon에서의 그 논변은 특히 인식론 분야에서 그 이후 철학사상에 광범하고 지속적인 영향을 미쳤다.

** 가령, '지식'과 '학습'(탐구 또는 발견)의 관계를 목적과 수단의 관계로 파악할 경우에, 그 중의 어느 것이 목적이며 어느 것이 수단인가 하는 문제를 생각해 보자. 보통, 지식은 '결과'요, 학습은 '과정'이라고 생각되는 만큼, 학습은 지식의 수단이라는 생각이 자연스러울 것이다. 그러나 Dewey는 그 반대의 관계도 성립한다는 것을 지적한다. 즉, 이때까지 축적된 결과로서의 지식은 앞으로의 탐구를 위한 '잠정적 결론'을 제시한다는 뜻에서 탐구의 수단이 된다는 것이다. 이 문단에서 Dewey가 '희랍인의 논변'을 도입한 것은 지식을 '정적 결과'로 취급하는 보기로 삼기 위해서라고 생각된다. Dewey가 주장하는 것은, 지식은 고정된 것이 아니라 계속 발전한다는 것, 그리고 이 과정에서 지식은 목적이면서 동시에 수단이 된다는 것이다.

¶ 18_ 다시 앞의 예로 되돌아가서, 전쟁 중의 사령관의 경우를 생각해 보자. 작전 명령을 내릴 때, 그는 절대적 확실성이나 절대적 무지에 입각하여 행동하는 것이 아니다. 그는 일정한 양의 정보를 손에 쥐고 있으며, 이것은 대체로 믿을 만하다고 보아도 좋다. 여기서부터 그는 장차 벌어질 움직임을 추론함으로써, 주어진 사태에 드러난 단순한 사실에다가 의미를 부여한다. 그의 추론은 정도의 차이는 있지만 불확실하고 가설적인 것이다. 그렇지만 그는 그것을 기초로 하여 작전 명령을 내린다. 그는 시행계획, 다시 말하여 사태를 다루는 방법

을 만들어낸다. 여러 가지 가능한 행동 중에서 하나를 선택한 데에서 직접 따라오는 결과가 어떤 것인가가 그의 사고의 가치를 나타내어 준다. 그가 이미 알고 있는 내용은 그가 탐구 또는 학습하는 내용에 작용하며 그것과 관련하여 가치를 가진다. 그러나 이러한 설명이 중립국에서 사태의 진전을 열심히 깊은 생각을 하면서 지켜보는 사람에게도 마찬가지로 적용될 수 있는가? 물론, 내용에 있어서는 다르겠지만, 형식에 있어서는 마찬가지이다.* 현재 드러난 여러 가지 사실로 미루어 장차 어떻게 되리라고 하는 그 사람의 추측, 여러 가지 따로 떨어진 사실에 의미를 부여하기 위하여 하는 그 사람의 추측이 실제 전장에서 효력을 발생할 방법을 만들어내는 데에 직접 도움이 되지는 않는다. 그 사람이 직접 전쟁을 하지 않는 만큼, 그러한 방법을 만들어내는 것은 그 사람이 당면한 문제가 아니다. 그러나 사건의 진전을 그냥 수동적으로 따라가는 것이 아니라 그것에 대하여 능동적으로 사고하는 정도에 따라서, 그의 잠정적 추론은 '그가 당면하고 있는' 사태에 적합한 시행방법을 제시하게 될 것이다. 그는 장차 일어날 사건을 예견하게 될 것이며, 그것이 실제로 일어나는가 아닌가를 예의주시하게 될 것이다. 그가 지적 관심을 가지고 있는 정도, 또는 다른 말로, 사고를 하는 정도에 따라서, 그는 '능동적으로' 사태를 주시하게 될 것이다. 전쟁 당사국에서 현재 벌어지고 있는 전투에 영향을 미칠 수는 없겠지만, 그는 자기 자신의 차후의 행동에 영향을 미칠 수 있는 모종의 조치를 취할 것이다. 가령 그가 나중에 '그것 보라니까, 내가 말했잖아'라고 말했다고 하자. 그가 능동적으로 사태를 주시하지 않았다고 하면, 이 말은 하등의 지적 의미를 가질 수 없을 것이다. 그런 경우에 이 말은 그 이전의 사고의 검증을 의미하는 것이 아니라, 오직 정서적인 만족에다가 다분히 자기 기만의 요소를 곁들인 우연의 일치를 나타내는 것에 지나지 않는다.

* 여기서 '내용'이라는 것은 사고의 결론을 가리키며, '형식'이라는 것은 사고의 방법 또는 절차를 가리킨다.

¶19_ 천문학자가 그에게 주어진 자료로부터 장차 일어날 일식을 예견(추론)하는 것도 그와 비슷하다. 수학적 확률이 아무리 크다 하더라도, 그의 추론은 어디까지나 가설이요 개연성의 문제이다.[1] 일식이 일어나리라고 예견되는 날짜와 장소에 관한 가설은 장차 그의 행동 방법을 만들어내는 자료가 된다. 관측

장비를 갖추고, 아마 때로는 지구상의 먼 곳에 이동해 갈 필요도 있을 것이다. 어쨌든, 모종의 물리적 조건을 실제로 변화시키기 위한 적극적인 조치가 필요하게 된다.* 이러한 조치와 그로 인한 사태의 변경이 없이는 사고 행위가 완결되지 않는다. 그것은 미완결된 상태인 것이다. 지식, 즉 이미 획득된 지식은 사고를 통제하며, 사고로 하여금 그 결실을 맺게 한다.

---

1) 우리가 확률을 계산할 수 있고 또 오차의 범위를 계산할 수 있다는 것은 과학에서 대단히 중요하지만, 그렇다고 해서 그것이 여기에 설명된 내용에 영향을 주는 것은 아니다. 그러한 계산은 정확성을 높일 뿐이다. [원주]

* 단순히 호기심에서 하는 말이지만, 여기에 사용된 예는 이때까지 Dewey가 든 예와는 맞지 않는다는 느낌이 든다. 이때까지의 예에서는 사고가 우리에게 유익한 실제적 결과를 얻는 데에 도움이 된다는 것을 보여 준 반면에, 여기서는 사고가 그 사고의 가설을 확인하는 행동을 하는 데에 도움이 된다는 것을 보여 주고 있다. 일식이 예측대로 일어나는 것을 확인한 '결과'는 전쟁에서 이긴 '결과'와는 다른 종류의 것이다. 이 문단은 마지막 문장(결론)까지 포함하여 특히 엉성하게 조직되어 있다는 느낌을 준다.

¶ 20_ '思考的사고적 경험'*이 나타내고 있는 일반적 특징에 관한 설명은 이 정도로 마치겠다. 그 일반적 특징이라는 것은, ㈎ 아직 성격이 충분히 파악되지 않은 불완전한 사태에 처하여 우리가 느끼는 곤혹, 혼란, 의심, ㈏ 가설적 예견—주어진 요소에 관한 잠정적 해석 및 그것이 가지고 올 결과에 대한 예측, ㈐ 목하 문제의 성격을 규정하고 명료화하는 데에 도움이 되는 모든 고려사항의 세밀한 조사(정사, 탐색, 분석), ㈑ 보다 넓은 범위의 사실에 맞도록 잠정적 가설을 더 정확하고 일관성있게 가다듬는 일, ㈒ 설정된 가설을 기초로 하여, 현재의 사태에 적용할 행동의 계획을 수립하고, 예견된 결과를 일으키기 위하여 실제로 행동을 함으로써 가설을 검증하는 것이다.** 본격적 사고와 시행착오적 사고를 구분 짓는 것은 위의 셋째와 넷째 단계가 얼마나 치밀하고 정확한가 하는 것이다. 그것이야말로 사고를 경험으로 만드는 요건이다. 그렇기는 해도, 우리는 시행착오의 사태로부터 결코 완전히 벗어날 수는 없다. 아무리 정교하고 합리적으로 일관된 사고라 하더라도, 거기에는 사실 세계에 대하여 시행해 보고 그 결과를 확인해 보는 과정이 반드시 필요하다. 또한, 사고가 아무리 정교하다고 하더라도 결코 모든 관련을 고려할 수는 없는 것이므로, 모든 결과를 완전히 정확하게 망라할 수는 없다.*** 그렇지만, 본격적인 사고에서는 상황의 조사가 세밀하고 결과에 대한 예측이 체계적인 것인만큼, 우리는 사고적 경험

과 조잡한 형태의 시행착오적 행위를 구분해서 취급할 수가 있다.

---

* reflective experience; Dewey 식으로 말하자면, 앞의 reflective라는 형용사는 불필요하다. 일체의 경험에는 사고가 개입해 있으며, 사고가 개입되지 않은 경험은 경험이 아닌 것이다. 앞의 ¶12 주 참조.

** 이것은, 보통, Dewey의 '사고의 5단계'로 알려져 있다. 이 단계에 관한 보다 자세한 설명과 예시는 다음 장에 나온다. 그러나 이하 '요약'에 제시된 바에 따라 그 5단계를 요약해서 표현하면, 1) 문제의 인식, 2) 잠정적 가설의 형성, 3) 현사태의 조사, 4) 가설의 정련, 5) 가설의 검증이라고 이름붙일 수 있을 것이다.

*** 사고에 관하여 Dewey가 이와 같이 세밀한 한정을 덧붙이는 것은 아마 그의 관심이 '실제적 사고'에 치중되어 있기 때문일 것이다. 이른바 '이론적 사고'에서는 관심의 대상이 되는 '결과'라는 것이 명확히 한정되어 있으며, 사고를 하는 사람은 그렇게 한정된 결과에만 관심을 기울일 수가 있다. 이것이 이론적 연구의 특징이다. 그러나 사고의 관심이 '실제적 결과'에 있을 때에는, 행동의 결과로 나타나는 '부수적인 결과'—즉, 사고에서 예측하지 못했던 결과—에도 관심을 가지지 않으면 안 된다. Dewey가 '모든 결과를 완전히 망라할 수는 없다'고 말한 것은 이 점을 가리킨다.

| 요약 | **¶21**_ 경험에 있어서의 사고의 위치를 결정하려고 하면서 우리는 먼저, 경험은 행동 또는 '해보는 것'과 그 행동의 결과로 '당하는 것' 사이의 관련으로 이루어진다는 것을 말하였다. 능동적인 측면으로서의 '해 보는 것'과 수동적인 측면으로서의 '당하는 것' 사이의 괴리는 경험의 생생한 의미를 파괴한다. 사고는 행해진 것과 그 결과 사이의 관련을 정확하게, 또 의도적으로 확립시키는 노력이다. 사고에서는 그 양자가 관련된다는 사실만 중요한 것이 아니라, 그 관련을 자세하게 파악하는 일 또한 중요하다. 사고는 그 관련을 명확하게 드러내고자 한다. 사고를 위한 자극은 우리가, 이미 행해진 것이건 장차 행해질 것이건 간에, 모종의 행위의 의미를 확실히 알고싶을 때 생긴다. 이때 우리는 결과를 예견한다. 이것은 곧 현재 있는 그대로의 사태가 객관적으로, 또는 우리의 목적에 비추어 불완전하고 따라서 확실하지 않다는 뜻이다. 결과의 예견은 잠정적인 해결책, 또는 우리가 얻고자 하는 해결책을 나타낸다. 이 가설을 보다 완전한 것으로 만들기 위해서는, 현재의 조건을 세밀히 조사하고 그 가설의 논리적 함의를 끌어낼 필요가 있다. 이 과정을 보통 '추리'라고 부른다. 그 다음에, 그 가설적 해결책—아이디어 또는 이론—에 따라 실제로 행동해 봄으로써 그것을 검증한다. 만약 그 행동이 소기의 결과—즉, 외부세계에 소기의 변화가 일어나는 것—를 가져오면, 그 가설은 타당한 것으로 받아들여진다. 그렇지 않

으면 가설이 수정되고, 또 하나의 시행이 이루어진다. 사고는 이 모든 단계들—즉, 문제의 인식, 상황의 관찰, 잠정적 결론의 형성과 논리적 정련, 그리고 능동적 실험에 의한 검증—을 포함한다. 모든 사고가 지식을 낳지만, 궁극적으로 말하여 지식의 가치는 그것이 사고에 활용된다는 점에 있다. 우리는 정착되고 완결된 세계에 살고 있는 것이 아니라, 현재 진행 중인 세계에 살고 있다. 그리고 그 세계에서 우리의 주된 과업은 전향적인 것이며, 후향적인 것—사고와 지식을 구분할 때, 일체의 지식은 후향적인 것이다—의 가치는, 우리가 미래를 다스려나가는 데에 그것이 확실성, 안전성, 생산성을 가져다 준다는 데에 있다.

제 12 장

교육에 있어서의 사고

1 방법의 요건

¶1_ 이론상으로는 학교에서 좋은 사고습관을 길러주는 일이 중요하다는 것을 의심하는 사람은 아무도 없다. 그러나 이론상으로가 아니라 실제에 있어서 그 중요성을 인식하는 사람은 그리 많지 않거니와, 이 점은 차치하고라도, '마음'에 관한 한(즉, 특수한 운동능력을 제외하면), 학교가 할 수 있고 또 해야 하는 것은 오로지 사고하는 능력을 길러주는 것이라는 데 대해서는 이론상의 인식조차 철저하지 못하다. 학교 교육의 목적을 기술의 습득(읽기, 글씨, 작문, 그리기, 외우기), 정보의 획득(역사와 지리), 사고의 훈련 등과 같이 조각조각으로 갈라놓는 것을 보면, 이 세 가지 일이 모두 잘 이루어지고 있지 않다는 것을 짐작할 수 있다. 신체적 동작을 능률적으로 할 수 있게 되는 것과 관련을 맺지 않은 사고, 우리 자신에 대하여, 또 우리가 살고 있는 세계에 대하여 더 많은 것을 배우는 것과 관련을 맺지 않은 사고는 사고로서 무엇인가 잘못된 점이 있다(앞 장 ¶14 참조). 또한, 사고와의 관련을 떠나서 습득된 기술은 그것이 사용되어야 할 목적에 관한 인식과 단절되어 있다. 그리하여 이때 우리는 기계적인 습관에 노예가 되고 다른 사람들의 권위적 통제에 좌우된다. 이 다른 사람들은 그들이 목적하는 바를 달성하는 데에만 관심을 둘 뿐, 그것을 달성하는 수단에 관해서는 특별히 신경을 쓰지 않는다. 또한, 사고에 입각한 행동과의 관련을 떠난 정보는 죽은 정보요, 마음을 짓누르는 짐이다. 그런 정보는 지식의 모사품이며, 따라서 자만이라는 독소를 만들어내기 때문에, 지력의 혜택을 받아 성장해 나가는 데에 가장 심각한 장애가 된다. 수업과 학습의 방법을 꾸준히 개선해 나

가는 직접적인 통로는 오직 사고를 정련하고 증진시키고 시험하는 데에 어떤 조건이 필요한가 하는 점에 주의를 기울이는 것이다. 사고라는 것은 다른 것이 아니라, 지적인* 학습—다시 말하면, 마음을 구사하고 마음을 살찌게 하는 학습—의 방법 바로 그것이다. 우리는 보통 '사고의 방법'이라는 말을 하고 또 그렇게 말해서 안될 것은 없지만, 방법이라는 것에 관하여 우리가 명심해야 할 것은 사고가 바로 방법이라는 것이다. 즉, 사고는 경험이 지적인 것일 때 그 경험이 따르지 않으면 안되는 방법인 것이다.

* 여기서 '지적인 학습', '지적인 경험'이라고 하는 것은 학습이나 경험의 '내용'이, 예컨대 정서적인 것이 아니고 지적인 것이라는 뜻이 아니라, 학습이나 경험의 '방식'을 특징짓는 것이다. 즉, 그것은 학습이나 경험이 '머리를 쓰는', '지적으로 영리한' 특징을 가지고 있다는 뜻이다.

¶ 2_ (1) 사고라고 부르는 '경험의 전개'의 맨 첫 단계는 '경험'이다. 이 말은 너무나 뻔한, 하나마나한 말처럼 들릴지 모른다. 그러나 불행하게도 그것이 뻔하지 않다고 생각하는 사람들이 있으니 문제이다. 이때까지 철학이론에 있어서나 교육실제에 있어서나 할 것 없이, 사고는 흔히 경험과 단절된 그 무엇이요 경험과 별도로 개발될 수 있는 것으로 생각되어 왔다. 사실상, 경험 자체의 내적 제약*이 바로 사고의 중요성을 말해주는 충분한 근거가 된다고 주장하는 사람들이 많이 있다. 이러한 주장을 하는 사람들은, 경험은 마치 감각이나 욕망, 또 단순히 물질세계에 국한된 것인 양 생각하고, 그 반면에 사고는 고등 능력(이른바 이성)에서 나오는 것이요, 정신적인 것 또는 최소한 문자로 씌어진 것을 주로 다루는 것으로 생각한다. 그리하여 흔히, 예컨대 순수수학은 순전히 사고에 적합한 교과요(왜냐하면 여기서는 물체를 다루지 않기 때문이다), 응용수학은 실용적인 가치를 가질 뿐, 정신적인 가치는 없다는 식으로 양자를 구분하는 경우를 볼 수 있다.

* '경험 자체의 내적 제약' (inherent limitations of experience)이라는 것은 경험의 성격 그 자체에서 생기는 제약, 경험이 그 성격으로 말미암아 가지고 있기 때문에 어쩔 수 없는 제약을 뜻한다. 아래에 설명되어 있듯이, 이 제약은 경험에서 사고의 요소가 제외될 때 그 경험이 가지고 있는 제약을 뜻한다. 그리하여 이 내적 제약은 경험의 본질을 그릇되게 파악하는 사람들이 보는 경험의 제약이며, 그 사람들은 또한 그 제약이 사고에 의하여 보완되어야 한다고 생각한다. 물론, Dewey는 이 생각이 그릇되다고 말한다.

¶ 3_ 일반적으로 말하여, 수업방법에 있어서의 근본적 오류는 학생들에게 이미 경험이 갖추어져 있다고 생각하는 데에 있다. 이와는 달리, 여기서 우리가 강조하고자 하는 것은, 사고를 일으키는 첫 단계로서 구체적인 경험적 사태*가 필요하다는 것이다. 여기서 경험이라고 하는 것은 앞에서 정의한 그대로이다. 즉, 경험은 무슨 일인가를 해 보는 것, 그리고 그 반대로 그 일이 우리에게 무엇인가 확실한 결과를 가져다주는 것이다. 수업방법의 오류는 산수, 지리 등등, 사태에 대한 학생 자신의 직접적인 경험과 무관한 기성의 교과를 가지고 수업을 시작할 수 있다고 생각하는 데에 있다. 심지어 유치원 교육이나 몬테소리식 교육**에서도 '시간의 낭비없이' 탁월한 지적 능력을 갖추도록 하겠다는 욕심에서, 익숙한 경험자료를 직접, 또 아동에게 맞는 수준에서 이리저리 다루어 보는 일을 도외시하고—또는 최소한으로 하고—아동들을 곧장 어른들이 만들어낸 지적 능력을 예시하는 자료로 이끌어간다. 그러나 성숙의 수준을 막론하고 새로운 자료에 대한 첫 단계의 접촉은 반드시 시행착오적 성격을 띨 수밖에 없다. 놀이에서나 일에서나, 개인은 자기 자신의 충동적 활동을 수행하는 데에 있어서 주어진 자료를 가지고 실제로 무슨 일인가를 해 보아야 하며, 그리고 난 뒤에 자신의 에너지와 주어진 자료의 에너지 사이의 상호작용을 주시해야 한다. 아이가 처음에 나무토막을 쌓을 때 하는 일이 바로 이것이며, 과학자가 실험실에서 낯선 물체로 실험을 할 때 하는 일도 마찬가지로 이것이다.

---

* empirical situation: 이 말 대신에 Dewey는 능히 'experiential situation'이라는 표현을 썼을 법하다. 이 문단 뒷부분의 '첫 단계의 접촉은 시행착오적 성격을 띨 수밖에 없다'는 말과 관련지어 보건대, 여기서 empirical situation이라는 표현을 쓴 것은 경험의 초기에 무엇인가 시행해 볼 기회가 주어져야 한다는 뜻을 나타내기 위해서라고 생각된다.

** 이태리의 아동교육가 Maria Montessori가 고안한 유아교육의 방법을 가리킨다. 나무토막과 같은 구체적인 물건을 다룸으로써 그 속에 담겨있는 지적 능력을 습득할 수 있다는 것이 그 골자이다. 이 문단의 뒷부분에 '나무토막 쌓는 아이'에 관한 언급은 몬테소리 방법을 가리킨다. 근래 유아교육에 관한 관심과 더불어 우리나라에도 이 방법이 널리 소개되어 있다.

※ 앞 문단의 '경험의 전개과정의 첫 단계는 경험이다'라는 말과 이 문단의 '수업에서 학생들에게 이미 경험이 갖추어져 있다고 생각하는 것은 오류이다'라는 말은 혼란을 일으킬 가능성이 있다. 이 혼란에서 벗어나는 길은 앞의 '경험'과 뒤의 '경험'에 의미상 차이가 있다고 보는 것밖에, 달리 방도가 없을 것 같다. 이 차이를 감안하여 Dewey의 생각을 이해하자면, 아마 다음과 같을 것이다. 즉, 학생들은 '처음부터' 경험을 하게 되어 있다. 이때 경험은 '기성의 지식(또는 교과)'을 가리키는 것이 아니라 활동(즉, trying and undergoing)이다. 그리고 이 경험은 '처음부터 끝까지 계속적으로' 성장 또는 발전해 나간다, 등등. 그러나 여기에는 이 정도로는 해결되었다고 보기 어려운 복잡한 문제가 있다.

¶ 4_ 그러므로 학교의 교과를 가르칠 때 말을 가르칠 것이 아니라 사고를 일으키려고 하면, 어떤 교과에 있어서든지 그 시작은 될 수 있는 대로 '비학문적'으로 해야 한다. '경험'이라든가 '경험적 사태'라든가 하는 말이 무슨 뜻인가를 알려면 학교 바깥의 사태가 어떤 것인가, 다시 말하면 일상의 생활에서 사람들이 관심을 가지고 종사하는 일, 그것이 어떤 종류의 일인가를 머릿속에 그려보면 된다. 또한, 산수건 읽기건, 지리, 물리, 외국어 할 것 없이 어느 과목에 있어서나, 학교교육에서 사용되어 온 통시대적으로 훌륭한 방법들을 세밀히 조사해 보면, 그것이 학교 밖의 일상생활에서 우리에게 사고를 일으키는 그런 사태에 연결되어 있었다는 데에 그 성공의 비결이 있음을 알 수 있다. 그런 방법은 학생들에게 무엇인가 '배울 것'을 주는 것이 아니라 무엇인가 '할 일'을 주며, 이 '할 일'이라는 것은 반드시 '사고'—즉, 관련의 의도적인 파악—을 하지 않으면 할 수 없는 그런 종류의 일이다. 그렇게만 하면 학습은 저절로 따라온다.

¶ 5_ 학생들에게 제시하는 사태가 반드시 사고를 일으키는 그런 종류의 사태여야 한다는 것은, 물론, 그 사태에서 해야 할 일이 기계적이거나 변덕스러운 것이 아니어야 한다는 것—다시 말하면, 무엇인가 새로운 것(따라서 불확실한 것, 문제가 되는 것)이 있으면서도 이때까지의 습관과 충분한 연결을 맺고 있어서 효과적인 반응을 불러일으킬 수 있어야 한다는 것—을 뜻한다. 효과적인 반응이라고 하는 것은 확실한 결과를 이룩하는 반응을 뜻하며, 이것은 활동과 그 결과가 정신적으로 연결될 수 없는, 순전히 아무렇게나 되는대로 하는 활동과 구별된다. 따라서 학습을 유발하기 위하여 계획된 사태나 경험에 대하여 우리가 물어야 할 가장 중요한 질문은, 그것에 담긴 '문제'의 질이 어떠한가 하는 것이다.

¶ 6_ 얼른 생각하기에는 보통의 학교교육의 방법이 방금 말한 그 기준을 충분히 만족시키는 것처럼 생각될지 모른다. 문제를 내어주고 질문을 하고 과제를 주고 곤란감을 확대시키는 것 등등이 학교 공부의 대부분을 이루고 있는 것이다. 그러나 진짜 문제와 가짜 문제 또는 엉터리 문제를 구분하는 것이 대단히 중요하다. 다음과 같은 질문들이 그 구분을 하는 데에 도움이 될 것이다. ㈎ 문제 이외에 또 다른 무엇이 있는가 없는가?* 그 문제는 모종의 직접 경험의 사태에서 자연적으로 우러나온 것인가? 아니면 학교 교과에 들어 있는 주제를 전달

하는 목적에만 맞는, 현실과 동떨어진 고답적인 문제인가? 그 문제는 학교 바깥에서 하는 관찰, 실험과 같은 종류의 '해 보는 것'을 요구하는가? (나) 그것은 학생 자신의 문제인가, 아니면 원래 교사의 문제 또는 교과서의 문제였던 것이, 오직 그것을 배우지 않으면 점수를 딸 수 없거나 진급을 못하거나 교사의 승인을 받을 수 없다는 이유에서 억지로 학생의 문제로 만들어진 것인가? 명백히, 이 두 질문은 서로 겹친다. 말하자면, 이 두 질문은 동일한 의미를 두 가지 방식으로 표현한 것이다. 즉, 그 경험은 학습자 자신의 것으로서, 그 속에 포함된 관련을 자극하고 지도하며 추론과 검증으로 이끌 수 있는 그런 성격을 가진 것인가, 그렇지 않으면 그 경험은 외부에서 부과된 것으로서 학생의 문제는 오직 그 외부의 요구에 맞추기 위해서 학습자의 것으로 된 것인가 하는 것이다.

---

* 진짜 문제에는 '문제'이외에, 그 '문제'의 해결이 어디론가 이끌어간다는 더 중요한 목적이 있으며, 여기에 비하여 '문제' 이외에 아무것도 없는 문제는 가짜 문제라는 것이다.

¶ 7_ 이상의 질문에 비추어 보면, 오늘날 교육의 실제가 사고의 습관을 길러주는 데에 어느 정도로 노력을 기울이고 있는가 하는 문제가 심각한 것으로 대두된다. 평균 수준의 교실을 두고 볼 때, 그 물리적 설비와 배열은 진짜 경험의 사태를 만드는 것과는 거리가 멀다. 일상생활에서 저절로 생기는 곤란감 같은 것이 생길 여지가 어디에 있는가? 거의 모든 조건이 듣고, 읽고, 또 교사의 말과 글을 그대로 재생해 내는 일에 진력하고 있다는 것을 역력히 보여준다. 집에서, 놀이터에서, 삶의 일상적인 책임을 완수하는 동안에 사물이나 사람들과 능동적으로 접촉하는 사태와 교실의 이 조건을 비교해 볼 때, 그 대조는 너무나 현격하다. 교실에서 벌어지는 일은 학교 바깥에서 다른 사람들과 이야기를 하거나 책을 읽을 때에 아이의 마음속에 떠오르는 질문과 비교조차 할 수 없을 정도로 다르다.* 학교 밖에서는 아이들이 그렇게 질문을 많이 하는데도(아이들을 조금만 부추겨 주면, 어른들이 귀찮아할 정도로 질문을 많이 한다), 학교에서 공부하는 교과에 대해서는 어찌하여 그토록 호기심을 보이지 않는가 하는 문제에 대하여 아무도 설명을 한 일이 없다. 이 현격한 대조에 대하여 깊이 생각해 보면, 보통의 학교 상황이 과연 어느 정도로 경험의 맥락—문제가 자연적으로 생기는 사태—을 제공하고 있는가 하는 데 대한 해답을 얻을 수 있을 것이다. 교사 개개인의 수업기술을 아무리 향상시킨다 하더라도 이 사태를 전적으로 시

정할 수는 없을 것이다. 이 결함을 메우기 위해서는 더 많은 실물자료, 더 많은 물건들, 더 많은 장비, 그리고 실제로 해 볼 기회가 더 많이 주어져야 한다. 아이들이 실제로 해 보는 곳에서는, 또 그 일을 하는 동안에 일어난 것들에 관하여 토론하는 곳에서는, 수업방식에 별 두드러진 것이 없다 하더라도, 자발적이고 활발한 탐구가 일어나며, 다양하고 독창적인 해결책이 제시된다는 것을 알게 될 것이다.

---

* Dewey가 이와 같이 '학교 바깥의 것'을 강조할 때, 읽는 사람의 마음에 떠오르는 거의 즉각적인 반응은, '무슨 이야기, 무슨 책 말인가'하는 것이다. 이 반응의 이면에는 또한, '물론, 학교에서 하는 이야기는 일상생활에서 하는 이야기와 다르다. 그것이 바로 학교가 학교인 이유이다'라는 생각이 들어 있다.

¶8_ 진짜 문제를 발생시키는 자료, 그리고 학생들이 해야 할 일이 없다는 데서 자연히 따라오는 귀결은 학생의 문제가 학생의 것이 아니라는 것, 또는 더 정확하게 말하자면, 그 문제는 오직 '학생으로서의' 학생의 것이며, 하나의 '인간으로서의' 학생의 것이 아니라는 것이다. 학생들이 교실의 문제는 아주 쉽사리 처리하면서도 교실을 벗어난 생활의 문제로 넘어갈 때에는 그토록 심한 낭비가 생기는 것은 바로 이 때문이다. 학생은 문제를 가지고 있지만, 그것은 어디까지나 교사가 정해 놓은 특정 요구조건을 만족시키는 문제이다. 교사가 무엇을 원하는지를 알아내는 것, 암송이나 시험 또는 외부적인 품행에서 어떻게 하면 교사를 만족시킬 수 있을까를 알아내는 것, 그것이 학생의 문제로 된다. 이렇게 되면 이미 교과와의 관계는 뒷전으로 밀려난다. 사고의 계기와 자료는 산수나 역사나 지리 그 자체에 있는 것이 아니라, 그 자료를 교사의 요구조건에 교묘하게 적응시키는 데에 있다. 학생은 공부를 하지만, 학생 자신도 모르게, 공부의 대상은 이름 그대로의 '공부'가 아니라 학교체제와 학교당국의 관례와 표준 바로 그것으로 된다. 이런 식으로 유발된 사고는, 최선의 경우라고 해야, 일방적으로 조작된 것에 불과하다. 최악의 경우에, 학생의 문제는 어떻게 하면 학교생활의 요구조건을 만족시키는가가 아니라 만족시키는 '체 하는가', 다시 말하여, 어떻게 하면 그 요구조건을 최소한으로라도 만족시켜서 지나친 마찰 없이 빠져나갈 수 있을까 하는 데에 있다. 이러한 수법으로 판단을 형성해 나가는 것은 인격에 하등 좋은 영향을 미치지 않는다. 만약 이때까지 한 말이 보통 학교에서 쓰이는 교육방법을 너무 야단스럽게 채색했다는 느낌이 든다면, 그렇

다는 것을 인정한다 하더라도, 그 과장이 적어도 목하 말하려는 요지를 예시하는 데에는 도움이 될 것이다. 그것은 곧, 사고와 탐구의 계기가 되는 문제를 정상적으로 발생시킬 수 있는 그런 사태를 마련하기 위해서는 학생들로 하여금 능동적인 추구를 하도록 해야 하며, 목적을 달성하기 위하여 주어진 자료를 활용하도록 해야 한다는 것이다.

¶ 9_ (2) 일단 곤란한 문제가 생긴 뒤에는 그 문제를 다루는 데 있어서 고려해야 할 사항들이 어떤 것인가를 알려 줄 '주어진 여건', 즉 '자료'*가 있어야 한다. 소위 '발견식' 수업**을 하는 교사는 때로 아이들에게 스스로 생각해 내라고 말하지만, 이것은 마치 아무 것도 없이 머리 속에서 뽑아내라고 하는 것과 같다. 사고의 자료는 '생각'이 아니라,*** 행위요 사실이요 사건이요 사물들 사이의 관계이다. 다시 말하면, 사고를 효과적으로 하기 위해서는 현재의 문제를 해결하는 데에 필요한 자원으로서의 경험이 있어야 한다. 당면한 문제는 사고를 일으키는 자극으로서 필수불가결하지만, 문제라고 하여 모두가 사고를 일으키지는 않는다. 어떤 문제는 사고를 압도하고 침몰시키고 좌절시킨다. 현재의 문제 사태가 과거에 다루어 본 것과 충분히 유사한 것이어서 학생이 그것을 다루는 수단을 다소간이나마 구사할 수 있어야 한다. 수업기술의 주요 부분은 새로운 문제의 곤란도가 사고를 일으키기에 충분할 만큼 크면서도 동시에 너무 크지 않도록, 다시 말하면, 새로운 요소가 들어 있음으로써 자연히 혼란이 야기되지만 그 혼란 중에도 해결의 실마리가 잡힐 정도의 낯익은 부분이 군데군데 반짝이도록 하는 데에 있다.

---

* data: 기정의 사실로서 주어진 것

** 'developing' method: 이것은 오늘날의 용어로 'discovery method'에 해당한다.

*** The material of thinking is not thoughts. 이 문장은 '생각을 생각한다'는 말이 명백한 의미상의 도착을 나타내고 있다는 점에 입각하여, 사고의 대상(또는 내용)은 사고 그 자체일 수 없고, 사건, 사실 등등, 이른바 사고 이외의 '현실'이어야 함을 주장하고 있다. 앞의 문장과 관련지어 보면, 이것은 학생들이 사고를 할 때 머리 속에서 실을 뽑아내듯이 무엇인가를 뽑아내는 것이 아니며, 무엇인가 자료(data)가 있어야 한다는 뜻이다. 그러나 여기에는 복잡한 문제가 있다. '생각을 생각한다'는 말은 표면상 명백히 넌센스로 들리지만, 이것은 앞의 생각(thoughts)과 뒤의 생각(thinking)을 그 '의미'로 파악하지 않고 오직 '단어'로만 파악하기 때문일 것이다. 가령, 앞의 생각을 '가지고 있는 생각'이라고 하고 뒤의 생각을 '하는 생각'이라고 할 때, '가지고 있는 생각'이 사건, 사실 등등과 무관할 수 있는가? 이것들과 무관한 '생각'이라는 것은 상상할 수 없다. 지식의 주체와 대상이 분리될 수 없다는 Dewey의 주장

(25장)에 비추어, 이것이 곧 Dewey 자신의 주장이라고 보아야 한다. '사고의 자료는 생각이 아니다'라는 Dewey의 말은 자칫 사고와 그 대상의 분리를 주장하는 것으로 해석될 우려가 있다.

¶10_ 어떤 의미에서는, 사고의 주제를 제시하는 데에 어떤 심리적 기제를 쓰는가 하는 것은 그리 중요한 문제가 아니다. 기억, 관찰, 독서, 통신 등, 모든 것이 자료를 제공하는 통로가 된다. 이 각각의 수단을 활용하는 비율을 어떻게 하는가 하는 것은 목하 문제되는 구체적인 사태의 성격에 비추어 결정해야 할 것이다. 가령, 학생들이 어떤 물체에 대하여 이미 잘 알고 있어서 혼자서도 능히 그 특징들을 머릿속으로 그려볼 수 있는 경우에 직접 실물을 눈앞에 갖다 두고 관찰하도록 해야 한다고 우긴다면, 그것은 바보같은 짓이다. 이렇게 하면 감각표상에 지나치게 의존하게 되어 절름발이가 될 가능성이 있다. 사고를 해 나가는 데에 여러 물체의 감각적 특징이 도움이 된다고 하여 박물관을 짊어지고 다닐 수는 없는 노릇이다. 잘 훈련된 마음을 가졌다고 하는 것은 마음속에 최대의 자원을 갖추고 있어서 과거의 경험에서 무엇을 뽑아낼 수 있을까를 늘 궁리한다는 뜻이다. 그러나 또 한편, 아주 낯익은 물체라 하더라도, 그 성질이나 관계 중의 어떤 것이 그전에는 간과되었다가 지금 당면하고 있는 문제를 해결하는 데는 중요한 것이 되는 경우가 있다. 이 경우에는 직접 관찰이 필요하다. 이와 마찬가지 원리로서, 한편으로는 관찰을 하면서, 또 한편으로는 독서와 '설명'을 필요로 하는 경우도 있다. 직접 관찰은 당연히 생생한 실감을 준다. 그러나 그것은 그것대로 약점을 가지고 있다. 그뿐만 아니라, 개인의 직접적인 경험이 가지고 있는 편협성을 다른 사람의 경험을 활용하여 보완하는 능력을 습득하는 것은 교육의 필수적인 부분이다. 책을 읽어서든지 남의 이야기를 들어서든지 간에, 자료를 얻기 위하여 남에게 지나치게 의존하는 것은 좋지 않다. 그 중에서도 가장 좋지 않은 것은 다음과 같은 경우이다. 즉, 책이건 교사이건 간에 다른 사람들의 의견은 학생들에게 오직 자료를 제시하는 데에 그쳐야 하며 그 자료를 문제에 맞게 해석하고 적용하는 것은 학생 자신이 해야 하는데도, 그 다른 사람들이 해결책을 미리 알려줄 가능성이 있다는 것이다.

¶11_ 학교에는 통상 다른 사람들이 제공하는 자료가 너무 많기도 하고 동시에 너무 적기도 하다는 말에는 모순이 없다. 암송과 시험에서 재생해 낼 목적으

로 정보를 습득하고 축적하는 일은 너무 많이 하고 있다. 정보를 뜻하는 것으로서의 '지식'은 장차의 탐구, 다시 말하면 더 알아내고 더 배우고 하는 데에 없어서는 안될 자원이며 요긴한 자본이다. 그런데 흔히는 그 자체가 목적처럼 취급되어서 그것을 쌓아가고 또 필요할 때 그것을 내어보이는 데에만 주력하게 된다. 이러한 정태적 냉동 저장물을 지식의 표준과 이상으로 삼는 것은 교육적 성장에 큰 장애가 된다. 그것은 사고의 계기를 그냥 흘려버리는 것에 그치는 것이 아니고 사고를 삼켜 버린다. 온갖 쓰레기가 어지럽게 널려 있는 땅 위에다가 집을 지을 수는 없다. 학생의 '마음'에 이때까지 한번도 지적 용도에 사용해 본 일이 없는 온갖 자료가 가득차 있으면, 사고가 방해를 받을 것은 정한 이치이다. 그런 학생은 목하 문제에 적절한 자료를 선택하는 훈련이 되어 있지 않으며, 어떤 기준을 따라 선택해야 할지를 알지 못한다. 모든 것이 두루뭉수리로 생기없는 정태적 수준에 깔려 있다. 그 반면에, 만약 정보가 학생들 자신의 목적에 유용하게 적용됨으로써 경험 속에서 실제로 기능을 발휘한다면, 책, 그림, 이야기를 통하여, 학교에서 통상 주어지는 것보다 더 다양한 정보들이 주어져야 하지 않겠는가 하는 것은 충분히 생각해 볼 수 있는 문제이다.

¶12_ (3) 사실, 자료, 이미 획득된 지식 등이 사고에서 차지하는 위치는 제안, 추론, 추측된 의미, 가정, 잠정적 설명 등—한 마디로 '아이디어'라는 용어에 담겨 있다. 세밀한 관찰과 회상은 이미 주어진 것, 이미 드러난 것, 따라서 확정된 것이 무엇인가를 보여 줄 뿐, 아직 모르는 것을 보여주지는 않는다. 그것들은 질문을 규정하고 명료화하고 그 소재를 알려주기는 하지만, 해답을 주지는 않는다. 추정, 발명, 재간, 고안 등이 이것을 위하여 필요하다. 자료*가 제안을 '일으켜 주는' 것은 사실이며, 또한 구체적 자료에 비추어서만 제안의 타당성을 확인할 수 있는 것도 사실이다. 그러나 제안은 경험 속에 현재 실제로 '주어져 있는 것'과는 다르며, 그 이상의 의미를 가지고 있다. 제안은 장차 일어날 수 있는 결과를 예견하며, 이미 행해진 일(즉, 사실)을 제시하는 것이 아니라 앞으로 할 일을 지시한다. 추론은 언제나 미지의 영역에 들어가는 것이며, 알려진 것으로부터의 도약이다.

* data

¶13_ 이 점에서 사고*(나타난 그대로의 사물이 아니라 그것에서 제안되는 것)는 창조이며, 새로운 세계로의 진입이다. 사고에는 다소간의 독창이 반드시 포함되어 있다. 물론, 제안의 내용은, 적어도 어떤 점에서는, 우리에게 낯익은 것이어야 한다. 신기성이라든가 창의성이라고 하는 것은 그것이 우리에게 낯익은 것과는 다른 각도에서 취급된다든가 종래와는 다른 용도에 사용되는 측면을 가리키는 말이다. 뉴톤이 중력의 이론을 사고해 내었을 때, 그 사고의 창의적인 측면은 그가 다룬 자료에 있었던 것이 아니다. 자료는 낯익은 것이었다. 해, 달, 행성, 무게, 거리, 질량, 자승 등등—이것은 모두 익히 알고 있던 것들이었다. 이것들은 독창적인 아이디어가 아니라 확립된 사실이었다. 뉴톤의 독창성은 이런 낯익은 것들을 새로운 맥락에 도입하여 종래와는 다른 '용도'에 사용했다는 점에 있다. 모든 놀랄 만한 과학적 발견, 모든 위대한 발명, 모든 훌륭한 예술작품이 이와 마찬가지이다. 독창이나 창의를 기발한 환상과 결부시키는 것은 어리석은 사람이나 하는 짓이다. 그렇지 않은 사람들은, 독창성의 시도는 일상의 사물을 다른 사람의 생각이 미치지 못하는 특이한 용도에 사용하는 데에 있다고 생각한다. 다시 말하면, 조작이 신기한 것이지, 그것에 사용된 자료가 새로운 것은 아니라는 것이다.

* a thought: thinking이라는 동사형과는 달리, 이것은 사고의 결과, 또는 '생각된 내용'을 가리킨다고 보아야 한다.

¶14_ 교육과 관련하여 생각해 볼 때, 여기서 따라오는 결론은, '모든' 사고는 이때까지 파악되지 않았던 여러 고려사항들을 새로운 관점에서 조망하는 것이며, 이 점에서 독창적인 성격을 띤다는 것이다. 나무토막을 쌓는 방법을 발견하는 세 살짜리 아이나, 5센트와 5센트를 합하면 얼마가 된다는 것을 알아내는 여섯 살짜리 아이는, 비록 세상의 모든 사람이 그것을 알고 있다 하더라도, 진짜 발견자이다. 거기에는 경험의 진정한 증가라고 할 만한 것, 다시 말하면, 또 하나의 항목을 기계적으로 추가하는 것이 아닌, 질적 변화에 의한 증가가 있는 것이다. 애정어린 눈으로 지켜보는 사람에게 어린 아이들의 자발성이 그토록 매력있게 보이는 것은 그것이 이 지적 독창성을 나타내기 때문이다. 아이들 자신이 경험하는 기쁨은 지적 성취의 기쁨이요, 만약 창의라는 말을 오해 없이 쓸 수 있다면, 또한 창의의 기쁨이라고 부를 수 있다.

¶ 15_ 그러나 교육과 관련하여 내가 여기서 끌어내고자 하는 가장 중요한 교훈은, 만약 학습이라는 것을 다른 사람들이 집어넣어준 내용을 차곡차곡 쌓아두는 것으로서가 아니라 발견을 뜻하는 것으로 생각하도록 학교교육이 개선되면, 교사의 일이 훨씬 쉬워질 것이라든지, 또는 아이들이나 청년들에게도 각자 자신의 지적 생산의 기쁨을 줄 수 있다든지 하는 것이 아니다. 물론, 이런 것들도 있고, 또 중요하기도 하다. 그러나 내가 더 중요하다고 생각하는 것은, 어떠한 사고나 아이디어도 한 사람에게서 다른 사람에게 아이디어로서 전달될 수 없다는 것이다. 그것을 말로 해 주면, 그것은 그 말을 들은 사람에게는 또 하나의 주어진 사실일 뿐이며 아이디어는 아니다. 언어에 의한 전달은 상대방으로 하여금 스스로 질문을 깨닫게 하고 비슷한 아이디어를 생각해내도록 자극할 수도 있지만, 또한 지적 관심을 파괴하고 사고를 하려는 노력의 싹을 짓밟을 수도 있다. 그러나 어쨌든, 이 경우에 그 사람이 '직접' 받아들이는 것은 아이디어가 아니다. 오직 문제의 상황과 직접 부딪쳐 씨름을 하고 자기 자신의 해결책을 모색, 발견할 때에만 우리는 사고를 한다. 부모나 교사가 사고를 자극하는 상황을 만들어 주고, 학습자와의 공동 경험에 들어가서 학습자의 활동에 대하여 공감을 가졌다면, 학습의 상대역으로서 학습을 일으키기 위하여 해 줄 수 있는 일은 다 해 준 것이다. 그 이외의 나머지는 학습을 하는 당사자의 일이다. 만약 학습자가 자신의 해결책을 찾지 못하면 (물론, 완전히 따로 격리되어서가 아니라, 교사나 다른 학습자와 의견을 교환하면서), 백퍼센트 정확하게 정답을 외울 수 있다 하더라도 그는 학습한 것이 아니다. 우리는 수천 명의 학생들에게 이미 나와 있는 '아이디어'를 줄 수 있고 또 실제로 주고 있다. 통상 우리는 학습자가 자신에게 의미있는 사태에서 자기 자신의 활동을 통하여 아이디어(즉, 의미와 관련의 지각)를 생성하고 지지하고 유지하도록 하는 데에 별로 신경을 쓰지 않는다. 이렇게 말하는 것은 교사가 멀찌감치 떨어져서 방관해도 좋다는 뜻이 아니다. 기성의 교과를 제공해 주고 그것을 얼마나 정확히 재생하는가를 확인하는 것에 대한 대안은 가만히 있는 것이 아니라 학습자의 활동에 참여하면서 활동을 같이 하는 것이다. 그러한 공동의 활동에서 교사는 학생이며 학생은, 비록 의식하지는 못한다 하더라도, 교사이다. 그리고 전체적으로 말하여, 양편에 모두, 가르침을 주고받는다는 의식이 없으면 없을수록 교육은 더 잘된다.

¶ 16_ (4) 앞에서 살펴본 바와 같이, 아이디어는, 시시한 추측이건 거창한 이론이건 간에, 가능한 해결책의 예견이다. 그것은 한편으로 활동과, 또 한편으로 아직 나타나지 않은 결과 사이의 계속성 또는 관련에 대한 예견이다. 그러므로 아이디어는 그것에 의거하여 조작을 가함으로써 검증된다. 아이디어는 장차의 관찰과 회상과 실험을 안내하며 조직한다. 아이디어는 학습의 중간단계이며 종착점이 아니다. 앞에서 몇차례 언급한 바와 같이, 모든 교육개혁가는 주로 전통적 교육의 수동적인 특징을 비판하였다. 그들은 바깥에서 부어넣고 스폰지처럼 빨아들이도록 하는 교육에 반대하였다. 그들은 딱딱한 바위에 송곳으로 뚫어 넣듯이 자료를 집어넣는 교육을 공격하였다. 그러나 아이디어를 얻는 것과 경험을 가지는 것을 동일한 것으로 보는 생각, 즉 경험을 통하여 환경과의 접촉을 넓고 정확하게 하는 것이 곧 아이디어를 얻는 것이라는 생각을 반영하는 그런 교육조건을 보장하는 것은 쉬운 일이 아니다. 활동, 심지어 자기활동이라는 것을 오직 머리 속에 갇힌 순전히 정신적인 것, 그리고 오직 성대를 통해서만 바깥으로 표현되는 것으로 생각하는 경우가 너무나 흔한 것이다.

¶ 17_ 보다 성공적인 수업방법에서는 어디서나 공부에서 배운 아이디어를 적용하는 것이 중요하다는 것을 인정하고 있지만, 적용의 연습은 때로 이때까지 배운 내용을 '고착시키는' 방안으로서, 또 그 내용을 다루는 기술이 더 숙달되도록 하는 방안으로 취급되고 있다. 물론, 이런 것들도 중요하며 결코 가볍게 여길 것은 아니다. 그러나 공부에서 배운 내용을 적용해 보는 것은 일차적으로 그 자체가 지적 활동의 한 부분이 되어야 한다. 앞에서 살펴본 바와 같이, 사고가 오직 사고에 그친다면 그것은 불완전하다. 기껏해야 그것은 잠정적인 것이요, 제안이나 시사에 지나지 않는다. 그것은 경험의 사태를 처리하는 입장과 방법을 나타낼 뿐이다. 그러한 사태에 실제로 적용되기 전에는 그것은 아직 완전한 현실적 의미와 의의를 가질 수 없다. 적용만이 그 타당성을 검증하며, 검증만이 그 완전한 의미와 현실감을 부여해 준다. 아직 활용해 보지 않은 상태에서는 그것은 그 자체의 독자적 세계에 격리되어 있다. 마음과 세계를 분리하여 양자를 대립된 것으로 보는 철학(10장 2절에서 고찰한 철학)은 그 기원이 바로 여기에 있었던 것이 아닌가 하는 짐작이 든다. 즉, 사고나 이론을 다루는 계층의 사람들에 의하여 많은 양의 아이디어가 체계화되고 축적되었지만, 특정한 사회적 조건 때문에 그들의 손으로 그 아이디어를 실천해 보고 검증해 볼 수는 없었

던 것이다. 그렇게 되면, 사람들은 자기 자신의 생각을 그 자체의 목적으로 삼아 거기에 파묻혀 버리게 된다.*

---

* Dewey가 보기에 사회를 비민주적인 것으로 만드는 계층 분열은 사고(또는 이론)가 실천으로 연결되지 않는 것, 또는 이 두 가지가 각각 다른 사회집단에 의하여 종사되는 것과 관련이 있다(19장, 20장 참조).

¶ 18_ 그것이야 어찌 되었든지 간에, 학교에서 가르치는 내용의 상당 부분에 독특한 인위성이 개입해 있다는 것은 의심할 여지가 없다. 많은 학생들이 의식적으로 교과를 비현실적인 것으로 생각한다고는 말할 수 없겠지만, 학생 자신의 생생한 경험내용*이 가지고 있는 그런 현실성이 교과에 없다는 것은 분명하다. 학생들은 교과에 그런 현실성이 없다는 것을 당연한 것으로 생각하도록 배워나간다. 학생들은 교과가 오직 암송, 공부, 그리고 시험의 목적을 위한 현실성만을 지니고 있다고 생각하는 데에 익숙해 있다. 교과는 일상생활의 경험에는 무기력할 수밖에 없다는 것이 다소간 당연지사로 되어 있다. 여기서 2중의 나쁜 결과가 생긴다. 첫째로, 일상의 경험이 당연히 학교 공부로 말미암아 더 풍부한 의미를 가져야 하는데도 그렇게 되지 않는다는 것이요, 둘째로, 학습 자료에 관한 이해와 소화가 덜된 상태를 그대로 받아들이고 그 상태에 늘 젖어 있어서, 그 태도가 사고의 활력과 효율성을 약화시킨다는 것이다.

---

* subject matter of experience; subject matter는 '교과'라는 뜻과 함께 '주제', '내용'이라는 뜻도 가지고 있다. 원문의 표현은 '경험의 교과'라고도 번역될 수 있다. 이것은 보통 학교에서 가르치는 '교과'와는 달리 '경험'을 일종의 '교과'로 볼 수 있다는 뜻을 함축하고 있다.

¶ 19_ 우리는 이때까지 주로 부정적인 측면에서* 말하였지만, 긍정적인 측면에서 볼 때 그것은 사고의 효율적인 발달을 위해서 어떤 조치를 취해야 하는가를 보이기 위해서였다. 학교에 실험실, 공작실, 정원 등이 있어서 연극, 놀이, 게임을 마음대로 할 수 있다면, 생활사태를 그대로 재현하여,** 정보와 아이디어를 습득하고 적용함으로써 경험을 점진적으로 발전시켜 나갈 기회가 생긴다. 그렇게 되면 아이디어는 따로 떨어져 있는 외딴 섬이 되지 않고, 일상의 삶의 과정을 활기 있게 또 풍부하게 할 것이다. 그리고 정보는 행동을 지도하는 데에 중요한 자리를 차지함으로써 생생한 기능을 발휘하게 될 것이다.

* 즉, '학교는 이러이러해서는 안 된다'는 측면에서.
** 여기서 우리는 '학교는 사회의 축도가 되어야 한다'는 Dewey의 주장이 무슨 의미를 가지고 있는가를 알게 된다.

¶ 20_ 앞에서 '기회가 생긴다'고 말한 것은 특별한 의도에서 한 것이다. 즉, 기회가 있기는 하지만, 그것이 활용되지 않을 수도 있다는 것이다. 손이나 몸을 놀려서 이것저것 만드는 활동을 순전히 신체적인 면에서의 기술을 획득하는 수단으로 사용할 수도 있고, 그렇지 않으면 거의 전적으로 '실용적인' 목적, 즉 돈벌이의 목적으로 사용할 수도 있다. 그러나 소위 '교양교육'*을 주창하는 사람들이 흔히 그렇게 하듯이, 그러한 활동이 순전히 신체적인 또는 직업적인 성격을 띤 것이라고 생각하는 것은 마음을 경험의 진행 방향으로부터, 또 따라서 사물을 다루는 행위로부터 분리시키는 철학에서 파생된 것이다. '마음' 또는 '정신적인 것'이 그 자체로서 독립된 별도의 영역으로 간주될 때에는, 그 짝이 되는 신체적인 활동이나 운동도 그것에 따라서 지위가 결정된다. 그리하여 신체적 활동은 기껏해야 정신의 외적 부속물에 불과한 것으로 간주된다. 신체적 활동은 신체적 필요를 충족시키는 데에나 외부적인 체면을 지키고 안락을 얻는 데에 필요할지언정, 마음에 필요불가결한 지위를 차지하는 것도 아니요 사고를 완성시키는 데에 필요불가결한 역할을 수행하는 것도 아니다. 이런 식으로 하여, 신체적 활동은 자유교육**, 즉 지력의 관심사를 추구하는 교육에는 하등 차지할 자리가 없는 것으로 생각된다. 만약 차지할 자리가 있다면, 그것은 오직 대중의 물질적 필요에 맞추어 교육의 수준을 낮추어 준다는 그런 양보적인 고려에 의하여 교육에 들어올 뿐이다. 엘리트의 교육에 신체적인 활동이 침범하도록 놓아둔다는 것은 언어도단이라는 것이다. 이러한 결론은 마음을 고립된 것으로 보는 데서 불가피하게 따라오는 것이지만, 그와 마찬가지의 논리에 의하여, 마음의 개념을 올바르게 파악할 때, 다시 말하면, 경험의 발전에 유목적적인 방향감을 주는 요소로서 마음을 파악할 때에는 이 결론이 자취를 감춘다.

* 'cultural' education; 이것은 '문화교육'이라고 번역해도 좋다. Dewey는 '책으로 배우는 교육', 옛날의 귀족들이 받던 것과 같은 교육을 'cultural education'이라고 부르고 있다.
** liberal education: '인문교육'이라고 번역해도 좋다. 내용상으로는 앞의 cultural education과 동일하며, 본문의 다음 부분에서 말하는 elite education과도 동일하다.

¶ **21**_ 중요한 사회적 사태가 그렇듯이, 학생들이 실제로 종사하는 그러한 능동적인 활동을 통하여 아이디어와 정보를 획득하고 검증할 기회를 가질 수 있도록 모든 교육기관이 설비를 갖추게 된다면 그 이상 바랄 것이 없지만, 아마 모든 교육기관이 그런 설비를 갖추게 되기는 전도요원하다고 보아야 할 것이다. 그러나 현재의 형편이 그렇다고 해서, 교사들이 그것을 구실로 삼아 팔짱을 낀 채 생활과 유리된 지식을 계속 전수해서는 안된다. 어떤 교과의 어떤 부분을 가르치든지 간에, 거기에는 교과의 내용과 일상생활의 보다 넓고 보다 직접적인 경험 사이의 관련을 확립할 가능성이 언제나 있다. 교실수업에는 세 가지 종류가 있다. 가장 나쁜 방법은 하나하나의 공부를 따로따로 떨어진 전체로 취급하여 가르치는 것이다. 여기서는 학생들에게 그 공부를 동일 교과내의 다른 공부와, 또는 그 교과를 다른 교과의 내용과 관련짓는 책임이 따르지 않는다. 이보다 좀 나은 교사는 학생들로 하여금 그전에 배운 내용을 활용하여 현재의 내용을 이해하고, 동시에 현재의 내용을 이용하여 이미 배운 내용을 더 확실히 파악하도록 체계적으로 지도한다. 결과는 앞의 경우보다 낫다고 할 수 있지만, 아직도 학교 교과는 일상생활과 유리되어 있다. 우연히 잘되는 경우가 있겠지만 그렇지 않은 한, 학교외 경험은 원래의 조잡한 상태, 그리고 비교적 사고에 의하여 정련되지 않은 상태에 남아 있게 된다. 학교외 경험은 교실수업에서 다루는, 보다 정확하고 종합적인 자료에 의하여 정련되고 확장될 기회를 얻지 못하게 된다. 이 경우에 교실수업은 일상생활의 현실과 결합됨으로써 생생한 현실감을 가지게 되는 방향으로 운영되지 않는다. 가장 좋은 수업은 이 상호관련을 실현하는 것이 가치가 있다는 생각을 기초로 하는 수업이다. 여기서 교사는 학생들로 하여금 교실에서 배우는 내용과 일상생활의 관련을 찾는 것을 습관화하도록 한다.

| 요약 | ¶ **22**_ 수업의 과정이 통일된 모습을 띠는 것은 오직, 그것이 좋은 사고습관을 길러줄 때이다. 우리가 흔히 '사고의 방법'이라고 말하는 것도 잘못된 말은 아니지만, 중요한 사실은 사고가 교육적 경험의 방법이 된다는 것이다. 그러므로 방법의 요체라는 것은, 첫째로, 학생이 진정한 경험사태를 당면해야 한다는 것, 즉 학생이 그 자체로서 관심 또는 흥미를 가지는* 계속적인 활동이 일어나야 한다는 것이다. 둘째로, 이 사태 안에서, 사고를 일으키는 자극으로서

진짜 문제가 생겨나야 한다는 것이다. 셋째로, 학생이 그 문제를 다루는 데에 필요한 정보를 가지고 있고 관찰을 해야 한다는 것이다. 넷째로, 해결의 방안이 떠오르고 학생은 그 방안을 체계적으로 정립해 나가야 한다는 것이다. 그리고 다섯째로, 학생은 그의 아이디어를 실제로 적용하여 그 아이디어의 의미를 분명히하고 그 타당성을 스스로 확인해야 한다는 것이다.**

---

* 여기서 '그 자체로서 관심 또는 흥미를 가진다' (be interested in for its own sake)는 표현이 본문의 어떤 부분을 요약한 것인지, 또 그 정확한 의미가 무엇인지는 그다지 분명하지 않다.

** 여기서 말하고 있는 '방법의 요체'는 앞장 ¶20과 '요약'에서 말한 사고의 과정을 교육에 적용하여 되풀이한 것이다. 양자를 비교해 보는 것은 의의있는 일이다.

제 13 장

방법의 성격

1 교과와 방법의 동일성

¶ 1_ 학교교육의 삼위일체는 교과와 방법과 행정이다. 앞의 몇 장에서 우리는 이미 처음의 두 가지, 즉 교과와 방법에 관하여 언급한 바 있다. 이하 두 장에서는 앞의 여러 장의 논의와는 별도로 이 두 가지를 따로 떼내어 그 각각의 성격을 명백히 하고자 한다. 그 중에서 '방법'은 바로 앞 장의 고찰과 직접 관련되는 것이므로, 먼저 이 문제에 관하여 생각해 보겠다. 그러나 본격적인 논의에 앞서서, 이 책에서 표방하는 이론의 한 가지 함의에 특별히 독자들의 주의를 환기할 필요가 있다. 그 한 가지 함의라는 것은 교과와 방법이 서로 관련되어 있다는 점이다. 마음과 세계(즉, 사물과 사람으로 이루어진 세계)가 두 가지 별개의 독립된 영역을 이루고 있다는 생각—철학적인 용어로 이원론이라고 부르는 이론—은 교육의 방법과 내용이 별개의 것이라는 결론을 시사한다. 이 생각에 의하면, 교과는 자연세계와 인간세계에 관한 사실과 원리를 체계적으로 분류해서 얻은 결과를 가리키는 것으로 생각된다. 그리고 방법은 그 이전에 확립된 교과를 학생들에게 가장 잘 제시하고 그 마음속에 날인되도록 하는 방식을 다루는 것, 또는 마음을 외부적인 수단에 의하여 교과로 이끌어 와서 교과의 습득이 촉진되도록 하는 방식을 다루는 것으로 생각된다. 적어도 이론상으로는, 학습방법이 적용될 교과에 관한 지식이 없이도, 그 자체로서 따로 존재하는 '마음'에 관한 과학적 이론으로부터 학습방법에 관한 완전한 이론을 연역해낼 수 있을 것이 아닌가 하는 생각도 해 볼 수 있다. 실제로 여러 분야의 교과를 가장 능숙하게 다루는 사람 중에도 그러한 학습방법에 관해서는 전혀 모르고 있는 경우

가 허다하기 때문에, 위와 같이 학습방법의 이론을 정립한다면, 교육학은 헛된 학문이라는 흔히 하는 비난조의 말을 피할 길이 없게 된다. 교육학은 학습을 할 때 마음이 수용하는 방법을 연구하는 학문이라고 자처하지만, 사실은 교사가 자신의 교과를 깊이 또 정확하게 알고 있어야 한다는 사실을 은폐하는 눈가리개에 지나지 않는다는 것이다.

¶ **2**_ 그러나 사고는 교과 또는 문제거리*가 완결된 상태로 나아가는 의도적인 운동이요, 또 마음은 이 과정의 의도적, 숙고적 측면을 가리키는 것이므로 교과와 방법이 어떤 방식으로든지 괴리되어 있다고 생각하는 것은 근본적으로 그릇되다. 학문의 내용이 '조직'되어 있다는 사실은 곧 그것이 이미 지적인 활동을 거쳐서 나온 산물이라는 뜻이요, 말하자면 '방법화'되어 있다는 뜻이다. 체계적인 학문으로서의 동물학은 일상생활을 통하여 동물에 관하여 알게 된 조잡하고 산만한 사실들을 세밀한 조사와 의도적인 체계화를 거쳐 조직한 것이며, 그 사이의 관련을 드러냄으로써 관찰과 기억과 장차의 연구를 용이하게 할 수 있도록 세밀히 배열해 놓은 것이다. 동물학이라는 학문으로 체계화된 사실들은 학습의 출발점이 아니라 학습의 결과이다. 방법이라는 것은 교과와 다른 것이 아니라 바로 교과가 배열된 모양을 가리키며, 다만 그 배열이 교과를 가장 잘 활용할 수 있도록 이루어진 것을 가리킨다. 방법이 내용**의 바깥에 있는 경우는 절대로 없다.

---

* subject matter: 이 단어는 '주제'라는 뜻과 함께 '교과'라는 뜻도 가지고 있다.

** material: 여기서 이 단어는 method(방법)와 대비되는 것으로서, 흔히 method, 즉 manner와 짝을 이루는 matter와 동일한 뜻으로 이해해야 할 것이다.

¶ **3**_ 교과를 직접 다루는 개인의 입장에서 보면 방법은 어떻게 규정되는가? 다시, 이 경우에도 방법은 외적인 것이 아니다. 그것은 바로 '내용'에 관한 것이며, 내용을 효율적으로 다루는 것을 일컫는 것 이외의 아무것도 아니다. 여기서 '효율'이라는 것은 시간과 정력의 낭비를 최소한으로 하면서 내용을 활용하는 것—즉, 목적에 도움이 되도록 하는 것—을 뜻한다. 물론, 우리는 활동의 '방식'을 따로 떼내어 그것만을 논의할 수 있다. 그렇지만 그 방식이 방식으로 '존재'하는* 것은 오직 '내용을 다루는 방식'으로서이다. 방법은 주제 또는 교과와

대립적인 것이 아니다. 방법은 교과를 우리가 바라는 결과를 향하여 효과적으로 이끌어나가는 것을 의미한다. 방법에 대립되는 것이 있다면 그것은 생각없이, 아무렇게나 되는 대로 하는 행동이며, 여기서 '생각없다'는 것은 상황에 잘 적응되지 못했다는 뜻이다.

* exist; 원문에 이 단어는 이탤릭체로 되어 있다. 이 경우에 '존재한다'는 것은 '사실적으로' 존재하는 것을 가리키는 것으로서, '논리적으로' 존재하는 것과는 구분된다. Dewey가 말하는 바에 의하면, 방법은 논리적으로는 내용과 떨어져서 존재하지만, 사실적으로는 내용과 떨어져서 존재할 수 없다.

¶ 4_ '방법은 내용을 목적으로 향하여 의도적으로 이끌어가는 것이다'라는 말은 추상적인 규정이다. 한 가지 실례를 들면 그 말에 구체적인 내용이 담길 것이다. 예술가는 누구든지 그 일을 하는 방법, 즉 기술*이 있다. 피아노를 연주한다는 것은 그냥 되는대로 건반을 두드리는 것이 아니다. 그것은 건반을 질서 있게 사용하는 것이며, 이 질서는 피아노를 다루는 활동 이전에 연주가의 손이나 두뇌에 기성으로 존재하는 것이 아니다. 그 질서는 피아노와 손과 두뇌를 사용하여 우리가 의도하는 결과를 얻으려고 하는 행동성향 속에 있다. 그 질서는 악기로서의 피아노의 목적을 달성하는 쪽으로 방향지어진 피아노의 움직임 바로 그것이다. '교육적' 방법이라는 것도 이와 마찬가지이다. 양자에 차이가 있다면 오직 피아노는 미리 단일한 목적을 위하여 제작된 기계임에 반하여, 교육의 내용은 무한한 용도를 가지고 있다는 것뿐이다. 그러나 심지어 이 점에 있어서도 피아노와의 비유는 성립한다고 볼 수 있다. 그것은, 피아노가 만들어낼 수 있는 음악의 종류가 무한히 다양하다는 것, 그리고 다양한 음악적 효과를 얻는 데에 필요한 기술이 또한 무한히 다양하다는 것을 생각해 보면 알 수 있다. 어쨌든, '방법'이라는 것이 어떤 주어진 목적을 위하여, 어떤 주어진 자료를 효과적으로 사용하는 방법을 일컫는 것임은 명백하다.

* 여기서 Dewey는 method와 technique를 동의어로 쓰고 있다. 이 양자는 특정한 맥락에서는 동의어로 쓰일 수 있을 것이다. 아마 여기에 예시된 피아노 연주가 그런 경우에 해당할지 모르겠다. 그러나 method와 technique 사이에는 우리말의 '방법'과 '기술'에 거의 상응하는 중요한 차이가 있다고 생각된다.

¶5_ 이러한 고찰의 일반적인 의미를 따져 보면, 앞에서 말한 경험의 개념에 연결된다는 것을 알 수 있다. 무엇인가를 해 보는 것과 무엇인가를 당하는 것 사이의 관련을 파악한다는 뜻으로서의 경험은 하나의 과정이다. 이 과정이 나아가야 할 방향을 통제하기 위하여 노력해야 한다는 점은 있지만, 이 점을 우선 고려에서 제외해 놓는다면, 내용과 방법 사이에는 아무런 구분이 없다. 다만, 개인이 하는 일, 환경이 하는 일을 통틀어서, 하나의 활동이 있을 뿐이다. 피아노에 완전히 통달한 연주가는 음악 연주에서 그가 하는 부분과 피아노가 하는 부분을 구분할 필요를 느끼는 경우가 한 번도 없을 것이다.* 스케이팅, 담화, 음악 듣기, 풍경 감상 등, 어떤 것에 있어서도, 틀에 맞게 매끄럽게 잘 해내는 경우에는 사람이 쓰는 방법과 그 방법의 내용 사이에 의식적인 구분이 없다. 놀이건 일이건, 전심전력으로 하는 경우에는 어디에나 사정이 동일하다.

* 전후 맥락으로 보아, 여기서 '피아노를 연주하는 사람이 하는 부분'은 '방법'을, '피아노가 하는 부분'은 '내용'을 가리키는 것이 분명하다. 그러나 '내용'과 '방법'을 이런 식으로 예시하는 것은 별로 적절하지 않다는 느낌이 든다. 오히려, 다음 문단에 나오는 '음식'과 '먹는 것'이, 다소 고루하고 진부하다는 점은 있지만, 훨씬 더 적절하다. 물론, 무엇이 '내용'이고 무엇이 '방법'인가 하는 것은 매우 복잡한 분석을 필요로 하는 어려운 문제이다.

¶6_ 그냥 경험을 '하는' 경우가 아닌, 경험에 관하여 '생각해 보는' 경우에, 우리는 우리 자신의 태도와 우리 태도의 대상을 구분해서 생각하게 된다. 먹는 경우를 예로 들면, 어떤 사람이 먹을 때, 그는 '음식을' 먹는다. 그 사람은 자신의 행위를 먹는 것과 음식으로 구분하여 파악하지 않는다. 그러나 만약 그 사람이 그 행위를 과학적으로 조사하려고 하면, 그는 당장 그러한 구분을 하려고 할 것이다. 그는 한편으로 자기가 먹는 음식의 영양소를 조사하고, 또 한편으로 음식을 섭취하고 소화하는 기관의 활동을 조사할 것이다. 경험에 관한 이러한 의식적 고찰은, 한편으로 우리가 경험하는 '내용'과, 또 한편으로 경험하는 행위 그 자체, 즉 '방법' 사이의 구분*을 만들어낸다. 교육의 내용과 방법이라는 것은 이 구분을 할 때 각각을 가리켜 부르는 이름으로 우리가 채택한 것이다. 즉, 보고 듣고 사랑하고 미워하고 상상하는 대상이 있고, 보고 듣고 사랑하고 미워하고 상상하는 행위가 있다는 것이다.

* 이 양자를 본문에서는 the experienced and experiencing 또는 what and how로 구분하고 있다.

¶ 7_ 이 구분은 대단히 자연스럽고 또 어떤 목적을 위해서는 대단히 중요한 것이기 때문에, 우리는 그것을 논리상의 구분이라고 생각하지 않고 사실상의 분리라고 생각하기 쉽다.* 그리하여 우리는 자아와 환경 또는 자아와 세계를 구분짓는다. 사실상, 방법과 내용의 이원론적 사고는 여기에 뿌리를 두고 있다. 말하자면, 우리는 안다든가 느낀다든가 의도한다든가 하는 것이 우리 자신이나 마음—따로 떨어져서 독립된 실체로서의 우리 자신이나 마음—에 속하는 것으로서, 이것이 다시 독립된 실체로서의 교과와 관련을 맺는다고 생각한다.** 우리는 우리 자신이나 마음에 고립되어 존재하는 그것들이 대상의 능동적 활동양식과는 무관하게 그 자체의 작용법칙을 가지고 있다고 생각한다. 이 법칙이 곧 방법이 된다는 것이다. 그러나 이렇게 생각하는 것은, 사람이 '무엇인가'를 먹는 것이 아니라 그냥 먹는다고 생각하는 것과 다름없이 넌센스이며, 턱뼈나 목근육, 위의 소화작용 등등이 그렇게 움직이는 것은 그 활동의 '내용' 때문이라는 것을 도외시하는 것이다. 유기체의 기관이 세계—음식물이 존재하는 바로 그 세계—의 연속적인 부분을 이루고 있는 것과 꼭 마찬가지로, 보고 듣고 사랑하고 상상하는 능력은 세계—즉, 교육내용—와 내재적인 관련을 맺고 있다. 그러한 능력들은 그 자체로서 독립된 상태로 있다가 어느 순간에 사물과 관련을 맺는 것이 아니라, 어느 편인가 하면, 환경이 경험 속에 들어와서 그 경험 안에서 작용하는 방식을 가리킨다고 보아야 한다. 요컨대 경험은 마음과 세계, 주체와 대상, 방법과 내용을 결합한 것이 아니라, 대단히 다양한(문자 그대로, 수없이 많은) 에너지들이 벌이는 연속적인 상호작용이다.

* '논리상의 구분'과 '사실상의 분리'는 본문에서 각각 a distinction in thought와 a separation in existence로 되어 있다. 후자는 실제로 각각 떨어져서 존재하는 경우를 뜻하며, 전자는 오직 마음속으로, 또는 개념상으로만 구분되는 경우를 뜻한다. 앞의 ¶3 주 참조.

** 이하 본문에 설명되어 있는 바와 같이, 교육내용과 교육방법의 이원론적 구분은 세계와 마음의 분리와 논리적으로 관련되어 있으며, 앞의 구분은 뒤의 분리와 동일한 관점에서 비판되어야 한다는 것이 Dewey의 견해이다.

¶ 8_ 움직이는 총체로서의 경험이 나아가는 방향 또는 진로를 '통제'하는 데에 목적을 둘 때, 우리는 마음속으로 방법과 내용*을 구분짓는다. 산보를 하거나 먹거나 학습하는 일을 할 경우에, 실제로 산보하고 먹고 학습하는 행위 그것을 떠나서 산보하는 '방법', 먹는 '방법', 학습하는 '방법'이라는 것이 있을 수

없지만,** 그러한 행위 속에는 그것이 보다 효율적인 통제를 위하여 관건이 되는 요소들이 있다. 그러한 요소에 특별히 주의를 기울임으로써 우리는 그것들을 우리의 지각에 두드러지게 할 수 있고, 그 밖의 다른 요소들은 당분간 의식적인 주목의 대상에서 제외할 수가 있다. 경험이 어떤 방법으로 진전되는가를 알면, 우리는 그 경험을 성공으로 이끌기 위하여 어떤 요소를 보강해야 하며 또 어떤 요소를 수정해야 하는가를 알 수 있게 된다. 이것을 비근한 예로 설명하자면, 같은 장소에 여러 가지 풀이 자라고 있을 때, 만약 우리가 그 성장을 세밀하게 관찰하여 어떤 풀은 잘 자라고 어떤 풀은 전연 자라지 못한다는 것을 알게 되면, 우리는 한 특정한 풀이 번성하는 데에 어떤 특별한 조건이 필요한가를 알 수 있게 되는 것과 같다. 이 조건을 차례로 순서에 따라서 말해 놓으면, 그것이 곧 그 성장의 방법 또는 양상이 된다. 이와 같이, 식물의 성장에 관하여 말한 내용은 그대로 경험의 성장에도 적용된다. 어느 경우에나 최선의 성장을 위한 요소들을 정확하게 포착하는 일이 쉬운 것은 아니지만, 성공 · 실패의 사례를 조사하고 세밀하게 광범위한 비교를 하면 그 원인을 밝혀낼 수 있을 것이다. 이 원인을 차례대로 순서에 따라 배열했을 때, 우리는 방법 또는 기술을 가지게 된다.

* the *how* and the *what*

** 이때까지의 설명에서는 한 활동과 그 대상을 구분하여, 전자는 '방법' 후자는 '내용'으로 지칭해 왔지만, 여기서는 '활동'과 '방법'의 구분이 문제되고 있다. 이런 종류의 논점 전환은 내용과 방법의 구분 및 관련 또는 이와 유사한 문제에 관한 Dewey의 생각을 정확하게 파악하는 데에 분명히 장애가 된다.

¶ 9_ 방법이 교육내용으로부터 유리되는 데서 따라오는 교육의 폐단 몇 가지를 생각해 보면, 문제의 중요성을 좀더 분명히 알 수 있게 될 것이다. ㈎ 첫째로, 경험의 구체적 사태가 도외시된다. (이 점에 관해서는 이미 말한 바 있다.) 공부의 내용이 되는 사례와 동떨어져서 방법을 찾아낸다는 것은 있을 수 없다. 방법은 현재 일어나고 있는 일이 다음번에는 더 잘 일어나도록 하려는 목적에서, 그 일을 관찰하는 데서 생겨난다. 그렇지만 수업이나 훈육의 장면에서는 아동 · 청소년들이 직접 정상적 경험—이 경험은 교육자들이 최적의 발달을 위한 방법 또는 순서를 결정하는 기초가 된다—을 가질 충분한 기회가 주어지지 않고 있다. 그런 장면에서 경험은 그 결실을 보는 데에 필요한 정상적인 진로에 거의 아무런 빛을 던져주지 못하는 그런 악조건에서 주어지고 있다. 이른바 '방

법'이라고 하는 것은 상부의 권위로부터 교사에게 지시되는 것일 뿐, 교사 자신의 지적인 관찰에서 생겨난 것이 아니다. 이러한 상황에서 방법은 어떤 아동에게나 천편일률로 적용되어야 하는 기계적인 획일성을 나타낸다. 올바르게 방향지어진 일이나 놀이에 전념할 수 있도록 환경을 만들어 줌으로써 학생 스스로 융통성있는 경험을 하게 될 때, 여기서 우러나오는 방법은 개인에 따라 다를 것이다. 왜냐하면 각 개인에 따라 일을 처리하는 방식에 무엇인가 독특한 부분이 틀림없이 있을 것이기 때문이다.

¶ 10_ (나) 둘째로, 방법이 교육내용으로부터 유리되어 있다는 생각은 앞에서 고찰한 흥미와 도야에 관하여 그릇된 개념을 가지게 한다. 자료를 효과적으로 다루는 방법이 그 자료와는 동떨어져서 별도로 주어져 있다고 생각될 경우에, 양자 사이의 관련은 이미 결여되어 있는 것으로 간주되기 쉽다. 이 관련을 성립시키는 방법으로서 세 가지가 있을 수 있다. 그 하나는 흥분, 충격적 쾌락 등으로 구미를 돋우는 것이다. 또 하나는 주의를 기울이지 않는 것에서 고통스러운 결과가 따라오도록 하는 것이다. 다시 말하면, 생소한 내용에 관심을 불러일으키기 위하여 위협을 가하는 것이다. 셋째 방법은 무조건 노력하도록 학생의 마음에 호소하는 것이다. 이것은 맹목적인 '의지'의 발동에 의존하는 방법이다. 그렇지만, 실제에 있어서 이 마지막 방법은 불쾌한 결과에 대한 공포에 의해 뒷받침될 때에만 효과가 있다.

¶ 11_ (다) 교육의 내용과 방법이 유리되는 데서 오는 셋째 폐단은 학습하는 행위 그 자체를 직접적, 의식적 목적으로 삼게 된다는 것이다. 정상적인 상태에서라면, 학습은 내용에 전념한 결과요 그 보상이다. 아이들은 말이나 걸음걸이를 의식적으로 배우러 들지 않는다. 아이는 오직 다른 사람들과 의사소통을 하여 좀더 풍부한 상호작용을 하고자 하는 충동을 표현할 뿐이다. 그가 학습하는 것은 이런 직접적 활동의 결과로서 가능하다. 아이에게 예컨대 읽기를 잘 가르치는 방법도 마찬가지의 경로를 따른다. 무엇인가를 배워야 한다는 사실에 아이의 주의를 고정시키고, 그렇게 함으로써 그의 태도를 스스로 의식하도록 하거나 주눅이 들도록 하는 것은 좋은 방법이 아니다. 우리는 아이에게 활동을 하도록 하고 그 활동을 하는 과정에서 배우도록 해야 한다. 수를 가르치는 경우나 그 밖의 어떤 것을 가르치는 경우에 있어서도, 잘 가르치는 방법이라는 것은 모

두 그러하다. 그러나 이와는 달리, 중요한 결과를 얻기 위하여 충동과 습관을 밀고나가는 일과 하등 관련이 없이 교과가 주어질 때, 교과는 오직 배워야 할 그 무엇으로 되고 만다. 교과에 대한 학생의 태도는 그냥 배워야 한다는 식이 되고 마는 것이다. 기민하고 집중적인 반응을 유발하는 데에 이것보다 더 나쁜 조건은 고안할래야 할 수 없을 정도이다. 정면 공격은 전쟁에서도 손해이지만 학습에서는 더욱 그러하다. 그러나 이렇게 말한다고 해서 학생들을 공부에 전념하도록 몰래 유인해야 한다는 뜻은 아니다. 학생들이 오직 교과를 배워야 한다는 생각에서 교과를 배우도록 할 것이 아니라, 진정한 이유 또는 목적을 위하여 교과에 열중하도록 해야 한다는 뜻이다. 모종의 경험을 완수하는 데에 있어서 교과가 차지하는 위치를 학생이 지각할 때에는 언제나 그러한 학습이 이루어지고 있다고 보아야 한다.

¶ 12_ ㈑ 넷째로, 마음과 교과가 분리되어 있다고 보는 경우에, 방법이라는 것은 획일적이고 고정된 절차, 다시 말하면 기계적으로 처방된 단계를 따르는 것으로 전락하기 쉽다. 오늘날 얼마나 많은 교실에서 학생들이 방법을 암송하면서 미리 정해진 언어적 공식을 강제로 배우고 있는지 아무도 모를 일이지만, 이들은 이른바 '방법'의 신성불가침한 규제를 받고 있는 것이다. 공부의 주제와 직접 부딪쳐서 그럴듯해 보이는 여러 가지 방법을 시험해 보고 그 결과에 따라서 좋은 방법과 나쁜 방법을 가려내도록 하는 것이 아니라, 오직 한 가지 고정된 방법을 따라야 한다고 생각하는 것이다. 또한, 만약 학생들이 모종의 '분석'의 형식으로 진술과 설명을 하면 언젠가는 그들의 정신적 습관이 그 형식에 동화될 것이라는 순진한 가정을 하기도 한다. 교육학*이라는 것은 오직 교사들이 가르치는 동안에 따라야 할 처방이나 모범을 제시하는 것이라는 믿음만큼 교육학의 명성을 더럽힌 것도 없을 것이다. 문제를 다루는 데 있어서 융통성과 창의성을 발휘하는 것—이것은, 어떤 분야에 있어서든지, '방법'이라는 것이 자료를 처리하여 결론에 도달하는 길이라고 생각되는 활동에서는 어디서나 볼 수 있는 특징이다. 기계적인 경직성은 마음이 유목적적인 활동에서 분리되어 있다고 보는 데서 반드시 따라오는 결과이다.

---

* pedagogical theory; 이 맥락에서는 아마 '교육의 이론'이라고 번역해도 좋을 것이다.

2 일반적 방법과 개인적 방법

¶13_ 간단하게 말하여, 가르치는 방법은 목적달성을 위하여 지적으로 통제된 활동, 즉 '예술'*의 방법이다. 그런데, 미술과 같은, 보통의 의미에서의 예술의 경우를 생각해 보면, 그것은 결코 순간적, 즉흥적인 영감으로 이루어지는 것이 아니다. 과거에 위대한 작품을 낸 사람들의 작업 과정과 그 결과를 연구하는 것이 절대로 중요하다. 거기에는 반드시 전통이라든가 流派유파가 확실하게 있어서 초보자들은 거기서 감명을 받고 그것에 매료되기도 한다. 어느 분야를 막론하고, 예술가들의 방법은 재료와 도구에 관한 철저한 숙지에 바탕을 두고 있다. 화가는 화포와 물감과 붓, 그리고 모든 도구의 조작방법을 알아야 한다. 이러한 지식을 가지게 되는 데는 객관적인 재료에 대한 집요하고도 집중적인 주의가 필요하다. 예술가는 자기 자신의 습작의 진보과정을 조사하여, 무엇이 잘 되었고 무엇이 잘못되었는가를 알아본다. 기성의 규칙을 따르는가, 아니면 타고난 재능이나 순간적 영감, 또는 맹목적인 '열심'에 의존하는가의 두 가지 이외에는 다른 가능성이 없다는 식의 생각은 모든 예술 활동에서 정면으로 부정되고 있다.

---

* art; 이 경우의 art에 정확하게 들어맞는 번역어를 찾기가 어렵다. 여기서 art는, 이 문장에 나와 있듯이, '목적달성을 위하여 지적으로 통제된 활동'을 뜻하는 것이기 때문에 이 단어를 '예술'로 번역하는 것은 별로 적절하지 못하지만, 이 문단에서는 '목적달성을 위하여 지적으로 통제된 활동'을 뜻하는 말로서의 art와, 예컨대 미술과 같은 '보통의 의미에서의' art와의 공통점을 드러내는 데에 주안점이 있기 때문에 할 수 없이 '예술'로 번역하고 말았다. 다음 문장에 나오는 '보통의 의미에서의 예술'은 fine art를 번역한 것이다.

¶14_ 과거에 관한 지식, 현재의 기법과 재료에 관한 지식, 그리고 최선의 결과를 얻으려면 어떻게 해야 하는가에 관한 지식 등등이 말하자면 '일반적 방법'의 내용을 이룬다. 결과를 얻는 데에 상당히 일정한 방법이 과거의 경험과 지적 분석의 검증을 거쳐 누적적으로 확립되어 있어서, 이것을 무시하는 개인은 스스로 손해를 자초한다. 습관형성에 관하여 논의할 때(4장 ¶¶16-7) 이미 지적한 바와 같이, 이러한 방법은 기계화되고 경직되어서, 사람이 그의 목적에 맞게 자유자재로 구사할 수 있는 힘이 되기보다는, 오히려 그것이 사람의 주인 노릇을 할 위험이 언제나 있다. 그러나 또 한편, 순간적인 물의를 일으키는 작

품이 아니라 역사에 길이 남을 위대한 작품을 이룩하는 혁신가들은 자기 자신이나 비평가들이 인정하는 것 이상으로 고전적인 방법을 활용하고 있다. 그는 그 방법을 새로운 용도에 사용하며, 그만큼 그것을 변형시키는 것이다.

¶ 15_ 교육에도 일반적 방법이 있다. 설사 이 말이 학생의 경우보다는 교사의 경우에 더 잘 들어맞는 것으로 생각된다 하더라도, 그것은 학생의 경우에도 똑같이 적용된다. 학생이 배워야 할 것의 일부는—이것은 대단히 중요한 일부이다—과거에 그와 비슷한 경우에 지식을 획득한 다른 사람들의 경험에 비추어서 가장 효율적인 것으로 입증된 방법에 통달하는* 것이다.[1] 이러한 일반적 방법이 개인의 자발성이나 독창성—다시 말하면, 개인 자신의 방법—에 반대된다고 볼 필요는 없다. 오히려 그 반대로, 개인적 방법은 일반적 방법을 보완한다. 가장 일반적인 방법이라 하더라도, 그것과 사전에 처방된 규칙 사이에는 근본적인 차이가 있는 것이다. 규칙은 행위의 '직접적인' 지침이며, 여기에 반하여 일반적 방법은 목적과 수단을 밝혀줌으로써 간접적으로 작용한다. 다시 말하면, 일반적 방법은 외부에서 부과된 명령에 대한 동화를 통하여 작용하는 것이 아니라, 지력을 통하여 작용한다. 이미 확립된 기법을 아무리 대가답게 사용한다 하더라도, 확립된 기법을 사용하는 능력이 곧 훌륭한 예술작품을 보장하는 것은 아니다. 예술 작품에는 또한 살아 있는 아이디어가 있어야 하는 것이다.

1) 이 점은 이하(17장, 1절)에서 '심리적 방법'과 '논리적 방법'에 관하여 논의할 때 좀 더 자세히 설명하겠다. [원주]

* *becoming* master of the method: 축어적으로는 '방법의 대가 (또는 선생, 또는 주인)가 되는 것'

¶ 16_ 다른 사람이 사용한 방법이 우리가 어떻게 해야 하는가를 직접 말해주지도 않고 기성의 모범을 제시해 주지도 않는다면, 그것을 아는 것이 우리에게 어떤 도움이 되는가? '지적 방법'이라는 것은 어떤 것을 가리키는가? 의사의 경우를 예로 들어 보겠다. 진단이나 치료 등, 의사의 일만큼 기존의 확립된 행동방식에 관한 지식을 절대적으로 요구하는 경우는 없다. 그러나 결국 따지고 보면, 환자의 병은 서로 비슷할 뿐, 완전히 동일한 것은 아니다. 기존의 의술을 지적으로 사용하려고 하면, 그것이 아무리 권위적으로 확립되어 있다 하더라도, 특정 환자가 가지고 있는 여러가지 특수성을 고려하여 그것에 맞도록 적용

하지 않으면 안된다. 따라서 기존의 확립된 방법은 의사가 지금 부딪치고 있는 환자에 관하여 어떤 조사를 해야 하며 무슨 처치를 '해 보아야' 할지를 지시해 주는 데에 그 의의가 있다. 이전에 인정을 받은 방법은 현재 조사를 위한 기반이 된다. 현재 당면하고 있는 환자에 관하여 조사를 해야 할 사항들이 수없이 많겠지만, 그전의 방법은 그중에서 특별히 어떤 것을 세밀히 조사해야 하는지를 알려줌으로써 의사의 노력을 절약할 수 있게 한다. 의사 자신의 개인적 태도나 환자를 다루는 자기 자신의 방법(이른바 '개인적 방법')은 일반적인 방법 또는 원리에 종속되는 것이 아니라, 그것에 의하여 촉진되고 지도된다. 의사의 경우에 비추어 보면, 교사의 경우에 과거에 유용했던 것으로 알려진 심리학적 방법 또는 경험에 의하여 효과있는 것으로 입증된 방안들이 어떤 가치를 가지는가를 알 수 있다. 그런 방법이나 방안이 교사의 상식과 어긋난다든지, 교사가 활동하는 사태에 거치적거리는 장애가 된다면, 그것은 없는 것만 못하다. 그렇지만, 만약 교사가 그런 것들을 기계적으로 받아들인 것이 아니라, 그가 일하고 있는 특이한 사태의 필요, 자원, 난점 등을 파악하는 지적인 수단으로서 배웠다면, 그것은 건설적인 가치를 가지게 된다. 결국, 모든 것은 교사 자신의 반응방법에 달려 있는 것이며, 과거 다른 사람의 경험에서 누적된 지식은 교사가 그 반응을 하는 데에 활용되는 것이므로, 교사가 그것을 얼마나 잘 활용하는가에 의해 교육성과가 크게 좌우되는 것은 당연하다.*

* 이 점은, 물론, 지식 일반에 관한 Dewey의 견해에서 직접적으로 파생된다. 지식은 현재의 활동을 하는 데에 수단이 되는 것이므로, 교육방법에 관한 교사의 지식도 교사가 가르치는 활동을 하는 데에 활용됨으로써 가치를 가진다는 것이다.

¶ 17_ 앞에서 이미 시사한 바와 같이, 이상에서 한 말은 학생의 방법, 즉 교과를 학습하는 방법에도 그대로 들어맞는다. 초등학교 학생이건 대학생이건 간에, 학생이 교과를 학습하고 논술함에 있어서 따라야 할 방법의 전형을 가르쳐 주면, 그것으로 공부가 잘 되리라고 생각하는 것은 통탄스러운 결과를 가져오는 일종의 자기기만이다(앞의 ¶12 참조). 어느 경우에 있어서나, 반응은 자기 자신의 것이어야 한다. 유사한 경우에 다른 사람들—특히 이미 전문가가 된 사람들—이 사용했던 표준화된 방법, 또는 일반적인 방법을 아는 것은, 그것이 개인 자신의 반응을 더 지적인 것으로 하게 하는가, 아니면 개인이 자신의 판단을

행사할 필요가 없도록 하는가에 따라 가치를 가지기도 하고 해로운 것이 되기도 한다.

¶18_ 앞에서(12장 ¶13) 사고의 독창성에 관하여 말한 내용은, 평균 정도의 능력으로 받을 수 있는 교육 이상의 것을 하라는 무리한 요구로 들릴지 모르겠다. 그러나 독창성이 어렵다고 생각되는 것은 우리가 미신의 몽마에 시달리고 있기 때문이다. 다시 말하면, 우리는 일반적인 '마음'이라는 것이 있고 또 모든 사람에게 동일한 지적 방법이 있다는 그릇된 생각을 가지고 있는 것이다. 그리하여 우리는, 개개인의 차이는 개개인이 가지고 있는 마음의 '양적' 차이에 있다고 생각한다. 이런 생각을 하기 때문에, 보통 사람은 어디까지나 보통 사람이며 독창성은 특출한 사람만이 가질 수 있다는 생각을 하게 된다. 그리고 평균 학생과 천재의 차이는 평균 학생에게 독창성이 결핍된 정도에 의하여 가늠된다. 그러나 이와 같이 일반적인 마음이 있다는 생각은 허구이다.* 한 사람의 능력이 양적으로 다른 사람의 능력보다 많은가 적은가 하는 것은 교사의 관심사가 아니다. 그것은 교사가 하는 일과 하등 관련이 없다. 교사가 해야 할 일은 각각의 학생이 자신의 능력을 의미있는 활동을 하는 데에 사용할 기회를 갖도록 하는 것이다. 마음, 개인적 방법, 독창성(이들 용어는 서로 관련되어 있다)은 유목적적인 또는 방향지어진 활동의 '질'을 가리킨다. 만약 이 확신에 따라 움직인다면, 우리는 통상적인 기준으로 보더라도, 현재 나타나는 것보다는 더 많은 독창성을 얻게 될 것이다. 이른바 일반적 방법을 모든 사람에게 획일적으로 강요하는 것은 극도로 예외적인 사람을 제외한 모든 사람을 범속한 인간으로 만든다. 그리고 독창성의 정도를 대중에서 이탈한 정도로 측정하는 것은 奇人기인을 만들어낼 뿐이다. 이렇게 하여 우리는 많은 사람들의 특이한 자질을 묵살하고, 극히 예외적인 경우(예컨대 다윈**)를 제외하고는 천재의 마음에 좋지 않은 영향을 미치게 된다.

---

* 독창성에 관하여 Dewey가 하는 말과 '일반적 방법', '일반적 마음' 사이에 어떤 관계가 있는가 하는 것은 그의 논지를 따라가면서 세밀히 따져 보아야 한다. Dewey에 의하면, 일반적 방법(general method)이라는 것은 일반적 마음(mind in general)이 있다는 생각에 논리적으로 의존하며, 따라서 후자가 부정되면 전자도 마찬가지로 부정되어야 한다. 그에 의하면, '마음'이라는 것은 특수적 사태에서의 특수적 반응이며, '방법'도 반드시 특수적 사태에서 활동을 하는 데에 도움이 되어야 한다. 독창성은 그러한 반응이나 활동의 특정한 양태를 나타내는 것이다. Dewey가 보기에 '독창적인 사람' '독창적인 마음'이라는 것은 있을 수 없으

며, 우리가 보통 그렇게 부르는 것은 특정한 사태에서의 그 사람의 반응이나 행동이 독창적인 성격을 띠기 때문이다.

** Charles Darwin

3 개인적 방법의 특성

¶ 19_ 지식을 얻는 방법의 가장 일반적인 양상은 앞의 사고에 관한 장에서 이미 설명한 바 있다. 그것은 바로 사고가 개입된 상황의 양상이다. 즉, 문제의 발생, 사태에 주어져 있는 조건(즉, 자료)의 수집과 분석, 잠정적인 해결책의 전망과 부연, 실험과 검증, 그리고 결론이나 판단을 얻는 것 등이 그것이다. 개인적 방법(즉, 해당 개인이 문제에 접근하는 방법)이 가지고 있는 특수한 요소는, 궁극적으로, 그 개인의 천부적 경향과 후천적으로 획득된 습관이나 흥미에서 파생되어 나온다. 사람들 사이에 방법이 다른 것은(또, 마땅히 달라야 하는 것은) 원래 타고난 본능적 능력이 다르고 과거의 경험이나 취향이 다르기 때문이다. 이러한 문제를 세밀히 조사해 본 사람이라면 누구나 다양한 학생들의 반응을 이해하고 그 반응을 좀 더 효율적으로 이끌기 위하여 교사가 어떤 일을 해야 하는지를 알 수 있다. 아동연구, 심리학, 그리고 사회환경에 관한 지식 등이 교사의 그와 같은 직접적 경험을 통하여 얻어지는 지식을 보완해 주는 것은 사실이다. 그러나 방법이라는 것은 어디까지나 개인 자신의 것이며, 객관적으로 알려진 지식들을 아무리 갖다 모아놓는다 하더라도, 그것이 개인적 방법의 다양한 형식이나 색조를 모조리 망라할 수는 없다.

¶ 20_ 그렇지만, 교과를 지적으로 다루는 방법의 효율성을 높이는 데에 핵심적으로 중요한 몇 가지 태도를 열거해 볼 수 있다. 그 가장 중요한 것은 즉각적 태도*, 개방된 마음, 집중과 전념, 그리고 책임감이다.

* directness; 이하 설명 참조.

¶ 21_ (1) 즉각적 태도가 무엇인지를 설명하자면, 그것이 이러이러한 것이라는 식으로 설명하는 것보다는 이러이러한 것이 아니라는 식으로 설명하는 것이 더 쉽다. 자의식, 당황, 제지 등은 즉각적 태도를 없애는 적이다. 이런 것들은

우리가 교과에 즉각적으로 또는 직접적으로 관심을 가질 수 없는 경우를 가리킨다. 말하자면, 무엇인가가 교과와 우리 사이에 끼어들어서 우리의 관심을 엉뚱한 지엽적인 문제로 이끌어가는 것이다. 자의식을 가지고 있는 사람은 그의 사고를 반쯤은 목하의 문제에 쏟고, 또 반쯤은 다른 사람들이 그의 능력을 어떻게 평가하는가에 쏟는다. 이와 같이 에너지가 다른 곳으로 흘러가면 힘의 감소와 아이디어의 혼란이 따른다. '태도를 가진다는 것'은 결코 '자신의 태도를 의식하는 것'을 말하는 것이 아니다. 태도를 가진다는 것은 자발적이고 소박하며 단순하다. 그것은 한 사람이 그가 다루는 문제와 전심전력의 관계를 맺고 있다는 것을 나타낸다. 물론, 자신의 태도를 의식하는 경우라고 하여 모두가 병적인 것은 아니다. 때로 그것은 그릇된 접근방법을 바로잡고 수단을 보다 효율적으로 사용하는 가장 쉬운 방법이 되기도 한다. 예컨대 골프 선수, 피아노 연주가, 대중 연설가 등은 때로 그들의 자세나 동작에 특별히 주의를 기울일 필요가 있는 것이다. 그러나 이러한 필요는 그야말로 때때로, 또 일시적으로 생기는 필요이다. 자신에 대한 태도가 제대로의 기능을 발휘하는 것은 사람이 자기 자신을 그가 하는 일과 관련하여 파악하는 경우, 다시 말하면 목적을 달성하기 위한 여러 수단 중의 하나로 자기 자신을 파악하는 경우이다. 테니스 선수가 공격의 '올바른 감'을 가지도록 연습하는 경우가 여기에 해당한다. 여기에 비하여, 병적인 경우라는 것은 자기 자신을 과업수행의 한 부분으로 파악하는 것이 아니라, 그것과는 따로 떨어진 별개의 물체로 파악하는 경우를 말한다. 예컨대 테니스 선수가 자신의 경기가 관객에게 어떤 인상을 줄까에 신경을 쓴다든지, 그의 동작이 관객에게 줄 인상에 대하여 조바심을 가지고 경기에 임하는 경우가 그러하다.

¶ 22_ 즉각적 태도라는 말로 나타내고자 하는 상태는 자신감*이라고 불러도 좋을 것이다. 그렇지만 자신감은 자의식의 일종으로서의 자만심**, 즉 건방진 태도와는 다르다. 자신감은 자신의 태도에 대하여 어떻게 생각하는가를 나타내는 말이 아니다. 즉, 자신감은 '반사적 태도'***가 아니다. 자신감은 자기가 해야할 일에 곧장 단도직입적으로 나아가는 태도를 뜻한다. 그것은 자신의 능력에 대한 '의식적인' 신뢰가 아니라, 사태의 가능성에 대한 무의식적인 신념을 가리킨다. 자신감은 사태가 요구하는 조건으로 스스로를 이끌어올리는 것을 뜻한다.

* confidence
** *self*-confidence
*** reflex ; 여기서 '반사'라는 것은 아마 문자 그대로 '남을 통하여 반사되는 자신을 본다'는 뜻으로 해석되어야 할 것이다.

¶ 23_ 앞에서(¶11) 우리는 이미, 학생들에게 특별히 공부를 한다든지 학습을 한다는 인식을 주어서는 안된다는 점을 지적한 바 있다. 여러 가지 상황적 조건에 의하여 학생들이 그런 인식을 가지게 된다면 그만큼 공부나 학습은 일어나지 않는다고 보아야 한다. 이런 경우에 학생들은 산만하고 복잡한 태도를 가지게 된다. 교사가 어떤 방법을 쓰든지 간에, 만약 그것이 학생의 주의를 현재 하고 있는 공부와는 다른 방향으로 돌리게 하거나, 교사 자신도 학생과 마찬가지로 자신의 하는 일과는 다른 엉뚱한 것에 신경을 쓰도록 하는 그런 것이라면, 이것은 즉각적 관심과 자발적 행동이라는 원리에 어긋난다. 이러한 상태가 계속되면, 학생은 마구잡이로 더듬거리거나 목적없이 멍하니 쳐다보거나 교과내용에 나와있는 것과는 다른 단서를 찾으려고 하는 등, 돌이킬 수 없이 나쁜 버릇을 가지게 된다. 아이들(그리고 어른들 중에도 이른바 '교육'의 효과로 멍들지 않은 사람들*)이 생활의 사태를 대하는 그 확실하고 자신있는 태도 대신에, 외적인 암시나 지도에의 의존, 오리무중의 혼란된 상태, 이런 것들이 자리를 차지하게 된다.

* 여기서 '"교육"의 효과로 멍들었다'고 번역한 원문은 sophisticated by 'education'이다. 원래 sophisticated라는 단어는 '지적으로 세련되어 있다'는 뜻이지만, 여기서는 물론 나쁜 뜻으로 사용되고 있다. Dewey는 '교육의 효과'(나쁜 뜻에서의) 중의 하나는 아이들에게서 볼 수 있는 '확실하고 자신 있는 태도'를 없애는 것이라고 말하고 있다. 그러나 교육받은 사람들에서 찾아볼 수 있는 '확실성의 결여'가 반드시 '외적 암시에의 의존'이나 '오리무중의 혼란된 상태'를 의미하는 것은 아니며, 그뿐만 아니라 아이들에서 찾아볼 수 있는 '확실하고 자신 있는 태도'가 반드시 Dewey가 생각하는 것만큼 찬양할 만한 것인지도 의문이다.

¶ 24_ (2) 개방된 마음. 앞에서 말한 바와 같이, 편파성은 관심을 가지고 있다는 데서 부수적으로 따라오는 부산물이다. 왜냐하면 관심이 있다는 것은 모종의 활동에 참여하면서 그것과 관련하여 어느 한쪽을 편드는 것이기 때문이다. 그렇기 때문에 더욱, 어느 한쪽이 아닌 모든 쪽에서 제안과 정보를 기꺼이 받아

들이는 태도가 중요하다. 목적에 관한 장(8장)에서 우리는, '예견된 결과'(즉, 목적)라는 것은 사태의 진전에 한 요소로서 작용한다는 것을 알았다. 목적은 행동의 방향을 통제하는 수단으로 작용한다는 것이다. 그러므로 목적은 사태에 종속되는 것이며, 사태가 목적에 종속되는 것은 아니다. 목적은 모든 것을 굽히고 희생하면서 도달해야 하는 궁극적, 절대적 기준이 아니다. 목적은 '예견된' 결과로서, 사태의 진전을 이끄는 수단이다. 과녁은 사격의 미래 표적이 아니라 현재 사격의 방향을 지시하는 것이며, 개방된 마음이라는 것은 현재의 불확실한 사태에 빛을 던져주는 모든 고려사항, 그리고 특정한 행동에 따라올 결과를 결정하는 데에 도움이 되는 모든 고려사항들을 공정하게 받아들이려는 마음가짐을 가리킨다. 요지부동으로 확고하게 결정되어 있는 한정된 목적을 달성하는 데에는 좁게 열려 있는 마음이 도움이 될 수가 있다. 그러나 지적 성장은 시야의 부단한 확장과 그로 인한 새로운 목적, 새로운 반응의 형성을 필요로한다. 여기에는 이때까지 알려지지 않은 새로운 관점을 환영하는 적극적인 성향, 기존의 목적에 수정을 가하도록 하는 사항들을 심각하게 고려하는 적극적인 열망이 없어서는 안된다. 성장의 능력을 계속 유지해 나가는 것은 그러한 지적 포용성에서 나오는 결과이다. 고집센 마음, 편견 등의 가장 큰 폐단은 그것이 발달을 저지한다는 것, 마음에 새로운 자극이 들어오는 것을 미리 차단해 버린다는 데에 있다. 개방된 마음은 아이와 같은 태도를 계속 지켜나가는 것이요, 폐쇄된 마음은 지적인 겉늙은이가 되는 것이다.

¶ 25_ 획일적인 방법이 있어야 한다는 터무니없는 요구, 즉각적인 외부 결과를 내어야 한다는 굉장한 열망, 이런 것들이 학교에서의 개방된 태도를 저해하는 으뜸가는 적이다. 질문을 취급함에 있어서 다양한 방법을 용인하지도 격려하지도 않는 교사는 학생들에게 지적 차단막을 드리우며, 그렇게 함으로써 교사 자신이 어쩌다가 옳다고 생각하게 된 한가지 방법에 학생들의 시야를 고정시키게 된다. 그렇지만, 교사가 고정되고 경직된 방법에 맹목적으로 의존하게 되는 가장 중요한 원인은 아마도 그런 방법이 정확하게 측정가능한 올바른 결과를 신속하게 얻도록 해줄 것처럼 생각되기 때문일 것이다. '정답'을 내어야 한다는 집념, 그것이 경직된 기계적 방법을 써야 한다는 집념의 대부분을 설명한다. 강요나 지나친 압력 역시 이와 동일한 기원을 가지고 있으며, 민첩하고 다양한 지적 흥미에 대하여 동일한 결과를 나타낸다.

※ 특히 이 문단에 시사되어 있는 바와 같이, 지적 개방성은 교사의 지적 권위와 갈등을 일으킬 가능성이 있다. 지적 개방성은 교사가 옳다고 생각하는 것이 '유일하게' 옳은 것이 아니라 옳은 것 중의 '하나'라는 생각을 나타낸다. 교육에서 이런 '개방된 태도'가 중요하다는 것은 오늘날 광범한 호응을 얻고 있다. 그러나 그렇다고 해서 교사의 견해가 '모든 면에서' 학생의 견해보다 하등 나을 것이 없다고 생각해서는 안된다. 다음 문단에서 '개방된 마음은 텅빈 마음과 동일한 것이 아니다'라는 식으로, 그러한 인상을 완화하려고 하는 것 같지만, '교사 자신이 어쩌다가 옳다고 생각한(happen to approve) 방법'이라는 식의 표현은, 교사가 당연히 가져야 하는 또 가지고 있는 지적 권위를 지나치게 과소평가하는 방향으로 독자의 사고를 유도한다. 그러나 교사가 그것을 옳다고 생각하게 된 것은 그야말로 '우연'에 의한 것이 아니고, 거기에는 그만한 이유가 있는 것이다.

¶ 26_ 개방된 마음은 텅빈 마음과 동일한 것이 아니다. '이 집에는 아무도 없으니 그냥 들어오시오'라는 게시판을 문에 거는 것이 곧 환대를 의미하지는 않는 것이다. 그러나 개방된 마음에는 다소간의 수동성, 다시 말하면 경험이 안으로 들어와서 축적, 침전, 성숙되도록 문을 열어두는 태도가 들어 있으며, 이것은 성장 발달에 필요불가결하다. 결과(외적인 해결이나 정답)는 조급히 서둘러 얻을 수 있을지 모르나, 과정은 억지로 강요해서는 안된다. 과정은 제대로 성숙하는 데에 시간이 걸리는 것이다. 정답을 내는 것이 아닌, 지적 과정의 질이 교육적 성장의 기준이라는 것을 모든 교사들이 깨닫는다면, 그야말로 교육의 혁명이라고 불러도 좋을 결과가 나타날 것이다.

¶ 27_ (3) 집중과 전념. 말뜻만 가지고 생각해 보면, 앞에서 '즉각적 태도'에 관하여 말한 내용이 '집중과 전념'에도 그대로 적용된다.* 그러나 여기서 '집중과 전념'이라고 하는 말은 특히 관심의 '전체성', 목적의 단일성을 강조하고 있다. 다시 말하여, 현재 표명된 목적 이외에, 그 이면에 숨어서 그것을 통제하는 궁극적 목적이 없다는 것이다. 집중과 전념은 지적 통합성과 동일한 의미를 가지고 있다. 몰두, 전심, 교과 그 자체에 대한 전적인 관심, 이런 것들이 집중과 전념을 가능하게 한다. 관심 또는 흥미의 분산, 그리고 공부를 회피하려는 생각은 집중과 전념을 파괴한다.

* '즉각적 태도', '집중과 전념'으로 번역된 영어 단어는 각각 directness, single-mindedness이다.

¶ 28_ 지적 통합성, 정직성, 성실성 등은, 따지고 보면, 우리가 의식적 목적으로 삼아야 하는 것이 아니라, 능동적 반응의 질을 가리키는 것이다. 물론, 그런 것들은 의식적인 의도에 의하여 길러지는 것이지만, 이때 자기기만에 빠지기 쉽다는 점에 유의하여야 한다.* 욕망은 절실한 것이다. 만약 다른 사람의 요구나 소원으로 인하여 욕망을 직접 표현하기가 어렵게 되면, 그 욕망은 땅밑의 깊은 골 속으로 흘러들어갈 가능성이 있다. 다른 사람의 의지에 전적으로 복종하는 것, 다른 사람이 요구하는 행동 방향을 완전히 진심으로 받아들이는 것은 불가능하다고 보아야 한다. 이런 상태에서는 고의적인 항거나 고의적으로 다른 사람을 속이려는 노력이 나타나게 되는 것이다. 그러나 이보다 더 흔히 나타나는 결과는, 자기 자신의 관심이 혼란되고 분열되며 자신의 진정한 의도가 무엇인지조차 모르게 되어 엉뚱한 것을 진정한 의도인 양 착각하는 것이다. 말하자면 두 명의 주인을 동시에 섬기는 것이다. 사회적 본능, 다른 사람의 환심과 승인을 얻으려는 강한 욕망, 사회적 훈련, 일반적인 의무감과 권위에 대한 복종심, 벌에 대한 공포, 이 모든 것들이 시키는대로 마지못해서 하는 것, '공부하는 체 하는 것', 또는 그 밖에 어떤 것이든지 수동적으로 따라하는 성향을 만들어낸다. 온순한 사람들은 그들에게 기대되는 행동을 하고자 한다. 의식적으로는, 학생들은 자신이 바로 이와 같이 온순한 사람의 행동을 한다고 생각한다. 그러나 그렇다고해서 학생 자신의 욕망이 영영 사라진 것은 아니다. 다만, 그것이 명백하게 바깥으로 표출되지 않을 뿐이다. 욕망에 위배되는 것에 대하여 억지로 주의를 기울여야 하는 상태는 기분좋은 상태가 아니다. 그리하여, 의식적인 소원이야 어떻든지 간에, 밑에 깔려 있는 욕망이 사고의 주된 방향과 심층적인 정서적 반응을 결정한다. 마음은 교과라는 이름이 붙은 것에서 멀리 방황하면서, 오직 욕망에 본질상 접근하는 것에만 주의를 기울이게 된다. 욕망상태의 2중성을 나타내는 관심의 체계적 분열이 바로 여기에서 생긴다.

---

* 위의 두 문장은 얼른 보면 모순되는 것 같고 또 그만큼 올바르게 이해되기 어렵다. 여기서 Dewey가 말하고자 하는 것은, 지적 통합성 등등은 우리가 그런 것들을 의식적인 목적으로 삼아서 그것을 가지려고 노력할 것이 아니라, 일체의 활동을 하는 '방식'이 그러한 특징을 나타내도록 노력하여야 한다는 것이다. 물론, 여기에는 '의식적인 의도나 노력'이 필요하다. 그러나 우리가 일차적으로 관심을 가져야 할 것은 활동 그 자체를 성실히 하는 것, 다시 말하면, 활동 그 자체의 목적을 달성하는 것이다. 지적 통합성 그 자체를 목적으로 삼으면 활동의 목적에서 빗나가기 쉽고, 따라서 자신의 진정한 목적이 무엇인지 모르게 된다. 이것이 '자기기만'의 원인이 된다.

¶ 29_ 그전에 학교에 다녔을 때의 우리 자신의 경험, 또는 현재 우리 자신의 욕망이나 목적에 맞지 않는 일을 겉으로만 하고 있을 때의 우리의 경험이 어떠했던가를 생각해 본다면, 누구든지 이 '2중의 관심' 또는 '주의의 분열'*이라는 것이 얼마나 널리 퍼져 있는가를 알 수 있을 것이다. 우리는 이 상태에 매우 익숙해 있어서, 그런 태도를 상당한 정도로 가질 필요가 있다는 것이 당연시되고 있다. 아마 그럴지 모른다. 그러나 만약 그것이 사실이라면, 그것이 지적인 면에서 나타내는 나쁜 효과를 올바로 인식하는 것이 더욱 중요한 일로 된다. 우선 쉽게 알 수 있는 것은, 의식적으로는 한쪽 일에 주의를 기울이면서(또는, 주의를 기울이려고 하면서), 무의식적으로는 보다 마음 끌리는 쪽으로 상상이 뻗어나가는 데서 당장의 사고 에너지가 손실된다는 것이다. 이것보다 더 미묘하면서도 지적 활동의 효율성으로 보아 더 영구적인 피해로 생각되는 것은, 그것이 습관적인 자기기만을 강조한다는 것과 그로 인하여 현실감각이 혼란된다는 것이다. 한쪽에는 나 자신의 은밀한 관심, 그리고 또 한쪽에는 공적으로 인정된 관심, 이와 같이 현실을 2중의 표준으로 파악하는 것은 대다수의 사람들에 있어서 정신작용의 통합성과 전체성을 파괴하는 요인이 된다. 이에 못지않게 심각한 것으로서, 한편으로 의식적인 사고나 주의와, 또 한편으로 충동적, 맹목적 감정이나 욕망 사이에 분열이 생긴다는 사실을 들 수 있다. 이러한 상태에서는 교과내용에 관한 사고에 자발성과 의욕이 결여되고 주의가 산만해진다. 이 경우에 주의가 끌리는 주제는 떳떳하지 못한, 따라서 지적으로 비합법적인 주제이며, 그것과의 교섭 또한 정정당당한 것이 되지 못한다. 공공연한 의도적, 유목적적 탐구에 의하여 반응을 조정하는 데서 따라오는 도야가 일어나지 않음은 물론이다. 그보다 더 나쁜 것으로서, 상상력의 가장 깊은 관심, 가장 적합한 발휘(상상력은 욕망에 가장 가까운 것에서 잘 발휘된다)가 억압되고 왜곡된다. 말하자면, 상상력이 객관적으로 용인되지 않는 활동에 동원되는 것이다. 이 경우에 상상력은 결과의 고려에 의하여 교정될 기회가 없는 만큼, 그것은 필경 도덕적 타락을 가져온다.

---

* 여기서 '2중의 관심' 또는 '주의의 분열'을 나타내는 영어 단어로 Dewey는 double-mindedness라는 단어를 쓰고 있다. 명백히 이것은 '집중과 전념'을 나타내는 single-mindedness와의 대비를 염두에 둔 것이다.

¶ 30_ 이와 같이, 한편으로 공적으로 떳떳하고 사회적으로 책임있는 일을 하는 것과, 또 한편으로 사적이며 억압된, 잘 조정되지 않은 사고에 빠지는 것으로 마음이 분열되는 것을 학교가 조장하는 사례는 찾아보기 별로 어렵지 않다. 흔히 '엄한 훈육'이라고 불리는 것, 즉 외적 강압이 바로 그 경우이다. 공부의 내용 그 자체와는 관계없는 외적 보상에 의하여 동기를 유발하는 것도 그와 비슷한 결과를 가져온다. 학교교육을 단순한 준비로 생각하는 것은 어떤 것이든지 이 방향으로 작용한다(5장 ¶¶2-3 참조). 목적이 학생의 현재 관심이나 능력 범위 바깥에 있기 때문에, 누군가 다른 사람이 현재의 과제에 학생들의 주의가 돌려지도록 특별한 조치를 취하지 않으면 안된다. 물론, 이런 식으로 하여 몇 가지 반응은 유발해 낼 수 있을지 모르지만, 표현되지 않은 욕망이나 감정은 다른 통로를 찾지 않으면 안된다. 사고와는 무관하게 동작의 기능을 일으키려는 목적으로 하는 반복 훈련—이것은 목적의식이 없는 자동적 기술을 숙달시키는 훈련이다—에 대한 지나친 강조 역시 그에 못지않게 심각하다. 자연은 정신적 진공을 혐오한다. 사고와 정서가 즉각적인 활동에서 출구를 찾지 못할 때, 그 사고와 정서가 어떻게 되리라는 것을 교사들은 상상할 수 있는가? 만약 사고와 정서가 잠깐 동안 잠잠히 있다든가 무디어지는 정도에 그친다면, 이것은 별로 걱정할 문제가 아닐 것이다. 그러나 그런 사고나 정서는 완전히 사라져 버리는 것이 아니다. 그것은 중단된 것도 아니요 억압된 것도 아니다. 그것이 중단되고 억압된 것처럼 보인다면, 그것은 오직 목하의 과제와 관련해서 그렇다는 것뿐이다. 그 사고나 정서는 그 자체의 어지럽고 무분별한 진로를 따라 흘러가는 것이다. 정신작용 중에서 본성적이고 자발적이고 생생한 부분이 사용도 검증도 되지 않은 채 유실되어 버리며, 이것이 습관으로 굳어져서 그러한 부분이 공적으로 떳떳한 목적에 사용될 가능성은 점점 더 희박해진다.

¶ 31_ (4) 책임감. 지적 태도의 한 요소로서의 책임감은 목하 취하려고 하는 조치에서 따라올 수 있는 결과를 사전에 고려하고 그것을 의도적으로 받아들이는 성향을 뜻한다. 여기서 받아들인다는 것은 순전히 말로만 수락한다는 뜻이 아니라, 실제로 고려하고 행동적으로 인정한다는 뜻이다. 앞에서 말한 바와 같이, 아이디어라는 것은 본질상, 혼란된 사태에 해결을 가져오기 위한 입장이나 방법, 또는 다른 말로, 반응에 영향을 주려고 계산된 예측을 뜻한다.* 어떤 진술을 받아들인다거나 진리를 믿는다고 말할 때, 우리는 그 진술이나 진리가 가지

고 있는 함의**를 충분히 고려하지 않은 상태에서도 그것을 받아들인다든지 믿는다는 말을 하는 경우가 많다. 다시 말하면, 그 진술이나 진리를 받아들임으로 말미암아 또 어떤 것을 받아들이지 않으면 안되는가에 대하여 그다지 깊고 세밀한 조사를 해보지 않은 상태에서도 그것을 받아들인다고 스스로 생각한다는 것이다. 이런 경우에는 관찰과 인정, 신념과 수락 같은 것들이 외부적으로 제시된 내용에 대한 안일한 동조 이상의 의미를 가지지 않는다.

---

* '아이디어'에 대한 이 규정은 Dewey 사상의 핵심을 나타낸다는 점에 유의할 필요가 있다. 여기서 아이디어는 '방법'과 거의 동일한 의미를 가지고 있으며, 더 정확하게는 '반응에 영향을 주려고 계산된 예측'이라는 식으로 규정되어 있다. 아이디어는 단순히 어떤 것이 어떠어떠하다는 것을 나타내는 것이 아니라, 어떤 사태에 어떤 조치를 가하면 어떤 결과가 오는가, 그 결과가 바람직한가—만약 그 결과가 바람직하다면 우리는 그 조치를 취해야 한다 등등으로, '행동과 밀접히 관련된' 생각을 나타내는 것이다.

** implications; Dewey의 전체적인 주장에 비추어, 이 '함의'는 '실제적 함의'(practical implications)를 뜻한다고 보아야 한다. 함의라는 것은 하나의 진술이나 진리를 받아들일 때, 그 다음에 논리적으로 받아들이지 않으면 안되는 진술이나 진리를 가리킨다. '실제적 함의'라는 것은 하나의 진술이나 진리에서 논리적으로 따라 나오는 실제적 조치, 다시 말하면, '이러이러하다, 그러므로 이러이렇게 해야 한다'고 할 때의 '그러므로' 이하 부분을 가리킨다. Dewey의 전체적인 주장에 비추어서 말하자면, 이러한 '실제적 함의'가 없거나 불분명한 진술은 아이디어로서 공허하고 무가치하다고 보아야 한다. 특히 24장 2절 참조.

¶ 32_ 보다 적은 양의 사실이나 진리를 수업에서 다루는 것—다시 말하면, 학생들이 받아들여야 하는 내용이 많지 않은 것—이 더 좋다고 볼 이유는 없는가? 만약 몇 가지 안 되는 사태를 지적으로 철저하게 다루어서 학생에게 참으로 의미있는 확신이 생기도록—다시 말하면, 사실과 결과의 예견에 따라 지시되는 행동에 학생이 전적으로 공감하도록—할 수 있다면, 그렇게 보아도 좋을 것이다. 학교 교과가 지나치게 복잡해지는 것, 교과내용의 지나친 팽대가 미치는 영구적인 악영향은 그것이 학생들에게 걱정이나 정신적 긴장을 일으킨다든지, 피상적인 지식에만 그치도록 한다는 데에 있는 것이 아니라(이런 것들도 물론 심각하지만), 참으로 알고 믿는다는 것이 어떤 것인지를 학생에게 분명히 알려주지 못한다는 데에 있다. 지적 책임감은 안다든가 믿는다는 것의 표준을 엄격히 한다는 뜻이다. 이 표준은 배운 내용의 의미를 철저히 따라서 그것을 행동으로 옮겨 봄으로써 확립될 수 있다.

¶ **33_** 그리하여, 지금 우리가 고찰하고 있는 지적 책임감은, 다른 말로, 지적 '철저성'이라고 불러도 좋다. 철저성이라는 말은 거의 순전히 신체적인 경우에도 사용할 수가 있다. 가령, 한 교과의 세부적인 문제에 대하여 기계적으로 철저한 연습을 하는 경우가 그것이다. 여기에 비하여 지적 철저성은 '사물을 끝까지 꿰뚫어보는 것'이다. 그것은 많은 수의 단편적인 세부 사항들을 이것저것 제시하는 것이 아니라, 그러한 세부사항들을 단일한 목적으로 통합하는 것을 의미한다. 지적 철저성은 목적의 완전한 의미가 확고히 전개될 때 나타나는 것이며, 결코 외적으로 부과되고 통제된 단계를 착실히 따라간다고 해서 실현되는 것이 아니다.

| **요약** | ¶ **34_** 방법은 교과로서의 경험이 가장 효과적인 성과를 낼 수 있도록 전개되려면 어떻게 해야 하는가를 체계적으로 언명해 놓은 것이다. 따라서 방법은 경험—즉, 학습자의 개인적 태도나 방법과 교과내용 사이의 의식적인 구분이 불가능한 경험—의 과정을 관찰함으로써 도출해 낼 수 있다. 방법이 독립적으로 존재할 수 있다는 생각은 마음이나 자아가 사물세계와 분리되어 있다고 보는 견해와 관련되어 있다. 이러한 생각은 수업과 학습을 형식적, 기계적, 강압적인 것으로 만든다. 방법은 반드시 개인에 따라 독특하지만, 그럼에도 불구하고 경험이 완결되어 나가는 정상적인 과정에서 거쳐야 할 단계를 일반적인 수준에서 확인하는 것은 가능하다. 이전의 경험에서 축적된 지혜, 그리고 여러 경우에 취급되는 내용 사이의 일반적인 유사성이 그런 일반적인 방법을 제시해 주는 것이다. 개인의 태도와 관련지어 볼 때, 좋은 방법의 특징은 즉각적 태도, 융통성 있는 지적 관심 또는 학습을 위한 개방된 의지, 목적의 통합성, 활동 및 사고의 결과에 대한 책임감 등이다.

제 14 장

교과의 성격

1 교육자의 교과와 학습자의 교과

¶ 1_ 일반적으로 교과의 성격이 무엇인가 하는 문제에 관해서는 앞에서(10장 ¶23) 이미 말한 것 이외에 별로 덧붙일 것이 없다. 즉, 교과는 유목적적인 사태의 전개 과정 속에서 관찰되고 회상되는, 또는 글이나 말을 통하여 전달되는 사실들, 그리고 제의되는 아이디어들로 구성된다는 것이다. 이제 이 말을 학교 공부의 내용, 教育課程교육과정에 포함된 교과내용과 관련지어 좀더 구체화해 보겠다. 위의 정의를 읽기, 쓰기, 수학, 역사, 자연 공부, 그리기, 노래, 물리, 화학, 외국어 등등에 적용했을 때, 그것은 어떤 의의를 가지게 되는가?

¶ 2_ 앞의 논의에서 지적된 두 가지 점을 다시 한 번 돌이켜 보자. 그 첫째는, 교육을 하는 데에 있어서의 교육자의 역할은 학습자의 반응을 자극하고 그 행동 방향을 지시하도록 환경을 마련해 주는 데 있다는 것이다. 결국 교육자가 할 수 있는 일은 오직 학생의 반응이 바람직한 지적, 정서적 성향의 형성으로 확실히 연결될 수 있도록 자극을 조정하는 것뿐이다. 말할 필요도 없이, 교과 또는 교육과정 내용은 그러한 환경을 제공하는 일과 밀접하게 관련되어 있다. 앞의 논의에서 지적된 또 한 가지 포인트는 그와 같이 형성된 성향 또는 습관에 의미를 부여할 사회적 환경이 필요하다는 것이다. 우리가 앞에서 쓴 용어로 '비형식적 교육'*이라는 것에서는 교과가 직접 사회적 상호작용의 맥락을 통하여 전달된다. 이 경우의 교과는 해당 개인이 관계를 맺고 있는 사람들의 말과 행동 바로 그것이다. 이 점이 형식적, 의도적 교육의 교과를 이해하는 데에 단서가 된

다. 원시적 사회 집단에 있어서는 관례나 의식에 곁들이는 이야기, 노래, 전통, 기도서 등에 그 집단 성원들을 연결시키는 고리가 있다. 그것은 그 이전의 경험에서 걸려져 나온 의미의 축적으로서, 집단의 성원들이 그들 자신의 집단생활의 성격을 파악하는 준거로 삼을 정도로 소중히 여기는 것들이다. 먹는다든지, 사냥을 한다든지, 전쟁을 하고 화의를 한다든지, 양탄자, 도자기, 바구니 등등을 만드는 것과 같은 일상의 활동을 하는 기술과는 명백히 구분되면서도, 그런 정신적 내용은 의식적으로 젊은이의 마음속에 날인된다.** 이 과정에는, 成年式성년식***에서 보는 바와 같이, 흔히 강렬한 정서적 경험이 수반된다. 집단의 신화, 전설, 그리고 秘儀的비의적 주문의 경우에는, 직접 유용한 풍속을 전달하는 경우보다 그 영속을 위하여 의식적으로 더 많은 노력을 기울인다. 이유인즉, 풍속의 경우와는 달리, 그런 것은 일상의 공동생활에서는 터득될 수 없다는 것이다.

---

* informal education; 1장¶22 참조.

** 이 책의 여러 곳에서 Dewey는 지식 또는 그 밖의 정신적 자질의 획득을 '마음속에 인상이 찍힌다'(impressed)는 식으로 설명하는 이론에 대하여 강한 반발을 표시하고 있다. 그러므로 여기서 '날인'이라는 것은 비유적인 표현 또는 '표현 방식의 문제'라고 보아야 한다.

*** initiation ceremony

¶3_ 사회 집단이 복잡해지고, 기술의 획득이 과거의 경험에서 축적된 표준적 아이디어에 의존하는 정도가 커짐에 따라(사실상으로 그렇든지, 아니면 집단의 성원들이 그렇다고 생각하든지 간에), 사회생활의 내용을 수업의 목적에 맞게 명백히 체계화할 필요가 생기게 된다. 앞에서 언급한 바와 같이, 집단생활에 관하여 의식적인 사고를 하면서 거기서 가장 중요하다고 생각되는 의미를 뽑아내고 그것을 일사불란한 형태로 체계화하는 가장 중요한 동기는, 아마도, 이와 같이 집단생활을 영속시켜 나가기 위하여 젊은이들을 의식적으로 가르칠 필요가 있다는 데서 찾을 수 있을 것이다. 일단 이러한 선별, 형식, 체계화가 시작되고 나면 그 일에는 끝이 없다. 문자와 인쇄의 발명은 이 일에 굉장한 추진력을 주었다. 여기에 덧붙여서, 학교에서 배우는 교과와 사회 집단에서 통용되는 습관이나 이상을 연결해 주는 고리가 허술해지고 불분명하게 되었다는 것도 그 한 가지 계기가 된다. 양자 사이의 연결은 너무나 느슨하게 되어서 때로는 전연 없는 것처럼 보이기도 한다. 그리하여 학교의 교과는 오로지 그 자체로서 중요한 지식으로 존재하는 것처럼, 그리고 '공부'라는 것은 교과의 사회적 가치와는 아

무 관계없이 그 자체의 중요성 때문에 교과를 배우는 일인 것처럼 생각하게 된다. 이 경향을 바로잡는 일이 실제적 이유에서 대단히 중요하기 때문에(1장 ¶¶21-22), 이 장에서의 이론적 논의는 다른 어떤 것보다도, 너무나 쉽게 간과되는 그 양자 사이의 연결을 분명히하고, 학교 교과의 대부분이 사회적 내용과 기능을 가지고 있다는 것을 약간 자세하게 보여주는 데에 목적을 둔다.

¶ 4_ 이 점을 교사의 입장과 학생의 입장에서 각각 고찰해 보겠다. 교사의 입장에서 보면, 교과에 관하여 교사가 가지고 있는 지식은 현재 학생의 그것보다 월등하게 많으며, 이 지식으로 말미암아 교사는 현재 미성숙한 학생의 조잡한 활동이 따라야 할 명확한 기준과 그 활동 속에 들어있는 발전가능성을 식별할 수 있는 것이다. ㈎ 학교에서 가르치는 교과내용은 현재 사회생활의 의미 중에서 전수할 가치가 있는 의미를 구체적으로 자세하게 표현한 것들이다. 교과내용은 다음 세대에 계속 전해주어야 할 문화의 본질적 요소*를 교사가 분명히 알 수 있도록 조직된 형태로 제시해 준다. 만약 사회생활의 의미가 이와 같이 표준화되어 있지 않으면 교사의 노력에 낭비가 따를 것이기 때문에, 그것을 방지할 필요가 있는 것이다. ㈏ 이전 세대가 활동의 결과로 이룩해 놓은 아이디어들을 알고 있기 때문에, 교사는 아이들의 표면상 충동적이고 무목적적인 반응**의 의미를 간파할 수 있고, 적절한 자극을 가하여 그것을 무엇인가 의미있는 것으로 이끌어갈 수 있다. 교사가 음악에 관한 지식이 많으면 많을수록 그는 아이들의 불분명하고 산만한 음악적 충동을 식별해낼 수 있다. 조직된 교과는 아이들의 산만한 경험과 본질에 있어 똑같은 경험이 보다 성숙한 단계로 발전된 상태를 나타낸다. 교과는 아이들의 경험에 담긴 것과 동일한 세계를 담고 있으며 아이들의 경험이 나타내는 것과 동일한 힘과 필요를 나타내고 있다. 물론, 교과는 완벽하지도 않고 절대적인 지혜를 담고 있는 것도 아니다. 그러나 그것은 경험의 새로운 발전을 이룩하기 위하여 우리가 사용할 수 있는 최선의 것이며, 우리가 기존의 지식과 예술이 이룩해 놓은 것을 조금이라도 능가하려고 하면 우리는 그 교과를 사용하지 않으면 안된다.

---

* 이 맥락으로 보아 '문화의 본질적 요소'는 '사회생활의 의미 중에서 가치있는 것'과 동일하다. 그리고 그 내용이 구체적으로 어떤 것인가 하는 것은 Dewey의 주장 전체에 비추어 파악되어야 한다. Dewey에 의하면 '문화의 본질적 요소'나 '사회생활의 의미'는 모두 실제적 활동의 결과요 수단이다.

** 여기서 '표면상 충동적이고 무목적적인 반응'이라고 하는 것은, '겉으로 보기에는' 충동적이고 무목적적인 것처럼 보이지만, 사실상 그 반응에는 완성된 단계의 지식이 '태아적인' 형태로나마 들어있다는 것을 뜻한다. 이 문단에서 Dewey가 시사하는 바에 의하면, 교사의 역할은 아이들의 충동적인 반응에서 '지식의 태아'를 식별해 내어 그것을 발전시켜 주는 데에 있다.

※ 이 문단에서 Dewey는 교과에 담긴 경험과 아이들의 경험 사이의 '연속성'을 주장하고 있다. 이 연속성의 내용은 양자가 모두 '활동'과 관계된다는 점이다. 6장 ¶15에서 '불에 덴 아이의 경험은 과학 실험실에서 과학자가 불꽃에 대하여 연구하는 것과 원칙상 조금도 다름이 없다'고 한 말이 이 점을 단적으로 나타내고 있다. 그러나 아래의 두 문단(¶¶5-6)에서 Dewey는 학생과 교사의 교과가 다르다는 것을 강조하고 있다. 앞의 불에 덴 아이의 경우와 이하 ¶6에 예시된 아이의 지리학은 거의 정반대되는 말이어서, 어느쪽 말을 믿어야 할지 모를 지경이다.

¶5_ 요컨대 교육하는 사람의 입장에서 볼 때, 여러 교과는 활동을 위한 자원이요 자본이 된다고 말할 수 있다. 그렇지만 교과가 아이들의 경험에서 멀리 떨어져 있다는 것은 어쩔 수 없는 엄연한 사실이다. 학습자가 배우는 교과는 성인의 정련되고 체계화된 교과, 즉 책이나 예술 작품에 나타나 있는 상태로서의 교과와 동일하지 않으며, 동일한 것이어서도 안된다. 성인의 교과는 아동의 교과의 '가능성'*일 뿐, 현재의 상태가 아니다. 성인의 교과는 전문가나 교육자의 활동에나 직접 들어오는 것이며, 초심자나 학습자의 활동에는 직접 들어오지 않는다. 교사와 학생의 입장에서 볼 때 각각의 교과에 차이가 있다는 이 점을 올바르게 존중하지 않았다는 사실이, 이때까지 교과서나 그밖에 기존의 지식을 표현한 다른 자료들을 올바르게 사용하지 못한 가장 중요한 원인이 되었다.

* '가능성'이라는 것을 해석하는 관점에 따라, 이것은 거꾸로 표현되어 있다고 생각할 사람이 있을지 모른다. 어쨌든, 아동의 교과가 성인의 교과로 발전되어 나간다는 점만은 분명하다.

¶6_ 인간의 본성이 어떻게 이루어져 있으며 어떻게 작용하는가를 구체적으로 알아야 한다는 것은, 교과에 대한 교사의 태도와 학생의 그것이 다르다는 점을 생각해 볼 때 더욱 절실히 느끼게 된다. 교사는 학생이 오직 가능태에 머물러 있는 것을 현실태로 나타내고 있다. 달리 말하면, 교사는 학생이 현재 배우고 있는 내용을 이미 알고 있다. 그리하여 교사와 학생이 당면하고 있는 문제는 근본적으로 상이하다. 교과를 가르치는 일에 종사하고 있는 동안, 교사는 교과

를 그야말로 손바닥 위에 올려놓고 자유자재로 구사하면서 주로 학생의 태도와 반응에 신경을 써야 한다. 학생의 반응이 교과와 어떤 관계를 보여 주는가를 이해하는 것이 교사의 임무이다. 여기에 비하여, 학생은 당연히 자신의 마음 그 자체가 아니라 현재 공부하고 있는 내용에 신경을 써야 한다. 이 점을 약간 다른 말로 표현하자면, 교사는 교과 그 자체에 신경을 쓸 것이 아니라, 교과가 현재 학생의 필요나 능력과 어떻게 상호작용하는가에 신경을 써야 한다고 말할 수 있다. 교사가 단순히 교과에 관하여 많이 아는 것만으로는* 충분하지 않은 이유가 여기에 있다. 더 나아가서, 교과에 관하여 해박한 지식을 가지고 있는 것 그 자체는, 만약 교과와 학생 경험 사이의 관련에 늘 관심을 기울이는 것이 교사의 습관적 태도로 되어있지 않은 이상, 잘 가르치는 데에 오히려 방해가 된다고까지 말할 수 있다. 그것은 다음과 같은 이유에서이다. 첫째로, 교사의 지식은 학생이 현재 알고 있는 것의 범위를 훨씬 능가한다. 그리하여 교사의 지식은 미성숙한 학생의 이해나 관심으로서는 도저히 미칠 수 없는 원리들을 다루고 있다. 교사가 가지고 있는 상태 그대로의 지식은, 마치 화성에 대한 천문학자의 지식이 아이가 자기 방에 대하여 알고 있는 것과 다르듯이, 학생의 산 경험세계와 차이가 있다. 둘째로, 기성 학자의 지식은 자료의 조직 방법에 있어서 초심자의 그것과 다르다. 아이들의 경험이 전연 조직되지 않았다고 말하는 것은 옳지 않다. 다시 말하면, 아이들의 경험이 순전히 따로따로 떨어진 조각들로 이루어진 것은 아니다. 다만 아이들의 경험은 직접적인 실제적 관심거리를 중심으로 조직되어 있는 것이다. 예컨대 아이에게 있어서는, 가정이 지리학적 지식의 組織核조직핵이다. 그 집을 중심으로 하여 자기 자신이 직접 인근 지역을 왕래해 본 것, 멀리 여행해 본 것, 친구들의 이야기, 이런 것들이 여러 가지 정보들을 하나로 묶는 끈이 된다. 그러나 지리학자의 지리학, 다시 말하여 그러한 잣달은 경험에 들어 있는 학문적 의미를 이미 알고 있는 사람들이 공부하는 지리학은 여러 사실들이 서로서로 맺고 있는 관계를 기초로 하여 조직되어 있다. 그들의 지리학은 그 사실들이 그들의 집과 신체의 이동, 친구의 이야기 등등과 어떤 관계를 맺고 있는가 하는 것을 다루지 않는다. 이미 배운 사람에 있어서 교과는 넓은 범위를 포괄하고 엄밀하게 규정되어 있으며 이론적으로 상호 관련되어 있다. 아직 배우고 있는 사람에 있어서 교과는 유동적이고 부분적이며, 자기 자신이 하고 있는 일을 통하여 그것에 관련을 맺게 된다.[1)] 가르친다는 것은 학생의 경험을 전문가가 이미 알고 있는 것과 동일한 방향으로 계속 나아가도록 해 주는 일이다. 그리하여 교사는 자기가 가르치고 있는 교과를 알아야 할 뿐만 아니라 학생의 독특한 필요와 능력을 알지 않으면 안된다.

---

1) 이미 배운 사람은 또한 아직 배우고 있는 사람이므로, 여기에 나타난 대비는 상대적인 것일 뿐, 절대적인 것이 아님을 유의해야 한다. 그러나 적어도 교육의 초기단계에 있어서는 학생과 교사의 그러한 차이가 거의 절대적으로 중요하다. 〔원주〕

* '단순히 교과에 관하여 많이 아는 것'에 해당하는 원문은 simple scholarship이다. 이런 식의 표현은 Dewey 이후(어쩌면 그 이전부터) 널리 사용되고 있으나, 그것이 구체적으로 무엇을 가리키는지는 깊이 생각해 볼 필요가 있다. '교과에 관하여 많이 아는 것'은 어떤 것이며, 어째서 거기에 '단순히'라는 수식어가 붙을 수 있는가? 또는, 'simple' scholarship과 '진정한' scholarship은 어떻게 다른가? 아니면, scholarship이란 모두 simple한 것인가? 등등.

2 학습자에 있어서의 교과의 발달

¶ 7_ 학습자의 경험 속에서 교과가 성장하는 과정을 세 개의 꽤 전형적인 단계로 구분한다고 해서 별 무리가 없을 것이다. 첫째 단계에서는, 지식이 지적인 능력—즉, 무슨 일인가를 하는 힘—이 적용될 대상 또는 내용으로 존재한다. 이런 종류의 교과, 즉 이미 알려진 자료는 사물에 대한 친숙성 또는 사물에 대한 직접적 인식*을 가리킨다. 그러다가 이 자료는 언어화된 지식 또는 정보를 통하여 점차 의미가 풍부해지고 깊어진다. 마지막으로, 그 자료는 의미가 더욱 확장되고 합리적으로 또는 논리적으로 조직되어서 자료에 관하여 비교적 전문가라고 할 수 있는 그런 사람의 지식으로 된다.

---

* familiarity or acquaintance

¶ 8_ (1) 사람이 가지게 되는 최초의 지식, 그리고 마음속에 가장 깊이 뿌리박혀 있는 지식은 무엇인가를 할 줄 아는 것*, 말하자면 걷고 말하고 읽고 쓰고 스케이트를 타고 자전거를 타고 기계를 조작하고 계산하고 말을 몰고 물건을 팔고 사람을 다루고 하는 등등을 할 줄 아는 것이다. 본능적인 행위가 그 목적에 아주 알맞게 되어있는 경우를 보고, 우리는 보통 그 행위자 자신이 설명은 하지 못하지만 일종의 신비적 지식을 가지고 있다고 말한다. 이것을 보면, 지식이라는 것은 다른 것이 아니라 목적을 이루기 위한 수단으로서의 행위를 지적으로

통제하는 것을 뜻한다는 사고방식이 우리 마음속에 강하게 자리 잡고 있다는 것을 알 수 있다. 그런데도 교육에서는 학문적으로 체계화된 사실이나 진리가 아니면 무엇이든지 무시하는 학문위주 지식관의 영향 때문에, 원초적이고 일차적인 교과는 반드시 능동적인 활동으로, 다시 말하여 몸을 움직여서 사물을 만지고 다루어 보는 것으로 존재한다는 사실이 올바르게 인식되지 않는다. 이런 경우에 학교의 교과는 학습자의 필요와 목적에서 유리되어서 오직 암기하고 또 교사의 요구에 따라 재생해야 할 내용이 되고 만다. 이와는 대조적으로, 자연적인 발달과정을 올바르게 존중해 주는 교육은 반드시, 행함으로써 학습하는** 그러한 사태에서 출발한다. 최초의 지식이 목적 달성을 위하여 무슨 일인가를 할 줄 아는 형태를 취하는 만큼, 여기에 상응하여 교육과정의 초기 단계는 몸과 손을 움직여서 실제로 일을 해 보는 것으로 구성되어야 한다.

---

* knowledge of *how to do*; 보다 근래에 와서 Ryle은 knowing-that과 구별되는 것으로 knowing-how를 제안하고, 이 후자는 종래의 인식론에서 knowing-that의 왕관적인 지위에 밀려 부당하게 푸대접 받았다고 지적하고 있다. Gilbert Ryle, *The Concept of Mind*, London, Hutchinson, 1949. 표면상으로 보면, Ryle의 주장은 Dewey의 주장과 동일한 것으로 보이지만(특히 이하 ¶14), 여기서 Dewey가 말하는 knowledge of how to와 Ryle의 knowing-how를 동일시하려면 상당한 정도의 연구와 검토를 거쳐야 할 것이다.

** learning by doing; 이것이 그 후 Dewey의 교육관, 또는 학습관을 대표하는 표어가 되었다.

¶ 9_ 지식을 나타내는 일상용어들은 이때까지 철학자들의 학문적인 논의에서는 도외시되어온 행동의 능력(즉, 할줄 아는 것)과의 관련을 언제나 간직해 왔다. 예컨대 영어에서 '視野'시야를 뜻하는 '켄'*은 '할 수 있다'는 뜻의 '캔'**과 의미상 관련되어 있다. '주의'라는 것은 사물을 돌보는 것, 즉 관심과 애정을 가지고 그것이 잘되도록 보살펴 주는 것을 뜻한다. '마음'이라는 것은 지시에 따라 행동하는 것—아이가 어머니에게 마음을 쓰는*** 경우와 같이—과 무엇인가를 돌보는 것—유모가 아기에게 마음을 쓰는 경우와 같이—을 뜻한다. '생각이 깊다'든가 '숙고를 한다'는 것은 다른 사람의 주장에 귀를 기울인다는 뜻이다. '염려'라는 것은 바람직하지 못한 결과에 대한 지적 파악과 함께 그것에 대한 공포감을 뜻한다. '사려분별이 있다'든가 '판단이 정확하다'는 것은 사태가 어떤 행위를 요구하는지를 안다는 뜻이다. '분별'이라는 것은 단순히 구분을 위한 구분, 즉 '머리카락을 쪼갠다'는 표현으로 야유되는 그런 쓸데없는 구분을 하는

것이 아니라, 행동이라는 관점에서 사태를 정확하게 파악하는 것을 뜻한다. '지혜'라는 말은 삶의 올바른 방향을 찾는다는 의미와 관련되어 있다. 농부나 선원, 상인과 의사, 또는 실험실의 실험가들에 있어서는 그렇지 않은데도, 유독 교육에서만 지식은 일을 하는 것으로부터 초연하게 떨어져서 주로 정보의 축적을 의미하는 것으로 되어 있다.

* ken

** can

*** '마음을 쓴다'(mind)는 말은 영어의 '마음'(mind)이라는 말의 동사형이다.

¶ 10_ 지적인 방식으로 사물을 다루어 보면 그것에 익숙하게 된다. 우리가 가장 익숙해 있는 것은 우리가 가장 흔히 사용하고 있는 것들이다. 의자, 책상, 펜, 종이, 옷, 음식, 수저 등, 일상적인 수준에서 익숙한 것들뿐만 아니라 전문적으로 종사하는 직업에 따라 특수하게 익숙해 있는 것들도 있다. '익숙하다'는 말이 이미 일종의 친근감을 담고 있거니와, 이런 뜻에서의 지식은 우리가 사물을 특정한 목적에 사용한 결과로 생긴 침전물이다. 우리는 그 사물에 대하여, 또는 그 사물을 가지고, 자주 행동해 본 결과로 그것이 어떻게 반응할지 이미 잘 알고 있다. 이것이 바로 '익숙하다'는 말의 뜻이다. 우리는 익숙한 사물에 대해서는 늘 준비가 되어 있다. 익숙한 사물에 대해서는 방심하다가 실수하는 일도 없고, 거기서 예기치 않던 곤란을 당하는 일도 없다. 그렇기 때문에 익숙한 사물에 대하여 우리는 친근감이나 우호적 태도, 편안하고 명랑한 느낌을 가진다. 여기에 비하여 우리에게 익숙하지 않은 사물은 이상하고 낯설고 차갑고 소원하고 '추상적'인 느낌을 준다.

¶ 11_ (2) 그러나 이러한 첫째 단계의 지식에 관하여 세밀하고 정교한 문장으로 그것을 규정하려고 한다면, 오히려 그것이 이해를 방해할 가능성이 있다. 우리가 의도적이고 전문적인 공부를 한 결과로 습득한 것을 제외한 거의 모든 지식이 그런 종류에 속한다. 목적을 가지고 하는 일에는 사물을 상대로 하는 것뿐만 아니라 사람을 상대로 하는 것도 있다. 다른 사람들과의 관계를 성공적으로 유지하기 위해서는 의사소통의 충동과 교섭의 습관을 그것에 맞게 조절해 나가지 않으면 안되며, 그 결과로 풍부한 양의 사회적 지식이 축적된다. 이러한 의

사교환에 참여한 결과로 우리는 다른 사람에게서 많은 것을 배운다. 사람들은 자기 자신의 경험을 말하고 또 다른 사람에게서 들은 다른 사람들의 경험을 말한다. 우리가 이러한 의사소통에 관심과 흥미를 가지는 한, 다른 사람의 관심사는 우리 자신의 경험의 일부가 된다. 다른 사람들과 능동적 관계를 맺는 것이 당장 우리 자신에게 대단히 중요한 관심사이기 때문에, '여기에 나의 경험이 끝나고 저기서부터 당신의 경험이 시작된다'고 하는 식으로 그 사이에 분명한 선을 긋는다는 것은 불가능하다. 우리 모두는 공동의 일에 참여하는 동료들이기 때문에, 다른 사람들이 그 일에서 그들의 몫을 한 결과로 얻은 경험을 우리에게 전해줄 때 그것은 곧바로 우리 몫을 한 결과로 얻은 경험에 섞여 들어온다. 귀는 눈이나 손과 조금도 다름없이 경험의 기관이다. 그리고 눈은 시야가 미치지 않는 곳에서 일어난 일에 관한 보고서를 읽는 데에 사용될 수 있다. 시간적으로나 공간적으로 멀리 떨어진 일도 우리가 직접 냄새를 맡고 손으로 만져볼 수 있는 일과 조금도 다름없이 우리의 행동 방향에 영향을 미친다. 그런 일들은 진정 우리에게 관심의 대상이 되며, 따라서 그것이 우리에게 주어진 일을 하는 데에 도움이 된다면, 어떤 방식으로 표현되든지 간에 그것은 우리 자신의 경험 범위 안에 들어와 있게 된다.

¶ 12_ 이런 종류의 교과를 보통 '정보'라고 부른다. 각자가 자신의 일을 하는 데에 있어서 의사소통이 차지하는 위치를 생각해 보면, 학교 교과에서 정보가 가지고 있는 가치를 사정할 기준이 무엇인가를 알 수 있게 된다. 즉, 그 정보는 현재 학생이 관심을 가지고 있는 질문에서 자연적으로 파생되어 나오는가? 그 정보는 학생이 가지고 있는 일상적인 직접적 지식*에 잘 맞아들어가서 그 지식의 효율성을 증대시키고 그 의미를 심화시키는가? 만약 이 두 가지 요건에 합치한다면 그 정보는 교육적 가치를 가진다. 학생이 얼마나 많이 듣고 읽는가 하는 것은 하등 중요한 문제가 아니다.** 학생이 그 정보를 필요로 하고 그것을 자신이 당면한 사태에 적용할 수 있다는 단서만 붙는다면, 정보의 양은 많을수록 더 좋다.

---

* direct acquaintance

** 문맥상으로 보아, 이 말을 할 때 Dewey는 정보의 양이 많은 데 대한 우려가 별로 심각한 것이 아니라는 점을 지적하는 것으로 해석된다. 분명히, 이러한 종류의 우려는 Dewey 당시에도 심각했던 모양이다.

¶ **13**_ 그러나 이 요건을 이론상으로 진술하는 것은 쉬울지 모르나 실제로 가르치는 장면에서 실현하기는 쉽지 않다. 현대에 와서 의사소통의 지역적 범위가 확대되었다는 사실, 하늘 먼 곳과 오래 전의 역사적 사건에 관하여 직접적 정보를 얻는 기계기구가 발명되었다는 사실, 예컨대 인쇄술과 같이, 정보를 기록하고 홍보하는 기구가, 소문으로나 실제로, 값이 싸졌다는 사실, 이런 것들이 '정보 교과'의 양을 굉장히 팽창시켰다. 이런 정보를 학생들에게 쓸어넣는 것은 그것을 학생의 직접 경험과 의미있게 관련짓는 것보다 훨씬 더 쉽다. 그리하여 정보는 학생 자신이 가지고 있는 친숙한 지식의 위층에 떠 있는, 또하나의 기이한 세계를 이루고 있는 경우가 너무나 허다하다. 학생의 문제는 오직 학교의 목적을 위하여, 암송과 진급의 목적을 위하여, 이 이상한 세계의 구성 요소들을 배우는 것뿐이다. 오늘날 대부분의 사람들에게 '지식'이라는 단어가 불러일으키는 가장 두드러진 연상은 십중팔구 다른 사람들에 의하여 확인된 사실이나 진리의 집합체, 다시 말하면 도서관에 줄줄이 꽂혀 있는 지도 책, 백과사전, 역사책, 전기, 여행안내서, 과학 논문 등등에 나와 있는 정보일 것이다.

¶ **14**_ 이와 같이 굉장한 양의 정보자료를 강제로 부과하는 행위는 부지불식간에 지식에 관한 인간의 개념 그 자체에 영향을 미쳤다. 지식은 원래 문제상황에 관한 능동적 관심의 발로인데, 이러한 지식을 담고 있는 진술이나 명제를 지식 그 자체인 양 생각하게 된 것이다. 지식은 탐구의 결과요 또 장차의 탐구를 위한 자원이라는 사실과는 아랑곳없이, 지식을 기록해 놓은 것 그것을 바로 지식이라고 생각하게 되었다. 말하자면, 인간의 마음이 온통 그 이전 전투의 전리품에만 사로잡혀 있는 꼴이다. 미지의 세계와의 전투에 사용할 무기나 전투의 행위 그 자체가 아닌 전리품으로, 지식이라든가 사실, 진리의 의미를 규정하게 된 것이다.

¶ **15**_ 정보를 표현하는 명제를 지식과 동일시하는 이러한 경향이 논리학자와 철학자에게 붙어다녔다면, 그와 동일한 이상이 학교교육을 거의 지배하다시피 했다고 해서 놀라울 것은 없다. 소위 '敎授要目'교수요목이라는 것은 정보를 여러 학문분야에 따라 배열하고 그 각각의 학문을 다시 세부적인 단위로 쪼개어 각각의 조각을 순서에 맞게 전체적으로 조직해 놓은 것을 가리킨다. 가령 17세기에는 그 전체 덩어리가 얼마 되지 않아서, 교과 전체를 백과사전식으로 완전

히 습득하는 것을 이상으로 삼을 수도 있었다.* 이제 그 덩어리는 너무나 방대하여 어느 한 사람이 그것을 모두 소유한다는 것은 누가 보더라도 불가능하다. 그런데도, 교육의 이상은 전혀 달라지지 않은 채 옛날 그대로이다. 각각의 학문 분야에서, 또는 적어도 일부 선택된 학문 분야에서 조금씩의 정보를 획득하도록 하는 것, 어린 나이에는 비교적 쉬운 부분을 배정하고 나중 단계에는 좀 더 어려운 것을 배정하는 것, 이것이 초등학교에서 대학에 이르기까지 교육과정 구성의 기본 원리가 되고 있다.

---

* 이 말을 했을 때 아마 Dewey는 Comenius(1592-1670)를 염두에 두었을 것이다. Comenius는 모든 사람에게 모든 지식을 가르치는 것을 이상으로 삼았다.

¶ **16**_ 학습의 결과가 학생의 인격 속으로 들어오지 않고 행동에 영향을 미치지 못한다는 불평을 교육자들이 하고 있다는 사실, 그리고 기억기계와도 같은 공부, 무조건 쑤셔 넣기 식의 공부, '사실'에 대한 맹목적 집착, 쓸데없이 세밀한 구분과 소화되지 않은 원리에 대한 헌신 등에 대하여 항거가 일어나고 있다는 사실은 모두 이상과 같은 교육현실에서 따라오는 논리적 귀결이다. 주로 남의 손을 거친 지식은, 말하자면, 다른 사람의 지식이며, 이것은 대부분 언설에 그친다. 정보가 언어에 의하여 표현된다는 것에는 전혀 잘못이 없다. 의사소통은 반드시 말을 통하여 일어날 수밖에 없는 것이다. 그러나 전달되는 내용이 학생의 기존의 경험 속에 조직되어 들어갈 수 없으면 그만큼 그것은 '단순한' 언설, 다시 말하여 의미가 결여된 순수한 감각자극에 불과한 것이 된다. 그렇게 되면 그것은 오직 기계적 반응을 불러일으키는 작용을 하게 되고, 그 결과로 생기는 것은 목청을 사용하여 문장을 되풀이하거나 손을 사용하여 글씨를 쓰고 계산을 하는 능력뿐이다.

¶ **17**_ 정보를 가지고 있다는 것은 '사태에 밝다'*는 뜻이다. 말하자면, 그것은 문제를 효과적으로 처리하는 데에 필요한 내용들을 자유자재로 구사하면서 해결책을 탐색할 수 있고 또 그 결과로 발견된 해결책 자체의 의의를 충분히 음미할 수 있다는 뜻이다. 정보적 지식**은 이미 주어진 것, 해결된 것, 확립되고 보장된 것으로서, 문제 사태를 당했을 때 우리가 의존할 수 있는 자료가 된다. 정보는 우리의 마음이 의문에서 발견으로 나아가는 교량과 같은 역할을 한다. 또

한, 그것은 지적인 중개인의 직분을 수행한다. 정보는 이전의 인간 경험의 정련된 결과를 이용가능한 형태로 압축하고 기록함으로써 새로운 경험의 의미를 드높여주는 일을 한다. 예컨대 브루투스가 카이사르를 암살하였다든지, 1년의 길이는 365와 4분의 1일이라든지, 원주율은 3.1415… 라든지 하는 말을 들을 때, 우리는 다른 사람에게 지식이었던 것을 받아들이지만, 그것은 또한 우리에게 지식을 얻는 자극이 된다. 우리가 그것을 통하여 참된 지식을 얻는가 아닌가는 오로지 우리가 그 전달받은 내용에 어떻게 반응하는가에 달려 있다.

---

* to be posted; 원래의 뜻은 필요한 정보를 누군가가 우편으로 빠짐없이 부쳐 주어서 낱낱이 알고 있다는 뜻.

** informational knowledge

※ 앞의 ¶12에서 Dewey는 정보의 교육적 가치를 사정하는 기준으로서, '1) 그 정보는 현재 학생이 관심을 가지고 있는 질문에서 자연적으로 파생되어 나오는가, 2) 그 정보는 학생이 가지고 있는 일상적인 직접적 지식에 잘 맞아들어가서 그 지식의 효율성을 증대시키고 그 의미를 심화 시키는가'라는 두 가지를 제시하였다. 여기에 예시된 카이사르의 암살, 1년의 길이, 원주율 등이 이 요건을 충족시킬 수 있는 가상적인 경우를 찾아보는 것은 Dewey를 올바로 이해하는 데에 약간은 도움이 될 것이다.

3 과학적 또는 합리적 지식*

¶18_ 과학**은 전형적 형태에 있어서의 지식의 대명사이다. 과학은 정도의 차이는 있지만, 학습의 완성된 결과, 그 종국을 나타낸다. 한 특정한 경우에 지식, 즉 '알려져 있는 것'은 확실한 것, 낙착 또는 해결된 것, 이미 끝장난 것을 가리키며, 이것은 사고의 내용이라기보다는 사고의 수단이 된다. 좋은 의미에서의 지식은 의견, 추측, 사변, 그리고 단순한 전통과는 구분된다. 지식에서는 사물이 이러이러하다는 식으로 단정적으로 확인되며, 이런지 저런지 모른다는 것은 있을 수 없다. 그러나 우리의 경험으로 알 수 있는 바와 같이, 지식의 내용의 확실성과 우리 자신의 확실성은 구분된다. 우리는, 말하자면, 무엇인가를 믿게끔 되어 있다. 믿는 마음은 자연스러운 것이다. 도야되지 않은 마음은 미결의 상태, 지적인 우유부단을 싫어하고 무엇인가 주장하기를 좋아한다. 도야되지 않은 마음은 일사불란하게 추호의 의심도 없이 낙착된 것을 좋아하며, 충분한 근거가 없이도 그렇게 믿어버린다. 자기에게 잘 알려진 것, 일반적으로 정평이나 있는 것, 자기의 욕망에 맞는 것—이런 것들이 쉽사리 진리의 척도가 된다.

무지는 그릇된 의견과 당시의 지배적인 오류에 길을 내어주고, 이것이 학습에 있어서 무지보다 더 큰 적이 된다. 그리하여 소크라테스 같은 사람은 무지를 깨닫는 것이 효과적인 愛知애지의 시작이라고 말하였고, 데카르트 같은 사람은 과학은 의심에서 태어난다고 말하였다.

---

* 원래 이 절은 앞 절의 (3)이 될 것인데도, 아마 그 중요성 때문에 하나의 절로 독립시킨 듯하다. 그러나 이 절에 취급되는 내용은 앞 절의 첫머리(¶7)에서 말한 교과 발달의 마지막(셋째) 단계에 관한 것이다.

** science; 여기서 science가 좁은 의미로 과학(empirical science)을 가리키는지, 아니면 학문 일반을 가리키는지에 관하여 의문이 있을 수 있다. 그러나 Dewey에 있어서는, 좁은 의미에서의 과학적 지식이 타당한 '학문적' 지식의 範型범형이 된다고 볼 수 있을 것이다.

¶ 19_ 교과(또는 주어진 자료)나 아이디어는 실험적으로 그 가치를 검증받아야 한다는 점, 그리고 그 자체로서는 그것은 잠정적인 가설에 지나지 않는다는 점에 대해서는 앞에서 이미 말한 바 있다. 우리가 늘 때이르게 받아들이고 주장하려고 한다는 점, 또한 판단 유보를 싫어한다는 점 등을 생각해 볼 때, 우리는, 천성적으로, 지식의 진위를 검증하는 길을 지름길로 질러가려고 하는 경향이 있는 듯하다. 우리는 피상적이고 즉각적인 눈앞의 적용만으로 만족해버린다. 그 결과가 약간만 만족스러우면 우리는 우리의 가정이 확인되었다고 생각하고 만족해 버린다. 그 결과가 우리의 예상에 어긋나는 경우에도, 우리는 우리의 자료나 사고가 부적절하고 부정확했다고 생각하는 것이 아니라, 운수가 나빴다든지 상황이 불리했다든지 하는 것에 책임을 돌린다. 우리는 그 나쁜 결과를 우리 계획이 잘못되었거나 상황에 대한 탐구가 불완전했던 탓으로 돌리는 것이 아니라(이런 경우에는 그 나쁜 결과를 참고로 하여 계획을 수정하고 탐구를 더 철저히 하려고 할 것이다), 운수가 순조롭지 않았던 탓으로 돌리는 것이다. 우리는 심지어, 결과야 어떻게 나오든지 간에 원래의 생각에 끈기있게 매달렸다는 것을 자랑으로 삼기도 한다.

¶ 20_ 과학은 인간이 가지고 있는 이러한 본성적인 경향과 거기서 생기는 폐단에 대한 보호장치라고 말할 수 있다. 과학은 적절한 조건에서 사고하기 위하여 인류가 장기간 발전시켜 온 특별한 장치와 방법으로 이루어져 있다. 여기서 적절한 조건에서 사고한다는 것은 사고의 절차와 결과를 검증할 수 있는 그러

한 조건에서 사고한다는 뜻이다. 과학은 자생적인 것이 아니라 인위적인 것(획득된 기술)이며, 생득적인 것이 아니라 학습되는 것이다. 과학이 교육에서 독특한 위치, 굉장한 가치를 가지고 있는 것은 바로 이 때문이다. 그렇기 때문에 또한, 교육에서 과학을 올바르게 사용하는 데에는 여러가지 어려움이 따른다. 과학적 정신을 터득하지 않고는, 인간이 이때까지 고안해낸 효과적 사고의 최선의 도구를 가지고 있다고 말할 수 없다. 이런 형편에 있는 사람은 최선의 도구를 사용함이 없이 탐구와 학습에 임할 뿐만 아니라, 지식의 완전한 의미를 이해할 수도 없다. 왜냐하면 그는 의견이나 동의를 공인된 확신과 구별짓는 특성이 어떤 것인가를 알지 못하기 때문이다. 또 한편, 과학이 고도로 전문화된 방법에 의한 완전한 지식을 나타내기 때문에, 거기에서 나온 결과는 그 자체로서 볼 때에는 일상의 경험에서 멀리 떨어져 있을 가능성이 있다. 그리하여 과학은 보통의 용어로 '추상성'이라고 하는 일종의 고답성을 띠게 된다. 이러한 격리 현상이 학교교육에 등장할 때, 과학적 정보는 다른 어떤 형식의 정보보다도 더, 이미 완성된 교과의 형태로 제시될 위험이 있다.

¶ **21**_ 과학은 탐구와 검증의 방법으로 정의되고 있다. 얼른 보기에, 이 정의는 과학을 조직되고 체계화된 지식으로 보는, 오늘날 널리 퍼져 있는 생각에 반대되는 것처럼 보일지 모른다. 그러나 이것은 오직 겉으로 보기에만 그러할 뿐, 보통 사람들의 생각을 좀더 자세하게 따져 보면 그렇지 않다는 것을 알게 된다. 과학이 조직된 지식이라고 하는 것은, 그냥 조직이 아니라 검증된 발견의 적절한 방법에 의하여 생겨난 그러한 조직이 과학의 특징을 이룬다는 뜻이다. 농부의 지식이 체계화되어 있다는 것은 그 농부가 농사를 잘한다는 뜻이다. 그 지식은 수단과 목적의 관계를 기초로 하여 조직되어 있으며, 이것을 다른 말로 하면, '실제적으로' 조직되어 있다고 말할 수 있다. 그것이 지식으로서 조직(다시 말하면, 적절하게 검증되고 확인되었다는 그런 찬사적 의미에서의 조직)되어 있는가 아닌가는 농작물이나 가축을 거두어들인다는 관점에서의 조직에 비하면 부차적인 것이다. 그러나 과학적 지식의 조직은 발견의 과업을 성공적으로 수행한다는 특수한 관점에서의 조직이며, 지식의 획득을 전문적인 일로 삼는 그런 관점에서의 조직이다.

¶ 22_ 과학이 보장하는 확실성이 어떤 것인가를 살펴보면, 과학이 전문적인 지식이라는 말의 의미를 알 수 있을 것이다. 과학의 확실성은 '합리적' 확실성, 다시 말하면 논리적 근거에 의하여 보장되는 확실성이다. 그러므로 과학적 지식이 이상으로 삼는 조직은, 하나하나의 생각과 진술이 그 앞의 것에서 논리적으로 따라나오고 또 그 다음 것으로 연결되는 그러한 조직이다. 개념과 명제는 서로서로 합의하며 서로서로 지지한다. 이와 같이 '다음으로 연결되고 앞의 것을 확인해 주는' 2중의 관계가 바로 논리적이라든가 합리적이라는 말의 의미이다. 물에 관한 일상적인 개념은, 마신다든가 씻는다든가 농작물에 물을 댄다든가 하는 일상적인 용도에 있어서는 화학자의 개념보다 더 적절하다. 그러나 화학자가 물을 H_2O로 기술하는 것은 과학적 탐구에서 그것이 차지하는 위치나 용도로 보아 일상적 개념보다 훨씬 우월하다. 그것은 물의 성질을 다른 사물에 대한 지식에 연결시킴으로써 그것을 이해하는 사람에게 그 지식이 어떻게 도출되었으며 사물의 구조에 관한 다른 지식들과 어떻게 관련되는가를 보여준다. 엄밀하게 말하여, 물이 H_2O로 되어 있다는 것과 물이 투명한 액체로서 맛도 냄새도 없고 갈증을 없애준다는 것을 비교해 볼 때, 전자가 후자보다 물의 객관적 관계를 더잘 나타내어 준다고는 말할 수 없다. 물이 무색, 무미, 무취의 액체라는 말은 물이 수소분자 두 개와 산소분자 한 개로 이루어져 있다는 말과 마찬가지로 객관적 관계를 나타내고 있다고 보아야 한다. 그러나 사실을 밝히기 위한 과학적 연구를 한다는 '특별한 목적'을 가지고 있을 때에는, H_2O라는 관계가 근본적으로 중요하다. 그러므로 조직을 과학의 특징으로서 강조하면 할수록 과학의 정의에서 방법이 일차적인 중요성을 가진다는 것을 인식하지 않을 수 없다. 왜냐하면 방법은 과학을 과학으로서 성립시키는 조직이 어떤 종류의 것인가를 규정하는 것이기 때문이다.

※ 물의 경우를 예로 들어서 과학의 성격을 규정하고 있는 이 문단은 특히 과학과 일상적 경험과의 관련이 무엇인가, 그리고 Dewey는 그 관련을 어떻게 보고 있는가 하는 의문을 불러일으킨다. 앞의 ¶21에서 Dewey는, 일상의 경험은 수단-목적의 관계를 기초로 하여 성립되는 실제적 경험이라고 말하고 있다. 그러나 물에 관한 '과학적'지식—물은 H_2O로 되어 있다는 지식—은, Dewey의 말과 같이, 과학적 사실을 밝히기 위한 '특별한 목적'(원문 이탤릭체)에 사용된다. 그것은 H_2O라는 지식이 '사물의 구조에 관한 다른 지식들과 어떻게 관련되어 있는가'를 문제삼을 때에 중요한 것이 된다. 이것을 '실제적 관심'이라고 보기는 어렵다. 가령, 농부가 논에 물을 대고자 할 경우에는 '물은 맛도 냄새도 없는 투명한 액체'라는 식의 일상적인 개념만으로 충분하며, 그것이 어떤 분자구조를 가지고 있는가 하는 문제는 이 관심과는 하등 관계가 없다. 이렇게 생각해 볼 때, 이 문단의 설명에서는 교과로서의 과학의 중요

성을 부각시키려고 하는지, 아니면 깎아내리려고 하는지 의심스럽다. 다음 절은 아마 과학의 '일상생활에서의' 중요성을 말하려는 의도에서 덧붙여진 모양인데, 이 의도가 충분히 실현되었는지 또한 의문이다.

4 교과의 사회적 성격

¶ 23_ 이하 몇 장에서 우리는 여러 가지 학교활동과 교과를 논의하면서, 거기에 이 장에서 논의한 지식 발전의 단계들이 어떻게 나타나는지 살펴보겠다. 그에 앞서서, 이때까지 말한 내용이 주로 지적인 측면에 관한 것임을 고려하여, 교과의 사회적 성격에 관하여 몇 마디 덧붙일 필요가 있다. 생생한 지식, 다시 말하면 진정한 문제와 관련되고 목적 달성의 동기에서 추구되는 자료나 아이디어에 있어서도, 그 지식 또는 아이디어의 폭과 깊이에는 차이가 있다. 그것은 추구하고자 하는 목적의 사회적 범위와 해결하고자 하는 문제의 사회적 중요성에 차이가 있기 때문이다. 학습 자료를 뽑아낼 수 있는 원천이 매우 넓은 범위에 걸쳐 있으므로, 교육은 (특히 가장 전문적인 지식을 추구하기 이전의 단계에서는) 사회적 가치라는 기준에 의하여 자료를 선정하여야 한다.

¶ 24_ 일체의 정보, 일체의 체계화된 과학적 지식은 사회생활의 조건하에서 만들어진 것이며 사회적 수단에 의하여 전수되어 왔다. 그러나 그렇다고 해서 모든 지식이 현재 사회의 성원들의 성향을 형성하고 생활 수단을 제공하는 데에 동일한 가치를 가지는 것은 아니다. 교육과정의 계획은 학교 공부를 현재의 사회생활의 필요에 적합하도록 하는 방안을 고려해야 한다. 교육과정은 우리가 공동으로 살고 있는 삶을 개선하여 미래가 과거보다 더 나아지도록 하려는 의도하에서 선택된 내용으로 구성되어야 한다. 뿐만 아니라, 교육과정은 본질적인 것을 우선으로 하고 장식적인 것을 부차적으로 하여야 한다.* 사회적으로 가장 근본적인 것, 다시 말하면 사회의 여러 집단이 가장 널리 공유하고 있는 경험과 관련된 내용이 본질적인 것이다. 전문적인 집단과 기술적인 추구의 필요를 반영하는 내용이 부차적인 것이다. 교육은 먼저 인간을 길러야 하고, 그 다음에 전문가를 길러야 한다는 말에는 일면의 진리가 있다. 그러나 이 말을 하는 사람이 말하는 '인간'은, 대부분의 경우에, 오직 전문가의 집단, 즉 과거의 고전적 전통을 보존하는 학자층을 가리킨다. 이런 식으로 생각하는 사람들은, 교육

내용은 인간으로서의 인간*의 공통 관심사에 연결될 때 비로소 인간화된다고 하는 사실을 망각하고 있다.

---

* 여기에 나타난 '본질적인 것'과 '장식적인 것'에 대한 Dewey의 규정은 특별히 세밀하게, 검토할 필요가 있다.

** 다시 말하면, 전문가로서의 인간이 아닌, 인간으로서의 인간.

¶ 25_ 민주적인 사회는 교과목을 마련하는 데 있어서 넓은 의미에서의 인간적인 기준을 사용할 때 비로소 민주적인 사회로서의 면모를 계속 유지할 수 있다. 교과를 선정하는 데 있어서의 주된 고려사항이 대중을 위해서는 좁은 실용적 목적에 있고, 소수의 고등교육을 위해서는 전문적인 지식계층의 전통을 가르치는 그런 사회에서는 민주주의가 번성할 수 없다. 소위 3R*을 기계적으로 다루면서 그것을 초등교육의 '본질적인' 내용이라고 생각하는 것은 민주적 이상을 실현하는 데에 '기본적인' 것이 무엇인지 모르는 소치이다. 이 생각에는, 무의식적으로, 그러한 민주적 이상은 실현불가능하다는 생각이 깔려 있다. 이 생각에는, 과거에 그러했던 것과 같이 미래에도, 생계의 수단을 얻는 것, '생활을 꾸려나가는 것'은 남자나 여자나 할 것 없이 대부분의 사람들에게 의의있는, 자유롭게 선택한, 또 그 일을 하는 사람을 고귀하게 하는 일이 아니라는 생각이 들어 있다. 다시 말하면, 그런 일은 그 일을 하는 사람들 자신이 인정하지 않는 목적에 봉사하는 것이요, 오직 금전적인 보수를 위하여 다른 사람의 지시에 따라서 할 뿐이라는 것이다. 대다수의 사람들에게 이런 뜻에서의 삶을 위한 준비를 시켜 주기 위하여, 오직 이 목적을 위해서만, 읽기, 쓰기, 철자법, 계산 등 기계적 효율성을 요구하는 일과 약간의 신체적 기술이 '본질적인' 내용이 된다. 소위 '자유교육'**이라고 불리는 것 또한 이러한 생각 때문에 '비자유교육'이 되고 있다. 인간 공통의 가장 심오한 문제에 대한 관심에서 오는 예지와 도야를 활용하는 것이 아니라, 그것 대신에 말하자면 寄生的기생적인 지식을 가르치는 것이다. 교육의 사회적 책임을 반영하는 교육과정은 공동으로 어울려 사는 인간의 문제를 다루는 사태, 그리고 관찰과 정보가 사회적 통찰과 관심을 일으키도록 계획된 그런 사태를 제시하여야 한다.

---

* reading, writing, arithmetic; 讀書算독 · 서 · 산.

** liberal education; 이것은 때로 '인문교육'이라고 번역되며, '직업교육'과 대비된다. 이 문장에서 이것과 대비되는 '비자유교육'은 illiberal education이다.

| 요약 | ¶ 26_ 교육의 내용은 주로 현재의 사회생활에 내용을 부여하는 의미들로 구성된다. 사회생활의 연속성을 이 점에 비추어서 해석하면, 그것은 과거의 집단적 경험이 그러한 의미의 형태로 현재의 활동에 기여한다는 뜻이다. 사회생활이 더욱 복잡해짐에 따라, 그러한 의미가 종류에 있어서나 중요성에 있어서 증가한다. 그리하여 그것이 새로운 세대에 잘 전수되도록 특별히 선정, 구성, 조직될 필요가 있다. 그러나 이 과정에서 교과는 미성숙한 아동의 현재의 경험에 잠재되어 있는 의미를 실현하도록 도와주는 그 원래의 기능에서 벗어나서, 그 자체로서 가치를 가진 것으로 등장하는 경향이 있다. 특히 교육자는 학생에 대한 그의 할 일이, 지금 성장해 나가고 있는 사회구성원으로서의 학생의 활동 속에 교과를 조직해 넣는 것이 아니라, 이미 고정된 문장 형식으로서의 교과를 익히고 재생해 내는 능력을 길러주는 데 있다고 생각하는 잘못에 빠지기 쉽다. 교육의 올바른 원리는 학생들로 하여금 사회에서 생겨난 또 사회에 유용한 활동에 능동적으로 참여하도록 하여 그것과 관련된 자료와 법칙에 대하여 과학적인 통찰을 가지도록 하며, 학생이 가진 것보다 더 넓은 경험을 가진 다른 사람들이 전달해 주는 아이디어와 사실을 배워서 자신의 직접적이고 일상적인 경험 속에 그것을 동화하도록 도와주는 것이다.

제 15 장

교육과정에서의 놀이와 일

1 교육에서의 능동적 활동의 위치

¶ 1_ 다소간은 교육개혁가들의 노력으로 말미암아, 다소간은 아동심리학에 대한 관심의 증대로 말미암아, 또 다소간은 교실수업의 직접 경험으로 말미암아, 지난 20여 년간 학교 공부에는 상당한 변화가 있었다. 위의 세 가지는 모두 학습자의 경험과 능력을 출발점으로 하는 것이 바람직하다는 것을 가르쳐 주었으며, 이 가르침에 따라 아동 청소년이 학교 바깥에서 하고 있는 것과 비슷한 활동, 그들이 놀이나 일로서 하고 있는 것과 비슷한 형식의 활동을 교실수업에 도입하게 되었다. 현대 심리학은 일반적인 기성의 부소능력*이 있다는 옛날 이론 대신에, 본능적이고 충동적인 경향이 복잡하게 얽혀 있다는 새로운 이론을 주장하고 있다. 교실수업의 경험은, 아이들이 그 자연적인 충동을 활용하는 신체적인 활동을 할 기회를 갖게 될 때 학교에 다니는 것은 기쁨이요 학습은 더 쉬워지며 학생들의 행동관리의 부담도 줄어든다는 것을 보여주었다.

* faculties: Dewey 당시의 현대 심리학과 능력심리학의 차이에 관해서는 5장 3절 참조.

¶ 2_ 아마 모르기는 해도, 놀이나 게임, 손으로 만드는 일을 순전히 위에서 말한 것과 같은 이유에서 시켜야 한다고 생각하는 사람도 있을 것이다. 이런 경우에는 정규교과 공부에서 오는 지긋지긋한 긴장을 다소간 풀어준다는 데에 그 취지가 있다. 그러나 놀이나 그와 비슷한 활동을 순전히 일종의 기분전환으로만 생각해야 할 이유는 없다. 정신활동에 관한 연구 결과가 명백히 보여주는 바

와 같이, 탐색하고 도구와 자료를 조작하고 만들고 기쁜 감정을 표현해 보는 등등의 생득적 경향성은 근본적인 가치를 가지는 것이다. 이러한 본능적인 경향성에 의하여 일어나는 활동이 정규 학교 공부의 한 부분이 될 때, 학생은 전인적으로 여기에 전념하게 되고, 학교 안에서의 삶과 학교 밖에서의 삶 사이의 인위적인 간극이 좁아지며, 특이하게 교육적 효과를 가지는 온갖 자료와 과정에 주의가 집중되고, 정보와 지식에 사회적 의미를 부여하는 협동적인 교섭이 가능하게 된다. 요컨대, 교육과정에서 놀이와 일에 결정적인 지위를 부여하는 것은 잠정적인 편의나 순간적인 기분전환을 위한 조치가 아니라, 지적, 사회적 근거에 의하여 당연히 취해져야 할 조치이다. 이와 비슷한 조치를 취하지 않고는 효과적인 학습의 정상적인 조건을 확보하는 일, 다시 말하면, 지식의 획득이 단순히 학교 공부로서가 아니라 유목적적인 활동을 통하여 저절로 가능하게 되도록 하는 일이 불가능하다. 보다 구체적으로 말하자면, 놀이와 일은 앎의 초기 단계가 나타내는 특성 하나하나에 상응한다. 바로 앞 장에서 살펴보았듯이, 앎의 초기 단계는 무엇인가를 할 줄 알게 되는 것, 그리고 그 일을 하는 동안에 사물에 익숙하게 되고 일하는 과정을 터득하게 되는 그러한 단계이다. 의식적인 철학이 생겨나기 이전의 희랍인에게 있어서 '테크네'*라는 하나의 단어가 기술과 지식을 동시에 가리켰다는 것은 여기에 좋은 시사를 준다. 플라톤은 지식이 무엇인가를 설명할 때 구두 수선공, 목수, 악기 연주자 등의 지식을 분석하면서, 그들의 기술이 (단순히 기계적인 것이 아닌 한) 목적의식, 자료나 내용에 대한 통달, 기구의 자유로운 구사, 그리고 확실한 절차 등으로 이루어져 있다는 것을 지적하였다. 말하자면, 이 모든 것을 알고 있을 때 지적인 기술**이 있을 수 있다는 것이다.

---

* (희랍문자 삽입)*techne*: 이것은 영어에서 art 또는 skill로 번역되지만, Dewey가 말하는 바와 같이, 그것은 단순히 맹목적이고 기계적인 기술과는 구분된다. 사실상, 영어의 art나 skill, 또는 우리말의 '기술' 또는 '기예'의 의미에 어떤 것이 포함되고 어떤 것이 제외되는가 하는 데에는 논의의 여지가 있다.

** intelligent skill or art: 원문의 이 구절만으로는 Dewey가 art를 skill과 동의어로 썼는지, intelligent skill과 동의어로 썼는지 알 수 없지만, 전체적인 의미에 비추어, art는 '단순한' skill과는 구분되는 intelligent skill을 가리킨다고 보아야 할 것이다.

¶ 3_ 다수의 교육자가 보기에, 아이들이 통상 학교 밖에서 놀이와 일을 하고 있다는 사실은, 아이들이 학교에서는 그것과 전혀 다른 일을 해야 할 이유로 생각되었을 것임에 틀림없다. 학교에서 보내는 시간은 너무나 귀중하기 때문에, 아이들이 학교에 오지 않더라도 틀림없이 할 만한 그런 일을 되풀이하는 데에 그 귀중한 시간을 허비할 수 없다는 것이다. 사회적 상황에 따라서는 이 이유가 타당성을 가질 수 있다. 예컨대 미국의 개척시대에는 학교 밖에서 하는 일이 확고하고 가치있는 지적, 도덕적 훈련이 되었다. 여기에 비하여 책, 그리고 그와 관련된 모든 것들은 귀하였고 쉽게 가질 수 없었다. 이런 것들은 좁고 조잡한 환경에서 벗어나는 유일한 통로였다. 사회가 이러한 조건에 있을 때에는 학교 활동을 책에 집중시키는 것이 타당한 조치가 될 수 있을 것이다. 그러나 오늘날 대부분의 지역에서 사태는 대단히 달라졌다. 특히 도시에서 젊은이들이 종사할 수 있는 일은 대부분 비교육적 또는 반교육적인 것이다. 소년노동을 방지하는 것이 사회적 의무로 되어있는 것은 이것을 말해주고 있다. 그 반면에 인쇄물은 값이 싸지고 보편적으로 배포되고 있으며 지적 교양의 기회 또한 대단히 확장되어서, 옛날식의 책으로 하는 공부는 그것이 한때 가졌던 중요성을 거의 가질 수 없게 되었다.

¶ 4_ 그러나 대부분의 학교 밖의 상황에서는 놀이와 일의 교육적 효과가 부산물에 지나지 않는다는 것을 잊어서는 안된다. 거기서는 교육이 일차적인 것이 아니라 부차적인 것이다. 그와 마찬가지로, 거기서 얻어지는 교육적 성장도 어디까지나 우연적인 것이다. 대부분의 노동은 현재의 산업사회의 결함을 그대로 가지고 있으며, 이 결함은 올바른 발달에 대하여 거의 치명적인 것이라고 말할 수 있다. 또한 놀이는 주위의 성인생활이 가지고 있는 훌륭한 점과 함께 조악한 측면을 용인, 재생하고 있다. 학교의 과업은 놀이와 일이 바람직한 정신적, 도덕적 성장을 촉진하는 방향으로 수행될 수 있도록 환경을 만들어 주는 것이다. 놀이나 게임, 손으로 하는 일과 수공 연습을 도입하는 것만으로는 충분하지 않다. 그것을 어떻게 사용하는가가 중요한 것이다.

2 학생이 할 수 있는 일거리

¶ 5_ 이미 학교에 들어와 있는 활동을 열거하기만 해도 여기에 풍부한 교육의 場장이 있음을 알 수 있다. 종이, 마분지, 나무, 가죽, 천, 털실, 진흙과 모래, 금속 등을 재료로 하는 일이 있으며, 이 일은 도구를 써서 할 수도 있고 도구 없이 할 수도 있다. 여기에 사용되는 공정은 접기, 자르기, 뚫기, 자로 재기, 틀에 붓기, 틀을 만들기, 본뜨기, 가열과 냉각, 그리고 망치, 톱, 줄 등으로 하는 일 등이다. 야외 소풍, 정원 가꾸기, 요리하기, 바느질하기, 프린팅, 제본, 뜨개질, 그림 그리기, 노래하기, 연극, 이야기하기, 사회적 목적을 가진 능동적 추구로서의 읽기와 쓰기(이것은 장차 사용할 기술을 습득하기 위한 단순한 연습이 아니다), 그 이외에도 학생들이 할 수 있는 수없이 다양한 놀이와 게임이 있다.

¶ 6_ 교육자의 문제는 학생들에게 이런 활동을 하도록 하되, 한편으로 손재주나 기술적 효율성이 습득되고 일에서 즉각적인 만족을 느낄 수 있게 되면서 동시에 나중에 쓰이게될 때를 위하여 준비가 될 수 있도록 해야 하지만, 이런 것들이 모두 교육이라는 목적—다시 말하면, 지적인 결과와 사회화된 성향의 형성이라는 목적—에 종속되도록 해야 한다는 것이다. 이 원리는 구체적으로 무엇을 뜻하는가?

¶ 7_ 첫째로, 위의 원리에 의하면 몇 가지 방식은 쓰지 말아야 할 것으로 된다. 명확한 처방이나 지시를 따르는 활동, 또는 기성의 모델을 수정없이 재생하는 활동은 근육의 기민성에는 도움이 될지 모르지만, 목적을 지각하고 정교하게 가다듬는 일을 요구하지도 않고 (결국 같은 말이지만) 수단을 선택하고 목적에 맞추는 일을 허용하지도 않는다. 이때까지 소위 수공훈련이라고 해 온 것들뿐만 아니라 유치원에서 전통적으로 해오던 대부분의 활동은 여기에 그 잘못이 있었다. 뿐만 아니라, 실수를 저지르는 기회도 때로는 있어야 한다. 실수 그 자체가 좋은 것이어서가 아니라, 한 치의 실수도 없이 자료와 기구를 선택하겠다는 지나친 열성은 자발성을 제한하고 판단을 최소한으로 감소시키며, 복잡한 삶의 사태와는 너무나 동떨어진 방법을 사용하도록 함으로써 거기서 얻은 힘이 거의 쓸모없는 것이 되도록 한다. 사실상, 아이들은 그들의 능력을 뽐내려고 하며 그들의 능력이 미치지 못하는 일을 하려고드는 경향이 있다. 그러나 자신의

힘에 한계가 있다는 것은 아이가 배우지 않으면 안될 교훈의 하나이다. 다른 일도 그렇듯이, 그것은 결과를 경험함으로써 배우게 된다. 아이들이 너무 복잡한 일을 하려고 할 때에는 엉망이 되어서 단순히 조잡한 결과를 낼 뿐만 아니라(이것은 사소한 일이다), 조잡한 표준을 학습하게 될 위험이 크다(이것은 중요한 일이다). 그러나 만약 학생이 적당한 시기에 자신이 서투르다는 것을 알게 되고 그것을 자극으로 삼아서 힘을 완전한 것으로 가다듬으려고 하지 않는다면, 이것은 교사의 잘못이다. 그러기까지는, 학생의 행동을 너무 미세하고 너무 면밀하게 통제된 일에 얽매어 두면서 외적인 완벽을 기하려고 해서는 안된다. 그보다는 창의적이고 건설적인 태도를 살려주는 것이 더 중요하다. 정확성과 세부적인 마무리는 전체적인 일의 부분부분에서 학생의 능력이 닿는 범위내에서 배워 나가도록 할 수 있을 것이다.

¶ 8_ 학생 자신이 가지고 있는 경험에 대한 무의식적 불신, 그리고 그 결과로 외적 통제에 지나치게 의존하는 경향은 교사의 명령에서만 나타나는 것이 아니라 주어진 자료에서도 나타난다. 아무 수공이나 처치가 가해지지 않은 원자료에 대한 공포감은 실험실이나 수공실, 프뢰벨 식의 유치원, 몬테소리의 유아의 집 등 도처에서 찾아볼 수 있다. 아이들은 다른 사람들의 생각에 의하여 이미 처치되어 있는 자료를 달라고 한다. 이러한 요청은 책으로 하는 학문적 공부에서와 마찬가지로 능동적인 작업에서도 나타난다. 이런 종류의 이미 처치된 자료는 학생의 작업에 실수가 없도록 하는 데에는, 물론, 도움이 된다. 이런 종류의 자료로 작업을 할 때, 원래 그 자료를 처치한 사람의 지능이 학생에게 흡수되리라고 생각하는 것은 잘못된 것이다. 원자료에서 시작하여 직접 그것을 유목적적으로 조작해 볼 때 비로소 완성품에 구현된 지능을 획득할 수 있는 것이다. 실제에 있어서, 이미 형성된 자료에 지나친 강조를 두면 수학적 성질을 과장하는 결과를 가져온다. 왜냐하면 인간의 지력은 물체를 크기, 모양, 그리고 거기서 나오는 비율과 관계 등, 수학적 성질에 비추어 파악할 때 만족과 보람을 느끼기 때문이다.* 그러나 이들 수학적 성질은 미리 주어져 있는 것이 아니라, 그것에 주의를 기울여야 달성되는 그러한 목적을 가지고 실제로 일을 해 본 결과로 그 의미를 파악함으로써 '알게 된다.'** 그 목적이 더 인간적인 것일수록, 다시 말하여 그것이 일상의 경험에서 중요시되는 목적에 더 접근할수록, 그 지식은 진짜 지식이 된다. 활동의 목적이 오직 이러한 수학적 성질을 확인하는 것

에 국한될 때, 거기서 얻어지는 지식은 전문적인*** 지식에 불과하다.

---

* 위의 두 문장의 관련, 특히 '수학적 성질을 과장'하게 되는 것이 나쁜 결과라는 암시를 이해하는 데에는 약간의 어려움이 있을 것이다. Dewey가 말하고자 하는 것은 아마 다음과 같은 것이 아니겠는가 생각해 본다. 완성된 형태로 만들어진 물건은 여러가지 수학적 성질을 예시하고 있다. 이런 자료를 가지고 작업을 하면 학생들은 작업 그 자체보다도 그 자료가 나타내고 있는 수학적 성질에 더 관심을 기울이며, 이 점에서 그 수학적 성질은 작업에 '방해'가 된다, 등등. 이하 '인간적 목적'(좋은 것)이라든지 '전문적 지식'(나쁜 것)에 관한 언급이 이 해석을 뒷받침해 준다.

** 이 문장은 '일체의 (진정한) 지식은 실제에서 나오며 그 수단이 된다'는 Dewey의 주장을 잘 예시하고 있다. 원문에는 '알게 된다' 또는 '지식이 된다'에 해당하는 known이 이탤릭으로 되어 있다. 아마 Dewey의 의도는 크기, 모양 등의 수학적 성질은 (처음부터 주어진 것이 아니라) 목적을 가진 실제적 활동에 종사해 본 결과로 '알게 된다'는 것을 강조하는 데에 있었던 듯하다. 다시, 이 예에 비추어 볼 때, 앞의 Dewey의 주장은 타당한가? 우리는 크기, 모양, 비율과 관계 등의 수학적 성질을 어떻게, '무슨 일을 한 결과로' 배웠는가? 그만큼 우리의 지식은 진정한, 또는 '인간적' 지식에 미달하는가?

*** technical

¶ 9_ 능동적인 작업 활동은 일차적으로 '전체'에 관한 것이어야 한다는 것이 앞의 원리의 또 한 가지 의미이다. 그러나 교육의 목적으로 볼 때 전체라는 것은 물리적인 것을 가리키는 것이 아니다. 지적인 측면에서 말하면, 전체의 의미는 관심이나 흥미와 관련되어 있다. 전체는 질적인 것이며, 사태가 완전히 우리의 마음을 사로잡는다는 뜻이다. 현재의 목적과는 무관하게, 효율적인 기술을 형성하는 일에 너무 집착하다가 보면, 반드시 목적과 유리된 연습을 시키게 된다. 가령 과학 실험실에서는 물리학의 중요한 단원에 관한 지식을 습득하도록 하기 위하여 정확하게 측정하는 일을 시키고 있는데, 이것은 그 단원이 무슨 문제 때문에 중요한가 하는 것과 무관하게 측정 기술 그 자체에 강조를 두는 것이다. 실험기구를 손쉽게 조작하는 것을 가르치는 일도 마찬가지이다. 실험기술은 발견과 검증의 목적에 비추어서만 의미를 가지는데, 이 목적과 무관하게 기술이 습득되고 있는 것이다. 유치원의 활동은 육면체나 球구 등에 관한 정보를 얻고 자료를 다루는 습관을 형성하도록(모든 것은 '그냥 그렇게' 하게 되어 있다) 하고 있는데, 여기서는 보다 생생한 목적의 결여를 소위 자료의 '상징성'으로 벌충하려고 하고 있다. 수공훈련은 여러 가지 도구를 다루는 방법을 차례대로 가르쳐주고, 예컨대 연결 방법과 같은, 만들기의 여러 요소에 관한 기술적

능력을 길러주기 위하여 일련의 과제들을 순서에 따라하도록 하는 것에 불과하다. 이런 프로그램을 운영하는 사람들의 말로는, 아이들은 실제로 물건을 만들기에 앞서서 도구를 사용할 줄 알아야 한다는 것이다. 말하자면, 만드는 동안에 도구 사용법을 배우는 것은 불가능하다는 식이다. 페스탈로치가 단어 암기 대신에 감각을 능동적으로 사용하도록 해야 한다고 주장한 것은 정당한 것이었지만, 이 주장은 그후 교육 실제에 '실물교육'이라는 형태로 실천되어서, 학생들에게 특정한 한 물체의 모든 성질을 알게 하려는 방안으로 나타났다. 이 두 경우에 있어서 오류는 동일하다. 즉, 어느 경우에나 사물을 지적으로 사용하기 이전에, 그에 앞서서 그 성질을 알아야 한다는 그릇된 생각이 깔려 있는 것이다. 사실은 어떤가 하면, 사물을 지적으로(즉, 목적을 가지고) 사용하는 동안에 감각이 정상적으로 사용되는 것이다. 왜냐하면, 사물을 잘 사용하려면 그 성질을 지각하는 일이 반드시 필요할 것이기 때문이다. 예컨대 연을 만드는 아이가 나무의 결이나 그 밖의 성질에 대하여, 연의 각 부분의 크기와 각도, 비율 등에 대하여 가지는 태도와, 나무토막에 관하여 실물교육을 받는 아이의 태도를 비교해 보라. 실물교육의 경우에 나무와 그 성질이 가질 수 있는 기능은 오직 배워야 할 공부거리가 될 뿐이다.

¶ 10_ 사태의 기능적 발달*만이 마음이 다루어야 할 전체가 된다는 사실을 인식하지 못했기 때문에, 학교 수업에서 무엇이 단순한 것이며 무엇이 복잡한 것인가에 관하여 현재와 같은 그릇된 생각이 나오게 되었다. 교과를 공부하려고 하는 사람의 입장에서 보면, 단순한 것은 그의 목적이다. 다시 말하면, 그 일을 하는 과정이 아무리 복잡하다고 하더라도 자료나 도구, 또는 기술적 과정을 활용하고자 하는 용도 그 자체는 단순한 것이다. 단일한 목적의식을 가지고 그것에 필요한 세부사항에 정신을 집중하면 일을 수행해 나가는 과정에 고려해야 할 여러가지 요소들이 훨씬 간단해진다. 전체의 일에서 각각의 요소들이 어떤 역할을 하는가에 따라, 그 각각의 요소는 단일한 의미를 가지게 된다. 일의 과정 전체를 거치고 난 뒤에야, 그 일을 이루고 있는 성질이나 관계가 소위 '요소들'로 되어서, 각각 그 자체의 확실한 의미를 가지고 있는 것으로 지각된다.** 앞에서 말한 그릇된 생각은 요소들이 일을 하기 전에 미리 있다는 식의 전문가적인 입장에서 단순과 복잡을 규정한다. 그리하여 그 생각에서는 요소들을 유목적적인 행동에서 분리해 내어서 그것을 '단순한 것'이라고 하여 초보자에게 제시한다.

* '사태의 기능적 발달'(functional development of a situation)이라는 구절은 지력, 사고, 교육에 관한 Dewey의 생각 전체를 요약해서 표현하는, 그야말로 의미적재된 구절이다.

** 원문에는 '…뒤에야'에 해당하는 after가 이태릭체로 인쇄되어 있다. 이것은, 요소는 전체에 先行선행하여 존재하는 것이 아니라 그 뒤에 따라온다는 것을 강조하기 위해서인 듯하다. 말하자면 요소는 지적인 분석의 결과로 드러난다고 볼 수 있겠는데, Dewey에 의하면 그러한 지적 분석은, 아마 실제적인 활동과 동시에 이루어질 수는 있을지언정, 활동과 별도로, 그것에 선행하여 이루어질 수는 없다. 어쨌든 이 문단은 무엇이 단순하고 무엇이 복잡한 것인가 하는 어려운 문제에 주의를 환기시키고 있다.

※ 이 문단에는 '전체'에 관한 Dewey의 규정이 나타나있다. 즉, Dewey에 의하면 '전체'는 (실제적) 목적, 또는 목적을 염두에 둔 '사태의 기능적 발달'이며, 이것은 또한 '단순한' 것이다.

¶ 11_ 그러나 이제 그릇된 입장을 지적하는 일은 그만두고 올바른 입장이 무엇인가를 말할 때가 되었다. 교육과정에 있어서 능동적인 작업은 '공부하는 것'이 아니라 '일하는 것'을 뜻한다는 점에 관해서는 이미 말한 바 있다. 그 이상으로, 능동적인 작업이 가지고 있는 교육적 의의는 그것이 사회 사태의 특징을 잘 나타내어 준다는 데서 찾아볼 수 있다. 인간의 근본적인 공통 관심사는 의식주, 가구 설비, 그리고 생산, 교환, 소비와 관련된 장비를 중심으로 하고 있다. 이런 것들은 생활의 필수품과 그것을 둘러싸고 있는 장식품을 대표하는 만큼 인간의 내면 깊숙한 본능을 일깨워 주며, 그와 동시에 사회적 의미가 있는 사실과 원리들을 가득 담고 있다.

¶ 12_ 이러한 인간의 근본적인 관심사를 학교 자원 속에 옮겨다 놓는 여러가지 활동들, 즉 정원 가꾸기, 옷감 짜기, 목재 구성, 금속 다루기, 요리 등이 순전히 연명의 수단으로서의 가치밖에 없다는 식으로 비난하는 것은 활동의 의미를 완전히 잘못 파악하는 것이다. 만약 대다수의 인간이 산업에 종사하는 동안에 그것을 오직 생계유지를 위하여 참을 수밖에 없는 필요악으로만 생각해 왔다면, 그 잘못은 일에 있는 것이 아니라 일이 수행되는 조건에 있었다고 보아야 한다. 현대 생활에서 경제적 요인의 중요성이 계속 증가하고 있다는 사실에 비추어볼 때, 교육을 통하여 과학적 내용과 그 사회적 가치를 알려줄 필요가 더욱 절실하다. 학교에서는 일을 금전적인 이득을 위해서가 아니라 일의 내용 자체를 위하여 하도록 할 수 있다. 일 자체의 의미가 아닌, 그 밖의 외적 관계나 임금 획득의 압력에서 벗어나 있기 때문에, 학교에서 하는 일은 내재적으로 가치

있는* 경험의 양식을 제공한다. 학교에서의 작업 활동은 참으로 자유교육적 효과를 가진다.**

* intrinsically valuable

** liberalizing; 또는 '인문교육적 효과'

¶ **13**_ 예컨대 정원 가꾸기를 가르치는 이유를 꼭 장차 정원사가 될 사람을 기르기 위해서라든지 시간을 즐겁게 보내는 수단이 된다는 데에 두어야 하는 것은 아니다. 그것은 농사와 재배가 인간 역사에서 어떤 위치를 차지해 왔으며 현재의 사회 조직에서 어떤 위치를 차지하고 있는가에 관한 지식을 획득하는 통로가 된다. 교육적으로 통제된 환경에서, 정원 가꾸기는 식물의 성장에 관한 사실, 토양의 화학적 성질, 햇빛과 공기와 수분의 역할, 식물의 성장에 해로운 동물과 이로운 동물 등등을 알아보는 수단이 된다. 식물학의 초보에 나오는 내용치고 씨앗의 성장을 돌보는 일과 관련하여 생생하게 배울 수 없는 것은 하나도 없다. 이렇게 할 때, 그 교과는 식물학이라는 이름의 괴상한 학문에 속하는 것이 아니라 삶에 속하게 될 것이며, 나아가서 토양, 동물 생활, 인간관계 등과도 자연스러운 상관관계를 맺게 될 것이다. 학생들이 더 성숙해지면, 정원 가꾸기에 대한 원래의 직접적인 관심과는 무관하게, 과학적 발견을 위하여 예컨대 식물의 발아와 영양, 열매에 의한 번식 등, 여러 가지 문제에 관심을 가지고 그것을 추구하면서 의도적인 지적 탐구의 단계로 넘어갈 것이다.

※ 이 문단에 제시된 내용은 교육과정 조직의 한 형태로서의 '중핵 교육과정'(core curriculum)—그리고 그것에 대한 이후의 비판—을 연상시킨다. (중핵 교육과정에 대한 비판의 한 가지 보기로는, John Keats, *School Without Scholar*, Boston, Houghton Mifflin, 1958, pp.58–60을 인용한 이홍우, 「교육과정 탐구」, 박영사, 1977, pp.119–20 참조). 식물의 성장에 관계되는 생물학(식물학)의 지식을 공부하기 위해서는, 물론, '식물이 성장한다'는 것이 어떤 것인지를 알아야 한다. 그러나 그렇다고 해서 '식물을 키우는 일'을 반드시 해 보아야 하는가? Dewey는 '학생들이 성숙해지면' 식물을 키워 본 원래의 경험과는 무관하게 과학적 지식을 공부할 수 있다고 말한다. 그러나 '어느 정도' 성숙해야 하는가?

¶ **14**_ 위의 예시는, 물론, 학교에서 할 수 있는 그밖의 작업 활동들, 목공, 요리 등등에도 그대로 적용된다. 여기서 한 가지 주목해야 할 사실은, 인간의 역사에 있어서 과학은 유용한 사회적 직업 활동을 하는 과정에서 점차적으로 생

겨났다는 것이다.* 물리학은 도구와 기계를 사용하는 과정에서 서서히 발전하였다. 물리학의 한 중요한 분야인 역학**을 '기계학'이라고 부르는 것은 그것이 원래 기계에 관한 학문이었다는 증거이다. 지렛대, 바퀴, 경사면 등은 인류의 최초의 위대한 발견이며, 이것들이 실제적 목적을 달성하는 수단을 추구하는 과정에서 생겨났다고 해서 지적으로 열등하다고 볼 이유가 없다. 지난 20여 년 동안 전기에 관한 과학이 크게 진보한 것은 교통, 통신, 도시와 가정의 조명, 그리고 상품의 경제적 생산의 수단으로서 전력을 적용한 것과, 원인으로 또는 결과로, 밀접하게 관련되어 있다. 뿐만 아니라, 이런 것들은 사회적으로 중요한 목적들이며, 설사 그것이 개인의 사사로운 이득과 지나치게 밀접한 관련을 맺고 있다 하더라도, 그것은 그 자체의 성격 때문이 아니라 사사로운 용도로 오용되었기 때문이다. 오히려 그렇기 때문에 더욱, 학교 교육은 다음 세대로 하여금 그것을 공적인 과학적, 사회적 관심***과 올바르게 관련짓도록 할 책임이 있다. 이와 마찬가지로, 화학은 염색과 표백, 금속 다루기 등에서 생겨났고, 근래에 와서는 산업에 무수하게 많은 새로운 방식으로 활용되고 있다.

---

* '과학은 실제적 목적을 추구하는 과정에서 생겨났다'고 하는 이 말은 얼른 듣기에는 사실에 의하여 진위를 가릴 수 있는 말처럼 들릴지 모르지만 사실은 그렇지 않다. 가령 물리학은 기계를 다루는 과정에서 생겨났다든가, 화학은 염색을 하는 과정에서 생겨났다는 말, 또는 다음 문단에 시사되어 있듯이, 기하학은 토지 측량에서 생겨났다고 하는 말은 그럴듯하게 들린다. 그러나 이것이 그럴듯하게 들리는 것은 주로 물리학이 생기기 전에 인간이 기계를 다루고 있었고, 기계에 관한 현상이 물리학에 의하여 설명되기 때문이다. 그러나 물리학이 기계 다루기에서 생겼다고 하는 것은 이것과는 거의 완전히 별개의 주장이다. 그리고 이 주장이 옳은가 그른가는 '사실'에 의하여 확인될 수 있는 것이 아니다. 이 문제에 관한 의견의 차이는 '학문의 성격'에 관한 의견 차이에서 파생된다.

** mechanics←machine

*** interests; 또는, 이익

¶15_ 오늘날 수학은 고도로 추상적인 학문이 되어 있다. 그러나 기하학*은 원래 '地測學'지측학이라는 뜻을 가지고 있다. 사물을 파악하기 위하여 숫자를 세고 또 측정을 하는 데 있어서 수가 가지고 있는 실제적 용도는 원래 이 목적을 위하여 숫자가 발명되었을 때에 비하여 오늘날 더욱 중요하다. 이러한 고찰은—어떤 학문의 역사를 따져 보더라도 마찬가지 말을 할 수 있을 것이다—인류의 역사가 개체에게 반복된다는 주장을 하려는 것이 아니요, 또한 초기의 주

먹구구식 단계에 오래 머물러 있어야 한다는 주장을 하려는 것도 아니다. 다만, 그것은 능동적인 작업 활동을 과학 공부의 기회로 삼을 가능성이 있다는 것—이 가능성은 과거 어느 때보다도 오늘날에 더 크다—을 말하려고 하는 것이다. 이 기회는 사회 공부에 있어서도 과학 공부에 못지않게 크다. 인간의 집단생활의 과거를 보나 미래를 보나 그것은 마찬가지이다. 초등학교의 학생들에게 공민이나 경제학을 가르치는 가장 직접적인 길은 생산적인 작업이 사회생활에서 어떤 위치와 직분을 가지고 있는가를 고찰하는 것이다. 심지어 나이든 학생에 있어서도, 사회과학을 그야말로 과학으로서(즉, 체계화된 지식으로서) 다루기보다는 학생이 속해 있는 사회집단의 일상생활에 나타나는 그대로의 직접적인 교과로 다룬다면 훨씬 덜 추상적이고 덜 형식적인 교과가 될 것이다.

---

* geometry ; geo(땅)+metry(측정)

¶16_ 작업 활동과 과학적 방법의 관련은 적어도 그것과 과학의 내용과의 관련만큼 밀접하다. 과학의 발전이 더딘 시대는 언제였는가 하면, 학자들이 일상생활의 자료와 과정, 특히 손으로 하는 일과 관련된 것들에 대하여 경멸하는 태도를 가졌던 시대였다. 그렇기 때문에, 학자들은 논리적 추론에 의하여 일반적인 원리로부터—거의 머리에서—지식을 만들어 내려고 하였다. 가령 돌멩이에 酸산을 떨어뜨려서 어떤 일이 일어나는가를 보는 것과 같이, 물리적 사물을 가지고, 또 그것에 대해서 행위를 한 결과로 지식이 나올 수 있다고 생각하는 것은 송곳에 밀랍 칠을 한 실을 꿰어 가죽 조각에 찔러 넣는 일에서 지식이 나온다고 하는 것만큼 터무니없다고 생각될지 모른다.* 그러나 과학 실험의 방법이 생겨남으로써 밝혀진 바에 의하면, 적절하게 통제된 조건하에서는 고립된 논리적 추론보다 후자의 방법이 지식을 얻는 더 올바른 방법이 된다는 것이다. 과학 실험은 17세기와 그 이후에 발전되어서, 인간의 관심이 자연을 통제하여 인간을 이롭게 하는 문제에 집중되어 있었을 당시에 지식을 얻는 공인된 방법이 되었다. 능동적인 작업활동을 통하여, 물리적인 사물에 기구를 사용함으로써 유용한 변화를 일으키려고 하는 것은 학생들에게 실험적 방법을 소개하는 가장 생생한 교육이다.

---

* 여기에 예시된 두 가지 행동—돌에 산을 떨어뜨리는 것과 가죽을 실로 꿰매는 것—중에서 Dewey가 지식 획득의 길이라고 생각하는 것은 어느 것인가? (다음 문장의 '후자'는 원문에

단수(the latter operation)로 되어 있다. 그러나 사실은 돌멩이에 산을 떨어뜨리는 것과 가죽을 실로 꿰매는 두 개의 operations가 있다.) 아니면, Dewey에게는 두 가지가 동일한 종류의 행동인가? 가죽을 실로 꿰매는 것은 구두를 짓고 수선하는 '사회적으로 유용한' 활동이다. 그러나 돌에 산을 떨어뜨리는 것은 유용한가? 아니면, 보다 '근본적으로', 또는 '장기적으로' 유용한가? 만약 그렇다면 '유용하지 않은' 것은 어떤 것인가?

3 일과 놀이

¶ 17_ 이상에서 '능동적 작업활동'이라는 말은 놀이와 일을 동시에 일컫는 말로 사용되었다. 흔히 놀이와 일은 서로 상반되는 것으로 알고 있지만, 그 내적 의미에 있어서는 양자가 결코 흔히 생각하는 만큼 상반되는 것이 아니며, 그와 같이 양자를 명확하게 구분하는 것은 그릇된 사회적 조건 때문이다. 놀이와 일은 모두 마음속에 바람직한 결과(즉, 목적)를 그리며 그 결과를 실현하기 위하여 자료와 방법을 선정하고 조정하는 것으로 이루어져 있다. 양자의 차이는 주로 그것에 걸리는 시간의 길이에 있으며, 이것이 목적과 수단 사이의 관련이 어느 정도로 직접적인가에 영향을 준다. 놀이에 있어서는 관심이 보다 직접적인 것이다. 흔히 놀이는 활동 이상의 다른 결과를 목적으로 하는 것이 아니라 활동 그 자체가 목적이라고 말하거니와, 이 말은 바로 이 점을 나타내는 것이다. 이 말은 말 자체로는 옳지만, 만약 그것이 놀이 활동은 순간적인 것이요 거기에는 장차를 내다본다든지 무엇을 추구한다든지 하는 요소가 전연 없다는 뜻으로 해석된다면, 이 해석은 잘못된 것이다. 예컨대 사냥은 어른들 사이에서 아주 흔한 놀이이지만, 거기에는 미래를 예측한다든지 노리는 목표물에 따라 현재의 활동을 방향 짓는다든지 하는 것들이 분명히 들어 있다. 만약 활동 그 자체가 목적이라는 말이 그 순간의 행동이 그 자체로서 완전하다는 뜻이라면, 이때의 활동은 순전히 '신체적인' 활동에 지나지 않는다. 다시 말하면, 거기에는 의미가 없다(6장 ¶16 참조). 그 사람은 아주 맹목적으로, 아마 순전히 남의 흉내를 내면서 그냥 동작을 하고 있거나, 아니면 완전히 들뜬 상태에서 기력을 소모하고 있다고 보아야 한다. 이러한 결과는 유치원의 게임 같은 데서 찾아볼 수 있다. 여기에는 놀이에 들어있는 의미가 고도로 상징적인 것이어서 어른이라야 알 수 있는 경우가 분명히 있다. 아이가 어떻게 해서든지 자기 자신의 의미를 부여한다면 몰라도 그렇지 않은 이상, 아이들은 마치 최면걸린 사람처럼 움직여 다니든가, 아니면 직접적인 흥분에 못이겨 공연히 우왕좌왕한다.

¶ **18**_ 이렇게 말하는 것은 놀이에도 목적이 있다는 것, 그리고 그 목적은 다음에 따라오는 행동에 의미와 방향을 부여하는 아이디어의 형태를 띤다는 점을 말하기 위한 것이다. 놀이를 하는 사람은 그냥 아무것이나(즉, 순전히 신체적 동작만을) 하는 것이 아니다. 그 사람은 무엇인가를 이룩하려고 하며, 여기에는 미래를 예견하고 그 예견에 따라 현재의 반응을 조정하려는 태도가 반드시 들어있다. 그러나 여기서 말하는 예견되는 결과라는 것은 사물에 어떤 특정한 변화를 일으키는 것을 가리킨다기보다는 이후에 할 행동 그 자체를 가리킨다. 놀이가 자유롭게 융통성을 나타내는 것은 이때문이다. 명확한 외적 결과가 요구될 경우에는 목적에 대하여 다소간 집요하게 추구하는 태도를 가지게 되며, 이 경향은 얻고자 하는 결과가 복잡할수록, 또 도중에 긴 조정 과정이 필요할수록 더욱 커진다. 하고자 하는 행동이 현재의 활동과 별개의 것일 때에는 그와 같이 장기적인 예견을 하는 것은 불필요하며 도중에 계획을 쉽게 또 자주 변경해도 무방할 것이다. 예컨대 아이가 장난감 보트를 만들 때에는 그 한 가지 목적에 매달려야 하며 상당히 많은 행동들을 그 목적에 맞게 방향지어야 할 것이다. 그러나 만약 아이가 '보트 놀이'를 할 때에는 보트가 될만한 자료를 거의 마음대로 바꿀 수 있으며 생각에 떠오르는대로 새로운 아이디어를 도입할 수 있을 것이다. 활동을 한다는 목적에 맞는다면, 의자, 나무토막, 나뭇잎, 쇠조각 등을 무슨 물건으로라도 상상할 수 있을 것이다.

¶ **19**_ 그러나 아주 어릴 때부터, 순전히 놀이 활동을 하는 시간과 순전히 일 활동을 하는 시간이 명확히 구분되는 것은 아니며, 양자 사이의 구분은 강조의 차이에 불과하다. 아주 어린 아이들에게도 그들이 바라고 또 이룩하고자 하는 명확한 결과가 있다. 아이들은 다른 사람들이 하는 일에 참여하는 데에 열렬한 관심을 가지고 있으며, 다른 것은 차치하고라도, 이 열렬한 관심이 그들의 목적을 달성하도록 해준다. 아이들은 '거들어 주고' 싶어한다. 아이들은 식탁을 차리고 설거지를 하고 집짐승을 돌보는 등, 외적인 변화를 목적으로 하는 어른들의 일을 같이 하고 싶어한다. 놀이를 할 때, 아이들은 그들 자신의 장난감과 기구를 만들고 싶어한다. 점점 성숙해짐에 따라, 구체적이고 가시적인 결과를 가져다주지 않는 활동은 관심에서 멀어지게 된다. 이렇게 되면 놀이는 '어리석은 장난'으로 되고, 그 장난이 습관화되면 사람을 타락시킨다. 가시적인 결과는 사람이 스스로의 힘을 의식하고 그 정도를 파악하는 데에 필요하다. '가짜 놀음'

을 가짜 놀음으로 아는 단계에서는 오직 상상 속에서 물건을 만들도록 하는 방안은 너무 시시해서 강렬한 행동을 유발하지 못한다. 진짜로 놀이를 하는 아이들의 모습을 지켜본 사람이라면 아이들이 놀이에 얼마나 심각하게 몰두해 있는가를 알 것이다. 이러한 몰입의 태도는 이미 그것이 시시해져서 자극이 될 수 없는 상태에서는 생기지 않는다.

¶ 20_ 예견되는 결과가 비교적 명확하고 장기적인 성격을 가지고 있고 그것을 이룩하는 데에 지속적인 노력이 필요할 때, 놀이는 일로 바뀐다. 놀이와 마찬가지로, 일은 유목목적인 활동이다.* 일이 놀이와 다른 점은 활동이 외적 결과에 종속되어 있다는 데에 있는 것이 아니라, 그 결과를 얻기 위하여 더 긴 과정이 필요하다는 데에 있다. 일에 있어서는 계속적인 주의를 기울여야 한다는 요구가 더 크고, 수단을 선택하고 가다듬는 데에 지능이 더 요구된다. 이런 식의 설명을 계속하자면 목적, 관심, 사고라는 제목으로 말한 내용 전부를 되풀이해야 할 것이다. 그러나 여기서는 다만, 일에서는 활동이 그 이상의 물질적 결과를 얻는 데에 종속된다는 이 생각이 어째서 그렇게 널리 퍼지게 되었는가 하는 문제를 조사해 보겠다.

* 놀이를 일과 마찬가지로 '유목적적인' 활동이라는 이 말은 Dewey를 제외한 누구도 하기 어려운 것은 물론, 그것에 찬성하기조차 어려울 것이다.

¶ 21_ 이 종속의 극단적인 형태로서 '苦役'고역의 상태를 생각해 보면, 이 문제에 대한 단서를 얻을 수 있다. 활동이 외적 압력이나 강제에 의하여 수행될 때, 그것은 일이 가지고 있는 의의 때문에 수행되는 것이 아니다. 일의 과정은 내재적인 만족을 주는* 것이 아니라, 벌을 피하기 위한 수단이거나 그 일을 마친 뒤에 받게 될 보상을 위한 수단에 불과하다. 일 자체는 혐오의 대상이지만, 그것보다 더 큰 혐오의 대상을 회피하기 위하여, 또는 다른 사람이 내건 이득을 얻기 위하여 마지 못해 하는 것이다. 자유가 없는 경제적 조건하에서는 이러한 사태가 반드시 벌어진다. 이때 일이나 산업 활동은 정서와 상상력을 자극할 계기라고는 전혀 제공하지 못하며, 어느 편인가 하면 긴장의 기계적인 연속에 그치고 만다. 이런 상태에서도 사람이 계속 일을 하는 것은 오직 일을 끝내야 한다는 생각에서이다. 그러나 목적은 행동에 내재적인 것이어야 한다. 다시 말하

면, 목적은 '그 행동의' 목적—그 행동의 진로 그 자체여야 한다는 것이다. 이렇게 될 때 그 목적은 결과에 도달하기까지의 중간 과정과는 관계없이 결과만을 생각할 때 나오는 것과는 종류가 다른 노력을 자아내는 자극이 된다. 이미 말한 바와 같이, 학교에서 하는 작업 활동은 경제적 압력을 받지 않으며, 따라서 그것은 어른들의 직업사태를 그대로 재생하면서도, 일이 그 자체의 목적을 위해서 수행될 수 있는 그런 조건을 갖출 수가 있다. 만약 경우에 따라서 금전적인 보상이, 비록 일의 주된 동기는 아니라 하더라도, 덤으로 주어질 수 있다면 이것은 일의 의의를 한층 드높일 수 있을 것이다.

---

* intrinsically satisfying
** intrinsic to the action

¶ 22_ 거의 고역에 가까울 정도로, 외적으로 강요된 과업을 완수해야 할 필요가 느껴지는 경우에는 놀이에 대한 요구가 지속적으로 나타나지만, 이 요구는 왜곡될 가능성이 있다. 정상적인 활동 과정에 정서와 상상력을 자극할 수 있는 적절한 계기가 주어지지 않기 때문에, 여가 시간에는 어떤 수단을 써서든지 그런 정서나 상상력을 맛보아야 하겠다는 당당한 요구가 나오게 된다. 이렇게 해서 도박, 음주 등등의 수단이 강구된다. 약간 덜 극단적인 경우에는 하찮은 재미를 찾거나, 좌우간 어떤 것이든지 즉각적인 쾌감을 줄만한 것으로 시간을 보내려고 한다. 레크리에이션이라는 것은, 그 말이 의미하듯이, 에너지의 회복을 뜻한다. 인간 본성의 요구치고 이보다 더 긴박한 것도 없고 또 더 불가피한 것도 없다. 이 필요를 억누를 수 있다고 하는 생각은 절대적으로 그른 것이며, 이 필요를 외면했던 청교도적 전통은 그 결과로 굉장한 악을 무더기로 배태하였다. 만약 교육이 건전한 레크리에이션의 기회를 부여하지 않고 그것을 추구하고 발견하는 능력을 잘 훈련시켜 주지 않는다면, 억압된 본능은 때로는 공공연하게, 때로는 혼자만의 상상 속에서 온갖 종류의 비합법적인 출구를 찾으려고 할 것이다. 교육이 수행해야 할 책임으로서 에너지 회복을 위한 여가선용의 방안을 적절하게 마련해 주는 것보다 더 심각한 것이 없다. 이것은 당장의 건강을 위해서 뿐만 아니라, 만약 가능하다면, 마음의 습관에 항구적인 영향을 미치도록 하기 위해서 필요하다. 다시, 기술**은 이 요구에 대한 해결책이 된다.

* recreation ; re-creation(재창조)
** art ; '예술'로도 번역될 수 있으나, 이 장의 내용으로 보아 '기술'로 번역하는 것이 더 적절할 듯하다.

| 요약 | ¶ 23_ 앞 장에서 우리는, 앎의 원초적인 내용은 직접 부딪치는 일을 할 줄 알게 되는 과정 속에 들어있다는 것을 살펴보았다. 이 원리를 교육에 적용하자면, 젊은이들의 힘에 알맞으면서도 사회적 활동의 일반적 양식을 잘 나타내어주는 단순한 작업 활동을 일관성있게 활용해야 한다는 것이 된다. 그 자체의 목적을 위하여 수행되는 활동은 자료, 도구, 에너지 법칙 등에 관련된 기술과 정보를 습득하는 기회가 된다. 그 작업 활동이 사회적 활동을 전형적으로 나타내어준다는 사실은 거기서 학습되는 기술과 지식이 학교 밖의 사태에 전이될 수 있도록 하는 데에 도움이 된다.

¶ 24_ 놀이와 일 사이의 심리학적 구분을 경제적 구분과 혼동하지 않는 것이 중요하다. 심리학적인 관점에서 보면, 놀이의 결정적인 특징은 재미나 무목적성에 있는 것이 아니다. 그 특징은, 놀이에 있어서는 목적이 '활동을 동일한 방향으로 더 연장하는 것'으로서의 의미를 가진다는 점, 그리고 여기서 활동의 연장이라는 것은 최종적으로 달성되는 결과를 가리키는 것이 아니라는 점에 있다. 활동이 점점 복잡하게 됨에 따라, 거기에는 최종적으로 달성될 특정한 결과에 주의를 더많이 기울여야 하며, 따라서 새로운 의미가 추가된다. 이리하여 활동은 놀이에서 점점 일로 넘어간다. 놀이와 일은 동일한 정도로 자유롭고 또 내재적 동기에 의존한다. 이 점은 잘못된 경제적 조건 때문에, 한편으로 놀이는 부유층의 안일한 기분전환이 되고, 또 한편으로 일은 빈민층의 귀찮은 노동이 된다는 것과는 아무 관계가 없다. 심리학적인 관점에서 보면, 일이라는 것은 단순히 결과의 존중을 그 한 부분으로 하는 활동을 가리킨다. 다만, 그것이 강제적인 성격을 띤 노동으로 되는 것은 그 결과가 활동의 바깥에 있고, 활동은 오직 그것을 목적으로 하는 수단에 지나지 않는 것으로 생각될 때이다. 일의 구석구석에 놀이의 태도가 스며있을 때, 일은 '기예'*가 된다. 통상적인 명칭에 있어서는 그렇게 부를 수 없다 하더라도, 그 질에 있어서는 분명히 그렇게 부를 수 있을 것이다.

* art

제 16 장

지리와 역사의 의의

1 원초적 활동의 의미 확장

¶ 1_ 순전히 물리적 변화로서의 활동*과 그 활동이 가질 수 있는 풍부한 '의미' 사이에는 현격한 차이가 있다. 제3자가 보기에, 망원경을 통하여 하늘을 보는 천문학자는 망원경이라는 대롱을 들여다보는 아이와 조금도 다름이 없다. 어느 경우에 있어서나 금속과 유리로 만들어진 물건이 있고, 눈이 있고, 저 멀리 깜박거리는 조그만 빛이 있다. 그렇지만, 중요한 순간에 천문학자의 활동은 한 우주의 탄생을 보며, 하늘의 별에 관하여 알려진 모든 것을 그 활동의 중요한 내용으로 삼을 수도 있는 것이다. 물리적인 면에서 보면, 인간이 야만상태에서 진보해 오는 동안 이 지구상에서 이루어 놓은 것은 겨우 그 표면을 긁어 놓은 것에 불과하며, 이것은 태양계에도 훨씬 못미치는 거리에서 보더라도 보일락말락할 정도이다. 그러나 그 '의미'에 있어서는, 인간이 이룩한 것은 바로 문명과 야만의 차이에 해당한다. 물리적인 면에서 볼 때 활동이 약간의 변화를 가져온 것은 사실이지만, 그 활동에 붙은 의미가 발전한 것에 비하면 그 변화는 아무 것도 아니다. 행동이 가질 수 있는 의미에는 한계가 없다. 행동의 의미는 그 행동이 일어나는 상황에서의 관련의 지각에 달려 있다. 관련을 지각하는 데 있어서 상상의 범위는 무한대이다.

---

* activity as merely physical: '순전히 신체적인 동작으로서의 활동'이라고 번역할 수도 있으나, 이하의 설명으로 보아 '물리적 변화로서의 활동'이 더 적절할 듯하다.

¶ 2_ 의미를 수용하고 발견하는 데 있어서 인간의 활동이 유리한 점을 가지고 있다는 사실로 말미암아 교육은 기계를 만들거나 동물을 훈련시키는 것과는 그 종류가 다르다. 기계 제작이나 동물 훈련의 경우는 효율성을 증대시키기는 해도 의미를 창출하지는 않는다. 앞 장에서 고찰한 놀이나 일이 가지고 있는 교육적 중요성은 궁극적으로, 그것이 의미의 확장을 위한 가장 직접적인 수단이 된다는 데에 있다. 적절한 조건에서 수행되도록 하면, 그런 활동은 무한히 넓은 범위의 지적 의미를 수렴하고 보존하는 자석이 된다. 그런 활동은 정보를 받아들이고 소화하는, 살아 움직이는 구심점이 된다. 정보가 단순히 정보를 위한 정보로서 토막토막으로 주어질 때, 그 정보는 산 경험 위를 덮어씌우는 별개의 층을 이룬다. 그렇지 않고, 그 자체를 위하여 추구되는 활동의 한 요소로—활동의 수단으로 또는 목적의 내용을 넓히는 것으로—들어올 때, 그 정보는 정보로서의 가치를 가진다. 직접 얻어진 통찰이 남에게서 들은 내용과 융합되는 것이다. 이렇게 될 때, 개인의 경험은 그 개인이 속하고 있는 집단의 경험의 최종 결과—여기에는 오랜 기간에 걸친 고난과 시련도 포함된다—를 받아들여서 그것을 용해된 상태로 보존할 수가 있다. 그리고 이 매체에는 그 이상 더 그것을 흡수하기가 불가능한 포화점이 정해져 있지 않다. 더 받아들이면 받아들일수록, 받아들일 수 있는 용량이 그만큼 더 커지는 것이다. 새로운 수용태세는 새로운 호기심에서 생기며 새로운 호기심은 얻어진 정보에서 생긴다.

¶ 3_ 활동이 띠게 되는 의미는 자연과 인간에 관한 것이다. 이것은 하나마나 한 뻔한 말이지만, 그것이 교육에 어떻게 적용되는가를 살펴보면 중요한 의미를 가지게 된다. 교육에 적용해 볼 때, 그 말은, 지리와 역사는 좁은 개인적 행위나 단순한 기계적 숙달에 그치고 말 활동에다가 배경과 전망, 지적 조망을 부여하는 교과가 된다는 뜻이다. 우리 자신의 활동을 시간적, 공간적 관련 속에서 파악하는 능력이 증가하면 할수록, 우리의 활동은 그만큼 중요한 내용을 가지게 된다. 우리가 주민으로 살고 있는 장소를 공간 속에서 확인할 때, 그리고 우리가 시간 속에서 꾸준히 이어져 오는 노력의 상속자요 전달자임을 알게 될 때, 우리는 결코 형편없는 도시의 시민만은 아님을 깨닫게 된다. 이리하여, 우리의 일상생활의 경험은 단순히 순간적인 것에 그치는 것이 아니라 영구적인 실체를 가지게 된다.

¶ 4_ 물론, 지리와 역사가 오직 학교에 다니기 때문에 배워야 하는, 이미 완성된 교과로 가르쳐진다면, 여기서 학생은 일상의 경험과는 멀리 떨어진 수많은 문장을 배우게 될 가능성이 많다. 활동이 분할되고 두 개의 따로 떨어진 세계가 구축되어서, 각각의 세계가 시간으로 구획된 활동을 채우게 되는 것이다. 이 두 세계에는 어느 쪽에도 하등의 변질이 일어나지 않는다. 일상의 경험은 새로운 관련이 생김으로써 그 의미가 확장되지 않고, 학교에서 배우는 내용은 직접적인 활동에 들어옴으로써 가질 수 있는 생생한 실감을 가지지 못한다. 심지어 일상의 경험은 그 이전에 있었던대로, 좁지만 생생한 그런 상태로 남아 있는 것이 아니라, 오히려 유동성이나 제안에 대한 감수성 등을 상당히 잃어버린다. 이제 그것은 소화되지 않은 정보의 무게에 짓눌려 한쪽 귀퉁이로 밀려나게 된다. 이제 일상의 경험은 그 원래의 특징인 융통성있는 반응이나 새로운 의미를 기꺼이 받아들이는 열의와 작별을 고한다. 삶의 직접적인 관심과는 관계없는 정보를 무조건 축적하는 일로 말미암아, 마음이 목석같이 되고 탄력성이 사라지는 것이다.

¶ 5_ 보통의 경우, 그 자체를 위하여 수행되는 모든 활동도 정확하게 그 자체라고 볼 수 있는 범위를 벗어나서 바깥으로 뻗어나간다. 대체로 우리는 다른 사람이 밖에서 정보를 갖다 주면서 그 활동의 의미를 확장시켜 주기를 수동적으로 기다리지 않고, 능동적으로 의미를 추구해 나가는 것이다. 호기심이라는 것은 우연적이고 고립된 특성이 아니다. 경험이 생동하여 사물을 변화시키며 이 사물의 변화가 다른 사물들과 수많은 관련을 맺게 될 때 필연적으로 나타나는 결과가 호기심이다. 우리가 호기심이라고 부르는 것은 이 관련을 좀더 두드러지게 파악하려는 경향을 가리키는 것에 불과하다. 교육자의 역할은 이와 같이 경험이 바깥으로 뻗어나가는 일이 소기의 성과를 거두고 언제나 활발하게 일어날 수 있도록 환경을 제공해 주는 것이다. 어떤 종류의 환경에서는 활동에 대한 통제가 가해져서 활동의 의미가 오직 직접적이고 구체적이고 고립된 성과에 머무르게 된다. 가령 요리하고 망치질하고 걷는 등등의 일을 한다고 하자. 거기서 나오는 결과는 문자 그대로—또는 물리적으로—요리하고 망치질하고 걷는 결과 이상으로 마음에 별로 영향을 주지 않을 수도 있다. 그러나 그렇다고 하더라도 행동의 결과가 심각하다는 사실에는 변함이 없다. 걷는다는 것은 땅의 저항을 이쪽저쪽으로 옮겨 느끼는 것이며, 이런 종류의 흥분은 물질이 있는 곳에서는

어디서나 느낄 수 있다. 걷는 데는 또한 다리의 구조와 신경조직, 역학의 원리가 관련된다. 요리한다는 것은 열과 수분을 이용하여 식품의 화학적 성질과 관계를 바꾸는 것이다. 그것은 또 음식의 섭취와 신체의 성장과도 관련된다. 가장 학식있는 과학자들이 물리학, 화학, 생물학에 관하여 알고 있는 것을 총동원한다 하더라도, 이러한 결과와 관련을 모두 드러낼 수는 없다. 다시 한번 말하지만, 교육의 역할은, 활동이 그런 관련을 될 수 있는대로 많이 드러내도록 할 수 있는 그런 조건하에서, 또 그런 방식으로 이루어지도록 하는 데에 있다. '지리를 배운다'는 것은 일상 행동의 공간적 관련—이것은 '자연적' 관련이다—을 지각하는 힘을 가지게 된다는 것이다. 그리고 '역사를 배운다'는 것은 그 일상적 행동이 '인간적' 관련을 맺고 있다는 것을 지각하는 힘을 가지게 된다는 것이다. 체계화된 학문으로서의 지리학은 우리가 살고 있는 자연환경, 그리고 우리가 일상생활에서 하는 특정한 행동을 설명가능하게 해주는 자연환경에 관하여, 다른 사람들의 경험에서 발견된 사실과 원리의 집합체 바로 그것이다. 이와 마찬가지로, 체계화된 학문으로서의 역사학은 우리의 삶과 연결된 사회집단, 그리고 우리 자신의 풍속과 제도의 의미를 밝혀주는 사회집단의 활동과 고난에 관하여 이때까지 알려진 사실의 집합체에 지나지 않는다.

2 역사와 지리의 상보성

¶ 6_ 역사와 지리—이유는 나중에 말하겠지만, 지리에는 박물학*이 포함된다—는 학교가 가르치는 정보교과로서 대표적인 것이다. 두 교과의 내용과 방법으로서 어떤 것을 쓰고 있는가를 조사해보면, 정보가 삶의 경험 속에 스며들어 오도록 하는 것과 따로따로 떨어진 무더기를 그냥 쌓아 올리는 것 사이의 차이가 어떤 것인지를 알 수 있을 것이다. 그 차이는 다름이 아니라, 이 두 교과의 성립근거인, 인간과 자연의 상호의존성을 충실히 반영하는가 아닌가에 있다. 그러나 이때까지 학교에서 관례적으로 그 교과를 가르치고 배우고 했으니까 그것이 교육내용으로서 적절하다고 생각하는 위험이, 다른 어떤 교과에서보다 지리와 역사에서 더 심각하다. 이 교과에서는 교과에 철학적인 이유가 있어야 한다는 생각, 다시 말하면, 교육내용이 경험을 가치있게 변형시키는 기능을 가지고 있어야 한다는 생각은 공연한 허세이거나 아니면 이미 하고 있는 일을 고상

한 말로 얼버무리는 것에 지나지 않는다는 식으로 조롱거리가 된다. '역사'라든가 '지리'라는 용어는 학교에서 전통적으로 인정되어 온 내용 바로 그것이라는 것이다. 그 내용이 방대하고 다양하기 때문에 그것이 참으로 무엇을 나타내는지, 그리고 학생의 경험 속에 그것의 임무를 실현할 수 있도록 가르치려면 어떻게 해야 하는지 알아볼 엄두를 내지 못한다. 그러나 교육에 사회를 통합하고 지도하는 기능이 있다는 말이 우스개같은 구실이라면 몰라도 그렇지 않은 이상, 역사나 지리와 같이 교육과정에서 큰 비중을 차지하는 교과라면 당연히 사회적으로 또 지적으로 의미있는 경험을 발전시킨다는 일반적 기능을 수행해야 한다. 이 기능을 발견하여, 역사와 지리에서 가르쳐야 할 사실과 그것을 가르치는 방법을 가다듬고 걸러내는 기준으로 삼아야 한다.

* nature study : 글자 그대로는 '자연에 관한 공부'

¶ **7**_ 이상으로 역사와 지리 교과의 기능을 알아보았다. 그것은 곧 개인의 삶이 이루어지는 맥락, 배경, 전망을 제공해 줌으로써 그 삶에 관한 개인의 직접적 이해를 풍부하게 하고 따라서 개인의 삶을 보다 자유롭게 한다는 것이다. 지리는 물리적 측면을, 또 역사는 사회적 측면을 강조하지만, 이것은 모두 공동의 토픽, 즉 인간의 단체생활을 다루고 있다. 그럴 수밖에 없는 것이, 이 단체생활, 그리고 그 안에서 이루어지는 여러 가지 노력, 여러 가지 생활방식과 수단, 업적과 실패 등은 하늘에서 떨어지는 것도 아니요 진공 속에서 일어나는 것도 아니다. 그것은 이 땅 위에서 일어난다. 이 자연의 배경과 사회활동 사이의 관계는 연극에서의 무대와 공연 사이의 관계와 동일하다고 생각할지 모르지만, 사실은 그렇지 않다. 자연의 배경은 역사를 이루는 사회적 사건 속에 그 한 부분으로 들어온다. 자연은 바로 사회적 사건의 매체인 것이다. 최초의 자극도, 또 장애나 자원도 거기서 나온다. 문명이라는 것은 자연이 가지고 있는 다양한 에너지를 점진적으로 통어해 가는 과정이다. 인간에 강조를 두는 역사와 자연에 강조를 두는 지리 사이의 이러한 상호의존이 도외시될 때, 역사라는 것은 중요하다고 밑줄을 그은 연대나 사건의 목록으로 전락해 버리거나, 아니면, 문학적 환상이 되어버린다. 아닌 게 아니라, 순전히 문학적인 역사에서는 자연환경이 그야말로 연극 무대장치에 불과하다.

¶ 8_ 말할 필요도 없이, 지리는 자연적 사실과 사회적 사건 및 그 결과가 짝이 되어서 관련을 맺는 데서 교육적 효과를 가진다. 지리에 대한 고전적 정의, 즉 지리라는 것은 인간의 집으로서의 지구에 대한 설명이라는 정의는 중요한 교육적 의미를 내포하고 있다. 그러나 이렇게 정의하기는 쉬울지 모르나, 지리 교과의 한 특정한 부분을 인간의 생생한 문제와 관련하여 제시하기는 쉽지 않다. 인간의 거주, 추구, 성공과 실패, 이런 것들이 학교 교육내용에 지리학적 자료가 포함되어야 할 이유를 말해준다. 그러나 지리학적 자료와 인간의 현상을 함께 묶어서 다루는 데는 풍부한 정보와 세련된 상상력이 필요하다. 그 두 가지를 묶는 끈이 끊어지면 지리는, 오늘날 너무나 흔히 보듯이, 관련 없는 단편들을 뒤죽박죽으로 모아 놓은 것이 된다. 이 경우에 지리는, 이 산의 높이, 저 강의 흐름, 이 도시에서 생산되는 목재의 양, 저 도시의 船積선적 톤수, 郡군의 경계, 州주의 수도 등, 자질구레한 지식을 모아 놓은 문자 그대로의 잡동사니 교과로 등장한다.

¶ 9_ 지구를 인간의 집으로 볼 때, 그 지구는 인간을 도와주는 지구요 통합된 지구이다. 지구를 잡다한 사실의 무더기로 볼 때, 그 지구는 갈갈이 찢어진 지구요, 상상력을 불러일으키지 못하는 지구이다. 지리는 원래 상상력—심지어 낭만적 상상력—을 자극하는 교과이다. 지리는 모험이라든가, 여행이라든가, 탐험 같은 것이 가지는 경이와 영광을 담고 있다. 다양한 인종과 환경, 그리고 그것과 우리 자신과의 대조는 무한한 자극을 제공한다. 지리에서 우리의 마음은 익숙한 것에서 느끼는 단조로움을 벗어난다. 자연환경을 경험속에 재구성하여 발전시키는 데에 있어서는 각자가 살고 있는 지역의 지리를 출발점으로 삼는 것이 자연스럽지만, 그것은 미지의 세계로 나아가기 위한 지적 출발점일 뿐, 그 자체가 목적이 아니다. 각자의 주위 너머의 보다 큰 세계로 나아가는 발단으로 삼지 않을 때, 각자가 살고 있는 지역의 지리를 공부하는 것은, 단순히 익숙한 물체의 성질을 요약하도록 하는 '실물교육'과 마찬가지로, 죽은 공부가 된다. 그리고 그것이 죽은 공부인 이유는 양쪽이 동일하다. 그것은 상상력을 일깨우는 대신에, 이미 잘 알고 있는 것을 요약하고 나열하고 세련시키는 데에 상상력을 얽매어 두는 것이다. 그러나 마을 지주의 땅을 둘러싸고 있는 낯익은 울타리를 한 나라의 국경을 이해하는 실마리로 사용할 때에는, 그 낯익은 울타리조차도 새로운 의미를 띠게 된다. 일광, 공기, 흐르는 물, 지표의 돌출, 각종 산

업, 공무원과 그 임무—이 모든 것들은 주위 환경에서 볼 수 있는 것들이다. 마치 그것들의 의미가 주위에서 시작하여 주위에서 끝나는 것처럼 취급될 때, 그런 일들은 힘들게 배워야 할 종잡을 수 없는 사실일 뿐이다. 경험의 범위안에 낯선 미지의 사람들과 사물을 끌어들임으로써 경험의 범위를 확장하는 수단으로 사용할 때, 그런 일들은 적절한 맥락에 사용됨으로써 그 모습이 달라진다. 일광, 바람, 냇물, 상업, 정치적 관계 등은 먼 곳에서 오며 우리의 사고를 먼 곳으로 이끌어간다. 그 길을 따라가는 것은 마음에 새로운 정보를 채워 넣음으로써가 아니라, 그전에는 당연한 것으로 생각되었던 것에 새로운 의미를 부여함으로써 마음을 확대하는 것이다.

¶ 10_ 위의 원리는 또한, 전문화되고 서로 분리되려고 하는 지리학의 여러 분야 또는 측면들을 조정하기도 한다. 數理수리 또는 천문지리, 지형학, 풍토지리, 정치지리, 상업지리 등 지리학의 분야가 각각 전문적인 면을 주장한다. 이 주장들을 어떻게 조정할 것인가? 각각의 분야를 조금씩 갈라 넣는 식의 외적 타협에 의할 것인가? 지리교과의 교육적 무게중심이 지리의 문화적, 인간적 측면에 있다는 것을 끊임없이 명심하지 않는다면, 그 이외의 다른 방법이 없을 것이다. 이 점을 명심한다면, 어떤 자료든지 인간 활동과 인간관계의 의의를 느끼는 데에 도움이 되는 한, 지리교과에 적합한 자료가 된다. 한대와 열대지방의 문명의 차이, 특별히 온대지방에 사는 사람들이 산업면이나 정치면에서 많은 발명을 해왔다는 사실, 이런 것들은 지구가 태양계의 한 부분이라는 사실에 비추어 보지 않고는 이해되지 않는다. 경제활동은 한편으로 사회적 교섭이나 정치조직에 깊은 영향을 끼치면서, 또 한편으로는 물리적 조건의 영향을 받는다. 이런 주제들을 전문적으로 연구하는 것은 전문가의 일이지만, 경험이 사회적 성격을 갖는 인간에게는 그 주제들 사이의 상호관련이 더 중요한 관심사이다.

¶ 11_ 박물학(즉, 자연공부)을 지리학에 포함시키는 것은 틀림없이 무리한 일로 생각될 것이다. 명칭상으로는 틀림없이 무리이다. 그러나 교육과 관련하여 생각해 볼 때 그 두 개의 명칭이 가리키는 대상은 하나이다. 그런데도 실제상으로는 두 개의 이름이 있다는 것은 안타까운 일이다. 왜냐하면 그 이름이 다르다는 사실 때문에, 그 두 가지의 의미가 동일하다는 점을 간과할 가능성이 있기 때문이다. 자연과 땅은 같은 의미를 가진 용어라고 보아야 하며, 따라서 땅의

공부와 자연의 공부도 동일한 것이어야 한다. 학교에서의 박물학은 너무나 많은 양의 분리된 지식들을 다루기 때문에, 조각들을 주워모아 놓은 형편없는 교과로 되어 있었다는 것을 모르는 사람이 없다. 예컨대 꽃의 부분들을 공부하면서 유기체로서의 꽃과 관련없이 공부한다. 이와 마찬가지로 꽃은 식물과 관련없이, 식물은 그것이 살고 있고 그것을 살리고 있는 토양, 공기, 빛과 관련없이 공부하고 있는 것이다. 그 결과는 죽은 토픽일 수밖에 없다. 여기에 주의를 기울이라고 하지만, 토픽이 심하게 단절되어서 도저히 상상력을 불러일으킬 수 없다. 아이들이 하도 흥미가 없어하므로, 심지어 '物活論'물활론*을 써서 가르치자는 제안도 심각하게 대두되고 있다. 즉, 자연적인 사실과 사건에 신화의 옷을 입혀서 아이들의 관심을 끌어보자는 것이다. 수없이 많은 경우에 자연을 우스꽝스럽게 의인화하는 방법이 사용되고 있다. 방법 자체는 우스꽝스럽게 보이지만, 자연 공부에 인간적 분위기를 부여할 필요가 있다는 점만은 여실히 나타내고 있다. 자연 공부에서 사실들은 그 맥락에서 떨어져 나와서 조각조각으로 찢겨 있었다. 이렇게 되면, 그 사실은 이미 지구에 소속하지 않고 어디에도 설 자리가 없다. 이것을 보완하기 위한 방안으로 가공적이고 감상적인 연상에 의존하는 방안이 강구된 것이다. 그러나 진짜 보완책은 자연 공부를 그야말로 '자연'의 공부로 하는 것이며, 그 자연을 만들어내고 그 자연이 작용하고 있는 사태에서 완전히 떼내어서 의미없게 된 자연의 조각을 공부하는 것이 아니다. 땅을 그것에 들어있는 여러 관련에 비추어 전체로 취급하듯이 자연을 전체로 취급한다면, 그 현상은 인간생활과의 공감과 교섭이라는 자연적인 관계 속에 들어오며, 따로 인위적인 대용물에 의존할 필요가 없다.

---

* animism

3 역사와 현재의 사회생활

¶12_ 역사의 경우에, 그 생생한 의미를 죽이는 것은 역사가 현재의 사회생활의 양식과 관심에서 단절되어 취급되는 데서 빚어진다. 순전히 과거로서의 과거는 이미 우리의 일이 아니다. 만약 과거가 완전히 사라진 것, 끝장난 것이라면 그것에 대하여 취해야 할 태도는 오직 한 가지, 죽은 자는 죽은 자로 하여금

장사지내게 하는 것* 뿐이다. 그러나 과거에 관한 지식은 현재를 이해하는 열쇠이다. 역사는 과거를 다루지만, 이 과거는 현재의 역사이다. 미국의 발견, 탐험, 식민통치, 서부의 개척, 이민 등등에 관한 지적인 연구는 오늘날 미국인들이 살고 있는 미국이라는 나라에 관한 연구이다. 미국을 그 형성과정을 중심으로 연구하면, 직접 파악하기에는 너무 복잡한 상당한 부분이 이해가능하게 될 것이다. 십구 세기 후반의 으뜸가는 과학적 업적으로 '發生的 方法'발생적 방법**을 들 수 있는데, 그 원리는, 어떤 복잡한 현상에 관한 통찰을 얻으려면 그 결과가 만들어지기까지의 과정을 추적해야 한다는 것, 그 성장의 단계들을 차례로 따라나가야 한다는 것이다. 이 원리를 역사에 적용할 때, 그것이 오직 '현재의 사회상은 과거로부터 분리될 수 없다'는 극히 상식적인 의미만을 가진다고 생각한다면, 이것은 한쪽 면만을 보는 것이다. 그와 마찬가지로, 과거의 사건도 살아 있는 현재와 분리되어서는 의미를 가질 수 없는 것이다. 역사의 진정한 출발점은 언제나 현재의 사태와 그 문제들이다.

---

* 마태복음 8장 22절

** genetic method

¶ 13_ 잠깐, 이 원리를 적용하여 몇 가지 관련된 점을 생각해 볼 수 있다. '傳記的'전기적 방법은 역사 공부를 하는 자연스러운 접근법으로 널리 권장되고 있다. 위대한 사람, 영웅과 지도자의 생애는 추상적이고 이해불가능한 역사적 사건들에 구체적이고 생생한 의미를 준다는 것이다. 그들의 생애는 복잡하게 뒤얽힌 사건의 연속을 생생한 그림 속에 압축시켜 준다. 그런 사건은 방대한 시공간에 퍼져 있어서 고도로 훈련된 사람이 아니고는 그것을 추적하고 파헤칠 수 없는 것이다. 이 원리가 심리학적인 타당성을 가지고 있다는 것은 의심할 여지가 없다. 그러나 이 방법을 잘못 사용하면, 그들이 속하고 있었던 사회적 상황과 관련없이 몇몇 개인들의 행적을 과장해서 부각시키게 된다. 한 사람의 위인을 만들어낸, 그리고 그의 활동을 반응으로 유발한 조건과 유리된 상태로 그의 활동을 설명하는 데에만 전기가 사용된다면, 그것은 역사 공부가 아니다. 거기에는 많은 개인들이 모인 단체로서의 사회생활이 빠져 있는 것이다. 이것은 단편적인 정보에, 그것을 삼키기 쉽도록 사탕발림을 한 것에 지나지 않는다.

¶ 14_ 근래에 와서는 역사를 배우는 첫 단계로서 원시생활에 크게 주의를 기울이고 있다. 여기에 있어서도, 그 가치를 찾는 옳은 방법과 그릇된 방법이 있다. 겉으로 보기에 이미 완성된 느낌을 주는 복잡한 오늘날의 사회 조건, 어떤 면을 보아도 딱딱하고 빠른 느낌을 주는 오늘날의 사회 조건, 이런 것들은 현재의 사회를 이해하는 데에 거의 극복할 수 없는 장애가 된다. 이런 경우에 원시생활은 현재 사회의 근본적인 요소들을 굉장히 단순화된 형태로 보여줄 수 있다. 비유해서 말하면, 너무 복잡한 직물을 눈에 바싹 갖다대면 그 무늬를 알 수 없으므로 올을 하나씩 풀어서 보다 큰 대체적 무늬가 드러나도록 하는 것과 같다. 현재의 사회 사태를 단순화하기 위하여 의도적인 실험을 할 수는 없고, 다만 원시생활을 돌이켜 봄으로써 실험에서 얻는 것과 비슷한 결과를 얻을 수 있을 것이다. 그렇게 하면 사회관계와 조직화된 행동양식이 가장 단순한 형태로 축소될 수 있다. 그러나 원시생활을 공부할 때 이러한 사회적 목적이 도외시된다면, 그것은 야만상태가 자아내는 말초적인 흥분을 되살려내는 결과밖에 되지 않는다.

¶ 15_ 원시시대의 역사는 우선 산업사이다. 현재 사회를 보다 쉽게 지각할 수 있는 요인들로 분해하기 위해서 원시 사회로 거슬러 올라간다고 할 때, 그 가장 중요한 이유는 인간이 의식주와 안전을 획득하는 근본적인 문제를 어떻게 해결해 왔는가를 알아보면 인간이 그동안 걸어온 긴 여정, 인류가 문화를 발전시키는 과정에서 만들어낸 단계적인 발명에 관하여 생생한 개념을 형성할 수 있을 것이다. 역사를 경제적인 관점에서 해석하는 문제에 관한 논쟁에 개입하지 않더라도, 인류의 산업사는 사회생활의 두 가지 중요한 측면에 관한 통찰을 가능하게 한다는 것을 알 수 있다. 이 일은 역사학의 다른 분야에서는 불가능하다. 첫째로, 그것은 사회생활의 안전과 번영을 위하여 자연을 통제하는 데에 이론과학을 적용한 연속적인 발견에 관한 지식을 제공한다. 그리하여 그것은 사회진보의 연속적인 원인을 밝혀준다. 산업사가 우리에게 해주는 또 하나의 일은, 모든 사람에게 공통으로 근본적인 관심사가 되는 것—즉, 직업, 그리고 생계유지와 관련된 가치—을 우리 앞에 제시해 준다는 것이다. 경제사는 역사학의 다른 분야와는 달리, 보통사람들(또는 평민)의 활동과 생애와 영고성쇠를 다룬다. 개인이면 누구나 하지 않을 수 없는 것은 삶을 영위하는 것이다. 사회가 하지 않으면 안되는 것은 각 개인으로부터 그가 사회 전체의 복지에 당연히 기여

해야 할 것을 받아내고, 그에게 그것에 합당하는 대가가 주어지도록 보장하는 것이다.

¶ **16**_ 경제사는 정치사보다 더 인간적이고 더 민주적이며, 따라서 인간을 자유롭게 하는 데에 더 관심을 둔다. 그것은 왕권이나 권력의 흥기와 몰락을 다루는 것이 아니라, 그 왕권과 권력의 존재 이유인 평민들의 자유가 자연을 통제함으로써 성장해 온 과정을 다룬다.

¶ **17**_ 또한 산업사는 정치사보다 인간의 투쟁, 성공과 실패가 자연과 밀접한 관련을 맺고 있다는 것을 깨닫게 하는, 매우 직접적인 통로를 제공해 준다. 젊은 패기에서 이해할 때 정치사는 쉽사리 전쟁사로 전락해 버리거니와, 이런 전쟁사는, 산업사와 비교한다면 아예 논의할 가치조차 없다. 산업사는 본질상, 인간이 주로 다른 사람들의 근육 에너지를 착취하던 때로부터, 현실적으로는 아니라 하더라도 적어도 이상적으로, 자연의 자원을 최대한으로 활용하여 인간이 자연을 지배하는 일이 다반사로 되기까지, 인간이 자연 에너지를 활용할 수 있게 된 과정을 설명하는 학문이다. 일의 역사, 다시 말하여 토양, 삼림, 광산을 이용하고 곡식과 가축을 길들이고 배양하며 상품을 제조하고 분배하는 조건이 빠져 있을 때, 역사는 순전히 문학에 지나지 않는다. 다시 말하면, 그것은 땅 위에 사는 인간이 아니라 신화 속에서 사는 신화적 인간을 그리는 체계화된 소설에 불과한 것이다.

¶ **18**_ 일반교육*에서 가장 소홀히 취급된 역사학의 분야는 아마 知性史지성사일 것이다. 인간의 운명을 바꾸어 놓은 위대한 영웅은 정치가나 장군이나 외교관이 아니라, 인간의 손에 경험을 확장하고 정련하는 수단을 쥐어준 과학적 발견 · 발명가, 인간의 승리와 패배를 그림이나 조각, 문자 등 여러가지 언어로 그려냄으로써 그 의미를 누구나 알 수 있도록 한 예술가와 시인들이었다는 것—우리는 이제야 겨우 이것을 깨닫기 시작했다. 자연의 힘을 사회적 용도에 점차 적응시켜 온 인간의 노력을 보여주는 산업사가 가지고 있는 한 가지 강점은 지식의 방법과 결과의 진전상을 고찰할 기회를 제공해 준다는 것이다. 오늘날 인간은 지력이라든가 이성이라는 것을 막연한 용어로 찬양하는 습관에 젖어 있다. 그 근본적인 중요성을 억지로 우기는 것이다. 그러나 관례적인 역사 공부

를 마친 학생들의 반응을 보면, 인간의 지력은 양이 고정되어 있어서 보다 나은 방법의 발명에 의하여 진보한 것이 조금도 없다고 생각하거나, 아니면 지력은 역사적 요인으로서는 대수롭지 않으며 기껏해야 각자 머리가 좋다는 것을 뽐내는 데에나 쓰일 뿐이라는 식으로 생각한다. 인간의 마음이 삶에 대하여 수행해야 할 역할에 관하여 올바른 생각을 심어주는 데에는, 역사 공부를 통하여, 야만에서 문명에 이르는 인간의 진보는 전적으로 지력에 의한 발명과 발견에 의존해 왔다는 것, 그리고 보통 역사책에 크게 취급되어 있는 사건들은 지력의 역사에 비하면 부차적인 문제요 심지어는 지력이 극복하지 않으면 안되는 장애였다는 것을 분명히 알도록 하는 것 이외에 더 좋은 방법이 없을 것이다.

---

* general education; 전문교육(specialized education)에 대비된다.

※ 역사학에 관한 다른 설명은 고사하고, 특히 이 문단에 제시된 지성사와 산업사와의 관련은 Dewey의 생각 전체에 비추어 중요한 문제로 취급할 필요가 있다고 본다.

¶19_ 이런 식으로 역사를 연구한다면, 역사를 가르치는 것은 아주 자연스럽게 윤리적 가치를 띠게 된다. 현재와 같은 형식의 단체생활에 관하여 지적인 통찰을 가지는 것은 '색깔없는 순진성'* 이상의 도덕적 인격을 갖추는 데에 반드시 필요하다. 역사적 지식은 그러한 통찰을 가지도록 해 준다. 그것은 현재의 사회라는 직물을 이루고 있는 씨줄과 날줄을 분석하여 그 무늬를 만들어온 힘을 알아내는 틀이 된다. 사회화된 지력을 개발하는 데에 있어서의 역사학의 용도, 그것이 역사학의 도덕적 의의이다. 역사는 逸話일화의 저장고로서, 여기서 이끌어낸 자료를 써서 온갖 미덕과 악덕에 관한 특별한 교훈을 줄 수도 있을 것이다. 그러나 이런 식의 수업은 역사를 윤리적 목적으로 사용하는 것이라기보다는, 다소간 근거있는 자료를 써서 도덕적 감명을 일으키려는 노력이라고 보아야 한다. 기껏해야 그런 수업은 순간적인 정서적 불꽃을 낼 뿐이며, 최악의 경우에는 뻔한 도덕적 훈화에 대한 냉담과 무관심을 길러준다. 개인이 살고 있는 현재의 사회적 상황에 관하여 좀더 지적인 공감을 가지고 이해할 수 있도록 역사가 도와준다는 사실, 여기에 항구적이고 건설적인 도덕적 지혜의 원천이 있다.

---

* 여기서 '색깔 없는 순진성'은 진정한 '도덕적 인격'과 대비되어 있다. 말하자면, 그것은 그냥 착하기만 한 것, 심각한 도덕적 사고는 할 수 없으면서 그저 남에게 착하다는 평판만 듣는 상태를 가리키는 것으로 생각된다.

| 요약 | ¶ 20_ 경험은 처음에 의식적으로 주목한 것 이상으로 훨씬 많은 의미를 가지게 된다. 이것이 경험의 성격이다. 이러한 의미 또는 관련을 의식에 떠올리는 것—이것이 경험의 의미를 드높여 준다. 처음 보기에는 아무리 시시한 경험이라 하더라도 그 관련지각의 범위를 확장함으로써 무한히 풍부한 의의를 가질 수 있다. 다른 사람과의 정상적인 의사소통은 이 발전을 가져오는 가장 손쉬운 방법이다. 의사소통은 집단이나 심지어 인류 전체의 경험에서 나온 정련된 결과를 개인의 직접적인 경험에 연결시켜 준다. 정상적인 의사소통이라는 것은 피차 공통된 관심, 서로 연결된 관심이 있어서 쌍방이 기꺼이 의사를 주고받을 태세가 되어 있다는 것을 말하는 것이다. 그것은 단순히 상대방에게 무엇인가 자국을 남기기 위하여 일방적으로 일러주고, 나중에 얼마나 기억하고 있는지, 단어 하나하나를 그대로 재생할 수 있는지 시험해 보는 것과는 구별된다.

¶ 21_ 지리와 역사는 개인의 직접적 경험의 의의를 확대할 수 있는 두 개의 큰 교과 자원이다. 앞 장에서 설명한 능동적 작업 활동은 자연과 인간을 다루는 이 두 교과를 통하여 공간적으로 또 시간적으로 확장되어 나간다. 외적 이유에서, 또는 순전히 일종의 기술로서 가르치지 않는 이상, 지리와 역사는 각각의 학문에 제시되어 있는 보다 큰 의미의 세계로 나아가는 직접적이고 재미있는* 통로를 제공해준다는 점에서 교육적 가치를 가진다. 역사는 인간적 의미를 드러내고 지리는 자연적 관련을 드러낸다는 차이는 있지만, 이 두 교과는 살아 있는 하나의 전체의 두 가지 상이한 국면을 나타낸다. 단체를 이루고 있는 인간의 삶은 자연 속에서 일어나고 있지만, 이 자연은 인간의 우연적인 무대가 아니라 발전의 자료요 매체인 것이다.

* interesting; 또는, '관심을 일으키는'

제 17 장

교과로서의 과학

1 논리적인 것과 심리적인 것

¶ 1_ 이미 말한 바와 같이, 과학이라는 것은 관찰과 사고와 검증의 방법에서 나온 지식을 말하며, 그 과학의 방법은 낙착된 확실한 지식내용을 얻기에 알맞도록 의도적으로 고안된 것이다. 과학은 현재의 일반적인 신념을 수정하여 그 오류를 제거하고 그 정확성을 더하며, 무엇보다도 그 신념 내에서의 여러 사실들 사이의 상호의존이 가능한 한 명백히 드러나도록 가다듬어 나가는 지속적인 지적 노력이다. 과학은, 다른 모든 지식이 그렇듯이, 환경에 변화를 일으키기 위한 활동에서 나온 산물이다. 그러나 과학의 경우에, 활동의 결과로 나오는 지식은 그 활동의 우연적인 부수물이 아니라 그 활동을 이끌어가는 지도 요인으로서의 성격을 가진다. 논리적인 면에 있어서나* 교육적인 면에 있어서, 과학은 지식의 완성이요 그 최종 단계이다.

* 여기서 '교육적인 면'과 대비되는 것으로서의 '논리적인 면'이라는 것은 지식 그 자체의 (논리적) 성격을 가리키며, 여기에 비하여 '교육적인 면'은 지식을 가르치는 과정에서 드러나는 지식의 성격을 가리킨다고 보아야 할 것이다.

¶ 2_ 한 마디로 말하여, 과학은 지식에 들어 있는 '논리적' 함의*를 드러내는 것이다. 과학의 논리적 순서**는 지식의 바깥에서부터 지식에 부과되는 형식이 아니라, 완성된 지식이면 당연히 갖추게 되는 형식이다. 논리라는 것은 다른 것이 아니라, 지식내용을 진술하는 형식이며, 하나의 진술에서 그것이 기초로 하고 있는 전제와 그것에서 따라 나오는 결론을 알 수 있도록 하는 그러한 형식이

다(14장 ¶22 참조). 유능한 동물학자가 몇 개의 뼈를 가지고 동물을 재구성해 내듯이, 수학이나 물리학의 전문가들은 각각 해당 교과의 진술형식을 보고 그것으로 성립되어 있는 지식체계를 알 수 있다.

---

* *logical* implications; 엄밀한 논리학적 용어로서의 implication은, 어떤 명제(p)를 받아들이고 또 하나의 명제(q)를 부정하면 모순이 될 때의 두 명제간의 관계(p는 q를 함의한다; q는 p의 함의이다)를 말한다. 예컨대 'X는 梨大生이대생이다'(p)를 받아들이고 'X는 여자이다'(q)를 부정하면 모순이 된다. 이 경우에 q는 p에 '의미상으로' 들어있다고 말할 수 있을 것이다. 그렇기 때문에, implication을 일반적으로 '함축', '의미' 등으로 번역하는 것도 무리가 아니다. 본문에서 '과학은 지식에 들어 있는 "논리적" 함의(logical implications of any knowledge)를 실현하는 것'이라고 말한 것은 과학의 의미를 일반적으로 받아들여지는 것보다 훨씬 확대하는 것으로 보아야 한다. 그것은 Dewey가 과학을 사고(11장, 12장)와 거의 동일한 것으로 보기 때문이다. 문제는 '지식'이라고 하는 것이 어떤 지식인가에도 달려 있는데, 그것을 해석하기에 따라서 위의 과학의 정의는 명백히 그릇된 것이 될 수도 있다. 가령 수학이나 역사의 지식에 들어 있는 논리적 함의를 드러내는 것이 어떻게 '과학'일 수 있는가?

** logical order; 여기서 '논리적 순서'라고 말한 것은 다음에 말하게 될 '논리적 방법'과 '심리적 방법'의 대비에 비추어 '심리적 순서'(psychologicaal order)에 대비되는 것으로 보아야 할 것이다. 이 대비는 교과의 성격과 조직 방식에 관하여 중요한 문제를 제기한다.

¶3_ 그러나 전문가가 아닌 사람에게는 이 완성된 형식이 방해물이 된다. 완성된 상태에서의 지식은 지식을 발전시킨다는 그 자체의 목적을 염두에 두고 진술되어 있기 때문에, 그것이 일상생활에서의 자료와 어떻게 관련되는지 잘 알 수 없다. 상식인에게 있어서 앞의 동물학자가 다루는 뼈는 그냥 신기한 물건에 지나지 않는다. 동물학의 원리를 완전히 배우기 전에는 뼈에서 무엇인가를 알아내려는 노력은 맹목적이고 비체계적인 것이 될 수밖에 없을 것이다. 학습자의 입장에서 보면, 과학의 형식은 과학을 배우는 출발점이 아니라 도달해야 할 이상이다. 그런데도 과학을 가르칠 때에는 흔히 과학의 초보지식을 약간 단순화한 것을 가지고 수업을 시작하는 것을 볼 수 있다. 여기서부터 생기는 필연적인 결과는 과학이 의미있는 경험과 유리된다는 것이다. 학생은 의미를 알 수 없는 상징을 배우게 된다. 그는 전문적인 정보의 덩어리는 습득하지만, 그 정보가 자기 자신에게 친숙한 물체나 작용과 어떤 관련을 맺고 있는지를 추적할 능력이 없다. 그가 배우는 것은, 대부분의 경우, 괴상한 단어뿐이다.

¶ 4_ 교과를 완성된 형식으로 제시하는 것이 학습의 왕도라고 하는 생각은 우리 마음을 강하게 사로잡고 있다. 미성숙한 학생이 교과를 배울 때, 이미 유능한 학자들이 마쳐 놓은 부분에서 시작하면 시간과 정력을 절약할 수 있고 쓸데없는 오류를 저지를 필요가 없지 않은가? 이것만큼 자연스러운 생각이 또 어디에 있겠는가? 그러나 그 결과가 어떤 것이었던가는 교육사에 대서특필되어 있다. 학생들은 과학을 공부할 때 전문가의 사고의 순서에 따라 교과를 주제별로 조직한 교과서를 가지고 배운다. 전문적인 개념과 정의가 처음부터 소개된다. 법칙이 아주 초기단계에 소개되면서, 기껏해야 한두 마디, 그것이 어떻게 해서 나왔다는 말이 붙어 있다. 학생들은 일상 경험의 친숙한 자료를 과학적으로 취급하는 방법을 배우는 것이 아니라, 그냥 교과로서의 '과학'을 배운다.* 학자들의 연구방법이 대학의 교육방법을 지배하고, 대학의 교육방법이 중 · 고등학교에 내려가고, 이런 식으로 계속 내려오면서 다만 조금씩 삭제를 하여 약간 난이도를 조절하는 정도이다.

---

* 이 점은 Bruner가 시종 강조한 교과와 '교과의 중간언어'와의 차이를 연상시킨다. J. S. Bruner, *The Process of Education*, Harvard, 1960, 1장 마지막, 그 책의 '핵심적 확신'에 관하여 말하고 있는 부분 참조.

¶ 5_ 학습자의 경험에서 시작하여 거기서부터 과학적 처리의 올바른 방식으로 발달해 나가는 '발달적 방법'*은 흔히 전문가의 '논리적 방법'에 대비하여 '심리적 방법'이라고 불린다. 심리적 방법을 쓰면 분명히 시간은 많이 걸리지만, 거기서 얻어지는 뛰어난 이해와 생생한 흥미는 그 손해를 보충하고도 남는다. 학생은 자신이 배우는 것을 적어도 이해하기는 하는 것이다. 뿐만 아니라, 일상적으로 알고 있는 자료에서 뽑아낸 문제들과 관련지어서 과학자가 그 완성된 지식에 도달한 방법을 그대로 따라가면서 가르치면, 학생은 그의 주위에 있는 자료를 혼자서 다루는 힘을 가지게 될 것이며, 오직 상징에 의해서만 의미가 표현되어 있는 내용을 배우는 데에서 따라오는 정신적 혼란과 지적 혐오감을 피할 수 있을 것이다. 대부분의 학생들이 과학전문가가 되지는 않을 것이므로, 그들에게는 과학자들이 도달한 결과를 먼발치서, 또 한손 거쳐서 베끼는 것보다는 과학적 방법이 어떤 것인가에 관하여 약간의 통찰을 얻는 것이 훨씬 더 중요하다. 학생들은 '배운 범위'로 보면 아마 얼마 안되겠지만, 적어도 배운 범위

안에서는 확실히 이해를 할 것이다. 그리고 과학 분야로 계속 나가서 전문가가 되는 소수 학생도 순전히 전문적이고 상징적인 용어로 진술되어 있는 많은 양의 정보를 들어붓듯이 배우는 것보다는, 그런 식으로 배우는 것이 훨씬 훌륭한 준비가 된다고 말할 수 있을 것이다. 사실상, 성공적인 과학자가 되는 사람들은 스스로의 힘으로 전통적인 학문적 과학 수업이 파놓은 함정에서 용하게 빠져나오는 사람들이다.

* chronological method

¶ 6_ 한두 세대 전에 큰 난관을 무릅쓰면서 과학을 교육에 자리잡게 하려고 애썼던 사람들이 기대했던 것과 그 동안의 일반적인 결과를 비교해 보면, 그 대조는 가슴아픈 바가 있다. 허버트 스펜서*는 어떤 지식이 가장 가치있는가를 묻고 난 뒤에, 모든 면으로 보아서 과학이 가장 가치있다는 결론을 내렸다. 그러나 그의 주장에는, 과학적 지식은 이미 완성된 형식으로 전달될 수 있다는 가정이 암암리에 들어 있다. 우리의 일상적 활동의 내용이 과학이라는 형식으로 옮아가는 방법을 지나쳐 버림으로써, 스펜서의 주장은 과학이 과학인 유일한 이유, 즉 방법을 도외시하였다. 수업도 대부분의 경우에 이와 비슷한 발상에서 진행되어 왔다. 그러나 자료를 전문적으로 정확한 과학적 형식에 맞게 진술한다고 해서 무슨 굉장한 마력이 붙는 것은 아니다. 오히려, 이런 상태에서 배우면 그것은 무기력한 정보의 무더기로 남아 있게 된다. 뿐만 아니라, 과학적 형식에 맞게 진술하는 것은 문학적 형식에 맞게 진술하는 것에 비하여 일상생활의 경험과 의미있는 관련을 맺을 가능성이 훨씬 더 적다. 그렇다고 해서 과학을 가르쳐야 한다는 주장이 근거없는 것이었다는 뜻은 아니다. 다만, 그렇게 가르친 내용은 학생에게는 '과학이 아닌' 것이다.

* Herbert Spencer, *Essays on Education*, 1861. 이 책 첫 장의 제목이 What Knowledge Is of Most Worth? 이다.

¶ 7_ 사물과의 접촉이나 실험실의 작업은 연역적인 체계에 따라 배열된 교과서를 가르치는 것보다는 훨씬 좋은 방법이지만, 그 자체로서는 과학을 가르치는 방법으로서 충분하지 않다. 그것이 과학적 방법의 필수불가결한 부분이기는

하나, 그것 자체가 곧 과학적 방법이 되는 것은 아니다. 물리학의 자료를 과학적인 장치로 조작한다 하더라도, 그 자료가 학교 밖에서 사용되는 자료나 과정과 분리되어 있는 것이거나 분리되는 방식으로 다루어질 가능성이 있는 것이다. 그렇게 되면 거기서 다루어지는 문제는 '과학'의 문제일 뿐이다. 다시 말하면, 그 문제는 해당분야의 과학에 이미 입문된 사람에게나 대두되는 문제라는 것이다. 이 경우에는 실험실에서의 실험이 교과에서 다루는 문제와 어떤 관련을 맺고 있는가 하는 것은 아랑곳없이, 전문적인 조작기술을 습득하는 데에 주의가 기울여질 가능성이 있다. 야만 종교에만 의식이 있는 것이 아니라, 실험실 수업도 때로는 그런 의식이 된다.[1)]

1) 긍정적인 면에서 보면, 실험실 작업의 가치는 정원이나 가게에서 일하는 동안에 생기는 문제가 가지는 가치와 동일하다(15장 ¶13 참조). 실험실은 그런 종류의 문제를 더 잘 추구하도록 하는 조건과 장비를 제공하는 또 한 가지 자원이 된다고 볼 수 있다. 〔원주〕

¶ 8_ 앞에서 잠깐 언급한 바와 같이, 과학적 진술 또는 이론적 형식은 기호나 상징의 사용을 필요로 한다. 이 말은, 물론, 과학의 진술에만 아니라 모든 언어에 들어맞는다. 그러나 일상의 언어에서는 마음이 상징에서 곧장 지시물로 진행한다. 친숙한 자료와의 의미관련*이 대단히 밀접하기 때문에, 마음이 기호 위에 멈추어 서서 그 의미를 알아내려고 할 필요가 없다. 기호는 오직 사물과 행위를 대신하려는 의도로 사용된다. 그러나 과학적 용어에는 그 이상의 용도가 있다. 앞에서 이미 말한 바와 같이, 과학적 용어는 경험에서의 실제적 목적에 직접 사용되는 사물을 대신하는 것이 아니라, 인지체계에 들어와 있는 사물을 대신한다. 물론, 궁극적으로 보면 과학적 용어도 우리가 상식적으로 알고 있는 사물들을 지시한다. 그러나 당장 나타나는 것으로 보면, 과학적 용어는 일상 맥락 속의 사물을 지적하는 것이 아니라 과학적 탐구의 목적에 맞게 번역된 것이다. 원자, 분자, 화학공식, 물리학에 나오는 수학적 명제—이 모든 것들은 1차적으로 지적 가치를 가지며 오직 간접적으로만 경험적 가치**를 가진다. 그것들은 과학을 하기 위한 도구이다. 그 의미를 이해하도록 하기 위해서는 사물을 보여줄 것이 아니라, 오직 전문적인 지식의 한 부분으로 사용될 때 그것들이 무슨 일을 하는가를 보여주어야 한다.

* association

** empirical value; 이것은 실제적 가치(practical value)와 동일한 의미를 가진다고 보아야 한다. 20장 참조.

¶ 9_ 심지어 기하학에 나오는 원이나 정사각형 등등도 우리가 익숙하게 알고 있는 여러 개의 원이나 정사각형과는 차이를 나타낸다. 그리하여 우리가 수학으로 더 깊이 들어갈수록 그것은 일상의 경험적 사물로부터 멀리 떨어져 있다. 공간관계의 지식을 추구하는 데에 중요하지 않은 성질은 떨어져나가고, 이 목적에 중요한 성질은 강조된다. 수학 공부를 참으로 깊이 하면 공간적 지식에 중요한 성질조차도 다른 것들에 관한 지식—아마 수의 일반적 관계에 관한 지식 같은 것—을 촉진하는 성질에 밀려나가게 될 것이다. 수학의 관념적 규정에는 공간적 형식, 크기, 방향 등을 암시하는 것조차도 남아 있지 않을 것이다. 이것은 그러한 수학적 지식이 허구적인 정신적 가공물이라는 뜻이 아니라, 직접적인 물리적 성질이 특별한 목적—즉, '지적 조직'이라는 목적—을 위한 도구로 탈바꿈했다는 뜻이다. 어떤 종류의 기계에도 처음의 원료 형태가 목적을 위하여 사용될 수 있도록 변형되는 일이 일어난다. 원료가 원래 어떤 형식으로 있었는가가 중요한 것이 아니라, 그것이 목적에 맞게 변형된다는 것이 중요한 것이다. 기계의 부분품에 사용된 모든 자료를 하나하나 열거하는 사람이라고 해서 기계를 아는 사람이 아니요, 그 부속품이 어디에 쓰이며 어째서 거기에 쓰이는가를 아는 사람이라야 기계를 아는 사람이다. 이와 마찬가지로, 수학적 개념을 아는 사람은 오직 그 수학적 개념이 적용되는 문제가 어떤 것이며 그 문제를 다루는 데에 그 개념이 구체적으로 어떤 유용성을 가지고 있는지를 아는 사람이다. 그렇지 않고 단순히 정의, 규칙, 공식 등등을 '아는' 것은 기계의 부속품 이름은 알면서 그것이 무엇을 하는지 모르는 사람과 같다. 어느 경우에 있어서나 의미, 즉 지적 내용은 한 요소가 그것을 포함하는 전체 체계 속에서 무슨 일을 하는가에 있다.

2 과학과 사회진보

¶ 10_ 사회적으로 유익한* 일에 종사하는 데서 얻는 직접적 지식을 완성된 논리적 형식으로 발전시킨 것이 과학이라면, 여기서 생기는 한 가지 질문은 그것

이 경험에서 어떤 위치를 차지하는가 하는 것이다. 일반적으로 말하여 그 대답은, 과학은 습관적 목적에 대한 추종으로부터 마음을 해방시키며 새로운 목적을 체계적으로 추구할 수 있게 해준다는 것이다. 말하자면, 과학은 진보의 산원동력이 된다. 때로 진보는 이미 추구되고 있는 목적에 더 가까이 가는 것을 의미하기도 한다. 그러나 이것은 오직 행동수단의 개선이나 기술의 발전만을 필요로 하며, 그 점에서 부차적인 형식의 진보이다. 보다 중요한 형식의 진보는 이전의 목적을 더 풍부하게 하고 새로운 목적을 형성하는 것이다. 욕망이라는 것은 양이 고정되어 있는 것이 아니요, 진보 또한 만족의 양이 증대하는 것만을 의미하는 것이 아니다. 문화가 발달하고 자연을 정복하는 새로운 방법이 나옴에 따라, 지력은 행동의 새로운 가능성을 보게 되며, 여기에 따라 새로운 종류의 만족을 찾으려고 한다. 이와 같이, 새로운 가능성의 착안은 그것을 실행에 옮길 새로운 수단을 강구하게 하며, 여기에서 진보가 일어난다. 한편, 이때까지 사용된 일이 없는 새로운 물체가 발견되면, 그것이 또한 새로운 목적을 제시하기도 한다.

* 〔occupations〕 of social interest

¶11_ 과학이 행동수단을 가다듬는 으뜸가는 수단이 된다는 것은 자연의 신비를 지적으로 제압하는 데서 수많은 발명이 쏟아져 나왔다는 사실에서 역력히 드러난다. 산업혁명이라고 알려진, 생산과 분배의 굉장한 변형은 실험과학의 결과이다. 철도, 증기선, 전동기, 전화와 전보, 자동차, 비행기와 비행선 등은 과학을 생활에 적용한 두드러진 보기이다. 그러나 이러한 것들은 자연과학을 이용하여 우리의 일상생활을 편리하게 한 수많은, 비교적 사소한 발명들이 없었더라면 그다지 중요한 의미를 가지지 못할 것이다.

¶12_ 이런 식으로 이룩된 진보는 어디까지나 기술적인 것에 지나지 않는다는 말에는 일리가 있다. 그것은 인간의 목적의 질을 변형시켰다기보다는 이미 있는 욕망을 더 효율적으로 달성하는 수단을 가져다주었을 뿐이다. 예컨대, 현대 문명 치고 모든 면에서 고대 희랍 문화를 능가할만한 것이 없다. 이것은 과학이 아직은 너무 일천하여 인간의 상상력이나 정서적 성향에 충분히 배어 들어가지 못했기 때문이다. 사람들은 그들이 갖고 있는 목적을 실현하는 데는 더

빨리, 더 확실하게 움직이고 있지만, 그 목적은 대부분 과학적 계몽 이전의 상태에 머물러 있다. 이런 상황에서 교육은 과학을 단순히 우리의 손과 발의 연장으로만 볼 것이 아니라, 이때까지 우리가 젖어 있던 상상이나 감정을 변형시키는 데에 과학을 사용할 수 있도록 할 책임이 있다.

¶ 13_ 과학의 발전은 이미 삶의 목적이나 추구할 대상에 관한 인간의 생각을 상당한 정도로 변형시켜 온 것이 사실이며, 이것으로 미루어, 앞에서 말한 교육의 책임이라는 것이 어떤 것이며 그것을 완수하는 방법이 무엇인가를 약간은 알 수 있다. 인간 활동에 나타나는 효과에 있어서 과학은 이전에 인간을 서로 갈라놓던 물리적 장애를 제거하고, 상호교섭의 범위를 굉장히 넓혀 놓았다. 과학은 인간의 관심이나 이익*이 방대한 규모로 상호의존하도록 하는 결과를 가져왔다. 그와 함께 과학은 인류의 이익을 위하여 자연을 통제할 수 있다는 확고한 신념을 안겨주었고, 그리하여 인간으로 하여금 과거가 아니라 미래를 바라보도록 이끌었다. 인간이 진보의 이상을 품게 된 것과 과학이 발전한 것 사이의 일치는 그야말로 우연의 일치가 아니다. 과학이 발전하기 전에 인간은 그 황금시대를 먼 옛날에 두었다. 그러나 이제 인간은 지력을 적절하게 사용하면, 한때 불가피하다고 생각되었던 악을 완전히 제거할 수 있다는 확고한 신념을 가지고 미래를 직면하게 되었다. 인류 전체를 휩쓰는 질병을 막는 것이 이미 꿈이 아니요, 빈곤을 철폐하는 것이 이상적 환상이 아니다. 과학은 발전이라는 아이디어에 인간을 익숙하게 만들었고, 실제적인 면에서, 인간이 공동으로 처해 있는 처지를 끈기있게 점진적으로 개선해 나가는 효과를 가져왔다.

---

* interests

¶ 14_ 그러므로 과학을 교육의 목적에 사용하는 문제는 인간이 스스로 그 운명을 방향지어 나갈 수 있다는 신념과 그 신념을 뒷받침하는 지력을 창조해 내는 데에 있다. 교육을 통하여 과학의 방법이 습관에 뿌리박힌다는 것은 곧 주먹구구에서 해방되는 것이요, 그 주먹구구에서 생겨난 전례답습에서 해방되는 것이다. 일상 사용하는 의미로서의 '경험적'*이라는 말은 '실험을 한 결과'라는 뜻이 아니라, 조잡하고 비합리적이라는 뜻을 가지고 있다. 아직 실험과학이 나타나기 이전의 조건 때문에 그렇게 되었겠지만, 과거의 권위 있는 철학이론에서

는 어디서나 경험은 이성이나 합리성에 반대되는 것으로 취급되었다. '경험적 지식'이라는 것은 원리에 관한 지적 통찰이 없이 과거의 사례들을 많이 모아서 만들어낸 지식을 의미하였다. 의학이 경험적이라고 말할 때, 이 말은 의학이 과학이 아니고, 병을 여러 번 관찰하고 이것저것 닥치는대로 치료를 해본 결과에 기초를 둔 실제의 한 양식이라는 뜻이었다. 그러한 실제의 양식은 필연적으로 요행의 성격을 띤다. 성공이 우연에 달려 있는 것이다. 그것은 돌팔이나 사기에 떨어지기 쉽다. '경험적으로' 운영되는 산업은 지력의 건설적 적용을 차단한다. 그것은 과거에 정해진 틀을 노예처럼 그대로 따르는 것을 능사로 삼는다. 실험과학은 과거의 경험을 마음의 주인으로 삼는 것이 아니라 노예로 부릴 수 있다는 것을 믿는다. 이성은 경험 밖에서 작용하는 것이 아니라 경험 안에서 작용하며, 경험에 지적 또는 합리적 성질을 부여한다는 것이다. 과학은 경험이 합리적인 성격을 띠는 과정을 지칭한다. 그리하여 과학의 효과는 경험의 성격과 그 가능성에 대한 인간의 생각을 변화시키는 데에 있다. 이와 마찬가지로, 과학은 이성에 대한 생각과 이성의 작용을 변화시킨다. 과학은 경험 저편에, 멀리 또 높이 떨어져 있어서 우리가 경험하는 삶의 사실과 아무 관련없는 숭고한 지역을 다루는 것이 아니라, 경험 안에 그 원래의 자리를 가지고 있다. 경험 안에서 과학은 과거의 경험을 정화하고 그것을 장차의 발견과 발전을 위한 도구로 삼도록 하는 계기가 된다.

---

* empirical: 이 말은 empirical testing에서와 같이 '실증을 거친'이라는 뜻으로도 사용된다. 본문에 '실험을 한 결과라는 뜻이 아니라'라는 Dewey의 말은, 이 문장에서의 empirical이라는 말은 그런 뜻이 아니라는 것을 나타낸다. 여기서의 empirical은, 어느 편인가 하면, 훨씬 어원적인 의미에 가깝다. 오늘날 쓰이고 있는 empirical이라는 단어는 희랍어의 '어림짐작, 단순한 기술'(원리에 대한 지식이 없이 어쩌다가 결과를 얻게 되는 식의) 등을 뜻하는 *empeiria*에서 파생된 것으로, Dewey의 말과 같이, 오늘날에도 여전히 이런 뜻을 간직하고 있다. 그것은 '경험으로 안다'(전문적인 지식이 아니라)는 말이 나타내는 뜻과 아주 가깝다.(영어의 '경험'이라는 단어, experience는 라틴어의 '시행, 시도'를 뜻하는 *experientia*에서 나왔다.)

※ 이 문단에서 Dewey는 거의, 자신이 주장하는 경험의 개념은 종래의 전통적인 '경험'의 개념과 '이성'의 개념을 종합, 변형시킨 것이라고 주장하고 있다.

¶ 15_ '추상적'이라는 용어는 일상의 대화에서는 나쁜 의미를 가지고 있는 것으로 생각된다. 말하자면, 그것은 복잡하고 알기 어렵다는 것을 나타낼 뿐만 아

니라, 삶에서 멀리 떨어져 있다는 것을 나타내기도 한다. 그러나 추상은 활동을 사고에 의하여 통제해나가는 데에 필수불가결한 특성이다. 사태가 똑같은 형태로 반복되는 경우는 거의 없다. 우리가 습관에 따라 행동할 때에는 새로운 사태를 그전의 사태와 동일한 것처럼 취급한다. 따라서 습관이 통용될 수 있는 경우는 그전의 사태에는 없던 새로운 요소가 당장의 목적으로 보아서는 무시해도 좋은 경우이다. 그러나 새로운 요소가 특히 주의를 요하는 경우에는, 만약 추상이 작용하지 않는다면 아무렇게나 되는대로 행동하는 수밖에 없다. 왜냐하면 추상한다는 것은 그전의 경험의 내용 중에서 새로운 경험을 다루는 데에 도움이 된다고 생각되는 것을 의도적으로 뽑아내는 것이기 때문이다. 추상은 과거의 경험에 들어있던 의미를 새로운 경험에 이월시켜 활용하려는 의식적 노력이다. 그것은 지력의 동맥, 다시 말하면 한 경험을 다른 경험의 안내자로 삼으려는 의도적인 노력의 원천이다.

¶ 16_ 과학은 이와 같이 이전의 지적 내용을 다음으로 이월시키는 일을 대규모로 수행한다. 과학은 순전히 개인적이고 철저히 즉각적인 모든 것으로부터 경험을 자유롭게 하는 데에 목적을 두며, 한 경험이 다른 경험과 공동으로 가지고 있는 것, 따라서 장차 다시 사용될 수 있는 것을 따로 떼내어 간직하는 데에 목적을 둔다. 그리하여 과학은 사회진보에 필요불가결한 요소가 된다. 실제로 일어나는 경험에는, 그 경험을 하는 개인의 입장으로서는 대단히 중요한 의미를 가질지 모르나 너무 특이하고 일회적인 내용이 많이 있다. 과학의 입장에서 보면 이런 내용은 우연적인 것이며, 여기에 비하여 여러 경우에 공통으로 나타나는 특징은 본질적인 것이다. 개인의 특이성이나 환경의 특수성으로 인하여 그 사태에 일회적으로 국한되는 내용은 다른 사람에게 활용될 수 없다. 그리하여, 여러 경우에 공통된 것을 추상하여 적절한 상징으로 확실히 고정시켜 두는 일이 없다면, 경험이 가지고 있는 거의 모든 가치가 한번 지나면 사라지는 일회성을 면할 수 없을 것이다. 그러나 추상하는 일, 그리고 추상된 내용을 적절한 용어로 기록하는 일은 개인 경험의 진짜 가치만을 뽑아서 인류 전체가 영구히 사용할 수 있도록 해 준다. 이렇게 보존된 것이 장차 언제 어떻게 사용될지 자세히 예견할 수 있는 사람은 아무도 없다. 추상을 만들어 내는 과학자는, 비유컨대, 장차 누가 언제 쓸지도 모르는 도구를 만드는 사람과 같다. 다만, 지적인 도구는 기계적인 도구에 비하여 그 적용범위에 있어서 훨씬 더 융통성이 있는 것이다.

¶ **17**_ 일반화는 추상의 짝이다. 일반화는 추상이 새로운 구체적 경험에 적용될 때에 나타나는 기능이다. 다시 말하면, 일반화는 새로운 사태를 명료화하고 목적으로 연결시키기 위한 추상의 연장이다. 추상이 그 자체로서 끝나는 공허한 형식주의에 빠지지 않고 의미있는 성과를 거두기 위해서는, 그것이 실제 사태에 어떻게 적용될 수 있는가를 고찰할 필요가 있다. 일반화는 본질상 사회적 고안이다. 인간이 그들의 이익을 순전히 좁은 집단의 관심사에만 비추어 파악했을 때에는, 그들의 일반화도 그만큼 좁은 범위에 국한되어 있었다. 그들의 관점이 넓고 자유로운 시야를 허용하지 않는 것이다. 한때 인간의 사고는 좁은 공간과 짧은 시간에 국한되어 있었으며, 그들 자신이 따르던 풍속을 모든 가치의 척도라고 생각하고 그것에 얽매어 있었다. 과학적 추상과 일반화는 어느 특정한 장소나 시간에 위치하고 있는 사람이 아니라, 그것과는 관계없이 누구든지 취할 수 있는 그런 관점을 취하는 것을 뜻한다. 이와 같이 구체적 경험의 조건이나 맥락에서 해방된다는 사실 때문에 과학이 멀리 떨어져 있다든가 '추상적'인 느낌을 주는 것이지만, 또 한편 그것은 과학이 실제에 유익하게, 새롭게 적용될 수 있는 범위가 넓고 자유롭다는 뜻이 되기도 한다.

¶ **18**_ 용어와 명제는 추상된 내용을 기록하고 고정시키고 전달하는 일을 한다. 특정한 경험에서 떨어져 나온 의미라고 하여 공중에 매달려 있을 수는 없다. 그것은 어디엔가 발붙일 곳이 있어야 한다. 추상적인 의미에 장소와 몸을 부여하는 것은 이름이다. 그리하여 언어적 체계화는 사후에 따라오는 '뒷생각'이나 부산물이 아니고, 생각의 과정을 끝마치는 데에 본질적인 중요성을 가진다. 사람들은 말로 표현할 수 없는 것을 많이 알고 있지만, 그러한 지식은 실제적이고* 직접적이고 개인에 국한된 상태에 남아 있다. 그런 지식은 한 개인 혼자에게는 쓸모가 있을 것이다. 그는 그것을 기초로 하여 능률적인 행동을 할 수 있을지도 모른다. 예술가와 사업가가 가지고 있는 지식은 흔히 이런 상태에 있다.** 그러나 그런 지식은 사적인 지식이요, 전이불가능한 지식이며, 흔히 하는 말로 본능적인 지식이다. 경험의 의미를 언어로 규정하려고 하면, 우리는 다른 사람들의 경험을 의식적으로 고려하지 않으면 안된다. 우리는 우리 자신의 경험뿐만 아니라 다른 사람들의 경험도 함께 포함하는 그런 유리한 거점을 찾아야 한다. 그렇게 하지 않으면 우리가 전달하고자 하는 내용이 다른 사람에게 이해되지 않는다. 이것은 다른 사람이 아무도 알아듣지 못하는 말로 이야기하는

것과 같다. 문학 작품이 경험을 다른 사람에게도 생생한 의미를 가지도록 진술하는 데에 빛나는 성공을 거두고 있지만, 과학의 어휘는 그와는 다른 방식으로, 경험내용의 의미를 특별한 상징으로 표현하려는 목적으로 고안된 것이다. 그리고 그 특별한 상징은 과학을 공부한 사람이면 누구나 이해할 수 있다. 예술적 언어는 사람이 이미 가지고 있는 경험의 의미를 나타내고 드높인다. 여기에 비하여 과학적 언어는 새로운 경험을 변형된 의미로 구성하는 도구를 가져다준다.

---

* 여기서의 '실제적'이라는 말에 들어 있는 '실제'는 이 책의 다른 곳에서 말하는, 이론과 관련된 실제가 아닌, 이론과 분리된 실제이다.

** 사업가의 경우는 어떤지 모르지만, 예술가의 지식이 어떤 성격의 것인가 하는 문제는 미학이라는 별도의 학문 분야를 이룰만큼 광범하고 치밀하게 분석되어 왔다. 물론, 미학의 이론 중에는 여기서 Dewey가 규정하는 것과는 정면으로 반대되는 방식으로 예술가의 지식을 규정하는 이론이 있을 것이다.

¶ 19_ 이상의 논의를 요약하면, 과학은 새로운 경험을 조망하고 통제하는 지력의 기능을 체계적으로, 의도적으로, 또 습관의 제약에서 벗어나서 방대한 규모로 추구하는 활동을 가리킨다고 말할 수 있다. 과학은 우연적인 결과로서가 아니라 의식적인 노력에 의하여 진보를 이룩하는 유일한 수단이다. 설사 과학의 일반성, 즉 개별적인 조건에서 멀리 떨어져 있다는 사실로 말미암아, 과학이 어느 정도의 전문성이나 고답성을 띠게 된다 하더라도, 이러한 성질은 순전히 사변적인 이론이 가지는 전문성이나 고답성과는 종류가 다르다. 후자의 경우는 실제와 영원히 떨어져 있지만, 전자의 경우는 나중에 가서 구체적인 행동에 더 널리, 더 자유롭게 적용될 수 있도록 잠깐 동안 떨어져 있는 것에 지나지 않는다. 이론 중에는 실제와 대립된 안일한 이론이 있지만, 참으로 과학적인 이론은 실제를 확장하고 실제에 새로운 가능성을 열어주는 원동력이 된다는 점에서 바로 실제의 범위 안에 머물러 있다.

3 교육에서의 자연주의와 인문주의*

¶ 20_ 교육에는 교육과정에서 과학을 문학이나 여가와 반대되는 것으로 보는 전통이 있다. 이 두 가지 관심을 대표하는 사람들 사이의 싸움은 역사적으로 쉽게 확인되고 설명될 수 있다. 문학과 언어, 그리고 詞章哲學사장철학은 실험과

학이 나타나기 이전의 모든 고등교육기관에 확고한 기반을 구축하고 있었다. 실험과학은 자연히 거기를 비집고 들어갈 수밖에 없었다. 확고하게 성벽을 둘러쌓아 놓고 거기에 들어앉아서 전유특권을 누리고 있는 학문이 그 특권을 양보할 까닭이 없다. 그러나 어느 쪽이 품었던 가정인지는 모르나, 언어와 문학의 산물은 전적으로 인문적인 성격을 가지고 있고, 과학은 순전히 물리적인 의미를 가지고 있다는 가정은 양쪽의 공부를 올바른 교육적 목적에 사용하는 데에 방해가 되는 그릇된 가정이다. 인간의 삶은 진공 속에서 일어나는 것이 아니요, 자연 또한 인간이 연극을 벌이는 단순한 무대장치가 아니다(16장 ¶7 참조). 인간의 삶은 자연적 과정에 결부되어 있고, 인간의 생애, 성공과 패배는 자연이 어떤 방식으로 거기에 들어오는가에 달려 있다. 인간이 스스로의 일을 의도적으로 통제해 나가는 힘은 자연의 에너지를 활용해 나가는 능력에 있으며, 이 능력은 다시 자연적 과정에 관한 통찰에서 나온다. 전문가에게 자연과학이 어떤 의미를 가지든지 간에, 교육의 목적으로 보면 그것은 인간행동의 조건에 관한 지식이다. 사회적 교섭이 일어나고 있는 매체, 그리고 사회적 교섭의 점진적 발달을 도와주는 것과 방해하는 것이 각각 무엇인가를 아는 것은 철저하게 인문주의적인 성격을 띤 지식인 것이다. 과학의 역사에 관하여 무지한 사람은 인간이 기계적인 반복과 변덕으로부터, 자연에 대한 미신적 복종으로부터, 자연을 주술적으로 사용하려는 노력으로부터 지적인 자립으로 나아온 투쟁의 과정을 알지 못한다. 과학이 형식적이고 전문적인 연습으로 가르쳐질 가능성이 있다는 것은 말할 필요조차 없다. 세계에 대한 정보를 그 자체의 목적으로 삼을 때에는 언제나 이런 일이 일어난다. 그러나 그러한 교육이 문화를 드높이지 못한다고 해서 자연과학의 지식이 인간적 관심과 반대된다고 생각해서는 안된다. 그것은 오직 그러한 교육이 취하는 교육적 태도가 그릇되었다는 것을 보여 줄 뿐이다.

---

* humanism: 물론, 이 단어는 '인간주의'로 번역될 수도 있다. 우리말에서 '인문주의'와 '인간주의' 사이에는 의미상 상당한 차이가 있어서 humanism을 번역하는 데에 어려움이 있지만, 교과의 성격을 나타내는 말로서의 humanism은 인문주의로 번역하는 것이 타당할 것이다. 전통적으로 문학, 역사, 철학 등의 교과는, 자연과학에 비하여, '인간'에 관한 문제를 다루는 것으로 생각되어 왔다. 다음 문단에 나타나 있는 바와 같이, Dewey는 이 점을 부인하려고 한다. 즉, 종래에 인문교과로 통용되어 오던 이른바 '詞章敎科'사장교과만이 '인간'의 문제를 다룬다는 생각은 비민주적인 사회구조의 산물이며, 자연과학은 그러한 사장 교과보다 '더 인문주의적 또는 인간주의적' 성격을 띤 교과라는 것이다.

¶21_ 인간의 일에 기능을 발휘하도록 과학적 지식을 활용하기를 꺼리는 것은 그 자체가 귀족주의적 문화의 잔재이다. '응용'학문이 '순수'학문보다 좌우간 가치가 떨어진다는 식의 생각은 모든 유용한 일을 노예나 농노가 하던 사회, 또는 산업이 지력에 의해서가 아니라 풍속으로 결정된 틀에 의하여 통제되던 사회에서는 자연스러운 생각이다. 이런 상태에서는 삶의 가장 높은 단계인 과학*은 삶의 용도에 적용되는 것과는 무관하게 순수한 이론과 동일한 것으로 간주되고, 유용한 기술에 관계되는 지식은 그것에 종사하는 계층에 찍힌 것과 똑같은 낙인이 찍혀 푸대접을 받았다(이하 19장 참조). 이런 식으로 생겨난 과학관은 과학 그 자체가 기술자의 장비를 받아들여 그것을 써서 지식을 만들어 낸 후에도, 또 민주주의가 일어난 후에도 계속되었다. 그러나 이론을 이론으로서만 생각하는 경우, 인간에게는 인간에 관한 이론이 단순히 물리적인 세계에 관한 이론보다 더 의의가 있게 된다. 대다수의 인간이 가지고 있는 실제적 필요를 외면하는 詞章文化사장문화 속에서, 그 문화에 의하여 규정되는 지식의 기준을 받아들이는 한, 과학의 교육적 의의를 주장하는 사람들은 늘 불리한 지위에 있었다. 실험적 방법과 민주 산업사회에 부합되는 과학관이 대다수의 사람에게 채택되기만 한다면, 그들 과학의 교육적 의의를 주장하는 사람들은 자연과학이, 소위 인문주의를 표방하면서 실제로는 유한계층의 특수한 이해 위에 교육을 설계하는 것보다 더, '인문주의적'인 것임을 보이는 데에 하등 어려움이 없을 것이다.

* 과학이 '삶의 가장 높은 단계'라는 것은 Dewey 자신의 특이한 견해를 나타낸다고 보아야 할 것이다. 또한 여기서 '과학'(science)이라는 것은, 이때까지 이 장에서 설명한대로, 실험적 방법을 기초로 한 자연과학을 가리킨다고 보아야 할 것이다.

¶22_ 앞에서 이미 말한 바와 같이, 자연에 관한 교과와 대립되는 위치에 놓일 때에는 인문주의 교과 역시 방해를 받는다. 그런 교과는 전적으로 문학적, 언어적 교과로 전락해 버리며, 그것이 다시 이른바 '고전'이라는 형태의, 이미 사용되지 않는 언어를 배우는 교과로 오그라드는 것이 보통이다. 그도 그럴 것이, 현대어는 틀림없이 어딘가에 쓰이고 있으며, 바로 그 이유에서 그것은 가치 없는 것으로 금지된다. 역사상 '인문교과'를 오직 희랍 · 라틴어의 지식과 동일한 것으로 본 교육적 실제보다 더 심한 아이러니적 현상을 찾아보기는 어려울

것이다. 희랍과 로마의 예술과 제도는, 물론, 오늘날 우리의 문명에 중요한 공헌을 한 것이 사실이며, 따라서 그것에 접하게 될 충분한 기회가 언제나 있어야 한다. 그러나 그것을 인문교과, 즉 인간적 교과의 대표적인 경우라고 생각하는 것은 교육에서 대중이 접할 수 있는 교과가 있다는 가능성을 고의적으로 무시하는 것이요, 유식계층의 좁은 속물근성을 길러주는 경향이 있다. 유식계층이 달고 다니는 '유식계층'이라는 표지는 교육의 기회를 독점한 데서 생긴 우연적 결과 이외의 아무것도 아니다. 지식이 인간주의적 성격을 띠는 것은 그것이 과거의 인간의 산물을 다루기 때문이 아니라, 그것이 인간적 지력과 인간적 동정심을 자유롭게 개발하기 때문이다. 어떤 교과든지 이 결과를 가져오는 것은 인문주의적, 또는 인간주의적 교과요, 어떤 교과든지 이 결과를 가져오지 못하는 것에는 '교육적'이라는 이름조차 붙일 수 없다.

| 요약 | ¶ 23_ 과학은 경험의 인지적 요인의 마지막 결실이다. 과학은 개인의 경험이나 풍속에 비추어 그럴듯하게 보이는 것을 진술하는 것으로 만족하는 것이 아니라, 신념의 원천, 근거, 귀결을 밝히는 진술을 하는 데에 목적을 둔다. 이 목적을 달성하려면 그 진술이 논리적 성격을 띨 수밖에 없다. 과학이 가지고 있는 이 논리적 성격은 고도의 지적 정련에 다다른 교과가 나타내는 특징이므로, 교육적인 관점에서 보면, 이 논리적 특징을 따르는 교육방법은 학습자의 방법—즉, 경험의 지적 수준이 조잡한 데서 세련된 것으로 나아가는 발달의 순서를 따르는 방법—과 다르다. 이 사실을 도외시할 때, 과학은 메마른 정보로 다루어진다. 이 정보는 상식과는 다른 전문적인 용어로 진술되어 있는만큼, 일상의 정보보다 더 흥미가 없고 거리가 멀다. 교육과정에서 과학이 수행해야 할 기능은 바로 과학이 인류 전체를 위하여 수행해 온 기능과 동일하다. 즉, 그것은 좁은 범위에 걸쳐 일시적으로 일어나는 경험에서 인간을 해방시키는 것, 그리고 개인적 습관이나 편벽된 성향 등의 우연적인 요인에 차단되지 않은 지적 조망을 열어주는 것이다. 추상, 일반화, 명확한 언어적 규정 등의 논리적 특성은 모두 과학의 이러한 기능과 관련되어 있다. 그것은 아이디어를 그것이 생겨난 특정한 맥락에서 해방시켜서 보다 넓은 범위에 적용될 수 있게 해 주며, 그로 말미암아 한 개인의 경험의 결과가 모든 인간의 손에 들어오도록 해 준다. 그러

므로 궁극적으로, 또 철학적으로 말하여, 과학은 일반적인 사회진보의 器官기관이라고 말할 수 있다.

제 18 장

교육적 가치

¶ 1_ 교육적 가치 문제를 논의하는 데 어떤 점들을 고려해야 하는가에 관해서는 앞에서 교육목적과 관심*을 논의할 때 이미 살펴 본 바 있다. 교육이론에서 흔히 논의되는 특정한 가치들은 보통 우리가 교육목적으로 내세우는 것들과 일치한다. 예컨대 유용성, 교양, 정보, 사회적 효율성을 위한 준비, 정신도야, 또는 정신력 등등이 그것이다. 이러한 목적이 어떤 점에서 가치를 가지는가 하는 것은 앞에서 관심의 의미를 분석할 때 이미 취급하였다. 예컨대 예술을 관심이나 흥미라고 말하는 것이나 예술을 가치라고 말하는 것이나 전혀 차이가 없는 것이다.** 그러나 이때까지 가치에 관한 논의는 일반적으로 말하여 교육과정에 들어있는 특정한 교과들이 어떤 목적을 가지고 있는가 하는 문제를 중심으로 이루어져 왔다. 말하자면 교육의 가치를 논하는 것은 교과공부가 삶에 어떤 중요한 기여를 할 수 있는가를 보임으로써 교과의 근거를 제시하려고 하는 것 또는 교과를 정당화하려고 하는 것이다. 그리하여 교육적 가치를 따로 떼내어 논의하는 것은 한편으로 교육목적이나 관심에 관한 앞의 논의와 또 한편으로 교육과정에 관한 논의를 다시 한번 개관함으로써 양자를 관련짓는 기회가 될 것이다.

---

* interests

** 이 문장을 보다 자연스러운 우리 말로 쓰자면 '예술에 관심이나 흥미가 있다고 말하는 것이나 예술이 가치가 있다고 말하는 것이나...'라고 써야 할 것이다. 그러나 '관심이나 흥미가 있다'는 것은 '사람이 관심이나 흥미를 가지고 있다'는 뜻이요, '가치가 있다'는 것은 '예술이 가치가 있다'는 뜻이어서 양자의 문법적 의미가 동일하지 않다. Dewey의 원문에는 이런 문법적인 차이가 전연 드러나 있지 않고, 두 경우가 모두 speaking of art as an interest or concern and referring to it as value로 표현되어 있다. 만약 Dewey가 이 문법적 차이에 착안

했더라면 그가 말하는 interest or concern은 심리적 의미를 가진 것이요, value(또는, 규범적 의미에서의 interest)는 논리적 의미를 가진 것임을 틀림없이 알았을 것이다.

1 실감과 직접적 인식*

¶ 2_ 우리 경험의 상당 부분은 간접적인 것이다. 그 경험은 우리와 사물 사이에 끼어들어서 사물을 대신하는—또는 '표상하는'**—기호로 이루어져 있다. 전쟁에 직접 참가해서 그 위험과 고난을 함께하는 것과 전쟁에 관한 이야기를 듣거나 읽는 것은 판이하게 다르다. 일체의 언어, 일체의 상징은 간접경험의 보조수단이다. 전문적인 용어로 말하자면 이러한 보조수단에 의하여 얻어지는 경험은 '매개된'*** 경험이다. 그것은 '매개되지 않은' 직접경험과 대비되는데, 직접경험이라는 것은 상징적§ 매체의 개입을 통해서가 아니라 우리가 생생하게 직접 참여하는 경험을 말한다. 앞에서 이미 말한 바와 같이, 우리 자신이 하는 생생하게 직접적인 경험은 그 범위가 대단히 제한되어 있다. 만약 눈앞에 보이지 않는 먼 곳에서 일어나는 일을 '표상하는' 작용이 개입하지 않는다면, 우리의 경험은 거의 짐승과 같은 수준에 머물러 있을 것이다. 야만상태에서 문명 상태로 나아온 한 단계 한 단계는 모두 순수하게 직접적인 경험을 확대해 주고 또 그것을 오직 기호나 상징으로밖에 표현될 수 없는 것들과 연결시켜 줌으로써 그 의미에 깊이와 폭을 더해 주는 매체의 발명에 의존해 왔다. 우리는 교양없는 사람을 글 모르는 사람과 동일시하거니와 이것은 틀림없이 위와 같은 사실에서 그 원인을 찾을 수 있을 것이다. 그만큼 우리는 효과적인 상징적 또는 간접적 경험을 하는 데에 있어서 문자의 힘에 의존한다.

---

* realization and appreciation :이하 ¶3의 주 참조

** represent; 여기서 이 단어는 stand for or represent라는 식으로 stand for와 동일한 의미로 쓰이고 있으나, 심리학적인 용어로는 마음속에 표현하는 것. 즉 '표상하는' 것을 뜻한다. 이 장에서 Dewey는 represent 또는 그 파생어를 엄밀한 심리학적 의미로 쓴 것 같지 않다. 바로 아래의 주 참조.

*** mediated; 이것은 '매체'(media)의 힘을 빌었다는 뜻이다. 매체는 두 가지 사물 사이에 들어가서 그것을 연결해 주는 일을 하며, 그렇기 때문에 매체에 의한 연결은 '간접적'인 것이다. 다음 문장에 나오는 immediate(매개되지 않은)는 흔히 '직접적인'으로 번역된다.

§ representative; 엄밀하게 말하자면, 이것은 '표상적'이라고 번역해야 할 것이다. 그러나 표상적이라는 말은 본문의 맥락으로서는 불필요한 전문적 의미를 가지고 있으며, 여기서는

representative media(상징적 매체), representative experience(상징적 경험) 등과 같이 '상징적'으로 번역하는 것이 더 적절하다고 생각된다.

¶ **3**_ 그와 동시에(이 점은 앞에서 여러 번 되풀이해서 말한 바 있지만), 상징이 진정한 의미에서 사물을 대표하지 못할 위험은 언제나 있다. 다시 말하면, 상징을 하는 언어적 매체가 눈앞에 없는, 멀리 떨어진 것을 불러 일으켜서 참으로 현재의 경험 속에 들어오도록 하는 것이 아니라, 언어적 매체 그 자체가 목적으로 되는 것이다. 학교의 정규교육은 특히 이 위험에 빠지기 쉽다. 그리하여 그 결과로, 학교에서 문자교육이 시작되는 것과 동시에, 보통 '학교 공부'라고 하는, 단순히 책으로 하는 공부가 너무나 보편적인 현상으로 나타나게 된다. 일상의 대화에서 '생생한 느낌'*이라는 말은 상징적 경험이 가지고 있는 멀고 창백하고 차갑게 떨어져 있는 성질과 대조적으로, 직접 경험이 가지고 있는 긴박하고 따뜻하고 친밀한 성질을 나타내는 말로 사용된다. '실감'이나 '직접적 인식'(또는 '진정한'인식)**은 사물이 주는 생생한 느낌을 약간 세련된 용어로 표현하고 있다. 이런 용어의 의미를 정확히 규정하기는 어렵고, 그 대신에 '직통으로 느낀다'든가 '참으로 받아들인다'는 식의 비슷한 표현들로 미루어 짐작할 수밖에 없다. 아닌게 아니라, 직접경험이 무엇을 뜻하는가를 참으로 인식하는 유일한 방법은 실제로 직접경험을 해 보는 것이다. 어쨌든, 상징적 경험과 직접경험의 차이는 그림에 관한 세밀하고 전문적인 설명을 읽는 것과 그림을 직접 눈으로 보는 것의 차이, 또는 그냥 그림을 보는 것과 그것에서 감동을 받는 것 사이의 차이, 빛에 관한 수학적 공식을 배우는 것과 안개 낀 풍경에서 이상하게 번쩍이는 빛을 보고 넋을 잃는 것 사이의 차이에 해당한다.

---

* realizing sense

** 'mental realization' and 'appreciation'; realization과 appreciation은 이 절의 제목이다. 보통 realization은 실현한다든가 깨닫는다는 뜻으로, 또 appreciation은 감상한다는 뜻으로 이해되고 있다. 그러나 '실현'이나 '감상'은 여기서 사용되는 뜻과는 거리가 멀다. 본문에 시사되어 있는 바와 같이, 이 두 용어는 모두 상징의 매개를 빌지 않은(immediate) 직접적 인식 작용을 뜻하는 것으로 사용되고 있는 것이다. 이하의 문단에서 direct realization이라든가 direct appreciation 등의 표현이 사용되고 있거니와, 여기서 direct는 두 용어에 내포되어 있는 '직접성'을 드러내어 강조하는 의도로 사용되고 있다. 직접적 인식을 나타내는 말로 Dewey가 감상을 뜻하는 appreciation을 사용한 것은, 다음에 설명되는 바와 같이, 예술감상이 일종의 직접적 인식이라는 생각을 반영한다.

※ 여기서 '직접경험'과 '간접경험'의 차이에 관한 Dewey의 생각을 검토해 볼 필요가 있다. 우

선, 일반적으로 직접경험은 해당개인이 몸소, 직접 하는 경험을 가리키는 데에 반하여, 간접경험은 남을 통하여 하는 경험을 가리키는 것으로 알려져 있다. 그러나 이 장에서는 직접경험은 상징이라는 매체를 빌지 않은 경험이요, 간접경험은 매개된 경험이라는 식으로 양자가 구분되어 있다. 엄밀하게 말하자면, 앞의 구분에서의 '직접'은 personal의 뜻이요, 뒤의 구분에서의 '직접'은 immediate의 뜻이다. Dewey는 direct personal experience, immediate direct experience라는 식의 표현을 쓰고 있다. 물론, 위의 두 가지 의미는 어떤 점에서는 동일한 것으로 보아도 무방하다. 남을 통해서 하는 경험은 남이 하는 '말을 듣고' 하는 경험이며, 따라서 in a second-hand way라는 뜻에서의 간접경험은 필연적으로 mediated라는 뜻에서의 간접경험일 수밖에 없다. 그러나 '직접경험'의 경우는 그렇지 않다. 남을 통하지 않고 당사자가 직접 한다는 뜻에서의 직접경험이라고 해서 반드시 상징이라는 매체를 빌지 않았다는 뜻에서의 직접경험이 아니다. 그러므로 직접경험의 경우에 personal과 immediate를 동일시하는 것은 mediated personal experience(상징을 통한 당사자적 경험)의 엄연한 가능성을 부당하게 도외시하는 것이다. 이 점은, 마치 머리카락을 쪼개는 것과 같이, 지나치게 사소한 문제를 불필요하게 문제삼는 것으로 보일지 모르지만, 전혀 그렇지 않다. 소위 '상징'의 위험—즉, 상징이 무의미한 것이 될 가능성이 있다는 점—은 Dewey가 아니라 누가 지적하더라도 타당하다. 그러나 personal과 immediate를 혼동하면 (앞에서 말한 바와 같이, 이 혼동은 남을 통하는 것과 상징을 사용하는 것의 혼동에 기초를 두고 있다), Dewey의 글을 읽은 사람의 마음속에 (또는 Dewey 자신의 마음속에) '상징을 쓰는 것'(mediated)은 '남을 통하는 것'(second-hand)과 마찬가지 이유에서 생생한 느낌을 가질 수 없다든가, 따라서 상징의 위험에서 벗어나기 위해서는 당사자 자신이 직접(personal) 경험할 수밖에 없다는, 그 타당성이 매우 의심스러운 생각을 품게 된다. 가령, 위의 Dewey의 예에서 '그림에 관한 세밀하고 전문적인 설명을 읽는 것'과 '그림을 보는 것'중에서 어느 쪽이 더 생생한 느낌을 주는가? '물론, 후자이다'라고 생각하는 사람은, 그림에 관한 전문적 설명이 그림을 보는 데에 무슨 역할을 하는지에 관한 '직접경험'을 해 보지 못한 사람이다.

¶ 4_ 여기서 우리는 전문적 지식이나 그밖의 순전히 상징적 형식이 직접적 인식의 영역을 침범한다는 사실로부터 어떤 위험이 초래되는지를 알게 된다. 즉, 우리는 학생들이 체계화된 학교교과를 공부할 때, 그것이 나타내고 있는 상징적 경험의 상부구조*를 이해하는 기초로서 구체적 사태에 대한 충분한 직접적 인식을 가지고 있다고 가정한다. 여기서 '충분하다'고 하는 말은 단순히 양이나 덩어리를 말하는 것이 아니라, 그보다도 질적인 의미로 파악되어야 한다. 충분한 직접경험을 가지고 있다는 것은 어느 편인가 하면, 그 직접경험이 상징적인 교과 내용과 쉽게, 또 의미있게 관련될 수 있는 성격의 것임을 말하는 것이다. 기호라는 매체를 통하여 사실과 아이디어를 전달하는 교육을 안심하고 시작하려면, 그에 앞서서 학교교육은 본격적인 사태를 마련하여 학생이 직접 참여하도록 함으로써 학교에서 전달하려고 하는 내용, 다루려고 하는 문제의 중요성

을 알 수 있도록 하지 않으면 안된다. 학생의 입장에서 보면, 여기서 얻어지는 경험은 그 자체로서 가치가 있다. 교사의 입장에서 보면, 그것은 기호로 된 수업 내용을 이해하는 데에 필요한 학습자료를 제공하는 수단이요, 상징적으로 전달되는 학습자료에 대하여 개방된 태도와 관심을 유발하는 수단이 된다.

* superstructure of representative experience

¶ 5_ 교과의 이론에 관한 개략적인 설명에 비추어 보면, 이와 같이 학생에게 직접적 인식의 배경이 있어야 한다는 요구는 놀이와 능동적 작업을 통하여 전형적인 실제 사태를 만들어 줌으로써 충족된다. 이 점에 관해서는 앞에서 이미 말한 것 이외에 달리 덧붙일 것이 없다. 다만, 앞의 논의는 직접경험의 배경을 갖추도록 해야 한다는 요구가 가장 두드러지는 초등학교의 교과를 주로 다루었지만, 이 원리는 어느 수준의 교육에서나 교과를 배우는 초보 단계에는 그대로 적용된다. 예컨대 고등학교나 대학에서 새로운 분야를 배울 때 실험실 작업을 하는데, 그 으뜸가는 기본적 기능은 학생들로 하여금 다소간의 사실과 문제에 직접 익숙해지도록 하는 것—또는 흔히 하는 말로, '감을 잡을 수 있도록'하는 것이다. 전문적인 기술을 습득하는 것, 그리고 일반화를 만들어 내고 검증하는 방법을 습득하는 것은 처음 단계에서는 직접 인식에 비하여 부차적인 것이다. 초등학교 활동에 관하여 한 가지 유념해야 할 것은, 그 근본적인 취지가 학생들을 즐겁게 하거나 가장 수고를 적게 하면서 정보를 전달하거나 기술을 습득하도록 하기 위한 것이 아니라—물론, 이런 것들이 부수적인 결과로 따라올 수는 있다—경험의 폭을 넓히고 풍부하게 하며 지적 진보에 대한 관심이 활발하게 되어 그 효과를 나타낼 수 있도록 하려는 데 있다는 것이다.

¶ 6_ 이때까지 직접적 인식에 관하여 말한 내용은 세 가지 원리를 드러내는 데에 적절한 실마리가 된다. 그것은 1) 효과적인, 또는 실재하는(명목상의 것이 아닌)* 가치표준의 성격, 2)직접적 인식에 있어서의 상상력의 위치, 그리고 3) 교육과정에 있어서의 예술**의 위치이다.

* real(as distinct from nominal); 실재하는 가치표준과 명목상의 가치표준을 대비시킨 것은, 단순히 남의 말을 받아들인(nominal) 것이 아닌, 실제로 작용하는(real) 가치표준을 문제 삼

는다는 의도에서일 것이다.
** fine arts: 이것은 '미술'이 아닌 (순수) '예술'을 가리킨다.

¶ 7_ 가치판단*의 표준 : 성인이면 누구나 그전의 경험이나 교육을 통하여 경험의 가치를 매기는 척도를 습득해 가지고 있다. 정직, 붙임성, 인내, 충성 등을 도덕적 선으로, 또는 고전문학, 그림, 음악 등을 심미적 가치로 생각하도록 배우게 되는 것이다. 이뿐만 아니라, 이런 것들을 가치있게 하는 규칙들—도덕의 황금률, 심미적 가치에 있어서의 조화, 균형, 비례 등, 그리고 지적 성취에 있어서의 정의, 명료성, 체계 등—도 배우게 된다. 이런 원리들은 새로운 경험의 가치를 판단하는 표준으로서 대단히 중요하기 때문에, 부모와 교사들은 언제나 그것을 직접 가르쳐주려고 하는 경향이 있다. 그러나 이때 부모나 교사들은, 이런 방식으로 가르친 표준은 순전히 상징적인 것에 그친다는 것, 다시 말하면 인습적이고 언어적인 수준에 머무르고 만다는 것을 간과하고 있다. 사실상, 입으로 표방되는 표준이 아닌, 실제로 작용하는 표준은 개인이 구체적인 사태를 당하여 그 사태에서 심각한 의의를 가진 것으로 무엇인가를 깊이 느낄 때, 그 느낌에서 우러나온다. 가령 한 개인이 음악에서는 인습적으로 이러이러한 특징이 높이 평가되고 있다는 것을 배웠다고 하자. 그리하여 고전 음악에 관하여 꽤 정확한 대화를 할 수 있게 되었다고 하자. 그리고 나아가서는 그러한 특징이 자신의 음악적 표준이 되었다고 진심으로 믿기조차 한다고 하자. 그러나 만약 자신의 과거 경험에서 그가 가장 익숙했던 것, 그리고 그가 가장 즐겼던 것이 뽕짝 노래였다면, 그에게 실제로 작용하는 가치판단의 척도는 뽕짝 수준이라고 보아야 한다. 자신이 직접 느낄 때 무엇이 실제로 그의 마음을 사로잡는가 하는 것이, 사람들이 인정해 줄만한 말을 건성으로 할 줄 아는 것보다 더 깊이 그의 태도를 결정한다. 이런 식으로 결정된 습관적인 성향이 이후의 음악적 경험에서 가치판단을 할 때 그가 실제로 사용하는 '규범'을 형성해 준다.

* valuation: 가치를 부여하는 행위(즉, 어떤 것을 가치있다고 생각하는 것)를 나타내는 말로 '가치부여'라는 용어를 쓸 수가 있으나, 여기서는 '가치판단'으로 이해해도 의미상 큰 차이가 없다. 사실상, 이하 2절에서 Dewey는 to value(가치롭게 여기다)와 to valuate를 구분하고 후자를 to evaluate(가치를 매기다, 평가하다)와 동일한 것으로 보고 있다. 그러나 문맥에 따라서 valuation을 그냥 '가치'라고 하는 편이 더 자연스러운 경우도 있다.

¶ **8**_ 음악적 취향을 보기로 들어 한 이 말을 부정할 사람은 아마 별로 없을 것이다. 그러나 이 말은 도덕적, 지적 가치의 경우에도 마찬가지로 적용된다. 다른 사람에 대한 친절이 가지는 가치의 완전한 의미를 거듭 경험해 본 결과로 그것이 그의 성향의 한 부분으로 붙박혀 있는 젊은이는 다른 사람들을 너그럽게 대하는 가치척도를 가지고 있다. 이러한 직접적 인식이 없이, 오직 다른 사람에 의하여 無私欲무사욕이라는 의무와 미덕이 외적 표준으로 부과되었을 경우에, 이것은 순전히 상징에 불과한 것으로서 실재*로 적절하게 번역될 수 없다. 말하자면 그의 지식은 한손 거친 것이 된다. 그 경우의 지식이라는 것은 오직 다른 사람들이 무사욕을 훌륭한 것으로 찬양한다는 것을 아는 것이요, 그가 무사욕을 나타내어 보이면 그만큼 사람들이 그를 찬양한다는 것을 아는 것이다. 이리하여 한 사람의 공언된 표준과 실제의 표준 사이에 균열이 생긴다. 개인은 그의 내적 성향과 이론적 의견 사이의 이러한 투쟁이 그에게 어떤 모양으로 나타나는지 알고 있다. 말하자면, 그는 자기 자신에게 정말로 소중한 것을 행하는 것과 다른 사람의 인정을 얻으리라고 알게 된 것을 행하는 것 사이의 갈등으로 고민하면서도 그 균열이 어째서 생겼는가에 관해서는 알지 못한다. 여기서 생기는 결과는 무의식적 위선이며 성향의 불안정이다. 이와 마찬가지로, 어떤 학생이 지적으로 곤란한 사태를 당하여 복잡한 문제들을 해결하고 확실한 성과를 거두었다면, 그는 명료성과 확실성의 가치를 직접 인식한다. 그가 그 문제에 관한 분석과 분류절차를 밟도록 외적으로 훈련되고 일반적인 논리적 방법으로서 이 절차의 가치에 관하여 정보를 습득했는지 모르지만, 만약 이것이 어떤 시점에서든지 어떤 방식으로든지 자기 자신의 직접 인식으로 들어오지 않는다면, 이른바 논리적 규범**의 의의는 그에게 마치 중국에 있는 강 이름 정도의 단편적인 외적 정보에 지나지 않는다. 그는 그 절차를 입으로 외울 수 있을지 모르지만, 입으로 외우는 것은 기계적인 재연에 불과하다.

* reality; 여기서 '실재로 번역된다'는 말은 틀림없이 '행동으로 실천된다'는 뜻일 것이다.
** 지적 명료성, 일관성 등, 사고의 논리성.

¶ **9**_ 그러므로 직접적 인식이라는 것이 문학이나 그림이나 음악에 국한되어 있다고 생각하는 것은 대단히 그릇되다. 그 범위는 교육 그 자체의 범위만큼 포괄적인 것이다. 습관의 형성이 순전히 기계적인 것이 되지 않으려면, 습관은 또

한 좋은 것을 숭상하고 탁월한 것을 추구하는 것, 즉 '취향'의 경지에까지 이르러야 한다. 충분히 근거있는 주장이겠지만, 학교 교육이 너무나 자주 외적인 '훈육', 성적과 상, 진급과 낙제 등에 의존하는 것은 사실과 아이디어와 원리의 의미를 생생하게 느끼도록 하는 생활 사태에 전연 주의를 기울이고 있지 않다는 사실의 이면에 불과하다.*

* 이 문장에서 '직접적 인식'에 해당하는 것은 생활 사태를 통하여 '사실, 아이디어, 원리의 의미를 생생하게 느끼는 것'이라고 보겠는데, 학교에서 외적 훈육 등에 의존하는 것은 학교에 이러한 '직접적 인식'이 결여되어 있기 때문이라는 것이 Dewey의 주장이다.

¶ 10_ (2) 직접적 인식은 상징적 경험과 구분될 뿐, 지력이나 이해와 구분되는 것은 아니다. 상상력을 곁들인 개인 자신의 반응만이, 또 이것만 있으면, 심지어 순전한 '사실'이라고 하는 것까지도 그 의미를 직접 인식할 수 있다. 상상력은 모든 분야에서 직접적 인식의 매체가 된다. 어떤 활동이 기계적인 것 이상이 되게 하는 것은 상상력의 작용뿐이다. 불행하게도 상상력은 한 사태를 그 범위 전체에 걸쳐서 따뜻하게 친밀하게 받아들인다는 원래의 의미를 떠나서, '환상적인 것'과 동일한 것으로 생각되는 것이 일반적인 경향이다. 여기서부터, 상상력과 직접 인식을 발달시키는 수단으로서 동화, 신화, 환상적 상징, 동요, 그리고 소위 '예술'이라는 이름으로 불리우는 것들을 지나치게 중요시하는 경향이 나오고, 이것은 다시, 이런 내용 이외의 다른 내용을 가르치는 데에는 상상력을 완전히 무시함으로써 수업의 상당 부분은 상상력과는 관계없이 전문적인 기술을 습득하고 정보의 덩어리를 긁어모으는 일로 전락하는 결과를 가져온다. 이론은—그리고 다소간은 실제도—상당히 발전하여, 오늘날 놀이 활동이 상상력을 표현하고 자극한다는 것은 대체로 인정되고 있다. 그러나 아직도 일반적인 경향은 놀이 활동을 아이 시절에 거쳐 지나가는 성장의 한 단계에 불과한 것으로 보는 것이다. 오늘날의 알반적인 생각에서 간과되고 있는 중요한 사실은, 놀이와 흔히 심각한 일이라고 하는 것 사이의 차이는 상상력이 개입하는가 않는가가 아니라, 다만 상상력이 적용되는 내용이 다르다는 데에 있다고 보아야 한다는 점이다. 이것이 간과됨으로써 나오는 결과는 유치한 놀이의 환상적, 비현실적인 면을 엉뚱하게 과장하는 것, 그리고 다른 한편으로, 놀이가 아닌 심각한 일을 오로지 구체적인 외적 결과를 얻기 위하여 기계적인 효율성을 추구하는

것에 불과하다는 식으로 그 의미를 여지없이 축소시켜 버리는 것이다. 여기서의 성취라는 것은 잘 설계된 기계가 인간보다 더 잘 할 수 있는 그런 일을 하는 것으로 되고, 의미가 풍부한 삶의 성취라는 교육의 주된 효과는 곁다리로 떨어져나간다. 이러는 동안, 억누를 수 없는 상상은 일의 성취와는 단절된 채, 엉뚱한 환상이 되어 제멋대로 날아다닌다.

¶ 11_ 직접 눈앞에 있는 것 이외의 어떤 것에 대해서든지, 자유로운 상상력이 직접적 인식의 매체가 된다는 것을 확실히 아는 것이 기계적인 교육방법에서 벗어나는 유일한 길이다. 현대교육의 경향이 대체로 그런 방향으로 나아가고 있다시피, 이 책에서도 활동을 대단히 강조하였지만, 만약 여기서 상상력이라는 것이 근육의 움직임과 마찬가지로 인간 활동의 정상적이고 본질적인 한 부분이라는 사실이 인정되지 않았다면, 활동의 강조는 그릇된 결과를 가져올 뿐이다. 놀이는 물론이요, 수공 활동이나 실험실 작업이 얼마나 교육적 가치를 가지는가 하는 것은 지금 벌어지고 있는 일의 의미를 느끼는 데에 그것이 얼마나 도움이 되는가에 달려 있다. 비록 이름은 다르다 하더라도, 그 효과에 있어서 이런 활동은 연극*과 같다. 그런 활동이 장차 구체적인 결과를 얻는 데에 사용될 기술 습관을 형성한다는 실리적인 가치를 가지고 있다는 것도 중요하지만, 만약 그것이 직접인식 또는 '감상'이라는 면과 분리되어 있으면 그것은 아무 것도 아니다. 자유로운 상상이 따르지 않는다면 직접적인 활동에서 상징적인 지식으로 나아갈 길이 없는 것이다. 상상력에 의해서 비로소 상징이 직접적인 의미로 번역되고 좁은 활동과 통합되어서 그 활동의 의미가 확장되고 풍부해진다. 창조적인 상상력이 오직 문학과 신화에 의하여 대표된다면, 상징은 오직 發話器官발화기관의 신체적 반응을 이끄는 수단이 되고 만다.**

---

* dramatization; 어떤 점에서 그러한 교육적 활동이 연극(또는 극화)과 같은지 명백한 설명이 나와 있지 않다.

** 이 말은 상상이 활동과 상징을 연결시켜서 상징에 의미를 부여한다는 것을 강조하고 있다. 이 말만 가지고 보면, 아마 Dewey는, 문학작품이나 신화는 활동을 기초로 하여 거기서 생겨난 것이 아니기 때문에, 그것은 기껏해야 '목소리를 발달시키는' 정도의 의미밖에 가질 수 없다고 보는지 모른다. 문학 및 예술의 교과로서의 가치에 관한 ¶13, ¶34의 설명 참조.

¶ 12_ (3) 이때까지의 설명에는 교육과정에서 문학과 예술이 차지하는 위치에 관한 명백한 언급이 없었다. 이때까지 그것을 언급하지 않은 것은 다른 의도가 있어서였다. 교육을 시작할 때에는 '유용한 예술'(즉, 산업기술)과 '우아한 예술'(즉, 보통의 예술)* 사이에 명확한 구분이 없다. 앞의 15장에서 언급한 활동들은 나중에 가서 기술과 예술로 구분될 두 요소를 동시에 포함하고 있다. 정서와 상상력을 필요로 하기 때문에, 그 활동은 예술로서의 성질을 품고 있다. 또한, 끊임없이 완전의 경지에 나아감에 따라 방법과 기능, 그리고 도구와 자료와 적응이 필요하기 때문에, 그 활동은 예술적 생산에 필수불가결한 기술적 요소를 포함하고 있다. 최종 산물, 즉 예술작품이라는 관점에서 보면 거기에는 자연히 결함이 있지만,** 이 점에서 있어서도 그것에 진정한 감상(또는 직접인식)이 수반되어 있을 경우에는, 흔히 소박한 매력을 주기도 한다. 경험으로서 그 활동은 기술적 성격과 심미적 성격***을 모두 갖추고 있다. 그러다가 활동이 그 산물에 의하여 평가되고 최종 산물의 사회적 유용성이 강조되는 방향으로 나아가면, 그 활동은 유용한 예술, 혹은 산업기술이 된다. 그 반면, 취향에 호소하는 직접적 성질에 대한 인식을 드높이는 방향으로 발전하면, 그 활동은 순수예술이 된다.

---

* useful, or industrial, arts and fine arts

** 이 말은, 15장에서 언급한 능동적 작업 활동에서 나온 결과는 '예술작품'으로서는 결함이 있다는 뜻이다.

*** both artistic and aesthetic quality; 이 문장에서 Dewey는 artistic quality와 aesthetic quality를 구분하고 있다. 이렇게 구분될 때, 전자는 '기술'과, 또 후자는 '예술'과 관련되는 것으로 보아야 할 것이다.

¶ 13_ '직접적 인식'이라는 말이 가지고 있는 또 하나의 의미인 '감상'은 '경멸'과 반대된다.* 감상은 가슴 가득히, '강렬하게' 소중히 여기는 것을 말하며, 이와는 대조적으로 '경멸'은 소중히 여기지 않는 것, 평가절하하는 것을 뜻한다. 보통의 경험 중에서 마음이 끌리는 면, 내 것으로 가지고 싶은 면(완전하게 동화하고 싶은 면), 즐거움을 주는 면을 고양하는 것—이것이 문학, 음악, 회화 등이 교육에서 수행하는 으뜸가는 기능이다. 이런 예술 활동이 가장 일반적인 의미에서의 가치인식의 유일한 통로는 아니지만, 강렬하고 고양된 감상의 으뜸가는 통로임에는 틀림이 없다. 그렇기 때문에, 그런 활동은 내재적으로 또 직접

적으로** 즐거울 뿐만 아니라 그 이상의 목적을 수행하기도 한다. 그것은 취향을 결정하고 이후 경험의 가치를 판단하는 표준을 형성해 주는, 모든 직접적 인식이 수행하는 임무를 더 광범하고 깊이 있게 수행한다. 예술 활동은 그 척도에 미달되는 상태에 대해서 불만을 일으키며, 주위 환경을 만족스러운 수준에 도달시키려는 요구를 만들어낸다. 예술 활동은 평범하고 사소한 경험 안에 들어 있는 넓고 깊은 의미를 드러내어 준다. 말하자면 예술은 '보는 눈'을 가져다 준다. 그뿐만 아니라, 완전히 발달한 상태의 예술은 산만하고 불완전한 善선의 요소들을 집중시키고 완성시킨다. 예술은 우리에게 즐거움을 주는 가치 요소들을 선택하고 그것을 선명하게 드러내어서, 우리로 하여금 경험에서 직접 즐거움을 느낄 수 있도록 한다. 예술은 교육의 사치품이 아니라, 교육을 가치있게 하는 바로 그것을 강렬한 형태로 표현하는 것이다.

---

* appreciation as opposed to depreciation

** intrinsically and directly; 다음 절의 '내재적 가치'에 관한 설명에 앞서서, 여기서 '내재적'으로 즐거운 것과 '직접적으로' 즐거운 것을 이와 같이 관련지은 것은 일단 주목할 필요가 있다.

2 교과의 가치

¶ 14_ 교육적 가치의 이론은 직접적 인식이 이후의 가치 판단의 척도를 결정해 준다는 것을 설명할 뿐만 아니라, 그 가치 판단이 구체적으로 어떤 방향으로 이루어져야 하는가를 설명하여야 한다. '가치롭게 여긴다'*는 말은 일차적으로 소중히 여긴다든가 존중한다는 뜻을 가지고 있지만, 부차적으로는 값을 매긴다든가 가치를 따진다는 뜻을 가지고 있다. 다시 말하면, 가치에 관련된 동사는 첫째로, 무엇인가를 아낀다든가 소중히 여기는 행위와, 둘째로, 그것이 다른 것과 비교해서 어떤 가치를 얼마나 많이 가지고 있는가에 관하여 판단을 내리는 행위를 가리킨다. 이 후자의 의미를 나타내는 말로 가치판단이라든가 평가라는 말이 쓰인다. 전자와 후자의 구분은 내재적 가치와 수단적 가치**라는 보다 일반적인 구분과 일치한다. 내재적 가치는 판단의 대상이 아니다. 그 가치는 ('내재적인' 것이므로) 비교할 수도 없고 따라서 더 많고 적다든가 더 좋고 나쁘다고 말할 수도 없다. 그것은 '가치를 매길 수 없는'(따라서, 그 정도로 가치있는)

것이다. 만약 어떤 것이 '가치를 매길 수 없는 것'이면, 그것이 다른 '가치를 매길 수 없는 것'과 비교해서 더 좋다든가 나쁘다고 말할 수는 없을 것이다. 그러나 때로 한 가지를 버리고 다른 것을 취해야 하는, 이른바 '선택'을 해야 하는 경우가 생긴다. 이때에는 더 가치있고 덜 가치있다든가, 더 좋고 나쁘다는 식의 기호의 위계가 생긴다. 우리가 어떤 것의 가치를 판단한다고 할 때에는 어떤 제3자, 즉 그 이상의 목적을 기준으로 삼을 수밖에 없다. 이 목적에 대하여, 목하 판단되는 그것은 수단이요, 그것이 가지는 가치는 수단적 가치이다.

---

* to value

** intrinsic and instrumental values

※ 이 문단에는 내재적 가치와 수단적 가치가 두 가지, 그 상호 관련이 막연하고 또 의심스러운, 기준에 의하여 구분되어 있다. 그것은 1) 비교와 평가가 가능한가 아닌가, 2) 수단–목적의 관련을 염두에 두는가 않는가 하는 것이다. 이 기준에 따라 내재적 가치는 1) 비교와 평가가 가능하지 않고, 2) 목적과의 관련을 염두에 두지 않을 때, 어떤 사물이 가지는 가치를 뜻한다. 이 두 가지 의미를 종합해서 말하자면, 내재적 가치는 '왜(또는, 무엇에) 좋은지는 모르지만 그냥 좋다'고 할 때의 그 좋은 점을 가리키는 것이라고 해석된다. 만약 이 해석이 참으로 타당하다면, 내재적 가치라는 것은 가치 문제에 관하여 치밀한 생각을 할 수 없는 사람(또는, 치밀한 생각을 하기 어려운 경우)의 피난처 정도의 의미밖에 가질 수 없다. 또한, 위의 두 기준을 억지로 관련짓자면, 가치의 평가나 비교는 오직 수단–목적과의 관련에 비추어서만 가능하다는 주장으로 된다. 이 주장의 타당성 역시 의심스럽다. Dewey의 생각에는, 가치의 비교는 수단적 가치 '안에서', 다시 말하면 수단적 가치를 가지는 두 사항 사이에서나 가능한 것처럼 되어 있으나, 가치의 비교는 수단적 가치와 내재적 가치 '사이에도' 마찬가지로 가능하다. (Dewey 자신도 이 절에서 암암리에 이 비교를 하고 있다.) 어쨌든 여기에 나와 있는, 내재적 가치와 수단적 가치를 구분하는 두 가지 기준은 이하의 내용을 비판적으로 이해하는 데에 있어서 늘 염두에 두어야 할 것으로 생각된다.

¶15_ 가령, 어떤 사람이 어떤 때는 친구와 한담하는 것을 철저히 즐기고, 또 다른 때는 교향악을 듣는 것을 철저히 즐긴다고 하자. 이와 마찬가지로, 또 어떤 때는 음식을 먹는 것, 또 어떤 때는 책을 읽는 것, 또 어떤 때는 돈을 버는 것 등등을 즐길 수 있을 것이다. 직접적 인식 또는 감상으로서, 이것들은 각각 내재적 가치를 가지고 있다. 그것들은 삶에서 각각 특정한 자리를 차지하고 있으며, 다른 것에 의해서 대치될 수 없는 각각 그 자체의 목적을 달성한다. 여기에는 가치의 비교가 있을 수 없으며, 따라서 가치판단의 문제도 생기지 않는다. 각각은 그 자체로서 특수한 가치이며, 그것에 덧붙여 달리 말할 것이 없다. 그

것이 차지하고 있는 위치로 보아, 그 중의 어느 것도 그 이외의 다른 것을 위한 수단이 아니다. 그러나 어쩌다가 그들이 서로 중요성을 다투고 갈등을 일으켜서 선택을 해야 하는 경우가 있다. 이제 비교가 시작된다. 선택을 해야 하는 만큼, 우리는 경쟁자들이 각각 어떤 것을 내세우는지 알 필요가 있다. 각각은 그 중요성을 어떻게 주장하는가? 다른 가능성과 비교해서, 또는 다른 가능성에서 생기는 이해득실과 비교해서 그것은 어떤 이점을 가지고 있는가? 이러한 것을 묻는다는 것은 이미 그것이 가지고 있는 가치가 그 자체의 목적(즉, 내재적 가치)이 아니라는 뜻이다. 만약 내재적 가치라면 비교가 불가능한, 지상명령과 같은 것이어야 한다. 그런데 이제 앞의 그 질문은 목하 문제되는 그것이 다른 어떤 것—이 '다른 어떤 것'은 그 당시의 사태에서는 '가치를 매길 수 없는 것'이다*—을 실현하는 수단으로서 어떤 지위를 가지고 있는가를 묻는 것이다. 만약 어떤 사람이 방금 식사를 끝냈다든지, 대체로 밥은 잘 차려 먹는데 음악을 들을 기회는 별로 없다든지 하면, 아마 밥먹는 것보다는 음악을 더 좋아할 것이다. 이 사태에서는 음악이 더 큰 기여를 하는 것이다. 그러나 만약 오래 굶었다든지, 음악을 진절머리가 날 정도로 들었다면, 당연히 음식이 더 가치있다고 판단할 것이다. 추상적으로 또는 대체로 말하여, 선택을 해야 하는 구체적인 사태의 필요를 고려하지 않고는 가치의 정도라든가 순서를 논할 수 없다.**

---

* 앞 문단에 설명된 바와 같이, '가치를 매길 수 없다'(invaluable)는 것은 내재적 가치의 특성이다. 그런데 여기서는 구체적인 사태에서의 '목적'의 특성을 규정하는 데에 이 표현을 쓰고 있다. 그렇다면, Dewey는 구체적인 사태에서의 목적이 내재적 가치를 가지고, 여기에 비하여 수단은 수단적 가치를 가진다고 생각하는 것인가? 내재적 가치와 수단적 가치는 오직 수단–목적의 관련에서 그것이 차지하고 있는 위치에 의하여 구분되는 것인가? 만약 그렇다면, 여기서 두 가지 방향의 해결이 가능하다. 하나는, 수단–목적의 관계는 연쇄적 관계로서 한 사태의 목적은 다음 사태에서 수단이 되기 때문에, 양자의 구분은 상대적인 것이고 따라서 내재적–수단적 가치의 구분도 상대적이라는 것이다. 또 하나는, 내재적 가치는 수단–목적 연쇄의 마지막 목적, 다시 말하면 그 이상 다른 것의 수단이 되지 않는 목적이 가지는 가치를 말한다는 것이다. 이 후자의 해결에서는 내재적 가치와 '궁극적 가치'(아래 ¶16 주, ¶20 본문 참조)가 구분되지 않는다. 이하 2절의 논의에서 내재적 가치에 관한 Dewey의 설명은 정상적인 논리로서는 도저히 받아들이기 어렵다.

** 밥 먹는 것이 가치가 있는가, 음악 듣는 것이 가치가 있는가—Dewey의 용어로 '가치의 정도와 순서를 매기는 것'—이것이 가치에 관하여 우리가 물을 수 있는 유일한, 또는 중요한, 질문이라면, 그것은 누가 어떤 경우에 묻는가에 달렸다고 하는 Dewey의 대답은 옳다고 보아야 할 것이다. 그러나 이것은 가치에 관한 중요한 질문도 아니요—도대체 누가 그런 질문을 한단 말인가—철학적인 질문은 더욱 아니다.

¶ 16_ 여기서 교육적 가치에 관하여 몇 가지 결론이 따라 나온다. 첫째로, 우리는 여러 교과 사이의 가치의 위계를 정할 수 없다. 교과를 그중 가장 가치가 적은 것에서 시작하여 최대의 가치를 가진 것까지 차례대로 배열하려고 하는 것은 부질없는 일이다. 어떤 교과든지 경험 안에서 독특한, 대치불가능한 기능을 가지고 있는 한, 어떤 교과든지 그 나름으로 삶을 풍부하게 하는 한, 그 가치는 내재적인 것이요, 서로 비교할 수 없다. 교육은 삶의 수단이 아니요, 보람있고 내재적으로 의의있는 삶을 사는 것 그것과 동일하기 때문에, 우리가 설정할 수 있는 궁극적 가치*는 오직 삶의 과정 그 자체뿐이다. 그리고 교육이나 삶은 교과나 활동이 수단으로서 종속되는 목적이 아니라, 교과와 활동을 요소로 포함하는 전체이다. 앞에서 직접적 인식에 관하여 말한 내용을 여기에 적용해 보면, 하나하나의 교과는 모두 그것이 가지고 있는 여러 측면 중의 하나로서 그러한 궁극적 가치를 가져야 한다는 뜻이 된다. 산수이건 시건 간에, 어느 때와 어느 곳에서는 그 자체로서 좋은 것—즉, 즐거움을 주는 경험—으로 직접 인식되어야 한다. 만약 그렇지 않으면, 그것이 수단으로 사용되어야 할 시간과 장소에서 그만큼 지장을 받게 된다. 그 자체의 가치를 직접 인식해 본 일이 없을 때, 그것이 다른 목적을 수행하는 데에 자원이 되는 힘도 그만큼 상실된다고 보아야 할 것이다.**

---

* ultimate value: 특히 바로 뒤의 설명을 읽어 볼 때, 궁극적 가치와 내재적 가치는 과연 동일한 것인가 하는 의문을 가지게 된다.

** 이것을 달리 표현하면, 어떤 것의 내재적 가치를 모르는 사람은 그것의 수단적 가치를 실현하는 일(즉, 그것을 수단으로 사용하는 일)도 제대로 할 수 없다는 말이 된다. 이 말이 무엇을 뜻하는가, 그것이 이 장에서 Dewey가 하고 있는 다른 말과 어떻게 관련되는가 하는 것은 깊이 따져 보아야 할 문제이지만, 한 가지 짐작할 수 있는 것은, 그것이, 이하 ¶21과 ¶34에 나타나 있는 바와 같이, 내재적 가치와 수단적 가치는 구분되지 않는다는 Dewey의 생각을 반영하고 있다는 것이다.

¶ 17_ 앞의 논의에서 마찬가지로 따라나오는 결론은, 교과의 가치를 비교할 때(다시 말하면, 교과를 그 이외의 다른 것을 위한 수단으로 취급할 때), 그 고유의 가치를 결정하는 것은 장차 그것이 사용될 구체적인 사태에 들어있다는 것이다. 학생에게 산수의 수단적 가치를 알게 하는 방법은 그것이 언젠가 멀고 불확실한 미래에 그에게 무슨 이득이 될 것인가에 관해서 강의를 하는 것이 아니라, 그로 하여금 그 자신이 관심을 가지고 있는 일을 잘하는 데에 수를 사용하는 능력이 관건이 된다는 것을 발견하도록 하는 것이다.

¶ 18_ 또한, 근래에 와서 여러 교과에 각각 상이한 종류의 가치를 부여하려고 하는 데에 상당한 시간을 보내고 있으나, 이런 노력이 그릇된 발상에서 나왔다는 결론도 앞의 논의에서 따라나온다. 예컨대 과학은 그것이 어떤 사태의 수단으로 등장하는가에 따라 어떤 가치든지 가질 수 있다. 어떤 사람에게 과학은 군사적 가치를 가지고 있어서, 과학이 공격이나 방어의 수단을 강화하는 수단이 된다. 과학은 기술적 가치를 가지고 있어서 공학의 도구가 되기도 한다. 과학은 장사를 잘하는 데에 도움이 됨으로써 상업적 가치를 가질 수도 있다. 어떤 상황에서는 과학이 인간의 고통을 덜어주는 데에 도움이 됨으로써 博愛的박애적 가치를 가진다. 또한, 과학은 '교육받은 사람'으로서의 사회적 지위를 확립하는 인습적 가치를 가질 수도 있다. 사실상, 과학은 이 모든 목적을 수행하며, 그 중의 어느 하나를 '진짜' 목적으로 정하는 것은 임의적인 결정이 될 것이다. 교육적인 면에서 우리가 확실히 알 수 있는 것은, 과학은 학생들의 삶에서 그 자체의 목적을 가진 것으로—삶의 경험에 대한 과학 자체의 내재적 기여때문에 가치가 있는 것으로—가르쳐지지 않으면 안된다는 것이다.* 일차적으로 그것은 '감상가치'**를 가지지 않으면 안된다. 과학과는 반대쪽에 있다고 생각되는 것, 예컨대 시를 생각해 보더라도 마찬가지의 말을 할 수 있다. 오늘날의 형편으로 말하면, 시의 으뜸가는 가치는 여가를 즐기는 데 있다고 할 것이다. 그러나 어떤 관점에서 보면, 이것은 시가 필연적으로 그런 가치를 가지고 있는 것이 아니라 시의 타락된 상태라고 볼 수도 있는 것이다. 역사적으로 볼 때 시는 종교나 도덕과 결탁되어 있었고, 사물의 심오하고 신비적인 경지를 파고 들어가는 목적을 수행해 왔다. 또한 시는 애국심을 고취하는 데 굉장한 가치를 가지고 있었다. 희랍인에게 호메로스의 시는 성경이요, 도덕 교과서요, 역사며, 국민적 단결의 원천이었다. 어쨌든, 시를 여가에 있어서나 일에 있어서 삶의 자원으로 삼는 데에 성공하지 못하는 교육은 무엇인가 잘못된 점이 있다. 그렇지 않다면 그것은 시가 허구적인 시이기 때문이라고 말할 수밖에 없다.

---

* 그렇다고 해서 Dewey가 앞에 든, 과학의 여러 가지 수단적 가치를 교육에서 중요시하지 않는가? 결코 그렇지 않다. 그에게 과학의 '군사적 가치'와 '삶의 경험에 대한 과학 자체의 기여' 중에서 어느 쪽을 교육에서 더 중요시해야 하는가 하는 질문은, 이러한 일반적인 수준에서는, 의미가 없다(앞의 ¶15). 그렇다면, 이 질문에 대하여 의미있는 대답을 할 수 있는 '구체적 사태'는 어떤 것인가? 예컨대, 만약 어떤 나라가 국방의 필요를 절실히 느끼고 있다면, 그 나라에서는 군사적 가치가 더 중요한가? 뿐만 아니라, 바로 앞에서 Dewey가 말한대로, 만약 '그 중의 하나를 진짜 목적으로 정하는 것'이 그야말로 임의적인 결정이라면, '교육적

가치' 문제에 관한 Dewey의 논의는 무엇 때문에 해야 하는가?

** appreciation value; 이것은 그 가치가 '직접 인식될' 수 있는 경우로서, Dewey에게 있어서는 내재적 가치와 동일한 의미를 가진다.

¶ 19_ 교과 또는 교과내의 주제의 가치가 학생들의 학습동기와 어떤 관련을 가지고 있는가 하는 문제를 생각하는 데에도 위의 고찰이 적용된다. 교육과정을 계획하는 사람이나 교과를 가르치는 사람은, 그들이 계획하고 가르치는 교과나 주제가 학생들의 삶을 더욱 풍요하게 할 뿐만 아니라, 그밖의 직접적인 관심사에 실제로 사용될 자료를 제공해줄 수 있도록 배려를 하여야 한다. 교육과정은 언제나 순전히 전례답습의 전통적인 내용이나 몇몇 영향력 있는 사람들이 중요하다고 역설한 내용으로 가득차서 넘치기 때문에, 교과가 그 목적을 달성하도록 배려하는 데에는 끊임없는 조사와 비판과 수정이 필요하다. 게다가, 교육과정은 언제나 청소년의 가치보다는 성인의 가치를, 또는 오늘날 학생의 가치보다는 한 세대 전의 학생의 가치를 대표할 가능성이 있다. 그 때문에 비판과 조사의 필요성은 더욱 커진다. 그러나 이렇게 말한다고 해서, 교과가 학생에게 동기를 일으키는 가치(내재적인 것이든 수단적인 것이든 간에)를 가지고 있다는 것은 곧 학생이 그 가치를 아는 것과 동일하다든지, 학생이 공부가 어째서 좋은지 말할 수 있는 것과 동일하다는 뜻은 아니다.

¶ 20_ 첫째로, 어떤 주제에 즉각적으로 마음이 끌린다면 그것을 공부하는 것이 어째서 좋은가를 물을 필요가 없다. 어째서 좋은가 하는 질문은 수단적 가치에 대해서만 할 수 있다. 가치 중에는 어떤 것 때문에 좋은 것이 아니라 그냥 좋은 것이 있다. 이것을 인정하지 않으면 불합리에 빠진다. 왜냐하면, 만약 어떤 시점에선가는 내재적으로 좋은 것, 그 자체로서 좋은 것이 있다고 보지 않으면, 수단적 가치, 즉 다른 어떤 것 때문에 좋은 것에 대해서 계속 질문을 해 나가야 하기 때문이다.* 튼튼한 위장을 가진, 배가 고픈 아이에게 음식은 그 사태의 가치(좋은 것)이다. 우리는 그 아이에게 음식을 먹는 동기를 부여하기 위하여 음식이 어떤 목적에 도움이 되는가를 의식에 떠올리려고 할 필요가 없다. 그 식욕과의 관련에서 보면 음식 그것이 바로 동기이다. 지적으로 열중하고 있는 학생이 공부의 주제에 대해서 가지는 관계도 이와 마찬가지이다. 학생도 교사도 지금 배우고 있는 그 내용이 장차 어떤 목적을 수행하는지 정확하게 예언할 수 없

다. 뿐만 아니라, 학생의 열의가 계속되는 한, 그것이 가져올 특정한 가치(좋은 것)가 어떤 것인지 밝히려고 할 필요가 없다. 학생이 열심히 반응하고 있다는 그 사실에서 가치의 증거를 찾을 수 있다. 학생의 반응 그것이 바로 그 용도이다. 학습 내용에 그가 반응하고 있다는 그 사실은 교과가 그의 삶에 기능을 수행하고 있다는 것을 보여준다. 예컨대 라틴어가 그 자체로서 추상적으로 가치를 가지고 있다든지 그냥 공부로서 가치를 가지고 있다고 말하면서, 그것만으로 라틴어를 가르칠 충분한 근거가 된다고 우긴다면 이것은 잘못이다. 그러나 그 반면에, 교사나 학생이 장차 라틴어가 쓰이게 될 용도를 정확하게 댈 수 없으면 그것은 가치로서 근거를 가질 수 없다고 주장하는 것도 마찬가지로 그릇되다. 학생들이 라틴어를 배우는 데에 진심으로 관심이 있으면** 그것만으로도 라틴어가 가치를 가진다는 증거가 된다. 이런 경우에 우리가 물을 수 있는 것은, 시간이 많지 않다는 점에 비추어 볼 때, 내재적 가치를 가지고 있는 다른 것으로서 라틴어보다 더 큰 수단적 가치를 가진 그런 것이 없는가 하는 것이다.***

---

* 이 말로 미루어 Dewey는, 내재적 가치는 수단적 가치에 관한 질문이 그 이상 더 제기될 수 없는 지점에서의 가치—즉, '궁극적 가치'—를 가리킨다고 생각하는 듯하다. 만약 이것이 참으로 Dewey의 생각이라면, '즉각적으로 마음이 끌린다'든가 '그 가치를 직접 인식한다'든가 하는 말은 내재적 가치를 특징짓는 말로서 의미가 없어진다.

** 라틴어를 교과로 가르치는 데 대한 거의 모든 가능한 근거를 일축한 뒤에 Dewey가 제시하는 근거가 이것이다. 그러나 우리에게 떠오를 수밖에 없는 의문은 학생들이 라틴어를 배우는 데에 '진심으로 관심이 있는지'(genuinely concerned)를 무슨 증거로 판단하는가 하는 것이다. 또한 이와 관련하여, 바로 앞에서 '학생의 열의가 계속되는 한, 그것이 가져올 특정한 가치(좋은 것)가 어떤 것인지 밝히려고 할 필요가 없다'는 말에서, 그 '필요'라는 것은 누구의 필요를 말하는 것인가? 그것이 학생의 필요라면, 그 말은, 물론, 옳다. 학생은 그것을 밝힐 위치에 있지 않은 것이다. 그러나 만약 위의 말이 '교육학자'를 염두에 두고 한 말이라면, 그 말은 명백히 그릇되다. 교육학자는 교과에 대한 학생의 열의와는 관계없이 교과의 가치를 밝혀야 한다.

*** 이 말은, 동일하게 내재적 가치를 가지고 있는 두 가지 중에서 수단적 가치를 추가적으로 가지고 있는 것이 (교과로서) 더 가치가 있다는 뜻을 풍긴다. 이것은 내재적 가치는 '비교불가능하다'는 앞의 규정을 거의 완전히 무효화하는 것이 아닌가?

¶ 21_ 이상의 논의는 수단적 가치—즉, 그 이상의 다른 목적 때문에 공부하는 내용—의 문제와 연결된다. 가령 아이가 아파서 음식을 가져다주어도 식욕이 없어서 먹으려고 하지 않는다든지, 식욕이 편벽되어 고기나 채소보다 과자를 더 좋아한다면, 그 결과가 어떠하리라는 것을 의식적으로 말해 주어야 한다. 이

경우에는 어떤 사물의 긍정적 또는 부정적 가치에 대한 근거로서 각각이 가지고 오는 결과를 그에게 의식시켜 줄 필요가 있다. 또는, 사태는 모두 정상적인데, 개인이 모종의 내재적 가치를 실현하는 데에 목하 주어진 일에 적극적인 관심을 가지는 것이 대단히 중요하다는 사실을 파악하지 못한 나머지, 그 일에 전연 마음이 내키지 않는 경우가 있다. 이 경우에도, 그 두 가지 사이의 관련을 의식하도록 해주는 것이 현명한 일이다. 일반적으로 말하여, 공부의 주제를 제시할 때, 그것이 즉각적인 가치*를 가지고 있어서 따로 근거를 댈 필요가 없거나, 그렇지 않으면 내재적 가치를 가진 어떤 것을 달성하는 수단으로 지각되도록 제시하는 것이 바람직하다. 그러므로 수단적 가치는 목적에 대한 수단이 된다는 내재적 가치를 가진다.**

* immediate value: 이것은 '내재적 가치'의 또 하나의 이름인가?

** '수단적 가치는 목적에 대한 수단이 된다는 내재적 가치를 가진다'는 이 말—'철학적 괴물'이라고 해야 할 이 한 마디가 수단적 가치와 내재적 가치에 관하여 이때까지 Dewey가 한 모든 말을 뒤죽박죽으로 만들어 버린다는 느낌이 든다.

¶ 22_ 교과의 가치문제에 대한 오늘날 교육학의 관심이 지나치다고 해야 할지, 아니면 너무 좁다고 해야 할지 모르겠다. 때로 그 관심은 학생의 삶에 직접적인 것이건 간접적인 것이건 간에 어떤 목적에도 도움이 되지 않는 내용에 대하여 열심히 변명을 늘어놓는 방향으로 나타난다. 또 때로는, 쓸모없는 잡동사니같은 교과에 대한 반대가 극단적으로 나아가서, 교육과정을 만드는 사람이나 학생 자신이 장차의 유용성을 꽤 정확하게 지적할 수 없는 한, 어떤 교과나 주제도 가르쳐서는 안된다고 생각하는 경우도 있다. 이렇게 생각하는 사람들은, 삶은 그 자체가 스스로의 존재이유가 된다는 사실, 그리고 학생이나 교사가 지적해야 할 정확한 유용성이라는 것도 삶 그 자체의 경험내용을 증대시킨다는 점에 의해서만 그 정당성을 부여받는다는 사실을 망각하고 있다.

3 가치의 분리와 조직

¶ 23_ 삶의 가치있는 측면들을 일반적인 방식으로 분류하는 것은 물론 가능하다. 교육목적을 충분히 넓은 범위에 걸쳐서 탐색하여 교육활동에 폭과 융통

성을 부여하는 데는(8장 ¶¶19-20 참조) 그와 같은 가치의 분류가 도움이 된다. 그러나 이런 가치들을 경험이 주는 구체적인 만족의 상위에 있는 궁극적인 목적으로 생각하는 것은 큰 잘못이다. 그런 가치는 구체적인 善선(좋은 것)들을 다소간 적절하게 일반화해 놓은 것에 지나지 않는다. 건강, 부, 효율성, 사교성, 유용성, 교양, 행복 등은 수많은 특수사례들을 요약하는 추상적인 용어에 지나지 않는다. 이런 것들을 교육의 내용이나 과정의 가치를 판단하는 표준이라고 생각하는 것은 추상의 기초가 되는 구체적인 사실들을 추상에 종속시키는 것이다. 그런 용어들은 엄밀하게 말하면 결코 가치판단의 표준이 될 수 없다. 앞에서 말한 바와 같이, 그 표준은 구체적인 사태에서 우리의 취향과 기호를 형성해 주는 직접적 의식 속에 들어 있다.* 그렇지만 또 한편, 그런 추상적인 가치용어들은 삶의 세부사항보다 약간 높아진 시점에서 삶의 현실을 내려다보면서 각각의 세부적 요소들이 어떻게 배분되어 있는지, 그 비율이 적절한지를 조사하는 데는 중요한 의미를 가진다.

---

* 앞의 ¶7참조.

¶ 24_ 어떤 분류든지 잠정적 타당성밖에 가질 수 없다. 학교의 공부가 어떤 경험에 기여하는가 하는 문제에 관하여, 다음과 같은 분류가 도움이 될지 모르겠다. 첫째로, 효율성, 즉 자원을 사용하고 장애를 처리하는 일을 유능하게 수행하는 것, 둘째로, 사교성, 즉 다른 사람과의 직접적인 교우에 관심을 가지는 것, 셋째로, 심미적 취향, 즉 적어도 몇몇 고전 형식의 훌륭한 예술을 감상하는 능력, 넷째로, 훈련된 지적 방법, 즉 몇몇 양식의 과학적 업적에 관심을 가지는 것, 그리고 다섯째로, 성실성, 즉 다른 사람의 권리와 요구에 주의와 관심을 기울이는 것 등이다. 이러한 것들이 가치의 표준은 아니지만, 현재 학교 교육의 내용과 방법을 조사, 비판하고 그것을 더 잘 조직하는 데에는 유용할 것이다.

¶ 25_ 이러한 일반적 관점은 삶의 여러가지 활동들이 서로 고립되고 그에 따라 교육적 가치들이 분리되는 경향이 있다는 점 때문에 그 필요가 더욱 커진다. 오늘날 널리퍼져 있는 생각에 의하면, 학교의 여러 교과는 각각 별도의 가치를 나타내고 있고, 따라서 교육과정은 여러 교과들을 모아서 충분히 다양한 종류의 가치들이 망라되도록 구성되어야 한다는 것이다. 다음에 인용된 글에는 가

치라는 용어는 사용되어 있지 않지만, 거기에는 교육과정이 각각 분리된 다수의 목적을 달성하도록 구성되어야 한다는 생각, 그리고 교과는 각각 그것이 가지고 있는 목적에 비추어 그 가치가 규정되어야 한다는 생각이 들어 있다. "기억력은 대부분의 교과에서 훈련되지만, 언어와 역사에서 가장 잘 훈련된다. 취향은 언어의 고급과정에서 훈련되지만 영문학이 더 적합하다. 상상력은 높은 수준의 언어교육에서 길러지지만 특히 희랍어와 라틴어의 시가 가장 중요하다. 관찰력은 라틴어와 희랍어의 초기 단계에서도 약간은 훈련될 수 있지만, 실험실의 과학 공부를 통하여 길러진다. 표현력을 기르는 데는 희랍어와 라틴어의 작문이 으뜸이고, 그 다음은 추리능력이다. 추상적 추리능력을 기르는 데는 거의 수학이 독보적인 지위를 차지한다. 구체적 추리능력에는 과학이 먼저요, 그 다음이 기하이다. 사회적 추리능력을 기르는 데는 희랍 로마의 역사가와 변론가의 글을 읽는 것이 첫째요, 그 다음은 일반 역사이다. 따라서 조금이라도 완전한 교육이 되려고 하면, 최소한 라틴어와 현대어 한 가지, 약간의 역사, 약간의 영문학, 그리고 한 가지 과학은 가르쳐야 한다."*

* 원문에는 출처가 밝혀져 있지 않으나, 아마 영국이나 미국 사람이 쓴 글일 것이다. 그러므로 '영문학은 그 사람의 입장에서는 '국문학'을 의미한다고 보아야 할 것이다.

¶ 26_ 위에 인용된 글에는 목하 우리의 논의와는 무관한 것이 많고, 또 그 의미를 분명히 파악하기 위해서는 줄잡아 들어야 할 것도 많이 있다. 이 글에 사용된 용어는 그 필자가 속하고 있는 특별한 사상적 계보를 나타내고 있다. 그 필자는 '부소능력'*을 훈련한다는 가정을 의심없이 받아들이고 있고, 인간이 살고 있는 땅과 인간이 움직여 다니는 몸에 대해서는 비교적 관심이 없다. 그러나 이런 점들을 감안한다 하더라도(심지어, 이런 점들을 완전히 젖혀둔다고 하더라도) 그 필자의 생각은, 오늘날 교육철학에서 보는 대로, 분리된 교과에 따로 따로 특별한 가치를 매겨넣는 생각과 근본에 있어서는 동일하다. 사회적 효율성이나 교양과 같은 특정한 목적을 가치의 표준으로 설정하는 경우에도, 그것은 여러가지 관련없는 요인들을 한꺼번에 묶어서 붙이는 제목 이상의 의미를 가지지 않는다. 물론, 오늘날의 경향은 앞의 인용문에 나타난 것에 비하면 한 교과에 더 다양한 가치들을 부여하는 방향으로 나아가고 있지만, 여전히 각각의 교과에 붙는 여러 가치들을 나열한다든지, 그 교과가 각각의 가치를 얼마나

많이 가지고 있는가를 말하려고 하는 것은 교육에 들어 있는 분열을 뚜렷이 표현하는 것이라고 보아야 한다.

* faculties; 4장 3절 참조.

¶ 27_ 사실상, 교과의 가치를 이런 식으로 파악하는 것은, 대체로 말하여 이미 익숙해 있는 교육과정을 무의식적으로 합리화하려는 노력에 불과하다. 다시 말하면, 기존의 교과를 정당한 것으로 받아들이고, 그 다음에 그것을 가르쳐야 할 충분한 이유로서 그럴듯한 가치를 둘러대는 것이다. 수학의 경우를 예로 들면, 수학은 학생들에게 정확한 진술과 치밀한 추리의 습관을 길러줌으로써 도야적 가치를 가지고 있고, 장사와 기술에 필요한 계산 능력을 습득하게 해 준다는 점에서 실용적 가치를 가지고 있고, 사물의 가장 일반적인 관련을 다루는 상상력을 확대해 줌으로써 교양적 가치를 가지고 있고, 심지어 무한이나 그 밖의 관련된 개념을 통하여 종교적 가치를 가지고 있다는 식으로 말하는 것이다. 그러나 분명히 말하여, 수학이 이러한 결과를 이룩하는 것은 수학이 '가치'라는 이름의 신비적인 초능력을 가지고 있기 때문이 아니다. 수학이 이런 결과를 이룩할 때 그런 가치를 가지는 것이며, 그 반대는 될 수 없다.* 수학의 가치를 앞에서와 같이 진술하는 것은 교사가 수학적 내용을 가르침으로써 실현할 수 있는 결과를 조망하는 데에 도움이 될지 모른다. 그러나 불행하게도, 오늘날의 일반적인 경향은 마치 그 진술이, 실제로 작용하건 않건 간에, 수학 자체에 들어 있는 힘을 나타낸다고 생각하고 그것이 수학 교과에 모종의 신성불가침한 근거를 제공해 준다고 생각하는 것이다. 그러다가 만약 그 힘이 실제로 작용하지 않으면, 그 책임을 교과내용에 돌리는 것이 아니라, 학생의 무관심과 태만에 돌린다.

* 이 문장의 의미는 '수학의 가치는 수학에서 생기는 결과에 있다'는 것이다. 이것은 수학이 그 자체로서 가치가 있다는 생각을 정면으로 부정한다. 한 사물이나 행위가 가지는 가치와 그것이 가져오는 결과 사이의 관계는 Dewey가 이 문장에서 말하는 것보다는 훨씬 복잡한 분석과 검토를 필요로 한다.

¶ 28_ 교과에 대한 이러한 태도는 경험이나 삶에 대하여, 그것은 여러 개의 서로 떨어진 관심사*들이 동시에 공존하면서 서로 제한하는 일종의 잡동사니라고 생각하는 견해와 표리관계에 있다. 정치학을 공부하는 사람은 정치권력에

관한 견제와 균형 이론[**]을 잘 알고 있을 것이다. 말하자면 입법, 사법, 행정 등, 상호분리, 독립된 기능들이 있어서, 이 기능들이 서로 견제하고 이상적인 균형을 이룩한다면 정치가 잘되어 나간다는 것이다. 경험도 이러한 견제와 균형 이론으로 설명된다고 보는 철학이 있다. 즉, 삶은 다양한 관심을 나타내고 있다. 이 관심들은 그냥 내버려두면 서로 침범한다. 그러므로 올바르게 되려면, 그 각각의 관심에 따로따로 구역을 정하여 경험의 판도 전체를 구획하고, 각각이 오직 그 구역 안에 머물러 있도록 해야 한다. 정치, 사업, 오락, 예술, 과학, 학문, 정중한 교제, 여가 등등이 그런 관심들이다. 이 각각은 다시 작은 가지로 갈라진다. 예컨대 사업은 육체노동, 관리직, 부기, 철도, 은행, 농업, 상업과 무역 등으로 갈라지고 다른 것들도 마찬가지이다. 그리하여 이상적 교육은 이와 같이 따로따로 칸막이된 관심을 충족시키는 수단을 제공하는 교육이다. 우리가 학교를 볼 때, 과연 학교는 성인생활의 성격을 이런 관점에서 파악하고 그 요구를 충족시키는 임무를 떠맡고 있다는 인상을 받기 쉽다. 각각의 관심은 일종의 고정된 기관으로서 교과내용의 일부가 그것에 상응하지 않으면 안되는 그런 것으로 인식되고 있다. 따라서 교육과정은 정치적, 애국적 관심에서 해석된 약간의 공민과 역사, 약간의 실용적 교과, 약간의 과학, 약간의 예술(주로 문학), 약간의 오락 활동, 약간의 도덕교육 등등을 포함하지 않으면 안된다. 약간 자세히 살펴보면, 오늘날 학교교육에 관한 소란의 상당한 부분은 이들 관심중의 각각에 대하여 어느 정도의 몫을 배당해 주어야 하는가에 관한 논쟁과, 각각에 배당된 몫을 교육과정에서 실제로 차지하겠다고 하여 벌이는 투쟁에서 생기는 것임을 알 수 있다. 만약 이러한 요구가 기존의 학교체제에서 실현될 가망이 없어보이면, 그것을 위하여 새로운 별개의 교육제도를 만들어야 한다고 주장한다. 이렇게 수많은 교육들 속에서 교육이 망각된다.

---

* interests

** check and balance theory of powers

¶ 29_ 여기서 따라오는 명백한 결과는 교육과정의 폭주, 학생들이 받는 지나친 압력과 정신적 분산, 교육의 개념 자체를 부정하는 좁은 전문화이다. 그러나 이런 나쁜 결과를 사정하려고 취해지는 조치는 대부분의 경우에 그와 비슷한 나쁜 결과를 초래한다. 어떻게 해도 완전한 삶의 경험을 준다는 요건이 실현될

수 없다는 것을 인식했을 때, 기존의 교과를 고립적으로 또 좁게 가르치고 있다는 데서 그 결함을 찾으려고 하는 것이 아니라, 이런 인식을 기초로 해서 교육체제를 완전히 재조직하려고 한다. 사람들은 말한다—안된다. 결함은 다른 종류의 교과, 또 필요하다면 다른 종류의 학교를 도입해서 보완해야 한다. 일반적으로 이런 조치에서 생기는 교과의 폭주와 거기에 따르는 피상성과 산만에 반대하는 사람들은 또한 마찬가지의 양적 기준에 입각하여 해결책을 찾으려고 한다. 그 해결책이라는 것은 많은 교과들을 일시적 유행이나 주변장식이라고 하여 잘라내고, 초등교육은 옛날의 3R 교육과정으로, 또 그보다 윗단계에서는 고전과 수학으로 된 마찬가지 옛날의 교육과정으로 복귀하는 것이다.

¶ 30_ 물론, 이 사태에는 역사적 설명이 있다. 과거의 여러 시대에는 제각기 그 나름의 투쟁과 관심이 있었다. 그 시대는 각각 그 후세에 지층과도 같은 일종의 문화적 퇴적물을 남겨 놓았다. 이 퇴적물은 교과라든가 교육과정이라든가 학교제도의 형태로 교육제도 속에 들어 왔다. 전세기에 일어난 정치적, 과학적, 경제적 면에서의 빠른 변화로 말미암아, 새로운 가치를 위한 대응책이 필요하게 되었다. 옛날의 교과들이 저항을 하기는 했으나, 적어도 미국에서는 옛날 교과들이 그 전권적인 지위에서 물러나지 않으면 안되었다. 그러나 그런 교과는 오직 양적으로만 축소되었을 뿐, 그 목적과 내용에 있어서는 재조직된 것이 없다. 새로운 관심을 대표하는 새로운 교과는 교과 전체의 교육 방법과 목적을 변화시키는 데에 활용되지 못하였고, 다만 그전 교과 사이에 끼어들어가서 첨가되었을 뿐이다. 그 결과는 이질적인 것들의 집합체요, 그 집합체는 학교 프로그램 또는 시간표라는 기계장치에 의하여 서로 연결되어 있다. 여기서, 앞에서 말한 교과의 가치와 기치판단의 표준에 관한 그릇된 생각이 생겨난다.

¶ 31_ 교육에 있어서의 이러한 상황은 사회생활이 나타내는 분열과 분리를 반영한다. 관심의 다양성은 풍부하고 균형잡힌 경험이라면 반드시 나타내는 특징인데, 이런 다양한 관심들이 여러 가지 독립된 목적과 방법을 가진 별개의 제도 속에 갈갈이 찢어진 상태로 틀어박히게 되었다. 사업은 사업, 과학은 과학, 예술은 예술, 정치는 정치, 사회적 교섭은 사회적 교섭, 도덕은 도덕, 오락은 오락 등등이다. 이 각각은 별개의 독립된 영역으로서, 그 자체의 독특한 목적과 업무처리 방식을 가지고 있다. 각각이 다른 것에 대하여 하는 기여는 오직 외적

이고 우연적인 것이다. 이것들이 모두 모여서 삶 전체를 이루는 방식은 병립과 추가이다. 사업에 대하여 우리가 기대할 수 있는 것은, 돈벌이를 하는 것, 그 돈으로 더 많은 돈을 벌고 자신과 가족이 먹고 살며 책과 그림을 사고 교양을 위하여 음악회 입장권을 사고 세금을 내고 자선적 희사나 그밖에 사회적, 윤리적 가치가 있는 것에 돈을 대는 것, 그것밖에 또 무엇이 있단 말인가? 사업활동 그 자체가 폭넓고 세련된 상상력을 배양할 기회가 되어야 한다는 것, 사업 그 자체가 직접—거기서 번 돈을 통해서가 아니라—사회에 활기를 불어 넣음으로써 사회에 봉사를 해야 하며, 사회조직을 대표하는 하나의 기업으로 운영되어야 한다는 것, 이것만큼 불합리한 기대가 있는가! 예술이나 과학, 정치나 종교에 대해서도 약간씩 내용만 달리하면 똑같은 말을 할 수 있다. 각각은 그 장비나 시간적 요구에 있어서 뿐만 아니라, 그 목적이나 활기에 있어서도 전문화되어 있다. 부지불식간에, 우리의 교육과정이나 교과의 교육적 가치에 대한 이론은 이러한 관심의 분열을 반영하고 있다.

¶ 32_ 그러므로 교육적 가치의 이론에 있어서의 문제점은 경험의 단일성과 통합성에 있다. 어떻게 하면 경험이 충만하고 다양하면서도 그 단일한 정신을 잃지 않게 되는가? 어떻게 하면 경험이 하나이면서도 동시에 좁고 단조롭지 않게 되는가? 궁극적으로 말하여, 가치와 가치표준의 문제는 삶의 관심을 조직하는 문제이다. 교육의 입장에서 보면, 그 문제는 학교와 교육내용과 방법을 어떻게 조직하면 폭넓고 풍부한 경험을 이룩할 수 있는가 하는 것으로 된다. 어떻게 하면 폭넓은 조망을 가지면서도 일의 능률을 희생시키지 않게 되는가? 어떻게 하면 관심의 다양성을 살리면서 고립의 대가를 치루지 않게 되는가? 어떻게 하면 개인이 자신의 지력을 없애가면서가 아니라 지력을 발휘하면서 일을 하도록 할 수가 있는가? 어떻게 하면 예술, 과학, 정치가 각각 서로를 희생시키면서 목적을 추구하지 않고, 풍부하고 너그러운 마음으로 서로를 강화시켜 줄 수 있는가? 어떻게 하면 삶의 여러 관심과 그것을 시행하는 교과가 사람들을 서로 분열시키지 않고 인간의 공통된 경험을 풍부하게 할 수 있는가? 여기서는 교육의 재조직에 관련된 이런 질문들을 제기해 놓고, 마지막 몇 장에서 그것을 다시 취급하겠다.

| 요약 | **¶ 33_** 근본적인 의미에서 말하면, 가치 문제를 논의하는 데에 관련되는 요소들은 교육목적이나 관심을 논의하는 부분에서 이미 취급되었다. 그러나 교육적 가치 문제는 일반적으로 교육과정에 들어 있는 여러 교과들의 성립 근거와 관련되어 논의되기 때문에, 여기서는 교육목적과 관심에서 고찰한 내용을 특정 교과들과 관련하여 다시 논의하였다. '가치'라는 용어는 두 가지 상이한 의미를 가지고 있다. 한편으로, 그것은 어떤 사물에 대하여, 그 자체로서 또는 내재적으로 소중히 여기고, 가치롭게 여기는 태도를 뜻한다. 이것은 충만한, 또는 완전한 경험을 가리켜서 부르는 이름이다. 이런 뜻에서 가치롭게 여긴다는 것은 감상한다(또는, 가치를 직접 인식한다)는 뜻이다. 그러나 가치롭게 여긴다는 것은 또한 가치를 매긴다는 특이하게 지적인 행위—비교하고 판단하는 작용—를 의미한다. 이것은 직접적이고 충만한 경험이 결여될 때, 그리하여 생생한 경험, 충만한 실현에 도달하려고 하면 사태의 여러 가능성 중에서 어느 것을 선택해야 하는가가 문제될 때 일어난다.

¶ 34_ 그러나 우리는 교과를 내재적 가치를 가진 '감상적인 것'과 교과 이외의 다른 가치나 목적을 추구하는 수단이 되는 '수단적인 것'으로 구분해서는 안 된다. 어떤 교과에 있어서든지 올바른 가치판단의 표준은 그 교과가 경험의 즉각적인 의의에 대하여 어떤 기여를 하는가를 직접 인식함으로써 형성된다. 문학과 예술은 감상(직접적 인식)—즉, 의미의 선택과 집중을 통하여 높은 경지에서 의미를 인식하도록 하는 것—을 다루는 대표적인 교과로서 특별한 가치를 가진다. 그러나 어떤 교과든지, 그 발달의 어떤 단계에서는, 그것을 배우는 해당 개인에게 일종의 심미적 성질을 띤다.

¶ 35_ 끝없이 다양한 경험에서 그 다양한 경험이 가지는 즉각적인 내재적 가치에 기여하는가 않는가—이것이 교과의 수단적 또는 파생적 가치*의 타당성을 결정하는 유일한 기준이다. 각각의 교과에 별도의 가치를 부여하고, 전체적인 교육과정을 분리된 가치들이 모여서 이룩된 집합체로 생각하는 것은 사회집단과 계층의 고립화에서 나타나는 결과이다. 민주적 사회집단에서의 교육의 역할은 이 고립과 싸우면서 여러가지 관심들이 서로서로를 강화하며 서로의 영역을 자유롭게 왕래하도록 길을 열어주는 것이다.

* instrumental and derived values; '파생적 가치'라는 용어가 처음 사용되는 이 부분에서 그것과 '수단적 가치'를 연결하는 and가 어떤 논리적 기능을 가지고 있는가 하는 것은 중요한 문제가 된다. 수단적 가치는 '궁극적'(또는, 내재적?) 가치에 의존하며 거기서 '파생'된다는 이때까지의 설명에 비추어 보면 and는 '동격'을 나타낸다고 보아야 한다. 그러나 그것은 또한 '수단적 가치와 거기서 파생되는 가치'(어떤 것?)라는 뜻으로 해석될 수도 있을 것이다. 그러나, 물론, 이런 것들은 가치 문제에 관한 Dewey의 전체적인 생각이 가지고 있는 문제에 비하면 어이없이 사소한 것들이다.

제 19 장

노동과 여가

1 대립의 기원

¶ 1_ 앞 장에서 우리는 목적이나 가치가 서로 고립, 분열되는 형편을 고찰하였다. 이 대립은 다음 순간에 가치의 대립을 가져온다. 아마도 교육사에 나타난 그러한 대립 중에서 가장 뿌리가 깊은 것으로서, 교육은 유용한 노동을 위한 준비를 시켜주어야 한다는 생각과 교육은 여가 생활을 위한 것이어야 한다는 생각의 대립을 들 수 있을 것이다. '유용한 노동'이라든가 '여가'라는 용어만 들어보더라도, 앞에서 말한 내용, 즉 가치의 분리와 갈등은 그 자체에 국한된 것이 아니라 사회생활의 구분을 반영한다는 말이 옳다는 것을 알 수 있을 것이다. 일을 해서 생활 수단을 버는 것과 여가의 기회를 고상한 방법으로 즐기는 이 두 가지 기능이 사회의 여러 구성원 사이에 균등하게 분배되어 있다면, 교육활동과 목적에 그런 갈등이 있다는 것은 생각도 할 수 없는 일이다. 이런 형편이라면 문제는 자연히, 어떻게 하면 교육이 두 가지 목적에 효과적으로 기여할 것인가 하는 것으로 압축될 것이다. 그리고 어떤 교육내용은 주로 한쪽 결과를 가져오고 또 어떤 내용은 다른쪽 결과를 가져온다는 것이 밝혀진다면, 교육에서 할 일은 명백하게, 상황이 허락하는 한, 두 가지 내용을 될 수 있는대로 많이 중복시켜 가르치도록 배려하는 것이다. 다시 말하면, 여가에 더 직접적인 목적을 두는 교육은 될 수 있는대로 일의 능률과 기쁨을 간접적으로 강화하는 방향으로 이루어지도록 하고, 일의 능률과 기쁨을 목적으로 하는 교육은 여가선용에 도움이 되는 정서적, 지적 습관을 형성하도록 해야 한다는 것이다.

¶ 2_ 이러한 일반적 고찰은 교육철학의 역사적 발전 과정에 잘 입증되어 있다. 자유교육(또는 인문교육)과 직업교육(또는 기술교육)*의 분리는 희랍시대로 거슬러 올라간다. 희랍 교육은 살기 위하여 노동을 해야 하는 사람과 그 필요에서 면제된 사람 사이의 계층구분을 공공연하게 표방하는 제도였다. 후자의 계층에 알맞은 자유교육은 전자의 계층**에 주어지는 노예적인 훈련보다 내재적으로 높은 수준의 교육이라고 생각되었고, 이 생각은, 한 계층은 자유인이고 다른 계층은 노예적 지위에 있다는 사실을 반영한다. 이 후자의 계층에 속하는 사람의 노동은 자신의 생계유지를 위해서 필요할 뿐만 아니라, 상위 계층이 직접 직업—이것은 거의 온종일 시간을 들여야 하며 특별히 지력을 필요로 하지도 않고 지력에 대한 대가도 주어지지 않는 그런 종류의 일이었다—에 종사하지 않고 살 수 있도록 하기 위해서도 필요하였다

* liberal education and professional and industrial education
** 원문의 latter class는 former class의 誤記오기이다.

¶ 3_ 일정한 양의 노동이 있어야 한다는 것은 말할 필요도 없다. 인간은 살아야 하며, 그러자면 삶의 자원을 제공하기 위해서 일을 해야 한다. 우리는 흔히 생계유지에 관련된 관심은 오직 물질적인 관심이요, 그것은 노동에서 벗어난 시간을 향유하는 데에 관련된 관심보다 낮은 종류의 것임을 역설한다. 또한, 물질적 관심에는 다른 어떤 관심보다도 우리의 마음을 더 강하게 사로잡는 면이 있어서, 보다 높은 관념적 관심이 차지하고 있는 자리를 빼앗으려고 하는 경향이 있다는 것도 아마 인정해야 할 것이다. 그러나 그렇다고 하더라도, (사회적 계층구분의 문제를 일단 접어둔다면) 그것 때문에 인간을 유용한 일에 훈련시키는 교육을 소홀히 할 수는 없다. 오히려, 그런 면의 교육을 더 신중하게 계획, 실천 하여, 인간이 그런 유용한 일을 잘할 수 있도록, 또 그러면서도 그 일이 본래의 제자리를 지킬 수 있도록 훈련을 시킬 필요가 있다. 교육은 그 유용한 일이 사회에서 소외된 사각지대에서 멋대로 번성하도록 방치된 나머지 거기서 온갖 나쁜 결과가 생기지 않도록 미연에 방지할 책임이 있다. 오직 일과 여가라는 관심의 구분이 하위계층과 상위계층이라는 사회적 구분과 일치할 때에만, 유용한 일을 위한 준비가 보잘 것 없는 일로 경멸의 대상이 된다. 이렇게 보면, 일을 물질적 관심과, 또 여가를 관념적 관심과 동일시하여 양자를 확연하게 구분하

는 것은 그 자체가 사회적 산물이라는 결론이 불가피하게 따라나온다.

¶ **4**_ 2000여 년 전에 그 당시의 사회적 상황을 반영한 교육제도가 그후 그토록 영향력을 미쳤다는 점, 또 그것은 노동계층과 여가계층의 구분에 들어 있는 논리적 함의에 대한 정확한 인식을 나타내고 있다는 점에 대하여 특별히 언급을 할 필요가 있다. 희랍인의 사고에 의하면, 인간은 생물계에서 가장 높은 자리를 차지하고 있다. 인간은 어느 정도는 식물이나 동물이 가지고 있는 구조와 기능을 가지고 있다. 영양, 생식, 운동 또는 실제적 기능이 그것이다. 유독 인간만이 가지고 있는 특이한 기능은 우주의 모습을 관조하는 이성의 기능이다. 따라서 참으로 인간적인 목적은 이 인간만이 가지고 있는 특권을 가능한 한 충분히 실현하는 것이다. 관찰, 명상, 지적 탐색, 사변의 삶을 그 자체의 목적으로 추구하는 것, 이것이 올바른 인간의 삶이다. 뿐만 아니라, 이성은 인간성을 이루고 있는 하위의 요소들—욕망과 능동성, 운동적 충동—을 적절하게 통제하는 기능을 한다. 이러한 하위 요소들은 그 자체로서는 제멋대로 탐욕을 일삼으며 한도를 모르고 끝없이 그 자체의 욕심을 채우는 것만을 목적으로 하기 때문에, 이성의 지배를 받을 때 비로소 절제—중용의 덕—를 지키고 바람직한 목적에 봉사하게 된다.

¶ **5**_ 이상이 사변적 심리학에서 본 인간의 상황으로서, 그것을 가장 적절하게 진술한 사람은 아리스토텔레스이다. 그러나 위와 같은 상황이 구체적으로 나타나는 것은 인간의 계층조직과 사회조직에서이다. 아리스토텔레스에 의하면, 이성이 삶의 법칙으로 작용하는 것은 비교적 소수의 사람들에서만 가능하다. 대다수의 대중에서는 식물적 및 동물적 기능이 지배적으로 작용한다. 그들의 지력은 대단히 미약하고 불확실하여 끊임없이 신체적 욕망과 열정에 밀려난다. 오로지 이성만이 최종의 목적이 될 수 있으므로, 그런 사람들은 진정한 의미에서 그 자체로서의 목적이라고 할 수가 없다. 식물이나 동물, 기계적 도구와는 달리, 그들은 자기에게 주어진 일을 수행하는 데에 어느 정도의 재량을 발휘하기에 충분한 지력을 가지고 있기는 하지만, 식물이나 동물, 기계적 도구와 마찬가지로, 그들을 부리는 사람이 가지고 있는 목적을 달성하기 위한 수단이요 장비이다. 그리하여 단순히 사회적 관례에 의해서만 아니라 천성에 의해서도 노예—즉, 다른 사람의 목적을 위한 수단—인 사람들이 있다.[1)] 대다수의 職人*직

인들은 한가지 중요한 점에서 노예보다 더 나쁜 상태에 있다. 노예와 마찬가지로, 그들은 다른 사람의 목적에 봉사하는 데에 완전히 내어맡겨진 상태에 있지만, 상위계층인 자유민의 가정에서 노예로 일하면서 그들과 긴밀하게 접촉할 기회가 있는 노예에 비하여 탁월**의 수준으로 볼 때 더 낮은 상태에 있다. 또한 여자들은 노예나 기술자들과 마찬가지로, 자유민이 이성적 삶을 누릴 수 있도록 그 수단을 생산하고 재생산하는 도구로 분류된다.

---

1) 아리스토텔레스는 실제로 노예가 되는 계층과 천성으로 노예인 계층이 반드시 일치한다고는 주장하지 않는다. 〔원주〕

* artisans

** excellence; 희랍어 '아레테'(*arete*)의 英譯영역이라고 생각된다. '아레테'는 흔히 영어의 virtue(우리말의 덕)로 번역되지만, 그 단어는 희랍인에게 있어서 인간이 겨냥할 수 있는 최고의 경지를 뜻한다.

¶ 6_ 개인적으로나 집단적으로나, 그냥 사는 것과 가치있게 사는 것 사이에는 굉장한 차이가 있다. 개인이 가치있게 살기 위해서는 먼저 살아야 하며, 집단도 마찬가지이다. 단순히 사는 것, 생활의 수단을 얻는 것에 소비하는 시간과 에너지는 이성적 의미가 내재된 활동을 할 시간과 에너지를 빼앗아 간다. 또한 그것은 이 후자의 활동과 어울리지도 않는다. 수단은 머슴노릇이며, 유용하다는 것은 노예적이라는 말과 상통한다.* 참된 삶은 물리적인 필요가 아무런 노력 없이 부지불식간에 충족될 수 있을 때, 또 그 정도만큼 가능하다. 그리하여 생활의 수단은 노예와 직인, 여자들을 써서 확보하고 그 대신 지력을 충분히 갖춘 사람들은 내재적으로 가치있는 일**에 한가롭게 관심을 가지며 여가의 삶을 살 수 있게 해야 한다는 것이다.

---

* Means are menial, the serviceable is servile. 이 말은 다분히, 발음의 유사성과 어원적 관련을 살린 말놀이이다.

** 여기서 '내재적으로 가치있는 일'이라는 말은 희랍인들, 또는 희랍인과 같은 방식으로 생각하는 사람들이 쓰는 의미로서, 다분히 반어적 또는 냉소적인 의미를 가진 것으로 보아야 한다. '그들이 이른바 내재적 가치라고 하는 것' 등등.

※ '가치있게 살기 위해서는 먼저 살아야 한다'는 이 말이 철학자의 입에서 나왔다는 것은 참으로 믿기 어렵다. (첫 문장의 '그냥 사는 것'과 '가치있게 사는 것'의 대비 또한 마찬가지이다.) 이 철학자는 가치있는 삶 이전에 그냥 삶이 있다고 생각하는 모양이지만, 사실은 처음부터 가치있는 삶과 가치없는 삶이 있을 뿐이며, 가치가 있거나 없는 삶 이외에(또는 그 '이전에') 삶이 있는 것은 아니다. 그러므로 만약 가치있는 삶 이전에 따로 그냥 삶이라는 것이

있다면, 이 경우의 그냥 삶은 '가치없는 삶'을 가리킨다고 볼 수밖에 없다. 이 철학자가 위와 같은 불가사의한 발언을 하는 것은 희랍에서처럼 자유인의 삶과 노예의 삶을 가치있는 삶과 가치없는 삶으로 양분하는 것이 사회철학적인 면에서 부당하다는 것을 내세우기 위해서일 것이다. 그러나 이것을 내세우는 정당한 방법은 삶의 가치를 어디에 두어야 하는가 하는 어려운 문제를 해답하고 논증하는 것이다.

¶ 7_ 이와 같이, 노예의 활동과 자유민의 활동(또는 희랍인의 용어로, 노예의 '기술'과 자유민의 '기술'*)으로 구분되는 두 가지 종류의 일에 각각 상응하는 두 가지 종류의 교육이 있다. 즉, 천한 기계적 교육과 지적인 자유교육이 그것이다. 사람들중의 일부는 적절한 실제적 연습을 통하여 일을 '하는' 능력, 다시 말하면, 물질적인 일용품을 만들어내고 개인적 봉사를 하기 위하여 기계적 도구를 사용하는 능력을 훈련받는다. 이 훈련은 단순한 습관화와 기계적 기술에 관한 것으로서 사고를 일깨우고 기르는 것이 아니라 반복과 부지런한 적용을 통해서 이루어진다. 자유교육은 지력의 고유한 기능, 즉 '아는 것'을 훈련하는 데에 목적을 둔다. 이 지식은 물건을 만들거나 생산하는 것과 같은 실제적인 일과 관련이 없을수록 지력을 행사하는 데에 더 적합한 것이다. 아리스토텔레스는 비천한 교육과 자유교육을 시종 일관성있게 구분하여 우리가 오늘날 '순수' 예술(또는 기술)이라고 하는 음악, 그림, 조각 등도 실제적 활동이라고 하여 비천한 기술과 같은 분류에 넣고 있다.** 이런 활동은 물리적 작용, 부지런한 실습, 그리고 외적 결과를 특징으로 하고 있다. 예컨대 음악교육에 관하여 말하면서, 아리스토텔레스는 젊은이들이 실제로 악기 연주를 어느 정도까지 해야 하는가 하는 질문을 하고 있다. 여기에 대한 그의 대답은 실지 악기 연주(실제)는 감상(이론)을 하는 데에 필요한 정도로 해야 하고, 또 그 수준에 그쳐야 한다는 것이다. 다시 말하면, 실제 연주는 노예나 전문적인 악사가 해야 하며, 자유민은 그것을 이해하고 즐기기만 하면 된다는 것이다. 악기 연주가 전문적인 수준에 도달하는 것을 목적으로 하면, 음악은 자유교육에서 직업교육으로 타락한다는 것이다. 음악이 그런 것이라면 그 대신에 요리를 가르쳐도 될 것이 아닌가 하고 아리스토텔레스는 말한다. 예술작품에 대한 자유교육적 관심을 추구하기 위해서라도, 퍼스낼리티의 발달보다는 기계적인 숙달에 도달하는 것을 더 중요시하는 고용된 실무계층이 있어야 하는 것이다. 활동의 수준이 높을수록 점점 더 순수하게 정신적인 것이요, 물체나 신체와는 점점 더 관련이 적다. 그리고

더 순수하게 정신적인 활동일수록 더 독립적이고 다른 것에 의존하지 않는다.

* arts: 희랍어의 *techne*

** 활동(또는 성취)에 대한 아리스토텔레스의 분류 : 활동에는 이론적인 것(theoretical)과 실제적인 것(practical)이 있다. 실제적인 것은 무엇인가를 '하는'것(doing), 외적인 결과를 목적으로 하는 것이며, 이론적인 것은 '보는'것(seeing), 이해하는 것, 관조하는 것을 말한다. 기술(arts, *techne*)은 실제적 활동이며, 이 분류에서는 예술(arts)도 기술과 마찬가지로 실제적 활동에 속한다.

¶ 8_ 이 마지막 말을 들어보면, 아리스토텔레스는 똑같이 이성의 삶을 사는 사람들 중에도 다시 높고 낮은 사람을 구분한다는 것을 알 수 있다. 왜냐하면 사람의 삶이 단순히 이성을 부수적으로 수반하는가, 아니면 이성을 삶 자체의 매체로 삼는가에 따라 목적이나 자유로운 행동에 구별이 있기 때문이다. 다시 말하면, 지역사회의 공공생활에 투신하여 공적인 일을 처리하면서 개인적인 명예와 명성을 얻는 자유민은 단순히 이성을 '수반하는' 삶을 살지만, 과학적 탐구와 철학적 사변에 투신하는 사상가는 단순히 이성에 '의하여' 사는 것이 아니라, 말하자면 이성 '속에서' 산다. 즉, 공공관계 속에서 이루어지는 시민의 행동조차도 외적인, 단순히 수단적인 일로서의 실제의 면을 어느 정도로는 가지고 있는 것이다. 이와 같이, 공적 활동이나 공적 탁월성이 실제에 의하여 오염되어 있다는 것은 그것이 다른 사람의 도움을 필요로 한다는 사실에 나타나 있다. 혼자서는 공공생활을 할 수 없는 것이다. 그런데, 아리스토텔레스의 철학에서는, 모든 필요, 모든 욕망은 주로 물질적* 요인으로 이루어져 있다. 필요와 욕망은 결여와 결핍을 의미하며 그것을 채우기 위하여 그 자체 이외의 다른 것에 의존한다. 그렇지만 순수하게 지적인 삶은 혼자서, 그 자체로서 살 수 있다. 다른 사람에게서 받는 도움은 그 본질에 관련되는 것이 아니라 우연적인 것이다. '앎'에서, 즉 이론적 삶에서, 이성은 그 완전한 모습을 드러낸다. 적용과는 무관하게 앎 그 자체를 위한 앎 그것만이 독립적인 것이요 그 자체로서 온전한 것이다. 따라서 심지어 시민으로서의 의무를 수행하는 것과도 관계가 없이, 아는 것 그 자체의 목적으로서의 아는 힘을 길러 주는 교육만이 참으로 자유민을 위한 참된 자유교육이다.

* material: 아리스토텔레스 철학체계에 맞게 번역하자면 '質料的'질료적이라고 해야 할 것이다. 여기서 '질료'(matter)는 '형식'(form)에 대비되는 것이다. Dewey의 논조에 맞추어서 말

하면 '질료'(matter)는 욕망과 관련된 저급한 것이요, 여기에 비하여 '형식'(form)은 이성과 관련된 고급한 것이다. 적어도 Dewey는 아리스토텔레스가 그렇게 생각했다고 보는 듯하다.

2 현재의 상황

¶ 9_ 만약 앞에서 살펴본 아리스토텔레스의 생각이 단순히 아리스토텔레스 개인의 견해를 나타내는 것이라면, 그것은 제법 재미있는 역사적 골동품에 그친다고 말할 수 있다. 그것은 동정심의 결여를 나타내는 것이라고, 또는 비범한 지적 재능이 때로 얼마나 지독한 衒學主義현학주의와 공존할 수 있는가를 예시한다는 식으로 간단하게 넘겨버릴 수 있을 것이다. 그러나 아리스토텔레스는 추호의 혼란도 없이, 또 지적 혼란에 언제나 따라오는 불성실한 태도를 가지지 않고, 그의 앞에서 전개되고 있는 삶을 그대로 기술하였다. 그가 살았던 시대 이후, 실제 사회 상황이 크게 변화했다는 점에 대해서는 말할 필요도 없다. 그러나 그러한 변화가 있었음에도 불구하고, 법적인 노예제도가 폐지되고 민주주의가 파급되고 과학과 전반적인 교육여건(학교 이외에도 책, 신문, 여행, 사회적 교섭)이 확장되었음에도 불구하고, 유식계층과 무식계층, 유한계층과 노동계층으로 사회가 분열되는 형편은 전과 다름이 없다. 그리하여 그의 관점은 오늘날의 교육에서 교양과 실용성의 분리 현상을 비판하는 데에 가장 훌륭한 자료가 된다. 교육학의 논의에서는 그 구분이 개념적이고 추상적인 형태로 등장하지만, 그 이면에는 한편으로, 자기조정적 사고와 심미적 감상을 최소한으로만 요구하는 일에 종사하는 사람과, 또 한편으로, 직접적으로 지적인 일, 다른 사람들의 활동을 통제하는 일을 하는 사람 사이의 사회적 신분의 구별이 크게 자리잡고 있다.

¶ 10_ "어떤 활동이나 기술이나 학문이든지, 만약 그것이 자유로운 사람의 신체나 영혼이나 지력을 탁월성*의 행사에 적합하지 않게 하는 것이라면 그것은 '기계적인' 것이라고 불러야 한다"고 한 아리스토텔레스의 말은 확실히 시대를 초월한 타당성을 가지고 있다. 누구나 적어도 입으로는, 비교적 소수의 사람만 자유로운 것이 아니라 모든 사람이 자유롭다고 주장하는 오늘날의 상황에서는 특히 위의 아리스토텔레스의 말이 거의 무한한 타당성과 중요성을 가진다. 대

다수의 남자와 모든 여자가 그 타고난 심신의 본성으로 말미암아 자유롭지 못하다고 생각될 때에는, 그들에게 기계적 기술의 습득을 위한 훈련만 시키고, 가치있는 삶을 공유할 능력을 가지는 데에 궁극적으로 어떤 효과를 내는가 하는 따위의 문제에는 관심을 가지지 않는다고 해서, 그것이 지적 혼란이나 도덕적 위선을 나타낸다고는 볼 수 없는 것이다. 뒤이어 다시, "일체의 돈벌이에 종사하는 것은, 신체적 조건을 타락시키는 일과 마찬가지로, 지성의 여유와 존엄성을 박탈한다는 점에서, 기계적인 일이다"라고 한 아리스토텔레스의 말도 역시 시간을 초월한 타당성을 가진다. 다만, 이득을 추구하는 일이 지성의 발휘 조건과 그 존엄성을 박탈한다고 한 그 말이 과연 사실인가 하는 문제가 있다. 만약 아리스토텔레스의 말이 틀렸다면, 그 이유는 아리스토텔레스가 사회적 풍속의 한 단면을 자연적 필연성**으로 혼동했다는 점에 있다. 그러나 만약 마음과 물질, 마음과 몸, 지력과 사회봉사의 관계에 관하여 아리스토텔레스의 그것과는 다른 생각이 있어서, 이것이 아리스토텔레스와 같은 옛날 생각을 사실상으로, 다시 말하면 삶과 교육의 실제 모습에 비추어, 낡은 것으로 만들어 버린다면, 이 새로운 생각은 아리스토텔레스의 오류를 시정한 더 나은 생각이라고 말할 수 있다.

---

* ¶5의 주 참조.

** natural necessity; 또는 인간본성에서 파생되는 필연성. 이 문장에서 이것은 '사회적 풍속'과 대비되어 있다. 사회적 풍속은 가변적인 것임에 비하여, 자연적 필연성은 고정되어 있는 것이다. 7장¶19 주 참조.

¶11_ 아리스토텔레스가 이해, 동정적 인식, 아이디어의 자유로운 구사에 비하여 단순한 일을 수행하는 기술, 외적 산물의 단순한 축적을 열등하고 종속적인 지위에 있는 것으로 본 것은 시대를 초월하여 타당하다. 거기에 잘못이 있었다면 그것은 양자가 필연적으로 분리되어 있다고 본 것이다. 다시 말하면, 일용품을 생산하고 남에게 봉사하는 일을 효율적으로 하는 것과 스스로 생각해 나가는 것 사이, 그리고 의의있는 지식과 실제적 성취 사이에 자연적인 괴리가 있다고 본 것이 잘못이라는 것이다. 만약 우리가 단순히 그의 그릇된 파악을 이론적인 면에서만 시정하고, 그런 그릇된 파악을 만들어내고 북돋아준 사회적 조건은 그대로 묵인한다면, 우리는 조금도 사태를 개선한 것이 아니다. 노예 상태에서 자유로운 시민으로 변화하는 과정에서 우리가 가장 간절히 바라는 결과라

는 것이 오직 생산을 위한 인간도구의 기계적 효율성을 높이는 것이라면, 우리는 얻는 것보다 잃는 것이 더 많다. 지력이라는 것은 행동을 통하여 자연을 통제하는 수단이라는 생각을 하게 되었으면서도, 자연을 사용하는 일에 직접 종사하는 사람들은 여전히 非知的비지적이고 不自由부자유한 상태에 있고, 지성의 통제력은 현장에서 먼 과학자나 산업의 우두머리의 독점물이 되어 있는 현실에 만족한다면, 우리는 확실히 얻는 것보다 잃는 것이 더 많다. 삶이 여러 기능으로 따로따로 갈라져 있고 사회가 여러 계층으로 따로따로 갈라져 있는 현실을 정직하게 비판할 수 있으려면, 우리는 단순히 생산기술을 사용하는 일에 많은 사람들을 훈련시키고 소수에게만 문화적 장식품으로서의 지식을 가르치는 교육 실제를 영속시켜 나가는 장본인이 되지 말아야 한다. 요컨대, 삶과 교육에 관한 희랍의 철학을 극복하는 능력은 자유라든가 이성이라든가 가치 등을 나타내는 이론적 용어들을 이리저리 바꾸어 본다고 해서 생기는 것이 아니다. 노동의 존엄성, 초연하게 남과 어울리지 않는 독립된 자세에 비하여 남에게 봉사하는 삶이 우월하다는 점에 대한 정서적인 변화만으로 그러한 능력이 생기는 것은 아니다. 이러한 이론적, 정서적 변화가 중요하지 않은 것은 아니지만, 그 중요성은 참으로 민주적인 사회, 모든 사람이 유용한 봉사에 참여하고 모든 사람이 가치있는 여가를 즐기는 그런 사회를 발전시키는 일을 실제로 추진하도록 한다는 데에 있다. 교육의 재조직이 요구되는 것은 단순히 교양(또는 자유로운 마음*)과 사회적 봉사의 개념이 변화했기 때문이 아니다. 이미 사회생활에 반영되어 있는 변화를 그 이상으로 완전하게 또 명백하게 드러내는 일을 하는 데에 교육의 변형이 필요한 것이다. 이른바 '대중'이 정치적으로 경제적으로 점점 더 해방되고 있다는 사실은 교육에 이미 그 영향을 나타내고 있다. 그것은 공립, 무상 일반학교**의 발전이라는 형태로 나타나고 있다. 그것은, 학습은 사회를 지배할 천성을 타고난 소수의 전유물일 수밖에 없다는 생각을 파괴하였다. 그러나 혁명은 아직 완수되지 않았다. 아직도, 참된 교양교육, 자유교육은, 적어도 직접적으로는, 산업과 하등 공통점이 없다는 생각, 대중에게 적합한 교육은, 높은 취향과 자유로운 사고의 배양과는 반대되는 뜻에서의 유용한 실제적 교육이어야 하다는 생각이 널리 퍼져 있는 것이다.

---

* liberal mind

** common school: 계층 구분이 없는 학교

¶ 12_ 그 결과로 오늘날 우리가 가지고 있는 교육체제는 일관성이 없는 여러 요소들이 뒤섞인 혼합물로 되어 있다. 교육내용과 방법 중의 어떤 것은 아주 특이한 의미의 자유교육에 도움이 된다는 명분으로 그대로 보존되어 있다. 여기서 '자유'라는 말의 주된 내용은 실제적 목적에 쓸모없다는 것이다. 이 특징은 보통 '고등교육'이라고 부르는, 대학과 그 준비과정에 주로 두드러지게 나타난다. 그러나 이런 방식의 교육은 초등교육에도 침투해 들어와서 그 과정과 목적을 크게 좌우한다. 그러나 또 한편, 생계를 유지하는 일에 종사해야 할 대중을 위하여, 그리고 현대생활에서 경제활동이 점점 더 중요한 역할을 한다는 사실에 비추어, 일종의 타협이 이루어졌다. 그 타협의 구체적인 양상은 공학이라든가 수공이나 상업 등, 여러 직업을 위한 특별학교와 특별과정, 직업 및 예비직업과정, 그리고 3R과 같은 초보적 교과를 가르치는 자세 등에서 나타난다. 여기서 생기는 교육체제는 '교양적' 교과와 '실용적' 교과가 비유기적인 복합체 속에 공존하면서, 전자는 그 주된 목적을 사회적 봉사에 두지 않고, 후자는 상상력이나 사고력을 자유롭게 발휘하는 것을 목적으로 하지 않는 그러한 교육체제이다.

¶ 13_ 이와 같이, 우리가 물려받은 교육 사태에는 한편으로 유용성과 또 한편으로, 한때 순전히 여가를 위한 준비라고 생각되었던 요소들의 잔재가 심지어 동일한 교과 속에 기이한 방식으로 뒤섞여서 타협을 이루고 있다. '실용성'의 요소는 교과를 배우는 동기로서 강조되고 있고, '자유교육'의 요소는 가르치는 방법에서 강조되고 있다. 이 두 가지 원리가 순수한 형태로 준수된다고 한들, 그 두 가지의 혼합물이 그토록 나쁘지는 않을 것이다. 처음 4, 5년간의 공부가 거의 전적으로 읽기, 쓰기, 철자, 산수로 되어 있어야 한다는 데에 대하여, 그것을 왜 배워야 하는가를 물으면 흔히 주어지는 대답은, 예컨대, 읽고 쓰고 정확하게 계산하는 능력이 출세에 필요불가결하다는 것이다. 이들 교과는 학생이 학교에 계속 남아서 공부를 하는가 그렇지 않는가에 따라, 학업을 계속하거나 돈벌이 하러 직장에 들어가는 수단에 불과한 것으로 취급된다. 이러한 태도는 자동적 기술을 습득하기 위하여 반복적인 연습과 실습을 강조하는 것으로 나타난다. 여기에 비하여 희랍의 학교교육을 살펴보면, 거기서는 아주 어린 나이에서부터 심미적, 도덕적 의미를 풍부하게 담고 있는 문학내용을 배우는 데에 기술의 습득이 가능한 한 종속되어 있었음을 알 수 있다. 이후에 사용할 도구를

갖추게 되는 것에 강조를 두는 것이 아니라, 현재의 교육내용 그 자체에 강조를 두었던 것이다. 그렇기는 해도, 희랍인의 자유교육은 유용성과 유리되어 있었고, 오늘날 학교에서 가르치는 교과들이 실제적 적용으로부터 유리되어 있다는 사실, 또 그것들이 순전히 메마른 상징적 개념으로 바뀌어 있다는 사실은 그러한 희랍식 사고의 잔재물이라고 볼 수 있다. 유용성의 개념을 좀더 철저하게 도입했더라면, 교과를 그것이 직접 필요한 사태, 우회적으로가 아니라 즉각적으로 도움이 되는 사태와 관련지어 가르치게 되었을 것이다. 오늘날 교육과정에 들어 있는 과목 중에서 위의 두 가지 상반되는 이상을 타협하려고 한 나머지, 형편없이 타락하지 않은 과목은 찾아보기 어렵다. 자연과학은 실제적 유용성 때문에 가르쳐야 한다고 말하면서도, 실제로 가르치는 모양에 있어서는 마치 적용에서 멀리 떨어진 것을 업적으로 삼는듯이 가르치고 있다. 그 반면에 음악과 문학은 이론적으로는 그 교양적 가치 때문에 가르쳐야 한다고 하면서도, 주로 기술적인 면에서의 숙달에 강조를 두고 가르치고 있다.

¶ 14_ 만약 우리가 엉거주춤한 타협과 그에 따른 혼란을 줄인다면, 만약 우리가 교양과 유용성의 의미를 각각 좀 더 세밀하게 분석한다면, 유용하면서도 동시에 자유교육의 효과를 가지는 교육과정을 좀더 쉽게 구성할 수 있을 것이다. 그 두 가지는 필연적인 적대관계에 있어서 유용한 교과는 바로 그 유용하다는 점 때문에 자유교육이 될 수 없으며 쓸데없는 교과는 바로 그 쓸데없다는 점 때문에 교양교육이 될 수 있다고 믿는 것은 순전한 미신이다. 일반적인 현상은, 실용적인 결과를 추구하느라고 상상력을 개발하는 일, 취향을 세련시키고 지적 통찰을 깊이있게 하는 일을 희생시키는 교육은 그만큼 배운 내용의 용도를 제한하는 결과를 가져온다는 것이다. 그 내용이 완전히 쓸데없이 된다는 뜻이 아니라, 그 적용가능성이 다른 사람의 감독하에 하는 판에 박은 활동에 국한된다는 뜻이다. 좁은 기술은 그 기술을 넘어선 용도를 가질 수 없다. 깊이있는 지식과 완벽한 판단으로 습득된 기술은 새로운 사태에 쉽사리 활용되며, 그 기술을 활용하는 바로 그 사람이 자유자재로 통제할 수 있는 기술이 된다. 희랍인들이 특정한 활동을 노예의 활동이라고 생각한 것은 단순히 그 활동이 사회적으로 경제적으로 유용한 활동이었기 때문이 아니라, 그들이 살았던 시대에는 생활수단을 얻는 것과 직접 관련된 활동이 훈련된 지력의 표현도 아니요, 그 활동의 의미를 개인 자신이 인식하기 위한 목적으로 수행된 것도 아니었기 때문이다.

농사 일과 직공 일이 주먹구구식의 일이라면, 그리고 그것이 농사 일을 하는 사람과 기계 일을 하는 사람의 마음과는 관계없는 외적 결과 때문에 하는 일이라면, 그것은 '자유로운' 일이 되지 못한다. 그러나 오직 주먹구구식이라든가 외적 결과 때문에 한다든가 하는 그 조건이 성립할 때만 그러하다. 오늘날 지적, 사회적 상황은 달라졌다. 산업에서 이때까지 관습이나 획일적 절차에 의존하던 부분이 오늘날에는, 경제와 관련된 대부분의 직종에서는, 과학적 탐구의 결과에 의하여 대치되고 있다. 오늘날 가장 중요시되는 일들은 모두 응용수학, 물리학, 문학과 관계되며 그것의 힘을 빌고 있다. 경제적 생산의 영향을 받고 또 소비에 영향을 주는 인간 세계의 영역은 끝없이 넓어져서, 거기에는 거의 무한히 넓은 범위의 지리적, 정치적 고려사항들이 끼어들어 온다. 플라톤이 실제적 목적에서 기하를 배우는 것을 경멸한 것은, 그것들이 적용될 수 있는 범위가 극히 제한되어 있었고, 그런 용도는 지적 내용이 없었을 뿐만 아니라 대부분이 돈벌이의 성격을 가졌기 때문에 오히려 당연한 것이었다. 그러나 기하나 대수도 사회적 용도가 확대됨에 따라, 그것이 가지고 있는 자유교육적 또는 지적 가치와 실제적 가치가 거의 동일한 비중을 가지게 된다.

¶ 15_ 우리가 이 두 가치의 동일성을 충분히 인식하고 교육 실제에서 그것을 살리는 데에 가장 중요한 장애가 되는 것은 무엇인가? 의심할 여지가 없이, 그것은 오늘날 대부분의 일이 이루어지고 있는 조건이다. 기계의 발명은 일을 하는 동안에도 여가를 즐길 수 있도록, 여가를 확장시켜 놓았다. 습관이 될 정도로 기술이 숙달되면, 자유롭게 높은 수준의 사고를 할 수 있도록 마음에 여유가 생긴다는 것은 누구나 알고 있는 사실이다. 산업에 자동적인 기계장치를 도입하면 이와 마찬가지의 일이 일어난다. 그렇게 되면 마음이 일에서 해방되어 다른 문제에 관하여 생각할 수 있게 된다. 그러나 만약 우리가 손으로 일하는 노동자의 교육을 불과 몇년 동안 학교에 다니는 것에 국한하면서, 그 학교교육의 대부분을 아주 초보적인 상징의 사용을 습득하는 데에 할애하고 과학과 문학과 역사의 훈련을 도외시한다면, 우리는 노동자의 마음이 그 자유로운 사고의 기회를 십분 활용하도록 준비시키는 일에 실패하고 만다. 이보다 더 중요한 사실은, 그렇게 되면 노동자의 대다수가 그 일의 사회적 목적에 관한 통찰이나 그 일에 대한 직접적, 개인적 관심*을 가질 수 없게 된다는 것이다. 여기서 결과적으로 달성되는 것은 노동자들 자신의 목적이 아니라, 그들을 고용한 사람의 목

적이다. 그들이 일을 하는 것은 자유롭고 지적인 사람으로서가 아니라, 임금을 받기 위해서이다. 행동을 자유로운 것이 되지 못하게 하는 것은 바로 이 사실이며, 오직 그러한 일을 하는 기술만을 가르치도록 계획된 교육이 비자유교육, 비도덕적 교육이 되는 이유 또한 여기에 있다. 그 활동은 자유롭게 참여하는 활동이 아니며, 따라서 자유롭지 않은 것이다.

---

* interest

※ 이 문단이 모종의 심각한 내용을 표현하고 있다는 것을 느끼는 것 이상으로, 그 내용이 이 책에서의 Dewey의 주장 전체와 어떻게 맞물려 들어가는지를 파악하는 일은, 보통 사람의 지력으로서는, 불가능하다. 우선 이 문단의 첫머리에, 지적(또는 이론적) 가치와 실제적 가치의 동일성을 충분히 인식하고 교육 실제에서 그것을 살리는 데에 가장 중요한 장애가 되고 있는 것은 대부분의 일이 이루어지고 있는 조건— 즉, 직업 활동의 양상—이라고 말하고 있는데, 이하의 설명을 읽어 보더라도 그 '일이 이루어지고 있는 조건'이 무엇을 가리키는지, 그리고 그것이 어떤 점에서 두 가치의 동일성을 확립하는 데에 가장 심각한 장애가 되고 있는지를 알 도리가 없다. 그 다음 부분에서 Dewey는, 작업의 자동화로 여가가 생기면 '마음이 일에서 해방되어' 거기서 생기는 마음의 여유를 보다 자유롭고 보다 높은 수준의 사고—여기에는 명백히 이것이 가치있는 일이라는 가정이 들어있다.—를 할 수 있게 된다고 말한다. 이 말은 사실에 있어서 뿐만 아니라 이론에 있어서도 그 타당성이 의심스럽다. 사실의 문제를 가지고 말할 때, 오늘날 사람들이 이른바 '여가'를 어떤 방식으로 즐기는지를 본다면 Dewey는 무엇이라고 말할 것인가? 이론의 문제를 가지고 말하더라고 작업의 자동화에서 생기는 마음의 여유를 가치 있는 일—보다 자유롭고 높은 수준의 사고—에 활용하리라고 말하기 위해서는 우선 '활용할 마음'이라는 것이 있다는 것을 가정하여야 한다. 물론, Dewey는 그 다음 부분에서, 그러니까 학교교육에서는 과학과 문학과 역사의 훈련'을 시켜야 한다는 식으로 말한다. 그렇다면 이 주장은 Dewey의 교육관 전체와 어떻게 조화되는가—이것이 보통의 지력으로서는 해결할 수 없는 문제이다.

¶ 16_ 그렇기는 해도 교육에는 이미, 노동의 보다 대국적인 특성에 착안하여, 자유교육적인 양상과 사회적 유용성의 훈련(즉, 생산적인 일에 능률적으로 행복하게 참여하는 능력)을 조화시킬 가능성이 열려 있다. 그리고 이러한 교육은 자연히 기존의 경제적 상황에서 생기는 폐단을 없애게 될 것이다. 사람들이 그들의 활동을 통제하는 목적에 능동적인 관심을 가지면 그만큼 그들의 활동은, 비록 겉으로 드러나는 행동은 동일하다 하더라도, 자유와 자발성을 띠게 되며, 외부적으로 강요되는 노예적 특성을 떨쳐버리게 된다. 흔히 정치라고 부르는 측면에서 보면, 민주적인 사회조직은 통제에의 직접 참여라는 것을 가능하게 한다. 경제적인 면에서 보면, 통제라는 것은 여전히 외적이고 전제적인 것이다.

여기서 내적인 정신적 행동과 외적인 신체적 행동 사이에 분열이 생긴다.* 그리고 자유교육과 실용적 교육 사이의 전통적 구분은 이 분열의 반영이다. 교육은 사회성원의 성향을 통일시키는 일인만큼, 사회 그 자체의 통일에도 큰 기여를 할 수 있을 것이다.

* 이 말은 짐작컨대, 정치(사회)적인 면의 행동은 내적, 정신적 행동이요 경제적인 명의 행동은 외적, 신체적 행동으로서, 한쪽에서는 민주적 통제가 가능한데 다른 쪽에서는 그것이 불가능하다는 뜻이 아닌가 생각된다.

| 요약 | **¶ 17_** 앞 장에서 논의한 교육적 가치의 분리 중에서 교양과 유용성의 분리는 아마 가장 근본적인 것이라고 보아야 할 것이다. 이 구분은 흔히 내재적이고 절대적인 것이라고 생각되지만, 사실에 있어서 그것은 역사적이고 사회적인 것이다. 이 구분은, 의식적으로 도입된 것으로 보면, 희랍에서 시작되었는데, 참으로 인간다운 삶은 다른 사람의 노동의 결과에 얹혀 사는 소수인들의 삶이라는 사실에 기초를 둔 것이다. 이 사실은 지성과 욕망, 이론과 실제의 관련에 관한 심리학 이론에 영향을 주었다. 또한, 이 사실은 인간을, 이성의 삶을 살 수 있고 따라서 자신의 목적을 가지고 있는 사람과, 오직 욕망을 가지고 있고 다른 사람이 제시하는 목적에 따라 일해야 하는 사람의 두 부류로 영구하게 구분하는 정치이론으로 구현되었다. 심리학과 정치라는 두 가지 면에서의 구분이 교육상황에 적용되어서, 앎을 그 자체의 목적으로 추구하는 자족적 여가의 삶을 위한 자유교육과, 지적, 심미적 내용이 없는 기계적인 일을 위한 유용한 실제적 훈련 사이의 분열이 생겨났다. 오늘날의 상황은 이론에 있어서 근본적으로 다양하며 사실에 있어서도 달라진 것이 많지만, 옛날의 역사적 상황의 요인들이 여전히 그 세력을 가지고 있어서, 그 교육적인 구분은 그대로 남아 있을 뿐만 아니라, 그것을 엉거주춤하게 타협하려는 시도는 흔히 교육적 조치의 타당성을 감소시키고 있다. 민주사회에 있어서의 교육의 문제는 그러한 교육목적의 이원론을 없애는 것이다. 다시 말하면, 그것은 모든 사람에게 있어서 사고가 자유로운 실제의 지침이 되도록 하는 교육과정, 그리고 여가는 봉사의 책임에서 면제된 상태가 아니라 그 책임을 기꺼이 받아들이는 데서 오는 보상이라고 생각하도록 하는 그런 교육과정을 구성하는 것이다.

제 20 장

이론적 교과와 실제적 교과

1 경험과 참된 지식의 대립

¶1_ 생계와 여가가 대립되는 것과 마찬가지로, 이론과 실제, 지력과 실행, 지식과 활동도 대립된다. 후자의 대립은 틀림없이 전자의 대립을 일으킨 사회적 조건과 동일한 사회적 조건에서 나온 것이지만, 그것과 관련된 교육의 문제는 '아는 것'과 '하는 것'* 사이의 관련 문제에서 생기기 때문에 특별히 그것을 별도로 고찰하면서, 이 양자 사이의 관련 문제와 아울러 양자의 분리가 어떤 근거를 가지고 있는가를 생각해 볼 필요가 있다.

* 이 장의 제목은 원래 intellectual and practical studies로 되어 있지만, 이 장은, 여기서 말하는 바와 같이, '아는 것'(knowing)과 '하는 것'(doing) 사이의 분리와 관련 문제를 다루기 때문에 각각을 나타내는 이론적(theoretical), 실제적(practical)이라는 용어를 쓰는 것이 더 적절하다고 생각된다(19장 ¶7의 주 참조). 이하 '아는 것'과 '하는 것'이라는 표현에 따옴표를 붙인 것은 그 각각이 '이론적인 것'과 '실제적인 것'으로 이해되어야 한다는 것을 나타내기 위해서이다.

¶2_ 지식이 실제적 활동보다 더 높은 원천에서 나왔고 더 높고 더 많은 정신적 가치를 가지고 있다는 생각은 오랜 역사를 가지고 있다. 이 생각을 의식적으로 명백히 진술한 것은, 역사적으로 볼 때, 경험과 이성에 관한 플라톤과 아리스토텔레스의 견해로 거슬러 올라간다. 이 두 사상가 사이에는 여러 점에서 차이도 있지만, 그 두 사람은 경험을 순전히 실제적 관심과 동일한 것으로 본 점에서는 의견이 일치하였다.* 따라서 그들은 경험의 목적이 물질적 이익**에 있

다고 보았고, 경험의 기관은 우리의 몸이라고 보았다. 그 반면에, 지식은 실제적인 관심에서 벗어나서 지식 그 자체를 위하여 존재하며, 그 원천과 기관은 물질과는 전혀 상관없는 마음이다. 지식은 정신적*** 또는 관념적 이익을 추구한다. 뿐만 아니라, 경험은 언제나 결핍, 필요, 욕망과 관련되어 있고, 따라서 그 자체만으로는 결코 충분하지 않다. 그 반면에 지식은 이성과 관련되는 것으로서, 그 자체로서 완전하고 포괄적인 의미를 지니고 있다. 그리하여 실제적 삶은 끊임없는 유동상태에 있으며, 지식은 영원불변의 진리에 관심을 둔다.

---

* 플라톤과 아리스토텔레스가 경험을 실제적 관심과 동일시했다는 것은 희랍어의 '경험'에 해당하는 *empeiria*의 뜻을 염두에 두고 하는 말일 것이다. 그 희랍어의 단어는 외적 결과를 달성하는 데에 도움이 되는 요령, 기술 등을 가리키며, 여기에는 합리적 지식(그것이 참으로 옳은가)에 대한 관심이 현저하게 결여되어 있고 거의 전적으로 외적 결과에 관심이 쏠려있다는 뜻이 들어 있다.

** interests

*** spiritual ; 또는 '영혼과 관련된'

¶ **3**_ 실제적 활동과 지식 사이의 이 날카로운 대립은 아테나이의 철학이 지식과 행위의 표준을 풍속과 전통에 두는 데 대한 비판에서 시작되었다는 사실과 관계가 있다. 풍속과 전통을 대신할 무엇인가를 찾는 중에 아테나이 사람들은 이성을 신념과 활동의 유일하게 타당한 지침이라고 생각하게 되었다. 풍습과 전통은 경험과 동일한 것이었으므로,* 여기서 당장 이성이 경험보다 우월하다는 결론이 나온다. 뿐만 아니라, 경험은 이성에 종속된다는 그 원래의 지위에 만족하지 않고** 늘 이성의 권위를 부정하며 그것에 대적하려고 하는 것으로 생각되었다. 풍습과 전통적인 믿음은 인간을 속박하는 것이었으므로, 이성이 그 정당한 우위를 찾기 위한 투쟁에서 승리를 거두기 위해서는 오직 경험이 본질상 불안정하고 부적절한 성격을 가지고 있음을 보이는 길밖에 없었다.

---

* 다시, 희랍어 *empeiria*는 '전부터 해 오던 방식'(합리적 설명이 없는)을 가리킨다. 앞의 ¶2 주 참조.

** Dewey의 설명에 의하면, 경험은 플라톤이나 아리스토텔레스가 말한 영혼의 세 가지 기능 중에서 욕망(실제적 효과)과 관련된다(¶2 본문). 그러므로 경험은, 욕망이 이성의 지배를 받아야 하는 것과 마찬가지로, 이성의 지배를 받아야 한다. 요컨대, 희랍철학에서는 경험이 이성과 대립되는 것으로 생각되었다는 것이다.

¶ 4_ 철학자가 왕이 되어야 한다는 플라톤의 말을 가장 잘 이해하는 길은 관습, 욕망, 충동, 정서가 아닌 합리적 지력이 인간사를 다스려야 한다는 뜻으로 이해하는 것이다. 전자가 다양성과 불화, 이 상태에서 저 상태로 종잡을 수 없이 변화하는 것을 나타낸다면, 후자는 통일성, 질서, 법칙을 나타낸다.

¶ 5_ 희랍인들이 경험을 마땅하지 않은 상태, 단순한 풍습에 지배되는 사태와 동일한 것으로 본 데에는 충분한 근거가 있다. 무역과 여행, 식민지 경영, 이민과 전쟁 등이 점점 빈번해짐에 따라 그들의 지적 시야가 넓어졌다. 사회의 풍습과 신념은 서로 엄청나게 다르다는 사실이 알려졌다. 정치적 소요가 아테나이의 풍습처럼 되고 도시의 운명은 당파 싸움에 완전히 내맡겨진 꼴이 되었다. 시야의 확대와 함께 여가의 증가는 자연에 관한 많은 새로운 사실들을 눈앞에 가져다 주었고 호기심과 사변을 자극하였다. 이러한 사태는 자연과 사회에 과연 항구적이고 보편적인 것이 있는가 하는 의문을 불러일으켰다. 보편적 원리와 본질을 파악하는 정신능력은 이성이며, 여기에 비하여 감각은 변화—영원하고 획일적인 것에 대비되는 불안정하고 다양한 것—을 지각하는 기관이다. 감각작용의 결과가 기억과 상상에 보존되었다가 습관에 의한 기술로 적용되는 것—이것이 경험이다.

¶ 6_ 그리하여 경험의 최고의 형태는 여러 가지 손재주—평화시와 전쟁시에 유용한 기술—로 나타난다. 구두장이, 피리부는 사람, 군인은 각각의 기술을 습득하기 위하여 경험의 도야를 거친다. 이것은 곧 그들의 신체기관, 그 중에서도 특히 감각기관이 여러 번 사물과 접한 나머지, 그 접촉의 결과가 보존되고 서로 조직되어서, 마침내 결과를 예견하는 능력이나 실행해 옮기는 능력으로 완전히 자리잡게 되었다는 뜻이다. 이것이 '경험적'이라는 용어의 본질적인 의미라고 희랍 사람들은 생각하였다.* '경험적'이라는 말은 원리에 대한 통찰에 기초를 둔 것이 아니라, 따로따로 여러 번 시행해 본 결과로 얻게 된 지식이나 능력을 나타낸다. 그것은 오늘날 '시행착오법'이라는 말에 들어있는 의미를 나타내는데, 여기서 '시행'이라는 것이 다분히 우연적인 성격을 띤다는 점에 특별한 강조가 주어진다. 경험적인 것이 통제한다든가 일을 처리한다든가 하는 능력을 가질 수는 있겠지만, 그것은 주먹구구식이요 판에 박은 듯이 고정된 절차를 따르는 것이다. 새로운 상황이 과거의 상황과 비슷한 경우에는 일하는 데에 별로

불편이 없지만, 다를 경우에는 그만큼 실패할 가능성이 있다. 오늘날에도 어떤 의사를 가리켜 '경험론자'라고 말하는 것은 그가 과학적인 훈련이 없이, 단순히 과거의 시술에서 이것저것 되는대로 주워 모아서 가지게 된 지식을 기초로 해서 치료를 한다는 뜻이다. 소위 '경험'속에 과학**이라든가 이성이라는 것이 결여되어 있다는 바로 그 점 때문에, 그렇게 형편없는 수준이나마 그것을 계속 유지하기가 어렵다. 경험론자는 쉽사리 돌팔이로 전락한다. 그는 그의 지식이 어디서 시작하며 어디서 끝나는지 알지 못하고, 그래서 늘 접하던 것과는 다른 상황에 부딪치면 아는 체하고—다시 말하면, 아무 근거없는 주장을 하면서 요행으로 다른 사람에게 자신을 과시하기를 바라고—'허풍'을 떤다. 뿐만 아니라, 그는 한 가지 일을 알게 된 것을 가지고 다른 것도 안다고 생각한다. 아테나이에서 평범한 기술자들이 각각 자기네들이 담당하고 있는 특정한 일을 할 줄 안다고 해서 가사나 교육, 정치도 할 수 있다고 생각했던 역사적 사실이 이것을 보여주고 있다. 그러므로 경험은, 이성이 실재를 파악하는 것과는 달리, 언제나 거짓 지식, 가짜, 겉치레, 외양 등의 주변을 떠도는 것으로 생각된다.

---

* 이하 '경험'에 관한 설명은, 물론 Dewey 자신의 견해가 아니라, 희랍인의 생각에 기원을 둔 그릇된 견해를 나타낸다.

** seience ; 또는, '학문'

¶ 7_ 머잖아 철학자들은 이러한 사태로부터 모종의 일반적인 결론을 끌어내었다. 즉, 감각은 욕망과 관련되는 것으로서, 사물의 실재를 파악하는 것이 아니라, 사물이 우리의 쾌락이나 고통, 욕망의 충족이나 육체적인 안락과 어떻게 관련되는가를 파악한다. 감각은 육체의 삶에만 중요하며, 육체의 삶이라는 것은 보다 높은 삶에 필요한 고정된 밑바탕에 지나지 않는다. 따라서 경험은 명백히 물질적 성격을 띠며 몸과 관련된 물리적 사물을 다룬다. 이와는 대조적으로, 이성 또는 학문은 비물질적인 것, 관념적인 것, 정신적인 것을 파악한다. 관능적, 육욕적, 물질적, 세속적 관심이라는 말에 암시되어 있는 바와 같이, 경험에는 도덕적 위험 같은 것이 들어 있고, 이와는 달리, 순수한 이성이나 영혼은 무엇인가 도덕적으로 찬양할만한 것을 나타내는 것으로 생각된다. 뿐만 아니라. 경험은 변화하는 것, 종잡을 수 없이 바뀌는 것, 그리고 다수나 다양과 끊을래야 끊을 수 없는 관련을 맺고 있다. 경험의 내용은 본질상 가변적이고 신뢰 불

가능한 것이다. 그것은 불안정하며, 그렇기 때문에 어디고 매인 곳이 없다. 경험에 의탁하는 사람은 자신이 무엇에 몸을 맡기고 있는지 알지 못한다. 그것은 나라에 따라 달라지는 것은 물론이요, 사람에 따라, 또 나날이 달라지는 것이다. 경험이 '다수', 즉 여러 가지 특수적인 것과 관련되어 있다는 사실에서도 마찬가지 결과가 나오며, 여기에서도 갈등이 생겨난다.

¶ 8_ 오직 단일한 것, 획일적인 것만이 일사불란한 관계와 조화를 보장한다. 경험에서는 혼전이 오고, 개인내에서 또 개인과 개인 사이에 의견의 갈등, 행동의 갈등이 온다. 경험에서는 신념의 표준이 나올 수 없다. 왜냐하면, 지방마다 풍속이 다른 것에서 알 수 있는 바와 같이, 경험은 그 성격에 있어서 온갖 종류의 상반된 신념을 일으키는 것이기 때문이다. 그 논리적 귀결은, 한 개인에게 있어서 그의 경험이 어떤 특정한 시간과 장소에서 眞진이나 善선이라고 믿도록 하는 내용이면 무엇이든지 그 개인에게 진이요 선이라는 것이다.

¶ 9_ 마지막으로, 실제는 필연적으로 경험에 속한다. '하는 것'은 필요에서 시작되고 변화를 목적으로 한다. 생산하는 것, 만들어내는 것은 무엇인가를 변화시키는 것이요, 소비하는 것도 변화시키는 것이다. 그리하여 변화와 다양성이 나타내는 온갖 골치아픈 일들은 '하는 것'에 관련되고, 여기에 비하여 '아는 것'은 그 대상이 영원한만큼 영원하다. 아는 것, 사물을 지적으로 또는 이론적으로 파악하는 것은 변천, 변화, 다양성의 영역에서 벗어나 있다. 진리에는 결핍이 없다. 그것은 감각세계의 혼란에 전혀 영향을 받지 않는다. 진리는 영원한 것과 보편적인 것을 다룬다. 그리고 경험의 세계는 이성의 법칙에 복종함으로써만 통제가능하게 되고, 안정성과 질서를 가지게 된다.

¶ 10_ 물론, 이 모든 구분들이 완전한 철학적 이론을 가지고 계속 주장되어 왔다고는 말할 수 없다. 그러나 그 구분은 모두 이후의 인간의 생각과 교육관에 심각한 영향을 끼친 것이 사실이다. 수학과 논리학에 비하여 물리학에 대한 경멸, 감각과 감각적 관찰에 대한 경멸, 구체적인 것이 아닌 관념적 상징을 다루는 지식일수록 고귀하다는 느낌, 연역에 의하여 보편적인 것의 그물 속에 들어오는 것 이외의 모든 특수적인 것에 대한 조소, 육체의 천시, 지적인 도구로서의 기술과 공예에 대한 과소평가, 이 모든 것이 위와 같은 방식으로 경험과 이

성—또는, 결국 같은 것이지만, 실제적인 것과 이론적인 것*—의 상대적 가치를 매기는 철학적 사상에서 그 근거를 찾고 지지를 받았다. 중세철학은 이 전통을 계승하고 강화시켰다. 실재를 안다는 것은 최고의 실재, 즉 신과 관계를 맺고 그 관계에서 오는 영원한 축복을 누리는 것을 뜻하였다. 최고의 실재에 관한 사색이 인간의 궁극적 목적이었고, 행동은 이 목적에 종속되는 것으로 생각되었다. 경험이라는 것은 세속적이고 저속한 이승의 일에 관계되는 것이었고, 그것은 실제적으로 필요하기는 하나 지식의 초자연적 대상에 비하면 거의 아무런 중요성이 없었다. 이러한 생각에다가 로마 교육의 문학지향적 성격과 희랍의 철학적 전통에서 나온 세력을 덧붙인 위에, 다시 귀족계층과 하류계층을 명백히 구분하는 교과의 편파적 선호를 합치면, 교육철학에서 뿐만 아니라 모든 고등교육 기관에서 '실제적인 것'에 비하여 '지적' 또는 '이론적인 것'에 대한 집요한 선호가 얼마나 강한 힘을 가지고 있었던가를 쉽게 이해할 수 있다.

---

* the pratical and the intellectual

2 경험과 지식에 관한 현대 이론

¶ 11_ 나중에 말하게 되겠지만, 지식을 얻는 방법으로서의 실험법*의 발달은 앞에서 말한 견해의 근본적인 수정을 가능하게 하였고 또 필요하게 하였다. 그러나 그것에 앞서서, 17세기와 18세기에 대두된 경험이론, 지식이론을 잠깐 살펴보겠다. 일반적으로 말하여, 17~18세기의 이론은 희랍의 고전이론에서 보는 경험과 이성의 관계를 거의 완전히 뒤집어 놓았다. 플라톤에 있어서 경험은 습관화, 다시 말하면 과거에 우연적 시행을 많이 한 뒤에 거기서 뽑혀 나온 결과가 보존된 것을 의미하였다. 그리고 이성은 개혁, 진보, 확실한 통제의 원리를 의미하였다. 이성을 충실히 따른다는 것은 곧 풍습의 제약을 깨트리고 사물을 있는 그대로 파악하는 것을 의미하였다. 현대의 개혁가에게 있어서는, 상황이 그 반대였다. 이성, 보편적 원리, 선험적 관념 등은 경험, 즉 감각적 관찰로 내용을 채워넣어야 의미나 타당성을 가지게 되는 공허한 형식이거나, 그렇지 않으면 거창한 이름으로 가장하고 그 비호 밑에서 행세하는 경직된 편견, 권위의존적인 독단에 불과하였다. 가장 필요한 것은, 베이컨이 말한 대로, '자연을 앞

질러서'** 자연에다가 순전히 인간의 머리에서 나온 의견을 뒤집어 씌우는 '관념의 幽囚狀態유수상태'에서 벗어나서, 경험의 힘으로 자연이 참으로 어떻게 되어있는가를 알아내려고 하는 노력이다. 경험의 힘을 빈다는 것은 곧 권위와 결별하는 것을 의미하였다. 그것은 새로운 인상에 대하여 개방된 태도를 가지는 것, 그리고 과거로부터 물려받은 아이디어를 정리하고 체계화하며 그 아이디어 사이에 관계가 있다는 것을 들어서 그것을 '증명'하는 데에 몰두하는 것이 아니라, 새로운 것을 발견하고 발명하는 데에 열중하는 것을 의미하였다. 경험에 의존한다는 것은 사물을 덮고 있는 편견의 베일을 벗기고 사물을 있는 그대로 마음속에 받아들이는 것을 뜻하였다.

---

* experimentation

** '자연을 앞지른다'(to anticipate the nature)는 Bacon의 말은 자연을 있는 그대로 파악하지 않고, 미리 이러이러할 것이라고 하는 생각(preconception, 또는 '편견')을 가지고 자연을 본다는 것이다. 이 '편견'을 일반적으로 분류한 것이 Bacon의 이른바 '네 가지 우상'(종족, 동굴, 극장, 시장)이다. 그러므로 이 '우상'은 자연을 있는 그대로 파악하는 데에 장애가 되는 것, 한 마디로, '편견'이다.

¶ 12_ 이 변화는 두 가지 의미를 가지고 있다. 첫째로, 경험은 플라톤 때부터 가지고 있었던 실제적 의미를 잃어버렸다. 이제 경험은 무슨 일을 한다든가 무슨 일이 이루어지는 방법을 뜻하는 것이 아니라, 지적이고 인식적인 것을 가리키는 이름이 되었다. 경험이라는 것은 이성의 작용에 기초가 되고 그것을 점검하는 데에 필요한 자료를 파악하는 것을 뜻하게 되었다. 현대 경험론적 철학자에게나 그것에 반대하는 철학자에게나 할 것 없이, 경험은 앎의 방식을 가리키는 것이었다. 양진영에 있어서 문제는 오직 그 방식이 얼마나 타당한가에 있었다. 만약 '주지주의'라는 말을 고립된 상태로서의 지식을 강조해서 그것에만 거의 절대적인 관심을 둔다는 뜻으로 사용한다면, 위에서 나타난 결과는 고대철학에 나타난 것보다 더 심한 '주지주의'이다. 실제는 지식에 종속되었다기 보다는 지식의 꼬리표나 여파 정도로 생각되었다. 이것이 교육에서 나타낸 결과는 학교에서 능동적 활동을 제외시키는 것이 정당하다는 것을 확인시켰다는 것뿐이다. 여기에 예외가 있다면, 오직 그런 활동이 순수하게 실용적 목적을 가지게 될 때에 한하여, 맹목적인 반복 훈련으로 습관을 형성시키는 것이 용납되는 정

도였다. 둘째로, 진리의 기초를 구체적인 사물 또는 자연에서 구하는 수단으로서 경험이 강조되었기 때문에, 그 결과로 마음을 순전히 수동적인 것으로 보게 되었다. 마음이 수동적이면 수동적일수록, 사물은 마음에 더욱 참된 인상(또는 날인)을 만들어 낼 것이다. 마음이 자발적으로 나서서 무엇인가를 한다는 것은 곧 지식을 획득하는 과정에서 마음이 참된 지식을 해치는 것이며, 이것은 곧 마음이 그 자체의 일을 방해하는 것이다. 그리하여 마음의 이상은 최대의 수용성에 있게 된다.

¶13_ 사물이 마음에 만들어내는 인상은 일반적으로 감각이라는 용어로 불리기 때문에, 경험론*은 '감각주의' 이론—즉, 지식을 감각적 인상의 수용과 연합으로 보는 이론—으로 분류된다. 경험론자 중에서 가장 영향력 있는 사상가인 존 로크는 분별, 비교, 추상, 일반화 등과 같은 정신능력이 있다고 보았기 때문에 그에 있어서는 그 감각주의가 약간 퇴색되어 나타나 있다. 로크는 감각자료를 확실한 형식으로 조직하는 데에, 그리고 도덕이나 과학의 기본 개념과 같은 새로운 아이디어를 만들어내는 데에 위와 같은 정신능력이 필요하다고 본 것이다(5장 ¶14 참조). 그러나 몇몇 그의 후계자들, 특히 18세기 후반의 불란서에서 로크의 사상을 이어받은 사람들은**그의 이론을 끝까지 밀고나가서, 분별이나 판단 같은 것도 여러가지 감각들이 한꺼번에 일어나는 데서 생기는 특별한 종류의 감각이라고 보았다. 로크는, 마음은 태어날 때 아이디어의 내용이라고는 아무 것도 새겨져 있지 않은 '백지'또는 밀랍판(타블라 라사***)이며, 다만 자료를 받아들였을 때 그것을 처치할 수 있는 활동능력만 가지고 있다고 주장하였다. 그의 불란서 후계자들은 이 활동능력마저도 감각인상에서 나오는 것으로 보고, 마음에서 그것을 완전히 밀어내어 버렸다.

---

* empiricism

** 불란서 계몽주의(Enlightenment) 사상가들을 가리킨다. Locke의 주장과 계몽주의 사상은 최종적으로 John Stuart Mill에서 집대성된다. Dewey는 Locke와 계몽사상가들에 대하여 비판을 하고 있으나, Dewey 와 Mill의 사상은 매우 근본적인 면에서 상통하고 있으며, 이 점에서 Dewey는 간접적으로는 Locke나 계몽주의의 사상을 계승하고 있다고 보아야 한다.

*** tabula rasa ; empty tablet

¶ 14_ 앞에서 잠깐 언급한 바와 같이, 이러한 생각은 사회개혁의 방법으로서의 교육에 새로운 관심을 가지게 되었을 때 더욱 조장되었다(7장 ¶ 22 참조). 원래의 마음이 백지상태일수록 그것에 올바른 영향을 미침으로써 어떤 것으로든지 우리가 원하는대로 만들 수 있을 것이다. 그리하여, 아마도 가장 극단적이고 일관성 있는 감각주의 사상가인 엘베티우스*는 교육은 모든 것을 할 수 있다는 교육만능론을 주장하였다. 학교 수업에 국한해서 생각하면, 경험론은 단순한 서적위주의 학습에 반대하는, 직접적으로 유익한 영향을 끼쳤다. 만약 지식이, 실물이 우리 마음에 만들어내는 인상에서 온다면, 마음에 인상을 만드는 실물을 쓰지 않고 지식을 얻는다는 것은 불가능할 것이다. 단어나 그 밖의 모든 언어적 상징은, 그것과 관련된 실물을 사전에 제시하지 않고서는, 그 글자의 모양이나 색깔에 관한 감각밖에 아무 것도 전달하지 못한다. 사실, 글자의 모양이나 색깔을 안다는 것이 교육적으로 의미가 있다고는 아무도 말할 수 없을 것이다. 감각주의는 또한 전통과 권위에 전적으로 의존하고 있는 의견이나 주장과 싸우는 데에 대단히 편리한 무기가 되었다. 일체의 그런 의견과 주장에 대하여 감각주의는 그 정당성을 사정하는 시금석이 되었다. 그런 아이디어나 신념의 출처인 진짜 물체는 무엇인가? 만약 그런 물체를 내어놓을 수 없다면, 그 아이디어는 헛된 관념의 연합이나 결합에서 나온 것이라고 볼 수밖에 없다. 경험론은 또한 인식 작용이 당사자 자신의 것이어야 한다는 것**을 역설하였다. 인상은 다른 누구도 아닌 나에게 만들어져야 하며 다른 누구의 마음도 아닌 나의 마음에 만들어져야 한다는 것이다. 지식이 당사자 자신의 직접적인 원천***에서 멀어질수록, 오류의 원천은 더 많아지며, 거기서 나오는 아이디어 또한 더 막연한 것이 된다.

---

* Claude Adrien Helvetius(1715–1771)

** first–hand element

*** diret, first–hand source

¶ 15_ 그러나 짐작되는 바와 같이, 이 철학은 그 적극적인 주장에 있어서는 별로 튼튼하지 못하였다. 실물이나 당사자의 직접적 지식이 중요하다는 것은 비단 감각주의적 철학이론이 아니더라도 타당한 것이 될 수 있다. 실물이나 직접적 지식이 중요하다는 것은 당장 교육 사태에 의미있게 적용될 수 있으며, 이

것은 그 역할에 대한 감각주의적 설명이 그릇되다고 해서 달라지지 않는다. 여기까지는 아무 문제가 없다. 그러나 감각주의를 강조한 결과는 또한 실물을 어떤 방식으로 사용하는가에 영향을 주었고, 실물을 그것이 원래 가지고 있는 의미를 충분히 살리는 방식으로 사용할 수 없게 하는 방향으로 작용하였다. '실물교육'은 단순한 감각활동만을 따로 떼내어 그 자체를 목적으로 삼는 경향이 있었다. 실물이 더 철저하게 고립될수록 감각적 성질 또한 더 철저하게 고립되고, 지식의 단위로서의 감각적 인상도 더 명료해진다는 것이다. 이 이론은 이와 같이 기계적인 고립으로 나아가서 수업을 일종의 신체적 훈련, 감각기관을 단련하는 신체적 훈련으로 만들었고—이것은 다른 신체기관의 운동과 다름없이 좋은 것이지만, 그 이상은 아니다—그뿐만 아니라 사고를 소홀히하는 결과를 가져 왔다. 이 이론에 의하면, 감각적 관찰에 있어서는 사고가 필요하지 않다. 사실상, 이 이론을 철저하게 따르자면, 사고는 나중에 가서야 할 수 있게 된다고 보아야 한다. 왜냐하면 이 이론에서 사고라는 것은 오직 판단의 도움이 없이 받아들여진 낱낱의 감각단위들을 결합시키는 작용을 가리키는 것이기 때문이다.

¶ 16_ 그리하여, 사실을 두고 말하자면, 순전히 감각적인 기초 위에 운영되는 교육은, 적어도 아주 유아기의 교육을 제외하면, 한번도 체계적으로 시도된 일이 없었다고 말할 수 있다. 그것이 가지고 있는 명백한 결함 때문에, 감각적 교육이라는 것은 단순히 '합리론적'지식*—다시 말하면, 정의, 규칙, 분류, 상징을 통하여 전달되는 적용방식에 관한 지식—의 결함을 보충하고 메마른 상징에 좀 더 '흥미'**를 불어넣는 수단으로 사용되었을 뿐이다. 지식에 관한 교육철학 이론으로 감각주의적 경험론은 적어도 세 가지의 심각한 결함을 가지고 있다. ㈎ 이 이론의 역사적 가치는 비판에 있었다. 다시 말하면, 그것은 세계와 정치제도에 관한 당시의 신념을 깨뜨리려는 의도에서 나온 이론이다. 그것은 독단의 철옹성을 무너뜨리기 위한 비판의 도구였다. 그러나 교육의 일은 비판이 아니라 건설이다. 교육은 낡은 신념을 제거하고 수정하려고 하는 것이 아니라, 처음부터 될 수 있는 한 정확한, 새로운 경험을 지적 기질 속에 심어 넣으려고 하는 것이다. 감각주의는 이 건설적인 일에 아주 맞지 않는다. 마음이라든가 이해라든가 하는 것은 직접적인 물리적 자극에 반응하는 것을 말하는 것이 아니라, 의미에 반응하는 것을 말한다(3장 ¶¶13-15 참조). 그리고 의미는 맥락과 관련해서만 존재하며, 지식을 감각적 인상과 동일시하는 이론은 이 맥락을 도외시한다.

교육에 적용되는 것으로 보면, 이 이론은 단순한 신체적 훈련을 확대하거나, 아니면 고립된 실물이나 성질을 그냥 쌓아올리는 결과를 가져 온다.

---

* 'rationalistic' knowledge ; rationalism(합리론)은 empircism(경험론)에 반대되는 철학이다.

** 'interest' ; 원문에 인용부호가 붙어 있는 것은 interest가 순전히 심리적인 의미('재미')로 사용된다는 것을 강조하기 위한 것으로 보인다.

¶ 17_ (나)직접적인 인상은 그것이 당사자 자신의 것이라는 잇점이 있는 반면, 그 범위가 제한되어 있다는 약점이 있다. 익숙한 환경의 자연적인 사물들과 직접 접촉함으로써 감각이 미치지 않는, 지구의 다른 부분에 관한 아이디어에 현실감을 주고 지적 호기심을 일으키는 수단으로 삼는 것은 좋은 일이다. 그러나 이것이 지리학적 지식의 마지막이요 전부라고 생각한다면, 그 지식은 형편없이 제한된 지식이다. 이와 똑같은 방식으로, 콩이나 구두징, 셈 알맹이 등은 수적 관계를 실감있게 파악하는 데에 도움이 될지는 모르나, 그것을 사고—즉, 의미의 파악—의 도구 이상으로 사용할 때에는 수학적 이해의 성장에 장애가 된다. 그것들은 성장을 낮은 수준, 특수한 물리적 상징의 수준에 얽매어 둔다. 인류가 처음에 손가락을 수적 상징으로 쓰다가 불편을 느껴서 계산법이나 수학적 추리의 방법과 같은 특별한 상징을 만들어낸 것과 마찬가지로, 개인도 구체적 상징에서 추상적 상징(즉, 개념적 사고를 통해서만 의미가 파악되는 상징)으로 나아가지 않으면 안된다. 처음에 감각으로 파악되는 실물에 지나치게 몰두하면 이 성장에 장애가 온다.

¶ 18_ (다) 감각주의적 경험론은 지적 발달에 관한 철저하게 그릇된 심리학 이론을 나타내고 있다. 경험이라는 것은 무엇보다도 우선 우리가 능동적으로 하는 '활동'*의 의미를 내포하고 있다. 이 활동은 본능적이고 충동적인 것으로서, 사물과 상호작용을 한다. 심지어 아주 어린 아이라 하더라도 '경험'을 할 때에는, 마치 백지가 물체의 날인을 받듯이 수동적으로 받아들인 성질을 경험하는 것이 아니라, 만진다든가 던진다든가 쾅쾅 친다든가 찢는다든가 하는 활동이 물체에 나타내는 효과와 그 효과가 다시 장차 활동의 방향에 나타내는 효과를 경험한다(11장 ¶¶2-3 참조). 근본적인 면에 있어서는(곧 자세히 말하겠지만), 경험을 실제적인 것으로 본 고대의 생각이, 경험이라는 것은 감각을 통한 지식

획득의 한 양식이라고 본 현대의 생각보다 진리에 더 가깝다. 경험이 우리 마음 속 깊이 뿌리박고 있는 능동적, 활동적 요소와 관계가 있다는 이 사실을 도외시한 것이 전통적인 경험론 철학의 치명적인 결함이다. 만약 실물교육이, 실물로 무엇인가를 해 봄으로써 그것이 어디에 사용될 수 있는가 하는 관점에서 그것의 성질을 배우겠다는 인간의 자연적 경향을 무시하고 되도록 그것을 배제하려고 한다면, 이것이야말로 무미건조하고 기계적인 교육방법일 것이다.

---

* activities; '활동'이라는 이 단어는 '능동적'(active)이라는 말과 의미상 관련이 있으며, passivity, passive(수동성, 수동적)와 반대된다.

¶ 19_ 따라서, 설사 현대의 경험론에 나타난 경험의 개념이 이때까지 이 책에서 말한 것 이상으로 일반적인 이론적 지지를 받았다 하더라도, 그것이 학습과정에 관한 철학적 설명으로서 만족스러운 것은 아니었다. 그것이 교육에 끼친 영향은 옛날 교육과정에 새로운 요소를 끼워넣고 그에 따라 약간씩 옛날의 교육내용과 방법을 수정한 정도에 그쳤다. 또한, 그것은 실물을 직접, 또는 사진이나 도해를 통하여 관찰하는 것이 중요하다는 생각을 하게 한 반면에 언어적 상징의 중요성을 약화시켰다. 그러나 이 이론 자체의 범위가 워낙 보잘 것 없는 것이어서, 감각 지각 이외의 것에 관한 정보, 보다 직접적으로 사고의 대상이 되는 것에 관한 정보로 교육내용을 보충하지 않으면 안되었다. 그리하여 결국, 이 이론은 추상적인 정보, '합리론적' 교과 내용을 전혀 다치지 않은 채 그대로 물려 주었다.

3 실험*으로서의 경험

¶ 20_ 이때까지 말하고자 한 것은, 감각적 경험론은 그 경험의 개념이 현대 심리학의 주장과 맞지도 않고, 그 지식의 개념이 현대 과학적 방법과 맞지도 않는다는 것이었다. 전자에 관해서 말하자면, 경험론은 사물을 사용하고 그 사용의 결과에 비추어 사물의 성질을 알아본다는 경험의 가장 중요한 요소, 즉 능동적 반응의 입장을 도외시한다. 가령, 유아가 지식을 얻고 있는 모습을 5분 동안만 허심탄회하게 관찰해 보더라도 아이가 소리, 색깔, 촉감 등, 고립된 성질을

수동적인 인상으로 받아들인다는 식의 설명이 그릇되다는 것을 당장 알 수 있을 것이다. 아이의 행동을 보면, 아이는 만진다든가 손을 뻗는다든가 하는 활동에 의하여 자극에 반응하며, 감각적인 자극에 대한 그런 운동 반응에서 어떤 결과가 나오는가를 보는 것이다. 이때 아이가 배우는 것은 여러 개의 고립된 성질이 아니라, 우리가 한 사물에 작용했을 때 그것이 통상 우리에게 하는 전체적 반응, 우리의 활동이 응당 가져오게 될 사물과 우리 자신의 변화 등이다. 이런 뜻에서, 그 아이가 배우는 것은 '관련'이라고 말할 수 있다. 빨간색이나 높은 소리와 같은 성질을 알아보고 분간하는 것조차도, 그것들이 무슨 활동을 일으키며 그 활동들이 어떤 결과를 가져오는지에 비추어서야 비로소 가능하다. 무엇이 단단하며 무엇이 부드러운가를 알려고 할 때, 우리는 각각의 물건이 무슨 일을 할 수 있는가, 우리가 그것으로 무엇을 할 수 있으며 무엇을 할 수 없는가를 능동적인 실험에 의하여 알아본다.** 이와 마찬가지로, 아이가 사람들에 관하여 알아 볼 때에도, 그 사람들이 아이 자신에게 어떤 반응활동을 일으키며 아이 자신의 활동에 대하여 어떤 행동을 하는가를 알아본다. 사물은 우리의 행동 중에서 어떤 것은 조장하며 어떤 것은 억제함으로써 우리의 행동을 수정한다. 이와 같이 사물이 '우리에게' 하는 일(이것은 수동적인 마음에 여러 성질의 인상이 찍히는 것과는 다르다), 그리고 그 사물에 변화를 일으키기 위하여 우리가 그 '사물에게' 할 수 있는 일, 이 양자의 결합이 경험을 이룬다.***

---

* experimentation: 이것은 experiment(실험)의 동사적 의미(실험하는 것)를 나타낸다.

** 이 말은, '다이아몬드가 "단단하다"고 하는 것은 그것을 다른 것과 부딪쳤을 때 그 다른 것이 부서진다는 뜻이다'라는 C. S. Peirce의 의미론 또는 진리관(pragmaticism)을 채택한 것이다. Peirce의 입장을 나타내는 pragmaticism은 이후의 pragmatists에 의하여 pragmatism으로 바뀌었다.

*** 앞의 11장¶2에 설명된 경험의 두 측면, trying and undergoing (active and passive phases of experience)과 비교하라.

¶ 21_ 17세기 이후 세계에 관한 우리의 지식에 혁명을 가져온 과학적 방법이 우리에게 주는 교훈도 바로 이런 것이다. 이 방법이라는 것은 의도적으로 통제된 조건하에서 하는 실험의 방법 이외의 아무것도 아니다. 희랍인들의 생각에는, 구두장이가 가죽에 구멍을 뚫는다든지 밀랍과 실과 바늘을 사용하는 따위의 활동이 세계에 관한 올바른 지식을 가져다준다는 것은 언어도단으로 생각되

었을 것이다. 그들에게는, 참된 지식을 위해서는 경험 위에 있는 이성에서 나온 개념에 의거해야 한다는 것이 흔들릴 수 없는 공리였다. 그러나 실험법의 도입은 바로 구두장이가 하는 그런 조작을, 통제된 조건하에서, 하는 것이 곧 자연에 관한 의미있는 아이디어를 획득하고 검증하는 방법이 된다는 것을 보여 주었다. 다시 말하면, 이제 자연에 관한 과학적 지식의 토대가 될 원리를 파악하기 위해서는, 장사에서 이득을 보겠다는 그런 목적에서가 아니라 지식을 얻겠다는 목적으로, 예컨대 금속판에다가 산을 붓는 것과 같은 조작을 할 필요가 있다는 것이다. 감각 지각은, 물론, 필수불가결하지만, 옛날 과학에서 응당 해야 한다고 생각했던 것보다, 또 실제로 했던 것보다, 감각 지각에 의존하는 정도가 훨씬 줄어들었다. 감각 지각은 감각이라는 가면 속에 모종의 보편적인 '형식' 또는 '相'상*을 감추고 있고, 이성적 사고가 그 가면을 벗길 수 있다는 식의 생각은 이제 설득력을 잃게 되었다. 그와는 반대로, 우선적으로 중요한 일은 감각 지각의 자료를 변화시키고 확장하는 것, 망원경이나 현미경의 렌즈나 그밖에 온갖 종류의 실험장치를 우리에게 주어진 감각 대상에 갖다대는 것이다. 이 일을 통하여 새로운 아이디어(가설, 이론)를 일으키는 데는, 옛날 과학이 다루었던 것보다 더 많은 일반적 아이디어(예컨대 수학의 아이디어)가 필요하였다. 그러나 이러한 일반적 아이디어가 그 자체로서 지식을 줄 수 있다고는 생각되지 않았다. 그것은 어디까지나 실험적 연구를 지원하고 실시하고 해석하며 그 결과를 체계화하는 보조수단이었다.

---

* species

※ 이 문단에 나와 있는, 구두장이의 일(밀랍을 칠한 실을 가죽에 찔러 넣는 일)과 금속판에 산을 붓는 일은, 앞의 15장¶16에서, 작업 활동과 과학적 방법의 관련을 예시하는 데에 사용된 바 있다.

¶22_ 여기서 논리적으로 따라오는 결과는 경험과 지식의 새로운 철학—경험을 합리적 또는 이성적 지식과 설명에 대립되는 것으로 보지 않는 철학—의 탄생이다. 이제 경험은 단순히 과거에 이리저리 해보던 결과를 요약한 것이 아니다. 이제 경험은 우리에게 일어나는 일, 우리가 사물에 대하여 하는 일이 될 수 있는대로 풍부한 암시(의미의 암시)를 가지도록, 또 그 암시의 타당성을 시험해 보는 수단이 되도록 하기 위하여 우리가 하는 일을 의도적으로 통제하는 것을 뜻한다. 그러한 시험 또는 실험이 충동이나 관습으로 눈이 가리어진 것이 아

니라, 목적에 의하여 안내되고 측정과 방법에 의하여 인도될 때, 그것은 합리적인 또는 이성에 맞는 것이 된다. 우리가 사물로부터 당하는 것, 우리가 사물의 손아귀에 들어가서 그것이 우리에게 하는 일을 겪는 것이 그냥 우연히 생긴 것이 아니라 그 이전에 우리가 한 유목적적인 노력의 결과일 때, 그것은 합리적으로 의의가 있는 것, 우리에게 계몽과 교훈을 주는 것이 된다. 경험론과 합리론의 대립은 한때 인간 상황에 의하여 의미를 부여받고 그것과 관련하여 정당성을 가졌지만, 이제는 이미 인간 상황의 지지를 잃어버렸다.*

* 물론, 이 말의 의미는, 합리론과 경험론의 대립은 계층 대립으로 분리되어 있던 사회적 조건에서 생겨났고 그 조건과 관련하여 의미를 가질 수 있었지만, 이제는 그 사회적 조건이 달라졌다는 것이다.

¶ 23_ 이 변화가 순전히 실제적인 교과와 순전히 이론적인 교과의 대립과 어떤 관련이 있는가 하는 것은 자명하다. 이 대립은 내재적인 것*이 아니요 상황에 달려 있으며, 그것도 우리의 생각에 따라 조정될 수 있는 상황에 달려 있다. 실제적 활동이 지적으로 좁고 사소하다는 것은 있을 수 있는 일이다. 그것이 판에 박은 듯이 고정되어 있다든지, 권위의 지시에 맹목적으로 따른다든지, 순전히 외적 결과를 목적으로 하는 것일 때에는 틀림없이 좁고 사소하다. 그러나 학교교육의 기간인 아동기와 청년기는 그것과는 다른 정신으로 실제적 활동을 할 수 있는 그러한 기간이다. 우리가 앞에서 사고에 관한 장이나 교과의 발전 과정(유치한 일과 놀이로부터 논리적으로 조직된 교과로의 발전 과정)에 관한 장에서 말한 내용을 여기서 다시 되풀이하기는 번거롭다. 그러나 이 장과 바로 앞장의 논의는 그전의 논의 결과에 새로운 의미를 더해줄 것이다.

* intrinsic; 또는, 교과 자체의 성격에 기인하는.

¶ 24_ (1) 경험 그 자체는 일차적으로 인간과 그의 자연 및 사회환경 사이에 존재하는 '능동적'*관계를 말한다. 어떤 경우에는 활동의 주도권이 환경에 있고, 인간은 환경이 인간의 노력에 대하여 행사하는 견제와 굴절을 수동적으로 당하는 입장에 있다. 또 어떤 경우에는, 주위의 사물이나 사람들의 행동이 개인의 능동적인 경향성을 성공적으로 발휘하게 하여, 결국에 가서 개인이 당하는

것은 그 자신이 이룩하고자 했던 결과일 수도 있다. 사람에게 일어나는 것과 그것에 대한 반응으로서 그 사람이 하는 일 사이, 사람이 환경에 대하여 하는 일과 그것에 대한 반응으로서 환경이 하는 일 사이에 관련이 확립되면, 그만큼 그의 행동과 그의 주위의 사물은 의미를 가지게 된다. 그 사람은 자기 자신과 그 밖의 다른 사람들과 사물의 세계를 이해하게 된다. 유목적적 교육, 또는 학교교육은 이 상호작용이 일어날 수 있는 환경을 제공함으로써 그것을 통하여 의미를 획득하도록 하고, 그것이 다시 장차의 학습에 도구가 될 수 있도록 해야 한다(11장 참조). 앞에서 누누이 지적한 바와 같이, 학교 바깥의 활동은 이해나 효과적인 지적 성향의 기능을 증진하는 일을 의도적인 목적으로 삼지 않는 그런 조건하에서 일어난다. 이 점에서 보면 그 활동은 생생하고 꾸밈없는 것이지만, 거기서 나오는 결과는 온갖 종류의 우연적인 요인에 의하여 제한되어 있다. 우리에게 필요한 능력 중에서 어떤 것은 전혀 개발되지도 지도되지도 않은 채 방치되며, 어떤 것은 오직 산발적이고 변덕스러운 자극을 받으며, 또 어떤 것은 목적의식을 가지고 창의성과 자발성을 발휘할 기회가 없이 고정된 기술의 습관으로 굳어진다. 생생한 활동이 일어나는 환경으로부터, 다른 사람들의 학습결과를 쑤셔넣듯이 공부하는 환경으로 젊은이들을 몰고 가는 것이 학교의 할 일은 아니다. 비교적 우연적인 활동(여기서 우연적이라는 것은 활동이 통찰과 사고에 대해서 가지는 관계가 우연적이라는 뜻이다)이 일어나는 환경으로부터, 학습을 안내하려는 목적으로 특별히 선정된 활동이 일어나는 환경으로 젊은이를 이끌어 가는 것이 학교의 할 일이다. 이미 교육에서 성과를 거두고 있는 개선된 방법이라는 것을 약간만 조사해 보더라도, 그것은 모두 다소간 의식적으로, '지적'교과라는 것은 능동적 활동과 대립되는 것이 아니라 실제적 활동을 '지성화'하는 것이라는 사실에 기초를 두고 있음을 알 수 있을 것이다. 이 원리를 좀 더 확고하게 파악하는 것이 장차의 과제이다.

---

* active ; 또는, '활동적'

¶ 25_ (2) 현재 사회활동의 내용에 일어나고 있는 변화로 말미암아, 학교의 놀이와 일을 '지성화'할 수 있는 그런 종류의 활동을 선택하는 일이 훨씬 용이해졌다. 고대 희랍인들이나 중세 사람들의 사회환경을 보면, 그들이 성공적으로 할 수 있었던 실제적 활동은 주로 고정된 절차를 따르는 것이요, 외적 결과를

얻기 위한 것이요, 심지어 노예적인 성격의 것이었다. 이 점을 고려한다면, 당시의 교육자들이 그런 활동들을 지력 개발에 적합하지 않은 것으로 보고 그것에 등을 돌렸다는 것은 오히려 당연한 것이다. 그러나 이제, 교통과 교섭은 물론이요, 심지어 가사, 농업, 공업 등이 응용과학으로 넘쳐흐르는 오늘날, 사정은 완전히 달라졌다. 물론, 이러한 실제적 활동에 종사하는 사람들의 대다수가 그들의 활동에 기초가 되는 지적 내용을 모르고 있는 것은 사실이다. 그러나 이 사실은 더욱 학교교육이 그런 활동을 끌어들여서 다음 세대로 하여금 오늘날 일반적으로 결여되어 있는 그런 지적 이해를 할 수 있도록 하고, 그렇게 함으로써 맹목적으로가 아니라 지적으로 그런 활동을 할 수 있도록 해 주어야 할 이유가 된다.

¶ **26**_ 그러나 '하는 것'과 '아는 것' 사이의 전통적 분리, 그리고 순전히 '지적인' 교과의 전통적인 위세에 대하여 가장 직접적인 타격을 가한 것은 실험과학의 발전이었다. 이 발전이 무엇인가 보여준 것이 있다면, 그것은 '하는 것'의 결과가 아닌 진정한 지식이나 결실있는 이해 같은 것은 없다는 것이다. 지식의 성장이나 설명력, 올바른 분류에는 사실의 분석과 재배열이 필요불가결하거니와, 이것은 순전히 지적으로, 머리 속에서 이루어질 수 있는 것이 아니다. 인간이 사물에 관하여 무엇인가를 알아내기 위해서는 그 사물에 대하여 무슨 일인가를 해야 한다. 즉, 상황에 변경을 일으켜야 한다는 것이다. 이것이 실험실의 연구방법이 우리에게 주는 교훈이며, 이것은 모든 교육이 받아들여야 할 교훈이다. 실험실은 '노동'이 단순히 외적 결과를 내는 것이 아니라 지적 결실을 낼 수 있는 그런 조건을 우리에게 예시해주고 있다. 현시점에서는 실험실 작업이 또 하나의 전문적 기술을 습득하는 데에 그치는 경우가 너무나 흔하지만, 이것은 실험실 작업이 아직은 주로 고립된 자원에 불과한 상태이기 때문이요, 학생들이 거기서 십분 이득을 얻기에는 너무 나이가 많아질 때까지 실험실 작업을 연기하기 때문이며, 실험실 작업을 한다 하더라도 지력과 활동을 분리하는 전통적 방법에 입각한 다른 교과들에게 사면초가로 둘러싸여 있기 때문이다.

| 요약 | ¶ **27**_ 희랍인들이 철학에 관심을 기울이게 된 것은 그들의 전통적인 풍속과 신념만으로는 삶을 다스려 나가기가 점점 어려웠기 때문이다. 그리하여 그들은 풍속에 대하여 비판적으로 대적하고, 삶과 신념을 이끌어줄 다른 권위

의 원천을 찾으려고 하였다. 그들은 삶과 신념의 합리적 표준을 가지고 싶었던 데다가, 그런 합리적 표준이 될 수 없는 것으로 판명된 풍속을 경험과 동일시했기 때문에, 이성과 경험을 정면으로 대립된 것으로 보았다. 이성을 높은 것으로 떠받들수록, 경험은 더욱 경멸의 대상이 되었다. 경험은 특정한 가변적 삶의 상황에서 사람이 하는 일과 당하는 일을 뜻하는 것이었기 때문에, '하는 것'도 덩달아 철학적 경멸의 대상이 되었다. 이 영향과 그 밖의 여러가지 요인들이 합쳐져서, 고등교육에서는 감각적 관찰과 신체 활동을 최소한으로 활용하는 모든 방법과 내용 항목들이 엄청나게 확대되는 결과를 가져왔다. 현대 철학은 이 관점에 대한 항거에서 시작되었다. 현대 철학은 경험으로 눈길을 돌리고, 그 반면에 이른바 순수한 합리적 개념이라는 것은 구체적 경험에서 나온 결과에 의하여 그 타당성이 확인되어야 하며, 그렇지 않으면 순전히 편견이나 제도화된 계층이익에 불과한 것을 '합리적'이라는 미명하에 보호하려는 것이라고 하여 공격하였다. 그러나 여러가지 사정 때문에, 경험은 그 내재적인 능동적, 정서적 측면이 무시된 채, 순전히 인지적인 것으로 취급되고 단편적인 '감각들'을 수동적으로 받아들이는 것과 동일시되었다. 그리하여 이 새로운 이론에 입각한 교육개혁은 그 이전의 서적위주의 방법을 약간 없애는 정도에 그쳤고, 교육을 일관성있게 재조직하는 데까지는 이르지 못하였다.

¶ 28_ 한편, 심리학, 산업의 방법, 과학에서의 실험법의 발달은 경험의 개념을 또 다른 방식으로 정립할 필요성과 가능성을 제시하고 있다. 경험에 관한 이 새로운 이론은 옛날 희랍인의 경험관—즉, 경험은 주로 인지적인 것이 아니라 실제적인 것이라는 견해, 일을 하고 그 일의 결과를 당하는 것이라는 견해—을 다시 살려낸다. 그러나 옛날의 이론 그대로가 아니라, '하는 것'에 사고라는 내용이 담길 수 있도록, 거기서 확실하게 검증된 지식이 생길 수 있도록, '하는 것'을 지도한다는 쪽으로 옛날 이론을 변형시킨다. 그리하여 '경험'은 희랍식의 '경험적인'*것이 아니라 '실험적인'**것으로 된다. 이제 이성은 멀리 있는 관념상의 정신능력이 아니라, 활동이 풍부한 의미를 가질 수 있게 하는 일체의 자원을 가리킨다. 교육적인 관점에서 보면, 이 변화는 이때까지 이 책의 여러 장에서 주장한 교육의 내용 및 수업방법과 완전히 부합된다

* empirical

** experimental

제 21 장

자연과와 사회과 : 자연주의와 인문주의

¶ **1**_ 교육과정상의 위치를 둘러싸고 자연과학과 문학적 교과 사이에 갈등이 있다는 점에 대해서는 이미 잠깐 언급한 바 있다. 이때까지 이 문제에 대한 해결책은, 어느 편인가 하면, 일종의 기계적인 타협이어서, 자연을 주제로 한 교과와 인간을 주제로 한 교과가 교육과정의 판도를 분할해서 차지하고 있는 형편이다. 그리하여, 이 사태는 교육적 가치의 외적 조정이라는 또 하나의 사례를 우리에게 보여 주고 있고, 자연과 인간사의 관련이라는 철학적 문제에 주의를 기울이도록 해 준다. 일반적으로 말하여, 교육에 나타나는 구분은 이원론적 철학에 그 뿌리를 두고 있다. 즉, 마음과 세계는 모종의 접촉점에 의하여 연결되어 있는 두 개의 독립적인 존재 영역이라는 것이다. 이러한 관점에서 보면, 각각의 존재 영역이 그것과 관련된 教科群교과군을 가지고 있다는 것은 자연스러운 일이다. 그리고 더 나아가서, 자연과의 성장은 인간 영혼의 영역에 대한 유물론적 철학의 침범을 나타내는 것으로서 의심의 대상이 되는 것도 또한 자연스러운 일이다. 현재 나와 있는 것보다 더 통합된 교육 방안을 제시하려고 하는 교육이론이라면, 당연히 인간과 자연의 관계 문제를 다루어야 할 것이다.

1 인문교과의 역사적 배경

¶ **2**_ 한 가지 주목할만한 사실은, 고전적인 희랍 철학에서는 이 문제가 오늘날과 같은 형태로는 취급되지 않았다는 것이다. 소크라테스는, 자연에 관한 과학은 우리가 가질 수 있는 지식도 아니고 별로 중요하지도 않다고 생각했던 것

같다. 우리가 알아야 할 가장 중요한 것은 인간의 본성과 목적*이며, 모든 의의 깊은 것들—모든 도덕적, 사회적 성취는 이 지식에 달려 있다는 것이다. 그러나 플라톤은 인간과 사회에 관한 올바른 지식이 자연의 본질적인 특성에 관한 지식에 의존하고 있다고 보았다. 그의 대표작인 「국가론」은 도덕에 관한 논술이요 사회조직에 관한 논술이면서, 동시에 자연에 관한 형이상학과 과학을 다루고 있다. 플라톤은, 도덕에 있어서의 올바른 성취는 합리적 지식에 의존한다는 소크라테스의 주장을 받아들인만큼, 지식의 성격을 논하지 않을 수 없었다. 그는 한편으로, 지식의 궁극적인 목적은 인간의 善선 또는 목적**을 발견하는 데에 있다는 것을 받아들였지만, 또 한편으로, 우리가 아는 것은 우리 자신의 무지밖에 없다는 소크라테스의 주장에 불만을 품었기 때문에, 인간의 선에 관한 논의를 자연 그 자체의 본질적 선이나 목적과 관련지었다. 인간의 목적을 결정하는 데에 있어서, 자연에 법칙과 통일성을 부여하는 으뜸가는 목적에 관한 지식 없이 그것을 규정한다는 것은 있을 수 없는 일이었다. 그러므로 플라톤이 문학적 교과(희랍에서는 이것이 음악에 속하였다)를 논리학이나 형이상학뿐만 아니라 수학과 물리학에 종속시킨 것은***그의 철학에 썩 잘 어울린다고 말할 수 있다. 그러나 또 한편, 자연에 관한 지식은 그 자체가 목적이 아니었다. 그것은 오직 인간의 마음을, 집단이나 개인의 행동을 지배하는 법칙으로서의 존재의 지상목적을 깨닫도록 이끄는 데에 필요한 한 단계였다. 현대의 용어를 써서 말하자면, 자연과의 공부는 필요불가결하지만, 그것은 인간적, 관념적§ 목적을 달성하는 데에 도움이 되어야 한다는 것이다.

---

* end; 희랍어의 *telos*를 가리킨다.

** the good or end of man; 'the good'에 해당하는 희랍어(*to agathon*)는 '선'이라고 번역하기보다는 '좋은 것'이라고 번역하는 편이 더 적절하지만, 여기서는 일반적인 관계에 따라 '선'으로 번역한다.

*** 여기에 나오는 학문의 명칭 중에서 적어도 논리학, 형이상학, 물리학은 플라톤 당시의 용어가 아니라 아리스토텔레스의 용어이다. 플라톤에서는 논리학과 형이상학에 해당되는 내용이 'dialectics'(변증법, 대화법)라는 이름으로 불리었고, '물리학'(physics)이라는 것은 아직 존재하지도 않았다고 보아야 한다.

§ ideal; '이상적'이라고도 번역할 수 있지만, 여기서는 자연의 공부가 '물질'의 탐구에 그치지 않고 인간의 정신 또는 관념에 영향을 미쳐야 한다는 점이 지적되고 있으므로 '관념적'이라는 번역이 더 적절하다고 생각된다.

¶ **3**_ 구태여 말하자면, 아리스토텔레스는 플라톤보다 더 자연과학 쪽으로 나아갔다. 그는 시민으로서의 공공관계를 순전히 인지적인 삶에 종속되는 것으로 보았다(19장 ¶ 8 참조). 인간의 가장 높은 목적은 인간적인 것이 아니라 신적인 것—즉, 신의 삶의 특징인 순수한 예지에 참여하는 것—이었다. 그러한 앎은 보편적이고 필연적인 것을 대상으로 하며, 따라서 그 적절한 주제는 가변적인 인간의 일이 아닌, 자연에서 가장 잘 나타난다. 만약 우리가 희랍 철학자들의 세부적인 주장보다도 철학자로서의 그들의 삶이 희랍 사회에서 어떤 의미를 가지고 있었던가를 중심으로 당시의 상황을 요약한다면, 희랍인들은 자연의 사실에 대한 자유로운 탐구와 자연에 대한 심미적 감상에 관심이 많았고, 사회가 자연에 뿌리박고 자연의 법칙에 지배되고 있다는 것은 생각도 하지 못했다고 말할 수 있다. 그러나 고대의 후기에 와서, 두 가지 요인이 결합하여 문학적, 인문적 교과를 중요한 것으로 치켜 올렸다. 하나는, 문화가 점점 복고적, 차용적 성격을 띠게 되었다는 것이요, 또 하나는 로마의 삶에서 정치와 수사학이 큰 비중을 차지하게 되었다는 것이다.

¶ **4**_ 희랍인들이 이룩한 문명은 희랍 안에서 자생적으로 나온 것이지만, 알렉산드리아와 로마의 문명은 바깥의 원천에서 물려받은 것이다. 따라서 이 후자의 문명은 직접 자연과 사회를 보고 거기서 자료와 정신을 찾으려고 한 것이 아니라, 과거의 기록을 보고 거기서 자료와 정신을 끌어내려고 하였다. 이것이 교육의 이론과 실제에 어떤 결과를 가져왔는가 하는 점에 관해서는 헤치*가 잘 말해주고 있다. "희랍은 한편으로 정치적 세력은 잃어버렸으나, 다른 한편으로는, 그 굉장한 문헌 속에 누구도 빼앗아가지 못할 유산을 소유하고 있었다... 희랍인들이 문자교육에 관심을 가진 것은 당연하다. 또한, 문자교육이 변론에 반영되었다는 것도 당연하다... 희랍 문화권에서 대다수의 사람들은 옛날의 문헌에 접하게 되는 것을 대단히 중요한 일로 여겼고, 또한 교양있고 세련된 말을 하는 습관을 몸에 붙이는 일을 중요시하였는데, 이것을 후세 사람들이 일반적으로 '교육'*이라고 부르게 되었다. 우리가 가지고 있는 생각은 직접 이 전통에서 나온 것이다. 희랍인의 교육관은 최근에 이르기까지 문명세계 전체에 획일적으로 널리 퍼져 있었던 하나의 본보기를 이루었다. 우리가 자연보다 문학을 공부하는 것은 희랍인들이 그렇게 했기 때문이며, 로마와 로마 속국의 사람들이 그 아들들을 교육시키려고 했을 때 희랍인 교사를 고용하고 희랍인들의 발자취를 따랐기 때문이다."[1]

1) "The Influence of Greek Ideas and Usages upon the Christian Church", pp.43-44 〔원주〕
* 희랍어로 *paideia*

¶ 5_ 흔히 말하듯이, 로마인들이 실제적인 쪽으로 기울어져 있었다는 사실도 이와 똑같은 방향으로 작용하였다. 기록에 남아 있는 희랍인들의 아이디어를 배움에 있어서, 로마인들은 문화발달의 지름길을 잡았을 뿐만 아니라, 그들의 행정적 재능을 발휘하는 데에 알맞은 내용과 방법만을 선택해서 배웠다. 로마인의 실제적 재능은 자연을 정복하고 통제하는 쪽으로 노력을 기울인 것이 아니라, 인간을 정복하고 통제하는 쪽으로 노력을 기울인 것이다.

¶ 6_ 앞에 인용된 글에서 헤치 선생은, 우리가 자연이 아니라 문학을 공부하는 것은 희랍인들과, 또 그들에게서 배운 로마인들이 그렇게 했기 때문이라고 말하고 있는데, 이 말을 할 때 그는 역사의 상당 부분을 그냥 지나쳐 버리고 있다. 희랍인과 우리 사이에 놓여 있는 긴 세월을 연결해 주는 것은 무엇인가? 이렇게 질문해 놓고 보면, 야만시대의 유럽은 로마의 상황을 대규모적으로 더 철저하게 반복한 것에 불과하다는 대답이 자명하게 나온다. 당시의 유럽은 희랍 · 로마의 문하생이 되지 않으면 안되었고, 희랍 · 로마의 문화를 발전시키기보다는 그것을 차용하는 데에 급급하였다. 일반적인 철학 사상이나 예술적 표현에 있어서 뿐만 아니라 법의 모델에 있어서까지도 유럽은 낯선 사람들의 기록에 의존하였다. 그 당시 유럽인들이 전통에 의존한 것은 그 당시의 지배적인 관심이 신학에 있음에 따라 그 정도가 더 심하게 되었다. 교회가 의존하였던 典據전거가 외국어로 쓰인 문헌이었기 때문이다. 모든 것이 합세하여, 학문이라든가 학습은 곧 언어훈련이요, 지식인의 언어는 모국어가 아니라 문학에 쓰이는 희랍 · 라틴어여야 한다는 생각을 가지게 하였다.

¶ 7_ 뿐만 아니라, 이 사실의 완전한 의미를 파악하려고 하면, 그 문학적인 내용은 '문답법'*이라는 방법으로 가르치지 않으면 안되었다는 점을 고려해야 한다. 문예부흥 이후 스콜라주의**라는 말은 흔히 비난조로 사용되어 왔다. 그러나 스콜라주의라는 말 자체는 단순히 '학교'(스쿨)의 방법이라든가 '학교에 있는 사람들'(스쿨멘)의 방법을 뜻한다. 그 방법은, 본질에 있어서, 권위있는 진

리체계를 전달하기에 알맞은 교수 · 학습방법을 아주 효과적으로 체계화한 것에 불과하다. 당대의 자연과 사회가 아닌, 문학이 교육의 내용이 될 때에는, 탐구나 발명, 발견이 아닌, 정의, 설명, 주어진 자료의 해석 등에 알맞은 방법이 강구될 수밖에 없다. 따지고 보면 스콜라주의라고 하는 것은, 교육의 내용을 학생들 스스로 찾아내어야 하는 것으로서가 아니라 이미 완성된 것으로서 받아들일 때, 그것을 가르치는 데에 적합한 방법을 전심전력으로 일관성있게 체계화하고 적용하는 것을 말한다. 만약 아직까지도 학교에서 교과서 위주로 가르치고, 발견이나 탐구가 아닌 권위와 습득을 교육의 원리로 삼고 있다면, 그 방법은 스콜라주의라고 부를 수 있다. 다만, 여기에는 스콜라주의의 전성기에 볼 수 있었던 논리적 정확성과 체계가 빠져 있다는 것이 차이라면 차이이다. 방법과 진술의 정확성이 모자란다는 점 이외에 차이가 있다면, 그것은 지리, 역사, 식물학, 천문학 또한 습득해야 할 권위 있는 문헌의 한 부분으로 되어 있다는 것뿐이다.

---

* dialectics; '변증법' 또는 '대화법'으로도 번역될 수 있으나. 스콜라 철학의 방법을 나타내는 말로서는 '문답법'이 더 적절하다고 생각된다.

** scholasticism; 또는, 스콜라 철학. 교육과 관련하여 스콜라주의가 이룩한 '공헌'은 이미 알려진 지식을 교과로 체계화하는 데에 최대한의 엄밀성과 정확성을 기했다는 데서 찾아볼 수 있다.

¶ 8_ 결과적으로, 희랍의 전통, 즉 인간적 관심을 자연에 대한 관심의 기초로 삼고 자연에 관한 지식이 인간의 특이하게 인간적인 목적을 받쳐주는 데에 사용되던 전통은 사라져버렸다. 삶의 바탕을 자연에서 찾으려고 하는 것이 아니라 권위에서 찾으려고 한 것이다. 뿐만 아니라, 자연은 상당한 정도로 의심의 대상이 되었다. 자연에 관하여 사색한다는 것은 곧 인간이 삶의 규칙을 이미 완성된 형태로 담고 있는 문서에 의존하는 상태에서 벗어나는 것을 의미하는 것이며, 그렇기 때문에 위험한 것이었다. 뿐만 아니라, 자연을 아는 길은 관찰뿐인데, 이것은 감각—순수하게 비물질적인 '마음'에 반대되는 단순히 물질적인 것—을 통할 수밖에 없다. 또한, 자연에 관한 지식에서 생기는 유용성은 순전히 물질적이고 세속적인 것이었다. 문학적 전통이 인간의 영원한 영혼적 행복에 관계된다면, 자연적 지식이 주는 유용성은 순간의 육체적 복지에 관계되는 것이다.

2 자연에 대한 현대 과학의 관심

¶ 9_ 르네상스 또는 문예부흥이라고 불리는 15세기의 운동은 현재의 인간의 삶에 대한 새로운 관심, 그리고 따라서 인간과 자연의 관계에 대한 새로운 관심을 그 특징으로 하였다. 그 운동은 당시의 사고를 지배했던 초자연적 관심에 등을 돌렸다는 점에서 자연주의 운동이라고 말할 수 있다. 이 사상적 변화를 일으키는 데에 고대 희랍의 이교도* 문학으로 복귀하려는 움직임이 영향을 미쳤다고 보는 것은 희랍의 영향을 사실 이상으로 과대평가하는 것일지도 모르고, 사실상으로 보더라도 그 변화는 주로 그 당시 상황이 가져온 산물이라고 보아야 한다. 그러나 그 당시에 새로운 관점으로 가슴이 부푼 교육받은 사람들이 그들의 관점을 지지하고 강화해 줄 원천으로서 희랍의 문학에 열성어린 눈길을 돌렸다는 점은 의심할 여지가 없다. 그리고 상당한 정도로, 희랍 사상에 대한 그들의 관심은 문학 그 자체에 있었다기보다는 그것이 표현한 정신에 있었다. 희랍 정신의 원동력이었던 정신적 자유, 자연의 질서와 미에 대한 감각, 이런 것들이 당시의 사람들로 하여금 그와 비슷하게 분방한 방식으로 사고하고 관찰하도록 자극하였다. 십륙 세기 과학의 역사를 보면, 물리적 분야에서의 과학의 태동은 그 출발점을 주로 희랍 문헌에 대한 새로운 관심에 두었다는 것을 알 수 있다. 빈델반트**가 말한 바와 같이, 자연에 관한 새로운 과학은 인문주의의 딸이었다. 그 당시에 널리 퍼져 있던 생각에 의하면, 인간은, 우주가 인간의 확대판인 것과 마찬가지로, 우주의 축소판이었다.

* pagan, 비기독교적
** Wilhelm Windelband

¶ 10_ 이 사실은, 나중에 어떻게 해서 자연과 인간이 분리되고, 한편으로 언어와 문학과 또 한편으로 자연과학 사이에 날카로운 구분이 생기게 되었는가 하는 질문을 새롭게 제기한다. 여기에는 네 가지 이유를 들 수 있다. ㈎ 옛날의 전통이 사회의 여러 제도 속에 확고히 뿌리를 박고 있었다. 정치, 법률, 외교는 필연적으로 문학이라는 권위있는 분야에서 갈라져나간 가지로서의 지위밖에 가질 수 없었다. 왜냐하면, 생물학은 물론, 물리학, 화학의 과학적 방법이 훨씬 발달할 때까지 사회과학은 발달되어 있지 않았기 때문이다. 역사학도 대체로 마

찬가지이다. 뿐만 아니라, 언어를 효과적으로 가르치는 방법은 잘 발달되어 있었고, 학문계의 타성도 이 방향으로 유리하게 작용하였다. 문학, 특히 희랍 문학에 대한 새로운 관심이 스콜라철학을 중심으로 조직된 대학에 처음으로 발을 들여놓기가 어려웠던 것과 마찬가지로, 문학이 일단 대학에 용납되자 그것은 옛날의 학문과 손을 잡고 실험과학의 영향을 최소한으로 하는 데에 한 몫을 했다. 대학에서 가르치는 사람 중에 과학적 훈련을 받은 사람은 거의 찾아볼 수 없었다. 과학적인 능력이 있는 사람들은 사설 실험실에서 일하거나, 연구는 하되 교육적 단체로 조직되지 않은 학회 등을 통하여 활동하였다. 마지막으로, 물질과 감각과 손을 경멸하는 귀족적 전통이 아직도 강한 세력을 가지고 있었다.

¶ 11_ (나) 신교의 항쟁은 신학적 토론과 논쟁에 대한 관심을 엄청나게 증대시켰다. 논쟁의 쌍방은 모두 문학적 문서를 근거로 들고 나왔다. 쌍방은 각기 그 주장의 근거가 되는 옛날 기록을 연구하고 해설하는 능력을 가지게 되도록 사람들을 훈련하지 않으면 안되었다. 반대편에 대항하여 자기들의 신앙을 옹호할 수 있는 사람들, 자기들의 신앙을 선전하고 반대편의 침입을 막을 수 있는 사람들을 훈련해야 한다는 요구가 어느 정도였는가 하면, 17세기 중엽에 와서 김나지움*과 대학의 언어훈련이 그 당시 부활된 신학적 관심의 한 중요한 부분이 되었고 종교교육과 사회 논쟁의 도구로 사용되었을 정도이다. 그리하여 오늘날 교육에서 찾아볼 수 있는 언어교육의 계보는 문예부흥에서 직접 내려온 것이 아니라, 신학적 목적이라는 중간 단계를 거쳐 그것에 적응된 형태를 빌어 내려온 것이다.

* gymnasium ; 대학 준비교육의 성격을 띤 독일의 인문고등학교

¶ 12_ (다) 자연과학의 발상 자체가 인간과 자연의 대립을 날카롭게 하는 방향으로 이루어졌다. 프란시스 베이컨은 자연주의와 인문주의의 관심을 하나로 통합한 거의 완벽한 보기를 보여주고 있다. 관찰과 실험의 방법을 채택하는 과학은 자연을 '앞지르려는'*노력, 다시 말하면 미리 마련된 생각에 비추어 자연을 규정하려는 노력을 포기하고, 자연의 겸손한 해석자가 되어야 한다는 것이다. 지성에 입각하여 자연에 복종함으로써 인간은 실제적 목적에 맞게 자연을 통어

할 수 있다. 즉, '지식은 힘이다.' 이 명구의 의미는, 인간은 과학을 통하여 자연을 통제하며 자연의 에너지를 인간의 목적 달성에 활용한다는 것이다. 베이컨은, 옛날의 학문과 논리는 순전히 논쟁만을 일삼았고, 미지의 세계를 발견하는 것이 아니라 입씨름에 이기는 것에 관심을 두었다고 하여 그것을 공격하였다. 그의 '새로운 논리'에* 제시된 새로운 사고방법을 통하여 방대한 발견의 시대가 출현할 것이며, 이 발견은 인간에게 유익한 발명으로 그 결실이 나타나리라고 베이컨은 내다보았다. 이제 인간은 서로서로를 지배하려는 부질없고 끝없는 노력을 그만두고, 인간 전체의 이익에 기여하는 방향으로 자연을 지배하기 위한 협동적인 과업에 종사해야 한다는 것이다.

---

* 20장 ¶11 주 참조.

** new logic, *Novum Organum*

¶13_ 대체로 말하여, 베이컨은 이후의 진보가 어떤 방향으로 이루어질 것인가를 예언하였다. 그러나 그는 그 진보를, 그의 말대로 '앞질렀다'. 그는 새로운 과학이 그후 상당히 오랫동안 인간을 착취하는 옛날의 목적에 봉사하게 되리라는 것을 예상하지 못하였다. 베이컨은 새로운 과학이 당장 인간에게 새로운 목적을 안겨 주리라고 생각했다. 그러나 사실은 그런 것이 아니라, 새로운 과학은 한 계층에게 그들의 오래된 목적을 달성하는 수단, 즉 다른 계층을 희생한 대가로 그들의 배를 불리는 수단을 안겨 주었다. 베이컨이 예견한 대로, 과학적 방법의 혁명은 과학 산업혁명을 몰고왔다. 그러나 그 혁명에서 새로운 마음이 탄생되는 데는 그 이후 수 세기가 걸리고 있다. 봉건제도는 새로운 과학의 적용으로 몰락하였다. 과학의 적용은 세력을 귀족 지주의 손에서 제조업계로 넘겼던 것이다. 그러나 사회적 인간주의가 아닌 자본주의가 봉건제도를 대신하였다. 생산과 상업의 운영은 마치 새로운 과학이 하등의 도덕적 의미를 가지지 못하고, 오직 생산비의 절감과 저축의 이용으로 자기이익을 도모하는 기술적인 의미만 가지고 있다는 식의 생각을 반영하고 있다. 당연히, 자연과학을 이런 방면에 응용하는 것—이것이 가장 두드러지게 드러난 현상이다—을 본 자칭 인문주의자들은, 그것은 곧 과학이 물질주의의 경향을 가지고 있다는 증거라고 하여 한층 비판의 목소리를 높였다. 이런 방면의 과학의 적용은 돈을 벌고 저축하고 쓰는 것 이상의, 인간의 특이한 인간적 관심에 관해서는 공백을 남겨 두었다.

이에 따라 언어와 문학이 인간의 도덕적, 관념적* 관심을 대표하는 것으로 자처하고 나섰다.

---

* ideal

¶ **14**_ ㈃ 뿐만 아니라 과학에 기초를 두고 있다고 공언한 철학, 과학의 엄밀한 의의를 대표할 자격이 있다고 나선 철학은, 한편으로 인간을 특징짓는 마음과 또 한편으로 자연을 이루고 있는 물질을 날카롭게 구분하는 이원론적 성격을 가진 것이거나, 그렇지 않으면 인간의 삶의 특징적인 면을 환상에 불과한 것으로 보는 기계론적 입장을 표방하였다. 이원론적 철학은 몇몇 특정한 학문이 특별히 정신적 가치를 담당하고 있다는 주장을 인정하고 그런 학문의 우월성을 간접적으로 지지하는 셈이 되었다. 왜냐하면 인간은 인간에 관한 일이 적어도 인간 자신에게는 가장 중요하다고 생각하는 경향이 있기 때문이다. 기계론적 철학은 자연과학의 가치에 대하여 의심과 불신을 자아내게 하고, 때로 자연과학을 인간의 보다 높은 관심에 대한 적으로 생각할 계기를 만들었다.

¶ **15**_ 희랍과 중세의 지식은 세계에 질적 차이가 있다는 것을 인정하였고, 자연의 과정은 목적에 따라 진행된다는, 이른바 '목적론적'* 자연관을 나타내었다. 여기에 비하여, 새로운 과학은, 실재하는(또는, 객관적) 존재가 가지는 모든 성질은 실재가 아니라는 주장을 골자로 하였다.** 소리, 색깔, 목적, 선악 등은 순전히 주관적인 것, 즉 마음에 찍힌 인상에 불과한 것으로 간주되었다. 객관적 존재는 오직 양적 측면을 가진 것으로—즉, 얼마나 많은 질량과 속도를 가지고 있는가 하는 것으로—취급되고, 하나의 존재와 다른 존재의 차이는 공간의 어떤 지점에서의 질량이 다른 지점에서의 질량보다 더 크다든가 어떤 지점에서의 속도가 다른 지점에서의 속도보다 더 크다는 것뿐이었다. 이와 같이 자연에 질적인 구분이 없어지자, 자연이 나타내는 다양성은 이제 그 중요성이 없어졌다. 다양성이 아닌 획일성이 강조되었다. 전우주에 동시에 적용될 수 있는 단일한 수학 공식을 발견하여 현상적으로 나타나는 일체의 표면적 다양성을 거기서 도출해 내려는 것이 과학의 이상이었다. 만약 이것도 철학이라고 할 수 있다면, 이것이 바로 기계론적 철학이다.

* teleological: 희랍어 *telos*는 목적(end)을 뜻한다.

** '실재하는(real) 존재의 성질은 실재(reality)가 아니다'라는 말에서 real, reality 등의 의미는 그 자체가 철학의 문제이다. 그러나 글자의 뜻으로 보면, 각각에 해당하는 우리말로서는, '진짜로 있는'(real), '진짜로 있는 것'(reality)이라는 말이 원래의 뜻에 가장 가깝다. 결국, 무엇이 '진짜로 있는 것'인가가 문제인 것이다.

¶16_ 이러한 철학은 진정한 목적을 나타내지 못한다. 그 철학은 기술을 사물 그 자체로 착각하며, 설비와 용어를 실재로 착각하며, 방법을 내용으로 착각한다. 과학에서 하는 진술이 사건의 방향을 예언하고 통제하는 데 필요한 조건을 제시하는 것에 국한된 것은 사실이며, 과학적인 진술이 사건의 질적 측면을 도외시하는 것도 사실이다. 과학이 기계적이고 양적인 성격을 갖는 것은 이 때문이다. 그러나 과학이 질적 측면을 고려하지 않는다고 해서 질적인 것을 실재에서 제외하는 것은 아니며, 또한 그것을 순전히 정신적인 영역으로 밀어올려 버리는 것도 아니다. 과학은 오직 목적에 소용되는 수단을 제공할 뿐이다. 그리하여 한편으로 과학의 진보는, 사실상, 자연에 대한 인간의 힘을 증대시켰고, 인간으로 하여금 그의 소중한 목적을 전보다 더 확고한 기반 위에 올려놓게 했을 뿐만 아니라 그의 활동을 거의 마음대로 다양화하도록 해준 반면에, 철학은 과학의 업적을 체계화한다고 하면서 세계를 공간에 무미건조하고 단조롭게 배열된 물질에 불과한 것으로 만들어 버렸다. 그리하여 현대 과학의 직접적인 효과는 물질과 마음의 이원론을 더욱 날카롭게 부각시켰다는 것과, 또 그렇게 함으로써 자연과학과 인문학을 두 개의 분리된 학문으로 만들었다는 것이다. 더 좋다든가 나쁘다든가 하는 차이는 경험의 '질'과 관련되는 것인만큼, 실재의 진정한 내용에서 이것을 제외하는 과학철학이 있다면, 그것은 인류에게 가장 중요한 관심거리를 도외시하는 철학이라고 볼 수밖에 없다.

3 현재의 교육문제

¶17_ 진실을 말하자면, 경험에는 인간적 관심사와 순전히 기계적인 자연현상이 구분되지 않는다. 인간의 보금자리는 자연이며, 인간의 목적이나 목표가 달성되고 안되고는 자연적 조건에 달려 있다. 이 자연적 조건과 분리될 때 인간

의 목적은 헛된 꿈이나 안일한 환상에 불과하다. 인간의 경험이라는 관점에서 볼 때, 또 따라서 교육적 노력이라는 관점에서 볼 때, 자연과 인간을 구분하는 타당한 방법이 있다면, 그것은 인간의 실제적 목적을 설정하고 수정하는 데에 고려해야 할 조건과 그 목적 자체로 양자를 구분하는 것이다. 인간은 자연의 바깥에 있는 국외자로서 자연적 과정에 들어오는 것이 아니라, 자연의 연속적인 존재라는 것을 보여주는 생물학적 발달의 원리*가 이 철학적 입장의 타당성을 지지한다. 또한 이 입장은, 지식은 자연적 물체를 사회적 용도에 맞게 활용하는 방향으로 자연적 에너지를 통제하려고 하는 데서 생긴다는 과학의 실험적 방법에 의하여 더욱 강화된다. 역사학, 경제학, 정치학, 사회학 등의 여러 사회과학이 한걸음 한걸음 내어디딘 발전의 발자취는, 사회에 관한 질문을 지적으로 해결하는 데에는, 자료를 수집하고 가설을 형성하고 행동으로 그것을 검증하는 자연과학에서 쓰는 그 방법을 사용하는 것, 그리고 물리학이나 화학에서 얻어진 기술적 지식을 사회복지의 증진에 활용하는 것밖에 다른 방도가 없다는 것을 보여주고 있다. 광란, 무절제, 빈곤, 공공위생, 도시계획, 자연자원의 보존, 公共善공공선을 증진시키되 개인의 독창성과 자발성을 약화시키지 않는 방향으로의 정부기관의 건설적 활용 등의 어려운 문제들을 해결하는 고차원의 방법은 한결같이 우리의 중요한 사회적 관심사가 자연과학의 방법과 결과에 직접 의존한다는 것을 예시하고 있다.

* 생물학적 진화론을 뜻한다.

¶18_ 그러므로 인문교과와 자연교과 모두에 대하여, 교육은 양자가 그와 같이 면밀한 상호의존 관계에 있다는 사실을 출발점으로 삼아야 한다. 교육이 목적으로 삼아야 할 것은, 과학은 자연을 연구하는 학문이요, 문학은 인간적 관심의 기록이라는 식으로 양자를 떼어놓는 것이 아니라, 자연과학과 역사학, 문학, 경제학, 정치학 등, 인간을 대상으로 하는 학문을 결합하여 서로서로를 풍부하게 할 수 있도록 하는 것이다. 방법론상으로 말하면, 이 문제는 한편으로 과학을 단순한 전문적인 정보의 무더기와 전문적인 물리적 조작의 형식으로서 따로 가르치고 또 한편으로 인문학을 분리된 교과로 가르치는 것보다 더 간단하다. 이 후자의 방법은 학생 경험의 인위적 분리를 강요하는 것이다. 학교 바깥에서 학생이 당면하는 사태는 자연적 사실이나 원리가 다양한 양식의 인간행동과 관

련되어 있는 사태이다(3장 ¶¶15-16 참조). 학생들이 이때까지 참여한 일체의 사회적 활동에는 물질적인 자료와 과정이 포함되어 있으며, 그런 활동에 종사하는 동안에 학생들은 틀림없이 이 자료와 과정을 이해하였을 것이다. 학교에 들어와서 이 긴밀한 관련이 깨어진다면, 그것은 정신발달의 연속성을 깨뜨리는 것이요, 학생들은 교과 공부에서 형언하기 어려운 비현실감을 맛보게 되며 그것에 흥미를 가질 정상적인 동기를 박탈당하게 된다.

¶19_ 물론, 교육이 과학에 전문적인 능력을 증진시킬 성향을 가지고 있는 모든 사람에게 그 성향을 발전시킬 수 있도록, 또 만약 가능하면 과학 연구에 평생을 바칠 수 있도록 기회를 주어야 한다는 것은 의심할 여지가 없다. 그러나 현재는 어떤가하면, 대부분의 경우에 학생은 그의 일상의 경험과는 동떨어진 내용으로 된 전문가들의 연구결과를 공부하는 것으로 시작하든가, 그렇지 않으면 산만하고 하등의 중요한 결과도 나오지 않는 잡동사니 자연 공부로 시작하든가, 두 가지 중에서 선택해야 한다. 대학생에게 과학을 분야별로 분리하여 소개하는 것은 어떤 특정한 분야의 전문가가 되려고 하는 사람에게 알맞은 방법이겠는데, 이것이 중 · 고등학교에까지 뻗어내려 온 것이다. 중 · 고등학교 학생은 오직 대학생들이 배우는 것과 똑같은 내용을, 어려운 부분을 약간 잘라내고 토픽을 그 능력 수준에 맞게 줄이고 하여, 보다 초보적인 수준에서 배우고 있다. 이런 식으로 교육하는 것은 의식적으로 이원론적 철학을 신봉해서라기보다는 전통을 따르기 때문이다. 그렇지만 그 결과를 가지고 보면, 마치 자연을 다루는 과학은 인간과 아무 관계가 없으며 그 반대의 경우도 마찬가지라는 생각을 주입하려는 의도를 가지고 교육하기라도 하는듯 하다. 교과 전문가가 되지 않을 사람들에게 오늘날 과학교육이 별로 효과를 거두지 못하는 것은 그 대부분이, 전문적으로 조직된 교과를 가르치는 데서 불가피하게 따라오는 과학과 인간 문제의 분리 때문이다. 모든 학생들이 전문적인 과학자가 될 사람이라고 가정한다 하더라도, 현재의 방법이 가장 효과적인가 하는 것은 의심스럽다. 하물며, 대부분의 학생들은 오직 과학이 정신적 습관에 미치는 영향—말하자면, 정신적으로 보다 기민하게 되고 보다 개방된 마음을 가지게 되고, 잠정적인 가설을 받아들이고, 주장 또는 제안된 아이디어를 검증하는 데에 더 적극적인 태도를 가지게 되는 것—때문에 과학을 공부한다고 생각하면,* 현재의 방법은 확실히 그릇되다. 너무나 흔히, 학생들은 과학이라고 하기에는 수박 겉핥기에 그

치는 정도의 공부를 하고, 보통의 일에 적용할 수 있기에는 너무나 전문적인 공부를 한다.

---

* 가령 교과로서의 과학이 가지는 의미에 관한 이 생각이 Dewey 자신의 것이라고 하면(그렇지 않다고 볼 이유가 없다.), 이 생각이 앞의 5장에서 부정된 형식도야이론과 그 근본에 있어서 어느 정도로 다른가 하는 질문을 해 볼 수 있다.

¶ 20_ 일상의 경험을 활용하여 과학의 내용과 방법에 깊이 파고들도록 하면서 동시에 과학이 일상적 인간의 관심과 관련을 맺도록 하는 것은 오늘날에는 과거 어느 때보다 더 용이하다. 오늘날 문명된 사회에 살고 있는 모든 사람의 일상적 경험은 산업의 과정이나 결과와 밀접한 관련을 맺고 있다. 이 산업의 과정과 결과는 살아있는 과학의 수많은 사례를 보여 주고 있다. 固定고정 증기기관과 牽引견인 증기기관, 휘발유 엔진, 자동차, 전신과 전화, 전기모터 등은 대다수 개인의 삶 속에 직접 들어온다. 학생들은 어렸을 때부터 이런 것들에 관한 실제적 지식을 가지고 있다. 그들의 부모의 직업이 과학적 적용에 의존할 뿐만 아니라, 집안에서 하는 일, 건강의 관리, 길거리에서 보는 것들이 모두 과학적 업적을 구현하고 있으며 과학적 원리에 대한 관심을 자극한다. 과학을 가르치는 데 있어서, 누가 보더라도 명백한 교육학적 출발점은 과학이라는 딱지가 붙은 것을 가르치는 것이 아니라, 일상의 익숙한 일이나 장비를 활용하여 관찰과 실험을 하고, 학생들로 하여금 그 일이나 장비가 일상생활에서 이루어지고 활용되는 모양을 이해함으로써 과학의 근본 원리에 관한 지식을 얻도록 하는 것이다.

¶ 21_ 이따금 과학을 추상적인 이론으로 가르치지 않고 그 활용되는 모습을 통하여 가르치는 것은 과학의 '순수성'을 손상시킨다는 의견이 나오고 있지만, 이것은 오해이다. 사실상, 어떤 교과든지 그 의미가 가장 넓은 범위에 걸쳐서 파악되면 그만큼 그 교과는 교양교육에 기여한다. 의미의 파악은 관련의 파악, 맥락의 파악에 달려 있다. 과학적 사실이나 법칙을 자연적, 기술적 맥락에서만 아니라 인간적인 맥락에서도 본다면, 그것은 과학의 의미를 확대하는 것이며 과학의 교양적 가치를 더욱 증대시키는 것이다. 과학을 직접 경제적인 면에 적용하는 것은—여기서 경제라는 것은 금전가치를 나타낸다고 하면—부수적이고 2차적인 것이지만, 그래도 그것이 엄연한 과학의 맥락임에는 틀림이 없다. 중요

한 것은 과학적 사실이 사회적 맥락에서, 다시 말하면 삶의 기능과 관련되어 파악되어야 한다는 것이다.

¶ **22**_ 그 반면에, '인문주의'라는 것은, 그 근본적인 의미에 있어서는, 인간적 관심사에 대하여 지적 감각을 가지고 있다는 것을 뜻한다. 사회적 관심은 그 가장 깊은 의미에 있어서 도덕적 관심과 동일한 것으로서, 이것은 당연히 인간으로서의 최고의 관심이다. 인간을 아는 것이 아니라, 인간에 '관하여'아는 것, 다시 말하면 인간의 과거에 관한 정보를 듣는 것, 인간이 남긴 문헌기록에 관하여 아는 것 등은 과학의 세부적 지식을 축적하는 것에 못지않게 기술적인 지식이 될 수 있다. 인간은 돈벌이를 한다든가 실험실 작업을 능숙하게 하는 법을 습득하느라고 바쁘게 돌아다닐 수도 있지만, 그와 마찬가지로 언어학에 관한 잡다한 사실을 모은다든지, 문학작품의 연대표를 만드는 데에 분주하게 돌아다닐 수도 있다. 만약 이러한 활동이 삶에 대한 상상적 전망을 확대하는 방향으로 이루어지지 않는다면, 그것은 아이들의 부산한 활동과 그 수준에 있어서 조금도 다름이 없다. 그런 활동은 문자를 다루기는 하나, 거기에는 활동이 갖추어야 할 정신이 결여되어 있다. 그 활동은 구두쇠의 쌓아 모으는 놀음으로 타락해 버리기 쉽고, 그래서 그 활동을 하는 사람은 그가 삶에서 찾은 의미 때문에 자부심을 가지는 것이 아니라, 단순히 많이 가지고 있다는 데서 자부심을 가진다. 어떤 교과든지 삶의 가치에 대한 관심을 증대시키는 교과, 사회적 복지에 대한 감수성과 그 복지를 증진시키는 능력을 길러주는 교과라면, 그것은 인간적인 교과이다.

¶ **23**_ 희랍인의 인문주의 정신은 자생적이고 강렬한 것이기는 했지만, 그 범위가 좁았다. 희랍 문화권 바깥에 있는 사람은 누구나 야만인으로 간주되었고, 일단 유사시에 적이 될 수 있다는 것 이외에는 하등의 중요성이 없었다. 사회문제에 대한 희랍 사상가들의 관찰과 사변이 비록 날카롭기는 했으나, 그들이 자신의 문명에 대하여, 희랍 문명은 좁은 범위에 갇혀 있는 자기폐쇄적이고 자급자족인 문명이 되어서는 안된다고 말한 것은 그들의 글에서 한 마디도 찾아볼 수 없다. 희랍 문명의 장래가 그들이 경멸하던 외부인들의 손에 좌우되리라는 것을 그들은 꿈에도 생각하지 못한 것이다. 희랍 공동체 안에서는, 높은 수준의 문화가 노예와 경제적 농노의 하층구조—아리스토텔레스의 말과 같이, 국

가의 존립에 필요하기는 하나 진정한 의미에서 그 한 부분이라고는 볼 수 없는 계층—에 기초를 두고 있었다는 그 사실로 말미암아, 강렬한 사회적 정신이 꽃필 수 없었다. 과학의 발달로 일어난 산업혁명은 식민지 개척과 무역을 통하여 여러 나라의 사람들을 긴밀하게 접촉시켰고, 그리하여 설사 어떤 나라가 다른 나라를 여전히 깔볼 수는 있다 하더라도, 어떤 나라도 그 운명이 전적으로 그 나라 안에서만 결정된다는 환상에 젖을 수는 없다. 산업혁명은 또한 농노제도를 철폐하였고, 그대신 조직된 공장 노동자 계층을 새로 만들어 내었다. 이 계층은 정치적 권리를 인정받고, 산업을 통제하는 데에 일익을 담당하겠다고 나서고 있다. 그동안 계층의 장벽이 무너짐에 따라 부유층은 경제적으로 가난한 계층과 긴밀한 관계를 맺게 되었고, 그리하여 공장 노동자의 그러한 주장은 상당수의 부유층 사이에서도 호의적으로 받아들여지고 있다.

¶ 24_ 이러한 사정을 요약해서 정리하자면, 옛날의 인문주의는 경제적, 산업적 조건이라는 중요한 고려사항을 빠뜨렸다고 말 할 수 있다. 결국, 그것은 한쪽으로 치우친 인문주의였다. 그러한 상황에서의 문화는 직접 사회를 통제하는 위치에 있는 계층의 지적, 도덕적 안목을 반영할 수밖에 없었다. 문화에 대한 이러한 전통은, 앞에서 말한 바와 같이(19장 ¶14 참조), 귀족주의적인 것이다. 그것은 계층간의 근본적 공동 관심사에 강조를 둔다기보다는 계층을 구분짓는 차이점에 강조를 둔다. 그 문화의 표준은 과거에 있다. 그것은 문화의 범위를 넓게 확장하는 것을 목적으로 삼는 것이 아니라, 과거에 축적된 것을 보존하는 데에 목적을 두는 것이다.

¶ 25_ 산업이라든가 그밖에 생활의 수단을 얻는 것과 관련된 것을 폭넓게 고려하여 문화를 규정하는 관점은 흔히 과거를 원천으로 삼는 문화를 공격하는 것이라고 하여 비난의 대상이 되고 있다. 그러나 우리가 보다 폭넓은 교육적 관점에서 보려고 한다면, 산업 활동은 대중으로 하여금 지적 자원에 더 쉽게 접하도록 하고, 더 훌륭한 자원을 가지고 있는 사람들의 문화를 더 알차게 하는 계기가 된다고 보아야 한다. 요컨대, 한편으로 과학과 산업 발달의 긴밀한 관련, 그리고 또 한편으로 문학적, 예술적 문화와 귀족주의적 사회조직과의 긴밀한 관련을 생각해 본다면, 우리는 과학적, 기술적 교과와 세련된 문학 교과와의 대립이 심각한 의미를 지니고 있다는 것을 알게 된다. 진정으로 민주적인 사회가

되려고 하면, 우리는 이와 같은 교육에서의 분리를 극복할 당위성에 불가피하게 직면하게 된다.*

---

* 이 문장은 교육과 사회조직 사이의 관련을 시사하고 있다. 여기에 시사된 관련은, 특히 7장 ¶12에 나타난, 또는 그 이후에 여기저기 시사된 것보다는 훨씬 인과적 의미를 강하게 풍기고 있다는 점에 유의할 필요가 있다.

| 요약 | **¶ 26_** 인간과 자연을 대립적인 것으로 보는 모든 이원론적 철학은 자연교과와 인문교과의 구분, 그리고 인문교과를 단순히 과거의 문학적 기록으로 파악하려는 경향에 반영되어 있다. 이 이원론은 (우리가 취급한 다른 이원론도 그렇다시피) 희랍 사상의 특징이 아니다. 그것은, 어느 정도로는, 로마와 야만 시대의 유럽의 문화가 자생적인 것이 아니고 직접, 간접으로 희랍에서 빌어 온 것이기 때문이며, 또 어느 정도로는, 당시의 정치적, 종교적 상황이 문학적 문서를 통해서 전달되는 과거 지식의 권위에 대한 의존을 강조했기 때문이다.

¶ 27_ 현대 과학이 처음으로 일어났을 때에는 자연에 관한 지식이 인간의 진보와 복지를 얻는 수단으로 간주되었고, 따라서 그 정신에 의하면 자연과 인간의 긴밀한 관련이 다시 회복되기로 되어 있었다. 그러나 과학의 보다 직접적인 적용은 모든 사람들이 아닌, 한 특정한 계층의 이익에 봉사하였다. 또한 과학이론에 대한 철학적 해석은 과학을 정신적, 비물질적인 인간과 구분되는 물질적인 것으로 보았거나, 그렇지 않으면 마음을 순전히 주관적인 환상으로 배척하였다. 따라서 교육에서는 과학을 자연세계에 관한 기술적 정보라는 별도의 내용을 가진 교과로 취급하고, 여기에 대하여 옛날의 문학 교과만을 특이하게 인문적 교과로 생각하게 되었다. 앞의 몇 장에서 논의한 지식의 발달, 그리고 그것에 입각한 교과조직에 관한 내용은 이러한 교과의 분리를 극복하고, 자연과학에 관한 교과내용이 인간의 문제에서 차지하는 위치를 확실히하는 데에 그 의도가 있었다.

제 22 장

개인과 세계

1 순전히 개인적인 것으로서의 마음

¶ 1_ 이때까지 우리는 노동과 여가, 아는 것과 하는 것, 그리고 인간과 자연을 구분하는 데에 작용한 사상적 영향을 고찰하였다. 그러한 사상적 영향은 교육의 내용을 각각 분리된 교과로 분할하는 결과를 가져 왔다. 그러한 사상적 영향은 또한 몸과 마음, 이론적 지식과 실제, 물리적 기제와 관념적 목적을 서로서로 대립시키는 여러 철학으로 정립되어 왔다. 철학이론상으로 보면 이들 여러 이원론들은 개인의 마음과 세계 사이의 (따라서, 개인들의 마음 상호간의) 날카로운 대립으로 집약된다. 이러한 철학적 입장과 교육실제 사이의 관련은 앞의 세 장에서 고찰한 주제에서만큼 명백하지는 않지만, 그것에 해당하는 교육방법상의 문제가 없는 것은 아니다. 교과('세계'에 해당하는 것)와 방법('마음'에 해당하는 것) 사이에 대립이 있다고 생각하는 것이 그 하나요, 흥미를 학습내용과 내재적 관련이 없이 순전히 私的사적인 것으로 취급하는 것이 또 하나이다. 이런 부차적인 교육적 의미는 차치하고, 이 장에서는, 마음과 세계의 이원론적 철학은 지식과 사회적 관심,* 개인의 자유와 사회통제 및 권위 사이의 관계를 그릇되게 파악한다는 것을 보이고자 한다.

* social interests

¶ 2_ 마음을 개인의 자아와 동일시하고 또 개인의 자아를 사적인 정신적 의식과 동일시하는 것은 비교적 현대의 일이다. 희랍 시대에 있어서나 중세에 있어

서는, 개인을 보편적, 신적 지성의 작용을 매개하는 통로로 보는 것이 일반적인 경향이었다. 개인은 결코 진정한 의미에서의 '앎의 주체'가 될 수 없었다. 앎의 주체는 개인을 통하여 작용하는 '이성'*이었다. 앎의 과정에 개인이 개입하는 것은 개인에게도 위태로운 일이며 진리에도 손상이 가는 것으로 생각되었다. 개인이 아니라 이성이 앎의 주체가 되는 정도에 따라 독단과 오류와 의견이 참된 지식으로 대치되는 것으로 생각되었다. 희랍인의 생활에서는 관찰이 날카롭고 재빨랐으며, 사고는 거의 무책임한 사변에 이를 정도로 자유로웠다. 따라서, 이 경우에 이론이라는 것이 가져오는 결과는 바로 실험적 방법이 없는 상태에서 나타나는 결과와 동일할 수밖에 없었다. 실험적 방법이 없으므로, 개인은 지식을 획득하는 일을 할 수 없고 다른 사람의 탐구 결과에 의하여 검증을 받을 수도 없었다. 또한, 다른 사람의 검증을 받을 필요가 없는 만큼, 사람들은 지적으로 책임있는 지력을 행사할 수 없었다. 탐구의 결과를 받아들이는 기준은 심미적 일관성이 있다든가 마음에 든다든가 아니면 그 말을 한 사람이 명성이 높다는 것이었다. 그 이전의 야만시대에는 진리에 대한 태도가 이보다 더욱 低姿勢저자세였다. 중요한 지식은 신의 계시에 의하여 내려지는 것이요, 개인의 마음이 할 수 있는 것이라고는 권위로부터 지식을 받아들인 뒤에 그것을 이리저리 음미해 보는 것뿐이었다. 지식 또는 진리에 대한 이러한 태도에 대하여 보다 본격적인 철학적 분석을 할 수 있겠지만, 그것과는 별도로 한 가지 분명한 사실은, 신념이 관습에 의하여 전수되는 곳에서는 마음을 개인의 자아와 동일시한다는 것은 꿈에도 생각할 수 없었다는 것이다.

* Reason; 듀이가 이 단어를 대문자로 시작한 것은 그것이 '개인의' 이성이 아닌, 개인을 초월하는 이성임을 나타내기 위한 것이라고 생각된다.

¶ 3_ 중세에는 종교적 개인주의가 있었다. 삶의 가장 깊은 관심사는 개인 영혼의 구원이었다. 중세 후반에 와서, 이 잠재적인 개인주의는 唯名論的유명론적 철학이라는 형태로 의식적인 정립을 보았다. 이 철학에 의하면, 지식이라는 것은 개인이 자기 자신의 인식 행위를 통하여 그의 내부에 쌓아올리는 구조물, 즉 '정신 상태'를 의미하였다.* 16세기 이후 경제적, 정치적 개인주의가 일어나고 개신교가 널리퍼짐에 따라 개인이 스스로 지식에 도달할 권리와 의무가 있다는 것을 강조할 시기가 무르익었다. 여기에 따라 지식은 전적으로 개인적, 사

적 경험을 통하여 얻어진다는 견해가 생겨났다. 그리고 그 결과로서, 지식의 원천이요 소유자인 마음은 순전히 개인의 것이라는 생각이 나오게 되었다. 그리하여 교육의 측면에서 보면, 몽떼뉴, 베이컨, 로크** 등 교육개혁가들은 이때부터, 학습이 이 사람 저 사람의 말을 들어서 이루어진다는 생각을 열렬히 부정하고, 비록 어떤 신념이 우연히 眞진일지라도 그것이 개인의 경험에서 우러나고 그 경험에 의하여 검증되지 않으면 지식이 될 수 없다고 주장하였다. 삶의 모든 국면에서의 권위에 대한 반대, 행동과 탐구의 자유를 위한, 승산이 그다지 크지 않은 강렬한 투쟁, 이런 것들이 개인의 관찰과 관념의 중요성을 강하게 부각시켜서, 급기야 개인의 마음을 앎의 대상인 세계에서 분리, 고립시키는 결과를 초래하였다.

---

* 唯名論(유명론, nominalism)이 인식에 있어서의 개인의 중요성을 강조했다는 것은 중요한 포인트이다. 유명론은 實念論(실념론, realism; 이 경우의 realism은 idealism에 대비되는 realism과 구분하기 위해서 essentialism이라고 불러야 한다는 학자도 있다)에 대비되는 주장으로서, 보편적 개념은 개별적 사물에 붙인 '이름'에 불과하며 실제로 존재하는 것은 보편적 개념이 아니라 개별적 사물이라고 본다. 유명론이 개인의 마음을 중요시하였다는 것은 그 개별적 사물에 보편적 이름을 붙이는 것이 개인의 마음이라고 보았기 때문일 것이다.

* Mischel de Montaigne, Francis Bacon, John Locke

¶ 4_ 이 마음의 분리, 고립은 인식론(즉, 지식의 철학)이라는 철학의 한 분야의 발전과 밀접한 관련이 있다. 마음을 자아와 동일시하는 것, 그리고 어떤 다른 것에도 의존하지 않고 독립적으로 존재하는 실체로서 자아를 내세우는 것은 앎의 주체인 마음과 그 대상인 세계 사이에 근본적인 간격을 만들어 내었고, 그리하여 도대체 지식을 얻는 일이 어떻게 가능한가가 중요한 철학적 문제로 등장하였다. 앎의 주체와 앎의 대상이 완전히 서로 떨어져 있다고 생각되면, 양자가 서로 어떻게 관련을 맺어서 지식이 생기게 되는가를 설명하는 이론체계가 필요하게 된다. 이 문제, 그리고 그것에 부수된 것으로서, 세계가 어떻게 마음에 작용하며 마음이 어떻게 세계에 작용하는가 하는 문제가 철학적 사고의 거의 유일한 골칫거리로 되었다. 우리는 세계를 진짜 있는 그대로는 알 수가 없고 오직 마음에 판찍힌 인상만을 알 수 있다는 이론, 또는 개인의 마음이 아닌 세계라는 것은 있을 수 없다는 이론, 또는 지식이라는 것은 마음 내부의 상태 사이의 연합에 불과하다는 이론 등은 모두 그 골치아픈 일을 한 결과로 나온 것들

이다. 여기서 우리의 직접적인 관심은 그런 이론들이 옳은가 그른가에 있는 것이 아니라, 그런 절망적인 해결책들을 널리 받아들였다는 것이 바로 마음을 실재 세계에 대립된 것으로 생각해 왔다는 증거임을 지적하는 데에 있다. '의식'이라는 단어를 마음과 동의어로 쓰는 경향이 점점 농후해지는 것, 그리고 그와 함께 의식상태와 의식과정은 개인 내면의 세계로서 자연이나 사회와는 별도로 존재하며, 그 내면의 세계는 다른 어떤 것보다도 더 참된, 더 직접적인 앎의 대상이라는 생각도 그와 동일한 사실의 증거가 된다. 요컨대 실제적 개인주의,* 다시 말하면 사고와 행동에서 더 큰 자유를 찾으려는 투쟁이 철학적 주관주의로 번지게 된 것이다.

---

* practical individualism; 앞 문단(¶3)에서 듀이는 '종교적 개인주의', '경제적, 정치적 개인주의' 등으로, 개인주의의 몇 가지 상이한 표현을 언급하고 있고, 그것이 '인식론적 개인주의'(개인의 내부에 있는 독립적인 마음이 인식의 주체라는 생각)와 관계가 있음을 말하고 있다. '종교적 개인주의'는 개인이 교회나 성직자의 종교적 권위를 개입시킴이 없이 직접 신과 교섭하는 태도를 가리키는 것으로 이해되고, '경제적, 정치적 개인주의'도 경제나 정치 활동의 책임을 개인에다 둔다는 뜻으로 이해될 수 있다. 그러나 여기서 말하는 '실제적 개인주의'라는 표현은 그 자체만으로는 이해하기 어렵고, 그 다음의 표현, 즉 '사고와 행동에서 더 큰 자유를 얻으려는 투쟁'에 따라 그런 뜻으로 이해하는 수밖에 없다. 이하의 설명에 나타난 바와 같이, Dewey는 이런 의미에서의 '실제적 개인주의'는 받아들일 수 있지만, 그것에 기초를 둔 것으로 생각되는 '철학적 개인주의'(즉, '인식론적 개인주의')는 받아들일 수 없다고 주장한다.

2 재조직* 주체로서의 개인의 마음

¶ 5_ 이러한 철학적 주관주의 운동이 실제적 개인주의의 의의를 그릇되게 파악했다는 것은 의심할 여지가 없다. 주관주의 철학은 사고와 행동에 있어서의 개인의 자유를 추구하는 운동을 올바르게 표현했다기보다는 그것을 왜곡하였다. 인간은 자연으로부터, 또 인간 상호간으로부터 자유로워지려는 그런 어리석은 노력을 한 것이 아니다. 인간은 자연 '속에서', 또 사회 '속에서' 더 큰 자유를 얻으려고 노력하였다. 인간은 사물과 동료 인간의 세계에 변화를 일으킬 힘을 증대시키고자 했던 것이며, 활동의 범위, 그리고 그 활동에 내포된 관찰과 관념의 자유를 증대시키고자 했던 것이다. 인간은 세계로부터의 고립을 원한 것이 아니라 세계와의 더 밀접한 관련을 원하였다. 인간은 전통을 통한 간접적

인 방법에 의해서가 아니라 직접 자기 스스로 세계에 관한 신념을 형성하기를 바랐다. 인간은 동료 인간들과 더 밀접하게 한 덩어리가 되어, 보다 효과적으로 서로에게 영향을 주며 공동의 목적을 위하여 서로의 활동을 규합하기를 바랐다.

* 만약 제목이 아니었더라면, 이 '재조직'이라는 단어 앞에 가령 '경험의' 라든가 '신념의'라는 수식어가 틀림없이 붙었을 것이다. 이 절에서 설명하고자 하는 마음의 개념은 '경험을 재조직하는 주체'로서의 마음인데, 이것은 물론, 앞 절의 '순전히 개인적인 것으로서의 마음'에 대한 대안으로 제안된 것이다.

¶ 6_ 그런데 인간이 세계에 관하여 가지고 있었던 신념이란 어떤 것이었던가? 이때까지 지식으로 통용되던 것들은 과거의 축적된 의견 이상의 아무것도 아니요 그 상당 부분은 불합리한 것이며, 그 중의 옳은 부분도 권위에 의하여 받아들여진 경우에는 제대로 이해되지 못했던 것이 아닌가? 이제 인간은 스스로 관찰하여 자기 자신의 이론을 형성하고 몸소 그것을 검증하지 않으면 안된다고 생각하게 되었다. 이 방법이야말로 독단적인 教義교의를 진리인 양 주입하는 것, 마음을 진리에 승복하는 형식적인 행위로 격하시키는 절차에 대한 유일한 대안이었다. 때로 연역적 인식 방법이 귀납적 실험에 의한 인식 방법으로 대치되었다고 일컬어지는 것은 그 의미가 여기에 있다.* 어떤 의미에서 보면, 인간은 그전부터 늘 자신의 직접적인 생활의 관심사를 처리하는 데에 있어서 귀납적 방법을 써 왔다. 건축, 농업, 제조업 등등은 자연적 사물의 성질에 관한 관찰을 기초로 할 수밖에 없었으며, 그런 일에 관한 아이디어 또한, 어느 정도로는, 결과에 의하여 검증될 수밖에 없었다. 그러나 그런 일에 있어서조차도 인간은 관습에 지나치게 의존했고, 그것을 이해하면서 따른 것이 아니라 맹목적으로 따랐다. 이것도 어떤 의미에서는 '관찰 · 실험 방법'이라고 부를 수는 있지만, 그것은 순전히 일상생활의 실제적인 일에 국한되어 있었으며, 여기에는 또한 실제와 이론적 지식 또는 진리 사이의 날카로운 구분이 전제가 되어 있었다(20장 참조). 자유도시의 흥기, 여행, 탐험, 상업의 발달, 그리고 상품 제조와 기업경영의 새로운 방법의 발달은 인간으로 하여금 자신이 가진 것으로 문제를 해결해나가도록 하는 데에 결정적인 계기를 마련하였다.** 갈릴레오, 데카르트, 그리고 그 후계자들과 같은 혁신적 과학자들은 자연에 관한 사실을 밝혀내는 데에 그와 비슷한 방법***을 사용하였다. 과거에서 물려받은 신념을 체계화하고

'증명'하려는 관심은 물러가고 새로운 지식을 '발견'하려는 관심이 그 자리를 차지하게 되었다.

* 이 문장을 기초로 하여 Dewey가 '연역법' 자체에 반대한다고 생각하면 잘못이다. 듀이는 '귀납적, 실험적 방법'에서 연역법이 중요한 위치를 차지한다고 보고 있다.

** 7장 ¶12에서 Dewey는 이러한 세력들이 민주주의의 발달을 가져왔다고 말하고 있다.

*** 여기서 '그와 비슷한 방법'(analogous method)이라는 말은, 혁신적 과학자들이 사용한 새로운 과학적 연구방법이 '상품 제조와 기업 경영의 새로운 방법'에 비유될 수 있다는 뜻을 나타내며, 어느 편인가하면, 그 과학 연구의 방법은 제조와 기업의 방법을 '학문 연구'의 방법으로 '번역'한 것으로 보아야 한다는 뜻을 나타낸다. 과학 연구는 '이론적 활동'이요, 제조, 기업은 '실제적 활동'이다. 이론은 실제에서 나온다는 것이 Dewey 이론의 특색임에 비추어 보면, Dewey로서는 그렇게 보는 것이 당연하다.

¶ 7_ 이러한 일련의 움직임을 철학적으로 올바르게 해석하자면, 지식을 얻는 데에 있어서, 또 아무리 대단한 권위에 의하여 보장된 신념이라 하더라도 그것을 몸소 검증하는 데에 있어서, 개인의 권리와 책임이 무엇보다도 중요하다는 것은 당연히 인정되어야 할 것이다. 그러나 그렇다고 해서 개인을 세계로부터 고립시키고 따라서—이론상으로—개인을 서로서로 고립시킬 필요는 없었다. 그러한 고립, 그러한 연속성의 파괴는 인간이 하려고 하는 일에 성공할 가능성을 미리 차단하는 것에 지나지 않는 것이다. 사실에 있어서, 개인은 누구나 사회적 환경 속에서 자라왔고 또 앞으로도 그 속에서 자랄 수밖에 없다. 그의 반응이 지적인 것이 되고 의미를 가지게 되는 것은 오직 그가 모든 사람들에게 받아들여지는 의미와 가치를 매개로 하여 그 분위기 속에서 살고 행동하기 때문이다(3장 ¶16 참조). 사회적 상호작용을 통하여, 신념을 구현하는 활동에 참여함으로써 개인은 점차 자기 자신의 마음을 획득하게 된다. 마음은 자아가 순전히 따로, 혼자서 가지고 있다고 생각하는 것은 진리에 정면으로 반대된다. 자아는 사물에 관한 지식이 그 주위의 삶에 그대로 살아 나타남으로써 마음을 '성취'하는 것일 뿐, 혼자서 지식을 새롭게 건설해 나가는 고립된 마음이 바로 자아라고는 말할 수 없다.*

* 이 마지막 문장은 이때까지의 이 장의 논의를 집약하는 것으로서, 몇 가지 중요한 포인트를 포함하고 있다. (1) 마음은 저절로 자아에 주어지는 것이 아니라 자아가 마음을 성취해야 한다. 다시 말하면, 개인이 태어날 때부터 마음을 가지고 있는 것이 아니라 살아가는 동안에 모종의 '노력'을 한 결과로 비로소 마음을 가지게 된다. (2) 마음을 이루는 실체, 또는 '마음

의 내용'은 삶의 과정에 사용되는 지식이다. '사물에 대한 지식이 그 주위의 삶에 그대로 살아 나타난다'는 표현은 마음의 내용과 주위의 삶에 나타나는 지식의 대응을 (반대방향에서) 나타내고 있다. (3) 개인은 혼자서 지식을 새롭게 만들어 나가는 존재가 아니라 이때까지 축적된 지식을 학습한다. 물론, 개인은 이미 축적된 지식에다가 새로운 것을 추가할 수는 있지만, 그것은 이미 축적된 것을 바탕으로할 때 가능하다(다음 문단 참조).

¶ 8_ 그렇기는 해도, 지식과 사고 사이에는, 전자가 객관적이요 개인과 무관한* 반면에 후자는 주관적이요 개인과 유관하다는 점에서 구분이 성립한다. 어떤 의미에서 보면, 지식이라는 것은 우리가 당연한 것으로 받아들이는 것을 가리킨다. 지식이라는 것은 끝난 것, 확립된 것, 우리의 통제하에 있는 것으로서, 그것에 관해서는 더이상 문제삼을 필요가 없는 것을 가리킨다. 우리가 완전히 알고 있는 것(즉, 지식)에 관해서는 사고할 필요가 없다. 흔히 쓰는 말로 표현하자면, 지식은 '확실한' 것, '보장된' 것이다. 이 확실하다고 하는 것은 단순히 확실하다는 '느낌'을 갖는다는 뜻이 아니다. 그것은 감정을 나타내는 것이 아니라 실제적 태도, 다시 말하면 머뭇거리거나 서슴지않고 행동하려는 태세를 나타낸다. 물론, 우리는 틀릴 수가 있다. 어떤 주어진 시점에서 지식—사실, 또는 진리—이라고 받아들인 것이 사실과 다를 수가 있는 것이다. 그러나 우리가 의심의 여지가 없는 것으로 받아들이는 것, 우리가 서로서로, 또 자연과 상호작용하는 가운데 당연한 것으로 받아들이는 것을 그 시점에서의 '지식'이라고 부른다.** 이와는 달리, 사고는, 앞에서 말한 바와 같이, 의심 또는 불확실성에서 시작한다. 지식이 통달이나 소유된 것을 가리키는 것과는 달리, 사고는 탐구, 탐색, 추구의 태도를 나타낸다. 사고의 비판 과정을 통하여 참된 지식이 수정, 확장되며, 실재에 관한 우리의 확신이 재조직된다.

---

* impersonal : 또는 '비인칭적' 또는 '당사자적'이라고도 번역할 수 있다. 이에 반하여 personal은 '사람이 개입해 있다'는 뜻으로, '인칭적'이라고 번역할 수 있다. 이 문장의 뒷부분에 나오는 '개인과 유관하다'는 것은 personal의 번역이다.

** 원문의 *called*는 이탤릭체로 되어 있다. 이것은 '지식이라고 부르기는 하지만 진정한 의미에서의 지식이 아닐 수도 있다'는 뜻을 나타내는 듯하다. 어쨌든, 지식과 사고를 비교할 때, 사고는 계속적인 탐구를 의미하는 데에 비하여, 지식은 어느 특정한 시점에서의 탐구 결과를 가리킨다는 것이다.

¶ 9_ 분명히, 지난 수 세기는 신념의 수정과 재조직이 나타난 전형적인 기간이었다. 신념을 수정하고 재조직한다고 하여 인간이 實在실재에 관한 일체의 전수된 신념을 송두리째 던져 버리고 그들 자신만이 가지고 있는 사적인 감각과 관념에 입각하여 완전히 새로 시작한 것은 아니다. 그들이 그렇게 하고 싶었다 하더라도 그렇게 할 수가 없었다. 만약 참으로 그렇게 할 수 있었더라면 누구나 바보가 되는 수밖에 없었을 것이다. 이 기간 동안에 인간이 한 일은 그전에 지식으로 통용되던 것을 출발점으로 삼아서, 그것이 기초로 하고 있었던 근거를 비판적으로 조사하는 일이었다. 그들은 예외를 예의주시하였다. 그들은 새로운 기계장치를 써서 그전에 자신이 믿고 있었던 것과 어긋나는 자료들을 들추어내었다. 그들은 상상력을 동원하여 그 조상들이 신뢰하였던 것과는 다른 새로운 세계를 파악하였다. 그들의 일은 조금씩 조금씩 소규모적으로 이루어졌다. 그들은 한번에 한 문제씩만 가지고 씨름을 했다. 그러나 그들이 한 모든 수정 작업의 결과는 그 이전의 세계파악에 비하면 그야말로 혁명에 해당하는 것이었다. 이때 일어난 지적 습관의 재조직은 그 이전과의 모든 관련을 잘라버렸을 때보다 훨씬 효율적인 것이었다.

¶ 10_ 이상의 고찰은 지식에 있어서의 개인 또는 자아*의 역할이 어떤 것인가를 보여 준다. 그 역할은 이때까지 받아들여 온 신념의 방향과 구성을 재조정한다는 것이다. 이른바 '새롭다'고 하는 관념—즉, 현재 받아들여지고 있는 신념과는 다른 방식으로 사물을 파악하는 것—은 어떤 것이든지 개인에 그 기원을 둔다고 볼 수밖에 없다. 새로운 관념은, 물론, 언제나 나타나게 마련이지만, 관습에 지배되는 사회는 새로운 관념의 발달을 북돋아주지 않는다. 오히려, 그러한 사회는 새로운 관념이 현재 받아들여지고 있는 것과 어긋난다는 바로 그 이유에서 그것을 억압한다. 다른 사람과는 다른 방식으로 사물을 보는 사람은 그러한 사회에서는 수상한 인물로 취급되며, 그런 사람이 계속 자기의 생각을 굽히지 않으면 치명적인 결과를 당하는 것이 상례이다. 신념에 대한 사회적 규제가 그토록 엄격하지 않은 경우에 있어서도, 사회적 조건이 새로운 관념의 형성, 발전에 필요한 장치를 제공하지 않을 수도 있고 새로운 관념을 발전시키려고 하는 사람들에게 물질적 지원이나 보상을 제공하지 않을 수도 있다. 그리하여 이런 사람들은 낭만적인 사상누각을 짓거나 목적없는 사변에 빠져 있는 奇人기인으로밖에 취급을 받지 못한다. 현대 과학혁명이 바탕을 두고 있는 관찰과 상

상의 자유는 쉽게 얻어진 것이 아니다. 그것은 투쟁의 결과로 쟁취된 것이며, 지적 독립을 얻는 과정에서 많은 사람들이 고통을 받았다. 그러나, 전반적으로 말하여, 현대 유럽 사회는 관습의 명령을 거역한 개인의 반작용을 처음에는 허용하다가 그 다음에는 적어도 몇몇 분야에 있어서는, 의도적으로 조장하였다. 발견, 연구, 새 방향의 탐구, 발명 등이 드디어 사회적 유행으로, 또는 다소간 용납가능한 것으로 받아들여지게 되었다.

---

* the individual, or the self, 여기서 or는 동격을 나타낸다. 다시 말하여, Dewey가 보기에, '자아'라는 것은 '개인'을 다르게 부르는 이름에 불과하다.

¶11_ 그러나, 앞에서 이미 지적한 바와 같이, 철학이론으로서의 인식론은 개인 내부의 마음을 신념의 재구성의 거점으로 파악하는 것을 만족스럽게 여기지 않았고 따라서 개인과 자연, 그리고 동료 인간과의 연속성을 인정하려들지 않았다. 인식론에서는 개인의 마음을 각각 그 자체로서 완전한, 자연과 다른 인간의 마음으로부터 분리된, 동떨어진 실체로 보았다. 그리하여 정당한 의미에서의 지적 개인주의—이것은 이전의 신념을 비판적으로 수정하는 태도로서, 진보에 필수불가결한 요소가 된다—가 도덕적 및 사회적 개인주의로 명백히 체계화되기에 이르렀다.* 마음의 활동이 관습적인 신념을 출발점으로 하여 그것에 변경을 가함으로써 일반적인 신념보다 더 타당한 것이 되고자 노력할 때에는 개인과 사회 사이에 대립이 있을 수 없다. 관찰, 상상, 판단, 창의에 있어서 개인이 남과는 다른 지적 경향을 보인다는 것은 바로 사회 진보의 원동력이다. 이것은 습관에 동화하는 것이 사회 유지의 원동력인 것과 마찬가지이다. 그러나 지식이 개인의 내부에서 생기고 발달한다고 생각할 때에는 한 개인의 정신생활을 동료 인간들의 정신생활과 묶어주는 유대가 무시되고 부정된다.

---

* 이 장의 ¶4에서 듀이는 '사고와 행동에서 더 큰 자유를 얻으려는 투쟁'을 '실제적 개인주의'라고 불렀다. 여기서 말하는 '지적 개인주의'가 그것에 해당한다고 생각된다. 그와 마찬가지로, ¶4에서 말하는 '철학적 주관주의'와 여기서 말하는 '도덕적 및 사회적 개인주의' 사이에도 모종의 관련이 성립한다고 볼 수 있다. 다만, 철학적 주관주의는 지식의 원천이 개인 내부에 있다는 견해로서 인식론에 관련되는 것임에 비하여(¶4 주에서는 그것을 '인식론적 개인주의'라고 불렀다), 도덕적, 사회적 개인주의는 개인의 자유를 동료 인간들과의 관계(즉, 바깥 사회)에서 찾으려는 태도로서 사회철학에 관련된다. 사회철학에서의 개인주의는 인식론에서의 개인주의를 논리적 필요조건으로 삼는다고 말할 수 있다.

¶ 12_ 개인 내부의 정신작용이 사회적 성격을 띤다는 것을 부정할 때에는 개인과 그 동료 인간들을 결부시키는 유대를 어디서 찾을 것인가 하는 문제가 대두된다. 도덕적 개인주의는 삶을 '개인'이라는 각각 다른 구심점들로 의식적으로 분리시키는 데서 나온다. 그것은, 각 개인의 의식은 다른 사람들의 관념, 원망, 목적과는 내재적으로 별개인, 전적으로 사적인, 독립된 대륙이라는 발상에 뿌리를 두고 있다. 그러나 사람들의 활동은 공동의 공적 세계 안에서 이루어진다. 개인의 마음이 따로 떨어진 독립된 의식으로 이루어져 있다는 이론을 받아들일 때 거기서 생기는 문제는 이것이다. 즉, 느낌, 관념, 욕망 등이 사람들 사이에 아무런 공통성을 나타내지 않는다면, 거기서 나오는 행동들이 어떻게 사회적 또는 공적 이익*에 도움이 되는 방향으로 통제될 수 있는가? 만약 이기적인 의식이라는 것이 있다면, 도대체 어떻게 다른 사람을 존중하는 행동이 일어날 수 있는가?

* interest

¶ 13_ 그러한 전제*에서 출발한 도덕철학은 이때까지 위의 질문을 취급하는 네 가지 전형적 방식을 생각해 내었다. ㈎ 한 가지 방법은 기존의 권위주의적인 입장을 대표하는 것으로서, 여기에는 그후 사건의 진전에 따라 절대적으로 불가피한 범위내에서 양보 또는 타협이 가미되기도 하였다. 개인적인 이탈은 여전히 의심의 대상이 되고 있다. 또한 원칙상, 개인의 특이성은 외적인 권위의 통제와는 무관하게 개인 내부에 존재하는 혼란, 저항, 부패의 증거로 간주된다. 원칙의 문제와는 별도로, 사실에 있어서는, 특정 전문 분야—예컨대 수학, 물리학, 천문학, 그리고 여기에 기초를 두고 있는 기술 발명—에 있어서의 지적인 개인주의는 용납된다. 그러나 이와 비슷한 방법이 도덕, 사회, 법, 정치 문제에 적용될 수 있다고는 보지 않는다. 이들 문제에 있어서는 독단적 教義교의가 최고의 권위를 쥐고 있다. 계시나 직관으로 알게 되는 영원한 진리, 또는 조상들의 지혜가 개인의 관찰이나 사변으로서는 도저히 뛰어넘을 수 없는 한계를 그어 놓고 있다. 사회를 괴롭히는 악은 이 울타리를 넘는 못된 개인들의 노력 때문에 생기는 것으로 생각된다. 자연과학과 규범과학 사이에 '삶의 과학'이라는 중간 영역이 있어서, 겨우 이 영역에서만, 명백한 사실로서 확립된 것의 압력에 못이겨 탐구의 자유가 허용되는 정도이다. 인간의 복지**를 탐구의 과정 그 자

체에 붙박혀 있는 책임감에 맡겨 두는 편이 인간 복지의 가능성을 넓게, 또 확실하게 한다는 것이 과거 역사에 의하여 실증되었음에도 불구하고, '권위이론'은 별도로 진리의 성역을 설정해 두고 그것에서 이탈하는 사적인 신념이 침입하는 것을 막으려고 한다. 이것이 교육에 적용될 때, 교육의 강조점은, 영원한 진리 그 자체는 아니라 하더라도, 서적이나 교사의 권위에 있으며, 개인적인 이탈은 바람직하지 못한 것으로 억제된다.

---

* 다시 말하면, 사람들의 느낌, 관념, 욕망에 하등의 공통성이 없다든가, 이기적인 의식이 있다는 전제.

** good, 또는 이익, 또는 善선.

¶14_ (나) 또 하나의 방법은 때로 '합리주의' 또는 추상적 지성주의라고 불리는 것이다. 전통과 역사, 그리고 일체의 구체적 내용에 대하여 그것과 구분되는 형식적, 논리적 정신능력이 설정된다. 이 이성의 능력은 행위에 직접 작용할 힘을 가진 것으로 생각된다. 이 능력은 순전히 일반적이고 탈개인적인 형식으로 되어 있기 때문에, 비록 사람들은 각각 다르다 하더라도 그들이 논리적 결과에 맞게 행동한다면 그들의 활동은 외부적으로 일관성을 보이게 된다는 것이다. 이 철학에 유용한 점이 있다는 것은 의심할 여지가 없다. 그것은 오직 전통과 계급 이해밖의 아무것에 의해서도 지지되지 않는 교의에 대하여 부정적, 파괴적 비판을 하는 데에 강력한 요소가 되었다. 그것은 사람들을 토론의 자유에 익숙하게 하였고, 신념은 합리성의 기준에 의하여 평가되어야 한다는 생각을 일깨워주었다. 그것은 편견과 미신과 완력을 무너뜨리고 사람들로 하여금 논의와 토론과 설득에 의존하는 습관을 가지도록 했다. 그것은 생각을 명료하고 질서정연하게 제시하는 데에 도움을 주었다. 그러나 그 영향력은 옛날의 그릇된 생각을 파괴하는 데에는 크게 작용했을지언정, 사람들 사이에 새로운 유대와 연대의식을 건설하는 데에는 별로 작용하지 못했다. 이성을 논의의 내용과는 유리된, 그 자체로서 온전한 것으로 파악함으로 말미암아 그것은 공허한 형식성을 면치 못하였으며. 또한 역사적 제도에 대한 적대적인 태도, 삶에 작용하는 세력으로서의 습관, 본능, 정서의 영향을 과소평가한 것 등으로 말미암아 그 철학은 구체적인 목적과 방법을 제안하는 데에 무기력할 수밖에 없었다. 공허한 논리는 기존의 내용을 배열하고 비판하는 데에는 아무리 중요한 요소가 된다

하더라도 그 자체로서 새로운 내용을 창출해내지는 못한다. 이 철학이 교육에 적용될 때, 그것은 학생들의 관념이 참으로 서로서로 일치하도록 하는 것이 아니라 일반적인 기성의 규칙이나 원리에 의하여 피상적인 합의를 얻으려는 노력으로 나타난다.

¶15_ ㈐ 이 합리주의 철학이 불란서에서 생겨나고 있을 때, 영국 사람들은 개인의 고립된 의식에서 나오는 행동 사이의 외적인 통일을 보장하는 방법으로서 개인들의 지적인 자기이익*에 호소하는 방안을 생각해 내었다. 법적인 규정, 특히 형법상의 절차와 행정적 규정은 개인 자신의 사적인 감정에서 나온 행위가 다른 사람들의 감정을 침해하는 일이 없도록 하는 방향으로 이루어졌다. 교육이 해야 할 일은 다른 사람에 대한 불간섭과 다른 사람의 복지에 대한 다소간의 적극적 존중이 개인 자신의 행복을 안전하게 추구하는 데에 필요불가결하다는 신념을 개인의 마음속에 심어주는 것이라고 생각되었다. 그러나 여기서는 한 개인의 행위와 다른 사람들의 행위 사이의 조화가 주로 교역**의 원리에 의하여 이루어졌다. 교역에서는 쌍방이 모두 각자의 필요충족을 목적으로 삼지만 자신의 이득을 취하기 위해서는 반드시 다른 사람에게 물자나 용역을 제공해야 하는 것이다. 이와 동일한 원리에 따라 개인은 자신의 사적인 의식의 쾌적상태를 증대시키려는 목적으로 다른 사람의 의식에 봉사한다. 다시, 이 견해가 의식생활의 가치에 대한 높은 수준의 지각을 표현하고 증진했다는 것, 그리고 제도적인 장치는 궁극적으로 개인의 의식 경험의 강도와 범위를 증대시키는 데에 기여하는 정도에 비추어 그 가치가 판단되어야 한다는 것을 명백히했다는 점에는 의심할 여지가 없다. 이 견해는 또한 유한계층의 통제에 입각한 사회에서 천시를 받던 노동, 산업, 기계업을 그 천시의 구렁텅이에서 구해내는 데에 큰 역할을 하였다. 어느 면으로 보나, 이 철학은 보다 폭넓고 보다 민주적인 사회적 관심을 증진시켰다. 그러나 이 철학은 그 근본 전제가 좁다는 점에서 결함을 가지고 있다. 그 근본 전제라는 것은 곧, 개인은 누구나 자신의 쾌락과 고통을 고려하여 행동한다는 것, 그리고 소위 善意선의라든가 동정적인 행위라는 것은 자신의 안락을 획득하고 보장하는 간접적인 방법에 지나지 않는다는 것이다. 다시 말하면 이 철학은, 개인의 정신생활을, 공동의 관심을 올바른 방향으로 이끌고 조정해 나가는 요소로서가 아니라 고립된 독립체로 파악하는 이론이 필연적으로 이끌어 갈 귀결을 명백히 보여 준 셈이다. 이 철학은 인간상호간의 결합

을 외적 손익의 계산에 관한 일로 바꾸어 버렸다. 그것은 카알라일***이 경멸조로 말한 바와 같이, '순경 한 사람을 배치한 무정부상태'를 주장하는 이론이며 사람 사이에 오직 '현금관계'만을 인정한다는 평을 받아 마땅하다. 이 이론이 교육에 적용될 때, 쾌락을 주는 상과 고통을 주는 벌을 사용하게 될 것은 명약관화하다.

---

* self-interest, 또는 私利사리
** trade, 또는 소위 'give and take'
*** Carlyle

¶ 16_ ㈃ 전형적인 독일 철학은 또 다른 길을 따랐다. 이 철학은 원래 데카르트와 그를 따랐던 불란서 후계자들의 합리주의 철학과 본질상 동일한 것에서 시작하였다. 그러나 불란서의 사상이 전체적으로 볼 때, 이성을 개인 내부의 신성한 마음에 나타난 종교적인 관념과 대립적인 지위에 두고 후자에 반대하여 전자를 발전시켰음에 비하여, 독일의 사상은 (헤겔에 나타난 바와 같이) 이 두 가지를 종합하였다. 이 독일 사상에 의하면, 이성은 절대자이고, 자연은 이성의 화신이며, 역사는 이성이 인간 안에서 점진적으로 발현하는 과정으로 간주된다. 개인은 자연과 사회제도에 구현된 합리성의 내용을 그 마음속에 흡수함으로써 비로소 합리적 존재가 된다. 절대 이성은 합리주의에서 말하는 이성처럼 순전히 형식적이고 공허한 것이 아니다. 그 이성은 절대적인 것이므로 그 자체 내에 모든 내용을 담고 있지 않으면 안된다. 그리하여 참으로 중요한 문제는, 필요한 정도의 사회적 질서와 합의가 이루어질 수 있도록 개인의 자유를 통제하는 데에 있는 것이 아니라, 객관적 이성*으로서의 국가조직에 나타난 보편적 법칙에 맞도록 개인의 신념을 발달시킴으로써 개인의 자유를 성취시키는 데에 있다. 이 철학은 보통 '절대관념론' 또는 '객관적 관념론'이라고 불리지만, 적어도 교육학적인 입장에서는, '제도적 관념론'**이라고 부르는 것이 더 적절할 것이다(5장 ¶10 참조). 이 철학은 역사적 제도를 내재적*** 절대 정신의 구현으로 理想化이상화하였다. 십구 세기 초에 불란서와 영국에서 철학이 고립된 개인주의로 전락해 있을 때, 이 이론이 철학을 구제해 내는 데에 강력한 영향을 행사했다는 것은 의심할 여지가 없다. 이 철학은 또한 국가조직이 공적인 관심사에 더 건설적인 관심을 가지도록 하는 데에 도움이 되었다. 이 철학은 우연이라든

가, 순전히 개인적인 논리적 확신이라든가 사적인 이해관계의 작용에 의존하는 일이 없도록 했다. 이 철학은 일을 처리하는 데에 지력이 적용되도록 했고, 국가 공동체의 이익§을 추구하는 데에 국가적으로 조직된 교육이 필요하다는 것을 강조하였다. 이 철학은 자연 및 역사 현상의 모든 기술적 세부사항에 이르기까지 탐구의 자유를 보장하고 진작시켰다. 그렇지만 궁극적인 도덕 문제에 있어서는 예외없이, 이 철학은 권위의 원리를 복위시켰다. 이 철학은 앞에서 말한 어떤 유형의 철학보다도 더 조직의 효율성을 중요시하였지만, 그 조직을 자유로운 실험에 의하여 수정하는 것에 대해서는 하등의 배려도 하지 않았다. 정치적 민주주의, 그리고 그 한 부분으로서, 심지어 사회의 기본형태§§ 조차도 욕망과 목적을 가진 개인들의 참여에 의하여 바뀔 수 있다는 신념 같은 것은 이 철학과는 거리가 멀었다.

---

* objective Reason; R 대문자

** institutional idealism

*** immanent

§ interest

§§ constitution; 이것은 정치적인 면에서의 기본형태인 政體정체에 상응하는 '사회적 체질'을 가리킨다.

3 교육에의 적용

¶ **17**_ 위의 여러 유형의 철학에서 발견되는 여러 결함이 교육에 어떻게 나타나는가를 일일이 상세하게 고찰할 필요는 없을 것이다. 다만, 일반적으로 말하여 학교는 순전히 개인적인 학습방법과 사회적 행위 사이, 그리고 자유와 사회통제 사이에 대립이 있는 것으로 생각될 경우에 그 대립을 가장 분명하게 드러내는 기관이라는 것을 말하고자 한다. 이 대립이 학교에서 나타나는 방식을 보면, 사회적 분위기가 조성되어 있지 않고 학습동기가 결핍되어 있는 것, 그리고 그 결과로서 수업의 방법과 학교운영의 방법에 괴리가 생기는 것, 학생 개개인의 특성에 대한 배려가 거의 없는 것 등으로 나타난다. 학습이 학생들의 상호교섭을 포함하는 적극적인 과업의 한 국면으로 이루어질 때, 사회제도는 학습의 과정 그 자체 속에 들어오게 된다. 그러한 사회적 요소가 빠져 있을 때, 학습이라는 것은 제시된 학습자료를 순전히 개인적인 의식 속에 건네주는 일로 되며,

이런 학습이 학생의 지적, 정서적 성향을 보다 사회화된 방향으로 이끌게 되리라는 것은 기대하기 어렵다.

¶ 18_ 학교에서의 자유를 지지하는 사람이건 반대하는 사람이건 간에, 그 자유라는 것을 사회적 방향감*이 없는 것, 또 때로는 단순히 신체 동작의 제약이 없는 것을 뜻하는 것으로 해석하는 경향이 있다. 그러나 자유가 있어야 한다는 근본 취지는 한 개인이 집단의 이익에 대하여 그 나름의 특별한 공헌을 할 수 있도록, 그리고 그러한 사회적 관심이 단순한 권위적인 명령에 의해서가 아니라 자신의 정신적 태도에서 우러나오는 그런 상태에서 집단활동에 참여할 수 있도록 조건을 마련해 주어야 한다는 데에 있다. 흔히 훈육이라든가 '통치'**라는 말이 행위의 외적 측면만을 가리키는 것으로 생각되기 때문에 그것에 대한 반작용으로서의 자유도 그와 마찬가지로 외적인 의미를 가진 것으로*** 생각된다. 그러나 훈육이라든가 자유라는 것이 행위에서 드러나는 마음의 상태를 의미한다고 생각하면,§ 양자 사이의 대립은 해소되고 만다. 자유라는 것은 본질상 학습에서 사고—이것은 반드시 개인이 하는 것이다—가 차지하는 역할을 말한다. 자유는 지적 활동을 스스로 주도해 나가는 것, 독립적으로 관찰하고 새로운 것을 생각해 내며 결과를 예견하고 그 결과에 맞게 잘 적응해 나가는 것 등을 뜻한다.

---

* direction, 또는 '지도'

** government; 여기서는 school government(학교운영)를 가리킨다.

*** 즉, 외적 제약이 없는 상태를 뜻하는 것으로.

§ 이 말은 Dewey 철학의 핵심에 관련된다. 통제, 자유 등의 개념은 '행위를 하는 장면'에서 드러나는 심리적 특징을 지칭하는 것이다.

¶ 19_ 그러나 이런 특징들은 어디까지나 '행동의' 지적 측면을 가리키는 것이기 때문에,* 개인성—즉, 자유—의 발휘는 신체적인 동작을 자유롭게 할 수 있는 기회와 떼내어 생각할 수 없다. 몸을 가만히 놓아두라고 강요하는 것은 문제를 인식하고 그 문제를 규정하는 데에 필요한 관찰을 하거나 가설적으로 제시된 아이디어를 검증하는 실험을 하는 데에 저해요소로 작용할 가능성이 있는 것이다. 이때까지 교육에서 '자유활동'**이 중요하다는 말을 많이 해 왔지만, 그것을 순전히 내적인 것—감각기관과 운동기관을 자유롭게 활동하는 것을 배제

한 어떤 것—으로 생각한 경우가 너무 많았다.*** 상징을 통하여 학습할 단계에 있는 사람들, 또는 세밀히 계획된 활동을 하기 위한 예비 단계로서 문제나 아이디어에 들어있는 논리적 함의를 분석해 내는 일을 하는 사람들에게는 외부적인 행동이 거의 불필요할지도 모른다. 그러나 자유활동의 범위 전체를 염두에 둔다면, 거기에는 반드시 조사와 실험을 실제로 해본다든가, 아이디어를 실제 사물에 비추어 시행해 본다든가, 재료나 설비를 어떻게 다루어야 하는지 알아낸다든가 할 기회가 주어져야 한다. 이런 일들을 하는 데 있어서는 신체적 활동에 심한 제약이 있어서는 안된다.

---

* 앞 문단의 마지막에서 열거한 '독립적 관찰' 등등의 특징이 '행동의 지적 측면'을 가리킨다는 것인데, 이하의 내용을 보면, 이 문장은 '행동의'라는 말에 강세를 두고 읽어야 한다는 것을 알 수 있다.

** self-activity

*** Dewey 당시와는 달리, 오늘날에는 이것이 거꾸로가 아닌가 하는 생각이 든다.

¶ 20_ 개인의 자유활동이라는 것은 학생이 혼자서 공부하도록 가만히 내버려두는 것을 뜻하는 것으로 이해되는 경우가 있다. 물론, 다른 사람이 하는 일에 일일이 마음을 쓸 필요가 없이 거기서 잠깐 벗어나는 것은 평정과 집중을 얻는 데에 참으로 필요하다. 아이들도, 어른과 마찬가지로, 적당한 시간동안 혼자있을 필요가 있다. 그러나 그와 같이 혼자 공부하는 시기, 장소, 양은 원칙의 문제가 아니라 세칙의 문제이다. 다른 사람과 더불어 공부하는 것과 개인으로서 공부하는 것 사이에는 하등의 필연적인 대립이 없다. 오히려 그 반대로 개인의 능력은 다른 사람과 더불어 일하는 자극이 있을 때만 발휘되는 경우가 있다. 아이가 자유롭게 그의 개성을 발달시키기 위해서는 집단 활동에 참여하지 말고 혼자 공부해야 한다는 식의 생각은 개성을 오직 공간적인 거리로만 측정하며, 그것을 순전히 물리적인 것으로만 파악하는 사고방식에서 나온다.

¶ 21_ 교육에서 존중되어야 할 요소로서의 개성이라는 것은 2중의 의미를 가지고 있다. 첫째로, 어떤 사람을 정신적인 면에서 개인이라고 볼 수 있는 것은 오직 그 사람이 자기 자신의 목적과 문제를 가지고 있고 자기 자신의 사고를 할 때이다. 혼자서 생각한다는 표현에서 '혼자서'라는 말은 불필요한 군더더기이다. 혼자서 생각하는 것이 아니면, 생각이 아닌 것이다. 학생 자신의 관찰, 사

고, 가설의 형성과 검증에 의해서만 그 학생이 이미 알고 있는 내용이 확대되고 수정된다. 사고는 음식물의 소화가 그렇듯이 개인의 일이다. 둘째로, 관점, 관심의 대상, 접근 방법 등은 사람에 따라 차이가 있다. 이른바 '통일성'이라는 명목으로 이 차이를 억압한다든지 공부와 암송의 방법을 하나의 틀 속에 밀어 넣으려고 한다면, 지적 혼란과 가식이 필연적으로 따라 나온다. 독창성은 점차 파괴되고, 자기 자신의 지적 작용에 대한 신뢰가 무너지며, 다른 사람의 의견에 고분고분 복종하는 태도가 길러지거나, 아니면 황당무계한 생각을 멋대로 하게 된다. 여기서 생기는 폐단은, 사회 전체가 관습적인 신념에 지배되던 그전에 비하여, 학교의 학습방법과 학교 밖의 학습방법의 대조가 뚜렷한 오늘날에 더 심각하다. 개인들이 연구주제에 대하여 그 자신의 특이한 반응을 활용할 수 있도록 허용되고 장려되었을 때 과학적 발견의 체계적 진보가 가능하였다는 점에 대해서는 아무도 이의를 제기할 수 없을 것이다. 여기에 대하여, 학교에 다니는 학생들은 그런 정도의 독창적인 일을 할 수 없으며, 따라서 그들은 더 잘 아는 사람들이 이미 알아낸 내용을 흡수하여 되뇌이기만 하면 된다는 식으로 반론을 제기한다면, 두 가지 점으로 대답할 수 있다. ㈎ 우리가 여기서 관심을 두고 있는 것은 독창적인 '태도', 다시 말하면 각 개인이 개성에 따른 반응을 자유롭게 하는 자세이며, 결과에 의하여 측정되는 독창성이 아니다. 아이들이 자연과학과 인간과학에 나와 있는 것과 똑같은 사실과 원리를 독창적으로 발견하리라고 기대할 사람은 아무도 없다. 그러나 학습자의 편에서 진정한 발견이 일어날 수 있는 그러한 상황에서 학습이 진행되어야 한다는 것은 그다지 터무니없는 기대가 아니다. 미성숙한 학생들이 높은 수준의 학자들이 하는 것과 똑같은 발견은 할 수 없겠지만, 진정한 학습이 있는 곳에서는 언제나 학생들 나름의 발견을 하는 것이다. ㈏ 다른 사람에게는 이미 알려져 있는 교과내용에 익숙하게 되는 정상적인 학습과정에서, 심지어 나이 어린 아이들도 예상 외의 반응을 하는 경우가 있다. 그들이 주제에 접근하는 방식, 사물에서 자극을 얻는 특수한 방식에는 가장 노련한 교사로서도 충분히 예기할 수 없는 새로운 그 어떤 것이 있다. 이런 것들을 전혀 엉뚱한 것으로 일축해 버리는 경우가 너무나 자주 있지만, 그런 경우에 학생들은 학습자료를 어른이 보는 방식 그대로 연습하도록 의도적으로 억압된다. 그 결과는, 개인에게 있는 본능적 독창성, 개인들을 서로서로 구별짓는 고유의 특성이 활용되지 못하고 올바른 방향으로 발전되지 못한다는 것이다. 이 경우에, 가르치는 일은 교사에게 하등의 교육적 의미를 가지지 못한다.

기껏해야 교사는 이미 가지고 있는 교수법을 개선할 수 있게 될 뿐이며, 거기서 새로운 관점을 얻게 되는 것은 아니다. 요컨대 교사는 지적인 동료의식을 경험할 수 없게 된다. 그리하여, 가르치는 일도, 배우는 일도 모두 인습적, 기계적인 일로 되어, 거기에 관여하는 양쪽 사람들에게 다같이 정신적 긴장만 안겨줄 뿐이다.

¶ 22_ 학생이 좀더 성숙하여 새로운 주제에 관련되는 배경 지식을 더 갖추게 됨에 따라 아무렇게나 이리저리 해보는 식의 실험은 그 범위가 축소된다. 활동은 좀 더 명확히 규정되고 특정한 통로로 세분화된다. 이제 학생의 에너지는 오직 신경조직, 그리고 눈과 음성기관의 연결장치에 국한되어 있으며, 그렇기 때문에 다른 사람들의 눈에는 완전히 정지된 상태에 있는 것으로 보일지 모른다. 그러나 잘 훈련받은 사람의 경우에 이러한 태도가 강렬한 정신 집중을 나타낸다고 해서, 아직 지적인 탐색 단계에 있는 학생에게도 그것을 본보기로 삼도록 해서는 안된다. 심지어 어른에 있어서도 그와 같은 집중상태가 정신 에너지의 흐름 전체를 지배하는 것은 아니다. 그러한 상태는 먼저 바깥에 두드러지게 드러나는 보다 일반적인 신체활동을 하는 문제와, 그 다음, 배운 내용을 실제로 사용해 보는 나중 단계 사이에 오는 중간 단계이다. 해당 분야에 관한 지식이 증가함에 따라 이 중간 단계가 길어질 수는 있으나 반드시 그 두 단계 사이에 와야 한다는 것은 분명하다.

¶ 23_ 그렇지만 우리가 교육을 할 때, 지식의 획득에는 몸과 마음이 함께 작용한다는 사실을 염두에 둔다면, 외적인 자유, 또는 신체적 활동의 자유의 필요성을 극구 주장할 필요는 없다, 가르치고 배우는 데에 필요한 자유는 곧 우리가 이미 알고 있고 믿고 있는 내용을 확대, 정련시키는 사고와 동일하다는 것을 인식하는 것만으로 충분한 것이다. 효과적인 사고를 하는 데에 적합한 상황이 갖추어야 할 조건의 문제에 주의를 기울인다면, 자유의 문제는 저절로 해결된 셈이다. 질문을 가지고 있는 사람, 그의 호기심을 자극하고, 그 질문을 다루는 데에 도움이 될만한 지식을 추구할 열의를 자아낼 정도로 진정한 질문을 가진 사람, 또 그러한 관심이 효력을 발생하는 데에 필요한 장비를 마음대로 구사할 수 있는 사람은 지적으로 자유로운 사람이다. 그가 가지고 있는 자발적, 독창적 안목은 모두 그의 표면상의 주의력, 그의 양순성, 외우고 되뇌이고 하는 모든 것

은 지적 隷從예종에 지나지 않을 것이다. 그러한 지적 예속 상태는 대중을 사회의 틀 속에 맞추어 넣어서 대부분의 사람들이 각자 자신의 목적이나 생각을 가지지 못한 채, 권위의 자리에 앉은 소수의 명령을 따르는 사회로 만드는 데나 필요한 조건이다. 그것은 민주주의를 지향하는 사회에는 맞지 않는다.

| 요약 | ¶ 24_ 진정한 개인주의는 관습과 전통의 권위가 신념의 표준으로서 강하게 군림하는 그런 상태에서 벗어날 때 가능하다. 희랍 사상의 절정기와 같이 몇몇 예외적인 경우가 있었기는 하지만, 역사적으로 볼 때 개인주의는 비교적 현대에 와서 나타난 현상이다. 개인의 다양성은 역사상 언제나 있었지만, 보수적인 관습이 지배하는 사회에서는 그것을 억압하였거나, 적어도 그것을 활용하고 증진시키는 일을 하지는 않았다. 그렇지만 여러 가지 이유에서, 이 새로운 개인주의는, 철학적으로, 이전에 받아들여진 신념을 수정 변형하는 능동적 주체의 발달을 뜻하는 것으로 해석된 것이 아니라, 각 개인의 마음이 다른 모든 것과 떨어져서 그 자체로서 존재한다는 주장으로 표현되었다. 철학의 이론 면에서 볼 때, 이것은 인식론적 문제, 즉 개인과 세계와의 인식적 관계가 어떻게 가능한가 하는 질문을 낳았다. 철학의 실제면에서 볼 때 그것은 사회적 지도의 문제, 즉 순전히 개인적인 의식이 어떻게 사회 일반의 이익에 합치되는 방향으로 작용할 수 있는가 하는 질문을 불러일으켰다. 이러한 질문들을 다루기 위하여 발달된 철학이론이 교육에 직접 영향을 준 것은 아니라 하더라도, 그 이론의 밑바닥에 깔려 있는 상정은 흔히 학문 연구와 정치, 그리고 개인의 자유와 다른 사람에 의한 통제를 서로 분리하는 쪽으로 사람들의 생각을 이끌어 왔다. 자유에 관하여, 우리가 명심해야 할 중요한 사항은, 자유는 외적인 동작에 제약을 가하지 않는 것이라기보다는 정신적 태도를 가리킨다는 것, 그렇지만 또 한편, 이 정신적 태도는 탐색, 실험, 적용 등등을 하는 동작에 상당한 정도의 융통성이 없이는 발달할 수 없다는 것이다. 관습에 기초를 둔 사회는 관례에의 동화에 저촉이 되지 않는 범위 내에서만 개인의 특이성을 활용할 것이다. 여기서는 각 계층별로 그 내부의 획일성을 유지하는 것을 주된 이상으로 삼는다. 진보적인 사회는 개인의 특이성을 자체 성장의 수단으로 생각하는 만큼, 개인의 특이성을 대단히 소중히 여긴다. 이 점에서 민주사회는, 그 이상에 부합되게, 지적 자유와 다양한 재질과 관심의 발현을 고려하는 교육적 방안을 강구한다.

제 23 장

교육의 직업적 측면

1 직업의 의미

¶ 1_ 현재 철학의 여러 이론들 사이의 갈등은 궁극적으로 교육에서 직업이 차지하는 올바른 위치와 기능 문제로 귀착된다. 근본적인 철학적 이론의 중요한 차이가 주로 이 문제와 관련하여 나타난다는 이 대담한 말은 아마 얼른 믿기 어려울 것이다. 현실과 먼 일반적 용어로 표현되는 철학적 아이디어와 직업교육이라는 실제적이고도 구체적인 세부 사항 사이에는 너무나 큰 간극이 있다는 생각이 들 것이다. 그러나 교육에 있어서의 노동과 여가, 이론과 실제, 몸과 마음, 정신상태와 세계의 대립에 깔려 있는 논리적 가정들을 머리속으로 다시 한 번 요약해 보면, 그 모든 대립은 결국 직업교육과 교양교육*의 대립으로 정리된다는 것을 알 수 있을 것이다. 전통적으로, 자유교양**은 여가, 순전히 사변적인 지식, 그리고 신체기관을 능동적으로 사용하는 것과는 관계가 없는 정신적 활동 등과 관련되어 있었다. 교양 또는 문화라는 것도, 나중에 와서는, 사회적 지도나 봉사와 유리된 순전히 사적인 취미, 특정한 의식의 상태나 태도를 개발하는 것과 관련된 것으로 생각되는 경향이 있었다. 교양은 사회적 지도와의 관련을 외면하고 사회적 봉사의 책임에 대하여 등을 돌리고 양심을 달래는 수단이 되어 왔다.

---

* vocational and cultural education

** liberal culture

¶ 2_ 앞에서 말한 여러 가지 철학적 이원론들이 직업교육이라는 주제 전체와 깊이 얽혀 있기 때문에, 먼저 '직업'*의 의미를 약간 자세하게 규정하고 또 그렇게 함으로써 직업에 중점을 두는 교육이 순전히 돈벌이를 위한 것이라든지 그렇지는 않다 하더라도 좁게 실제적인 교육이라는 인상을 불식할 필요가 있다. 우리의 생활 활동은 그것이 성취하는 결과로 말미암아 그 활동을 하는 우리 자신에게 명백한 의미를 주고 주위의 다른 사람에게도 유용한 것이 된다. 직업이라는 것은 다름이 아니라, 생활 활동을 그러한 방향으로 이끌어가는 것을 가리킨다. 직업생활**에 반대되는 것은 여가도 아니요 교양도 아니며 오직, 개인의 편에서 보면, 무목적성, 방종, 경험의 누적적 성취의 결여요, 사회의 편에서 보면, 안일한 자기과시, 다른 사람에 대한 기생적 의존이다. 어떤 일에 '종사'한다는 것***은 어떤 일을 계속적으로 한다는 뜻을 나타내는 구체적인 용어이다. 그것은 전문적인 분야나 기업에 종사하는 것은 말할 것도 없고, 기계적인 노동이나 돈벌이가 되는 일을 하는 것뿐만 아니라 일체의 기예, 특수한 과학적 능력, 효과적인 공민적 자질을 발달시키는 일에 이르기까지 모든 활동에 적용되는 용어이다.

---

* vocation : 이 단어는 때로 '召命'소명(신의 부름)이라는 뜻으로도 해석되는 만큼, vocation에는 단순히 일을 하는 것만이 아니라, 그 일에 대한 모종의 정신적 태도까지 포함된다. 여기에 비하여, 다음에 나오는 occupation은 한 가지 일을 비교적 오랫동안 계속적으로 하는 경우(종사하는 것)를 가리킨다.

** career

*** occupation

¶ 3_ 우리는 직업을 당장 눈에 보이는 물건을 만들어 내는 직업활동*과 같은 좁은 의미로 보지 말아야 할 뿐만 아니라, 직업은 한 사람에게 오직 하나씩 한정적으로 배분되어 있다는 생각도 버려야 한다.** 그러한 제한된 전문화는 있을 수 없다. 개인들이 장차 오직 한 가지 방향의 활동만 하리라는 생각으로 교육하는 것만큼 불합리한 것은 없다.*** 첫째로, 각각의 개인은 반드시 여러 가지 '소명'§ 즉, 해야 할 일을 가지고 있으며, 그 하나 하나에 다 같이 지적인 효율성을 발휘해야 한다. 그리고 둘째로, 어떤 일이든지 다른 관심들과 유리되어 있으면 그것은 의미를 잃어버리고 판에 박힌 일에 그냥 바쁘기만 한 상태로 되고 만다. (가) 아무도 그냥 예술가, 그 밖의 아무것도 아닌 그냥 예술가일 수는 없다. 누군

가가 이런 상태에 비슷하게나마 접근한다면, 그 사람은 인간으로서 덜 발달된 사람이며, 일종의 괴물과 같은 존재이다. 예술가일 뿐 아니라, 그는 적어도 삶의 어느 기간 동안은 가족의 일원이요, 친구와 동료 사이에서 살며, 스스로를 부양하거나 다른 사람에게 부양되며, 이런 점에서 보면 사업에도 종사하는 셈이 된다. 어쩌면 그는 정치단체나 그 밖에 다른 기관의 일원일 수도 있다. 우리가 그 사람의 직업을 말할 때에는 자연히, 그가 다른 사람과 공통으로 하고 있는 일보다는 그를 다른 사람들과 구별짓는 소명을 들어서 말하게 된다. 그러나 특히 교육의 직업적 측면을 논의할 때에는 사람의 직업을 댈 때 쓰는 용어에 구애되어서 그가 하는 여러 가지 다른 소명들을 도외시하거나 아예 그런 것이 없다고 생각해서는 안 된다.

---

* occupations

** 이것으로 보면 vocation(또는 occupation)과 우리말의 '직업'이 정확하게 일치하지 않는다는 것을 알 수 있다. 우리는 예컨대 친구들과 교제하는 것, 가장노릇 하는 것을, 농담으로서가 아니면, '직업'이라고 부르지 않는다.

*** 이 문장에 깔린 복선을 풀어헤치기는 대단히 어렵다. 그 중의 한 가지만 말하자면, '개인들이 오직 한 가지 방향의 활동만 하리라는 생각으로 하는 교육'이라는 말은 Dewey 당시의 교육, 또는 오늘날 우리가 알고 있는 교육을 가리킨다고 보겠는데, 그 한 가지 방향의 활동이라는 것은 어떤 것인가? 또한, 그런 생각으로 하는 교육과 여러 가지 방향의 활동을 하리라고 생각하면서 하는 교육의 차이는 무엇인가?

§ callings

¶ 4_ (나) 예컨대 어떤 사람의 직업이 예술가라고 말하는 것은 그 사람이 하는 여러 가지 다양한 직업활동 중의 두드러진 전문적 측면을 가리키는 것에 불과하다. 이와 마찬가지로, 그가 예술가라는 직업에서 얼마나 효율성—인간적인 의미에서의 효율성—을 발휘하는가* 하는 것은 그것과 다른 소명들과의 관련에 의하여 결정된다. 그 사람의 예술이 단순한 기술적인 업적 이상의 것이 되려고 하면 그는 '경험'을 해야 한다. 여기서 경험을 해야 한다는 것은 곧 삶을 살아야 한다는 것과 같은 뜻이다. 그는 자신의 예술적 활동의 소재나 내용을 그 예술 안에서 찾을 수는 없다. 그의 예술은 그가 맺는 다른 관계 속에서 그가 받는 고통과 기쁨의 표현이어야 하며, 이것은 다시 그의 여러가지 관심이 얼마나 기민하고 얼마나 동정심의 발로인가에 달려 있다. 예술가의 경우뿐만 아니라 그밖의 어떤 특별한 소명의 경우에도 마찬가지이다. 물론, 뚜렷한 직업은 어떤 것이

든지, 그 특별한 분야가 너무 강하게 두드러지고, 그것에만 사람들의 마음을 사로잡는 경향이 있다. (이것이 '습관의 원리'라는 것이다.) 그리고 여기에 따라 의미보다는 기술이나 전문적 방법이 강조될 가능성이 있다. 그러므로 교육이 해야 할 일은 이 경향을 조장하는 것이 아니라 그것을 방지하는 것이며, 그렇게 함으로써 과학 연구가는 단순히 과학자가 아니요 교사는 단순히 가르치는 사람이 아니며 목사는 단순히 목사 복장을 하는 사람이 아니게 되도록 하는 것이다.

* 자연스러운 우리말로는 아마, '예술가로서 얼마나 훌륭한가'라고 해야 할 것이다.

2 교육의 목적에서의 직업교육의 위치

¶ 5_ 직업의 내용이 다양하고 서로 관련되어 있다는 점, 그리고 한 특정한 직업이 두드러지게 드러나는 이면에는 넓은 배경이 깔려 있다는 점을 염두에 두고, 이제 개인이 그에게 알맞은 활동을 할 수 있도록 하려면 교육이 어떤 일을 해야 하는가를 고찰해 보자. (1) 한 개인이 그의 특이한 능력과 사회봉사 사이의 균형을 찾는 것은 오직 직업*을 통해서이다. 자신이 무엇을 하기에 적합한가를 찾아내고 그 일을 할 기회를 얻는 것은 행복의 관건이다. 자신이 참으로 삶에서 무슨 일을 해야 하는지를 찾지 못한다든지, 이리저리 방황하다가 또는 우연적인 상황 때문에 억지로 엉뚱한 직업에 들어가게 된 것만큼 서글픈 것은 없다. 올바른 직업이라는 것은, 간단하게 말하여, 그 사람의 적성이 잘 발휘되면서 최소한의 마찰과 최대한의 만족을 얻을 수 있는 그런 직업을 말한다. 지역사회의 다른 사람의 입장에서 보면, 어떤 사람이 이와 같이 올바른 직업을 가졌다는 것은 곧 다른 사람들이 그 사람으로부터 최선의 봉사를 받고 있다는 것을 뜻한다. 대체로 알고 있는 바와 같이, 예컨대 노예의 노동은 순전히 경제적인 관점에서 보더라도 궁극적으로는 낭비가 된다. 노예의 노동에는 노예의 에너지를 이끌만한 충분한 자극이 없으며, 여기에 낭비가 따른다. 뿐만 아니라, 노예들은 사전에 규정된 일만 하게 되어 있으므로 노예가 가지고 있는 재능의 많은 부분이 사회에 활용되지 못한 채 死藏사장되며, 따라서 심각한 손실이 생긴다. 노예의 경우에는 이 점이 두드러지게 나타나거니와, 이러한 현상은 개인이 그의 일 속에서 자기 자신을 찾지 못할 때는 어디서나 어느 정도로는 반드시 일어나게 되어

있다. 자기가 종사하는 직업이 경멸의 대상이 되고, 문화라든가 교양이라는 것의 관례적인 의미가 모든 사람에게 똑같이 획일적으로 적용되는 상황에서는 일속에서 자기 자신을 완전히 찾는다는 것은 불가능하다. 플라톤은 교육의 할 일은 각자가 가장 잘 할 수 있는 일이 무엇인가를 알아내어 그 분야의 탁월성**에 도달하도록 훈련시키는 일이라고 주장하였다(7장 ¶13 참조). 개인의 이러한 발달은 사회의 필요를 충족시키는 일과 가장 원만한 조화를 이룰 수 있다는 것이다. 플라톤의 이 주장은 교육철학의 근본 원리를 제시하고 있다. 그의 오류는 그 원리의 내용에 있는 것이 아니라, 사회적으로 필요한 직업의 범위를 너무 좁게 생각했다는 데에 있다. 이와 같이 그의 시야가 제한되어 있었기 때문에 플라톤은 여러 개인들이 가지고 있는 무한히 다양한 능력들을 보는 눈이 흐려져 있었던 것이다.

* occupation
** excellence; 19장 ¶5 주 참조.

¶6_ (2) 직업*은 목적이 있는 연속적인 활동이다. 따라서 직업적 활동을 통한 교육은 그 속에 학습으로 연결되는 요인들을 다른 어떤 방법보다도 더많이 결합해 가지고 있다. 그런 교육은 본능과 습관을 가동하며 수동적으로 받아들이는 학습을 용납하지 않는다. 거기에는 구체적인 목적과 달성해야 할 결과가 분명히 제시되어 있다. 따라서 그것은 사고를 자극한다. 그것은 목표에 대한 생각을 꾸준히 간직하면서 활동이 고정된 틀에 박혀 있거나 변덕에 좌우되는 일이 없도록 요구한다. 활동은 한 단계에서 다음 단계로, 앞으로 나아가야 하므로, 하나하나의 단계에서 장애를 극복하고 실행의 수단을 발견하고 재조정하는 데에 관찰과 독창성이 필요하다. 요컨대 직업적 활동은, 단순히 외적인 산물에 목적을 두는 것이 아니라 활동을 실현하는 데에 목적을 두는 그런 조건에서 이루어진다면, 교육의 목적, 관심, 사고를 논의하는 과정에서 제시한 여러가지 요건을 한꺼번에 충족시킬 수 있다(8장, 10장, 12장 참조).

* occupation; 이하 교육과의 관련에서는 이것을 '직업적 활동'이라고 번역한다. 예 : education through occupation(직업적 활동을 통한 교육).

¶ 7_ 직업적 활동은 또한, 필연적으로, 정보와 아이디어, 지식과 지적 성장을 조직하는 계기가 된다. 그것은 엄청나게 다양한 세부사항들 속을 뚫고 지나가는 축이 되어서, 서로 다른 경험들, 사실들, 정보들이 서로서로 질서정연하게 배열되도록 한다. 변호사, 의사, 화학의 특정 분야에 관한 실험 연구를 하는 사람, 학부모, 자기 구역에 관심이 있는 시민—이 모든 사람들은 각각 자신의 관심사에 관계되는 일을 눈여겨보고 관련짓도록 끊임없이 자극을 받고 있다. 자신의 직업을 수행하겠다는 동기에서 무의식적으로 그들은 모든 관련된 정보를 찾으려고 손을 뻗고 그것에 매어 달린다. 직업은 이들의 손을 끌어당기는 자석이요 그들을 붙이는 풀이다. 이와 같이 조직된 지식은 필요와 직결되어 있기 때문에 생생한 의미를 가지고 있다. 그런 지식은 행동으로 표현되고 행동에서 재조정되기 때문에 결코 침체되는 일이 없다. 순전히 추상적인 목적을 위하여 사실들을 분류하고 선택하고 배열해 놓은, 의식적으로 만들어진 교과는 그 확실성이나 효과에 있어서, 직업을 수행해야 한다는 긴박감 밑에서 단단하게 조직된 그런 지식과는 도저히 비교가 되지 않는다. 이런 지식에 비하면 전자의 지식은 형식적이고 피상적이고 싸늘하게 얼어 붙어 있는 지식이다.

¶ 8_ (3) 직업을 '위한' 훈련으로 적절한 것은 오직 직업을 '통한' 훈련뿐이다. 이 책의 앞부분(6장)에서, 교육의 과정은 그 자체가 목적이며, 나중의 할 일을 위한 충분한 준비는 오직 당장 현재의 삶을 가장 충실히 사는 것이라는 원리를 말하였거니와, 이 원리는 교육의 직업적 측면에서 그 가장 풍부하고 완전한 의미를 드러낸다. 모든 시대의 모든 인간에게 으뜸가는 직업은 삶—즉, 지적, 도덕적 성장—이다.* 경제적인 압력을 비교적 받지 않는 아동기나 청년기에 있어서는 이 사실이 가장 여실히 드러난다. 학생들이 장차 종사하게 될 직업을 미리 정하고 정확하게 그것에 들어맞는 준비를 시키기 위하여 교육하는 것은 현재의 발달가능성을 해치는 것이며, 따라서 장차 올바른 직업 생활을 위한 준비도 잘 시켜주지 못한다. 이때까지 여러 차례 말한 일이 있는 원리를 되풀이하자면, 그러한 훈련은 고정된 방향으로 기계와 같은 기술을 길러줄지는 모르지만(그런 일은 실증, 혐오감, 태만 등을 자아낼 수 있으므로, 그런 기술조차도 확실히 길러준다는 보장은 없다), 직업에서 지적인 보람을 찾을 수 있도록 해주는 기민한 관찰, 조직적이고 창의적인 계획 등의 능력은 길러주지 못한다. 독재적으로 운영되는 사회에서는 그러한 교육이 흔히 자유와 책임감의 발달을 의식적으로 저

지하는 수단으로 사용되고 있다. 소수의 사람이 계획과 명령을 하며, 다른 사람들은 그 지시를 따르면서 미리 규정된 좁은 방향으로만 노력을 하도록 의도적으로 통제된다. 이러한 방안이 특정한 계층의 위세나 이득에는 도움이 될지 모르지만, 그것이 隷下階層(예하계층)의 발달을 저해한다는 것은 분명하다. 그것은 또한 지배계층의 경우에도 경험을 통하여 학습할 수 있는 기회를 경직시키고 국한시키며, 이와 같이 둘 중의 어느 쪽을 보더라도 동일하게 그것은 사회 전체의 삶을 해친다(19장 ¶14 참조).

* 이 문장에 사용된 '직업'이라는 단어는 앞의 ¶2에서 정의된 '직업'과 마찬가지로 vocation이다. 앞의 ¶2에서 '직업'은 '생활 활동'(특정한 방향으로 이끌어진)과 관련하여 정의되었는데, 여기서는 '직업'의 의미가 '지적, 도덕적 성장'과 관련된 것으로 규정되어 있다. 우리에게는 양자 사이에 분명히 간극이 있다고 느껴지는 이 생각이 Dewey에게는 당연한 것으로 받아들여진다.

¶ 9_ 이것에 대한 유일한 대안은 초기단계에서의 일체의 직업준비교육은 직접적인 것이 아니라 간접적인 것이어야 한다는 것이다. 다시 말하여, 그것은 그 단계의 학생의 필요와 흥미*에 맞는 능동적 활동에 종사하도록 하는 것이다. 이렇게 함으로써만 교육을 하는 사람과 받는 사람 모두에 있어서 개인의 적성에 대한 진정한 발견이 있게 되고, 그리하여 나중에 종사할 전문 분야를 올바르게 선택할 수 있게 된다. 뿐만 아니라, 능력과 적성의 발견은 성장이 계속하는 한 끊임없이 계속되는 과정이어야 한다. 나중에 어른이 되었을 때에야 선택할 일을 발견하는 일이 어떤 특정한 시기에 요지부동으로 이루어져야 한다는 것은 임의적이고 관례적인 견해이다. 가령 어떤 사람이 자신은 공학과 관련된 사물에 지적으로 또 사회적으로 흥미가 있다는 것을 발견하고 그것을 그의 소명으로 삼기로 결정했다고 하자. 기껏해야 이것은 앞으로의 성장이 방향지어질 분야를 대체적으로 드러내는 정도일 뿐이다. 그것은 이후의 활동을 이끌어나가는 데에 사용될 대체적인 초벌 지도이다. 이것을 가리켜서 알맞은 직업을 발견했다고 하는 것은 비유컨대 콜럼버스가 미국 해안에 닿았을 때 미국 대륙을 발견했다고 한 것과 같다. 소명을 선택하고 결정하기 위해서는 장차 훨씬 더 자세하고 광범한 탐색을 하지 않으면 안 되는 것이다. 교육자들이 직업 가이단스를 하면서 그것이 마치 결정적인, 돌이킬 수 없는 완전한 선택을 하도록 해 주는 것이라고 생각한다면, 교육도, 나중에 선택할 직업도 모두 경직되어 계속적인 성

장에 방해가 될 뿐이다. 그렇게 되면, 그 직업에서 그 사람은 영구히 종속적인 지위에 있으면서, 보다 융통성과 적응력을 발휘할 수 있게 하는 직업을 가진 다른 사람들의 지력을 실천에 옮기는 일밖에 할 수가 없다. 직업 선택을 융통성 있게 재조정해 나가는 것을 또 하나의 직업 선택이라고 말하는 것은 보통의 어법으로는 어색하지만, 형편을 사실대로 말하면 바로 그렇다. 어른들도 그들의 직업이 앞길을 가로막고 그들을 화석으로 만들고 있는 것이 아닌지 늘 살펴야 한다면, 젊은이들의 직업준비를 담당하고 있는 교육자가 그들로 하여금 목적과 방법을 끊임없이 재조직하도록 하는 데에 각별한 주의를 해야 한다는 것은 당연하다.

---

* needs and interests

3 현재의 가능성과 위험

¶10_ 과거의 교육은 단지 직업교육이라는 이름을 붙이지 않았다 뿐이지, 사실상으로는 훨씬 직업교육적인 성격을 띠고 있었다. ㈎ 대중의 교육은 뚜렷하게 실용적인 교육이었다. 그것은 교육이라기보다는 '徒弟教育'도제교육*이라고 불리었으며, 이것을 다른 말로 하면 경험을 통한 학습이라고 부를 수 있을 것이다. 학교에서 3R을 가르친 것은 여러가지를 읽고 쓰고 셈하는 능력이 모든 종류의 노동에 공통요소가 되어 있었기 때문이다. 이 교육이 학교 바깥에서는 다른 사람의 지도하에 특별한 계통의 일에 직접 참여하는 형태로 나타났다. 이 두 가지 교육은 서로 보완하였다. 좁고 형식적인 성격의 학교 공부는 명백히 도제교육이라고 불리는 것과 조금도 다름없는 도제교육의 한 부분이었다.

---

* apprenticeship

¶11_ ㈏ 상당한 정도로, 지배계층의 교육도 본질상 직업교육이었다. 다만, 그들이 종사하는 통치와 향락은 통상 '직업'*이라는 이름으로 불리지 않았을 뿐이다. 직업이라든가 직장이라는 이름은 오직 육체노동, 생활 수단이나 돈으로 환산한 보수를 받고 하는 노동, 또는 특정한 사람에게 개인적 봉사를 하는 경우

에만 붙어 있었다. 예컨대 상당히 오랫동안 외과의사나 내과의사의 직업은 侍從시종이나 이발사의 직업과 거의 동등한 수준이었는데, 이것은 어느 정도로는 의사의 일이 주로 몸을 써서 하는 일이었기 때문이고 어느 정도로는 어떤 특정한 사람에게 직접 봉사하고 보수를 받는 일이었기 때문이다. 그러나 만약 우리가 말 뒤에 숨은 의미를 생각해 본다면, 정치적인 면에서나, 경제적인 면에서나, 전시에나 평화시에나, 사회적 관심사를 이끄는 일은 어떤 것이든지 보통 말하는 다른 직업과 조금도 다름없이 직업이며, 교육이 완전히 전통의 손아귀에 들어있지 않던 곳에서는 고등교육은 과거 상당히 오랫동안 전체적으로 보면 바로 이 일을 위한 준비를 시켜주는 데에 목적을 두고 있었다. 뿐만 아니라 자기과시, 개인적 장식, 위세를 얻는 데에 도움이 되는 사교생활과 오락생활, 돈을 쓰는 것, 이런 것들도 분명히 직업처럼 되어 있었다. 의식적으로 그렇게 한 것은 아니겠지만, 고등교육기관은 이런 종류의 직업을 위한 준비를 시켜주는 데에 직접 공헌해 왔다. 오늘날에도 어떤 계층에게는 (과거에 비하여 수적으로 훨씬 적지만), 이른바 고등교육이라는 것은 대체로 말하여 이런 종류의 활동에 효과적으로 종사하도록 준비시키는 일로 되어 있다.

* profession ; 또는, '전문직'

¶ **12**_ 관점을 달리하여, 특히 가장 높은 수준에서의 고등교육을 보면, 그것은 대학교수와 전문 연구원을 위한 직업교육이다. 누가 보더라도 빈둥빈둥 노는 일, 가르치는 일, 문필업, 지도자의 자리를 위한 준비를 시켜주는 일을 주로 하는 교육이 비전문적 교육이요, 심지어 특이하게 교양적인 교육이라고 생각되어 왔다는 것은 생각할수록 묘한 미신이다. 책이건 신문 사설이건 잡지 기사건 간에 저작 활동에 간접적으로 적합한 문학 훈련은 특히 이 미신의 대상이 되고 있다. 수많은 교사와 저자가 전문화된 실제적 교육의 침범을 경계하고, 문화적, 인간적 교육을 옹호하는 글을 쓰고 주장을 펴고 하면서도, 자신이 자유교육이라고 부르는, 자신이 받은 교육이 주로 현재 그가 종사하고 있는 그 직업을 위한 훈련이었다는 것을 인정하지 않는 것이다.* 단순히 그는 습관적으로 자신이 하는 일을 본질상 문화적, 교양적인 것으로 보고 그밖에 다른 직업이 문화적, 교양적 가능성을 가지고 있다는 것을 도외시하는 것이다. 이 구분의 밑바닥에는 분명히, 직업이라는 것은 오직 한 사람이 그를 고용한 특정한 고용인을 위하

여 일하는 경우만을 가리킨다고 보는 전통이 깔려 있다. 그보다 더 궁극적인, 사회라는 고용인이 있다는 것을 깨닫지 못하는 것이다.

* 여기서 Dewey는 어떤 종류의 교육이든지 간에 그 교육을 받은 결과가 나중의 직업생활과 어떤 점에서라도 관련이 있으면 그 교육은 '직업교육'이라고 보아야 한다는 말을 하고 있다. 말하자면, 직업교육은 '성격'에 의해서가 아니라 '결과'에 의해서 그 의미가 규정되어야 한다는 것이다. 물론, Dewey는 자신이 받은 교육도 '직업교육'이라는 고백을 하고 있다.

¶13_ 그렇지만, 오늘날 직업교육을 의식적으로 강조하는 데에는, 다시 말하면 이전의 교육이 암암리에 품고 있었던 직업교육적 성격을 명백하게 의도적으로 드러내려고 하는 데에는 분명히 원인이 있다. ㈎ 첫째로, 민주적인 사회에서는 육체노동, 상업, 사회에 구체적인 봉사를 하는 일들이 점점 존경의 대상이 되고 있다. 이론상으로 보아서, 이제 남자나 여자나 할 것 없이, 사회로부터 받은 지적, 경제적 면에서의 지원에 대하여 무엇인가 사회에 되돌려주어야 하는 것으로 되어 있다. 노동은 신성한 것으로 그 지위가 격상되고, 봉사는 높이 찬양되는 도덕적 이상이 되고 있다. 아직까지도, 안일한 자기과시의 삶을 사는 사람들에 대한 존경과 선망이 남아 있기는 하지만, 높은 도덕적 정서를 가진 사람들은 그런 삶을 오히려 백안시한다. 시간과 개인의 능력을 사회적 책임을 다하는 방향으로 사용해야 한다는 것이 과거 어느 때보다도 더 일반적으로 인정을 받고 있다.

¶14_ ㈏ 둘째로, 지난 1세기 반 동안 산업과 밀접하게 관련된 직업이 굉장한 중요성을 띠게 되었다. 제조업과 상업은 이제 국내와 해당 거주지역의 범위에 머물러 있던, 따라서 다분히 산발적인 상태에서 벗어나서 세계를 상대로 하게 되었다. 이 분야는 점점 많은 사람들로부터 최선의 에너지를 모아서 활용하고 있다. 제조업자, 은행가, 산업의 우두머리들이 그전의 세습적인 귀족 지주들을 대신하여 사회의 업무를 직접 지도하는 형편이 되었다. 사회적 재조정의 문제라고 하면 거의 노사관계를 생각할 정도로, 산업은 사회 문제에서 중요한 위치를 차지하고 있다. 이와 같이 산업적 과정의 사회적 중요성이 크게 증가함에 따라 학교와 산업생활과의 관련 문제가 표면에 두드러지게 부각될 수밖에 없었다. 그와 같이 방대한 사회적 재조정은 전혀 상이한 사회적 조건에서 물려받은 교육제도에 필연적으로 도전을 하게 되어 있으며, 교육에 새로운 문제를 안겨주게 되어 있다.

¶ **15**_ (다) 셋째로, 앞에서 이미 여러 차례 언급한 바와 같이, 산업은 이미 풍속에 의하여 전해 내려오는, 본질상 경험적인 주먹구구식 방법에서 벗어났다는 사실을 들 수 있다. 기술은 이제 '공학'이 되어서, 수학, 물리학, 화학, 세균학 등의 발견에서 나온 기계기술에 기초를 두고 있다. 경제혁명은 과학이 해결해야 할 문제를 제시하고 기계 설비에 대하여 더욱 큰 지적 경의를 자아내도록 함으로써 과학 연구를 자극하였다. 그리고 산업은 과학으로부터 대가를, 복리로 쳐서 받았다. 그 결과로, 산업에 관련된 직종은 그전에 비하여 무한히 많은 지적 내용과 무한히 큰 교양적 가능성을 가지게 되었다. 따라서 근로자들에게 그들이 하는 일의 과학적, 사회적 기초와 관련을 이해시키는 교육이 절실히 요구되고 있다. 그런 교육을 받지 않은 사람은 틀림없이 그들이 조작하는 기계의 부속품과 같은 역할로 전락하고 말 것이기 때문이다. 이전의 체제에서는, 동일한 직종에서 일하는 사람들은 누구나 거의 동등한 수준의 지식과 안목을 가지고 있었다. 그들의 일은 일하는 사람이 직접 자기 마음대로 다루는 도구를 쓰는 것이었기 때문에, 그들은 비록 좁은 범위에서나마 개인의 지식과 창의성을 개발할 수 있었다. 그러나 이제 기계를 조작하는 사람은, 그전의 사람들이 도구를 자기의 목적에 맞추던 것과는 달리, 자기 자신을 기계에 맞추지 않으면 안된다. 한편으로 산업이 주는 지적 '가능성'은 몇 배나 늘어났지만, 그것에 비하여 산업의 조건을 보면 대다수의 대중에게 오늘날의 산업은 마을에 내다 팔 물건을 손으로 만들던 옛날보다 더 교육적 자원의 구실을 못하고 있다. 그리하여 다시, 학교에는 일에 내재해 있는 지적 가능성을 실현하는 책임이 부과된다.

¶ **16**_ (라) 넷째로, 과학에서 지식을 추구하는 방식이 실험에 더 의존하고, 문학적 전통에 덜 의존하게 되었다. 또한 과학적 지식은 변증법적 추리의 방법이나 상징과의 관련도 멀다. 그 결과로, 산업과 관련된 직업은 그전보다 더 과학적 내용을 포함하게 되었을 뿐 아니라, 지식이 만들어지는 방법에 익숙하게 될 기회도 그만큼 더 많이 제공하고 있다. 보통의 공장에서 일하는 직공은, 물론, 너무나 직접적인 경제적 압력을 받으면서 일하기 때문에 실험실에서 일하는 사람만큼 지식을 만들어 낼 기회를 가질 수는 없다. 그러나 학교에서는 학생들이 주로 통찰을 얻는 데에 의식적인 관심을 두는 그런 조건하에서 기계를 다루고 산업과정에 접하도록 할 수 있다. 만약 이 조건이 갖추어져 있다면, 공작실과 실험실의 구분은 관례적인 것에 지나지 않는다. 즉, 실험실은 문제가 요구하는

지적 관심을 자유롭게 추구할 수 있도록 해준다는 잇점이 있으며, 공작실은 과학적 원리의 사회적 관련을 강조하면서 다수의 학생들에게 생생한 흥미를 자극할 수 있다는 잇점이 있는 것이다.

¶ 17_ (마) 마지막으로, 학습심리학 일반, 특히 아동기의 학습심리학에서 밝혀낸 새로운 사실은 삶에서 산업이 점점 중요시되는 것과 맥을 같이하는 주장을 하고 있다. 현대 심리학은 탐색한다든가 실험한다든가 '해 본다든가'하는 원초적인, 학습의 소산이 아닌 본능이 근본적으로 중요한 역할을 한다는 것을 강조하고 있다. 즉, 학습이라는 것은 '마음'이라고 하는, 이미 만들어진 그 무엇이 하는 일이 아니요, '마음'이라고 하는 것 자체가 원래의 능력이 의의있는 활동 속에 조직되어 들어간 상태를 가리킨다는 것이다. 앞에서 이미 말한 바와 같이(15장 ¶¶19-20 참조), 나이어린 학생에게 놀이가 생득적인 활동 경향을 교육적으로 발달시키는 기회가 되듯이, 나이든 학생에게는 일, 즉 직업 활동이 그런 기회가 된다. 뿐만 아니라, 놀이에서 일로 나아가는 것은 점진적으로 이루어져야 하며, 갑작스럽게 태도를 바꾸도록 할 것이 아니라, 일 속에 놀이의 요소가 포함되도록 하면서 계속적인 재조직을 통하여 점점 더 일을 잘할 수 있도록 해야 한다.

¶ 18_ 위에서 든 다섯 가지는 이때까지 이 책에서 제시한 중요한 주장을 정리한 것이라고 보아도 좋을 것이다. 실제적으로나 철학적으로나, 오늘날 교육사태에 대한 열쇠는 사회의 여러 직업을 전형적으로 예시하는 여러 가지 형식의 작업 활동을 활용하고 또 그것에 포함되어 있는 지적, 도덕적 내용을 부각시키는 방향으로 학교교육의 내용과 방법을 점진적으로 재구성하는 데에 있다. 이러한 재구성을 통하여 교과서를 포함한 순전히 문학적 방법과 문답식 방법*은 연속적이고 누적적인 활동을 지적으로 전개해 나가는 데에 필요한 보조수단의 지위로 물러앉아야 한다.

---

* dialectical methods

¶ 19_ 그러나 이때까지의 논의에서 강조된 바와 같이, 이러한 교육적 재조직은 단순히 현재 운영되는 그대로의 산업과 직업 분야에서 일할 사람들에게 기술적인 면의 준비를 시켜줌으로써 이룩되는 것이 아니요, 하물며 기존의 산업 조건을 그냥 학교에 옮겨놓음으로써 이룩되는 것은 더욱 아니다. 문제는 학교를 제조업이나 상업의 부대시설로 만드는 것이 아니라, 산업을 구성하고 있는 요인들을 활용하여 학교생활을 더 활발하게 하고 직접적인 의미로 충만되게 하며 학교 밖의 경험과 관련되도록 하는 것이다. 이 문제를 해결하기는 쉽지 않다. 교육이 선택된 소수만을 위한 옛날의 전통을 영속해나갈 위험은 언제나 있으며, 새로운 경제적 조건에 맞추어 스스로를 조절한다 하더라도, 어느 편인가 하면, 오늘날의 그릇된 산업체제의 변형되지 않은, 합리화되지 않은, 사회화되지 않은 측면에 그대로 순종하는 식으로 스스로를 맞출 가능성이 있다. 보다 구체적인 용어를 써서 말하자면, 직업교육이 이론이나 실제 면에 있어서 '취직교육'*—즉, 장차의 전문적인 직업분야에 관련된 기술적 효율성을 획득하는 수단—으로 해석될 위험이 있다는 것이다.

* trade education; '좁은 의미의' 직업교육을 가리킨다.

¶ 20_ 그렇게 되면 교육은 사회의 기존 산업체제를 변형시키는 수단으로 작용하는 것이 아니라 그것을 그대로 영속시키는 수단이 될 가능성이 있다. 우리가 바라는 변형이 어떤 것인가를 형식적으로 규정하기는 어렵지 않다. 그 변형된 사회는, 다른 사람의 삶을 가치있는 삶으로 만들기 위하여 누구나 무슨 일인가를 하고 있는 사회이며, 따라서 사람들을 서로 묶고 있는 끈이 더 튼튼한 사회, 즉 사람들 사이를 갈라놓는 벽이 허물어진 사회이다. 각 개인이 그의 일에 대해서 가지고 있는 관심은 강제되지 않은, 지력이 요구되는 관심이며, 관심의 선택은 자신의 적성과의 일치 여부에 입각해서 이루어지는 상태—이것이 그런 사회의 모습이다. 물론, 우리는 이러한 사회적 상태에서 멀리 떨어져 있으며, 문자 그대로의 의미에서는, 또는 양적인 면에서는, 아마 결코 거기에 도달하지 못할지도 모른다. 그러나 원칙상으로 말하여, 이미 이루어진 사회변화의 질은 이 방향을 가리키고 있다. 그것을 이룩하는 데에 필요한 자원은 오늘날 과거 어느 때보다도 더 풍부하다. 그것을 실현하겠다는 지적인 의지만 있다면, 극복할 수 없는 장애는 하나도 없다.

¶21_ 그것을 실현할 수 있는가 없는가는 다른 어떤 것보다도 그 변화를 일으키는 데에 알맞은 교육방법을 채택하는가 않는가에 달려있다. 왜냐하면 그 변화는 본질상 정신적 성향의 질적 변화—즉, 교육적 변화*이기 때문이다. 이렇게 말하는 것은 산업적, 정치적 조건의 변화와는 별도로, 직접적인 교육이나 훈시를 통하여 인격과 마음에 변화를 일으킬 수 있다는 뜻이 아니다. 그렇게 생각하는 것은 인격과 마음은 사회적 활동에 참여하는 동안에 나타나는 태도를 가리킨다는 우리의 기본 아이디어에 위배되는 것이다. 여기서 말하고자 하는 것은 다만, 우리는 학교에다가 우리가 실현하고자 하는 사회의 전형적인 모습을 재현시킬 수 있다는 것, 그리고 그 사회의 모습에 맞게 마음을 형성함으로써 성인사회의 보다 대규모적이고 보다 완강한 특징들을 점차로 수정해 나갈 수 있다는 것이다.

---

* educative change : 교육적 효과를 나타내는 변화, 그리고 그와 마찬가지로 교육의 효과로서 나타나는 변화.

※ 이 문단에 제시된 교육과 사회개선의 관계에 관한 생각을 7장 ¶12, 그리고 21장 ¶25와 비교해 보는 것은 의미있는 일이라고 생각된다. 아래의 ¶25에는 교육적 재구성과 사회적 재조직 사이의 명백한 인과관계가 시사되어 있다.

¶22_ 기분을 두고 말하자면, 현 체제의 최대의 악은 빈곤이나 거기서 생기는 고통 같은 것에 있는 것이 아니라, 그토록 많은 사람들이 그들에게 매력도 없는 직업에 오직 금전적인 보상 때문에 종사한다는 사실에 있다고 말하는 데 대하여 기분이 언짢은 사람들이 있을지 모르겠다. 그러나 사실상, 그런 직업은 그것에 종사하는 사람에게 끊임없이 혐오감, 악의, 우습게 보고 회피하려는 욕망 등을 일으킨다. 마음도 머리도 그 일에 있지 않다. 그 반면에, 세속적인 부귀를 누리면서 많은 사람들의 활동을, 비록 독점하지는 않는다 하더라도, 지나치게 통제하는 위치에 있는 사람들은 사회적 교섭의 평등성과 일반성의 범위에서 벗어나 있다. 그들은 방종과 과시의 삶에 마음이 쏠려 있다. 그들은 다른 사람과 그들을 갈라놓고 있는 거리를 그들의 힘과 값비싼 소유물과 향락에 대한 다른 사람들의 경탄으로 메우려고 한다.

¶ **23**_ 좁은 의미로 해석한 직업교육의 대안은 이러한 구분을 더욱 경직된 형태로 영속시킬 가능성이 충분히 있다. 그런 교육은 '사회적 지위예정설'이라는 독단에 입각하여, 누군가는 현재와 같은 경제적 조건하에서 임금노동자로 계속 일할 수밖에 없다는 것을 받아들이며, 그런 사람들에게 이른바 '취직교육'—즉, 단순한 기술적 효율성을 위한 훈련—을 시켜주는 데에 목적을 둔다. 물론, 기술적 효율성도 형편없이 모자라는 실정이어서, 더 좋은 상품을 더 낮은 비용으로 생산하기 위해서 뿐만 아니라, 일에서 더 큰 행복을 맛보기 위해서도, 기술적 효율성을 가지게 되는 것은 여러 모로 좋은 것이다. 그러나 당장의 일에 국한된 효율성을 가지는 것과, 그 일의 사회적 관련에 대한 통찰에까지 연결되는 능력을 가지는 것 사이, 다른 사람이 세운 계획을 효율적으로 수행하는 것과 자신의 계획을 효율적으로 수립하는 것 사이에는 큰 차이가 있다. 현재에는 고용하는 계층과 고용당하는 계층이 모두 지적, 정서적 제약을 받고 있는 형편이다. 고용당하는 사람*은 그 직업에 대하여 거기서 오는 금전적인 보수 이외의 아무 다른 관심이 없는 경우가 대부분이며, 고용하는 사람*은 오직 이득과 권력에 시야가 국한되어 있다. 물론, 이들의 관심은 일반적으로 지적 주도권을 행사하거나 넓은 범위에 걸쳐 상황을 관망하는 일과 관련되어 있는 것이 사실이다. 그도 그럴 것이, 고용하는 사람의 일은 많은 수의 다양한 요인들을 지도하고 결합하는 일임에 비하여, 임금에 관심이 있는 사람은 직접적인 근육 운동만 하게 되어 있는 것이다. 그러나 일이 사회적 관련 속에서 받아들여지지 않는 한, 그 경우 지력은 기술적인, 비인간적인, 비자유적인 통로로만 흘러가기 마련이다. 그리고 사람을 움직이는 동기가 사적 이득이나 개인적 권력에 있을 때에는 그러한 현상이 불가피하다. 사실상, 즉각적인 사회적 동정심이나 인간적인 성향을 가지는 것은 경제적으로 불리한 지위에 있는 사람들, 다른 사람들의 일을 일방적으로 통제하는 데서 마음이 굳어지는 것을 경험해 본 일이 없는 사람들에게서 더 용이하다.

---

* 이 문장과 다음 문장의 the latter는 the former로 고쳐 읽어야 한다.

¶ **24**_ 현존하는 산업체제를 출발점으로 하는 직업교육의 방안은 그 체제가 나타내고 있는 구분과 강점을 받아들이고 영속시킬 가능성이 있으며, 따라서 사회적 지위예정설이라는 봉건적 독단을 사실로 확립하는 도구가 될 가능성이

있다. 자기가 하고싶은대로 할 수 있는 위치에 있는 사람들은 자유교양의 효과를 나타내는 직업을 가지려고 할 것이다. 또한, 이런 종류의 직업은 남을 지도하는 자리인 만큼, 그들이 직접 관심을 가지고 있는 젊은이들*에게도 적합한 직업이라고 그들은 생각한다. 체제를 둘로 갈라서, 운수가 별로 좋지 않은 다른 사람들에게는 특수한 취직준비교육을 시켜주려고 하는 것은 결국 학교를, 노동과 여가, 교양과 봉사, 마음과 몸, 지도하는 계층과 지도받는 계층 등의 옛날의 구분을 명목상의 민주사회로 이월시키는 기관으로 취급하는 것이다. 그러한 직업교육은 거기서 다루는 자료와 과정에서 과학적, 역사적인 면에서의 인간적 의미를 불가피하게 감소시킨다. 이러한 인간적 의미를 좁은 취직교육 속에 포함시키는 것은 시간 낭비이다. 이런 방면의 관심은 '실제적인' 중요성을 가질 수 없는 것이다. 인간적 의미는 마음대로 여가를 누릴 수 있는 사람들—경제적 자원이 넉넉하여 여가를 가지게 된 사람들—에게 '처지에 넘치는' 불만이나 야심을 자극한다는 뜻에서, 지배계층의 이익에 위협이 될지도 모른다. 그러나 직업의 지적, 사회적 의미를 완전하게 인정하는 교육은 그 내용 속에 현재의 조건에 관련된 역사적 배경, 생산의 자료와 수단을 다루는 지력과 창의성을 길러주기 위한 과학의 훈련, 장차의 근로자로 하여금 오늘날의 문제와 제안된 개선방안을 알리기 위한 경제학, 행정학, 정치학 과목 등을 포함할 것이다. 무엇보다도, 그러한 교육은 변화하는 조건에 대한 적응능력을 훈련하여, 장차의 근로자들이 그들에게 닥치는 운명에 맹목적으로 복종하는 일이 없도록 할 것이다. 이러한 이상은 현존하는 교육적 전통의 타성과 대적해야 할 뿐만 아니라, 산업의 機制기제를 좌우하는 일에 깊이 젖어 있는 사람들, 그리고 만약 그런 교육이 일반화되면 다른 사람들을 그들의 목적에 부려먹는 능력이 위협을 받으리라고 생각하는 사람들과도 대적해야 한다.

* 예컨대 그들의 자녀.

¶ 25_ 그러나 이러한 사실은 사회적 재조직이 교육적 재구성에 달려 있다는 증거를 보여주는 것이기 때문에, 그 자체가 바로 보다 평등하고 개화된 사회질서의 전조가 된다. 따라서 그 사실은 보다 나은 사회질서를 믿는 사람들에게 새로운 직업교육을 진흥시키는 일을 담당하도록 격려하고 있다. 이 새로운 직업교육은 젊은이들을 현 체제의 요구나 표준에 복종시키는 것이 아니라 과학적,

사회적 요인을 활용하여 용기있는 지력을 개발하고 그 지력이 실제성과 실천력을 가질 수 있도록 하는 직업교육을 말한다.

| 요약 | ¶ 26_ '직업'이라는 것은 다른 사람에게 봉사를 하는, 그리고 결과를 얻을 목적으로 개인의 힘을 사용하는 일체의 계속적 활동을 가리킨다. 직업과 교육의 관계 문제는 사고와 신체 활동, 개인의 의식적 발달과 단체생활, 이론적 교양과 명백한 결과를 내는 실제적 행동, 생활의 수단을 얻는 것과 고상한 여가를 즐기는 것 사이의 관련에 관하여 이때까지 논의한 여러 문제들을 하나의 초점으로 집중시켜 준다. 일반적으로 말하여, 교육에 직업생활과 관련된 부분이 있다는 것(초등학교에서 실용적인 목적으로 3R을 가르치는 것 이외에)을 인정하려고 하지 않는 사람들은 과거의 귀족주의적 이상을 그대로 간직하고 있는 사람들이다. 그러나 현재의 전환기에 직업교육을 진흥시킨다는 명분으로 추진되고 있는 움직임을 보면, 그러한 직업교육은, 만약 실제로 시행된다면, 종래의 귀족주의적 생각을 기존의 산업체제에 맞추어 더욱 확고하게 하는 결과가 될 것이다. 현재의 방안에 의하면, 경제적으로 여유가 있는 소수의 사람들을 위하여 전통적인 자유교양교육은 그대로 계속하고 대다수의 대중에게는 다른 사람의 통제를 받아서 특별한 분야의 기술적인 일을 하도록 좁은 취직교육을 시켜 주어야 하는 것으로 되어 있다. 말할 필요도 없이, 이 방안은 단순히 옛날의 사회적 구분, 그리고 그와 관련된 지적, 도덕적 이원론을 영속시켜 나가려는 것이다. 그러나 이것은 그러한 이원론의 존재 이유가 없어진 상황에서 그것을 계속 유지하겠다는 것이나 다름없다. 오늘날 산업생활은 과학에 크게 의존하고 있고, 또 모든 형태의 사회적 교섭에 깊이 영향을 미치고 있기 때문에, 그것을 마음과 인격의 발달에 도움이 되는 방향으로 활용하는 것은 충분히 가능하다. 뿐만 아니라, 그것을 교육에서 올바로 사용한다면 지력과 흥미에 좋은 효과를 나타낼 수 있고, 이것은 다시 입법 및 행정기관의 지원을 받아서 현재의 상공업이 가지고 있는 사회적으로 유해한 특징들을 수정 또는 완화할 수 있을 것이다. 교육과 직업의 올바른 결합은 점점 커지는 사회적 동정심의 자원을 다분히 맹목적인 박애주의적 感傷감상의 수준에 내버려 두는 것이 아니라, 그것을 건설적인 방향으로 돌리도록 하는 계기가 된다. 올바른 직업교육은 산업 계통의 직종에 종사하는 사람들에게 사회통제에 일익을 담당할 열의와 능력, 그리고 산업

계의 운명을 짊어질 주인으로서의 능력을 가지도록 해 준다. 이런 능력을 가지게 될 때, 그들은 오늘날과 같이 기계체제에 의하여 운영되고 있는 생산과 분배의 기계적, 기술적 측면에 의미를 채워넣을 수 있을 것이다. 이때까지 말한 것은 경제적으로 빈곤한 사람들을 염두에 둔 것이다. 사회에서 보다 특권적인 지위에 있는 사람들의 경우에, 올바른 직업교육은 노동에 대한 동정심을 길러주며, 사회적 책임감을 증가시켜 준다. 요컨대, 오늘날 직업교육의 문제가 결정적인 중요성을 가지게 된다는 것은 그것이 두 가지 근본적인 문제를 하나의 구체적인 주제로 집약시켜 주기 때문이다. 그 두 가지 문제라는 것은, 첫째로, 지력이라는 것이 자연을 인간에게 유용한 방향으로 사용하는 활동과 떨어져서 가장 잘 행사되는가 아니면 그 활동 속에서 가장 잘 행사되는가 하는 것이요, 둘째로, 개인의 교양이 이기적인 상황에서 가장 잘 획득되는가 아니면 사회적인 상황에서 가장 잘 획득되는가 하는 것이다. 이 장에서 이 문제에 관한 자세한 논의를 하지 않은 것은, 그 대답을 하려면 앞의 15장에서 22장에 이르는 내용을 전부 요약하는 수밖에 없기 때문이다.

제 24 장

교육철학

1 비판적 개관

¶ 1_ 이 책에서 우리는 교육철학을 논하고 있으면서도 아직 철학의 정의를 내린 일이 없고, 또한 교육철학의 성격에 관하여 특별히 고찰한 일도 없다. 이제 이때까지의 논의에 함의된 논리적 순서를 요약적으로 설명하는 것을 겸하여 교육철학의 성격을 다루면서, 이때까지의 논의에 들어 있는 철학적 문제들을 드러내어 보겠다. 다음 두 장에서 우리는 좀 더 본격적인 철학적 용어를 써서, 교육의 실제에 작용하는 상이한 교육적 이상과 관련하여 그것에 내포된 지식의 이론과 도덕의 이론을 간략하게 논의하겠다.

¶ 2_ 이때까지 이 책의 장들은 논리적으로 세 부분으로 이루어져 있다. (1) 처음 몇 개의 장은 사회적 필요와 기능으로서의 교육을 다루었다. 그 목적은 사회집단이 그 계속적인 생존을 유지해 나가는 과정으로서의 교육의 일반적 특징을 대략적으로 제시하는 데에 있었다. 여기서 교육은 전달의 과정을 통하여 경험의 의미가 갱신되어 나가는 과정으로 규정되었다. 이 전달의 과정은 어느 정도로는 일상의 친교나 어른과 젊은이의 교섭에 부수되어 일어나며, 어느 정도로는 사회적 계속성을 보장하기 위한 의도적 제도를 통하여 일어난다. 교육의 과정은 미성숙한 개인과 그가 살고 있는 집단, 양자를 모두 통제하며 그 성장을 이끌어 준다.

¶ 3_ 이러한 고찰은 해당 사회집단의 질을 특별히 염두에 두지 않았다는 뜻에서, 다시 말하면 교육이 영속시키려고 하는 사회가 어떤 종류의 사회인가를 염두에 두지 않았다는 뜻에서, 형식적인 면의 고찰이라고 말할 수 있다. 그리하여 그러한 형식적, 일반적 논의를 구체화하는 방법으로서, 의도적으로 진보적인 사회집단, 즉 단순히 확립된 풍습을 보존하는 데에 목적을 두는 것이 아니라, 보다 다양한 관심들을 서로 공유하는 데에 목적을 두는 사회집단에 그 논의를 적용하였다. 그런 사회는 민주적인 성격을 가진 사회이다. 왜냐하면 그런 사회는 주로 우월한 계층의 통제하에 작용하는 풍습의 힘에 끌려가는 사회가 아니라, 그 구성원들에게 더 많은 자유를 허용하고 모든 개인에게 의식적으로 사회화된 관심을 가지도록 할 의식적인 필요를 느끼는 사회이기 때문이다. 그러므로 민주적인 사회를 발전시키는 데에 알맞은 교육이 어떤 것인가 하는 것은 이후 교육을 더 자세하게 분석하는 명시적인 기준이 되었다.

¶ 4_ (2) 민주주의라는 기준에 입각하여 교육의 의미를 분석한 결과는 경험의 계속적인 재구성 또는 재조직이라는 이상을 제시하였다. 이 경험의 재구성은 경험의 공적 의미 또는 사회적 내용을 증가시키는 방향으로, 또 개인이 이 재구성 과정을 지도하는 지도자로서 행동할 능력을 증대시키는 방향으로 이루어지지 않으면 안된다(6-7장). 그 다음에 이 규정을 사용하여 교육내용과 방법의 성격을 각각 대체로 설명하였다. 위의 규정은 또한 교육내용과 방법이 하나로 통합된다는 것을 보여 준다. 위의 규정에 의하면, 공부와 학습의 방법이라는 것은 의식적으로 지도된 방향으로 경험의 내용을 재구성 또는 재조직해 나가는 것 이외의 아무 것도 아닌 것이다. 이 관점에서 학습의 방법과 교과내용의 주요 원리가 제시되었다(8-14장).

¶ 5_ (3) 이때까지의 논의에서는 현재의 사회생활이 민주적 기준에 입각해 있고 그것을 적용하고 있다는 것을 의심없이 받아들였다. 이따금 현재 사회생활의 현실을 비판한 경우가 없었던 것은 아니지만, 그것은 오직 대조에 의하여 원리를 좀더 뚜렷하게 예시하려는 의도에서였다. 이후 몇 개의 장(18-23장)에서는 민주적 기준을 실제로 실현하는 데에 현재의 사회가 어떤 제약을 가지고 있는가를 고찰하였다. 그 제약은, 경험이라는 것은 여러 개의 분리된 관심영역들로 이루어져 있으며 각각은 그 자체로서 독립적인 가치와 자료와 방법을 가지

고 있다는 생각, 그리고 각각은 서로를 견제하고 있어서, 만약 각각의 영역이 그 고유의 판도를 벗어나지만 않는다면, 정치에서의 '권력의 균형'과 비슷한, 교육에서의 '세력의 평형'이 이루어진다는 생각에서 나오는 것으로 분석되었다. 그 다음에 우리는 이 관심의 분리의 이면에 깔려 있는 여러 가지 가정들을 분석하였다. 실제적인 면에서 보면, 이 분리의 원인은 사회가 상당히 엄격하게 구분된 계층이나 집단으로 분열되어 있다는 사실에 있는 것으로 밝혀졌다. 이것은 곧 풍부하고 융통성있는 사회적 상호작용과 교섭이 차단되어 있다는 뜻이다. 이와 같은 사회적 계속성의 파괴는 이론적인 측면에서 여러가지 이원론과 대립들—즉, 노동과 여가, 실제적 활동과 이론적 활동, 인간과 자연, 개인과 사회, 교양과 직업 등의 대립—에 반영되어 있는 것으로 드러났다. 이것을 논의하는 과정에서 우리는 이들 여러 가지 대립들이 고전적 철학체계에서 만들어낸 구분들과 짝을 이루고 있다는 것, 그리고 그것이 철학의 주요 문제들과 관련되어 있다는 것을 알았다. 즉, 마음(또는 정신)과 물질, 육체와 마음, 마음과 세계, 개인과 집단(개인과 다른 사람들과의 관계)의 문제 등이 그것이다. 이들 여러 가지 분리의 밑바닥에 깔려 있는 근본적인 가정은 마음이 물리적 조건, 신체기관, 물질적 장비, 자연적 물체 등으로 이루어지는 활동으로부터 유리되어 있다는 것이다. 따라서 여기서는 환경을 통제하는 활동 '속에서의' 마음의 기원, 위치, 기능을 인정하는 철학을 제시하고자 하였다. 이로써 우리는 큰 원을 한 바퀴 돌아서 이 책의 첫 부분에 제시된 생각으로 되돌아왔다. 그 생각이라는 것은 곧 인간의 충동과 본능은 자연 에너지와 생물학적인 연속성을 나타내고 있다는 것, 마음의 성장은 공동의 목적을 가진 공동생활에 참여하는 것에 의존한다는 것, 물리적 환경은 사회적 매체 속에서 인간에 의하여 사용됨으로써 영향력을 행사한다는 것, 진보적으로 발전하는 사회에서는 개인들이 가지고 있는 다양한 욕망과 사고를 활용할 필요가 있다는 것, 교육의 방법과 내용 사이에는 본질적인 단일성이 있다는 것, 목적과 수단은 내재적 연속성을 가지고 있다는 것, 마음이라는 것은 곧 행동의 의미를 지각하고 검증하는 사고 과정을 가리킨다는 것 등이다. 이러한 생각은, 지력이라는 것은 행동을 통하여 경험의 자료를 유목적적으로 재조직하는 것을 뜻한다고 보는 철학과 부합하며, 앞에서 말한 각각의 이원론적 철학과는 들어맞지 않는다.

2 철학의 성격

¶ 6_ 이제 우리가 해야 할 일은 위의 고찰 속에 함축되어 있는 철학의 의미를 뽑아내어 명백히 진술하는 것이다. 우리는 이미 철학이 어떤 문제를 다루는가를 말하였고, 따라서 철학을 정의했다고까지는 할 수 없어도, 기술은 한 셈이다. 그리고 우리가 지적한 바와 같이, 철학이 다루는 그러한 문제들은 사회생활의 갈등과 문제에 그 기원을 두고 있다. 그 문제들이라는 것은 예컨대 마음과 물질, 육체와 영혼, 인간과 자연, 개인과 사회, 이론(아는 것)과 실제(하는 것) 사이의 관계이다. 이러한 문제들을 체계적으로 다루는 철학이론은 당시의 사회생활의 주된 양상과 문제점들을 기록해 놓은 것이라고 볼 수 있다. 철학이론은 인간이 그 당시에 하고 있던 경험의 질로 인하여 그들이 자연과 그들 자신에 관하여, 또 이 양자를 포함하고 지배하는 것으로서의 實在실재*에 관하여, 어떤 생각을 하게 되었는가를 명백히 의식에 떠올리도록 해 준다.

---

* reality

¶ 7_ 그러므로, 철학을 정의할 때 일반적으로 그 내용에 있어서나 방법에 있어서 전체성, 일반성, 궁극성을 나타낸다는 식으로 정의하는 것은 쉽게 납득할 수 있는 일이다. 내용면에서 보면, 철학은 '포괄적 이해'*—다시 말하면 세계와 삶에 관한 다양한 세부사항들을 하나의 포괄적인 전체로 모으는 것—에 목적을 둔다. 그것은 이 세계와 삶을 단일한 통합체로 파악하는 것일 수도 있고, 이원론적 철학에서처럼 수많은 세부사항들을 소수의 궁극적 원리로 파악하는 것일 수도 있다. 철학자나 그의 결론을 받아들이는 사람들의 태도 면에서 보면, 철학이라는 것은 경험에 관하여 가능한 한 통합되고 일관되고 완전한 전망을 가지기 위한 노력이다. '철학'이라는 말이 원래 '知지에 대한 사랑'을 뜻한다는 것**은 철학의 이 면을 나타내는 것이다. 철학을 심각하게 받아들였을 때는 언제나, 철학은 삶을 영위하는 데에 영향을 주는 지혜에 도달하는 일을 뜻하는 것으로 생각해 왔다. 옛날의 철학 학파는 거의 예외 없이 그 자체가 조직된 생활방식이었다는 것, 그들은 특이한 행동양식에 헌신하는 것을 그들의 철학적 주장으로 삼았다는 것, 중세에 와서 철학은 로마 교회의 신학과 밀접한 관련을 맺었고, 종교적 이해관계와 빈번하게 연루되어 있었다는 것, 그리고 국가가 위기에 처했을 때

철학은 정치적 투쟁과 관련되었다는 것, 이 모든 사실이 그것을 증거하고 있다.

---

* comprehend : com(with)+prehendere(to grasp) (Latin)
** philosophy : philos(love)+sophia(wisdom) (Greek)

¶ **8**_ 이와 같이 철학이 삶을 보는 눈과 직접, 긴밀하게 관련되어 있다는 점으로 보아, 철학은 분명히 과학과 구분된다. 물론, 과학의 특수적 사실이나 일반적 법칙이 행위에 영향을 미치는 것은 분명하다. 과학은 무엇을 해야 할지, 무엇을 하지 말아야 할지를 알려 주며, 그 일을 하는 수단을 제공해 준다. 과학이 단순히 세계에 관하여 알아낸 특수적 사실을 보고하는 일이 아니라 세계에 대한 '일반적 태도'—구체적인 행동지침과는 다른—를 나타낼 때, 그것은 철학의 경지로 넘어간다. 왜냐하면 그 근저에 흐르는 성향은 단순히 하나하나의 구체적인 사물에 대한 태도도 아니요, 그런 사물의 집합체에 대한 태도도 아니요, 오히려 행위를 규제하는 일반적인 고려사항에 대한 태도이기 때문이다.

¶ **9**_ 그러므로 철학은 단순히 내용면에서만 정의되어서는 안된다. 그렇기 때문에, 일반성, 전체성,* 등의 개념으로 내려지는 철학의 정의는 그런 개념들이 세계에 대하여 나타내는 태도나 성향이 어떤 것인가를 생각해 볼 때 가장 쉽게 이해된다. 순전히 글자 그대로의 뜻으로 또는 양적인 의미에서 받아들인다면, 위의 용어들은 지식의 내용에는 적용되지 않는다. 지식의 내용이 완전하다든가 최종적이라고 하는 것은 있을 수 없는 것이다. 경험이라는 것은 늘 진행되고 늘 변화하는 과정이라는, 경험의 성격 그 자체가 그것을 용납하지 않는다. 지식의 완전성이라든가 궁극성을 약간 완화해서 해석하면, 그것은 철학보다는 과학에 적용된다고 보아야 한다. 우리가 세계에 관한 사실을 알아내려고 하면 철학의 도움을 요청할 것이 아니라, 수학, 물리학, 생물학, 문화인류학, 역사학 등의 도움을 요청해야 할 것이다. 세계에 관한 법칙이 타당한 것이 되려면 어떤 기준을 갖추어야 하는가, 그리고 그러한 기준을 갖추고 있는 법칙에는 어떤 것들이 있는가 하는 것은 과학의 영역에 속한다. 그러나 만약 우리가 과학에서 밝혀진 사실들이 우리에게 세계에 관하여 어떤 종류의 영구적 행동성향을 가지기를 요구하는가 하는 질문을 한다면 이것은 철학적 질문이다.

---

* generality, totality, ultimateness

¶ 10_ 이 관점에서 보면, '전체성'이라는 것은 모든 세부사항들의 양적인 총화를 만들어내는, 도저히 가망없는 일을 말하는 것이 아니다. 오히려 그것은 우리에게 일어나는 수많은 사건들에 대하여 '일관성있게' 반응하는 것을 가리킨다. 일관성이라는 것은 동일성과는 다르다. 정확하게 동일한 일은 일어나지 않는 법이므로, 정확하게 동일한 반응을 되풀이하는 것은 부적응을 초래한다. 전체성이라는 것은 계속성—즉, 종래의 행동 습관을 따르되 그 습관이 언제나 생생한 의미를 가지고 성장을 이루어나갈 수 있도록 새로운 환경에 재적응해 나가는 것을 말한다. 전체성이라는 것은 이미 완전하게 결정된 행동 방안을 뜻하는 것이 아니라, 수없이 다양한 행동들 사이에 균형을 유지하면서 그 행동들이 서로서로의 의미를 보충해 주는 것을 뜻한다. 새로운 지각에 대하여 개방된 마음을 가지고 그것을 민감하게 받아들이는 사람, 그 새로운 지각들을 관련짓는 일에 정신을 집중하고 책임을 느끼는 사람은 누구든지 철학적 성향을 가지고 있는 사람이다. 철학이라는 것에 대하여 보통 사람들이 가지고 있는 생각 중의 하나는 곤란과 손실을 당하여 평정을 잃지 않고 인내심을 가진다는 것이며, 심지어 철학이라는 것은 고통을 묵묵히 견디는 힘이라고 생각하는 사람들도 있다. 철학에 대하여 이렇게 생각하는 것은 철학 일반의 특징이라기보다는 특수하게 금욕주의 철학의 특징에 비추어 철학을 파악하는 것이다. 그러나 철학에 대한 이러한 생각은 철학의 한 가지 특징인 전체성을 반영한다고 볼 수 있는데, 이때 전체성이라는 것은 심지어 불행한 경험에서도 무엇인가를 학습하고 의미를 뽑아내며 그렇게 학습한 것을 기초로 하여 다음의 학습을 계속해 나가는 힘을 가리키는 것으로 해석된다. 이 점에서 그 생각에는 분명히 일리가 있다. 철학의 '일반성'과 '궁극성'에 대해서도 이와 비슷한 해석을 할 수 있다. 순전히 문자 그대로 해석하면, 철학이 일반성이나 궁극성을 추구한다는 것은 말도 안 되는 허장성세이며 정신 나간 헛소리이다. 그러나 '궁극성'이라는 것은 경험이 끝났다든가 완결되었다는 뜻이 아니라, 보다 깊은 수준의 의미를 파고 들어가는 성향, 즉 표면의 밑을 파고들어가서 사건이나 사물의 관련을 추구하며 늘 그러한 수준에서 생각하는 것을 의미한다. 이와 마찬가지로, 철학적 태도가 '일반성'을 나타낸다고 하는 것은, 철학은 어떤 것이든지 따로따로 떼내어 생각하려고 하지 않는다는 것, 하나의 행동을 그 맥락 속에서 파악하려고 하며 거기서 의미를 규정하려고 한다는 뜻이다.

¶ 11_ 여기서 잠깐, 사고와 지식을 구분할 때, 철학은 지식보다는 사고와 관련된다는 점을 말하는 것이 도움이 될 것이다. 지식—근거에 입각해서 확인된 지식—은 과학이다. 지식은 어떤 대상이 완전히 낙착되고, 질서가 잡히고 합리적으로 해결된 것을 나타낸다. 여기에 비하면 사고는 미래전망적인 시각을 나타낸다. 사고는 '미해결'이 있기 때문에 필요하며, 혼란이라든가 문제를 해결하는 데에 목적이 있다. 철학은 이미 알려진 것이 우리에게 무엇을 요구하는가, 우리가 어떤 반응적 태도를 취하도록 요구하는가에 관한 사고이다. 철학은 이미 확립된 사실의 기록이 아니라 무엇이 가능한가에 대하여 생각하는 것이다. 이 점에서 철학은 모든 사고가 그렇듯이 가설적인 것이다. 그것은 무엇인가 해야할 것, 무엇인가 해보아야 할 것을 제시한다. 철학의 가치는 해결책을 제공하는 데에 있는 것이 아니라—해결은 오직 행동에 의해서만 이루어질 수 있다—문제를 정확히 규정하고 그것을 해결하는 방법을 제안하는 데에 있다. 철학은, 말하자면, 사고가 그 자체를 의식하게 된 것*—사고가 경험에 있어서의 그 자체의 위치, 기능, 가치를 일반적으로 규정한 것—을 가리킨다고 말할 수 있다.

---

* thinking which has become conscious of itself; 이 철학의 정의는 특히 Hegel의 영향을 받은 철학자들 사이에 널리 받아들여지고 있는 정의이다. Hegel 계통에서 이 정의를 이해하는 방식은 이때까지 이 장에서, 또 구체적으로는 이 문단에서 Dewey가 말하고 있는 철학의 성격과는 맞지 않는다는 느낌이 든다. 이 문장의 뒷부분, '사고가 경험에 있어서의 그 자체의 위치, 기능, 가치를 일반적으로 규정한 것'이라는 표현은 '사고가 그 자체를 의식하게 된 것'이라는 정의에 대한 Dewey 자신의 해석이라고 보아야 할 것이다.

¶ 12_ 보다 구체적으로, 철학이 '전체적인' 태도를 가져야 하는 이유는 삶의 여러 가지 관심들 사이의 갈등이 행동을 통하여 통합되어야 한다는 데에 있다. 관심이 아주 피상적인 수준의 것이어서 그것들이 아무 갈등없이 서로 왕래할 수 있다든지, 아니면 서로 갈등을 이룰 정도로 조직되어 있지 않은 경우에는 철학의 필요가 거의 느껴지지 않는다. 그러나 예컨대 과학적 관심이 종교적 관심과 갈등을 일으킨다든지, 경제적 관심이 과학적, 심미적 관심과 갈등을 일으킨다든지, 질서를 유지하려는 보수적 관심이 자유를 추구하는 진보적 관심과 맞지 않는다든지, 제도를 우선하는 생각이 개인을 우선하는 생각과 충돌한다든지 할 때에는 보다 포괄적인 관점에 의하여 양자 사이의 차이를 조화시키고 경험의 일관성이나 계속성을 회복할 필요를 느끼게 된다. 흔히 이러한 충돌은 개인

혼자의 힘으로 해결될 수도 있다. 목적 사이의 우선권 투쟁이 비교적 제한된 범위의 것이어서 개인이 스스로의 생각으로 양자를 적당히 조화시키는 경우가 그런 것이다. 그러한 '私製'사제 철학은 대체로 정당하고 적절하지만 철학의 체계에까지는 이르지 못한다. 철학의 체계는 행위의 이상에 관한 여러 가지 어긋나는 주장들이 사회전체에 영향을 미칠 때, 그리하여 그 조정의 필요가 사회 전체에 일반적으로 느껴질 때 생긴다.

¶ 13_ 이 점에 비추어 볼 때, 철학에 대하여 흔히 제기되는 반론들, 예컨대 철학에는 개인의 사색이 별로 중요한 역할을 하지 못한다든지, 철학에는 여러가지 대립되는 이론들이 나와서 그 사이에 논쟁이 끊이지 않는다든지, 그리고 물론, 철학은 똑같은 문제들을 말만 바꾸어서 늘 되풀이하고 있다든지 하는 반론들이 나오게 되는 것은 당연하다. 말할 것도 없이, 철학사에 대두된 여러 철학 이론들이 대체로 이런 특징을 나타내고 있다는 것은 의심할 여지가 없다. 그러나 그것은 철학에 대한 반론이라기보다는 인간의 본성, 그리고 인간의 본성을 만들어내는 세계에 대한 반론이라고 보아야 한다. 만약 삶이라는 것이 참으로 불확실한 것이라면, 철학이 그러한 불확실성을 반영하는 것은 당연하다. 만약 문제의 원인에 대한 진단이 다양하고, 그것을 해결하는 방법에 대한 제안이 다양하다면, 다시 말하여, 관심의 갈등이 다소간 여러 집단의 사람들 사이에 나타나고 있다면, 다양한 철학적 주장이 갈등을 일으키는 것은 불가피하다. 이 갈등이 이미 지나간 일에 관한 것일 때에는 오직 충분한 증거만 있으면 쌍방은 쉽게 합의하여 확실한 결론에 도달할 수 있을 것이다. 일이 이미 기정의 사실로서 확실한 것이 되어 있는 것이다. 그러나 복잡한 사태에서 장차 어떻게 하는 것이 가장 좋은가 하는 문제에 있어서는 그 결론이 아직 나와있지 않은 상태이므로 논의가 불가피하다. 이 경우에는 안락하게 사는 지배 계층이 생존을 위하여 힘든 투쟁을 하고 있는 사람들과 동일한 철학을 가지리라고는 상상하기 어렵다. 만약 가진 자와 빼앗긴 자가 세계에 대하여 똑같은 근본적인 성향을 가지고 있다면, 이것은 그 성향이라는 것이 불성실하거나 심각성을 결하고 있다는 증거이다. 공업에 주로 종사하고 상업과 교역을 활발하게 하는 사회가, 자연의 에너지를 기계에 활용하는 일에는 거의 관심이 없이 높은 심미적 문화를 추구하는 사회와, 삶의 필요와 가능성을 동일한 방식으로 볼 가능성은 대단히 희박하다. 상당히 연속적인 역사를 가진 사회집단이 위기에 지적으로 대처하는 방식은 급

격한 단절로 충격을 받은 사회집단의 그것과 대단히 다를 것이다. 나타난 자료는 동일하다 하더라도 그것을 평가하는 방식이 다른 것이다. 그러나 삶의 양식이 다르고 거기서 생기는 경험이 다를 때에는 가치체계가 다른 것은 물론이요, 나타나는 자료 또한 동일할 수가 없다. 철학이 다루는 문제가 비슷비슷하다는 점에 관하여 말하자면, 이것은 흔히 사실상 그렇다기보다는 겉으로 보기에 그런 것뿐이다. 왜냐하면 옛날의 철학적 논의가 현재의 문제에 적용될 때에는 문제 자체가 달라지기 때문이다. 그러나 어떤 근본적인 면에 있어서는, 동일한 문제가, 사회적 맥락의 변화라든가 과학의 성장 등의 변화가 있기는 해도, 시대에 관계없이 되풀이되어 나타난다.

¶ 14_ 철학의 문제는 사회적 실제에 어려운 문제점들이 널리퍼져 있고 그 어려움이 전반적으로 느껴질 때 대두된다고 하는 이 사실은 철학자들이 전문적인 집단 또는 계층을 이루고 있고 그들이 쓰는 용어 또한 사회의 문제를 직접 표현하는 일상의 용어와는 다른 전문적인 용어라는 점 때문에 잘 간파되지 않는다. 그러나 하나의 철학체계가 강하게 부각될 때에는, 사회적 조정을 위한 방안을 둘러싸고 여러 관심들이 벌이는 갈등에 철학이 관련된다는 사실이 누구에게나 뚜렷이 지각될 수 있다. 여기에 철학과 교육 사이의 긴밀한 관련이 나타난다. 사실상, 교육은 철학적 논의가 가지고 있는 인간적 의의(기술적 의의가 아닌)에 깊이 파고들어가는 거점이 된다. 소위 '순수' 철학을 공부하는 사람들이 언제나 빠지는 위험은 철학을 단순히 빡빡하고 엄격한 지적 연습—이런이런 철학자가 이런이런 말을 했다는 것만 공부하는 것—으로 생각한다는 것이다. 그러나 철학적 문제를, 그것에 상응하는 정신적 성향이 어떤 것인가, 그 철학적 입장을 따를 때 교육실제가 어떻게 달라지는가 하는 관점에서 접근한다면, 철학이 관련을 맺고 있는 구체적인 삶의 사태를 보기가 별로 어렵지 않을 것이다. 만약 철학의 이론이 교육적 노력에 아무런 차이를 가져오지 않는다면 그것은 허구라고 보지 않으면 안 된다. 교육적 관점은 철학적 문제가 어디서 생기고 어디서 번성하며 어디서 낮잠을 자는지, 그것을 받아들이고 부정하는 것이 실제에 어떤 차이를 가져오는지를 알 수 있게 한다.

¶ 15_ 교육이라는 것이 자연과 인간에 대한 지적, 정서적인 면에서의 근본적인 성향을 형성하는 과정이라는 관점을 받아들인다면, 철학은 '교육의 일반이

론'*이라고 정의해도 좋을 것이다. 철학이 순전히 상징적, 언어적인 것에 그친다든지 몇몇 사람을 위한 감정의 유희나 심지어 임의적인 독단이 되어도 좋다면 모르되, 그렇지 않은 이상, 과거의 경험을 사정하고 장차의 가치실현을 위한 계획을 제안하는 철학의 과업은 반드시 그 결과가 구체적인 행위로 나타나야 한다. 대중의 선동, 선전, 입법적, 행정적 조치는 철학이 제시하는 방향으로 성향의 변화를 가져올 수 있으나, 그것이 그런 효과를 나타내는 것은 오직 교육을 통하여, 다시 말하면 지적, 도덕적 태도에 영향을 줌으로써만 가능하다. 선전이나 입법적, 행정적 조치가 교육적 효과를 가져온다 하더라도, 그러한 방법은 습관이 이미 상당히 굳어 있는 사람들을 대상으로 한다는 점에서 제약이 있으며, 여기에 비하여 유연한 젊은이들을 대상으로 하는 교육은 그 작용의 범위가 넓고 자유롭다. 또 다른 편에서 보면, 학교가 하는 일은 그 당시의 삶에서 학교교육이 차지하고 있는 위치를 폭넓게 또 우호적인 입장에서 확인해 주는 철학의 도움을 받아서 그 목적과 방법을 늘 생생하게 하지 않으면 주먹구구식으로 고정된 일을 되풀이하게 될 가능성이 있다.

* general theory of education (원문 이탤릭체)

¶16_ 과학*은 반드시 '실제적인' 면에서 해당 지역사회가 달성하고자 하는 중요한 목적을 암암리에 가정하고 있다. 이 목적과 유리될 때, 과학은 그 결과가 병을 치료하는 데에 사용되는가 퍼뜨리는 데에 사용되는가, 삶을 유지하는 수단을 증가시키는 데에 사용되는가 삶을 파괴하는 전쟁 물자를 제조하는 데에 사용되는가 하는 등의 문제와 전혀 무관한 것으로 된다. 만약 사회가 그중의 어떤 것에 관심을 두고 있고 어떤 것에는 관심이 없다면, 과학은 사회가 관심을 두는 그것을 달성하는 길을 보여 준다. 그리하여 철학은 2중의 과제를 안고 있다. 첫째로, 현재의 과학의 발달 정도에 비추어 현재의 사회적 목적을 비판하는 것, 말하자면 현재 과학이 구사할 수 있는 새로운 자원에 비추어 보아서 이런이런 가치는 시대에 뒤떨어졌다든지, 현재 과학으로서는 이런이런 가치는 도저히 실현 가능성이 없기 때문에 그것은 환상이나 悲願비원에 불과하다는 것을 보여 주는 것과, 둘째로, 과학의 전문적인 연구결과를 장차 사회의 나아갈 방향과 관련하여 해석하는 것이다. 철학이 이 일에서 성공을 거두려면 철학에서 무엇을 해야 하며 무엇을 하지 말아야 하는가 하는 것으로 철학의 의미가 해석되지 않

으면 안된다. 철학이론은 오직 어떤 것이 가치있는가를 지적으로 탐색하는 일이며, 따라서 철학은 마치 알라딘의 魔燈마등처럼, 그것이 가치있다고 생각하는 일이 당장 눈앞에 실현되도록 할 수가 없다. 기계적인 일에 있어서는, 사물이 가지고 있는 에너지를 우리의 목적에 맞게 활용하는 데에 과학이 방법을 제공한다. 철학이 인간의 에너지를 의미깊은 삶의 개념에 맞게 활용하는 방법을 만들어내는 데는 교육이라는 활동이 필요하다. 교육은 철학적 구분이 구체화되고 검증되는 실험실이다.**

---

* positive science: 앞의 positive라는 단어는 특히 철학과 대비해서 과학을 지칭할 때 사용된다. 그 의미인즉, 과학에서는 '이러이러하다'는 (적극적) 결론을 내는 데에 목적을 두는 반면에, 철학은 '비판'을 목적으로 하며 그만큼 '소극적'(negative)인 성격을 가지고 있다는 것이다.

** Education is the laboratory in which philosophic distinctions become concrete and are tested.

¶ 17_ 유럽의 철학이 (희랍인 사이에서) 교육적 질문에 답해야 한다는 직접적인 압력하에서 생겨났다고 하는 사실은 중요한 의미를 가지고 있다. 소아시아와 이탈리아 반도의 희랍인들에 의하여 발전된 그 이전의 철학은 그것이 다룬 주제의 범위에 있어서는 오늘날 사용되고 있는 의미로서의 철학이라기보다는 과학사의 한 부분을 이룬다고 보아야 한다. 그것은 자연을 주제로 하였으며, 사물이 어떻게 만들어졌고 변화하는가에 관한 사변으로 이루어져 있었다. 나중에 가서, 소피스트*라고 알려진 순회교사들이 나타나 자연철학자들의 연구 결과와 방법을 인간행위 문제에 적용하기 시작했다.

---

* sophists(賢者현자)

¶ 18_ 유럽의 최초의 직업적 교사였던 소피스트들이 젊은이들에게 덕, 정치, 도시와 가정의 관리 등을 가르쳤을 때, 철학은 개별적인 것과 보편적인 것(즉, 개인과 포괄적인 계층이나 사회집단)의 관계, 인간과 자연의 관계, 전통과 사고의 관계, 지식과 행동의 관계 등의 문제에 관심을 가지기 시작했다. 德덕*, 또는, 어떤 특정한 분야에서의 탁월성이라는 것은 무엇인가? 학습은 지식과 관계가 있는가? 그렇다면 지식은 무엇인가? 지식은 어떻게 하여 얻어지는가? 감각을 통하여, 그렇지 않으면 모종의 행동을 수련함으로써, 그것도 아니면 예비적

인 논리적 훈련을 거친 이성에 의하여 얻어지는가? 학습이라는 것은 모르던 것을 알게 되는 과정이므로, 그것은 곧 무지에서 지로, 텅빈 상태에서 가득찬 상태로, 결함에서 완벽으로, 또는 희랍식 표현으로, '비존재'에서 '존재'로 넘어가는 것을 의미한다. 이 '넘어가는 것'이 어떻게 가능한가? 변화라든가 생성이라든가 발전이라는 것은 정말로 가능한가, 만약 그렇다면 어떻게 가능한가? 이런 질문들이 대답된다고 하면, 가르치는 것, 아는 것과 덕 사이에는 어떤 관계가 있는가? 이런 것들이 희랍인들이 취급한 질문들이다.

* *arete*; 19장¶5 주 참조.

¶19_ 덕이라는 것은 명백히 행동에 깃드는 것이기 때문에*, 위의 마지막 질문은 이성과 행동, 이론과 실제의 관계에 관한 문제를 제기할 계기를 마련해 주었다. 아는 것, 즉 이성의 활동은 인간의 가장 고귀한 속성이 아닌가? 그리고 그와 마찬가지로, 순수하게 지적인 활동은 모든 탁월성**중에서도 최고의 것이며, 여기에 비하여 이웃 사이의 사랑이라든가 시민생활의 덕 같은 것은 부차적인 것이 아닌가? 아니면, 떠들썩한 지적 지식***이라는 것은 공허한 외식인 것 이상으로, 인격을 해치고 집단생활에서 사람들을 서로 결속시키는 사회적 유대를 파괴하는 것 이외에 또 무엇이겠는가? 유일하게 진실한, 유일하게 도덕적인 삶은 사회의 일반적인 관례에 순응하여, 습관적으로 행동하는 것을 말하는 것이 아닌가? 그러므로 새로운 교육이라는 것은 사회의 확립된 전통에 대하여 그것과 반대되는 표준을 내세운다는 점에서 선량한 시민의 적이 아닌가?

* 덕(德, *arete*)과 행동 사이의 관계는 이 구절에 시사된 것보다는 훨씬 더 복잡하다. 만약 '덕이 행동에 깃든다'는 표현을 '덕은 행동으로 표현된다'는 뜻으로 해석하면, 이 말 자체는 자명하게 옳은 것처럼 들리지만, '행동으로 표현된다'는 말의 의미 자체가 애매할 뿐만 아니라 모호하기 그지없다.

** 또는, '덕', *arete*

*** intellectual knowledge, 또는 이론적 지식

¶20_ 그로부터 두세 세대가 지나는 동안에 위의 질문들은 원래 그것이 가졌던 교육실제와의 관련을 떠나서 그 자체로서, 다시 말하면 독립된 탐구영역으로서의 철학의 문제로 논의되었다. 그러나 유럽의 철학적 사고의 源流원류가

교육방법의 이론으로 출발했다는 사실은 철학과 교육의 긴밀한 관련을 웅변으로 증거하고 있다. '교육철학'이라는 것은 기성의 아이디어를 기원과 목적이 근본적으로 다른 실제의 체계에 외적으로 적용하는 것을 뜻하는 것이 아니다. 교육철학은 현대 사회생활이 가지고 있는 여러 가지 문제점들을 고려하여 올바른 지적, 도덕적 습관을 형성하는 데에 관련된 문제들을 명백히 체계화하는 것을 말한다. 그러므로 우리가 할 수 있는 데까지 깊이 파고 들어가서 철학의 정의를 내린다면, 철학은 가장 일반적인 수준에서의 교육이론이라고 정의할 수 있다.

¶ 21_ 그리하여 철학의 재구성, 교육의 재구성, 사회적 이상과 실현방법의 재구성은 모두 동시에 진행되는 과정이다. 현시점에서 교육을 재구성해야 할 특별한 필요가 있다면, 또 이 필요가 전통적인 철학체계의 기본적 아이디어를 시급히 재구성하도록 요구하고 있다면, 그것은 과학의 발달, 산업혁명, 민주주의의 발달 등에 수반되는 사회생활의 변화 때문이다. 이러한 사회생활의 실제의 변화는 반드시 그것에 맞게 교육이 재조직되도록 요구하며, 사람들로 하여금, 그러한 사회 변화에 함의되어 있는 관념이나 이상은 무엇이며, 오늘날 우리의 것과는 다른 옛날의 문화권에서 물려받은 관념이나 이상에 어떤 수정이 필요한가를 自問자문하도록 한다. 이 책 전체를 통하여 간접적으로 시사하였고 앞의 몇 장에서 명백히 제시한 바와 같이, 우리가 다룬 것은 바로 이 질문이며, 특히 그 질문이 마음과 몸, 이론과 실제, 인간과 자연, 개인과 사회 등등의 관련 문제에 어떤 시사를 주는가 하는 것이 우리의 관심사였다. 마지막 두 장에서 우리는 이때까지 논의한 내용을 지식의 철학, 도덕의 철학과 관련하여 요약하고자 한다.

| 요약 | **¶ 22**_ 이때까지 우리는 이 책의 논의에 함축되어 있는 철학적 문제를 부각시키기 위하여 그 내용을 전체적으로 개관한 뒤에, 철학을 교육의 일반이론으로 정의하였다. 철학은 사고의 한 형식으로서, 일체의 사고가 그렇듯이, 경험의 내용 중의 불확실한 부분에서 출발하여 그 불확실성의 성격을 밝혀내고 그것을 해결하기 위한 가설을 형성하며 그것을 행동으로 검증한다. 철학적 사고의 특이성은 거기서 취급하는 불확실성이 전반적인 사회적 조건과 목적에 기초를 둔 것으로서, 조직된 관심 및 제도적 주장의 갈등에서 빚어진다는 데에 있다. 서로 대립되는 견해와 주장들을 조화롭게 조절하는 유일한 방법은 사람들의 정서적, 지적 성향을 수정하는 것이며, 그렇기 때문에 철학은 삶의 다양한

관심들을 명백히 체계적으로 부각시킴과 동시에 다양한 관심들이 균형을 이룰 수 있도록 관점과 방법을 제시하는 일을 하여야 한다. 교육은 무엇이 바람직한가에 관한 가설을 제시하는 것으로 그치는 것이 아니라 실제로 필요한 변형을 일으키는 과정이기 때문에, 교육은 의도적으로 수행되는 실제요 철학은 교육의 이론이라는 진술이 타당하다는 결론에 도달한다.

제 25 장

지식의 이론

1 계속성 대 이원론

¶ 1_ 이때까지 이 책에서는 이미 상당히 많은 지식의 이론들에 대해서 비판한 바 있다. 그 이론들 사이에는 차이점도 있지만, 그것들은 한결같이 이 책에서 주장하려고 한 지식의 이론과 근본적인 면에서 대조를 이룬다. 이 책에서 제시한 이론은 '계속성'을 강조하는 데에 비하여 이 책에서 비판된 다른 이론들은 명백하게, 또는 암암리에 모종의 기본적인 구분, 분리 또는 대립, 즉 전문적인 용어로 '이원론'을 내세우고 있다. 우리가 알아낸 바에 의하면, 이런 구분의 원인은 사회집단 사이, 또 동일한 집단 안에서도 부자와 가난한 사람, 남자와 여자, 귀족과 천민, 지배하는 사람과 지배받는 사람 등, 계층들 사이에 놓여 있는 단단하고 확실한 장벽에 있다. 이 장벽이 집단이나 계층 사이의 자유로운 교섭의 흐름을 가로막고 있는 것이다. 그리고 이와 같이 그 사이에 교섭이 없다는 것은 곧 각각의 집단이 상이한 유형의 생활경험을 가지고 있고, 또 각각 고립된 문제와 목적과 가치표준을 가지고 있다는 뜻이다. 만약 철학이 경험을 있는 그대로 정확하게 설명하는 것이라면, 그러한 사회적 조건에서 나오는 철학은 어떤 것이든지 당연히 이원론적 성격을 띨 수밖에 없다. 설사 그러한 철학이 이원론적 성격을 탈피하는 경우가 있다 하더라도—사실상, 많은 철학이론이 형식상으로는 거기서 벗어났다—그것은 오직 경험보다는 더 높은 그 무엇에 의존함으로써, 다시 말하면 超驗的초험적* 영역으로 도피함으로써 그것을 극복할 수 있다고 생각한다. 그리하여 그런 철학은 명목상으로는 이원론을 부정한다고 하지만, 사실상으로는 그것을 복원할 뿐이다. 왜냐하면 그 이론은 결국 이 세계를

단순한 외양으로 보고 우리가 도달할 수 없는 實在실재의 본질과 그 외양을 구분하는 것이기 때문이다.**

* transcendental; 또는, '先驗的'선험적.

** 여기서 Dewey가 비판한 外樣외양과 實在실재의 이원론적 사고는 플라톤에서 전형적으로 드러난다. (적어도 Dewey는 그렇게 생각하는 듯하다.) 역자의 능력에는 미치지 못하지만, '일원론'이라는 것은 정확하게 무엇을 뜻하는가, 그리고 그것을 '극복'한다는 것은 무엇을 뜻하는가 하는 문제는 결코 간단한 문제가 아니다. 역자의 견해에 의하면, 이원론이라는 것은 단순히 두 개의 개념(예컨대 몸과 마음, 외양과 실재)을 '구분'하는 것을 뜻하는 것이 아니라 그 두 개의 개념이 동일한 형태로(또는, 동일한 차원을 이루면서) 존재한다고 생각하는 것을 뜻한다. 예컨대 몸과 마음이 그냥 '다르다'고 말하는 것만으로는 '심신 이원론'을 나타낸다고 말할 수 없고 마음도 몸이 존재하는 것과 동일한 형태로—말하자면, 시공간의 위치를 차지하는 등—존재한다고 생각할 때 비로소 '심신 이원론'을 나타낸다고 말할 수 있다. 실재와 외양의 경우도 마찬가지이다. 이 견해에 의하면, 이원론을 '극복'한다는 것은—만약 그것이 극복되어야 하는 것이라면—그 그릇된 생각을 바로잡는 것을 뜻한다. 그것은 결코 그 '구분'을 없애는 것을 뜻하는 것이 아니다.

¶ 2_ 오늘날까지 이들 구분은 끈질기게 전해 내려오고 있고, 거기다가 몇 가지가 더 첨가되어 교육체계에 그 흔적을 남겨 놓았다. 그리하여 오늘날 교육체제는 전체적으로 보면 서로 다른 목적과 절차의 저장고와 같은 꼴이 되어 있다. 여기서 나오는 결과는 앞에서 기술한 바와 같이, 서로 분리된 요인들과 가치들이 상호견제하며 균형을 이루고 있다는 것이다(18장 참조). 지금 여기서 하고자 하는 논의는 지식의 이론에 관련된 여러가지 대립적인 견해들을 철학적인 입장에서 정리하는 것에 불과하다.

¶ 3_ 첫째로, 경험적 지식과 보다 높은 합리적(또는 이성적) 지식의 대립이 있다. 전자는 일상다반사와 관련되는 것으로서, 특별히 전문적인 지적 활동에 종사하지 않는 보통 사람들의 목적에 봉사하며 그들의 욕구를 즉각적인 환경에 조화롭게 관련짓는 일을 한다. 이러한 종류의 지식은 교양적인 의미가 결여된, 순전히 실용적인 것으로서, 경멸까지는 아니라 하더라도 경시되고 있다. 합리적 지식은 실재를 궁극적으로 또 이성에 의하여 직접 파악하는 것이라고 생각된다. 이 지식은 그것을 추구하는 것 자체가 목적으로서 이론적 통찰을 얻는 것으로 끝나야 하며, 행동에 적용된다든가 하는 식으로 비하되어서는 안 된다. 사회적인 면에서 보면, 이 두 가지 지식은 각각 노동계층이 사용하는 지능과 생활

수단에 대한 관심과는 거리가 먼 유식계층이 사용하는 지능에 상응한다.

¶ 4_ 철학적인 관점에서 보면, 위의 두 가지 지식 사이의 구분은 특수와 보편의 구분에 해당된다. 경험*이라는 것은 어느 편인가 하면 고립된 특수 사례의 집합으로서, 그 각각의 특수 사례는 각각 따로따로 접함으로써 알게 된다. 이성은 보편적인 것, 일반적 원리, 법칙을 대상으로 하며, 이것들은 어지럽게 소용돌이치는 구체적 세부사항들의 영향을 받지 않는 높은 곳에 자리잡고 있다. 이 구분이 교육에 적용될 때, 학생들은 한편으로 수많은 구체적인 정보들을 따로따로 배워야 하며, 또 한편으로 몇 가지 법칙이나 일반적 관계를 배우지 않으면 안된다. 보통의 수업방법을 염두에 두고 생각해 보면 지리는 전자에 해당하고, 수학은 셈하기와 같은 초보 단계를 제외하고는 후자에 속한다. 거의 모든 점으로 보아, 이 두 가지는 완전히 독립된 별개의 세계를 나타낸다.

---

* 여기서 규정되고 논의되는 '경험'은 Dewey가 생각하는 경험이 아닌 전통적인 개념으로서의 경험을 가리킨다고 보아야 할 것이다.

¶ 5_ 또 하나의 대립은 '학습'*이라는 단어의 두 가지 의미에 나타나 있다. 한편으로는, 학습(즉, 학문)이라는 것은 알려진 지식의 총화, 책이나 학자(학문을 하는 사람)들에 의하여 전해내려오는 것을 가리킨다. 이것은 외적인 것을 가리키며, 마치 물건을 창고에 넣어 두듯이 지적 활동의 결과를 축적해 놓은 것을 가리킨다. 진리는 어딘가에 이미 완성된 것으로 존재하고 있다. 그리고 공부라는 것은 그렇게 축적되어 있는 것을 개인이 끌어내는 과정이다. 그러나 또 한편, 학습이라는 것은 개인이 공부를 할 때 하는 '활동'을 가리킨다. 그것은 능동적인 것이며, 개인이 주체가 되는 개인의 일이다. 여기에 나타난 이원론은 외적인, 또는 흔히 하는 말로, 객관적인 지식(명사형으로서의 지식)**과 순전히 내적인, 주관적인, 정신적인 지식(동사형으로서의 지식)***사이의 이원론이다. 한 쪽에는 이미 완성된 진리의 체계가 있고, 또 한 쪽에는 앎의 능력을 갖춘 이미 완성된 마음—마음이 그 능력을 행사하려고만 하면 지식을 획득할 수 있지만, 기이하게도 그 능력을 행사하기 싫어하는 경우가 많다—이 있다. 교육과 관련하여 이따금 거론되는 교육내용과 방법의 분리는 이 이원론의 교육적 반영이다. 사회적인 면에서 보면, 이 구분은 권위에 의존하는 삶과 개인에 의하여 자

유롭게 영위되는 삶의 구분에 해당된다.

---

* learning; 이 단어는 흔히 '학습'이라고 번역되고 있으나, 이 번역은 특히 이 문단과 같은 맥락에서는 적절하지 못하다. 이 단어는 적어도 학습의 결과(흔히 말하는 '학문')와 학습하는 행위(보통의 의미에서의 '학습')라는 두 가지 의미를 가지고 있다. 그것은 아래에서 말하는 '지식'의 두 가지 의미—'명사적' 의미와 '동사적' 의미—에 각각 상응한다.

** knowledge〔명사적 의미〕

*** knowing 〔동사적 의미〕

¶ 6_ 또 하나의 이원론은 앎에 있어서의 능동과 수동*의 이원론이다. 순전히 경험적이고 물리적인 사물은 흔히 인상을 받아들임으로써 알게 된다고 생각된다. 물리적 사물은 어떤 방식으로든지 마음에 그 자국을 남기며, 그렇지 않으면 감각기관을 통하여 의식에 전달된다는 것이다. 이와는 달리, 합리적 지식이나 '정신적 사물'**에 관한 지식은 마음 내부에서 발동되는 활동에서 나오며, 이 활동은 감각이나 외적 물체와의 접촉에 의하여 훼손되지 않고 거기서 멀리 떨어져 있을수록 더 잘 수행된다. 한편으로 감각적 훈련, 실물교육, 실험실 작업과, 또 한편으로 책에 담겨 있는 순수한 아이디어가 모종의 기적과도 같은 정신 에너지의 발휘에 의하여 내면화되는 과정—적어도 그런 식으로 '내면화'된다고 생각한다—사이의 구분은 위의 능동과 수동의 구분이 교육에 적용된 형태를 나타낸다고 볼 수 있다. 사회적인 면에서 보면, 이 구분은 사물에 대한 직접 관심에 의하여 통제되는 사람과 자신의 교양이나 인격을 자유롭게 함양하는 사람의 구분에 상응한다.

---

* activity and passivity; activity를 '활동'이라고 번역할 경우에 그것과 대비되는 passivity에 해당하는 적절한 우리말이 없다. '활동'과 '수동'은 어쩐지 정확하게 대비된다는 느낌이 들지 않으며, passivity에도 활동에 대비되는 우리말이 있었으면 좋겠다는 생각이 든다.

** spiritual things; 앞의 '물리적 사물'(physical things)과의 대비를 위하여 '정신적 사물'이라고 번역했으나, 그 의미인즉, '개념'이라고 해야 할 것이다.

¶ 7_ 근래에 와서 문제시되는 또 하나의 대립으로 지력과 정서의 대립을 들 수 있다. 정서는 순전히 사적, 개인적인 것으로서, 사실과 진리를 파악하는 순수한 지력과는 아무 관계가 없는 것으로 생각되고 있다. 오직 예외가 있다면, 지적 호기심이라는 정서가 지력과 관계가 있다고 보는 정도이다. 지력은 순수

한 빛이며, 여기에 비하여 정서는 마음을 어지럽히는 열병과 같은 것이다. 마음* 은 진리를 향하여 밖으로 눈을 돌리는 데에 비하여, 정서는 안으로 개인적인 득실을 따진다. 앞에서 지적한 바와 같이, 우리가 이때까지 교육에서 관심**을 체계적으로 과소평가해 왔다는 것, 그리고 그것에 덧붙여서, 대부분의 학생들에 있어서 교육내용과는 무관한 외적 상벌에 의존해 왔다는 것은 이것으로 설명될 수 있다. 이때까지 교육에서 사용한 방법을 보면 그것은, 마치 옷에 호주머니가 달려 있듯이, 학생들로 하여금 이미 달려 있는 마음을 써서 이미 알려져 있는 진리를 마음속에 담도록 상벌로 유인하는 방법이었다. 그리하여, 교육학자들은 한편으로는 홍미***를 존중해야 한다고 주장하면서도 또 한편으로는 아주 근엄하게 시험과 점수, 진급과 낙제§, 우등상 등에 의존할 필요가 있다고 말하고 傳家전가의 寶刀보도인 상벌의 중요성을 역설하는 놓치기 아까운 구경거리가 생긴다. 이러한 사태가 교사의 발랄한 유머 감각을 짓밟고 있다는 것은 응당 주목의 대상이 되었어야 하는데도 아직까지 주목을 받지 못하고 있다.

---

* mind; 여기서는 지력(intellect)을 가리킨다.
** interest; 또는 흥미.
*** interest
§ 원문의 emotions는 demotions로 고쳐 읽어야 한다.

¶ 8_ 위의 모든 구분은 결국 한 가지, '아는 것'과 '하는 것', 이론과 실제, 행동의 목적이요 정신인 마음과 행동의 기관이요 수단인 몸의 구분으로 귀착된다. 이 이원론이 사회의 계층구분, 즉 물질적인 생활 수단을 얻기 위하여 근육을 움직여 노동하는 계층과 경제적 압력에서 해방되어서 예술적 표현이나 사회지도에 전념하는 계층으로 사회가 구분되어 있다는 사실에 그 기원을 두고 있다는 것은 앞에서 이미 여러 차례 말한 바와 같다. 여기서 이것을 다시 되풀이해서 말할 필요는 없으며, 또한 이 분리에서 생겨나는 교육적 폐단에 대해서도 되풀이해서 말할 필요가 없다. 여기서는 다만, 오늘날 이러한 이원론적 사고가 타당하지 않다고 보는 데에는 어떤 근거가 있는가, 그리고 어째서 그것은 계속성의 원리에 의하여 대치되지 않으면 안되는가를 요약해서 제시하고자 한다. ㈎ 생리학의 발달, 그리고 그것과 관련된 심리학의 발달은 정신활동과 신경조직 사이의 밀접한 관련을 보여 주고 있다. 이 관련이 무엇을 의미하는가 하는

문제에 대해서는 그 이상 깊이 들어가는 법이 없고 기껏해야 옛날의 영혼과 육체의 이원론이 뇌와 나머지 신체의 이원론으로 바뀌는 정도에 그쳤다. 그러나 사실에 있어서, 신경조직이라는 것은 모든 신체적 활동이 상호협응하도록 하는 일을 담당하는 특별한 신체적 기제에 불과하다. 신경조직은 마치 인식의 기관이 운동의 기관으로부터 분리되어 있듯이, 다른 신체 기관과 분리되어 있는 것이 아니라, 여러 신체 기관들이 서로 상호작용하여 반응하도록 하는 기관이다. 뇌는 본질적으로 환경으로부터 받아들인 자극과 그것에 대한 반응에 대하여 각각 상호적인 조절을 할 수 있도록 하는 기관이다. 여기서 '상호적인 조절'이라는 말은 특히 주의를 요한다. 뇌는 감각적 자극에 대한 반응으로서, 신체의 활동이 환경의 물체에 모종의 조치를 가하도록 해줄 뿐만 아니라, 이 반응이 또한 다음에 올 자극을 결정한다. 예컨대, 목수가 나무판자를 다룰 때, 판화가가 동판을 다룰 때, 또는 어떤 종류의 일이든지 일련의 연속적인 활동을 할 때 어떤 일이 일어나는가를 생각해 보면 이 점을 쉽게 이해할 수 있다. 하나하나의 운동반응은 감각기관을 통하여 전달된 외적 상황에 맞게 조절되지만, 이 운동반응은 다시 다음의 감각 자극을 형성해 간다. 이 예시를 일반화하여 말하자면, 뇌는 활동이 연속성을 가질 수 있도록 끊임없이 활동을 재조직하는 생리적 기제라고 말할 수 있다. 다시 말하면, 뇌는 우리가 이미 한 일에 비추어서 장차 행동을 어떻게 수정해 나가야 할 것인가를 알려 준다. 목수의 일은 하나하나가 연속을 이루고 있어서, 그것은 정확하게 동일한 일을 그대로 반복하는 것도 아니요, 그렇다고 하등 축적되는 것도 없이 닥치는대로 하는 활동도 아니다. 우리가 목수의 일을 연속적이라든가 계속적이라든가 초점이 있다고 말하는 것은 이전의 행동이 다음에 할 행동방향을 결정해 준다는 뜻이며, 이 나중의 행동은 이미 이루어진 결과를 고려하여 이루어진다는 뜻이다. 책임이라는 것은 바로 이와 같이, 앞에서 이루어진 것을 바탕으로 하여 그것이 지시하는 활동을 수행하는 것을 가리킨다. 한편으로 지식과 신경조직 사이, 그리고 또 한편으로 신경조직과 새로운 조건에 맞게 활동을 끊임없이 재조정해 나가는 것 사이에 관계가 있다는 사실이 나타내고 있는 의미를 충분히 아는 사람이라면 누구든지, 지식을 가진다는 것은 활동과는 유리된, 그 자체로서 완전한 어떤 것이 아니라 활동을 재조직하는 것과 관련되어 의미를 가진다는 것을 믿어 의심하지 않을 것이다.

※ 본문에서 명백히 제시된 바와 같이, 이 부분에서 Dewey는 지식의 이론으로서

'이원론'에 입각한 입장과 '계속성'(또는 연속성)을 강조하는 입장을 대비시키면서 후자의 타당성을 주장하고 있다. Dewey가 내세우는 '계속성'이라는 원리는 맥락에 따라 약간씩 다른 의미를 가지고 있다. (물론, '계속성'의 의미는 그것이 부정하고자 하는 '이원론'의 의미에 달려 있으므로, 계속성의 의미가 경우에 따라 달라진다는 것은 오히려 당연하다.) 이 부분에서 주장되는 계속성은 지식과 활동의 계속성이다. 그리고 이 계속성은 지식과 활동의 이원론에 대한 대안이다. 사실상, 이 계속성, 그리고 그것이 부정하고자 하는 이원론은, 이 문단의 첫머리에서 Dewey가 모든 이원론을 대표한다고 말한 바와 같이, Dewey 이론의 핵심에 해당한다고 생각된다. 그러나 이 '이원론'이 앞의 F1 주에 제시된 견해에 비추어 정당한 의미를 가질 수 있는지는 의문이다.

¶ 9_ (나) 생물학의 발달은 진화론의 대두와 더불어 위의 주장을 한층 더 확실하게 해주고 있다. 진화론의 철학적 의의는 보다 단순한 유기체에서 복잡한 형태의 유기체, 그리고 인간에 이르기까지 유기체의 형태 사이에 연속성이 있다는 것을 강조한다는 데에 있다. 유기체의 형태의 발달은, 구조상으로 볼 때, 먼저 환경과 유기체의 조정이 눈에 두드러지게 명백한 단계, 그리고 '마음'이라는 것이 거의 있을까말까한 단계에서 시작한다. 활동이 점점 복잡해지고 시간상으로나 공간상으로 훨씬 많은 요인들을 동시에 고려해야 하게 되면, 보다 먼 장래를 예측하고 계획하는 데에 지능이 점점 중요한 역할을 수행하게 된다. 지식의 이론과의 관련을 보면, 이것은 지식이라는 것이 세계를 구경꾼이나 관람자의 눈으로 보는 활동이라는 생각을 부정한다. 그런데 이 생각은 지식이 다른 것과의 관련이 없이 그 자체로서 완전하다는 생각과 밀접하게 관련되어 있으며, 따라서 위의 생물학적 사실은 이 생각 또한 부정한다. 유기체가 진화한다는 이론은 곧, 생물은 세계의 한 부분으로서, 그것과 함께 변천을 겪고 그것과 운명을 같이한다는 것, 그리고 생물이 세계에 대한 조심스러운 의존관계에서 삶을 영위하기 위해서는 그 주위에 있는 사물과 자신을 지적으로 동일시하며 현재 벌어지고 있는 일이 장차 어떤 결과를 가져올 것인가를 예상하고 그것에 따라 활동을 조정해 나가지 않으면 안된다는 것을 말해 준다. 만약 살아 있는, 경험하는 존재가 그를 둘러싸고 있는 세계의 활동에 긴밀하게 참여한다면, 지식은 곧 이 참여의 방식이며, 그 가치는 그것이 가지는 효과에 있다고 보아야 한다. 지식은 결코 냉담한 관람자의 안일한 관조가 될 수 없다.

¶ 10_ (다) 지식을 획득하고, 또 그 지식이 단순한 의견이 아닌 확실한 지식임을 보장하는 방법으로서의 실험적 방법—발견과 증명의 방법—은 지식의 이론에 변화를 가져 온 또 하나의 중요한 세력이다. 실험적 방법에는 두 개의 측면이 있다. (1) 실험적 방법이 가지고 있는 한 가지 의미는 우리의 활동이 실제로 사물에 물리적 변화를 일으키고 그 변화가 우리의 예측과 일치하여 그 예측이 옳았다는 것을 확인해 주는 경우가 아니면 올바른 의미에서의 지식이라고 부를 수 없다는 것이다. 그러한 예측된 변화가 나타나지 않을 때에는 우리의 신념은 오직 가설, 이론, 제안, 추측 등에 불과하다. 이런 것들은 잠정적인 것으로서, 장차 그것을 검증하기 위한 실험의 내용이나 방법을 시사하는 정도의 유용성을 가진다. (2) 또 한편으로, 사고의 실험적 방법은 사고가 유용하다는 것, 그리고 사고의 유용성은 현재의 조건을 철저하게 조사한 것을 토대로 하여 장차 일어날 결과를 예측하는 데에 있다는 것을 보여 준다. 요컨대, 실험이라는 것은 맹목적으로 반응하는 것과는 동일하지 않다. 우리의 모든 행동이 실험일 수는 없으므로 그러한 잉여 활동—관찰과 예측의 범위 밖에서 일어나는 다소간 맹목적인 활동—은 우리 행동의 불가피한 요인이다. 그러나 우리가 하는 행동의 결과를 주시하고 장차 비슷한 사태에서 예측과 계획을 세우지 않는 한, 그 활동을 실험이 아니다. 실험적 방법의 의미를 더 확실히 지각하면 그만큼 우리가 당면하는 물적 자원과 장애를 처리할 때, 우리가 하는 시행은 지력의 사용을 필수적인 부분으로 한다. 우리가 呪術주술이라고 부르는 것은 여러 방면에 걸친 야만인의 '실험적 방법'이라고 볼 수 있는데, 주술에서 야만인이 시행한 것은 아이디어가 아니라 운수였다. 이와는 달리, 과학적인 실험적 방법은 아이디어의 시행이며, 따라서 우리가 바라는 실제적—또는, 즉각적—결과가 나오지 않는다 하더라도 그것은 여전히 지적인 일이요 성과 있는 일이다. 우리의 노력이 심각한 사고를 포함하고 있을 때, 우리는 실패에서도 배우는 바가 있는 것이다.

¶ 11_ 실험적 방법이 과학적 자원으로 등장한 것은 최근의 일이다. 실험적 방법이 실제적 방안으로 사용된 것은 삶 그 자체만큼 오래된 것이지만, 그것이 지식을 얻는 체계화된 방법으로서 인정된 것은 역사상 새로운 일에 해당한다. 그러므로 사람들이 실험적 방법의 폭넓은 의미를 완전히 인식하지 못하고 있다는 것은 별로 놀라운 일이 아니다. 대부분의 경우에 사람들은 실험적 방법은 기술적인 문제나 물리적인 문제에 그 의미가 국한되어 있다고 생각한다. 그것이 사

회적, 도덕적 문제와 관련된 아이디어를 형성하고 검증하는 데에도 마찬가지로 적용될 수 있다는 사실을 깨닫는 데에는 아마 틀림없이 오랜 세월이 걸릴 것이다. 사람들은 아직도 독단, 권위가 확고하게 인정하는 신념 등에 의존하면서, 생각을 하는 수고, 그리고 생각에 의하여 활동을 스스로 이끌어나갈 책임에서 벗어나려고 하고 있다. 그들이 스스로 생각하는 것이라고는 여러 가지 대립되는 독단들 중에서 어느 것을 받아들일까 하는 것뿐이다. 존 스튜어트 밀*이 말한 바와 같이, 학교는 탐구자를 길러내는 것이 아니라 추종자를 길러내는 데에 더 적합하다는 말에는 충분히 일리가 있다. 그러나 실험적 방법의 영향이 한발 한발 나아감에 따라 과거의 학교를 지배해 온 신념형성의 방법인 문학적, 문답적, 권위주의적 방법은 물러가고, 그 대신 시간적으로 장기적이며 공간적으로 넓은 범위에 걸친 목적에 의하여 지도되면서 사물과 인간에 능동적인 관심을 불러 일으키는 방법이 군림하게 될 것임에 틀림없다. 머잖아 지식의 이론은 지식을 만들어내는 데에 가장 효과가 있는 실제에서 나오게 될 것이며, 이 이론은 그보다 덜 효과적인 방법을 개선하는 데에 유용한 결과를 가져올 것이다.

---

* John Stuart Mill

2 방법론의 학파들

¶12_ 철학이론에 따라 지식획득의 방법을 파악하는 방식이 다르다. 스콜라철학, 감각주의, 관념론, 경험론, 超驗論초험론*, 실용주의 등등이 그러한 철학이론들이다. 이들 중의 상당수는 앞에서 교육문제를 논의하는 동안에 비판적으로 고찰한 바 있다. 여기서 우리의 관심은 그러한 이론들이 지식을 획득하는 가장 효과적인 방법에서 어떻게 이탈해 있는가를 고찰하는 데에 있다. 그렇게 이탈해 있다는 것을 고찰하면 경험에서 지식이 차지하는 올바른 위치가 좀 더 분명히 드러날 것이다. 한 마디로 말하면, 지식의 기능은 한 경험이 다른 경험에 자유롭게 활용될 수 있도록 하는 데에 있다. 여기서 '자유롭게'라는 말은 지식과 습관**이 원리적인 면에서 차이가 있다는 것을 나타낸다. 습관이라는 것은 개인이 경험을 통하여 변화하는 것을 뜻하며, 이 경우의 변화라는 것은 장차 동일한 방향으로의 행동을 더 쉽게, 더 효율적으로 하게 되는 성향의 형성을 의미

한다. 그리하여 습관도 하나의 경험을 다음의 경험에 활용될 수 있도록 하는 기능을 수행한다. 사실상, 제한된 범위에서는, 습관은 이 기능을 잘 수행한다고 말할 수 있다. 그러나 습관에 지식이 결여되어 있을 때에는 상황의 변화, 또는 새로운 상황에 맞게 행동을 적응해 나갈 수 없다. 습관은 새로운 상황과 이전의 상황이 본질상 동일하다는 것을 전제로 하며 그런 경우에 맞는 반응양식이기 때문에, 장차 일어날 변화를 예견하는 것은 습관의 고려 범위에 들지 않는다. 따라서 습관은 흔히 낭패를 가져오는 수가 있으며 사람과 일 사이에 끼어 일의 성공적인 수행을 방해하기도 한다. 그것은 마치 순전히 습관적인 기술을 가진 기계 기술자가 기계에 전연 예기치 않던 일이 일어났을 때 어쩔 줄 모르는 것과 같다. 그러나 기계를 이해하는 사람은 자신이 무슨 일을 하는지 알고 있다. 그는 어떤 특정한 습관으로 충분히 해 낼 수 있는 일이 어떤 종류의 일인지 알고 있으며, 새로운 상황에 맞게 습관을 수정할 줄 안다.

---

* transcendentalism; 또는, 先驗主義선험주의.

** habit; 여기서는 4장¶12에 언급된 habit와 habituation의 구분은 전혀 고려되어 있지 않다.

¶13_ 요컨대, 지식이라는 것은 한 물체가 어떤 주어진 사태에 적용될 수 있는가 하는 관점에서 그 물체가 가지고 있는 여러 가지 관련성을 파악하는 것을 가리킨다. 하나의 극단적인 예로서 야만인들은 하늘에 불꽃을 그리며 지나가는 혜성을 볼 때, 그것에 대해서 그들의 삶을 위협하는 다른 사물이나 사건에 대해서 하는 것과 동일한 반응을 한다. 동물이나 적을 위협하여 쫓아낼 때 고함을 지르거나 징을 치거나 무기를 휘두르거나 하듯이, 그들은 혜성에 대해서도 이러한 방법을 써서 쫓아버리려고 한다. 우리가 보기에 이 방법은 순전히 바보같은 짓이다. 그러나 그들이 이 바보같은 짓을 하는 것은 그들 자신의 습관에 의존하는 것이며, 우리가 그것을 바보같다고 생각하는 것은 그러한 습관이 가지고 있는 약점이 우리에게는 너무나 명백하기 때문이다. 우리가 이와 비슷한 방식으로 행동하지 않는 이유는 오직, 우리는 혜성을 하나의 고립된, 따로 떨어진 사건으로 보지 않고 다른 사건들과 관련하여 파악하기 때문이다. 말하자면 우리는 그것을 천문학의 체계 속에서 파악하는 것이다. 우리는 단순히 당장의 그 사건 하나에 대하여 반응하는 것이 아니라 그 사건이 가지고 있는 '관련들'을 파악한다. 그리하여 그것에 대한 우리의 태도는 훨씬 자유롭다. 우리는, 말하자

면, 그 관련이 제시하는 여러 시각 중에서 어느 것을 선택하여 그것에 접근해도 무방하다. 우리는 우리의 판단에 따라 그것과 관련된 사물 중의 어느 것에 대해서든지 그것에 적절한 습관을 따라 행동할 수 있다. 이렇게 하여 우리는 새로운 사건에 대하여 직접적으로 대응하는 것이 아니라, 간접적으로—발명, 독창성, 자원의 활용 등에 의하여—대응한다. 이상적으로 완벽한 지식은 새로운 경험이 제시하는 문제점을 해결하는 데에 과거의 경험이 유리한 방향으로 활용될 수 있는 그러한 상호관련의 망조직을 나타낸다. 요컨대 지식이 포함되지 않은 습관은 외곬의 고정된 해결 방식을 제공하는 데에 비하여, 지식은 넓은 범위에 걸친 습관 중에서 적절한 것을 선택하는 것을 뜻한다.

¶ 14_ 이와 같이, 이전의 경험이 나중의 경험에 일반적으로 그리고 자유롭게 활용되도록 하는 데는 두 가지 상이한 면에서의 잇점이 있다(6장 ¶¶15-16 참조). ㈎ 하나는, 보다 명백하고 구체적인 잇점으로서, 통제의 능력이 증대된다는 것이다. 직접 처리할 수 없는 것은 간접적으로 처리할 수 있다. 이 이외에도, 좋지 않은 결과가 우리에게 영향을 미치지 못하도록 그 사이에 칸막이를 한다든지, 어떤 방법으로도 극복할 수 없을 경우에는 회피하는 방법도 있다. 진정한 지식은 어느 경우에 있어서도 효율적인 습관이 가지는 것과 동일한 실제적 가치를 가진다. ㈏ 그러나 지식*은 또한 경험에 들어 있는 의미, 또는 의미의 경험을 증대시켜 준다. 어떤 사태에 대하여 아무렇게나 기분내키는대로 반응한다든지 틀에 박힌 고정된 반응을 할 경우에, 우리는 거기서 아무런 의미도 느끼지 못한다. 우리는 거기서 정신적으로 얻는 바가 없다. 그러나 새로운 경험을 결정하는 데에 지식이 작용할 경우에는 언제나 정신적 보상이 따른다. 비록 우리가 바라는 실제적 결과를 얻지 못하는 경우에도 우리는 단순히 기계적으로 반응하는 것이 아니라 의미를 경험하는 데서 만족을 얻는다.

* 원문의 주어 it은 이 문단의 첫머리, '이전의 경험이 나중의 경험에 일반적으로 그리고 자유롭게 활용되는 것'을 가리키며, 이것은 앞 문단에 의하면 지식의 기능이다. 6장 ¶¶15-16에 제시된 두 가지 잇점은 '경험의 재구성'(즉, '교육')의 잇점이다.

¶ 15_ 지식의 '내용'은 이미 일어난 일, 이미 끝난 것, 완전히 낙착되어서 확실하게 된 것을 다루지만, 지식의 '착안점' 또는 '관심'은 미래, 다시 말하면 장

차 일어날 일에 있다. 왜냐하면, 지식은 현재 일어나고 있는 일, 앞으로 해야 할 일을 이해하고 그것에 의미를 부여하는 수단이 되기 때문이다. 의사가 가지고 있는 지식은 과거에 그가 직접 접촉한 것을 통하여 알아낸 것이거나 아니면 다른 사람들이 확인하고 기록한 것을 공부하여 알아낸 것들이다. 그러나 이런 것들이 그에게 지식이 되는 것은 그것이 현재 그가 부딪치고 있는 미지의 일을 해석하는 자원을 제공해 주고, 몇 가지 부분적인 사실들을 그와 관련된 현상의 도움을 받아 보충한다든지, 장차 일어날 일을 예견한다든지, 그것에 맞추어 계획을 세운다든지 하는 데에 도움이 되기 때문이다. 전연 파악되지 않는 혼란한 사태에 의미를 주는 데에 아무 소용이 되지 않는다면, 그러한 지식은 의식에서 완전히 떨어져 나가거나 그렇지 않으면 심미적인 玩賞완상의 재료에 지나지 않는다. 물론, 지식이 나타내고 있는 균형이나 질서를 훑어보는 것에는 상당한 정서적인 만족이 따르는 것이며, 이 만족은 그 나름의 정당성을 가지고 있다. 그러나 이 관조의 태도는 심미적인 영역에 속할 뿐, 지적인 것은 아니다. 그것은 마치 잘된 그림이나 멋진 풍경을 볼 때 느끼는 기쁨과 같은 것이다. 그림이나 풍경의 경우에는 그것이 조화롭게 잘 짜여져 있다면 거기에 무슨 내용이 취급되어 있는가 하는 것은 하등 상관이 없다. 아닌게 아니라, 그림의 경우에는 순전히 지어내어서 그린 것, 화가의 머리속에 있는 상상을 그린 것이라 하더라도 상관없는 일이다. 지식이 세계에 적용가능성을 가지고 있다는 것은 '이미 지나간 것'에 적용될 수 있다는 뜻이 아니다. 적용이라는 것은 현재 진행 중인 것, 아직도 완전히 낙착되지 않은 것, 우리의 삶이 얽혀 있는 움직이는 장면에 적용된다는 뜻이다. 우리가 이 점을 그토록 쉽사리 간과한다는 사실, 그리고 이미 지나가 버려서 우리의 손이 닿지 않는 것에 대해서 말해 놓은 것을 지식이라고 부른다는 사실은 우리가 과거와 미래의 연속성을 당연한 것으로 받아들이기 때문이다. 세계의 지나간 부분에 대한 지식이 앞으로 나타날 부분에 대하여, 그것을 예측하거나 그것에 의미를 부여하는 데에 하등 도움이 되지 않는 그러한 세계는 우리로서는 상상하기 어렵다. 지식은 미래를 착안점으로 한다는 이 사실을 우리가 무시하는 것은 그것이 지식의 성격으로서 따로 말할 필요가 없을 정도로 너무나 당연하기 때문이다.

¶16_ 그럼에도 불구하고 앞에서 언급한, 인식의 방법론을 다룬 철학 학파들의 상당수는 너무나 당연하기 때문에 간과되고 있는 그 사실을 노골적으로 부

정하고 있다. 그들은 지식을 장차 해야 할 일에 소용된다든가 하는 것과는 관계없이 그 자체로서 완전한 것이라고 설명한다. 그 학파들의 이론이 그릇되다고 보는 이유는 바로 지식이 장차 유용하게 쓰인다는 이 사실을 도외시한다는 데에 있으며, 그와 마찬가지로 그들이 내세우는 교육방법이 올바른 지식관을 가진 사람들로부터 비난을 받는 것도 바로 그점 때문이다. 학교에서 보통 지식의 습득이라고 말하는 것들이 어떤 것인가를 생각해 본다면, 그 지식이라는 것이 과연 학생들이 늘 당면하는 경험과 어느 정도로 의미있는 관련을 맺고 있는가, 어쩌다가 책에 실리게 된 내용을 그냥 받아들이는 것이 바로 지식이라는 식의 생각이 얼마나 널리 퍼져 있는가를 알 수 있을 것이다. 학생들이 배우는 지식이, 그것을 처음 알아낸 사람에게는 진리였고 그 사람에게는 지식으로서 기능을 수행했다 하더라도, 이 사실이 곧 학생들에게도 그것이 그런 올바른 의미의 지식이 된다는 것을 보장하지는 않는다. 그것이 학생 개인의 삶에 결실을 가져오지 않는 한, 그것은 화성이나 그밖의 요술 왕국에 관한 지식과 조금도 다름이 없다.

¶ 17_ 스콜라 철학의 방법이 생겨났을 때 그것은 그 당시의 사회적 조건에 부합하였다. 그 방법은 권위로부터 전해받은 내용을 체계화하고 그것에 합리적인 근거를 부여하는 방법이었다. 그 내용은 대단히 소중한 것이었기 때문에 그것을 정의하고 체계화하는 일이 중요시된 것은 당연하였다. 현재의 상황에서는, 스콜라 철학의 방법은 대부분의 사람들에게 어떤 종류의 교과와도 특별한 관련이 없는 지식습득의 방법을 나타내고 있다. 그 방법은 구별하고 정의를 내리고 구분하고 분류하는 일을, 경험과 관련된 아무런 목적이 없이 단순히 그런 일 자체를 위하여 하는 것이다. 사고는 그 자체의 형식을 가지고 있는 순전한 정신적 활동으로서, 마치 도장을 아무데나 찍는 것처럼, 어떤 내용에도 적용될 수 있다고 보는 견해, 흔히 '형식논리학'이라는 용어가 나타내는 견해는 스콜라 철학의 방법의 일반화된 형태이다. 교육의 형식도야이론은 스콜라 철학의 방법에서 자연적으로 파생되어 나오는 교육이론이다.

¶ 18_ 지식획득의 방법에 관한 이론으로서, 흔히 감각주의와 합리론*이라고 불리는 두 개의 대립되는 이론은 특수적인 것과 일반적인 것—또는, 관계를 염두에 두지 않는 단순한 사실과, 사실을 염두에 두지 않는 단순한 관계—중의 어

느 한 쪽만을 강조하는 입장에 각각 해당한다. 진정한 지식에서는 특수화와 일반화의 기능이 함께 작용한다. 가령, 어떤 문제사태가 있어서 그것을 해결해야 한다고 하자. 그 사태는 세부적인 요소들로 분해되어야 하고 될 수 있는대로 선명하게 정의되어야 한다. 이와 같이 세부적으로 규정된 사실이나 성질이 해결되어야 할 문제의 요소가 되며, 이것을 세부적으로 규정하는 데는 우리의 감각기관이 동원된다. 문제를 구체화하는 데에 사용되는 이러한 사실이나 성질은 단편적인 것이며, 이 점에서 그것은 '특수적인 것'이라고 부를 수 있다. 우리가 해야 할 일은 이것들 사이의 관련을 찾아내고 그것들을 다시 결합하는 일이기 때문에, 이 시점에서 보면 그것은 '부분적인' 것이다. 우리는 여기에 의미를 붙여야 한다. 현재의 상태로서는, 그것은 아직 의미가 결여되어 있는 것이다. 이와 같이, 장차 알려져야 할 것, 그 의미가 아직 드러나 있지 않고 장차 드러나야 할 것은 어떤 것이든지 '특수적인 것'이다. 그러나 이미 알려진 것은, 그것을 적용하여 새로운 특수사실들을 지적으로 통어할 목적으로 머리속에서 처치된다면, 그 기능상 '일반적인 것'이다. '일반성'이라는 것은 다른 것이 아니라 아직 관련이 맺어지지 않은 구성 요소들을 서로 관련짓는 기능을 가리킨다. 사실이 새로운 경험의 요소에 의미를 부여하는 데에 사용될 때, 그 사실은 일반적인 사실로 된다.** '이성'이라는 것은 이전의 경험의 내용이 새로운 경험에 대해서 가지는 의의를 지각하는 데에 관련을 맺도록 하는 능력을 가리킨다. 事理사리에 밝은 사람, 즉 이성을 따르는 사람은 즉각적으로 그의 감각에 들어오는 사건을 고립된 것으로 보는 것이 아니라, 그것을 인류의 공동 경험과 관련지어서 보는 데에 언제나 개방된 마음을 가지고 있는 사람이다.

---

* sensationalism and rationalism: 앞의 '감각주의'와 대칭이 되려면 뒤의 rationalism은 아마 '이성주의'라고 번역하는 것이 온당할 것이다. 본문에 지적되어 있는 바와 같이, 전자는 오직 감각만을, 또 후자는 오직 '이성'만을 강조하는 입장이다. 인식 현상에 관한 설명으로서 rationalism(합리론)은 흔히 empiricism(경험론)에 대비된다. 그런데도 Dewey가 empiricism 대신에 sensationalism이라는 용어를 쓴 것은, 짐작컨대, empiricism은 오직 감각자료만을 강조하는 것이 아니라 감각자료에서 '일반적인 원리'를 추상한다는 식으로 설명한다는 점에서, 오직 감각만을 강조한다고 보기는 어렵다고 생각했기 때문인 듯하다.

** 이 말로서 Dewey는 , 사실은 반드시 특수적인 것이고 원리나 개념은 반드시 일반적인 것이라는 식의 통상적인 구분을 부정한다. 사실상, 무엇이 특수적이고 무엇이 일반적인가, 따라서 무엇이 사실이고 무엇이 원리인가 하는 것은 결코 간단한 문제가 아니다. 어쨌든 Dewey의 규정에 의하면 '의미가 아직 드러나지 않은 것'은 특수적인 것이요, '특수적인 것을 통어할 목적으로 처치된 것'은 일반적인 것이다. Dewey 자신의 예시가 아쉽다.

¶ 19_ 감각기관의 능동적 반응에 의하여 분간되는 특수적 사례가 없으면 지식의 자료도 없고 지식의 성장도 없다. 이러한 특수적 사례를 과거의 보다 넓은 경험에서 정련되어 나온 의미맥락 속에 놓지 않으면—즉, 이성이나 사고가 수반되지 않으면—특수적 사례는 단순한 자극이나 골칫거리에 지나지 않는다. 감각주의와 합리론의 오류는 모두, 각각 다른 관점에서이기는 하나, 감각적 자극과 사고는 옛날의 경험을 새로운 경험에 적용하는 경험의 재조직, 그리고 그로 인한 삶의 계속성과 일관성의 유지에 관련된다는 점을 간과했다는 데에 있다.

¶ 20_ 이 책에서 주장한 지식획득 방법을 설명하는 이론은 '實用主義'실용주의*라고 부를 수 있을 것이다. 이 이론의 핵심적인 주장은, 지식을 추구하는 행위는 환경을 의도적으로 변형시키는 활동과 연속성을 유지하고 있다는 것이다. 이 주장에 의하면, 엄밀한 의미에서 지식을 소유하고 있다고 말하기 위해서는 그것이 우리의 지적 자원이 되어야 한다는 것—다시 말하면, 지식은 우리의 행동을 지적인 것이 되게 하는 모든 습관을 가리킨다는 것이다. 우리가 환경을 우리의 필요에 맞게 적응시키고 우리의 목적과 욕망을 우리가 살고 있는 상황에 맞게 적응시킬 수 있도록, 우리의 성향의 한 부분으로 조직되어 있는 것만이 참으로 지식이라고 말할 수 있다. 지식이라는 것은 지금 우리의 의식 속에 들어 있는 그 무엇이 아니라, 지금 일어나고 있는 일을 이해하는 데에 우리가 의식적으로 사용할 수 있는 성향을 말한다. 행위로서의 지식은 우리가 살고 있는 세계와 우리 자신과의 관련을 파악하며, 그렇게 함으로써 우리가 처하고 있는 혼란된 상황을 바로잡으려는 목적을 위하여 우리가 가지고 있는 성향의 일부를 의식에 떠올리는 행위이다.

---

* pragmatism

| 요약 | **¶ 21_** 자유롭고 충분한 교섭을 방해하는 사회신분상의 구분은 각각 분리된 계층의 성원들이 가지고 있는 지력과 지식을 어느 한쪽에 치우치도록 하는 결과를 초래한다. 어떤 사람들은 그들이 봉사하는 보다 큰 목적은 보지 못하고 당장의 실용적인 일에 경험이 국한되어 있는데, 이런 사람들은 실제적 경험론자*라고 부를 수 있다. 실제로 의미를 생성해 내는 활동에는 참여하지 않으면서 의미의 세계를 관조하고 거기서 즐거움을 맛보는 사람들은 실제적 합리론

자이다. 사물과 직접 접하면서 사물에 직접 적응되는 활동을 하는 사람들은 말하자면 실재론적 태도를 가진 사람들이다. 그러한 사물의 의미를 분리해 내어서 사물에서 초연하게 떨어진 종교적 또는 靈的영적 세계에 놓아두는 사람은 관념론적 경향을 나타낸다. 진보에 관심이 있는 사람들, 물려받은 신념을 변화시키려고 노력하는 사람들은 앎의 개인적인 측면을 강조하며, 변화를 저지하고 물려받은 진리를 보존하는 것을 주된 과업으로 삼는 사람들은 보편적이고 고정된 것을 강조한다. 이런 식의 구분은 계속 얼마든지 열거할 수 있을 것이다. 지식의 이론에 있어서 대립되는 주장을 하는 철학 이론들은 위에서 말한 경험의 여러 측면 중의 어느 하나를 따로 떼내어 외곬으로, 그 부분에 관계되는 특징만을 이론으로 정립해 왔다. 그 이론들이 외곬으로 빠진 것은 사회적 교섭을 가로막는 장애로 말미암아 한쪽의 경험이 그것과는 다른 처지에 있는 사람들의 경험에 의하여 풍부해지고 보완될 기회를 가질 수 없었기 때문이다.

---

* 여기서 '실제적' 경험론자라고 한 것은 그 사람이 실제로 경험론이라는 인식론의 이론을 주장한다는 뜻이 아니라, 그 사람의 생각, 또는 더 정확하게 그 사람의 삶의 모습에서 추론되는 생각이 경험론의 주장과 일치한다는 뜻이다. 이하에 열거된 다른 입장에 대해서도 이와 동일한 방식으로 해석해야 한다.

¶ 22_ 이와 마찬가지로 생각하여, 민주주의는 원칙상 자유로운 상호교섭, 그리고 사회적 계속성을 특징으로 하기 때문에, 여기서 배태되는 지식의 이론은 당연히, 지식은 하나의 경험이 다른 경험에 방향감과 의미를 주는 그런 방법에 의하여 추구되고 획득된다고 보지 않으면 안된다. 생리학, 생물학, 그리고 실험과학의 방법에서 근래에 이루어진 발전은 그러한 지식의 이론을 형성 발전시키는 데에 필요한 구체적인 지적 자원과 정보를 제공해 주고 있다. 이 이론을 교육에 적용하여 생각해 보면, 학교에서의 지식의 습득은 단체생활에서 일어나고 있는 활동, 또는 직업 활동과 관련을 맺어야 한다는 결론이 나온다.

제 26 장

도덕의 이론

1 안과 밖

¶1_ 도덕성은 행위*에 관련되는 것인만큼, 마음과 활동을 갈라놓는 이원론적 사고는 반드시 도덕의 이론에 영향을 미칠 것이다. 도덕에 관한 철학이론이 이원론적 구분에 입각해 있고, 또 그것이 현행 도덕교육**의 방식을 이론적으로 정당화하고 미화하는 데에 사용되기 때문에, 여기에 대하여 잠깐 비판적 고찰을 할 필요가 있다. 교육이론에서 늘 주장하는 바와 같이, 인격함양***은 학교의 수업과 훈육의 종합적인 목적이다. 그러므로 우리는, 지력과 인격의 관계를 잘못 파악한 나머지, 그 종합적인 교육 목적의 실현이 저해되는 일이 없도록 늘 경계해야 하며, 그 목적이 잘 실현되도록 하려면 어떤 조건이 갖추어져야 하는가에 부단히 신경을 써야 한다.

---

* conduct; conduct와 구분하기 어려운 단어로 act, action이 있고, 이보다는 약간 덜 하지만 behavior도 때로는 혼동을 일으킨다. 이때까지 이 책에서는 action을 때로는 '행위', 때로는 '행동'이라고 번역해왔다. 이 action이라는 단어를 하나의 번역어로 고정시키는 데는 무리가 있다고 생각했기 때문이다. 그러나 conduct는 거의 언제나 도덕적 의미를 내포하고 있으며 (moral conduct), 따라서 이 경우에는 '행위'라는 번역어가 적절하다고 생각된다. 여기에 비하여 behavior는 현재 '행동'이라는 번역어로 상당히 고정되어 있다는 듯하다.

** moral training; 여기서 Dewey는 training이라는 용어를, 오늘날의 교육철학에서처럼, 특별히 education(또는 instruction)과 구별되는 용어로 쓰는 것 같지 않다.

*** establishing of character

¶ **2**_ 우리가 부딪치는 첫 난관은 사람들이 도덕에 관하여 생각할 때, 활동의 과정을 두 개의 대립되는 요인들—흔히 안과 밖, 또는 정신적인 것과 육체적인 것이라고 부르는 두 개의 요인들—로 분리하여 생각하는 경향이 있다는 것이다. 이 구분은 이때까지 우리가 고찰한, 마음과 세계, 영혼과 육체, 목적과 수단의 이원론을 집약적으로 표현하고 있다. 도덕에 있어서 이 이원론은 행동의 동기와 그 결과, 즉 인격과 행위를 엄격히 구분하는 것으로 나타난다. 이 중에서 동기와 인격은 오직 의식 속에서 일어나는, 순전히 '내적인' 것으로 간주되며, 결과와 행위는 마음의 바깥에 있는 것으로서, 행위는 단순히 동기를 실천에 옮기는 신체적인 움직임으로, 그리고 결과는 그 움직임에서 나타나는 사태를 가리키는 것이라고 생각된다. 도덕의 이론을 제시하는 여러 학파들은 내적인 마음의 상태와 외적인 행위나 결과를 서로 분리해 놓고, 도덕성을 그 중의 어느 한쪽과 동일한 것으로 규정하고 있다.

¶ **3**_ 목적을 가지고 하는 행위는 의도적인 행위이다. 거기에는 결과를 의식적으로 예견하여 그 찬반의 고려사항들을 머릿속으로 저울질하는 일이 포함되어 있다. 거기에는 또한 목적을 간절히 열망하는 의식상태가 포함되어 있다. 목적을 의도적으로 선택하고 또 그것에 대하여 흔들리지 않는 욕망을 품게 되는 데에는 시간이 걸린다. 이 기간 동안에는 완전한 외적 행동이 보류된다. 아직 마음을 확실히 정하지 않은 사람은 무엇을 할지를 모른다. 따라서 이 사람은 될 수 있는대로 오랫동안 확실한 행동을 연기한다. 비유해서 말하자면, 이 사람은 도랑을 건너뛸까말까를 생각하고 있는 사람과 비슷한 처지에 있다. 만약 이 사람이 뛰어건널 수 있다든가 없다든가 어느 쪽으로든지 확실히 결정을 했다면, 뛰거나 뛰지 않거나 어느 한쪽으로 행동을 하게 될 것이다. 그러나 아직 생각을 하는 동안에는, 그는 의심하는 상태에 있으며 망설이는 상태에 있다. 어느 한쪽으로의 행동의 표출이 보류되는 동안 그의 활동은 확정적인 행동의 방향을 준비하기 위하여 그의 유기체 내에서 에너지를 재배분하는 것에 국한되어 있다. 그 사람은 눈으로 도랑의 폭을 잰다. 그는 그에게 도랑을 뛰어넘을 힘이 있는지 몸을 팽팽하게 긴장시켜본다. 그는 도랑을 건너 갈 다른 방법이 없는지 이리 저리 둘러보기도 하고 과연 도랑을 건너야 하는지, 도랑을 건너는 것이 그토록 중요한지 생각해보기도 한다. 이 모든 것은 의식 속에서 일어나는 일이며, 그것이 다루는 내용은 개인 자신의 태도, 능력, 소망 등등이다.

¶ 4_ 그러나 말할 필요도 없이, 이와 같이 개인에 관련되는 요소들이 의식 속에 용솟음치듯이 떠올라오는 것은 활동의 전체적 시간계열 중의 한 부분으로서 전체적인 활동과 밀접하게 관련되어 있다. 먼저 순전히 정신적인 과정이 일어나고 난 다음에 갑자기 그것과는 근본적으로 다른 신체적 과정이 따라오는 것이 아니다. 처음에 보다 불확실한 생각이 엇갈리는, 망설이는 상태에서부터, 보다 외현적인, 확실한, 완전한 상태에 이르기까지, 하나의 연속된 행동이 있는 것이다. 처음의 활동은 주로 유기체 내의 긴장과 조정의 과정으로 구성되어 있으며, 그러다가 그 긴장된 상태가 하나의 통합된 태도로 구성되면 유기체는 하나의 전체로서 행동을 하게 되고 거기서 모종의 분명한 행동이 나타나게 된다. 물론, 우리는 연속적인 활동의 과정에서 분명히 의식적 과정이라고 생각되는 것을 정신적인 활동이라든가 지적인 활동이라고 하여 따로 떼내어 생각할 수 있을 것이다. 그러나 이 경우에 정신적이라든가 지적이라고 하는 것은 활동이 아직 외부적인 에너지를 발동하여 환경에 변화를 가져오는 완전한 단계에 도달하기 이전의 불확실한 형성기에 있다는 것을 말하는 것에 지나지 않는다.

¶ 5_ 우리의 의식적인 사고, 관찰, 소망과 嫌忌혐기 등이 중요한 이유는 그것이 초창기의 불확실한 활동을 나타낸다는 점에 있다. 이런 내적 활동은 나중에 가서 구체적으로 드러나는 활동으로 표현됨으로써 그 사명을 완수한다. 또한 이런 불확실한 초창기에 있어서 유기체의 재조정은 그것이 고정된 습관과 맹목적 충동에서 벗어나는 유일한 방법이라는 점에서 중요성을 가진다. 그런 내적 활동은 활동의 전개 과정에서 이때까지 지각할 수 없었던 새로운 의미를 지각하는 단계에 해당한다. 보통의 경우에 비추어서 말하면, 우리의 본능이나 이미 형성된 습관으로 해결할 수 없는 새로운 상황을 당했을 때, 우리가 우리 자신의 의식에 의존할 수밖에 없는 것은 이 점에서 당연한 것이다. 이런 경우에 우리는 결정적인, 돌이킬 수 없는 행동을 하기에 앞서서 우리 자신을 돌아보며 우리의 태도를 재조직한다. 순전히 짐승같은 힘으로 무조건 밀고나가려고 한다면 몰라도 그렇지 않은 이상, 우리는 우리가 처해 있는 사태의 구체적인 특징에 맞게 우리 유기체가 가지고 있는 자원을 수정하지 않으면 안된다. 그러므로 외부적인 행동을 하기에 앞서서 우리에게 일어나는 의식적인 고찰과 의욕은 불확실한 사태에서의 활동에 반드시 필요한 면밀한 개인적 재조정이라고 보지 않으면 안된다.

¶ 6_ 그렇지만 연속적인 활동에서 마음이 수행하는 역할은 언제나 동일한 방향을 유지하는 것이 아니다. 원래의 것이 아닌 다른 것에 욕망이 생긴다든지, 활동이 장애를 받아서 현재의 상태에 혐오감이 생긴다든지 하면 상상력이 자극된다.* 현재와는 다른 사태를 그려보는 것은 관찰과 회상을 잘해 나가는 데에 도움이 되지 않는 경우가 많다. 잘 도야된 성향을 가지고 있는 경우라면 그렇지 않겠지만, 일반적으로 말하면 이 경우에는 상상이 멋대로 날개를 편다. 상상의 내용을 실제로 실행에 옮길 수 있는가 없는가 하는 관점에서 그 내용이 현재의 상황보다 더 현실적인 것으로 바꾸어지는 것이 아니라, 상상이 가져다주는 정서적 만족 때문에 마음대로 엉뚱한 방향으로 나아간다. 자연적인 것이든 사회적인 것이든 주위의 장애로 말미암아 우리의 에너지를 충분히 발휘할 수 없게 될 때, 가장 쉬운 방법은 사상누각을 짓고 그것으로서 고통스러운 사고를 통한 실제 업적의 대용물을 삼는 것이다. 그리하여 우리는, 밖으로는 아무런 행동을 하지 않으면서 마음속으로는 상상의 세계를 구축한다. 순전히 내적인 마음과 순전히 외적인 행위 또는 결과를 엄격하게 분리하는 도덕의 이론은 바로 이러한 사고와 행동의 분리를 바탕으로 하고 있다.

* 원문의 stimulates는 복수형 주어에 대한 동사로서 's'가 없어야 할 것이다.

¶ 7_ 안과 밖의 분리는 단순히 특정한 개인의 경험에만 해당되는 것이 아니다. 사회적인 조건을 보더라도 어떤 계층은 자신의 사고나 욕망에 관하여 면밀한 생각을 하면서도 이러한 사고나 욕망이 환경을 재조직하는 데에 사용될 수단을 제공하지는 않고, 오직 자신의 생각 속으로만 파고드는 그런 계층이 있는 것이다. 이러한 조건에 있는 사람들은 순조롭지 않은 환경을 당하면 그것에 대하여 경멸하는 마음을 품고 욕설을 퍼부으면서, 말하자면 일종의 복수를 하려고 든다. 그들은 자신의 마음의 상태, 자기 자신의 상상과 원망 속에서 도피처와 위안을 찾으며, 그들이 경멸하는 바깥 세계에 비하여 자신의 마음속에 있는 상상과 원망이야말로 진정한 실재요 이상적인 것이라고 하면서 그것을 찬양한다. 역사상 이런 시대가 여러 번 되풀이되어 나타났다. 기독교 시대의 처음 몇 세기 동안, 스토아 철학, 수도원이나 일반 사회의 기독교, 그리고 그밖의 여러 가지 종교적 운동 등, 영향력 있던 도덕이론은 그러한 사회적 조건의 영향하에서 형성된 것이다. 그 당시에 지배적인 이상을 표현하는 행동이 있었겠지만 그

런 행동을 억제하면 할수록, 그 이상을 내적으로 간직하고 개발하는 일이 그 자체로서 완전한 의미를 가진다고 생각했고, 이것이 도덕성의 본질이라고 생각했다. 활동이 벌어지고 있는 바깥 세계는 도덕적으로 아무 의미가 없는 것으로 생각되었다. 중요한 것은 오직 올바른 동기를 가지는 일이었으며, 비록 그 동기가 세상을 움직이는 데에 아무 힘이 없다 하더라도 그것 때문에 중요성이 감소되는 것은 아니었다. 그후 18세기 말과 19세기 초의 독일에서도 이와 비슷한 사태가 벌어졌다. 이때에는 칸트 철학에서 강조하는 '善意志'선의지가 유일한 도덕적 선이었으며, 여기서 의지라는 것은 행동이라든가 그것이 세계에 일으키는 변화나 결과와는 관계없는, 그 지체로서 완전한 도덕적 의미를 나타내는 것으로 생각되었다. 나중에 이 생각은, 현존하는 제도는 어떤 것이든지 이성의 구현체로 찬양하는 철학을 낳았다.

¶ 8_ '선의를 가지는 것'— 다시 말하면, 그것이 어떤 결과를 가져오든지 간에 선량한 성향을 가지는 것—이 중요하다는, 순전히 내적인 도덕성을 강조하는 입장은 당연히 그 반대 입장을 불러일으켰다. 이 반대 입장은 일반적으로 쾌락주의* 또는 공리주의**라고 불리고 있다. 이 입장은, 요컨대, 도덕에서 중요한 것은 그 사람의 의식에 무슨 생각이 들어있는가가 아니라, 그가 무슨 일을 하는가— 다시 말하면, 그의 행동에서 나오는 결과, 그가 실제로 일으키는 변화—에 있다는 것이다. 내적 도덕성이라는 것은 감상적인 것, 임의적인 것, 주관적인 것으로 공격의 대상이 된다. 사람들은 그것을 직관이라든가 양심의 이상이라든가 하는 식으로 그럴듯하게 부르지만, 사실상 그것은 자기이익이나, 그렇지 않으면 상상에 떠오르는 일시적인 기분에 맞는 독단을 거창하게 얼버무리고 변호하는 수작이라는 것이다. 결과, 행위, 이것이 중요하며, 이것만이 도덕성의 유일한 척도가 된다는 것이다.

* hedonism
** utilitarianism

¶ 9_ 일상생활의 도덕성, 그리고 학교 교실에서 가르치는 도덕성은 십중팔구 위의 두 가지 도덕성을 어정쩡하게 타협한 것이다. 한편으로는 감정을 대단히 강조한다. 개인은 선의를 가져야 하며, 만약 의도가 선하다면, 만약 올바른 정

서적 의식을 가지고 있다면, 그것을 완전히 행동의 결과로 나타내지 않더라도 별로 잘못은 없다고 생각한다. 그러나 또 한편, 다른 사람들의 편의나 요구를 충족시키기 위하여, 또한 사회질서 일반을 위하여 무슨 일인가를 해야 하기 때문에, 개인이 관심을 가지고 있건 없건, 지력을 사용하건 않건 간에, 특정한 행동을 해야 한다는 것을 대단히 강하게 요구하고 있다. 규칙을 지켜야 한다, 게으름을 피우지 말고 꼬박꼬박 공부를 해야 한다, 명령에 복종해야 한다, 유용한 습관을 길러야 한다, 자제를 배워야 한다—이 모든 계율은 당장 눈에 보이는 행동을 해야 한다는 것을 강조하는 것이며, 여기에는 그 행동을 어떤 생각에서, 어떤 욕망을 가지고 하는가 하는 것은 문제가 되지 않고, 따라서 그것이 눈에 보이지 않는 면에 어떤 영향을 가져오는가 하는 것도 문제가 되지 않는다.

¶10_ 이때까지의 논의는 위의 두 가지 이론의 결함을 어떤 방법으로 보완해야 하는가를 충분히 나타내어 주었다고 생각한다. 위에서 말한 두 가지 결함 또는 적어도 그 중의 한 가지는 어른이건 아이건 할 것 없이, 개인이 자신의 관심과 사고가 개입된 상황에서 점진적으로 누적적인 행동을 할 수 없게 될 때는 반드시 나타난다.* 오직 개인의 관심과 사고가 개입된 상황에서만, 개인이 가지고 있는 욕망과 사고의 성향이 바깥으로 드러나는 행동에 유기적인 요인으로 작용할 수 있는 것이다. 학생 자신의 관심**을 구현하는 계속적인 활동이 있고, 여기서 모종의 확실한 결과를 얻어야 할 때, 그리고 고정된 습관이나 명령에 대한 맹목적인 복종, 또는 기분에 좌우되는 즉흥적인 반응만으로는 일이 이루어질 수 없을 때, 의식적인 목적, 의식적인 욕망, 그리고 주도면밀한 사고는 불가피하게 일어난다.*** 이런 것들이 불가피하다는 것은 그것이 고립된 내적 의식의 세계를 형성한다는 뜻이 아니라, 특정한 결과를 염두에 두고 수행하는 활동의 정신으로서, 또 그 활동의 성질로서 불가피하다는 뜻이다.

---

* '개인이 자신의 관심과 사고가 개입된 상황에서 점진적으로 누적적인 행동을 할 수 없게 되는' 사태는, 이때까지 이 책의 논지로 보면, 사회적 계층의 분리에 그 원인이 있다고 보아야 한다. 이 문장 앞의 '위에서 말한 두 가지 결함'이라는 것은, 도덕을 내적인 사고와 외적인 행동 또는 결과로 분리해서 생각할 때 각각이 가지고 있는 결함을 가리킨다. 사회적 분열이 있을 때에는 강제에 의하여 외적 행동은 하면서도 내적 사고를 할 수 없는 사람들이 반드시 생긴다는 것이다.

** interest; 또는, '흥미'.

*** 원문의 and there the rise ~는 정상적인 문법으로는 then there the rise ~로 되어야 한다.

2 의무와 이해*의 대립

¶ 11_ 도덕적 논의에서 관심의 대상이 되는 대립으로서 '원리'에 입각한 행동과 '利害'이해에 입각한 행동 사이의 대립만큼 자주 거론 되는 것은 아마 찾아보기 어려울 것이다. 원리에 입각하여 행동한다는 것은, 이해관계를 떠나서, 모든 개인적인 고려사항을 초월한 일반적 법칙에 따라 행동한다는 뜻이다. 이해에 따라서 행동한다는 것은, 보통 사람들이 생각하기로는, 이기적으로 자기 자신의 개인적 이득을 위하여 행동한다는 뜻이다. 그것은 흔들리지 않는 순간순간의 개인적 편의로 도덕적 법칙을 대치하는 것이다. 이와 같이 원리와 이해를 대립시키는 것은 '이해'(또는, '관심')에 관한 그릇된 개념에 기초를 둔 것이라는 점에 관해서는 이미 비판한 바 있지만(10장 참조), 여기서는 이 문제의 도덕적 측면에 관하여 약간 고찰해 보겠다.

* interest: 이때까지 이 단어는 주로 '관심', 때로는 '흥미'로 번역해 왔지만, 여기에서와 같이 '의무'와 대비되는 뜻으로 사용될 때는 '利害'이해라고 번역하는 것이 자연스럽다고 생각된다. 그러나 이하 본문에서 Dewey는 interest를 우리말의 '이해'의 의미로 해석하는 것은 잘못이라고 말하고 있다.(이하 '이해'로 번역된 단어는 '관심'이라는 뜻도 동시에 가지고 있음을 고려해서 읽어주기 바란다.)

¶ 12_ 이 문제를 고찰하는 데에 있어서 하나의 단서는, 의무와 이해의 대립에서 이해 쪽의 입장을 지지하는 사람들은 습관적으로 그 말을 '자기이익' 또는 '私利'사리라는 뜻으로 사용한다는 사실에서 찾을 수 있다. 그들은 사물이나 아이디어에 이해관계가 없으면 동기가 없다는 전제에서 출발하여, 어떤 사람이 원리나 의무감에서 행동한다고 말하는 경우에도 실제로는 그 행동 속에 그에게 이익이 되는 그 무엇이 있기 때문에 그런 행동을 한다는 결론을 내린다. 그들의 전제는 타당하지만, 결론은 그릇되다. 이 입장에 대하여 반대하는 쪽에서는, 인간은 너그럽게 자기를 버리는 행동을 할 수 있으며 심지어 자기를 희생하는 행동도 할 수 있기 때문에, 능히 이해를 떠난 행동을 할 수 있다고 주장한다. 이 경우에도 전제는 타당하지만, 결론은 그릇되다. 양쪽 입장의 오류는 이해와 자기 자신(또는 자아)의 관계를 그릇되게 파악하고 있다는 데에 있다.

¶13_ 두 입장은 모두, 自我자아라는 것은 고정된, 따라서 고립된 일정 양의 덩어리를 나타낸다고 가정한다. 그 결과로, 자아의 이해를 위하여 행동하는 것과 이해를 떠나서 행동하는 것 사이에 엄격한 딜레마가 있다고 생각하게 된다. 만약 자아라는 것이 행동에 앞서서 존재하는 고정된 그 무엇이라면, 이해에 입각하여 행동한다는 것은 그 고정된 자아가 그 무엇인가를—그것이 명성이든, 다른 사람으로부터의 인정이든, 다른 사람을 부리는 권력이든, 금전적인 이득이든, 쾌락이든 간에— 더 많이 소유하려고 한다는 뜻으로 해석할 수 있을 것이다. 인간의 본성이라는 것에 대하여 냉소적인 경멸을 나타내는 이 견해는 그 반작용으로서, 인간은 완전히 이해관계없이 고상한 행동을 한다는 견해를 불러일으킨다. 그렇지만 어느 쪽의 편견도 없이 공정한 판단을 해본다면, 한 가지 틀림없는 사실은, 사람은 그가 하는 일에 당연히 '이해'(또는, 관심)를 가져야 하며, 그렇지 않으면 그 일을 할 까닭이 없다는 것이다. 전염병이 퍼졌을 때 자신의 생명의 위협을 무릅쓰면서 계속 환자들을 돌보는 의사는 그의 직업을 효율적으로 수행하는 데에 틀림없이 '관심'(또는 '이해')을 가지고 있다고 보아야 하며, 자신의 육체적 삶의 안전보다 여기에 더 관심을 가지고 있다고 보지 않으면 안 된다. 그러나 여기에 대하여, 이 관심(또는 이해)은 단순히 그가 늘 하는 일에서 얻는 다른 어떤 것—예컨대 돈이라든지 명성이나 仁德인덕—에 대한 관심을 은폐하는 가면에 지나지 않는다든지 오직 더 궁극적인 이기적 목적을 위한 수단에 불과하다고 말하는 것은 사실을 왜곡하는 것이다. 자아라는 것은 이미 만들어져 있는 것이 아니요, 행동의 선택에 의하여 끊임없이 형성되고 있다는 것을 인정하는 순간에 모든 문제는 사라진다. 어떤 사람이 생명의 위험을 무릅쓰면서 그의 일을 계속하는 데에 관심을 가지고 있다는 것은 그의 자아가 그 일을 하는 가운데 나타난다는 뜻이다. 만약 그 사람이 마침내 일을 포기하고 그의 개인적인 안전과 안락을 선택했다면, 이것도 역시 그가 이런 종류의 자아를 선택했다는 뜻이다. 앞에서 말한 보통의 견해에 나타난 오류는 이해(또는 관심)와 자아를 분리하여, 자아는 목적이요, 그것에 대하여 사물이나 행위나 그 밖의 것에 대한 관심은 그 수단이 된다고 생각하는 데에 있다. 사실상, 자아와 利害이해는 동일한 사실을 다른 이름으로 부르는 것이다. 한 사물에 대하여 능동적으로 표현하는 관심의 종류와 양이 곧 그 사람의 자아의 질을 나타내며 그것을 가늠하는 척도가 된다. 관심이라는 것은 자아와 사물의 활동적, 유동적 '동일성'을 뜻한다는 사실을 염두에 두면, 자아를 위하는가 아니면 자아를 버리는가 하는 문제는 스스로 해결되고 만다.

¶ **14**_ 예컨대 無私心무사심 또는 '이기심이 없는 것'은 자기가 하고 있는 일에 관심이 없는 상태를 가리키는 것도 아니요 (그렇다면 그것은 기계와 같은 무관심의 상태일 것이다) 無自我무자아 또는 '자기가 없는' 상태를 가리키는 것도 아니다(그렇다면 그것은 생기와 인격이 없는 상태일 것이다). 도덕의 본질에 관한 위의 논쟁*에서는 '무사심'이라는 말을 특별한 의미로 사용하고 있지만, 이 경우를 제외한 모든 경우에 '무사심'이라는 말은 사람들에게 습관적으로 관심을 불러일으키는 목적과 대상의 '종류'를 가리키는 말로 쓰이고 있다. '무사심'이라는 말이 어떤 종류의 관심을 지칭하는 데에 사용되는가를 마음속으로 조사해 보면, 거기에는 두 가지 밀접하게 관련된 특징이 있다는 것을 알게 될 것이다. 즉, ㈎자아가 그것과 거리가 먼, 또는 무관한 고려사항들과 담을 쌓고 그것들을 몰아내는 것이 아니라, 너그러운 마음을 가지고 그 활동 범위 속에 들어 있는 모든 관계들을 그 자신과 동일시한다는 것, 그리고 (나)자아가 그 자신의 과거의 아이디어를 재조정하고 확장하여 거기서 새롭게 드러나는 결과들을 받아들인다는 것이다. 의사가 처음에 개업을 했을 당시에는 전염병이 생기리라는 것을 생각하지 못했을지도 모르고 그러한 상황에서 치료를 하는 자신의 모습을 의식적으로 상상하지 못했을지도 모른다. 그러나 만약 그 의사가 정상적으로 성장 또는 활동하는 자아를 가지고 있다면 그의 직업이 그런 위험을 감행하도록 요구한다는 것을 깨달을 때, 그는 그 일을 자신의 활동의 필수적인 한 부분으로 기꺼이 받아들일 것이다. 보다 넓고 큰 자아는 관계를 거부하는 것이 아니라 포섭하는 자아이며, 이러한 자아는 이때까지 예측하지 못했던 관련을 자기 자신의 것으로 받아들여서 점점 확대된다.

---

* '위의 논쟁'은, 도덕은 완전히 자아를 희생하는 행위(무사심)인가, 아니면 희생이라는 것은 오직 표면에 내세운 가면일 뿐이요 사실은 누구나 이기적인 마음(사심)으로 행동하는가에 관한 논쟁을 가리킨다.

¶ **15**_ 이러한 재조정의 위기를 당했을 때—이 위기는 사소한 것일 수도 있고 심각한 것일 수도 있다—잠정적으로 '원리'와 '이해'사이에 갈등이 있을 수 있다. 습관이라는 것은 성격상, 이때까지 해오던 방식으로 활동하는 데서 편안한 느낌을 가지는 상태이다. 습관의 재조정이라는 것은 성격상, 거북하고 힘든 노력—사람이 의도적으로 정신을 차리지 않으면 안되는 것—을 필요로 한다. 다

시 말하면, 예기치 않던 일이 생겨서 습관을 수정해야 하는 성가신 사태가 벌어지면 이때까지 익숙하게 해오던 일을 자아와 동일시하고 —즉, 그것에 이해관계를 가지고—그 새로운 사태에 대하여 귀찮다는 생각이나 혐오감으로 등을 돌리게 된다. 지난 날, 그런 귀찮은 형편을 당하지 않고도 의무를 잘 수행해 왔는데, 왜 이때까지 해오던대로 해서 안된단 말인가? 이러한 유혹에 빠지는 것은 곧 자아를 좁고 고립된 것으로 생각하는 것이며 그것을 완전하게 고정되어 있는 것으로 취급하는 것이다. 습관으로 굳어진 것은 어떤 것이든지, 그것이 과거에 아무리 효율적인 기능을 발휘하였다 하더라도, 어느 단계에선가는 새로운 상황에 적응할 수 없게 만드는 위험을 내포하고 있다. 이러한 비상시기에 처하여, 원리에 입각하여 행동한다는 것은 모종의 추상적인 원리나 의무 일반에 입각하여 행동한다는 뜻으로 해석하기 쉬우나 사실은 그렇지 않다. 그것은 행동이 벌어지고 있는 상황의 세부적인 조건에 얽매어 행동하지 않고, '행동이 따라야 할 원리'에 입각하여 행동하는 것이다. 의사가 그 행위에서 따르는 원리는 그가 추구하는 목적의 활기와 정신, 즉 환자를 돌본다는 일념 바로 그것이다. 원리라는 것은 활동의 성립 근거가 아니라, 활동의 계속성을 다른 말로 부르는 것에 지나지 않는다. 만약 활동이 그 예상되는 결과로 보아 바람직하지 못한 것이라면, 원리에 입각해서 행동하는 것은 그 나쁜 결과를 더욱 나쁘게 할 뿐이다. 스스로 원리를 따라 행동한다고 자처하면서 그것을 자랑으로 삼는 사람이 있다면 그 사람은 십중팔구 경험에 의하여 더 나은 방도를 배우려고 하지 않고 자기가 옳다고 생각하는 그대로 밀고 나가는 사람이다. 그는 자기의 행동이 모종의 추상적 원리에 의하여 정당화되어야 한다는 것을 깨닫지 못하고 있다.

¶16_ 그러나 학교라는 상황은 성격상 학생들에게 바람직한 일을 부과하는 그런 상황이라는 것을 가정하면, 학생들로 하여금 그 일을 계속하도록 하는 추진력은 그 일 전체에 대한 관심—다시 말하면, 일의 계속적인 발전에 대한 관심—에 있다고 보아야 한다. 물론, 이따금 엉뚱한 일을 한다든지 귀찮은 장애 때문에 일을 중단하는 경우가 없지 않겠지만, 학생의 관심이 그 일 전체에서 크게 이탈하지는 않을 것이다. 한 활동에 계속 종사하면서 점점 그 의의를 심각하게 느끼는 경우가 아니면, 원리에 따라서 행동한다는 것은 순전히 언어적인 구호이거나 일종의 고집스러운 자만, 또는 외적인 고려 사항을 그럴듯한 명분으로 얼버무리는 것에 지나지 않는다. 물론, 활동의 어느 단계에 가서는 순간적으

로 관심을 잃고 주의가 흩어지며 어떤 형태의 것이든지 격려가 필요할 때가 있다. 그러나 이 어려운 고비를 넘기게 하는 것은 추상적인 의무감이 아니라 일에 대한 관심이다. 의무라는 것은 직분—즉, 모종의 기능을 수행하는 데 필요한 특정한 행동—을 말하며, 보통 하는 말로 '맡은 바 일을 하는 것'이다. 자신이 하는 일에 진심으로 관심을 가지고 있는 사람은 잠깐 동안의 좌절을 이길 수 있고 장애를 당하여 굽힘이 없이 계속 일을 해나갈 수 있으며 어려움을 기쁨으로 극복할 수 있는 사람이다. 그 사람은 곤란과 장애를 직시하고 극복하는 것을 관심사로 삼는다고 말할 수 있다.

3 지력과 인격

¶ 17_ 도덕을 논하는 데 흔히 따라오는 한 가지 중요한 파라독스*가 있다. 한편으로, 도덕은 이성 또는 합리적인 것과 동일한 것으로 생각된다. 이성은 도덕적 직관의 궁극적인 원천이 되는 능력이라고 생각되며, 때로는, 칸트의 이론에서 보는 바와 같이, 유일하게 올바른 도덕적 동기를 제공한다고 생각된다. 또 한편으로, 구체적인 일상적 지능의 가치는 끊임없이 과소평가되고 심지어 공공연하게 경멸되기도 한다. 도덕은 흔히 보통의 지식과는 아무 상관이 없는 일이라고 생각된다. 도덕적 지식은 일상의 경험과는 거리가 먼 것이요, '양심'이라는 것은 '의식'과는 근본적으로 다른 것이라고 생각된다. 만약 이 구분이 타당성을 가진다면, 그것은 특히 교육에 대단히 중요한 의미를 지닌다. 학교의 도덕교육이 인격의 함양에 궁극적인 목적을 두면서, 그와 동시에 학교시간의 주된 부분을 차지하는 지식의 습득이나 이해의 발달이 인격과 아무런 관계가 없다고 생각한다면, 학교에서의 도덕교육은 거의 가망없는 일로 되고 마는 것이다. 이런 형편에서 도덕교육은 일종의 교리문답식 수업, 또는 '도덕에 관한' 수업이 될 수밖에 없다. '도덕에 관한' 수업이라는 것은, 물론, 덕이나 의무에 관한 다른 사람들의 생각을 가르치는 것을 뜻한다. 이런 수업이 조금이라도 효과를 가지는 것은 오직 학생들이 어쩌다가 이미 다른 사람들의 생각이나 느낌에 대한 공감과 존경에 마음이 움직였을 경우이다. 그러한 존경심이 없을 때, 그 수업은 마치 아시아의 산맥에 관한 정보가 인격에 영향을 줄 수 없는 것과 마찬가지로 인격에 영향을 줄 수 없을 것이다. 또한, 존경이 비굴한 것일 때에는 다른 사람

에 대한 의존심을 키우고 행위의 책임을 권위자에게 의탁하는 버릇을 길러준다. 사실상, 도덕을 직접 가르치는 것**이 효과를 나타내는 것은 오직 몇몇 소수의 사람들이 다수의 사람들을 권위적으로 통제하는 사회에서, 그런 노력의 일환으로 도덕수업이 사용된 경우였다. 그 효과는 가르치는 것 자체의 효과가 아니라, 도덕을 가르치는 일을 한 부분으로 하는 체제 전체가 그런 방향으로 사람들을 몰고 갔기 때문에 생긴 것이다. 민주적인 사회에서 이런 식의 도덕 수업으로 그와 비슷한 효과를 얻으려고 한다는 것은 感傷的감상적인 마술의 힘을 빌려고 하는 것이나 다름없다.

---

* paradox(逆說역설): Dewey가 어째서 여기에 paradox라는 용어를 썼는지 이해하기 어렵다. 짐작컨대, 도덕은 일상생활의 문제를 다루는데도 흔히 그것과는 관계가 먼 '이성'이라든가 '양심'으로 도덕을 파악하려고 한다는 뜻이 아니겠는가 생각해 본다. 여기에 비하여 R.S. Peters의 '도덕교육의 파라독스'의 분석은 훨씬 명확하다. R. S Peters, 'Reason and Habit : The Paradox of Moral Education,' in his *Psychology and Ethical Development*, London, George Allen & Unwin, 1974, pp.265-80 참조.

** direct instruction in morals; 도덕적 지시 또는 훈화를 하는 수업.

¶ 18_ 이와 반대쪽 극단에는 지식과 덕을 동일한 것으로 보는 소크라테스-플라톤의 주장이 있다. 이 주장에 의하면, 알면서 악을 행하는 사람은 아무도 없으며 악을 행하는 것은 오직 선에 관한 지식이 없기 때문이다. 이 주장에 대하여 흔히 하는 비판은, 선을 알면서도 악을 행하는 사람들이 얼마든지 있으며, 선을 행하는 데에 필요한 것은 지식이 아니라 습관 또는 실행,* 그리고 동기라는 것이다. 사실상, 아리스토텔레스는 한때 플라톤의 주장을 공격하면서 그 근거로서, 도덕은 의술과 마찬가지로 기술**이라는 것을 들었다. 경험에 의하여 실제로 병을 고칠 수 있는 사람이 이론적인 지식은 있으면서도 병이나 치료에 대하여 실제적 경험이 없는 사람보다 더 낫다는 것이다. 그러나 이 문제의 핵심은 결국 지식이라는 것이 무엇인가 하는 데에 있다. 아리스토텔레스의 반론은 플라톤의 주장의 골자, 즉 사람은 장기간에 걸친 실제적 습관과 엄격한 훈육을 거치지 않으면 이론적인 통찰에 도달할 수 없다는 점을 도외시하고 있다. 선에 관한 지식은 책이나 다른 사람의 말을 통하여 얻을 수 있는 것이 아니라, 오랜 동안의 교육을 통하여 얻을 수 있다. 그것은 성숙한 삶의 경험이 주는 최종적인 끝마무리 은총이다. 플라톤의 입장이 실제로 어떤 것이었던가에 관계없이, 지식이라는 용어가 한편으로, 긴밀하고 생생한 개인의 깨달음—경험을 통하여 획

득되고 검증된 확신—과 또 한편으로, 사람들이 일반적으로 이러이러하다고 믿는다는 것을 간접적으로 또 대체로 상징을 통하여 전해 듣는 것—멀리 떨어진 죽은 정보—에 이르기까지, 전혀 다른 것을 지칭하는 데에 사용된다는 것은 쉽게 알 수 있다. 이 후자의 지식이 행동을 보장할 수 없다는 것, 인격에 깊은 영향을 미칠 수 없다는 것은 말할 필요도 없다. 그러나 만약 지식이라는 것이 예컨대 설탕은 달고 금계랍은 쓰다는 것을 실제로 먹어보고 검증해본 뒤에 얻은 확신과 같은 것이라면, 사태는 매우 다르다. 난로 위에 앉지 않고 의자에 앉는다든지, 비가 올 때는 우산을 쓴다든지, 아플 때는 의사에게 가는 등등, 요컨대 우리의 일상생활을 이루고 있는 수많은 행동을 할 때마다, 우리는, 특정한 종류의 지식은 반드시 직접 행동으로 나타난다는 증거를 보여 주면서 살고 있다. 선에 관한 지식이 이런 종류의 지식이라면, 그것도 이와 마찬가지로 표출되리라는 것은 응당 할 수 있는 생각이다. 사실상, '선'*** 이라는 것이 위에서 말한 것과 같은 사태에서 경험되는 만족을 포함하고 있지 않다면, 그것은 공허한 용어에 불과하다. 다른 사람들이 무엇인가에 관하여 알고 있으리라는 것을 아는 것, 즉 다른 사람의 지식에 관한 지식은 다른 사람들의 승인이나 칭찬을 얻기 위하여, 또는 다른 사람들에게 그들의 의견에 동의한다는 것을 보이기 위하여 행동하도록 이끌 수는 있을지 모른다. 그러나 그러한 자식이 개인의 자발성을 일으킨다든지, 다른 사람들이 가지고 있는 신념에 대한 진정한 찬동과 헌신으로 연결되리라고 볼 이유는 전연 없다.

---

* habituation or practice

** art(*techne*)

*** good; 또는, '좋은 것'.

¶19_ 따라서 지식이라는 용어의 올바른 의미가 무엇인가 하는 것에 관하여 논란을 벌인다는 것은 무의미하다. 교육적인 목적으로서는, 지식이라는 한 가지 용어가 여러 가지 의미를 나타내고 있다는 것을 염두에 두고, 여러 가지 경험을 하는 가운데 직접 얻게 된 지식이 행동에 중요한 영향을 미친다는 것을 알면 그것으로 충분하다. 만약 학생이 교실에서 책을 통하여 배웠다면, 그리하여 교사가 지명을 할 때 그가 배운 내용을 암송할 수 있게 되었다면, 이 경우의 지식도 어떤 점에서는 행동에 영향을 미친다고 볼 수 있다. 말하자면, 다른 사람

이 시키는대로 문장을 그대로 외우는 행동을 할 수 있게 되었다는 것이다. 이러한 '지식'이 학교 바깥의 생활에 별로 영향을 미치지 않는다는 것은 당연하다. 그러나 이것을 근거로 해서 지식과 행동을 분리하는 것은 잘못이다. 그것은 오직 이런 종류의 지식이 별 가치가 없다는 것을 보여줄 뿐이다. 단순히 고립된 전문적 기술에 관련되는 지식에 대해서도 이와 마찬가지의 말을 할 수 있다. 그런 지식은 오직 그것이 다루는 좁은 범위내에서만 행동에 영향을 준다. 사실을 말하자면, 학교에서의 도덕교육의 문제는 바로 지식을 얻도록 하는 문제이며, 다만 이 지식은 충동이나 습관과 관련된 지식을 말한다. 지식의 내용이 어디에 쓰이는가 하는 것은 그것이 어떤 관련 속에서 취급되는가에 달려 있다. 금고털이 도둑이 다이나마이트에 관하여 가지고 있는 지식은 그것이 표현되는 언어적 형식에 있어서는 화학자의 지식과 완전히 동일하다. 그러나 사실상, 그것은 각각 상이한 목적과 습관의 관련 속에 짜여들어 있고, 그렇기 때문에 그 의미가 서로 다르며 따라서 동일한 지식이 아니다.

¶ 20_ 앞에서 교과에 관하여 논의할 때 교과는 즉각적인 목적을 가진 직접적 활동에서 시작하여 거기서부터 지리와 역사로 그 의미가 확대되고 다시 거기서 과학적으로 조직된 지식으로 발전한다고 말하였거니와, 이것은 지식과 활동 사이의 생생한 관련을 유지하는 데에 그 기본 취지가 있었다. 목적이 있는 활동, 또 다른 사람과의 협동을 필요로하는 활동에 종사하는 동안에 학습되는 내용은 의식적으로 그렇게 부르건 않건 간에 도덕적 지식이다. 왜냐하면 그것은 사회적 관심을 조성하며 그 관심이 실제적인 면에 효과를 나타내는 데에 필요한 지력을 부여해 주기 때문이다. 教育課程교육과정에 포함되어 있는 내용은 그것이 사회생활의 표준적인 요인을 대표한다는 바로 그 이유에서 사회적 가치에 입문시키는 수단이 된다. 만약 그것이 단순히 학교 교과에 그친다면, 그것을 습득하는 것은 오직 기술적인 가치를 가질 뿐이다. 그렇지 않고, 그것이 가지고 있는 사회적 의의가 충분히 살아나는 조건하에서 습득된다면, 교과는 도덕적 관심을 일깨우고 도덕적 통찰을 발달시켜 준다. 뿐만 아니라, 앞의 학습방법이라는 주제에서 논의된 정신적 자질은 모두 내재적으로 도덕적인 의미를 가지고 있다. 개방된 태도, 집중력, 성실성, 폭넓은 관점, 철저성, 자신이 옳다고 생각하는 아이디어의 결과를 실현시킬 책임을 떠맡는 것, 이 모든 것들이 도덕적 특성이다.* 도덕적 특성이라는 것은 바로 권위적인 지시에 외면적으로 순응하는 것이라는

생각에 젖어 있는 사람은 위와 같은 지적 태도가 도덕적 가치를 나타내고 있다는 것을 인정하지 않겠지만, 그런 생각은 곧 도덕이라는 것을 죽은 기계와 같은 고정된 행동으로 볼 때 나올 수 있는 것이다. 따라서, 이러한 사고는 도덕적 결과를 가져오지만, 그것은 도덕적으로 바람직하지 못한 결과이다. 특히, 개인의 성향을 무엇보다도 중요시하는 민주사회에서 그것은 도덕적으로 치명적인 결과이다.

* 13장 3절 참조.

4 사회적인 것과 도덕적인 것

¶ **21**_ 우리가 이때까지 비판해 온 모든 분리들, 그리고 이 책의 여러 장에서 제시한 교육의 아이디어가 해결하려고 하는 모든 분리들은 도덕을 지나치게 좁게 파악하는 데서 생기는 것들이다. 이 좁은 도덕관은, 한편으로 사회적으로 필요한 일을 효과적으로 하는 능력과는 상관없이 다분히 감상적인 善意선의를 내세우며, 또 한편으로는 관례와 전통을 지나치게 강조함으로써 도덕을 명확하게 규정된 행동의 목록으로 국한시킨다. 사실을 말하자면, 도덕은 다른 사람과의 관계에 관한 행동 전체를 포괄하는 넓은 개념이다. 비록 행동을 할 당시에 그 행동의 사회적 관련성을 생각하지 않고 하는 행동이라 하더라도, 우리의 모든 행동은 잠재적인 도덕적 행동이라고 보아야 한다. 왜냐하면 우리의 행동은 하나하나가 모두 습관의 원리에 의하여 성향에 수정을 가하기 때문이다. 모든 행동은 일정한 방향의 경향과 욕망을 일으킨다. 그리고 이와 같이 강화된 습관은 우리가 다른 사람과 사귀는 데에 언제든지 직접 외부적인 영향을 나타낼 가능성이 있는 것이다. 우리가 가지고 있는 인격특성 중의 어떤 것은 우리의 대인관계에 아주 명백한 관련을 가지고 있기 때문에, 그런 것들을 우리는 특별히 '도덕'이라고 강조해서 지칭한다. 성실, 정직, 정절, 우애 등이 그런 것들이다. 그러나 우리가 이런 것을 도덕이라고 부르는 것은 오직 그것이 다른 태도에 비하여 핵심적인 부분을 이루고 있기 때문이다. 이러한 핵심적 도덕에는 다른 태도들이 부수적으로 붙어 있다. 위의 덕목들을 도덕이라고 강조해서 부르는 것은 그것들이 고립되어 있고 오직 그것들만 도덕을 이루고 있다고 해서가 아니라,

그것들이 수많은 다른 태도들—우리가 명백히 도덕으로 인식하지 않고 심지어는 이름조차 붙일 수 없는 수많은 태도들—과 밀접하게 관련되어 있기 때문이다. 그것만을 따로 떼내어 도덕이라고 부르는 것은 마치 인체의 골격만을 가지고 그것을 사람의 몸이라고 하는 것과 같다. 뼈대가 중요한 것은 틀림없는 사실이지만, 그것이 중요한 이유는 뼈대가 몸의 다른 기관을 지탱하고 있어서, 몸 전체가 효과적인 활동을 할 수 있도록 해준다는 데에 있다. 우리가 특별히 '德' 덕이라고 이름 붙이는 인격특성도 이와 마찬가지이다. 도덕은 인격의 한 부분만을 따로 떼내어 지칭하는 것이 아니라 인격 전체를 지칭하며, 인격 전체라는 것은 모든 구체적인 구성과 특성으로 이루어져 있는 그 사람 전체를 말한다. 덕을 소유하고 있다는 것은 우리가 보통 덕이라고 이름 붙이는 소수의 특징만을 따로 개발해 있다는 뜻이 아니라, 삶의 모든 직분을 수행하면서 다른 사람들과 상종하는 동안에 나타나는 그 사람의 인간됨이 원만하고 적절하다는 뜻이다.

¶ **22**_ 결국, 행위의 사회적 측면과 도덕적 측면은 서로 동일하다. 그러므로 이것은 우리가 앞의 여러 장에서 교육의 사회적 기능에 관하여 말한 내용, 즉 학교의 행정, 교육과정, 수업방법의 가치는 그것이 어느 정도로 사회적 정신을 띠고 있는가에 따라 판단된다고 한 말의 의미를 다시 한번 드러내어 강조하는 것에 지나지 않는다. 그리고 사회의 운영을 위협하는 큰 위험은 사회정신이 사회의 구석구석에 스며들도록 하는 조건이 결여되어 있다는 것이며, 이것은 또한 효과적인 도덕교육의 큰 적이다. 그 사회 정신은 다음과 같은 조건이 갖추어져 있을 때 활발하게 발휘될 수 있다.

¶ **23**_ ㈎ 첫째로, 학교는 모든 중요한 측면에서 지역사회와 동일한 모습을 띠어야 한다. 사회적 지각과 관심은 진정한 사회적 분위기, 공동의 경험을 구축하기 위하여 자유로운 교환이 있는 그런 분위기에서만 발달할 수 있다. 사물에 관한 정보는 말을 배울 정도의 사회적 교섭을 한 사람이라면 누구든지 단편적으로 전해들을 수 있다. 그러나 언어적 기호의 '의미'를 아는 것은 전혀 별개의 문제이다. 여기에는 다른 사람과 어울려서 함께 일하고 노는 사회적 맥락이 필요하다. 이 책에서, 교육은 계속적인 건설적 활동을 통하여 이루어져야 한다고 강력히 주장하였거니와, 이 주장의 의미는 그러한 활동이 사회적 분위기를 조성해 준다는 데에 있었다. 삶의 장면과는 유리된, 단순히 교과를 공부하는 장소로

서의 학교 대신에, 공부와 성장이 현재 공유되고 있는 경험의 장의 한 부분이 되는, 사회집단의 축소판으로서의 학교가 되어야 한다. 운동장, 공작실, 작업실, 실험실은 젊은이들의 자연적인 능동적 경향을 지도할 뿐만 아니라, 상호교섭, 의사교환, 협동을 가능하게 하며, 사회 정신의 핵심인 관련의 지각이 확장되는 것은 이 모든 것들을 통해서이다.

¶ 24_ (나) 학교에서의 학습은 학교 밖의 학습과 연속성을 가져야 한다. 이 양자의 학습 사이에는 자유로운 상호교류가 있어야 한다. 이것이 가능하게 되려면 반드시 한쪽의 사회적 관심과 다른쪽의 사회적 관심 사이에 많은 접촉점이 있어야 한다. 학교에 우애의 정신과 활동의 공유는 있으나, 거기서 일어나는 사회적 활동은 마치 수도원과 같이 그 울타리 밖의 세계에서 벌어지는 삶과 전연 공통점이나 관련이 없는 경우는 충분히 상상할 수 있다. 이 경우에도 사회적 관심과 이해는 생길지 모르지만 그것이 바깥 세계에는 쓸모가 없다. 그것은 바깥 세계로 이월되지 않는 것이다. '타운과 까운'*이라는 속담적인 표현으로 알려진 사회와 학문의 분리, 사회와 격리된 학문 연구는 바로 이런 경우를 가리킨다. 과거의 문화에 집착하여 회고적인 사회적 정신을 기르는 것도 이와 마찬가지이다. 그것은 개인으로 하여금 현재 자신이 살고 있는 시대가 아닌 다른 시대의 삶에 안주하도록 한다. 소위 '교양교육'(또는, '인문교육')이라고 자처하는 교육은 특히 이 위험을 안고 있다. 과거를 황금시대로 그리며 거기서 정신의 도피와 위안을 구하면서, 여기에 비하여 오늘날의 문제에 관심을 가지는 것은 답답하고 신경 쓸 가치가 없는 것으로 생각하는 것이다. 그러나 일반적으로 말하여, 학습에 필요성을 부여하고 보람을 안겨주는 사회적 환경이 없는 것, 이것이 학교가 고립되는 가장 중요한 이유이다. 그리고 이 고립으로 말미암아 학교에서 배우는 지식은 삶에 적용될 수 없게 되고 따라서 인격에 아무런 영향을 미칠 수 없게 된다.

---

* town and gown: town은 마을, gown은 대학을 뜻한다. 이 표현은 중세의 대학이 마을과 때로는 혈전까지도 벌일 정도로, 대립되어 있었던 데서 생겼다.

¶ 25*_ 도덕에 관한 좁은 '도덕주의적** 견해는 교육에서 바람직한 모든 목적과 가치 그 자체가 도덕이라는 것을 인식하는 데에 방해가 된다. 도야, 천성의

개발, 교양, 사회적 효율성, 이 모든 것들이 도덕적 특성이다. 다시 말하면 그것은 교육이 증진하고자 하는 사회의 성원으로서 손색이 없는 사람이 나타내는 특성들이다. 서양 사람들이 속담처럼 하는 말 중에, 사람은 그냥 훌륭하기만 해서는 안 되고 무엇인가에 훌륭해야 한다는 말이 있다.*** 사람이 무엇인가에 훌륭해야 한다고 할 때의 그 무엇이라는 것은 곧 사회의 한 성원으로서 다른 사람들과 함께 사는 동안에 그가 받는만큼 다른 사람에게도 기여하는 능력이 있어야 한다는 뜻일 것이다. 하나의 인간으로서, 욕망과 정서와 아이디어를 가진 존재로서 그가 주고받는 것은 외적인 소유물이 아니라 의식생활의 폭과 깊이—보다 강렬하고 도야되고 확장된 의미 지각—이다. 물질적인 면에서 주고받는 것은 기껏해야 의식생활의 발전을 위한 기회요 수단이다. 만약 그렇지 않다면, 그것은 주는 것도 받는 것도 아니요, 오직 물이나 모래를 막대기로 휘젓듯이, 물건이 여기서 저기로 자리를 바꾸는 것에 지나지 않는다. 도야, 교양, 사회적 효율성, 개인적 세련, 인격의 향상—이런 것들은 주고받는 것이 균형을 이루는 경험에 고귀하게 참여하는 능력이 점차 성장해 나가는 과정의 여러 측면을 가리킨다. 교육은 단순히 그러한 삶을 사는 수단이 아니다. 교육은 바로 그 삶이다. 그러한 교육의 능력을 계속 간직하는 것, 그것이 도덕의 본질이다. 의식 생활이라는 것은 언제나 새롭게 시작하는 것이기 때문이다.

---

* 원문에는 이 문단 앞에 1행을 띄어 놓았다. 아마 도덕과 관련하여 이 책 전체의 주장을 요약하려는 의도에서가 아닌가 생각된다.

** moralistic ; 도덕의 의미를 좁게, 단순히 '착한 행동'을 하는 것으로 규정하는 견해를 얕잡아서 부른 용어이다.

*** It is not enough for a man to be good ; he must be good for something. 우리에게 더 절실히 와 닿는 격언적 표현은 '君子不器'군자불기—군자는 잣달은 일을 일삼지 않는다—이다.

| 요약 | ¶ 26_ 학교의 도덕교육에서 가장 중요한 문제는 지식과 행위의 관련 문제이다. 정규의 교과교육에서 학습되는 내용이 인격에 영향을 미치지 않는다면, 교육의 통합적, 총괄적 목적이 도덕에 있다고 말하는 것은 부질없게 된다. 지식의 내용과 방법, 그리고 도덕적 성장 사이에 하등의 밀접한 유기적 관련이 없다면, 도덕교육을 위하여 특별한 수업과 훈육방법이 동원되지 않으면 안된다. 그리하여 지식은 지식대로, 행동의 원천이나 삶에 대한 태도에 통합되지 못하고, 도덕은 도덕대로, 도덕적 지시로 구성된 별도의 덕목들의 체계를 나타내게 된다.

¶ 27_ 학습과 활동, 따라서 학습과 도덕을 분리하는 두 가지 이론은 첫째로, 내적 성향과 동기—의식적, 개인적 측면—와 순전히 신체적인 외적 행위를 대립시키는 이론과, 둘째로, 利害이해에 입각한 행동과 원리에 입각한 행동을 대립시키는 이론이다. 이 두 가지 분리를 극복하는 길은 학습이 사회적 목적을 가진 계속적인 활동 또는 작업의 부산물이 되도록, 그리고 학습이 전형적인 사회적 사태에서 나온 자료를 활용하도록, 교육방안을 마련하는 것이다. 이러한 조건에서는 학교 그 자체가 사회생활의 경험과 긴밀한 상호작용을 한다. 사회생활에 효과적으로 참여하는 힘을 기르는 교육은 모두가 도덕교육이다. 그런 교육에서 형성되는 인격은 사회적으로 필요한 구체적인 일을 하면서, 그와 동시에 성장에 필요불가결한 계속적인 재조정에 관심을 가지고 있는 그러한 인격이다. 삶의 모든 장면에서 배우려고 하는 관심—이것이야말로 가장 중요한 도덕적 관심이다.

부 록

나의 교육 신조

제1조 교육이라는 것

¶ 1_ 나는 이것을 믿는다. 즉, 모든 교육은 개인이 종족의 意識의식에 참여함으로써 이루어진다. 이 과정은 거의 출생시부터 무의식적으로 시작하여, 그후 계속적으로 개인의 힘을 가다듬고 의식을 채우며 습관을 형성하고 아이디어를 훈련하며 감정과 정서를 일깨워 준다. 이 무의식적 교육을 통하여 개인은 인간이 애써 모아 놓은 지적, 도덕적 자원을 점차로 공유하게 된다. 그는 문명이라는 合資합자 유산의 상속자가 된다. 이 세상의 가장 체계적이고 전문적인 교육이라 하더라도 이 일반적인 과정에서 벗어나서는 안된다. 제도화된 교육이 할 수 있는 일은 오직 그 과정을 특정한 방향으로 조직하고 세분하는 것뿐이다.

¶ 2_ 단 하나의 참된 교육은, 아동이 그 안에서 살고 있는 사회적 상황의 요구에 의하여 그의 힘을 자극하는 데서 나온다. 이 요구를 통하여 아동은 한 단위체의 구성원으로 행동하도록, 원래 자기가 가지고 있던 좁은 행위와 정서에서 벗어나서 그가 속하고 있는 집단의 복지라는 관점에서 자신을 파악하도록 자극을 받는다. 자기 자신의 활동에 대한 다른 사람들의 반응을 통하여 그는 이 다른 사람들의 존재를 사회적인 관점에서 파악하게 된다. 다른 사람들이 가지고 있는 가치는 아동을 거쳐 다시 그들에게로 반사되어 들어간다. 예컨대, 아동의 본능적인 웅얼거림에 대한 다른 사람의 반응을 통하여 아동은 그 웅얼거리는 소리의 의미를 알게 된다.* 즉, 그 웅얼거림이 분명한 언어로 변형되는 것이다. 이와 같이 하여, 아동은 오늘날 언어에 요약되어 있는 풍부한 아이디어와 정서의 통합체에 입문된다.

---

* 이 점은 Piaget의 '상호모방'이라는 개념에 의하여 자세히 설명되고 있다. Piaget에 의하면, 아이가 말을 배울 때, 어른의 말을 일방적으로 모방하는 것이 아니라, 어른이 아이의 '말'(웅얼거림)을 모방하는 것을 보고 난 다음에 어른의 말을 모방한다는 것이다. J. Piaget, *Play, Dreams and Imitation*, London, Routledge & Kegan Paul, 1951 참조.

¶ 3_ 이 교육적 과정에는 심리학적 측면과 사회학적 측면이라는 두 개의 측면이 있으며, 그 중의 어느 것 하나라도 다른 것에 종속되거나 도외시되면 나쁜 결과가 따라온다. 이 두 가지 중에서, 심리학적 측면은 교육적 과정의 기초를 이룬다. 아동 자신의 본능과 힘은 모든 교육의 자료이며 출발점이 된다. 만약 교육자의 노력이 아동의 독립적, 자발적인 노력으로 이루어지는 활동과 관련을 맺지 못한다면, 교육은 외부로부터의 강압으로 전락하고 만다. 그것이 모종의 외적 결과를 가져온다 하더라도 그것을 진정한 의미에서의 교육이라고 부를 수는 없다. 그러므로 아동 개인의 심리적 구조와 활동에 관한 통찰이 없이는, 교육적 과정은 우발적이고 임의적인 것이 될 것이다. 그런 교육은 어쩌다가 아동의 활동과 들어맞으면 효과를 보고, 그렇지 않으면 아동의 본성*과 마찰이 생기거나 그것을 와해 또는 정지시키는 결과를 가져온다.

---

* child-nature

¶ 4_ 사회적 조건에 관한 지식, 현재의 문명상태에 관한 지식은 아동이 가지고 있는 힘을 올바르게 해석하는 데에 필요하다. 아동은 그 자신의 본능과 경향을 가지고 있지만, 우리가 그것을 사회적 맥락에 비추어 해석할 수 있기 전에는 그것이 가지고 있는 의미를 알 수가 없다. 그러기 위해서는 아동의 본능과 경향을 과거의 사회에 다시 투입하여 그것을 이전의 인류의 활동의 유산으로 해석할 수 있어야 한다. 우리는 또한, 그것을 미래에 투영하여 그것이 가지고 올 성과 또는 그것이 이룩해야 할 목적이 무엇인가를 예상할 수 있어야 한다. 바로 앞에서 사용한 예를 가지고 설명하자면, 아동의 웅얼거리는 소리에서 장차의 사회적 교섭과 대화의 가능성과 잠재력을 보는 능력, 이것이 곧 아동의 본능을 올바르게 다룰 수 있도록 한다.

¶ 5_ 교육의 심리학적 측면과 사회적 측면은 서로 유기적으로 관련되어 있으며, 이런 의미에서의 교육은 양자 사이의 타협이나 그 중의 하나가 다른 하나를 지배하는 것으로 규정되어서는 안된다. 오늘날 사람들은, 교육을 심리학적 관전에서 정의하는 것은 공허하고 형식적인 것에 그친다는 말을 하고 있다. 다시 말하면, 그러한 정의는 온갖 정신능력의 개발에 관해서는 언급하면서도 그 능력이 어디에 쓰이는가에 관해서는 말해주지 않는다는 것이다. 또한, 교육은 개

인을 문명에 적응시키는 일이라는 식의, 사회적 관점에서의 정의는 교육을 외적, 강제적 과정으로 취급하여 개인의 자유를 사전에 정해 놓은 사회적, 정치적 상황에 종속시키는 결과를 가져온다고 말한다.

¶ 6_ 교육의 두 측면을 서로 대립된 것으로 따로따로 떼어놓고 보면, 위의 두 가지 반론은 모두 타당하다. 힘이라는 것이 참으로 어떤 것인지 알려면 그 힘의 목적, 용도, 기능을 알아야 하며, 그렇게 하자면 개인을 사회적 관계 속에서 활동하는 존재로 파악하지 않으면 안될 것이다. 그러나 또 한편, 현존의 사회적 조건하에서 아동에게 적응능력을 길러주는 유일한 방도는 아동이 가지고 있는 모든 힘을 완전하게 발휘할 수 있도록 해주는 것이다. 민주주의와 현대 산업사회의 도래로 말미암아, 지금부터 20년 뒤의 문명이 어떻게 될지 정확하게 예측할 수 있는 사람은 아무도 없다. 따라서, 아동을 모종의 엄밀하게 규정된 상황에 준비시켜 준다는 것은 있을 수 없다. 아동에게 장차의 삶을 위한 준비를 시켜준다는 것은 아동으로 하여금 스스로를 통어할 수 있도록 하는 것, 다시 말하면, 그의 모든 능력을 어디서나 충분히 발휘할 수 있도록 그를 훈련시킨다는 뜻이다. 그의 눈과 귀와 손은 언제라도 사용할 수 있는 도구가 되어야 하며, 그의 판단은 그 도구가 적용될 상황을 파악할 수 있어야 하며, 그의 실행능력은 경제적인 면에서 효율적으로 작용할 수 있도록 훈련되어야 한다. 이런 종류의 적응에 도달하려면, 개인 자신의 능력과 취향과 관심*에 대한 항구적인 존중이 있어야 한다. 즉, 교육은 늘 심리학적인 고려에 비추어 점검되어야 하는 것이다.

---

* interest

¶ 7_ 요약컨대, 내가 믿는 바로는, 교육을 받는 개인은 사회적 개인이며, 사회는 개인의 유기적인 통합체이다. 아동에서 사회적 요인을 빼어 버리면 남는 것은 추상적 존재 뿐이다. 사회에서 개인적 요인을 빼어 버리면 남는 것은 무기력하고 생명없는 덩어리뿐이다. 그러므로 교육은 아동의 능력과 관심과 습관에 대한 심리학적 통찰로 시작해야 한다. 교육의 고비 하나하나는 모두가 그와 동일한 고려에 의하여 통제되어야 한다. 아동의 능력과 관심과 습관은 끊임없이 다시 해석되지 않으면 안된다. 교육의 매단계에서 우리는 그것들이 무엇을 의미하는지 알아야 한다. 우리는 그것들을 사회적 맥락에 비추어, 다시 말하면

그것들이 사회에 어떤 봉사를 할 수 있는가 하는 관점에서 해석하지 않으면 안 된다.

제2조 학교라는 곳

¶ 8_ 나는 이것을 믿는다. 즉, 학교는 다른 무엇이기 이전에 하나의 사회적 기관이다. 교육이 사회적 과정인만큼, 학교는 당연히 사회생활의 한 형태가 되어야 한다. 이러한 의미에서의 학교는 아동으로 하여금 인류가 물려받은 자원을 공유하고 자기 자신의 힘을 사회적 목적에 사용하도록 양육하는 데에 가장 효과적인 모든 사회기관들이 집결된 곳이다.

¶ 9_ 그러므로 교육은 삶의 과정 그 자체이며, 장차의 삶을 위한 준비가 아니다.

¶ 10_ 학교는 삶의 전형적인 모습을 나타내어야 한다. 이 삶은 아동이 가정에서, 이웃에서, 놀이터에서 살고 있는 삶, 그것과 다름없이 실감과 생기를 가진 것이어야 한다.

¶ 11_ 삶의 여러 형식들, 그 자체로서 살 가치가 있는 삶의 형식들을 통하여 이루어지는 교육이 아니라면, 그것은 언제나 진정한 실재가 아닌, 가짜 대용물을 표현하며, 족쇄를 채우고 목을 조르는 일로 되고 만다.

¶ 12_ 사회기관*으로서의 학교는 현존하는 사회생활을 단순화하여야 한다. 학교는, 말하자면, 사회생활을 태아의 형태로 축소해야 한다. 현재의 삶은 너무 복잡하여, 아동이 직접 접촉하면 혼란과 산만에 빠지게 된다. 현재 진행중인 수많은 활동에 압도당하여, 아동은 질서정연하게 반응하는 자신의 힘을 잃어버리거나, 그렇지 않으면 다양한 활동에 자극되어 자기 자신의 힘을 때이르게 발휘하려 들다가 지나치게 전문화된 길로 빠지거나 와해되어버린다.

* institution; 또는, 제도.

¶ **13**_ 이와 같이 단순화된 사회생활로서의 학교는 가정생활을 출발로 하여 거기서 점차 성장해 나오는 모습을 띠어야 한다. 학교의 생활은 아동이 가정에서 이미 익숙해 있는 활동들을 취하여 그것을 계속시켜 나가야 한다.

¶ **14**_ 학교는 가정에서의 활동을 아동에게 보여 줌으로써 아동이 점차로 그 활동의 의미를 알게 되도록, 그리하여 그 활동과의 관련에서 자신의 역할을 수행할 수 있도록 하는 방식으로 그것을 재현해주어야 한다.

¶ **15**_ 이것은 아동의 성장에 계속성을 부여하는 유일한 방법이요, 아동이 가지고 있는 과거 경험 배경에 학교교육이 새로운 아이디어를 부여하는 유일한 방법이며, 이 점에서 그것은 심리학적 필수조건이다.

¶ **16**_ 이것은 또한 사회적 필수조건이기도 하다. 왜냐하면 가정은 이때까지 아동이 양육되고 도덕적 훈련을 받은 사회생활의 형태이며, 여기에 비하여 학교는 가정생활과 밀접하게 결부되어 있는 아동의 가치관을 심화, 확대시키는 것을 임무로 삼기 때문이다.

¶ **17**_ 현재의 교육이 실패하는 가장 큰 원인은 학교가 사회생활의 한 형태라는 이 근본적 원리를 무시한다는 데에 있다. 현재의 교육에서는 학교를 학생들에게 정보를 제공해주는 곳, 공부를 가르쳐주는 곳, 습관을 형성해주는 곳으로 생각한다. 학교에서 습득되는 이런 것들의 가치는 주로 먼 장래에 있는 것으로 간주된다. 아동은 장차 다른 어떤 것을 하기 위하여 이런 것들을 배워야 한다고 생각된다. 요컨대 그것은 단순한 준비인 것이다. 그 결과로, 이런 것들은 아동의 현재의 생활경험의 일부가 되지 못하고 따라서 진정한 교육이 되지 못한다.

¶ **18**_ 도덕교육은 이와 같이 학교를 사회생활의 한 양식으로 보는 관점을 중심으로 하여 전개된다. 가장 훌륭하고 가장 깊은 도덕적 훈련은 바로 일과 사고가 단일체를 이루는 사태 속에서 다른 사람들과 관계를 맺음으로써 이루어진

다. 현재의 교육체제가 이 단일체를 파괴하거나 도외시하는 한, 진정하고 본격적인 도덕훈련은 어렵거나 불가능하다.

¶ **19**_ 아동이 일의 자극과 지침을 받는 것은 지역사회의 생활을 통해서이다.

¶ **20**_ 현재의 상황에서 그 자극과 지침이 지나칠 정도로 교사에게서 나오는 것은, 학교가 사회생활의 한 형식이라는 것을 망각하고 있기 때문이다.

¶ **21**_ 학교에서의 교사의 위치와 역할도 이와 동일한 기초에 입각하여 해석되어야 한다. 학교에서 교사는 아동에게 관념을 주입하고 습관을 형성하는 사람이 아니라, 지역사회의 한 구성원으로서 아동에게 미쳐야 할 영향을 선정하고 아동이 이 영향에 올바르게 반응하도록 도와주는 사람이다.

¶ **22**_ 학교에서의 훈육은 사회생활 전체에서 나와야 하며, 직접 교사에게서 나와서는 안된다.

¶ **23**_ 교사의 일은 단순히, 그가 가지고 있는 보다 풍부한 경험과 보다 성숙된 지혜로, 생활의 훈육이 아동에게 어떤 방식으로 이루어져야 하는가를 결정하는 데에 있다.

¶ **24**_ 아동의 성적이나 진급에 관한 모든 문제는 위와 동일한 기준에 비추어 결정되어야 한다. 시험의 용도는 오직 아동이 사회생활을 해 나가는 데에 얼마나 적합한가를 사정하고, 아동이 어떤 점에서 가장 유용한 봉사를 할 수 있으며 어떤 점에서 가장 도움을 필요로 하는가를 시사받는 데에 있다.

제3조 교육의 내용

¶ **25**_ 나는 이것을 믿는다. 즉, 아동의 사회생활은 그의 모든 훈련 또는 성장을 집중시키고 관련짓는 기초이다. 사회생활은 아동에게 무의식적 단일체*가 되며 그의 모든 노력과 그의 모든 성취에 배경을 이룬다.

* unconscious unity; 아마, 아동에게는 사회생활이 단일체로 지각되지는 않지만, 사실은 단일체임을 말하는 듯하다.

¶ **26**_ 학교 교육과정의 내용은 사회생활의 원초적, 무의식적 단일성을 출발점으로 하여 거기서 점차 분화된 형태를 나타내어야 한다.

¶ **27**_ 이 사회생활과의 관련을 떠나서 읽기, 쓰기, 지리 등등, 여러 개의 세분된 교과들을 너무 갑자기 아동에게 제시하는 것은 아동의 천성*에 역행하는 것이요, 교과에서 생길 수 있는 최선의 윤리적 결과를 얻기 어렵게 만든다.

* nature

¶ **28**_ 학교 교과들을 서로 관련짓는 진정한 구심점은 과학도 아니요, 문학도, 지리도 아니며, 오직 아동 자신의 사회적 활동이다.

¶ **29**_ 과학, 또는 소위 '자연 공부'가 교육을 통합하는 구심점이 될 수 없는 것은, 인간활동과의 관련을 떠난 자연 그 자체는 단일체가 아니기 때문이다. 자연 그 자체는 공간과 시간에 흩어져 있는 수많은 다양한 물체들일 뿐이며, 이러한 자연을 그 자체로서 공부의 구심점으로 삼으려고 하는 것은 집중이 아닌 분산의 원리를 따르는 것이다.

¶ **30**_ 문학은 사회적 경험을 되받아서 표현하고 해석하는 것이며, 따라서 그것은 그러한 경험에 앞서는 것이 아니라 그것을 뒤따르는 것이다. 그러므로 문학은 통합된 교과를 요약하는 수단은 될 수 있을지 모르나, 교과통합의 기초는 될 수 없다.

¶ **31**_ 다시, 역사의 교육적 가치는 사회생활과 사회적 성장의 여러 면모를 제시하는 데에 있다. 사회생활과 관련없는 단순한 역사로 취급되면, 그것은 먼 과거로 내던져져서 생기없고 무기력한 것이 되고 만다. 인간의 사회생활과 진보

의 기록으로 취급되면, 그것은 풍부한 의미를 지니게 된다. 그러나 내가 믿는 바로는, 역사를 이런 관점에서 취급하려면 아동에게 사회생활을 직접 제시하는 일이 병행되지 않으면 안된다.

¶ **32**_ 교육의 제1차적인 기초는 인류의 문명을 이룩하는 데에 작용한 것과 동일한 방향의 일반적인 건설적 능력이 아동에게도 작용하고 있다는 사실에 있다.

¶ **33**_ 아동으로 하여금 그가 물려받은 사회적 유산을 의식하도록 하는 오직 한 가지 방법은 오늘날의 문명을 이룩한 활동의 근본적인 유형들을 아동이 직접 수행할 수 있도록 기회와 능력을 부여해주는 것이다.

¶ **34**_ 교과를 서로 관련짓는 구심점은 이른바 표현활동 또는 구성활동이다.

¶ **35**_ 학교에서 요리, 바느질, 수공훈련 등이 차지하는 위치는 이 기준에 비추어 판단되어야 한다.

¶ **36**_ 이런 것들은 많은 다른 교과 위에, 그런 교과의 지적 부담을 완화하기 위하여 도입될 것도 아니요, 그런 교과와는 별도의 추가적인 성취를 위한 특별 교과로 취급될 것도 아니다. 내가 믿기로는, 교과의 유형으로 말하면, 그런 활동들은 사회적 활동의 근본적 형식이며, 아동이 보다 형식적인 교과*에 들어갈 때에는, 일단 그런 구성활동을 통하여 들어가는 것이 가능하고 또 바람직하다.

* formal subjects; 보통 말로, '정규교과'.

¶ **37**_ 과학 공부의 교육적 효과는, 과학이 현재의 사회생활을 가능하게 한 자료와 과정을 드러내어준다는 데에 있다.

¶ **38**_ 현재 과학교육의 가장 곤란한 문제점은 학습자료를 순전히 객관적인 형태로 제시하거나, 아동이 이미 경험한 것과는 별개의, 전혀 새로운 종류의 경험으로 취급한다는 데에 있다. 사실상, 과학은 우리가 이미 한 경험을 해석하고

통제하는 능력이며, 그 가치 또한 여기에 있다. 교과로서의 과학은 새로운 교과로서 가르칠 것이 아니라, 이전의 경험에 이미 들어 있었던 요인들을 드러내어 보여주는 것으로서, 그리고 그 경험을 더 쉽게, 더 효과적으로 조정하는 도구를 제공하는 것으로서 가르쳐져야 한다.

¶ 39_ 현재 우리는 문학과 언어에서 사회적 요소를 빼내어 버림으로써 그 교과가 가지고 있는 가치를 많이 잃어버리고 있다. 교육학 책*에서 언어는 거의 언제나 단순히 생각하는 것을 표현하는 수단으로 취급되어 왔다. 물론, 언어는 논리적 도구**이지만, 그것은 근본적으로 또 일차적으로 사회적 도구이다. 언어는 의사소통의 방안이요, 한 개인이 다른 사람들의 생각과 느낌을 공유하는 도구이다. 단순히 개인적 정보를 얻는 방법으로, 또는 이때까지 배운 것을 남에게 떠벌리는 수단으로 취급한다면, 언어는 그것이 가지고 있는 사회적 동기와 목적을 잃어버린다.

---

* books of pedagogy; 또는, 교수법에 관한 책.

** 여기서 '논리적 도구'라는 것은 언어가 사고의 표현이 되는 측면을 가리키며, 이것은 다음의 '사회적 도구'와 대비된다.

¶ 40_ 그러므로 현상적인 학교 교육과정에는 교과를 일렬로 나열한다는 것은 있을 수 없다. 만약 교육이 삶이라면, 모든 삶은 처음부터 과학적 측면, 예술과 문화의 측면, 그리고 의사소통의 측면을 가지고 있다. 그러므로 어떤 학년에 적당한 교과는 단순히 읽기와 쓰기라든지, 다음 학년에 가서는 읽기와 문학, 과학 등을 가르쳐도 좋다고 말하는 것은 옳지 않다. 그러므로 교과를 배우는 데에 있어서 진보는 일렬로 늘어선 교과를 배워나가는 것이 아니라, 경험에 대한 새로운 태도, 새로운 관심이 발달해가는 과정이다.

¶ 41_ 교육은 경험의 계속적인 재구성으로 파악되어야 한다. 교육의 과정과 목적은 하나요, 서로 다른 것이 아니다.

¶ 42_ 교육의 바깥에 교육의 표적과 기준을 제시하는 목적을 설정하는 것은 교육의 과정이 지니고 있는 의미의 대부분을 박탈하고, 우리로 하여금 외적인

가짜 자극에 의존하여 아동을 대하도록 한다.

제4조 교육방법의 성격

¶ 43_ 나는 이것을 믿는다. 즉, 교육방법의 문제는 궁극적으로 아동의 힘과 관심의 발달이 이루어지는 순서에 관한 문제로 귀착된다. 학습자료를 제시하고 취급하는 법칙은 아동 자신의 본성*에 쓰여 있다. 그렇기 때문에 나는 이하에 적힌 명제들이 교육을 해나가는 정신을 결정하는 데에 최고의 중요성을 가진다고 믿는다.

* nature

¶ 44_ 아동의 본성의 발달과정에서 능동적* 측면이 수동적 측면에 선행하며, 외적 표현이 내적 捺印**날인에 선행하며, 근육의 발달이 감각의 발달에 선행하며, 운동기능이 의식적 감각기능에 선행한다. 내가 믿기로는, 의식은 운동 또는 충동에 그 근본을 두고 있으며, 의식적 상태는 행동을 통하여 그 모습을 드러낸다.

* active; 또는, 활동적.

** conscious impression; 원래의 뜻은 의식적인 인상 또는 날인이지만, 여기서 impression은 앞의 '표현'(expression)이 '밖으로의 표출'을 나타내는 것과 대조되므로, '내적 날인'이라고 번역하였다. 물론, 이것은 '내부의 의식에 감각자료가 들어와서 흔적을 남기는 것'을 뜻한다.

¶ 45_ 학교 공부에서 시간과 정력을 낭비하는 대부분의 원인은 위의 원리를 도외시하는 데에 있다. 아동은 수동적으로 받아들이고 흡수하는 태도를 취하도록 강요된다. 이 상황은 곧 아동으로 하여금 그의 본성의 법칙을 따르지 못하도록 하는 상황이며, 여기서 생기는 결과는 마찰과 낭비이다.

¶ 46_ 아이디어 또한, 행동에서 나오며 행동을 더 잘 통제하기 위하여 사용된다. 추리력과 판단력을 발달시키려고 하면서 행동의 수단을 선택하고 배열하는 문제를 전연 고려하지 않는 것이 오늘날 교육방법의 근본적인 오류이다. 그 결과로 우리는 아동에게 임의적이고 무의미한 상징을 제시한다. 상징은 지적 발

달에 필요불가결하지만, 여기서 상징의 위치는 노력을 절약하는 도구가 된다는 것이다. 상징 그 자체만을 제시하면, 그것은 외부에서 강제로 부과된 무의미하고 임의적인 아이디어의 덩어리에 지나지 않는다.

¶ 47_ 心象*심상은 수업의 중요한 보조수단이다. 아동이 그에게 제시된 교과에서 무엇인가 얻는 것이 있다면, 그것은 바로 그 교과와 관련하여 아동 자신이 형성하는 심상이다.

---

* image; 또는 이미지.

¶ 48_ 현재 아동이 학습을 할 수 있도록 기울이고 있는 노력의 십분의 구를 아동이 올바른 심상을 형성하도록 하는 데에 할애한다면, 가르치는 일은 엄청나게 촉진될 것이다.

¶ 49_ 현재 수업을 준비하고 자료를 제시하는 데에 들이고 있는 시간과 노력을 보다 현명하고 유익하게 쓰는 방법은 그것을 아동의 심상형성 능력*의 훈련에 쓰는 것이다. 교사는 아동이 경험에서 접하게 되는 여러 가지 교과내용에 관하여 명확하고 선명한 심상을 계속적으로 형성, 확대해 나가도록 돌보아주어야 한다.**

---

* power of imagery

** he 〔the child〕 was continually forming～. 어째서 was가 쓰였는지 알 수 없다. 보통의 문법으로는 was 대신에 is 또는 be가 쓰여야 한다. 어쩌면 Dewey는 아동이 '교사의 가르침을 받기 이전에도 늘' 그런 일을 하고 있었다는 것을 말하고자 했는지도 모른다.

¶ 50_ 관심*은 힘이 성장해 간다는 신호요 징후이다. 내가 믿기로, 관심이 있다는 것은 능력이 생기기 시작한다는 것을 나타낸다. 따라서 아동의 관심에 관한 부단하고 세밀한 관찰은 교육자에게 무엇보다도 중요하다.

---

* interest; 또는, 흥미.

¶ 51_ 아동에게서 관찰되는 관심은 그가 현재 도달해 있는 발달의 정도를 나타낸다고 보아야 한다.

¶ 52_ 아동의 관심은 또한 아동이 지금 막 들어가려고 하는 발달의 단계를 예고해 준다.

¶ 53_ 아동기에 일반적으로 나타나는 관심에 대한 계속적이고 동정적인 관찰을 통해서만 성인은 아동의 삶에 들어갈 수 있다. 그때 비로소 성인은 아동이 그 삶에서 무슨 일을 할 태세가 되어 있으며 아동이 가장 기꺼이, 가장 보람 있게 다룰 수 있는 자료가 어떤 것인지를 알 수 있다.

¶ 54_ 아동의 관심을 간지려서도 안되고 억압해서도 안된다. 아동의 관심을 억압하는 것은 아동을 성인으로 바꿔치기 하는 것이요, 그렇게 함으로써 지적 호기심과 민첩성을 약화시키고, 자발성을 억압하며 관심을 짓밟아버리는 것이다. 아동의 관심을 간지리는 것은 순간적으로 지나가는 것을 영원한 것으로 착각하는 것이다. 관심이라는 것은 언제나 밑에 숨어있는 힘의 외적 標識표지이다. 중요한 것은 이 밑에 숨어있는 힘을 알아내는 것이다. 아동의 관심을 간지리는 것은 표면의 밑을 파고들어갈 수 없기 때문에 나타나는 현상이며, 여기서 생기는 어김없는 결과는 진정한 관심을 일시적인 기분이나 변덕으로 대치하는 것이다.

¶ 55_ 情緖정서는 행동의 반사이다.

¶ 56_ 정서에 상응하는 활동과 관련짓지 않고 정서를 자극 또는 유발하려고 하는 것은 건전하지 못한 병적인 정신상태를 초래한다.

¶ 57_ 만약 우리가 善선과 眞진과 美미에 대하여 올바른 행동과 사고의 습관을 길러줄 수만 있다면, 정서문제는 대체로 보아 저절로 해결된다.

¶ 58_ 생기없이 멍청한 것, 형식주의와 전례답습, 이런 것들 다음으로 우리의 교육을 위협하는 폐단으로서 感傷主義감상주의만큼 큰 것이 없다.

¶ **59**_ 이 감상주의는 감정을 행동으로부터 분리하려고 하는 데서 필연적으로 따라오는 결과이다.

제5조 학교와 사회진보

¶ **60**_ 나는 이것을 믿는다. 즉, 교육은 사회의 진보와 개혁의 근본적인 방법이다.

¶ **61**_ 단순히 법률을 제정한다든지, 형벌로 위협한다든지, 기계적인 또는 외적인 제도를 바꾸는 것에 의존하는 일체의 개혁은 순간적이고 비효과적인 것에 지나지 않는다.

¶ **62**_ 교육은 사회적 의식을 공유하게 되는 과정을 조정하는 일이며, 이 사회적 의식을 기초로 하여 개인의 활동을 조절하는 것이야말로 유일하게 확실한 사회재건의 방법이다.

¶ **63**_ 이러한 생각은 개인주의적 이상과 사회주의적 이상을 동시에 존중한다. 개인의 인격형성을 올바른 삶의 단 하나의 진정한 기초로 인정한다는 점에서 보면, 그것은 개인을 존중하는 것이다. 이 올바른 인격이 단순히 개인의 훈시나 모범이나 권유로 형성되는 것이 아니라, 제도적, 공동체적 삶의 형식이 개인에게 끼치는 영향으로 말미암아 형성된다는 것, 그리고 사회적 유기체가 그 하나의 기관인 학교를 통하여 윤리적 결과를 결정한다는 사실을 인정한다는 점에서 보면, 그것은 사회를 존중하는 것이다.

¶ **64**_ 이상적인 학교에서는 개인의 이상과 제도의 이상이 혼연일체로 통합되어 있다.

¶ **65**_ 그러므로 학교에 대한 의무는 지역사회가 져야 할 최고의 도덕적 의무이다. 법률과 형벌에 의하여, 사회적 선동과 토론에 의하여, 사회가 그 자체를 조정하고 형성해 가는 과정은 다분히 비체계적이고 우연적인 것이다. 그러나

교육을 통하여 사회는 그 자체의 목적을 설정하고, 그 자체의 수단과 자원을 조직하며, 그렇게 함으로써 그것이 나아가고자 하는 방향으로 확고하게, 또 경제적으로 그 자체를 가다듬어나갈 수 있다.

¶ 66_ 사회가 일단 이 방향으로의 가능성과 그 가능성을 실현하는 데에 따르는 임무를 인정하면, 교육자가 시간과 주의와 금전의 자원을 자기 마음대로 처분한다는 것은 상상할 수 없게 된다.

¶ 67_ 학교가 사회의 진보와 개혁의 가장 중요하고 가장 효과적인 도구임을 역설하여, 사회 전체가 학교에서 하는 일이 무엇인지 깨닫게 되고, 교육자가 그 일을 적절하게 수행하는 데 충분한 장비를 갖추도록 할 필요성을 느끼도록 하는 것, 이것은 교육에 관심이 있는 모든 사람의 과업이다.

¶ 68_ 이런 의미에서의 교육은 과학과 예술*이, 인간경험으로 생각할 수 있는 가장 완전하고 긴밀한 관계로, 결합된 형태를 나타낸다.

---

* art: 또는 기술. 여기에서와 같이 science and art라고 하는 경우에, art는 '인문학'을 가리키기도 하지만, 이하의 설명을 보면 Dewey는 art를 기술 또는 예술의 뜻으로 쓰고 있는 것이 분명하다.

¶ 69_ 그리하여 인간의 힘에 적절한 형체를 부여하고 그것을 사회에 유용하도록 적응시키는 예술이 최고의 예술이요, 그것이 가지고 있는 유용성을 살리는 사람이 가장 훌륭한 예술가이다. 이 일을 위해서는 인간으로서 할 수 있는 최선의 통찰과 동정심과 요령과 실행력이 필요하다.

¶ 70_ 심리학적 연구의 발달로 개인 심리의 구조와 성장의 법칙에 관한 통찰이 증가함에 따라, 그리고 사회과학의 발달로 개인들의 올바른 조직체에 관한 지식이 증가함에 따라, 이제 우리는 모든 과학적 자원을 교육의 목적에 활용할 수 있게 되었다.

¶ 71_ 이와 같이 과학과 예술이 손을 잡을 때, 인간 행동의 가장 엄숙한 동기

가 생겨나며, 인간 행위의 가장 순수한 원천이 솟아나며, 인간의 본성이 할 수 있는 최선의 봉사가 보장된다.

¶ 72_ 교사는 단순히 개인들을 훈련시키는 일을 하는 사람이 아니라, 올바른 사회생활을 형성하는 일을 하는 사람이다.

¶ 73_ 교사는 누구나 그 직분의 존엄성을 깨달아야 한다. 그는 적절한 사회질서를 유지하고 올바른 사회의 성장을 도모하는 특별한 일을 담당한 사회적 公僕공복이다.

¶ 74_ 이리하여 교사는 언제나 신의 참 예언자요, 진정한 신의 왕국으로의 안내자이다.

증보 자료

주희와 듀이 : 교육이론의 메타프락시스적 성격

1

이 글의 제목에 내건 주희와 듀이라는 두 인물은 동서고금이라는 시공간적 차원에서만 아니라 그 밖의 여러 면에서도 상당히 현격한 대조를 나타내고 있습니다. 朱熹주희(1130~1200)는 12세기 중국에서 활동한 유학자이며, 듀이(1859~1952)는 20세기 미국의 대표적 사상을 이끈 철학자요 교육학자입니다. 이 글에서 이 두 인물은 교육이론의 성격에 관하여 상반된 견해를 제시한 것으로 대조되어 있습니다. 아마 많은 사람들은 이 대조의 관점에 대하여 의구심을 가지게 될 것입니다. 듀이의 경우에는 명실공히 교육학자로 널리 알려져 있기 때문에, 그가 교육이론의 성격에 관하여 무엇인가 의견을 표명했다는 점은 쉽게 납득될 수 있는 반면에, 주희도 그것과 대조될만한 교육이론을 표방했다고 말할 수 있는가가 당장 의문의 대상이 될 수 있습니다. 이 의문은 결국 이 글 전체를 통하여 해결될 수밖에 없습니다.

그러나 설사 그 두 인물이 교육이론의 성격이라는 관점에서 대조될 수 있다는 것을 받아들인다 하더라도, 주희와 듀이를 대등하게 비교하는 것은 비교의 형평성에 있어서도 문제가 될 수 있습니다. 주희의 '교육이론'은, 적어도 이 글에서 사용하는 의미로서의 교육이론을 염두에 두고 말하자면, 주희 한 개인이 정립한 교육이론이 아니라, 시간적으로 보면 유학 전체에 의하여 누적적으로 정립된 교육이론이며, 공간적으로 보면 극동 3국을 포괄하는 중국 문화권 전체에 의하여 수용되고 실천된 교육이론입니다. 여기에 비하여 듀이의 교육이론은 듀이 자신의 창의적인 발상에 의하여 명시적인 교육이론으로 정립된 것이라고 말할 수 있습니다. 물론, 듀이의 경우에도 그런 이론을 배태한 사상적 기반 같은 것이 없었던 것은 아니지만, 그의 교육이론은 그 사상적 기반에서 논리적으로 예고된 정상적 발달이라기보다는 일종의 사상적 돌연변이에 해당합니다. 여기서 '사상적 돌연변이'라고 말하는 것은, 듀이의 교육이론은 그것이 기초로 하고 있는 사상적 배경을 깡그리 부정하고 그대신에 원형과는 완전히 다른 기형을 산출해냄으로써 정립될 수 있었다는 것을 뜻합니다. 이렇게 생각해 보면, 명시적으로 '교육이론'으로서의 형태를 갖추는 이론은 어떤 것이든지 장구한 세월을 두고 누적되어온 사상적 기반을 부정함으로써만 비로소 대두될 수 있는가 하는 의아심이 생기기도 합니다마는, 어쨌든 주희와 듀이의 교육이론을 정면으로 대비시키는 것은 한 개인의 사상을 한 문화권의 사상 전체와 대비시키는 것이며, 이 점에서 비교의 형평성을 어긴다는 생각이 나올 수 있는 것입니다. 비유컨대 그것은 높은 산위에 서 있는 사람과 평지에 서 있는 사람의 머리 꼭대기만 보면서 그것으로 두 사람의 키를 비교하는 것과 같은 것입니다.

그러나 제가 생각하기에는 그렇지 않습니다. 적어도 현재 우리에게 알려져 있는 '교육이론'을 기준으로 하여 말하자면, 듀이의 교육이론은 한 개인의 교육이론이 아니라 전세계가 거의 자명하게 옳은 것으로 받아들이고 있는 '유일타당한' 교육이론이라고 말할 수 있습니다. 그뿐만 아니라, 똑같은 말을 시간의 축으로 되풀이하여 말하는 셈이 됩니다마는, 듀이의 교육이론은 역사를 통하여 사람들이 교육을 하면서 그들이 하는 일의 의미에 관하여 묵시적으로 해오던 생각 바로 그것을 명시적인 형태로 표출시킨 것에 지나지 않는다고 말할 수 있습니다. 오랜 역사를 살아온 그 수많은 사람들이 '듀이의 교육이론'을 정립하지 못한 것은 오직 그들에게 듀이가 갖추고 있었던 것과 같은 지적 통찰과 그것을 표현할 적절한 이론적 용어가 없었기 때문이며, 만약 그들에게 이런 것들이 갖추어져 있었더라면 듀이의 교육이론은 역사상 어느 시점에서든지 오늘날 그것이 받는 것과 동일한 대우를 받을 수 있었을 것입니다. 만약 듀이의 교육이론이 서양의 전통적 사상 배경을 깡그리 부정함으로써 정립될 수 있었다면, 그와 마찬가지로 역사적 과정의 매단계에서 정립될 수 있었던 '듀이의 교육이론' 또한 그 단계에서의 사상적 배경을 깡그리 부정한다고 말할 수 있을 것입니다.

이런 식으로 생각해 보면, 앞에서 말한 비교의 형평성 문제는, 만약 참으로 그것이 문제로 된다면, 오히려 반대편에서 제기되어야 마땅합니다. 어째서 그렇습니까? 한편으로, 교육을 하는 사람들이 그들이 하는 일의 의미를 이론적으로 파악할 때 당연히 할 수 있는 생각, 그리고 듀이와 같이 지적 통찰과 표현 능력을 갖춘 사람이 그 생각을 이론으로 정립하였을 때 거의 모든 사람들이 즉각적으로 수긍할 수 있는 생각—즉, '듀이의 교육이론'이 있습니다. 그리고 또 한편으로 주희의 '교육이론'이 있습니다. 듀이의 교육이론에 비하여 주희의 '교육이론'이라는 것은 누군가가 듀이의 그것이 나타내는 것과 같은 명시적인 형태로 고쳐 쓰기 전에는 명백한 교육이론으로 인정되지 않고 오직 일반적인 사상체계로 이해될 뿐입니다. 더 나아가서, 만약 동양과 서양의 사상적 동질성 문제를 별도로 젖혀 둔다면, 주희가 대표한 사상체계는 듀이의 교육이론이 부정하고자 한 바로 그 사상체계입니다. 그렇기 때문에, 주희의 교육이론을 듀이의 그것과 정면으로 대비시키는 것은 오직 현대의 용어로 고쳐 써야 비로소 교육이론으로 간주될 수 있는 하나의 사상체계를, 명백히 교육이론으로서의 면모를 갖추었을 뿐만 아니라 거의 모든 사람들이 옳은 것으로 받아들일 수 있는 이론, 게다가 처음부터 그 사상체계를 부정하는 것을 스스로의 입장으로 표방하는 교육이론과 대비시키는 것입니다. 비유컨대 이것은 모든 장비를 갖춘, 잘 훈련된 복싱 챔피온과 체력도 장비도 갖춘 것이 없는 문외한 사이의 권투 시합과 같은 것입니다.

이런 형편에서 주희의 교육이론과 듀이의 교육이론이 모두 옳다는 말을 할 수 있겠습니까? 이때까지 제가 한 말은 그 가능성을 배제합니다. 그러나 비록 그 두 이론이 모두 옳다는 말은 할 수 없다 하더라도, 우리는 그 두 이론이 정립되기 이전의 원래의 자리로 되돌아가서, 그것들이 설명하려고 한 현상, 또는 해명하려고 한 문제가 어떤 것이었던가를 확인함으로써 양자를 대등하게 취급할 수는 있을 것입니다. 사실상, 이것을 확인하는 것은 그 두 이론 중의 어느 쪽을 옳은 것으로 받아들일 것인가를 결정하는 데에 필요불가결합니다. 더 구체적으로 말하자면, 그것을 확인할 때 우리는 듀이의 교육이론이 부정하려고 한 사상적 배경은 어떤 특징을 나타내고 있는지, 그리고 그것은 과연 교육이론을 정립하기 위하여 부정되어야 하는 것인지를 따져 볼 수 있을 것입니다. 이하 이 글에서는 먼저 교육이론이 막 정립되려고 하는 원래의 자리, 즉 '교육이론의 원초적 지점'으로 되돌아가서 교육이론이 설명 또는 해명하려고 하는 근본적 문제가 무엇인가를 확인하고 난 뒤에 그것에 대하여 어떤 설명 또는 해명이 있을 수 있는가를 생각해 보겠습니다. 주희와 듀이의 교육이론은 그것에 대한 두 가지 대안적인 설명을 나타냅니다. 그리고 이들 대안적인 설명은 각각 이 글의 주제인 '교육이론의 메타프락시스적 성격'을 긍정적인 측면과 부정적인 측면에서 드러내어 줄 수 있을 것입니다.

2

교육이론의 '원초적 지점'—또는 교육이론이 해명해야 할 근본적 문제 사태—을 예시하는 한 사례로서 저는 孟子맹자에 나오는 '우물에 빠지려는 아이를 건져 주는 사태'를 생각해 보고자 합니다. 맹자에서 이 예는 그가 말하는 의미에서의 '본성이 善선이라는 것'(性善)을 보여주는 더 없이 강력한 증거로 제시되어 있습니다. 맹자의 그 부분을 인용하면 다음과 같습니다.

> 사람은 누구나 남의 불행을 차마 보지 못하는 마음을 가지고 있다. 옛날의 어진 임금은 이 차마 보지 못하는 마음을 가지고 있었기 때문에 차마 보지 못하는 정치를 행하였다. 차마 보지 못하는 마음으로 차마 보지 못하는 정치를 행할 때 천하를 다스리는 것은 천하를 손바닥 위에 굴리는 것처럼 쉬운 일이다. 사람이 누구나 차마 보지 못하는 마음을 가지고 있다는 것은 어떻게 알 수 있는가? 이제 어떤 사람이 막 우물에 빠지려는 아이를 본다고 하자. 이 경우에는 누구든지 애처롭고 측은한 마음을 가지게 된다. 이것은 그 부모의 환심을 사기 위해서도 아니요, 동네 친구들에게서 칭찬을 듣기 위해서도 아니요, 〔아이를 건져 주지 않았을 때의〕 나쁜 평판을 두려워해서도 아니다. 이것으로 미루어 보건대, 측은한 마음이 없는 사람은 사람이 아니요, 잘못에 대하여 부끄러워하고 분개하는 마음이 없는 사람은 사람이 아니며, 사양하는 마음이 없는 사람은 사람이 아니요, 옳고 그름을 가리는 마음이 없는 사람은 사람이 아니다. 측은한 마음은 仁인의 발단이요, 잘못에 대하여 부끄러워하고 분개하는 마음은 義의의 발단이며, 사양하는 마음은 禮예의 발단이요, 옳고 그름을 가리는 마음은 智지의 발단이다.
> (人皆有不忍人之心 先王有不忍人之心 斯有不忍人之政矣 以不忍人之心 行不忍人之政 治天下可運之掌上 所以謂人皆有不忍人之心者 今人乍見孺子 將入於井 皆有怵惕惻隱之心 非所以內(납)交於孺子之父母也 非所以要譽於鄉黨朋友也 非惡其聲而然也 由是觀之 無惻隱之心 非人也 無羞惡之心 非人也 無辭讓之心 非人也 無是非之心 非人也 惻隱之心 人之端也 羞惡之心 義之端也 辭讓之心 禮之端也 是非之心 智之端也, 公孫丑 上6)

위의 구절에 의하면, 누구든지 아이가 막 우물에 빠지려는 것을 볼 때 애처롭고 측은한 마음이 생겨 그 아이를 건져주는 것은 '사람이라면' 누구에게나 그 마음속에 '남의 불행을 차마 보지 못하는 마음'이 갖추어져 있다는 증거입니다. 이 차마 보지 못하는 마음은 '측은히 여기는 마음'에만 해당하는 것이 아니라 그것을 포함하는 네 가지 마음에 다같이 해당합니다. 그 네 가지 마음은 仁義禮

智인의예지에 일관된 생각과 말과 행동—한 마디로 선한 행동—이 나타나도록 하는 '발단'이며, 선한 행동은 그 발단의 외부적 표현입니다. 차마 보지 못하는 마음을 품고 그것을 표현하는 것은 주위 사람들의 평판 때문이 아니라 그것이 사람의 '본성'이기 때문입니다. 만약 4단—네 가지 발단—이 사람의 본성이라면, 사람은 선한 본성을 타고난다고 말할 수 있겠습니까? 그 책의 다른 구절에서 맹자는 그가 주장하는 性善성선의 의미를 묻는 질문에 대하여 '情정은, 만약 그것이 性성에 맞게 표현된 것이라면, 善선이라고 말할 수 있다. 내가 性성을 善선이라고 말하는 것은 이런 뜻에서이다'(乃若其情 則可以爲善矣 乃所謂善也, 告子 上6)라고 대답하고 있습니다. 맹자의 이 대답은 사람이 본성을 타고난다 하더라도 그것이 나타내는 善선은 그것의 외부적 표현인 情정에 의하여 비로소 확인된다는 뜻으로 해석될 수 있습니다.

교육이론의 원초적 지점을 예시하는 사례로 간주할 때 위의 구절에서 제가 문제삼는 것은 맹자가 '말한' 내용에 대해서가 아니라 맹자가 '말하지 않은' 내용에 대해서입니다. 저는 누구든지 우물에 빠지는 아이를 볼 때 애처로운 마음이 생겨서 그 아이를 건져준다는 사실이 모든 사람의 마음속에 차마 보지 못하는 마음이 있다는 것을 보여준다는 맹자의 말에 대하여 추호의 의심도 품고 있지 않습니다. 또한 저는 모든 사람이 갖추고 있는 차마 보지 못하는 마음은 善선의 표현을 가능하게 하는 최초의 발단이며, 사람은 그 최초의 발단을 '본성'으로 갖추고 태어난다는 말에 대해서도 의심을 품고 있지 않습니다. 다만 저는 맹자의 그 말이 옳은 것으로 되기 위해서는 그 이전에 당연히 했어야 할 질문을 맹자가 하지 않았다는 점을 문제삼는 것입니다. 말하자면 맹자는 그 말에 필요한 '사전 질문'을 묵살한 것입니다. 아마 그것은 고의에 의한 것이 아니었을 것입니다. 어쩌면 맹자는 자신이 그 질문을 제기하지 않더라도 독자가 능히 그 질문을 제기하고 또 그것에 대하여 적절하게 대답할 수 있으리라고 생각했을지도 모릅니다. 그러나 맹자의 그 예를 교육이론의 원초적 지점의 한 사례로 간주하는 우리의 입장에서는 그 질문을 명시적으로 제기하고 그것에 대하여 대답하는 것이 필수불가결합니다. 왜냐하면 교육이론은, 다른 어떤 것이기에 앞서, 우물에 빠지는 아이를 건져주는 그 사태를 설명하는 것이어야 하며, 고의로든지 아니든지 간에 맹자가 묵살한 그 질문은 그 사태를 설명되어야 할 사태로 보려고 하면 반드시 제기해야 할 질문이기 때문입니다.

이때까지 제가 한 말에 비추어 보면 맹자가 묵살한 그 질문이 어떤 것인가 하는 것은 짐작하기 어렵지 않습니다. 단도직입적으로 말하여 그것은, 우물에 빠지는 아이를 보면 누구나 건져준다고 할 때의 그 '누구나'는 어떤 사람인가 하는 것입니다. 맹자가 안심하고 그 질문을 묵살할 수 있었던 것은 틀림없이 그 '누구나'는 특정한 부류의 사람을 한정적으로 지칭하는 것이 아니라 '모든 사람'을 보편적으로 지칭하며(人皆有不忍人之心), 더 엄밀하게 말하자면 현재 우리와 같이 이 세상에서 살고 있는 모든 사람을 지칭한다고 생각했기 때문일 것입니다. 그러나 지금 우리의 목적을 위해서는 이 정도의 대답만으로 만족할 수 없습니다. 교육이론은 근본적으로 무슨 문제를 해명해야 하며 그것을 어떤 방식으로 해명해야 하는가를 드러내기 위해서는 그 이상으로, 현재 우리가 살고 있는 이 세상에서 산다는 것은 어떻게 사는 것이며 그렇게 사는 것이 어떻게 우리로 하여금 우물에 빠지는 아이를 건지도록 하는가를 밝혀야 할 것입니다.

그러나 이 문제는 맹자의 그 예가 시사하는 것보다는 훨씬 더 복잡합니다. 우물에 빠지는 아이를 건져주는 것은 '차마 보지 못하는 마음'이 표현되는 하나의 특수적 사례—그 중에서도 특히 그 마음을 가지고 있는가의 여부가 명백히 바깥으로 드러나는 사례—에 지나지 않습니다. 그 예에서 맹자는 아마 특별히 다른 할일이 없이 그냥 우물 곁을 지나가는 사람의 경우를 염두에 두었는지 모르겠습니다마는, 사실상 그것은 삶의 상례라기보다는 예외에 더 가깝다고 말할 수 있습니다. 삶의 사태라는 것은 대부분의 사람들이 대부분의 시간을 무슨 일인가를 하면서 보내는 사태입니다. 만약 맹자의 그 말이 옳다면, 이 사태에서도 사람들은 우물에 빠지는 아이를 건져주는 행동으로 표현되는 것과 본질상 동일한 종류의 '차마 보지 못하는 마음'을 가지고 있고 또 그것을 표현한다고 보아야 합니다. 물론, 이 경우에 그 마음은 일을 하는 것과 불가분으로 연결되어 있어서, 그 마음을 가지고 있는가의 여부가 앞의 경우처럼 표면에 두드러지지 않고 따라서 쉽사리 다른 사람의 찬양이나 비난의 대상이 되지도 않습니다. 그러나 그럼에도 불구하고 그것은 일을 하는 방식에 미묘하면서도 결정적으로 중요한 영향을 미칩니다. 그런 마음이 없이 오로지 결과만을 염두에 두고 한 일이 장기적으로 얼마나 끔찍한 결과를 초래하는가는 우리가 흔히 경험하는 바입니다. 그러나 차마 보지 못하는 마음의 성격이나 중요성에 있어서는 위의 두 경우에 전연 차이가 없습니다. 어느 정도인가 하면, 우물에 빠지는 아이를 건져주는 그 마음이 일을 하는 동안에도 표현되는 것이 아니라, 일을 하는 동안에 표현되는 그 마음이 한가하게 우물곁을 지나갈 때 아이를 건져주는 행동으로 표현된다고 말해야 할 정도입니다.

이렇게 생각해 보면, 맹자의 그 예에 대하여 우리가 제기한 질문—이 세상에서의 우리의 삶은 어떤 것이며 그 삶이 어떻게 우리로 하여금 '차마 보지 못하는 마음'을 표현하도록 하는가—은 훨씬 대답하기 어려운 것으로 됩니다. 앞에서 인용한 '情정이 性성에 맞게 표현된 것을 善선이라고 말할 수 있다'는 말에 뒤이어 맹자는 '〔여기에 비하여〕 不善불선을 행하는 경우는 타고난 것의 잘못이 아니다'(若夫爲不善 非才之罪也, 告子 上6)라고 말하고 있습니다. (이 구절에서는 측은지심 등등이 '발단'이라는 말없이 그대로 仁義禮智인의예지인 것으로 되어 있습니다.) 이것으로 보면, 맹자는 그가 말하는 본성—차마 보지 못하는 마음—이 그대로, 또는 '그것에 맞게', 표현되지 않는 경우가 있을 수 있다고 본 것이 분명합니다. 다만 그는 그것이 '타고 난 것'(才)의 잘못은 아니라고 말합니다. 그러나 만약 그것이 타고난 것의 잘못이 아니라면 무엇의 잘못이겠습니까? 맹자와 같이 '본성은 선이다'(性善)라는 용어를 사용하는 사람들은 본성이 원래의 모습 그대로 표현되지 않는 것을 비유적인 언어로 '본성에 때가 끼었다'고 표현합니다. 똑같은 비유로 위의 질문은, '본성에 끼는 때는 어디서 온 것인가'라는 것으로 고쳐 진술될 수 있습니다.

질문을 이와 같이 진술해 놓고 보면, 그것에 대답하는 방법은 한 가지밖에 없습니다. 한 마디로 말하여, 그 대답은 삶에서 왔다는 것입니다. 만약 본성에 때가 끼었다면 그것은 우리의 삶이 본성에 때가 끼도록 요구하기 때문입니다. 그리고 우리의 삶이 그것을 요구한다는 것은 곧 우리의 삶 속에 본성에 어긋나는 측면, 다시 말하여 본성이 원래의 모습 그대로 표현되는 데에 방해가 되는 측면이 있다는 뜻입니다. 과연 우리의 삶 속에 그와 같이 본성의 표현을 억제하고 때로는 그것에 역행하는 측면이 있겠습니까? 만약 있다면, 그것은 어떤 측면이겠습니까? 우리는 누구나 이 질문에 대하여 각자 자신의 의견에 따라 대답할 권리가 있습니다. 아니, 교육이론의 성격을 확립하려는 우리의 목적으로 보면 그 질문에 대답하는 것은 권리라기보다는 의무에 더 가깝습니다. 교육이론이야 어떻게 되었든, 교육이론이 무슨 사태를 어떻게 설명하든 상관없이, 우리는 지금 살고 있는대로 살아가면 된다고, 또 그 삶의 한 부분으로 지금처럼 '교육'을 하면 된다고 생각하는 사람들은 그 질문에 대답할 권리도 의무도 없습니다. 그런 사람들에게 그 질문은 단순히 의미가 없는 질문입니다.

제가 생각하기에, 본성에 관한 맹자의 견해—또는 근본적으로 그것과 유사한 견해—를 받아들이는 한, 우리는 우리의 삶 속에 본성에 역행하는 측면이 있다는 것을 인정할 수밖에 없습니다. 이 문제에 관한 저의 의견—틀림없이 누구에게선가 어디에선가 배운 저의 의견—을 말하자면, 본성에 역행하는 삶의 측면은 '일'이라는 일반적 용어로 불리는 측면, 삶을 사는 동안에 대부분의 사람들이 대부분의 시간에 종사하고 있는 실제적 문제해결활동입니다. 본성에 역행한다는 의미를 부각시킬 때 우리는 이 측면을 '사욕 추구'라고 부릅니다. 순전히 이 점만 가지고 생각해 보면, 이 세상에서의 우리의 삶은 오히려 우물에 빠지려는 아이를 건져주지 않도록 우리를 부추기는 듯합니다. 그런데 앞에서 말한 바와 같이, 일은 또한 본성이 그대로 표현되는 통로가 되기도 합니다. 맹자 자신의 말에 명백히 시사되어 있는 바와 같이, 그가 말하는 '선한 본성'은 주로 일을 하는 동안에, 또는 일을 통하여, 표현되지 않으면 안됩니다. 그렇지 않고는 그 '선한 본성'이 표현될 통로가 없는 것입니다. 이렇게 생각해 보면 우리는 표면상 도저히 해결할 수 없는 근본적 딜레마에 부딪치게 됩니다. 우리의 삶은 오직 한 가지 시간의 진행 방향을 따를 수밖에 없습니다. 그 한 가지 방향의 삶은 '사욕 추구'라는 말로 불리는 실제적 문제해결활동을 하는 삶입니다. 그리고 그 한 가지 방향의 삶을 통하여 우리는 정면으로 상반된 두 가지 일—본성을 표현하고 실현하는 일과 본성을 억제하고 훼손하는 일—을 동시에 하지 않으면 안됩니다. 만약 우리가 본성을 표현하는 일을 해야 한다면, 우리는 그것을 본성을 억제하는 바로 그 일을 하는 동안에 할 수밖에 없습니다. 다시 말하여, 우리는 본성을 훼손함으로써만 본성을 실현할 수 있습니다. ('표현'과 '실현'은 두 가지 상반된 방향의 활동을 나타냅니다마는, 이하 이 글에서 드러날 바와 같이, 본성에 관한 한, 표현과 실현은 하나의 동일한 활동을 지칭하는 용어로서 서로 섞바뀌어 사용될 수 있습니다.)

여기서 우리는 제가 앞에서 말한 교육이론의 원초적 지점에 다다랐다는 느낌을 받습니다. 말하자면 교육이론은 우리가 살고 있는 한 가지 삶이 어떻게 본성을 표현하면서 억제하는 두 가지 일을 동시에 할 수 있는가, 논리적으로 명백히 불가능한 그것이 어떻게 가능하게 되는가를 설명해야 하는 것입니다. 이것을 설명하는 데에 도움이 될지 방해가 될지는 알 수 없습니다마는, 그것을 설명한다고 해서 반드시 우리가 교육이라는 활동 그 자체를 창안할 필요는 없습니다. 교육은 우리가 창안하기 전에 이미 오래 전부터 진행되어 왔습니다. 우리가 이때까지 교육이라는 이름으로 해온 활동의 전형적인 또는 핵심적인 부분은 '교과'를 가르치는 일이었으며, 교과는 동서양을 막론하고 주로 책에 쓰인 지식을 가리키는 것으로 되어 왔습니다. (다소간 파라독스적 의미를 곁들여서 말하자면, 맹자의 그 말이 적혀있는 책도 한때 '교과'였으며, 언어적인 표현의 차이를 감안한다면, 현재 서양의 경우도 여기에 크게 어긋나지 않을 것입니다.) 그렇기 때문에 교육이론의 원초적 지점으로부터 교육이론의 성격을 추론해 내기 위해서는 한 가지 삶이 두 가지 상반된 일을 동시에 한다는, 그 논리적으로 불가능한 일을 설명하는 데에 교과가 어떤 위치를 차지하는가 하는 문제도 반드시 포함되어야 할 것입니다.

3

만약 교육이론의 원초적 지점에 관한 저의 분석이 그다지 잘못된 것이 아니라면, 이때까지 대두된 교육이론은, 적어도 진정한 의미에서 '교육이론'으로 불릴 수 있는 것이면 어떤 것이든지, 위의 맹자의 예에서 예시되는 사태에 대한 설명을 묵시적으로 가정하거나 명시적으로 표방한다고 말할 수 있습니다. 이제 우리의 경우에, 우리가 이때까지 공부했거나 전해들은 교육이론을 관념상으로 가능한 한 배제하고 나서 그 사태에 대한 우리 자신의 설명을 내어놓는다고 생각해 봅시다. 어떤 설명이 있을 수 있겠습니까?

이때 우리 머리에 떠오르는 가장 손쉬운, 그러나 명백히 그릇된 한 가지 설명은 본성을 표현하는 삶의 측면과 본성을 억제하는 삶의 측면을 각각 별도의 시간대로 분리하는 설명일 것입니다. 말하자면 이런 것입니다—실제적 문제 해결활동 또는 '사욕 추구'가 본성을 억제하고 훼손하는가? 그렇다면 그런 활동을 하는 동안에는 '본성' 같은 것은 잊어버리고 오로지 사욕 추구에 전념하라. '본성'에 신경을 쓰는 나머지, 활동에 지장을 받는 일이 있어서는 안된다. 본성의 표현이 중요하다면, 그런 일은 특별히 바쁜 일이 없는 사람이 우물곁을 지나다가 우물에 빠지는 아이를 건져주듯이, 문제해결활동을 하지 않는 때를 틈타서 할 수 있을 것이다, 등등. 교육에서의 교과의 위치 또한 이것에 일관된 방식으로 설명될 수 있습니다. 말하자면 교과에는 사욕 추구에 도움이 되는 교과와 본성 실현에 도움이 되는 교과가 각각 따로 있어서 각각의 목적에 기여한다는 것입니다.

만약 위의 설명이 조금이라도 그릇된 것으로 들린다면, 그것은 그 생각을 위와 같이 언설로 표현했을 때일 뿐으로, '교육이론'에 관한 의식적인 반성이 없는 상태에서는 누구나 암암리에, 또 심지어는 공공연히, 그런 생각을 할지 모릅니다. 그러나 그것은 '설명'이 아니라 설명해야 할 사태로부터 눈을 돌리면서 아무것도 설명할 것이 없다고 말하는 것과 마찬가지입니다. 생각해 보십시오. 본성의 실현이 중요한 것은 아무 바쁜 일이 없는 한가한 때를 위해서가 아니라 일을 하는 동안을 위해서입니다. 자신에게 중요한 목적을 달성하기 위하여 바쁘게 일하는 동안이 아니라면 맹자가 말한 '차마 보지 못하는 마음'을 발휘하는 일은 그야말로 누구나 할 수 있고 또 사람들을 그렇게 '교육'하는 것도 그다지 어렵지 않을 것입니다. 만약 위의 설명에서와 같이, 일을 하는 동안에는 본성 같은 것은 상관할 것이 없다고 말한다면 그것은 결국 교육을 포기하는 것과 마찬가지입니다.

존 듀이 교육이론의 매력—때로 魔力마력에 육박할 정도로 강하게 우리의 마음을 사로잡는 매력—은 바로 위의 그릇된 설명에 대하여 그것의 대안적인 설명을 제시했다는 데에 있습니다. 듀이의 교육이론을 특징짓는 '2원론의 극복'은 앞에서 '본성의 실현'과 '본성의 훼손'이라는 용어로 규정된 두 개의 상반된 측면을 실제적 문제 해결이라는 하나의 현실 속에 용해함으로써 가능하였습니다. 듀이의 사고방식에 의하면, 그 '두 개의 상반된 측면'이라는 것 자체가 애당초 반민주적 전통에서 빚어진 허구입니다. 우리에게는 시간의 진행 방향을 따르는 오직 하나의 삶이 있을 뿐입니다. 맹자가 말한 '차마 보지 못하는 마음'이 삶에서 표현된다면, 그것은 삶의 대부분을 차지하는 실제적 문제해결과 함께, 그 일을 하는 동안에 표현되어야 하며, 만약 '차마 보지 못하는 마음'의 표현을 보장하도록 하는 것이 교육이라면 교육은 실제적 문제해결을 요구하는 바로 그 사태에서 이루어지지 않으면 안됩니다. 이 사태를 떠나서 본성의 표현을 따로 가르치려고 하는 것은 본성을 삶에서 분리하는 것이며 그것은 바로 본성이 삶에서 표현될 가능성을 원천적으로 봉쇄하는 것입니다.

그러므로, 듀이에 의하면, 맹자가 말한 '본성' 같은 것은 없는 것입니다. 사람들이 '본성'이라고 부르는 것은 다른 것이 아니라, 실제적 문제해결활동에서 표현되는 '도덕적 성향'을 지칭하며, 이 도덕적 성향은 실제적 문제해결을 하는 사태 속에서, 또 실제적 문제해결과 동일한 방식으로 가르쳐져야 합니다. 실제적 문제해결이라는 것은 자신에게 중요한 목적을 달성하는 것을 뜻하며, 도덕적 성향을 발휘하거나 발휘하지 않았을 때 나타날 결과는 바로 자신이 바라거나 바라지 않는 결과의 한 부분으로서 그것과 다른 것이 아닙니다. 맹자의 그 예에서 누구나 우물에 빠지는 아이를 건져주는 것은, 맹자가 말한 것처럼 누구에게나 '차마하지 못하는' 마음이 있기 때문이 아니라, 그 행동을 하거나 하지 않은 데서 따라오는 주위 사람들의 칭찬이나 비난—한 마디로 공동체의 삶이 행사하는 집단적 압력 때문입니다. 맹자와 같이, 이 명백한 이유를 부정하고 그 대신에 오직 표현에 의해서만 확인된다는 '본성'을 내세우는 것은 지적 용기와 정직성의 결여에서 빚어지는 것입니다. '본성'은 그 표현에 의해서만 善선으로 확인된다는 식의 사고가 순환론의 오류를 저지른다는 것은 웬만큼 예리한 지력을 가진 사람이라면 누구나 간파할 수 있습니다.

듀이에 의하면, 학교의 교과에 등장하는 지식은 하나같이 실제적 문제해결의 수단이며, 실제적 문제해결의 수단이 되는 한에서 가치를 가집니다. 앞에서 말한 '본성 실현'을 위한 교과와 '사욕 추구'를 위한 교과의 구분에 대체로 상응하는, 이론적 교과와 실제적 교과의 구분은 반민주적 전통 사회의 계층 구분을 반영합니다. 그리하여 인식론적 측면에서의 듀이 교육이론의 매력은 이제 그것과 면밀하게 결부된 사회철학적 측면에 의하여 마력과도 같은 힘을 발휘합니다. 듀이가 보기에, 그러한 전통사회의 2원론적 구조는 고대 희랍사회에서 전형적으로 나타납니다. 희랍사회는 흔히 '지적 관조'라는 고상한 명분으로 규정되는 '자유교과'를 당시의 지배계층인 자유민의 전유물로 배정하고, 여기에 비하여 '비천한' 실제적 문제해결활동은 인구의 대다수를 차지하는 노예들이 담당하도록 하였습니다. 민주적 사회는 정의상 이러한 계층구분이 철폐된 사회입니다. 민주적 사회에서는 누구나 동일하게 실제적 문제해결활동—즉, 일—을 하여야 하며 또 누구나—만약 그런 것이 꼭 필요하다면— '지적 관조'라는 이름으로 불리는 한가한 여가활동을 하여야 합니다. 물론, 이 후자의 활동은 그 이름에 나타난 그대로 결코 삶의 본질적인 부분이 될 수 없습니다. 교육이 참으로 민주주의 이념에 충실하려고 하면, 지적 관조를 위한 이론적 교과와 실제적 문제해결을 위한 실제적 교과 사이의 구분, 그리고 그것에 기초한 편벽된 가치 위계가 철폐되고 나아가서는 그것이 완전히 뒤집어져야 합니다.

이상과 같은 듀이의 관점에서 볼 때, 주희의 '교육이론'은 듀이가 비판의 표적으로 삼은 고대 희랍교육의 그것과 완전히 동일한 사회적 기초를 반영하는 것으로 보입니다. (여기서 '교육이론'이라는 것은, 물론, 교육이론의 원초적 지점에서 제기되는 질문에 대한 대답을 가리키며, '주희의 교육이론'은 주희의 사상을 그 질문에 대한 대답으로 고쳐 쓴 것을 가리킵니다.) 우선, 주희의 교육이론은 주희 개인의 창안이 아니라 주로 四書4서를 周易주역과 불교 사상에 맞게 해석하는 과정에서 정립된 것입니다. 무엇보다도 주희는 맹자에 나타나 있는 '본성'의 개념을 받아들였습니다. 앞에서도 말한 바와 같이, 본성은, 설사 출생 시에 타고나는 것이라 하더라도, 그것이 어떤 것인가 하는 것은 출생 이후의 삶에서 표현됨으로써 비로소 확인될 수 있는 것입니다. 주희의 교육이론이 다루는 '교육'은 거의 전적으로 '선한 본성'을 표현하는 것과 관련된 것이며, 이런 의미에서의 교육—또는 글공부—은 '선비'로 불리는 특수한 사회 계층의 전유물로 되어 있었습니다. 선비는 신분적 위계질서에서 꼭대기를 차지하는 '지배계층'이며, 글공부 이외의 실제적 문제해결활동을 교과로서 학습하거나 그것에 종사하는 것은 그의 신분에 맞지 않는 것으로 제도상 금지되어 있었습니다. 맹자의 다음과 같은 말은 본성 실현과 실제적 문제해결을 둘러싼 사회 계층 사이의 기능적 분업이 '사회의 보편적 원리'를 기초로 하고 있다는 그의 의견을 단적으로 나타내고 있습니다.

> 사람들 중에는 마음을 수고롭게 하는 사람도 있고 몸을 수고롭게 하는 사람도 있다. 마음을 수고롭게 하는 사람은 남을 다스리며, 몸을 수고롭게 하는 사람은 남에게 다스림을 받는다. 남에게 다스림을 받는 사람은 남을 먹여 살리며, 남을 다스리는 사람은 남에게 먹여살림을 받는다. 이것이 천하의 보편적 원리이다.
> (或勞心 或勞力 勞心者 治人 勞力者 治於人 治於人者 食(사)人 治人者 食於人 天下之通義也, 滕文公 上4)

여기서 '마음을 수고롭게 하는 것'(勞心)은 예컨대 기업가가 이윤을 극대화하기 위하여 효율적인 경영 방안을 강구하는 것을 뜻하는 것이 아닙니다. 맹자의 그 구분에서 기업가의 '勞心焦思'노심초사는 그 기업체의 근로자가 하는 일과 조금도 다름없이 '몸을 수고롭게 하는 것'(勞力)에 속합니다. 존 듀이 교육이론의 기본 이념인 오늘날의 민주적 사고방식에서 보면, '남을 다스리는 사람'(治人者)은 영락없이 지배계층에 속하는 것으로 간주되겠지만, 맹자의 사고방식에서 보면, 이 경우에 '지배계층'이라는 용어는 스스로 본성을 실현하면서 다른 사람을 본성 실현으로 이끄는 사람들—'마음을 수고롭게 하는 사람들'(勞心

者)—의 집단을 가리키는 것에 지나지 않습니다. 맹자의 그 말을 이런 뜻으로 해석한다 하더라도, 여전히 그것은 누구나 똑같이 실제적 문제해결활동을 하고 그 과정을 통하여 본성을 실현해야 한다는 듀이의 교육이론에는 용납될 수 없을 것으로 보입니다.

그렇다면 주희의 교육이론은 글공부와 실제적 문제해결활동을 분리한다는 점에서, 그 구분이 기초로 하고 있는 士農工商사농공상의 신분적 위계질서가 철폐된 것과 마찬가지로, 거들떠 볼 가치도 없는 것이겠습니까? 한 가지 대단히 중요한 사실은, 주희의 교육이론—다시, 교육이론의 원초적 지점에서 제기되는 질문에 대한 주희의 대답—은, 얼른 생각하기와는 달리, 앞에서 말한 '가장 손쉬운, 그러나 명백히 그릇된 설명'에 나타난 것과 동일한 것이 아니라는 점입니다. 앞의 그 설명에서 본성의 표현과 실제적 문제해결활동은 삶에서 별도의 시간대를 차지하는 것으로 분리되어 있었습니다마는, 주희의 교육이론에는 이런 가정이 전연 포함되어 있지 않습니다. 여기서도 본성은, 만약 표현된다면, 반드시 실제적 문제해결활동과 함께, 그 활동을 하는 동안에 표현되어야 합니다. 그러므로 듀이의 관점에서 볼 때, 주희의 교육이론이 가지고 있는 문제점은 두 가지로 요약될 수 있습니다. 하나는 본성의 실현을 목적으로 하는 글공부가 실제적 문제해결활동과 동떨어져서 별도로 이루어지는데도 어떻게 그것이 실제적 문제해결활동에 영향을 미칠 수 있는가 하는 것이요, 또 하나는 사회 내에서 글공부를 업으로 삼는 별도의 집단을 둔다는 사실이 신분의 차별이 없이 누구나 똑같은 삶을 살아야 한다는 민주주의 이념과 어떻게 조화될 수 있는가 하는 것입니다. 주희의 교육이론이 과연 현대 사회에서 듀이의 교육이론과 대등하게 타당한, 그것의 대안으로 제시될 수 있는가의 여부는 그 이론이 위의 두 문제를 어떻게 해결하는가에 달려 있습니다. 이제 이 문제에 대한 주희의 입장을 생각해 보겠습니다.

위의 첫째 문제는 본성의 개념과 글공부의 관련, 그리고 그것이 삶에서 차지하는 위치와 중요성에 관한 것입니다. 주희에 의하면, 본성(性)은 理이의 심리적 대응물로서, 理와 동일한 성격을 띤 형이상학적 개념입니다. 본성은, 한 마디로 말하여, 모든 사물과 현상을, 인식의 주체와 대상의 구분을 위시하여 일체의 구분이 배제된 무형태의 상태로 압축해 있는 '표현 이전의 표준'(未發)을 가리킵니다. 본성에는 일체의 구분이 배제되어 있는 만큼, 거기에는 또한 선악의 구분도 적용될 수 없습니다. 선악의 구분은 그밖의 다른 구분과 마찬가지로 본성의 표현인 모든 사물과 현상에만 의미있게 적용됩니다. 그래도 여전히 본성을 善선이라고 말할 수 있는 것은 그것이 모든 사물과 현상의 선악을 가리는 표준이 되기 때문입니다. '情정이 性성에 맞게 표현된 것을 善선이라고 말할 수 있다'라는 맹자의 말은 바로 이 점을 나타내고 있습니다. 그것에 맞게 표현된 것이 善선이 되는, '선의 표준' 또는 '표현 이전의 선'은 표현 이후의 선과 동일한 것은 아니지만, 또한 선이 아닌 것이어서는 안되며, 엄밀히 말하자면 '선 아닌 것이 없는 것'(無不善), 또는 '절대적 선'입니다.

심리현상과 관련지어 말하면, 본성은 우리 마음의 가장 심층적인 핵심부를 가리킵니다. 그것은 中庸중용에서 말하는 中이며, 군자가 삼가는 '홀로 아는 그 곳'입니다(君子 愼其獨). 우리의 생각과 말과 행동은 일체가 그 '홀로 아는 그 곳'의 외부적 표출입니다. 만약 우리가 모종의 노력을 한 결과로 그것을 '원래의 모습'에 가장 가까운 것이 되도록 가꿀 수 있다면 그때 우리의 생각과 말과 행동은 특별히 애쓸 필요가 없이 저절로(自然) 법도에 어긋남이 없게 될 것입니다. (결코 간과하지 말아야 할 중요한 사실은, 본성이 띠어야 하는 '원래의 모습'은 그것이 그런 모습을 띠도록 하는 노력에 들어 있는 바로 그 모습이라는 점입니다.) 본성을 원래의 모습 그대로 표현하는 생각과 말과 행동은 앞의 맹자의 예에서처럼 한가하게 우물곁을 지나는 사태에만 아니라 그보다 더 자주, 더 절실하게 실제적 문제해결사태에도 나타납니다. 앞에서 말한 바와 같이, 실제적 문제해결사태는 본성의 표현과 실현을 억제하고 훼손하는 사욕 추구의 사태입니다. 그러나 만약 그 사욕 추구의 활동이 본성의 자연적 표현에 의하여 절제된다면 그만큼 사욕 추구는 덜 치열한 것이 되고 나아가서는 그 활동 자체가 본성 실현에 기여할 수도 있을 것입니다.

이렇게만 말해 놓고 보면, 지금 논의되는 문제에 관한 한, 주희의 교육이론은 '본성'이라는, 이론적으로 불투명하고 불필요한 개념을 사용한다는 점을 제외한다면, 듀이의 교육이론과 하등 다를 것이 없는 것처럼 생각될 수도 있습니다. 말하자면 주희는 듀이가 하는 것과 똑같은 말을 '본성'이라는 용어를 써서 하는 것에 지나지 않는다는 것입니다. 그러나 결코 그렇지 않습니다. 이 경우에 '본성'이라는 용어는 아무것도 설명해 주는 것이 없는 그냥 '이름'에 불과한 것이 아닙니다. 주희의 경우에 우리 마음속에 본성을 '원래의 모습' 그대로 갖추도록 하기 위한 그 '모종의 특별한 노력'이라는 것은 어떤 것인가, 그리고 특히 그 노력을 하는 데에 '교과'가 어떤 위치를 차지하는가를 생각해 보면, 주희와 듀이의 교육이론 사이에는 도저히 메울 수 없는 현격한 차이가 있다는 것을 알게 됩니다. (철학과 교육의 관계에 관한 듀이 자신의 말을 원용해서 말하자면, 교육은 철학적 논쟁이 가장 첨예하게 나타나는 최전선의 격전장이 된다고 말할 수 있습니다.) 듀이의 교육이론에서 '본성의 표현'에 해당하는 도덕적 심성은 실제적 문제사태와 관련하여, 실제적 문제해결이 학습되는 것과 동일한 방식으로 학습되며, 차라리 본성의 표현 그 자체가 일종의 실제적 문제해결입니다. 하나의 실제적 문제사태에서 학습된 도덕적 심성이 다른 사태에서도 효력을 발휘한다는 것을 설명하기 위해서는 듀이의 교육이론에서 의문시되는 '일반적 전이'의 개념이 원용될 수 있을지 모르겠습니다. 그러나 그렇다 하더라도, 보다 중요한 문제는, 두 이론에서는 교과의 의미가 전혀 다르게 파악된다는 점에 있습니다. 듀이의 교육이론에서 교과는 일차적으로 실제적 문제해결을 위한 수단으로 간주되며, 여기에 직접 도움이 되지 않는 교과는 옛날의 지배계층의 전유물인 '한가한 여가 활동'을 위한 것으로 간주됩니다. 그러나 실제적 문제해결을 위한 수단이 되거나 아니면 한가한 여가활동에 도움이 되는 바로 그것이 주희의 교육이론에서는 실제적 문제해결활동을 하는 동안에 우리가 표현해야 하는 본성의 모습을 결정합니다.

두 교육이론의 인식론적 측면—지식의 성격과 가치—에 관해서는 오늘날의 교육 실제와 관련하여 더 보태야 할 말이 있을 것입니다. 그러나 그에 앞서서, 위에서 제기한 나머지 한 가지, 사회철학적 문제에 대하여 주희의 입장에서는 어떤 말을 할 수 있을지를 생각해 보겠습니다. 그 문제는, 교과 공부를 업으로 삼는 별도의 '계층'을 인정하는 것이 누구나 똑같은 삶을 살아야 한다는 민주주의 이념과 어떻게 조화될 수 있는가 하는 것이었습니다. 사실상, 주희의 입장에서 보면 이 문제에 대해서는 '계층'을 '집단'으로 바꾸는 것 이외에 따로 긴 설명이 필요하지 않습니다. '표현 이전의 표준'으로서의 본성이 사회구조상의 '지배계층'과 관련된다는 사고는 현대 사회가 역사에서 불필요하게 물려받은 불행한 연상입니다. 따지고 보면 사회 안에 옛날의 지배계층이 하던 것과 똑같은 일을 하는 집단이 있어야 한다는 것은 누구나 일을 하고 누구나 '여가를 즐겨야' 한다는 듀이의 이론 그 자체에서 이미 인정되고 요청된다고 말할 수 있습니다. 누구나 일을 하고 누구나 여가를 즐기기 위해서는 자라나는 세대에게 실제적 문제해결과 '여가활동'을 가르치는 교사 집단이 필요할 것입니다. '여가활동'의 경우는 말할 필요도 없고 듀이가 말하는 의미에서의 실제적 문제해결을 가르치기 위해서라도 교사는 '글공부'를 업으로 삼지 않으면 안됩니다. 그들이 업으로 삼는 글공부의 내용이나 성격에 있어서 뿐만 아니라 인구의 비율에 있어서도 교사는 옛날의 '지배계층'과 다를 바 없습니다. 그러나 교사는 '지배계층'이 아니라, 지배계층이 하던 바로 그 일을 할 뿐입니다. 옛날의 지배계층이 하던 그 일과 마찬가지로, 오늘날 교사가 스스로 하면서 학생들에게 하도록 가르치는 글공부는 그 대부분이 듀이가 보기에는 실제적 문제해결과 무관한 '이론적 지식'으로 되어 있습니다. 다만, 듀이의 교육이론에서와는 달리, 그것은 한가한 여가활동을 위한 것이 아니라 실제적 문제해결에 종사할 때 '자연적으로' 표출될 본성 또는 심성을 함양하기 위한 것이며, 나아가서는 우리의 삶이 인간다운 것이 되는가의 여부가 달려 있는, 전인류의 보편적 관심사입니다. 물론, 이 보편적 관심사는 하루 아침에 우연히 생긴 것이 아니라 전인류가 장구한 세월을 두고 발전시켜온 결과입니다. 돌이켜보면, 옛날의 지배계층이 그들의 특권으로 누렸다는 '여가활동' 또한, 오늘날 교사가 하는 글공부와 마찬가지로, 인류가 발전시켜 온 그 전통이 계속 이어지고 그 결과로 사회에서의 삶 전체가 본성을 따르도록 하기 위한 제도적 보루였다고 말할 수도 있을 것입니다.

이제 마지막으로, 듀이와 주희의 교육이론 중에서 어느쪽이 오늘날의 교육 실제를 더 적합하게 설명하는가를 생각해 보겠습니다. 이 질문에 대해서는 직접 대답하기가 어려울 것 같기도 합니다. 이론이라는 것은 교육 실제를 보는 방법 또는 '관점'의 문제이며, 설명의 적합성이라는 기준으로 보아 어느 한 관점이 다른 관점보다 낫다는 말은 하기 어려울 것이기 때문입니다. 그렇다면 질문을 바꾸어, 그 두 이론중의 어느 것을 따를 때 오늘날의 교육 실제에 더 큰 변경이 요구되는가를 생각해 본다면 어떻겠습니까? 제가 생각하기에 오늘날의 교육 실제에 더 큰 변경을 요구하는 것은 주희의 교육이론이 아니라 듀이의 교육이론입니다. 삶의 주축이 실제적 문제해결활동에 있다는 듀이의 관점에서 보면, 오늘날의 교과에서 이론적 지식과 실제적 지식이 차지하는 비율은 완전히 거꾸로 되어야 마땅합니다. 물론, 이때까지 듀이 교육이론의 영향으로, 그 이론적 교과가 생활의 필요에 직접 부응해야 한다는 주장이 끊임없이 떠들썩하게 대두되는 동안에도, 학교교육에서는 그 주장이 한 번도 제대로 실현된 일이 없습니다. 만약 온 국민이 한 마음으로 듀이 교육이론을 정확하게 이해하고 그것을 교육 실제에 반영하려고 든다면 당장 내일이라도 교육과정과 교과서는 완전히 그 모습을 달리할 것입니다.

제가 생각하기에, 현재의 시점에서 주희의 교육이론을 듀이의 그것보다 더 적합한 것으로 받아들이는 데에 장애가 되는 오직 한 가지 걸림돌은 오늘날 교과의 대부분을 차지하고 있는 이론적 지식이 과연 '표현 이전의 표준'으로서의 본성을 갖추도록 할 수 있는가, 만약 있다면 그것을 어떻게 설명할 수 있는가 하는 문제입니다. 사실상, 그 설명은 우리 자신이 애써 머리를 짜낼 것 없이, 동서양의 위대한 사상들이 이미 내어 놓고 있습니다. 오히려 사정은 정반대로, 그 설명은 오직 존 듀이가 그의 이론을 정립하는 과정에서 부정했기 때문에 그 타당성이 의심스러워졌다고 말해야 할 것입니다. 제가 첫머리에 듀이의 교육이론은 그것을 받쳐주고 있는 사상적 기반을 부정한 일종의 '사상적 돌연변이'라고 말한 것은 그런 뜻에서였습니다. 보기에 따라서 이 '돌연변이'라는 비유는 그다지 잘못된 것이 아닌 것 같기도 합니다. 생물학에서 돌연변이는 진화의 원동력이 된다고 말합니다. 똑같은 이유로, 존 듀이의 사상적 돌연변이 또한 사상의 진화를 가져올지도 모릅니다. 그러나 이 경우의 '진화'는 변화와 개선이라는 2중적 의미를 나타내기 때문에 위험한 수사학이 될 수 있습니다. 교육이론을 공부하는 사람이 해야 할 일은 그 '진화'가 과연 규범적인 면에서도 확인될 수 있는가를 밝히는 것입니다.

4

이 글의 첫부분에서 저는, 존 듀이와 같이 명백히 교육이론으로서의 형태를 갖춘 이론을 정립하고자 하면 필연적으로 전통적인 사상적 기반을 부정해야 하는가 하는 의아심이 생긴다고 말하였습니다. 이제, 우리 자신을 듀이가 그의 이론을 정립하던 시점에 세워 두고, 그 전통적인 사상적 배경을 부정했을 때의 듀이의 생각이 구체적으로 어떤 것이었던가를 생각해 봅시다. (분명히, 듀이의 그 생각은 듀이 당시에 처음 나타난, 듀이 혼자만의 생각은 아니었을 것입니다.) 듀이가 부정한 전통적인 사상적 배경의 핵심적인 부분은 '표현 이전의 표준'으로서의 '본성'이라는 형이상학적 개념을 상정한다는 데에 있었습니다. (포스트모더니즘에서 이것은 '定礎'정초라는 일반적인 용어로 불리고 있습니다. 때로 듀이가 포스트모더니즘의 현대적 효시로 간주되는 것은, 형이상학과 포스트모더니즘의 논쟁은 결국 교육이론에 관한 논쟁이라는 점을 생각할 때, 전혀 기이한 일이 아닙니다.) 그런 형이상학적 개념을 머리 속에서 말끔히 비워버린 '정신적 갓난아이'의 관점에서 보면 누구든지, 지적인 면에서나 도덕적인 면에서 원만한 삶을 살아가도록 사람을 '교육'하는 데는 그런 형이상학적 개념을 상정할 이유가 없다는 생각을 충분히 할 수 있습니다. 왜냐하면 그 '표현 이전의 표준'은 결국 표현 이후의 삶에서밖에 그 실체가 확인될 수 없기 때문입니다. 게다가 전통사회에서 그것은 '이론적 지식'에 접근할 수 있는 유일한 집단인 '지배계층'에 의하여 대중을 억압하는 수단으로 사용되는 것 이외에 하등의 유용한 기능도 수행한 것이 없습니다. 아닌게 아니라, '표현 이전의 표준'은 지배계층이 대중을 억압하고자 할 때 그들이 의존할 수 있는 거의 유일한 수단이었습니다. 그렇기 때문에, 만약 본성에 의존하지 않고도 삶과 교육을 의미있게 설명하는 방법이 있다면, 전통적인 사상적 배경은 당연히 부정되어야 할 것입니다. 존 듀이의 도구주의 인식론은 이것을 설명하는 데에 더없이 적합한 이론적 기초를 제공해 주었습니다.

사실상, 교육이론에 관한 듀이의 대표적인 저작으로 간주되는 「민주주의와 교육」을 읽어보면, 거기에는 교육에 나타난 일체의 폐단이 지배-피지배 관계를 중심으로 한 사회계층간의 편파적 분리에 근원을 둔 것으로 기술되어 있습니다. 거기서 듀이는 교육의 어떤 주제로 이야기를 시작하더라도 끝에 가서는 반드시 계층의 분리와 갈등, 그리고 그 해소를 말하고 있습니다. 교육과 사회가 별도로 논의될 수 없다는 것은 인정할 수 있다 하더라도, 독자는 듀이가 교육이론이 아닌 사회이론, 또는 더 구체적으로는 사회계층이론을 다루는 것이 아닌가 하는 의구심을 가질 정도입니다. 왜냐하면 듀이는 예컨대 재벌총수와 노동자 사이의 계층 분리 문제에 골몰하는 동안에 교육을 희생시키고 있는지도 모르기 때문입니다. 듀이가 모든 폐단의 근본으로 내세우는 지배계층의 대중에 대한 '억압'이라는 것이 사실은 대중에 대한 것임에 못지않게, 또는 그 이상으로, 지배계층 자신에 대한 것이었다는 것, 그리고 그 '억압'은 지배계층과 대중을 막론하고 모든 사람을 인간답게 살도록 하는 데에 필수불가결하다는 것은 듀이에게는 상상조차 되지 않았을 것임에 틀림없습니다. 그 '억압'은 인간의 '본성'을 실현하기 위하여 필요한 것입니다.

그리하여, 만약 현재의 시점에서 듀이의 교육이론에 대하여 그 대안으로 주희의 교육이론을 내세우려고 하면, 우리는 본성이라는 형이상학적 개념을 상정하는 것이 교육을 설명하는 데에 반드시 필요한가, 만약 그렇다면 그것은 교육이론의 어떤 성격 때문인가를 생각해 보지 않으면 안됩니다. 그러나 그에 앞서서, 주희의 것이든 누구의 것이든 간에, 애당초 듀이의 교육이론에 대하여 그것과는 다른 이론을 과연 내세울 필요가 있겠습니까? 이 질문에 대하여 부정적인 대답을 하는 사람들은 그 근거로서, 듀이의 교육이론도 현재의 교육을, 어쩌면 주희의 '교육이론'보다 더 잘, 설명하고 있다는 점, 그리고 그럼에도 불구하고 현재 우리의 삶은 주희의 교육이론 하에서의 삶에 비하여 더 나아졌다고는 말할 수 없다 하더라도 더 나빠진 것은 아니라는 점을 들지 모르겠습니다. 그러나 제가 보기에 이것은 생각을 거꾸로 하는 것입니다. 만약 오늘날 우리의 삶이 주희의 교육이론 하에서의 삶에 비하여 더 나빠진 것이 없다면, 그것은 오늘날 교육이 듀이의 교육이론을 백 퍼센트 실현하고 있기 때문이 아니라, 그 듀이의 이론에도 불구하고 교육 실제에서는 여전히 주희의 교육이론이 효력을 발휘하고 있기 때문입니다. 더 직접적으로 말하여, 오늘날 교사는 실제적 문제해결이라는 매력적인 수사학에 시달림을 받으면서도 묵묵히 '본성의 실현'을 위한 일을 하고 있는 것입니다.

근래 서양의 한 학자가 종교적 담론의 성격을 규정하는 개념으로 제안한 '메타프락시스'라는 용어는 위의 질문—교육이론의 어떤 성격이 본성이라는 형이상학적 개념을 요청하는가—을 생각하는 데에 직접적인 단서를 제공해 줍니다. (이 학자의 제안을 따라 또 한 학자는 불교의 '방편'을 메타프락시스적 개념으로 해석하였습니다. 방편은 불교 수행을 설명하는 개념일 뿐만 아니라, 그것과 동일한 이유에서 교육을 설명하는 개념이 되기도 합니다.) 앞의 그 학자의 제안에 명백히 나타나 있는 바와 같이, 메타프락시스는 형이상학을 뜻하는 메타피직스와 대비 또는 병렬을 이루는 용어입니다. 그 학자는 메타피직스와 메타프락시스를 각각 '존재, 세계, 실재에 관한 이론'과 '실천에 관한 이론'이라는 용어로 규정하고 있습니다. 그러나 메타피직스에 붙어 있는 '메타'라는 접두어의 의미를 살리려고 하면 메타피직스는 '이론을 한 차원 높인 이론' 또는 간단하게 '이론의 이론'으로 규정되어야 마땅합니다. 이 '메타'라는 접두어는 메타피직스가 다루는 '존재, 세계, 실재'의 특이한 성격을 부각시킵니다. 이와 마찬가지로, 메타프락시스를 규정하는 '실천의 이론'이라는 표현 또한 메타피직스와의 대비를 드러내는 데에 부족한 점이 있습니다. 우선, 메타피직스가 다루는 '존재, 세계, 또는 실재'가 실천과 무관하다든지 실천을 포함하지 않는다고는 말할 수 없습니다. 다만, 메타피직스가 다루는 실재 등등은 실천이 '완결된' 상태—실천이 도달하여야 할 이상적 상태—를 나타냅니다. 메타피직스는 실천이 그 소임을 완수하고 난 상태를 가정하고 그 가정에 입각하여 '존재, 세계, 실재'를 '설명' 합니다. 그렇기 때문에 메타피직스에서는 실천이 어떻게 그 소임을 완수하는가에 관한 설명은 제외될 수밖에 없습니다. 메타피직스가 '존재, 세계, 실재'에 대한 완전한 설명이 되려고 하면 이 면에서의 보완이 필요합니다. 메타프락시스는 이것을 보완하는 이론입니다. 이런 뜻에서 메타프락시스는 '실천의 이론'이라고 부를 수도 있을 것입니다마는, 역시 '메타'라는 접두어의 의미를 살리자면 그것은 '실천의 실천'으로 부르는 것이 마땅할 것입니다. 다만, 이 표현의 의미는 교육이론의 성격과 관련하여 좀더 자세하게 설명되지 않으면 안됩니다.

우선, 한 가지 분명히 해 두어야 할 사실은 본성이 실재의 심리적 대응물인 것과 마찬가지로 실재는 본성의 존재론적 대응물이라는 점입니다. 그러나 본성과 실재는 모두 '표현 이전의 표준'을 나타낸다는 점에서, 거기에는 표현 이후의 사물과 현상에 적용되는 인식 주체와 대상의 구분도 당연히 배제되어 있으며, 따라서 본성과 실재는 하나의 동일한 실체를 가리킵니다. 주희의 性卽理성즉리(性은 곧 理이다)라는 명제는 명백히 이 점을 나타내고 있습니다. 철학이 실재에 관심을 가지게 된 것은 단순히 세계가 어떤 모양으로 되어있는가를 기술하고 설명하기 위해서가 아니라 사람이 어떻게 살아야 하는가, 다시 말하여 사람이 삶에서 구현해야 할 이상적 표준이 무엇인가를 알아내기 위해서였습니다. 서양의 경우에 철학사의 초기 단계에서는, 예컨대 플라톤의 철학에 명백히 나타나 있는 바와 같이, 지금 이 글에서 문제삼고 있는 메타피직스와 메타프락시스 사이의 구분이나 균열이 존재하지 않았습니다. 당시의 형편으로 보면 메타피직스는 곧 메타프락시스입니다. (그와 마찬가지로, 메타프락시스가 문제삼는 '실천'은 예컨대 듀이가 관심을 두고 있는 일상의 실천을 가리키는 것이 아니라 실재를 구현하기 위한 실천을 가리킵니다. 이 점에서도 '실천의 이론'은 메타프락시스의 의미를 드러내는 데에 부족한 점이 있습니다.) 그러나 그 이후 실재에 대한 철학적 관심이 유독 '메타피직스'(이론의 이론)라는 용어로 명백히 규정되면서 원래 그것과 불가분으로 관련되어 있었던 메타프락시스('실천의 실천')는 철학적 관심의 뒷전으로 물러나거나 사라지게 되었습니다. 원래 '표현 이전의 표준'으로서의 본성을 실현하기 위한 실천이었던 교육이 본성과 실재에서 등을 돌리게 된 것은 그 최종적인 결과입니다. 존 듀이가 그의 교육이론을 정립한 것은 바로 이 시점이었습니다. 그러나 주희의 경우에 메타피직스는 언제나 메타프락시스였습니다.

교육은 '표현 이전의 표준'으로서의 본성을 실현하기 위한 활동이라는 점에서 종교와 다르지 않으며, 아마 이 점에서는 정치—사회과학이 아닌 규범적 학문으로서의 정치학이 관심을 두는 활동—도 마찬가지일 것입니다. 우리에게 낯익은 '祭政一致'제정일치, '政敎一體'정교일체 등의 표현은 종교와 정치와 교육이 원래 동일한 이상을 추구한다는 것을 명백히 나타내고 있습니다. 특히 현대의 관점에서 보면, 이들 활동은, 그것이 동일한 이상을 추구한다는 점에서, 그 실천의 성격에 있어서도 모종의 공통성을 나타낸다고 보아야 할 것입니다. 이들 활동이 공통적으로 추구하는 이상으로서의 '표현 이전의 표준'에는 한계 같은 것을 그을 수 없습니다. '표현 이전의 표준'은, 비록 표현 이후의 사물과 현상을 통하여 확인되고 실현된다고 하더라도, 여전히 '표현 이전'이며, 따라서 여기에는 '충분한 실현'이라는 것이 있을 수 없습니다. 그것은 이들 활동이 끝없이 추구해야 하는 '이상적' 표준이며 결코 완전히는 도달하지 못한다는 것을 일깨워주는 소극적 기준입니다. 교육이 본성과 실재에서 등을 돌릴 때, 교육이 추구하는 이상은 존 듀이의 교육이론에서 보는 바와 같이 각 개인이 달성하기를 바라는 목적—이른바 '바람직한 것'—이외의 다른 것이 될 수 없습니다. 그러나 각 개인이 바라는 것은, 그 개인이 아무리 善意선의를 가지고 있다고 하더라도, 결코 본성이나 실재와 동일한 것이 될 수 없습니다. 개인이 '바라는 것'이 그대로 본성과 같다든지 그것 이외에 따로 본성은 없다고 생각하는 것은 열 다섯 살에서 일흔 살에 이르는 孔子공자의 이력서의 마지막 줄을 그 첫 줄에 써넣는 것과 같습니다.

교육이론—엄밀히 말하자면 듀이 교육이론의 대안적인 교육이론—은 위에서 말하는 것과 같은 의미에서의 '실천'(프락시스)을 설명하는 이론입니다. 그것은 현재 우리가 '교육'이라는 이름으로 가르치고 있는 지식이 본성의 실현, 또는 '심성함양'으로 이끈다는 것을 설명하는 것을 주된 임무로 삼습니다. 그런데, 주희의 교육이론을 구성하는 성리학에서 두드러지게 나타나 있는 바와 같이, 지식이 심성함양으로 이끈다는 것을 설명하는 이론(또는 지식)은 그것이 설명의 대상으로 삼는 지식(교과)과 조금도 다름없이 그 자체가 또한 심성함양을 위한 통로가 됩니다. 만약 지식이 심성함양으로 이끈다는 것을 설명하는 지식이 그 자체로서 심성함양으로 이끌지 못한다면 그것은 명백한 자기모순을 저지르는 것입니다. 그리하여 교육이론은 여타의 지식이 심성함양으로 이끈다는 것을 설명하면서 동시에 그 자체가 심성함양으로 이끈다는 2중의 의미에서 심성함양과 관련을 맺고 있습니다. 이것은 곧 교육이론은 그것이 다루는 내용—지식은 심성함양으로 이끈다는 것—을, 그것을 공부하는 방법상의 원리로 받아들여야 한다는 것을 뜻합니다. 다시 말하여 교육이론을 공부하는 사람들은 여타의 지식이 심성함양으로 이끈다는 것을 설명하는 바로 그 원리에 따라 교육이론을 공부하지 않으면 안됩니다. 심성함양을 위한 실천을 설명하기 위하여 또다시 심성함양을 실천한다는 것은, 반대편에서 말하자면, 심성함양을 위한 실천은 그것과 동일한 성격을 띠는 실천에 의하지 않고는 설명될 수 없다는 것을 뜻합니다. 이것은 '실천'을 '실천'함으로써 이해하는 것과 다르지 않으며, 이런 뜻에서 교육이론은 '실천의 실천'으로서의 성격을 띤다고 말할 수 있을 것입니다. 교육이론이 '실천의 실천'으로서의 성격을 띨 수밖에 없는 것은, 그 실천을 통하여 함양되어야 할 심성은 실천을 통하여 표현됨으로써만 비로소 확인되고 확립되기 때문입니다.

메타프락시스는 교육이론의 이러한 성격을 부각시키는 용어입니다. 메타프락시스로서의 교육이론은 종교이론, 정치이론과 더불어 하나의 독자적인 '담론군'(family of discourses)을 형성합니다. 이 담론군은 그것과 병렬을 이루는 또 하나의 담론형식인 메타피직스와 면밀한 관련을 맺고 있습니다. 이제, 이 점을 기초로 하여 메타프락시스를 일반적으로 정의하자면, 메타프락시스는 심성함양을 위한 실천을 바로 그 실천에 의하여 설명하는 담론형식을 가리킨다고 말할 수 있을 것입니다. 제가 생각하기에, 교육이론과 정치이론과 종교이론은, 그리고 이 세 가지 이론만이, 이 일반적 정의에 들어맞습니다. 정치이론의 경우에, 오우크쇼트가 정치적 (또는 정치학적) 지식의 성격을 규정하기 위하여 '기술적 지식'과 대비시킨 '실제적 지식'은, 그의 견해에 수정이나 변경을 가함이 없이 그대로, 위와 같은 메타프락시스의 아이디어에 비추어 다시 해석될 여지가 있습니다. 그리고 이 점에 있어서는 종교이론과 교육이론을 제시한 대다수의 견해도 마찬가지일 것입니다. 메타프락시스는 그런 견해들을 하나의 '담론군'으로 확립하는 데에 중요한 거점을 제공해 줄 수 있을 것입니다.

5

교육이론의 성격을 나타내는 용어로서의 메타프락시스는 제가 여기서 말한 것 이상으로 훨씬 세밀하게 규정될 필요가 있습니다. 그렇지만 제가 생각하기에, 우리가 이때까지 공부해온 교육이론 중의 상당 부분은 이미 메타프락시스적 성격을 띠고 있었습니다. 다만, 이 시점에서 메타프락시스라는 새로운 용어를 도입하는 것은 그것이 이때까지 우리가 공부해온 교육이론의 성격을 좀더 의식적으로 명료화하는 데에 도움을 줄 수 있을 것이기 때문입니다. 그렇다면, 교육이론의 성격을 명백히 메타프락시스로 규정하는 데에는 어떤 의의가 있을 수 있는가—마지막으로 저는 이 문제에 관하여 생각해 보겠습니다.

첫째로, 가장 명백한 것으로서, 종래의 교육이론을 메타프락시스의 개념에 일관되게 해석할 수 있다면 교육학은 교육이론의 성격을 충실히 드러내는, 메타프락시스라는 하나의 새로운 담론형식을 발굴해 내는 셈이 됩니다. 이것은 결코 사소한 성과가 아닙니다. 앞에서 말한 바와 같이, 메타프락시스적 성격을 띠는 교육이론은 여타의 지식과 이론이 심성함양으로 이끈다는 것을 설명하면서 그 설명을 하는 과정이 또한 심성함양으로 이끄는 그러한 이론입니다. 이것은 교육이론을 공부하는 사람에게 그 공부가 바로 자신의 심성을 함양하는 일이 된다는 것, 그리고 심성함양의 의미와 가치는 다른 것에 의해서가 아니라 바로 그 사람이 하는 공부 그 자체에 의하여 밝혀진다는 것을 일깨워 줌으로써 교육학 공부를 위한 방법상의 지침을 제공해 줄 수 있을 것입니다. 또한, 앞에서 말한 바와 같이, 메타피직스—형이상학—는 '실천'이 완결된 상태를 가정한다는 점에서 메타프락시스와 완전히 별개의 것이 아니라 '잠재적인' 메타프락시스입니다. 교육이론을 공부하는 사람은 동일한 담론군에 속하는 종교이론, 정치이론을 공부하는 사람과 이론적 관심을 공유하면서, 형이상학을 그 이론의 필수적인 분야로 공부해야 합니다. 이것은 곧 형이상학을 그 원래의 모습인 메타프락시스로 이해함으로써 형이상학 그 자체를 보다 완전한 것으로 정련해 나가는 것을 뜻합니다. 그리고 이것은 인류가 정립한 사상 전체를 그 담론의 내용으로 삼는다는 것을 뜻합니다.

그러나 둘째로, 위의 것에 못지않게, 아니면 그 보다 더 큰 의의는 교육의 실제에서 찾아볼 수 있습니다. 교육이론의 성격을 메타프락시스로 명백히 드러내는 것은 흔히 '수업 모형'이라는 형태로 제시되는 교육 방법과는 비교도 되지 않을 만큼 중요한 의미에서 교사가 교과를 가르치는 '방법'에 도움을 줄 수 있습니다. 교육이론의 성격을 메타프락시스로 명백히 규정하지 않을 때, 또는 교육이론이 듀이의 경우에 전형적으로 나타나는 바와 같이 反반메타프락시스적 성격을 띨 때, 교사는 교과를 가르치는 자신의 행위를 그것과는 정면으로 배치되는 의미로 파악하도록 끊임없이 강요됩니다. 이러한 사태에서 교사는 수업모형이라는 형태의 '방법'을 효율적으로 사용하기 위해서라도, 그 전제로서 반드시 필요한 의욕과 기력, 이른바 '교직의 사명감'을 상실합니다. 교육이론의 메타프락시스적 성격은 교사로 하여금 자신이 하는 일을 원래의 의미 그대로 파악하고 거기서 교사 특유의 긍지와 열정을 느끼도록 해 줍니다. 존 듀이의 '교육학적 신조'의 마지막 문장, '교사는 언제나 神신의 예언자요 진정한 神신의 王國왕국으로의 안내자이다'라는 문장은 존 듀이의 말로서는 분명히 공허하게 들립니다마는, 메타프락시스로서의 교육이론 안에서 그것은 듀이로서는 상상조차 할 수 없는 문자 그대로의 의미를 지닐 수 있습니다.

《追記》

종교적 담론의 성격을 규정하는 용어로서 메타프락시스를 제안한 서양 학자의 글은 Thomas P. Kasulis, 'Philosophy as Metapraxis'(F. Reynolds and D. Tracy, eds., *Discourse and Practice*, State University of New York, 1992, pp. 169~95)이며, 그것으로 방편의 개념을 규정한 책은 John W. Schroeder, *Skillful Means : The Heart of Buddhist Compassion*(University of Hawaii, 2001)입니다. '기술적 지식'과 '실제적 지식'의 구분이 언급되어 있는 오우크쇼트의 글은 M. Oakeshott, 'Rationalism in Politics'(*Rationalism in Politics*, Methuen, 1962, pp. 1~36)입니다. 메타프락시스에 관한 저의 언급이 나와 있는 '도덕교육의 동양적 전통'('도덕교육 연구', 17-1, 2005, pp. 1~24)은 이 글의 전초적 단계에 해당하는 것으로서, 약간의 참고가 될 수 있을 것입니다. 또한, 이 글에 제시된 주희의 교육이론을 약간 자세하게 이해하는 데는 제가 쓴 「성리학의 교육이론」(성경재, 2000)이 도움이 될 것이며, 머잖아 출간될 저의 「대승기신론 통석」은 메타프락시스라는 용어를 사용하지 않으면서도 불교 수행이론의 성격을 메타프락시스로 규정한 한 예를 보여주고 있습니다.

색 인

이 색인은 '나의 교육신조'를 제외한 「민주주의와 교육」만을 대상으로 한 것이다. 겹점으로 연결된 두 개의 수자 중에서 앞의 것은 장의 번호, 뒤의 것은 문단의 번호를 표시한다. 예컨대 11:18은 11장 ¶18을 가리킨다.

[ㄱ]

[ㄴ]

[ㄷ]

[ㄹ]

[ㅁ]

[ㅂ]

[ㅅ]

[ㅇ]

[ㅈ]

[ㅊ]

[ㅋ]

[ㅌ]

[ㅍ]

[ㅎ]

역자 후기(초판)

「민주주의와 교육」이라는 이 책에는 「교육철학 개론」이라고 번역할 수 있는, *An Introduction to the Philosophy of Education*이라는 副題부제가 붙어 있다. 이 부제는 통상 책의 안 표지에만 붙어 있기 때문에, 특별히 눈여겨보지 않은 사람은 이 책에 그런 부제가 붙어 있다는 사실을 알지 못한다. 또한, 원본의 첫 페이지에는 제목이나 부제의 어느 것과도 다른, *A Brief Course in Philosophy of Education*(교육철학 개요)이라는 또 하나의 제목이 붙어 있다. 결국, 이 책은 '교육철학'(philosophy of education)의 개론, 입문, 개요를 다루고 있다는 말이 된다. 그런데, 듀이가 '교육철학'이라는 말을 썼을 당시의 교육학의 상황, 또 넓게는 학문 일반의 상황이 오늘날의 그것과 반드시 동일하다고 볼 수 없는 만큼, 이 책의 제목으로 쓰인 '교육철학'이라는 말을 어떤 뜻으로 이해해야 하는가 하는 문제가 중요한 것으로 된다.

오늘날 교육학은 교육철학, 교육사회학, 교육심리학 등등의 여러 분야로 분화되어 있다. 그러나 듀이가 「민주주의와 교육」을 썼을 당시에, 그런 것들이 교육학의 분야로 인정되었으리라고는 생각되지 않는다. 이렇게 말하는 것은, 듀이 당시에, 또는 그 이전에도, 오늘날 교육학의 여러 분야에서 취급되고 있는 내용이 학문적 관심의 대상이 되지 않았다는 뜻이 아니다. 다만 그런 내용들이 예컨대 교육철학이라든가 교육심리학이라고 하는 하나의 공인된 분야로서 취급되지 않았다는 것이다. 교육심리학의 경우를 들어서 말하면, 윌리암 제임스의 심리학에는 교육에 관련되는 내용이 많이 있고 오늘날 교육심리학에는 거의 예외없이 윌리암 제임스의 심리학이 그 한 부분으로 취급되고 있다. 그러나 윌리암 제임스가 그 당시의 자신을 '교육심리학자'로 생각했으리라는 것은 상상하기 어렵다. 구태여 학문적 소속을 밝힌다면, 그는 스스로 심리학자로서 교육에 관련된 발언을 한다고 생각했을 것이다.

물론, 듀이의 이론, 또는 보다 구체적으로 「민주주의와 교육」이라는 책에 나타난 듀이의 생각은 현재 교육학의 여러 분야로 보면 주로 교육철학에서 취급되고 있는 것이 사실이다. 그러나 듀이의 경우가 위에서 말한 윌리암 제임스의 경우와 다르다고 볼 이유는 없다. 듀이가 「민주주의와 교육」에 교육철학 개론이라는 부제를 붙였을 때, 여기서의 '교육철학'이라는 것은 예컨대 교육심리학이나 교육사회학과 구분되는, 오늘날 우리가 쓰는 의미에서의 '교육철학'을 뜻한다기보다는, 오히려 '교육학'을 뜻한다고 보아야 하며, 따라서 그 부제는, 오늘날의 용어에 맞추자면, '교육학 개론'이라고 번역하는 것이 더 적절할 것이다. 교육학만이 아니라, 학문 일반의 상황을 생각해 보더라도 마찬가지의 말을 할 수 있다. 오늘날과 같이 여러 학문이 분화되기 이전에 서양에서는 '철학'이라는 말이 모든 학문을 대표하는 공식적 명칭으로 사용되었다. 자연과학은 '자연철학'(natural philosophy)이었으며, 사회과학은 '도덕철학'(moral philosophy)이었다. 이것은 오늘날 모든 분야의 박사학위를 Ph.D.(Doctor of Philosophy; 철학박사)라고 부르는 데에 그 흔적을 남기고 있다. 학문 분화의 역사로 볼 때, 듀이는 모든 학문을 '철학'으로 통칭하던 상태와 학문이 여러 다른 명칭으로 분화되어 나온 상태 사이의 과도기에 살았던 사람이다. 그리하여 그가 쓴 '교육철학'이라는 명칭은 곧 교육을 관심 대상으로 하는 학문, 즉 '교육학'을 가리킨다고 말할 수 있다. (성급한 사람은 이 말을 연장하여, '그렇다면 교육학은 철학이 아닌가'하고 생각할지 모른다. 이것은 듀이의 발언 내용을 조사하지 않고, 그가 '철학자'요 따라서 그가 한 발언은 '철학'일 수밖에 없다는 안일하고 단순한 생각을 나타낸다. 도대체 교육학이 철학인가 아닌가 하는 데 관한 논쟁은 자신의 공부에 바쁜 사람에게는 낭비 이외의 아무 것도 아니라는 것이 역자의 생각이다.)

이상과 같은 고려에도 불구하고 이 번역판에는 부제를 '교육철학 개론'이라고 붙였다. (원본에서와 같이, 부제는 안 표지에만 붙였다.) 그렇기는 해도, 이 부제의 의미가 위에서 말한 내용에 비추어 이해되어야 한다는 생각은 여전히 남아있다. 사실상 「민주주의와 교육」이라는 책은 교육학에 어떤 종류의 논의가 포함되어야 하는가에 대한 듀이 자신의 견해를 나타내고 있으며, 이 점에서 그것은 '교육학 개론'이라는 이름에 조금도 손색이 없다. 다만, '교육학 개론'이라는 것은 교육에 관한 여러 가지 대안적인 관점이나 주장들을, 어느 한쪽에 편들지 않고 '공평하게' 제시해야 한다는 것을 강하게 내세우는 사람에게는 「민주주의와 교육」이 '교육학 개론'으로서 부적당하다고 생각될지 모른다. 그러나 여기에는 異論이론의 여지가 있으며, 설사 그 입장이 타당하다 하더라도, 그것은 이 책에 제시된 듀이의 관점과 주장을 어떻게 받아들이는가에 달려 있는 문제이기도 하다. '남이 한 말을 받아들이지 않을 이유(또는 권리)가 없으면 마땅히 그 말을 받아 들여야 한다'는 것은 어떤 분야에 있어서든지 학문적 방법의 제 1원리라고 보아야 한다.

역자가 얼핏 들은 바로서, 칸트의 「순수이성비판」 영역본 중의 어떤 것은 그 독일어 원본보다 더 의미가 정확하고 선명하게 표현되어 있어서, 독일의 학생들도 영어를 해독하는 사람은 그 영역본을 (아마, 원본과 대조하겠지만) 읽는다고 한다. 이 「민주주의와 교육」의 경우에는 그럴 필요가 더욱 절실하다. '큰 사상'을 가진 사람의 공통된 특징인지는 알 수 없으나, 듀이는 전체적인 주장('큰 사상')을 내세우는 데에 비하여 문장과 문장 사이의 논리적 연결이나 하나의 문장을 정교하게 가다듬는 일('잔달은 細技'세기)은 훨씬 등한히했다는 느낌이 있다. 물론, 외국어의 문장을 국어 문장으로 옮겨 놓는 것으로 책이 번역되는 것이 아닌 줄은 알지만, 이 책의 경우에는 글이 자연스러운 논리의 흐름을 따르도록 하는 데에 그야말로 '머리가 터질듯한' 고생을 하지 않으면 안 되었다. 그 때문에 번역하는 도중에 몇번이나 그만둘 생각을 하기도 했지만, 그래도 일을 끝낸 것은 오직, 이 책 첫머리의 '해설'과 이 '후기'의 앞 부분에 간간이 비친 바와 같이, 이 책의 중요성에 대한 역자의 믿음 때문이었다. 여기에 번역된 글이 모두 '자연스러운 논리의 흐름'을 따르고 있다고는 볼 수 없지만, 그것은 역자의 능력의 한계때문에 어쩔 수 없는 일이다. 한 가지 말해 둘 것은, 서울대학교 교육학과 대학원 학생인 車美蘭차미란양이 군데군데 논리를 바로잡아주지 않았더라면, 현재보다 훨씬 더 나빴으리라는 것이다.

이미 몇 차례 번역된 일이 있는 책을 다시 번역하는 데에 대하여 아마 설명이 필요할 것이다. 역자의 원래 생각은 '번역'을 하는 것이 아니라 '註釋주석'을 붙이는 것이었다. 주석을 붙이는 데는 구태여 본문을 다시 번역할 필요가 없이, 이미 나와 있는 번역본을 사용하는 것이 여러 모로 온당할 것이다. 그러나 일단 이런 생각으로 일을 시작해 본 결과, 그렇게 하는 것은 그전의 번역자를 위해서나 주석을 붙이는 사람을 위해서나 말할 수 없이 불편하다는 느낌이 들었다. 그리하여 결국 본문의 번역까지 하게 되었는데, 결과적으로 보면 주석이 원래의 계획과는 맞지 않게 형편없이 빈약해지고 말았다. 이 정도의 주석으로 책 표지에 '아무개 번역 주석'이라는 식으로, '주석'을 했다고 내세우기가 민망하여 그 말을 붙일까 말까를 여러 번 망설이다가 不顧廉恥불고염치하고 그 말을 붙였다. 그러나 이 파렴치에 대하여 무조건 용서를 빌지는 않겠다. 「민주주의와 교육」은, 적어도 교육학도에게는, 플라톤의 대화편에 대해서 많은 사람들이 한 것과 같이, 주석을 붙여야 마땅한 책이며, 만약 역자로서 한 가지 희망이 있다면, 앞으로 많은 유능한 동학 후배들이 이 책에 나와 있는 것보다 더 훌륭한 주석을 누적적으로 붙여 나갔으면 하는 것이다.

주석을 붙이는 데에 몇 가지 편집상의 난점이 따라왔다. 우선, 주석을 붙이는 자리가 문제였다. 독자가 보는 바와 같이, 주석은 각 문단 다음에 붙이고, 문단에는 장별로 일련번호를 매겼다.(문단은 오직 한 군데—4장 ¶13—을 제외하고는 원문을 그대로 따랐다. 이곳에는 명백히 한 문단의 시작이라고 생각되는 문장이 앞 문단의 끝에 붙어 있었다.) 문단번호는 주석에서 책의 특정한 부분을 지적하는 데에 유용하였을 뿐만 아니라, 특히 색인을 만드는 데에도 도움이 되었다. 색인에는 원문에서처럼 페이지 번호를 사용하는 대신에 문단번호를 사용하였다. 이 책의 색인은 누군가 이 책의 내용을 샅샅이 알고 있는 사람이 아니고는 만들 수 없었던, 가히 모범적인 색인이라고 보아도 좋다. 이 책을 깊이 이해하고자 하는 사람은 마땅히 색인을 중요한 참고자료로 삼아야 하리라는 생각이 든다. 어쨌든, 책의 한 가운데에 주가 나오는 것은 출판의 관례상 용납되기 어려울 것이다. 교육과학사의 金東奎김동규 사장은 이것뿐만 아니라 그 밖의 온갖 사소한 면에서의 역자의 고집을 너그럽게 포용해 주었다. 그의 아량과 관용에 감사를 드린다.

이 번역판에는 듀이의 '나의 교육신조'를 부록으로 실었다. 이 글은 1897년, 듀이가 서른여덟 살 때 쓴 것이며, 이 글과 「민주주의와 교육」사이에는 근 20년의 세월이 가로놓여 있다. 이 두 자료에 제시된 견해가 어느 정도로 동일하며 어떤 점에서 다른가 하는 것은 독자의 연구와 판단에 맡겨야 할 것이다. 그러나 만약, 역자와 같이, 양자 사이에는 세부적인 차이에도 불구하고 근본적인 일관성이 있다고 생각하는 사람은 한 사람의 사상이라는 것에 대하여 일종의 畏敬心외경심을 품을 수밖에 없을 것이다. 모르기는 해도 「철학의 재구성」, 「경험과 자연」, 「확실성의 추구」등, 「민주주의와 교육」이후에 나온 듀이의 중요한 철학적 저술들이 이 책에 제시된 교육이론을 철학적으로 부연한 것에 불과하는 것을 알게 된다면, 그 외경심은 더욱 감당하기 어려운 것이 될 것이다.

듀이의 이론에 대하여 그것만큼 체계적인 반론을 형성해 있지 않은 역자로서 안타깝게 생각하는 것은, 듀이가 그 사상적 집념을 역자가 바라는 것과는 반대

방향으로 밀고 나갔다는 것, 그리고 만약 오늘날 교육학을 공부하는 사람이 무엇인가를 기준으로 삼아야 한다면, 듀이의 이론이 가장 유력한 후보가 될 수밖에 없다는 것이다.

1986년 歲暮
李烘雨 謹識

• **李烘雨**(1939~)

서울대학교 사범대학 교육학과(1961)
서울대학교 대학원 교육학과(1968)
미국 콜럼비아대학(교육학 박사, 1971)
서울대학교 교수(1971~2005)
서울대학교 명예교수(2005~)

[저서]

인지학습의 이론(1973)
교육과정 탐구(1977, 1992)
지식의 구조와 교과(1979, 1997)
교육의 목적과 난점(1984, 1998)
Living, Knowing and Education(1985)
교육의 개념(1991)
성리학의 교육이론(2000)
교육과정 이론(2003, 공저)
대승기신론 통석(2006)
신수 교육과정이론(2017)
미국 교육학의 정체(2018)

[역서]

브루너, 교육의 과정(1973)
피터즈, 윤리학과 교육(1980, 2003, 공역)
듀이, 민주주의와 교육(1987)
함린, 경험과 이해의 성장(1990, 공역)
마명, 대승기신론(1991)
보이드, 서양교육사(1994, 공역)
만하이머, 키에르케고르의 교육이론(2003, 공역)
인간의 심성교육(2019)
서양 고대교육사(2019, 공역)

존 듀이
〈개정 · 증보판〉 **민주주의와 교육**

1987년 1월 20일 초 판 1쇄 발 행
2006년 2월 15일 초 판 19쇄 발 행
2007년 5월 25일 개정 · 증보판 1쇄 발 행
2025년 9월 25일 개정 · 증보판 14쇄 발 행

저 자 : JOHN DEWEY
역 자 : 李 烘 雨
발행자 : 한 정 주
발행처 : 교 육 과 학 사

경기도 파주시 광인사길 71
전화 (031) 955-6956~8 / F A X (031) 955-6037
Home-page : kyoyook book.co.kr
등록 : 1970년 5월 18일 제2-73호

정가 28,000원
낙장 · 파본은 교환해 드립니다.
Printed in Korea.

ISBN 978-89-254-0066-2